쇼펜하우어(1788~1860)

1815년(27세) 청년기의 쇼펜하우어

〈음악야회〉 에티엔 죄라. 쇼펜하우어는 인간 존재의 고통에서 안식을 구하는 것은 예술, 특히 음악을 통해서라고 생각했다.

〈사자의 공격을 받는 말〉 조지 스터브스. 1769. 쇼펜하우어의 자연계는 그림에서 묘사하듯이 야만적이고 잔인한 곳이다.

쇼펜하우어의 묘   프랑크푸르트 메인(중앙) 묘지

쇼펜하우어의 생가에 있는 명판

Arthur Schopenhauer
PARERGA UND PARALIPOMENA
쇼펜하우어 인생철학
아르투어 쇼펜하우어/권기철 옮김

동서문화사

쇼펜하우어 인생철학

차례

인생

지성

인생

삶의 괴로움에 대하여

　우리가 살아가는 직접적인 목적은 괴로움이다. 그렇지 않으면 우리가 세상을 살아가는 이유를 어디에서도 찾을 수 없다. 삶에 따르기 마련인 괴로움과 세상에 가득한 걱정과 근심이 우연히 일어나는 것이며 삶의 목적 자체가 아니라고 여기는 것은 이치에 맞지 않기 때문이다. 특수한 개별적인 불행은 예외로 보일지도 모른다. 그러나 이 세상은 어디에나 불행으로 가득 차 있다.

　강물은 장애가 없는 한 고요히 흘러간다. 이와 마찬가지로 인간이나 동물의 세계에서도 의지라는 장애물이 없다면, 삶을 의식하지 못하고 생명을 느껴보지도 못한 채 그냥 흘러갈 것이다. 우리가 어떤 것을 눈여겨보고 또 의식하는 것은 우리의 의지가 어떤 장애를 받아 충돌했기 때문이다. 우리는 의지를 방해하는 것, 의지를 가로막거나 그에 맞서는 것, 다시 말해 싫증을 일으키거나 고통을 주는 것은 바로 느낄 수 있다. 우리는 건강할 때는 몸이 어떤지 아무것도 느끼지 못하지만, 구두가 작아 발을 죄어오든가 하면 곧 아픔을 느낀다. 또 자기가 경영하는 사업이 순조롭게 운영될 때에는 특별한 의식을 갖지 못하지만, 사업이 순탄치 못하면 비록 작은 일일지라도 마음을 쓰게 된다. 다시 말해 평안과 행복은 우리에게 소극적 역할을 하며 괴로움은 적극적 역할을 한다.

　내가 무엇보다 못마땅하게 여기는 것은 거의 모든 형이상학이 우리에게 해악을 주는 것에 대해 소극적으로 작용하는 듯이 설명한다는 점이다. 사실은 이와 정반대이다. 우리에게 해롭고 악한 것만이 그대로 생생하게 느껴진다. 그러므로 이런 것만이 적극성을 띠고 우리에게 작용한다.

　이와 달리 모든 바람직한 일과 행복과 만족은 소극적 역할밖에 하지 못한다. 오직 하나의 욕구를 채우고 이제까지 느껴온 괴로움을 지워 버리는 순간적 작용을 하는 데 그치고 만다.

이미 이루어진 기쁨은 우리가 기대한 것보다 못하고, 이와 달리 괴로움은 예상보다 더욱 큰 아픔을 주게 마련이다. 이 점을 확인하고 싶거나 쾌락이 고통보다 뛰어나다거나 쾌락과 고통이 서로 상쇄된다는 주장이 옳은지 그른지 뚜렷이 알고 싶다면, 다른 것을 잡아먹는 동물의 쾌감과 잡아먹히는 동물의 공포감이 어떻겠는가 비교해 보면 될 것이다.

모든 불행과 고통에서 우리에게 가장 도움이 되는 위안은 자기보다 더욱 비참한 사람들을 바라보는 것이다. 이는 누구나 할 수 있는 방법이다. 그런데 이 경우 사람들에게 어떤 일이 일어나는가?

도살업자가 자기들을 고르고 있는 줄도 모르고 목장에서 뛰노는 양떼들을 생각해 보라. 우리도 마찬가지이다. 오늘 행복한 나날을 즐기더라도 운명이 재앙을 내리려고 어떤 준비를 하고 있는지 우리는 전혀 알지 못한다. 질병, 박해, 빈곤, 살상, 실명(失明), 광기, 죽음 등을.

우리가 손에 넣으려는 대상은 모두 우리에게 저항한다. 우리에게 적의가 있으므로 우리는 먼저 이것을 억제해야 한다. 사람들이 살아가는 모습을 보아도 그렇다. 역사를 보면 전쟁이나 반란이 끊임없이 일어나고 있다. 한때 평화를 누려도 이는 우연한 짧은 휴식시간이나 막간극에 지나지 않는다. 우리 개개인의 삶도 이와 마찬가지로 끊임없는 투쟁이다. 우리는 흔히 볼 수 있는 해악, 곤궁, 권태 등에 도전할 뿐만 아니라 같은 족속인 다른 사람에게도 대항한다. 그리하여 인간은 가는 곳마다 자기의 적을 발견하게 마련이다. 요컨대 인생이란 휴전 없는 싸움의 연속이며 인간은 손에 무기를 든 채 죽게 되어 있다.

시간은 삶을 더욱 괴롭게 한다. 눈 깜짝할 새 지나가버리는 시간에 쫓겨 우리는 좀처럼 숨 돌릴 여유조차 가질 수 없다. 시간은 교도관처럼 우리 등 뒤에서 회초리를 들고 감시한다. 그리고 시간은 권태라는 이름의 병에 걸린 사람들에게 고통을 안겨준다.

대기의 압력이 없으면 우리 육체가 파열해 버리듯이 삶에 번민과 실패와 노고라는 무거운 짐이 없다면, 지나친 방종으로 송두리째 파멸하거나 제어할 수 없는 변덕과 사나운 광기와 어리석음에 빠지게 된다. 그러므로 인간은 누구나 늘 얼마쯤의 걱정과 고뇌와 불행이 필요하다. 마치 배가 물 위에 떠서 안전하게 항해하기 위해서는 배에 무게 나가는 물체가 있어야 하듯이.

노동, 마음의 가책, 괴로움, 가난 등은 거의 누구에게나 평생 따라다니는 운명이다. 모든 소원이 마음속에서 생기자마자 곧 충족된다면, 대체 인생은 무엇으로 그 공백을 메울 수 있겠는가? 인간은 무엇을 소일거리로 삼아 세월을 보내게 되겠는가? 우리가 머릿속에 그리는 천국에 인류를 송두리째 옮겨놓는다면 어떻게 될까? 모든 생물이 스스로 무럭무럭 자라나고, 종달새가 사람들 주위를 거리낌없이 날아다니고, 누구나 원하는 여성의 마음을 쉽게 얻을 수 있다면 어떻게 될까? 그렇게 되면 인간은 권태로워 죽어버리든가 싸움과 살인을 일삼아 자연이 오늘날 우리에게 보여주고 있는 것보다 더 많은 고통을 맛보게 되리라. 그러므로 인류라는 이름의 종족에게는 앞서 말한 고뇌의 세계가 살기 알맞은 곳이며, 그 밖의 다른 무대나 장소는 적합하지 못하다.

자기에게 앞으로 펼쳐질 운명을 앞두고 있던 어릴 적 인간의 모습은 마치 극장에서 아이들이 아직 막이 오르지 않은 무대 앞에 앉아 있는 모습과 비슷하다. 인생이라는 무대 위에서 앞으로 나타날 일들을 기다리고 있는 것이다. 그런데 우리가 너나없이 바라는 행복이 어떤 성질을 지니고 있는지 아는 사람은 아무도 없다. 다만 이 아이들은 삶을 부여받은 죄인일 뿐, 그 내용이 어떤 것인지 전혀 모른다. 누구나 오래 살기를 바란다. 그러나 오래 사는 일은 다음과 같이 표현된 상태에 지나지 않는다.

"오늘은 고약하다. 앞으로 점점 더 고약해질 것이다. 마지막 날이 다가올 때까지……."

태양에 비친 불행과 고뇌의 정체를 되도록 정확하게 생각해 보고 있노라면, '태양이라는 항성이 달과 함께 지구에 힘을 미치지 않고, 이런 생명 현상이 나타날 수 없었더라면 얼마나 좋았을까. 지구 표면도 달 표면처럼 얼어붙어 있다면 얼마나 다행스러울까' 하는 생각이 들 것이다.

우리의 삶은 무난한 축복과 안정을 쓸데없이 어지럽히는 작은 사건의 이어짐으로 볼 수도 있다. 얼마쯤 안정된 생활을 하는 사람들도 차츰 나이가 들수록 인간의 생활은 모든 면에서 실망이라기보다 속임수에 지나지 않는다는 것, 바꾸어 말해 인생이란 하나의 커다란 미궁이라기보다 속임수임을 더욱 뚜렷이 느끼게 된다.

아들과 손자 세대까지 오래 살아남은 사람들은 자신이 나이라는 시장 바닥에 마련된 진열실에 앉아 똑같이 되풀이되는 미치광이 같은 이야기를 두 번세 번 바라보는 구경꾼과 다름없다고 생각하게 될 것이다. 인생도 정신 나간 이야기처럼 한 번은 상연되게 마련이며, 속임수나 신기함도 한 번 겪고 나면 더는 감동을 주지 못하기 때문이다.

방대한 우주의 끝없는 공간에서 무수히 반짝이는 별들을 바라보면 그 별들이 하는 일이란 불행과 비극의 무대인 세계를 비추는 것뿐이다. 이 세계는 적어도 우리에게 알려진 그런 비극으로 가득한 곳이고, 가장 행복한 때라도 권태를 느낄 뿐임을 생각하면 우리는 미칠 듯한 심정을 억누를 수 없다.

세상에는 부러워할 만한 사람은 하나도 없는 한편 비참한 사람들은 헤아릴 수 없을 정도이다. 인생이란 고된 투쟁으로 끝마쳐야 할 부역(賦役)에 지나지 않는다.

잠시 이렇게 생각해 보라. 만일 인간의 생식행위가 생리적 필요나 쾌락에서 비롯되는 게 아니고, 오직 철저한 계획과 생각 끝에 이루어진다면 어떻게 될 것인가? 이때에도 인류는 아무 탈 없이 존속할 수 있을까? 그렇게 되면 누구든 세상에 태어나는 자식을 오히려 가엾게 여겨 그들에게 삶의 무거운 짐을 지우기를 꺼리지 않을까? 적어도 냉정한 마음으로 그 짐을 지울 수 없어 많은 사람들이 망설이지 않을까?

세계는 지옥이다. 인간은 다른 사람의 잘못을 하나하나 따지고 공격하기를 일삼는 망령이 되기도 하고 비난하기를 즐기는 악마가 되기도 한다.

또다시 내 철학에서는 위안을 얻을 수 없다는 핀잔을 들을 것 같다. 이러한 핀잔을 듣는 까닭은, 세상 사람들은 "창조주이신 하느님이 세상의 모든 것을 가장 선하고 아름답게 만들었다"는 말을 듣기 바라는데 내가 진실을 말했기 때문이다.

교회에 나가는 것은 좋다. 그러나 부디 철학자를 귀찮게 하지는 마라. 적어도 그들에게 압력을 넣어 억지로 그들의 학설을 '신앙문답'에 적용하려고 하지 마라. 그러한 당신들의 주문에 응하는 사람은 사이비 철학자이다. 그런 철학자들에게서 당신들 입맛에 맞는 학설을 들을 수 있을 것이다. 그러나 철학교수라는 이들이 발표하는 상업적 낙천주의를 뒤엎는 것은 매우 쉬운 일이며 재미있기도 하다.

하느님이 죄 또는 잘못 때문에 세계를 창조하고, 몸소 그 속죄를 위해 그것이 소멸되기까지 세계에 머물러 있겠다고 한 것은 참으로 훌륭한 가르침이다.

불교에서 세계는 불가사의한 무명(無名)에서 이루어졌으며, 천계(天界)의 정복(淨福), 다시 말해 열반(涅槃)은 안식(眼識)을 거쳐 이루어지며, 이 안식은 속죄로 얻어질 수 있다고 한다. 이 가르침은 숙명론에 가까우며, 뿌리부터 도덕적 관점에서 해석되어야 하겠지만, 세계의 근원인 드넓은 자연의 불가사의함을 볼 때 자연계에는 이 불교의 가르침에 들어맞거나 비슷한 면이 있다는 것을 부인할 수 없다.

그리고 인간의 마음이 악으로 기울어 차츰 자연계를 나쁘게 만듦으로써 오늘날 같은 비참한 세계가 되어버렸다고 하는데, 이 또한 훌륭한 가르침이다.

그리스인들에 따르면 세계와 신들은 비밀에 싸여 있으며 헤아리기 어려운 필요에서 이루어졌다고 한다. 이런 견해는 우리에게 잠정적으로 만족을 준다는 점에서 인정할 수 있다. 한편 페르시아교에서는 선한 신이 악한 신과 싸우고 있다고 한다. 이 또한 인정할 만한 가르침이다.

그런데 여호와가 자기 취향대로 이런 비참한 세계를 만들어놓고 모든 게 잘되었다고 하는 유대교에 이르면 뭐라고 할 말이 없다.[1] 이런 관점에서 보더라도 유대인 종교는 다른 문화 민족의 종교가 가진 교리들보다 한층 떨어진다.

라이프니츠[2]의 주장이 옳다 하더라도, 즉 세계가 있을 수 있는 가장 이상적인 것으로 만들어졌다고 인정하더라도, 이런 논증에서는 어떤 신정론(神政論)도 나올 수 없다. 왜냐하면 조물주는 이 세계를 창조한 것으로 충분하고, 세계

---

1) 〈창세기〉에 따르면 여호와가 처음 창조한 세계는 우리가 보는 비참한 세계와 다르다.
2) Leibniz, Gottfried Wilhelm(1646~1716). 독일의 철학자·수학자·물리학자. '세계는 정신적인 단자(單子)의 집합으로 예정조화된 완전하고도 결함이 없는 최선의 것이며 절묘한 신의 예지의 창조이다'라고 주장했다.

를 창조할 수 있는 가능성 자체가 문제되기 때문에 좀 더 좋은 세계도 만들 수 있었다고 보아야 하기 때문이다.

세상에 가득한 고통은 세계가 전지전능한 신이 창조한 완전한 곳이라는 주장이 옳지 않음을 증명하고 있다. 그리고 피조물 가운데 으뜸간다는 인간의 헤아릴 수 없는 불완전성, 우스꽝스러운 저속함도 충분한 반증이 된다. 따라서 이러한 주장은 도저히 이해할 수 없을 만큼 조화롭지 못하다.

반대로 고뇌와 불행의 세계는 우리의 죄 때문에 이루어졌으며, 그 때문에 이 세상은 좋아질 수 없다는 견해를 뒷받침한다. 앞서 말한 가설을 택하면 세계에 충만한 고뇌에 대해 조물주에게 엄중히 항의함으로써 비난과 비웃음의 원인을 제공한다. 그러나 두 번째 주장을 택하면 자신과 의지를 비난하게 되어 우리에게 정당한 제재(制裁)를 알려줌으로써 자신을 깊은 상념에 빠뜨린다. 우리는 방탕한 생활에 빠진 아버지의 자식으로 본디 악에 젖어 세상에 태어났고, 우리의 생존은 불행할뿐더러 살아가는 동안 죄과를 갚을 의무가 있어 마침내 죽음으로 끝나게 된다는 것이다. 이 세계에 분명한 것은 하나도 없고 고뇌만 가득한 까닭은 세계가 무거운 죄에서 비롯하기 때문이다.

그러나 이 진리는 형이상학적으로 해석해야지, 물리적·경험적으로 풀이해서는 안 된다. 성경에 나오는 원죄 이야기는 내가 수긍하는 유일한 가르침이며, 내가 보기에 구약성경의 오직 하나뿐인 형이상학적인 진리이다. 다시 말해 인간 존재는 무엇보다도 죄, 다시 말해 사악한 욕구의 결과로 보아야 한다.

우리가 인생에서 나침반을 가지고 나아갈 방향을 정하여 언제나 올바른 방향으로만 가려면, 이 세계를 속죄의 현장이나 형벌의 식민지 또는 형벌 공장으로 보아야 할 것이다. 옛 철학자와 성직자들도 세계를 이렇게 보아왔다. 모든 시대의 지혜, 예컨대 브라만교나 불교, 엠페도클레스,[3] 피타고라스[4] 등의 주장을 보면 이런 견해가 옳다는 것을 알 수 있다. 그리고 정통적인 기독교에서는 인간의 삶은 죄와 타락의 결과라고 인식한다.

---

3) Empedocles(BC 490?~430?). 고대 그리스 철학자. 우주의 근원으로 흙·물·공기·불의 네 원소를 들고 만물을 종합과 분리의 집산(集散)으로 설명했다.
4) Pythagoras(BC 582?~497?). 고대 그리스 철학자·수학자. 수를 만물의 근원으로 생각했고 수학에서 '피타고라스의 정리'로 유명하다.

이런 견해를 따르게 된다면 자기에게 차례로 다가오는 인생의 크고 작은 모순, 고뇌, 질병, 불행을 일상적인 일에서 벗어난 예외적인 것으로 여기지 않고 오히려 마땅한 일로 생각하게 될 것이다. 그리하여 이 세상에서는 누구나 고뇌를 짊어진 채 산다고 볼 수 있다.

이런 속죄의 장에는 으레 수많은 해악이 따르게 된다. 거기서 이루어지는 사람들 사이의 교제도 두드러진 해악의 하나이다. 공정하게 말해 더 나은 처지에 있어야 할 사람들은 인간들 사이에서 어울린다는 게 얼마나 괴로운 일인지 잘 알고 있을 것이다. 그래서 덕성 높은 사람이나 천재는 사람들의 틈바구니 속에서는 가끔 유형장에서 비열한 악한들 때문에 괴로운 정치범 같은 생각이 들어 자기를 고립시키려고 한다.

그러나 앞에서 세계에 대해 말한 바와 같이 대다수 인간은 불완전하며 그들이 지적으로나 도덕적으로 가엾은 존재임을(이것은 그들의 얼굴에도 드러나 있지만) 생각할 때, 그리 놀랄 것도 분개할 것도 없다.

세계와 인간이 본디 그렇게 존재할 수밖에 없다는 사실을 깨닫게 되면 우리 마음은 상대에 대한 너그러움으로 가득 차게 된다.

우리가 사실 인류에게 무엇을 기대할 수 있단 말인가? 나는 때로 사람들이 서로 상대를 부를 때 '아무개 씨(Monsieur)'라든가 '아무개 선생(sir)'이라고 말하는 대신 '고뇌의 벗'이라고 부르는 게 좋겠다고 생각한다. 이렇게 부르면 과장된 듯 보일지 모르나, 사실은 정당한 근거를 갖고 상대에게 진실한 깨달음을 주며 관용과 인내와 박애를 느끼게 한다. 누구나 이런 덕을 지니지 않으면 삶을 지탱해 나갈 수가 없다. 그러므로 누구나 그것을 실천에 옮길 의무가 있다.

인간 생애의 전반부는 행복에 대한 간절한 바람으로 차 있지만, 후반부에는 참담한 공포에 사로잡히기 마련이다. 후반부에 접어들면 정도의 차이는 있으나 모든 행복이 망상의 산물에 지나지 않으며 실제로 괴로움만 존재한다는 것을 깨닫게 된다.

지혜로운 이들은 누구나 향락을 누리기보다는 오히려 고통이 없기를 바라며, 자신에게 다가오는 재해를 조금이라도 막아보려 노력한다. 나도 젊었을 때는 대문에서 초인종이 울리면 "아, 무슨 일이 있으려나 보다" 하고 기대했지만,

나이가 들어 인생의 참모습을 알게 된 뒤로는 똑같은 초인종 소리가 두려움을 느끼게 하여 "아, 무슨 골칫거리라도 생겼나?" 하고 혼잣말을 하게 되었다.

노년기에 접어든 뒤로는 열정이나 욕구가 차례로 사라져 이런 욕망의 대상도 이미 나를 유혹할 수 없게 되었다. 감각이 둔해지고 상상력이 약해지면서 온갖 환상들은 희미해지고 인생은 흔적도 없이 사라져버린다. 뿐만 아니라 세월은 빨리 달아나고 무슨 일이든 의미를 잃어 모든 일이 시시하게만 여겨진다. 그리하여 기력이 약해진 노인은 홀로 비틀거리며 길을 걸어가거나 한구석에 드러누운 채, 지난날의 자신에 대해 희미한 그림자나 꿈을 간직하고 있을 뿐이다. 그때 죽음이 다가온다. 햄릿은 혼자 중얼거린다.

"그러나 아직 죽음의 손에 사라져버린 것은 없지 않느냐? 잠 못 이루던 어느 날, 영원히 잠들게 되면 그 꿈은……."

나는 누구나 살아서 그런 꿈을 꾸고 있다고 생각한다.

앞길이 푸르고 아득한 젊은 시절의 꿈에서 깨어난 사람, 자기와 남의 경험을 성찰한 사람, 그리고 과거와 현재의 역사를 연구한 사람은 뿌리깊은 편견으로 이성을 그르치지만 않는다면 누구나 다음과 같은 결론에 이르게 된다. 인간 세상은 우연과 미혹으로 가득 찬 왕국이며 이 둘은 아무 온정도 없이 세계를 지배하고 다스린다. 그리고 언제나 어리석음과 죄악의 회초리를 휘두른다.

그러므로 어쩌다 인간 족속들 가운데 선량한 사람이 나타나도 많은 위기를 거친 뒤에야 비로소 빛을 바라볼 수 있으며, 고귀하고 지혜로운 영감이 외부에 작용하려면 헤아릴 수 없이 많은 어려움을 겪게 된다.

그런데 사상 영역에서는 불합리와 오류, 예술 영역에서는 평범함과 저속함, 실천 면에서는 사악함과 간계가 판치면서 위세 부리는데도 아무 저항도 받지 않는다. 그리하여 뛰어난 사상과 저작은 하늘에서 떨어진 별똥이나 되는 듯 여겨져 하나의 예외요 뜻밖의 이해할 수 없는 돌연변이처럼 푸대접받게 된다.

인간 개개인을 생각해 보면, 한 개인의 역사는 어쩔 수 없이 패배자로 낙인찍히게 된다. 파멸한 일생이란 재앙과 실패의 연속에 지나지 않기 때문이다. 누구나 이러한 상처를 숨기려고 하는데, 그 까닭은 다른 사람에게 말해도 동정이나 연민을 일으키기는커녕 그들에게 남의 재앙을 자기 위안으로 삼는 악마 같은 만족을 주는 데 지나지 않음을 알기 때문이다. 정직한 마음과 공정한 생각을 가진 사람이라면 누구나 생의 종말이 가까워짐에 따라 인생이라는 여행길을 다시 걷기를 원하지 않을 것이다. 그는 오히려 '절대적 허무'를 그리워하게 되리라.

이렇듯 덧없이 지나가버리는 삶 속에 고정된 것은 하나도 없다. 끝없는 고통도 영원한 즐거움도 없다. 따라서 한결같은 인상, 오래 이어지는 열정, 한평생 변하지 않는 결심도 있을 수 없으며 모든 게 시간의 흐름 속에 녹아 없어지고 만다. 시간을 이어가는 분초, 작은 물질에 깃든 수없이 많은 원자, 우리의 단편적인 행동 하나하나는 위대하고 용감한 것들을 썩게 만드는 충치균과도 같다.

세상에는 진지하게 대할 만한 것이 없다. 세상은 먼지구덩이와 다름없는데 그럴 가치가 있겠는가? 인생은 크고 작은 일이 그저 잠시 존속하는 것이다. 인생이 우리에게 무언가 약속했다 하더라도 이루어지지 않는 게 보통이며, 이루어지더라도 우리에게 그 소원의 대상이 얼마나 어처구니없는 것인가를 알려줄 뿐이다.

우리를 속이는 것은 희망이기도 하고 간절히 바란 것이기도 하다. 인생이 우리에게 무언가 주었다면 그것은 도로 찾아갈 수 있기 때문에 잠시 빌려준 것일 뿐이다. 먼 곳에 있는 대상이 주는 매력은 우리에게 낙원 같은 그리움을 불러일으키지만, 막상 거기 이끌려가게 되면 환상처럼 사라져버린다. 다시 말해 행복은 언제나 미래 아니면 과거 속에 있으며, 현재는 마치 햇살을 담뿍 받은 벌판에서 바라보는 한 조각 뜬구름처럼 앞뒤가 환히 비쳐 보이지만 언제나 그림자를 드리우고 있다.

인간은 오로지 현재에만 살고 있다. 그리고 현재는 어쩔 수 없이 과거 속으로 줄달음질쳐 사라지고, 결과만 뒷날의 현재 속에서 회상될 뿐이다. 이것은 인간행위와 의지의 산물이지만, 어제의 생존은 오늘이 오면 완전히 소멸된다.

정확한 이성의 눈으로 보면 이 과거가 즐거웠느냐 또는 괴로웠느냐 하는 것은 전혀 문제되지 않는다.

현재는 우리가 그때그때 마주치는 동안 어느새 지나가 차례로 과거가 된다. 그리고 미래는 정확히 예상할 수 없으며 같은 시간선상에 있지 않다. 물리학적으로 걸음이란 그때그때 정지된 파국이듯, 육체의 생리적인 생활도 시시각각 미루어지고 유예된 죽음이며, 정신활동도 밤마다 권태를 물리치는 일에 지나지 않는다. 그리고 나중에는 으레 죽음이 승리를 차지하게 된다. 왜냐하면 삶자체가 죽음의 소유이며, 삶이란 죽음이 삼켜 버리기 전에 노리개로 삼고 있는 순간에 지나지 않기 때문이다. 우리는 특별한 관심을 갖고 여러모로 걱정하면서 삶을 되도록 길게 늘리려 애쓴다. 그러나 이것은 아이들이 공중에 비눗방울을 내뿜으며 터질 것을 알면서도 되도록 큼직하게 만들려 애쓰는 것과 같다.

삶이란 즐거움을 누리기 위해 우리에게 보내진 선물이 아니다. 오히려 우리가 힘들고 어려운 일을 함으로써 갚아야 할 의무이며 과업이다. 그러므로 크고 작은 모든 일에는 일반적인 불행, 그칠 줄 모르는 노력, 경쟁, 끊임없이 이어지는 투쟁, 몸과 마음을 다 바치는 긴장 속에서 어쩔 수 없이 수행하는 활동이있을 뿐이다.

몇백만을 헤아리는 인간들은 국민으로 힘을 뭉쳐 공공의 복리를 누리려 하는 한편 저마다 자기 이익을 위해 움직이며, 공공의 복리를 위해 몇천의 희생자가 생기기도 한다. 다시 말해 이치에 맞지 않는 어떤 선입관이며 교활한 전략이 사람들을 싸움터로 몰아넣어 몇 사람의 터무니없는 발상을 합리화하거나 그들의 잘못을 감추기 위해 많은 사람들이 피땀을 흘리는 것이다.

평화로울 때는 상공업이 발달하고 온갖 놀라운 발명을 하여 큰 선박이 바다위를 자유로이 오가며 세계 곳곳에서 맛좋은 식료품을 실어오지만, 항해하는 동안 몇천 명의 목숨이 풍랑을 만나 사라지기도 한다.

어떤 사람은 머리를 짜내고, 어떤 사람은 손발을 움직인다. 사람들은 저마다 일하느라 야단들인데, 참으로 우스꽝스럽다고 하지 않을 수 없다. 이런 노력은 무엇을 위해서인가? 하루살이 같은 목숨을 위해 허덕이는 생활을 잠시 동안이나마 좀 더 연장하려는 것이다. 인간의 일생이란 가장 행복한 경우라도 그저 견딜 만한 정도의 불행과 비교적 가벼운 고통 속에 사는 것뿐이며, 걸핏하면 권태라는 고통이 그 자리를 차지한다. 그리고 다음에 하는 일은 인간을 낳아 개체 수를 늘리며 판에 박힌 생활을 되풀이하는 것이다.

우리가 고뇌를 없애려 꾸준히 노력해도 얻는 것은 결국 고뇌의 형태를 바꾼 데 지나지 않는다. 처음에 고뇌는 결핍과 부족과 물질적인 생활에 대한 염려로부터 나타난다. 우리가 이 고뇌를 애써 쫓아버리면 그것은 곧 모습을 달리해 여러 가지 형태로 나타난다. 곧 나이와 환경에 따라 성욕, 사랑, 질투, 선망, 증오, 야심, 횡포, 탐욕, 질병 등으로 나타나는 것이다. 그리하여 만일 이것들이 이미 침입할 여지가 없게 되면, 그때는 권태와 포만이 삭막한 회색 외투를 걸치고 나타난다. 이것을 물리치려면 매우 모질고 끈질기게 싸워야 한다. 그러나 악전고투 끝에 물리쳐도 본디 여러 가지 형태로 변형되어 나타나므로 처음부터 다시 시작할 수밖에 없다.

모든 생물들이 숨을 들이마실 새도 없이 고군분투하며 살아가는 것은 삶에 안주하려고 하기 때문이다. 먼저 그것이 이루어지면 할 일이 없게 된다. 그리하여 인간이 다음에 해야 할 노력은 삶의 무거운 짐을 덜어 그것을 느끼지 않도록 하고 시간을 잡아먹는 일, 다시 말해 권태로부터 벗어나는 일이다. 인간은 일단 모든 물질적·정신적 불행으로부터 벗어나 다른 무거운 짐을 모조리 없애버리면, 이번에는 자신이 빈둥거리며 유희나 유흥에 빠져 세월을 보낸 지난날의 일들을 다행으로 생각한다. 시간 여유란 악착같이 늘리려고 애쓴 생존법으로부터 얻은 결과이다.

권태라는 해악은 무시할 수 없는데, 권태에 사로잡힌 이에게 통탄할 절망을 안겨준다. 이 권태 때문에 본디 남을 아끼거나 위하는 마음이 거의 없는 사람도 이야기를 나누며 어울리고 싶어한다. 그러므로 권태는 사교적 본성의 근원이라고 해도 무방하다. 그리고 국가는 이것을 일종의 공적인 재앙으로 보고 신중을 기해 은밀히 억누르려고 한다. 이 채찍은 그 적수인 굶주림과 마찬가지로 사람을 제멋대로 만든다.

대중에게는 빵과 함께 광대의 당나귀가 필요하다. 필다빌피어에는 하는 일 없이 유유자적하는 행위를 처벌하는 가벼운 형법이 제정되었는데, 죄수에게 형벌로 주어지던 권태는 참으로 무서운 것이어서 권태를 벗어나기 위해 스스로 목숨을 끊은 죄수도 한두 사람이 아니었다고 한다. 가난은 하류층의 끊임없는 채찍이며 권태는 상류층의 채찍이다. 그리고 일상생활에서 일요일은 권태를, 나머지 6일은 가난을 나타낸다.

우리 생활은 마치 시계추처럼 괴로움과 권태 사이를 오간다. 이 둘은 사실상 인간생활을 집약적으로 나타낼 수 있는 요소이다. 그리고 이 사실은 묘한 형태로 나타나, 인간은 지옥이 온갖 형벌과 고통이 가득한 곳이라고 말해 왔지만, 천국은 권태 이외에 달리 묘사할 수 없었다.

인간은 생물 가운데 가장 어처구니없는 존재이다. 인간은 의지 이외의 아무것도 아니며, 육체화된 욕구의 덩어리일 따름이다. 인간은 오직 자신을 의지해 지상에서 살아가며, 자신의 불행과 결핍과 곤궁을 해결하는 일 말고는 아무것도 추구하지 않는다. 인간생활은 급박한 요구에 쫓기며 새롭게 펼쳐지는 삶의 고통으로 가득 차 있다.

그리고 다른 면에서 인간을 괴롭히는 것은 종족을 보존하기 위한 제2의 본능, 곧 성욕이다. 인간은 사랑으로 많은 고난을 감수하며 이것을 피하려 조심하지만 피할 길이 없다. 불안한 발길을 떼어놓으면서 조심스러운 눈으로 주위를 살피며, 좋지 않은 무수한 사건과 적을 앞에 두고 살아가는 것이 비참한 인간이다. 이런 현상은 미개한 야만인 지역이나 개화된 문명인들 나라나 다를 바 없다.

인생은 또 암초와 거센 물결이 굽이치는 바다와 같다. 인간은 여기서 양옆을 두루 살피며 가까스로 몸을 피해 나아간다. 자기의 재능과 노력으로 그럭저럭 항로를 개척할 수 있다 하더라도 앞으로 나아갈수록 피할 수도 밀어낼 수도 없는 죽음이라는 난국 속으로 다가간다. 그리하여 죽음이 자기를 향해 정면으로 달음질쳐 오는 것을 알아차린다. 죽음이란 이렇듯 암초가 많은 항해의 종착지로서, 인간에게는 이제까지 피해 온 어느 암초보다도 고약한 것이다.

우리는 고통이 있는 것은 느끼지만 고통이 없는 것은 느끼지 못하고, 걱정은 느끼지만 걱정이 없는 것은 느끼지 못하며, 두려움을 느끼지만 안전한 것은 느끼지 못한다. 우리는 목마름을 느끼듯 욕구와 소망을 감지하지만 바라던 것을 실제로 손에 넣으면 갑자기 매력이 사라져버린다. 마치 입 안에 든 음식물을 삼키면 아무 맛도 느끼지 못하는 것과 같다.

인생의 3대 선(善)인 건강과 젊음과 자유도 소유하는 동안은 도무지 느끼지 못하다가 잃은 뒤에야 비로소 느끼게 된다. 이 세 가지도 소극적인 선이기 때문이다.

행복한 나날을 보낼 때는 행복을 그리 의식하지 못하다가, 그것이 지난날의 일이 되고 대신 불행이 찾아오면 그제야 행복을 떠올리게 되는 것이다. 그리고 쾌락을 누릴수록 그에 대한 감각은 약해지고, 어떤 쾌락도 익숙해지면 아무것도 아니게 될뿐더러, 그 쾌락 때문에 오히려 고통을 더욱 뚜렷이 느끼게 된다. 또한 쾌락에 젖어 살던 습관이 없어지면 남는 것은 괴로움뿐이다.

시간은 즐겁고 재미있게 지낼수록 빨리 지나가버리고, 슬픔에 빠져 있으면 더디게 가는 법이다. 환락보다는 고통이 능동적이다. 고통이 생길 때에만 실제로 체험하는 듯이 느끼기 때문이다.

권태는 우리에게 시간을 의식하게 하고 쾌락은 시간관념을 사라지게 한다. 이를 보더라도 우리 삶은 감흥이 작을수록 더욱 행복하다는 것을 알 수 있다. 결국 삶에서 벗어나는 게 더 바람직하다는 것도 입증할 수 있다.

큰 기쁨은 주로 큰 불행에 앞서게 마련이며 언제까지나 유쾌하기만 한 즐거움을 만들어내는 능력은 이 세상 누구에게도 없다. 인간이 할 수 있는 일이란 다만 자기 기분을 적당히 얼버무리고 덧없는 소망에서 잠시 만족을 느껴보는 것뿐이다. 그래서 대부분 시인들은 먼저 주인공을 우수와 고뇌로 가득한 환경에 일단 내버려 두고 나중에 그들을 탈출하게 하는 것이다. 희곡이나 서사시에서도 많은 고난을 겪으면서 끈질기게 싸워나가는 인간의 모습을 많이 묘사하고 있으며, 소설에서는 가련한 인간의 심리 갈등과 방황이 그려진다. 자연의 혜택을 많이 받은 볼테르도 이런 면에서 다음처럼 말했다.

"행복은 꿈에 지나지 않으며 실제로 존재하는 것은 고통뿐이다. 나는 80 평생을 두고 이 사실을 경험해 왔다. 나는 이제 체념할 뿐이다. 나는 나 자신에게 이렇게 말하겠다. '파리가 태어나는 것은 거미에게 잡아먹히기 위해서이며, 인간이 태어나는 것은 괴로움의 노예가 되기 위해서'라고."

개인의 일생은 일반적으로 보나 특수한 관점에서 보나 분명 비극으로 여겨지지만, 일생의 우여곡절을 면밀히 살펴보면 희극성도 띠고 있다. 하루의 번잡함과 고난, 그때그때 끊임없이 일어나는 불쾌한 일, 거듭되는 소망과 두려움, 때때로 저지르는 실수, 우리를 농락하기 위해 언제나 주시하고 있는 우연의 장난, 이 모든 것들은 틀림없이 희극적인 장면이다. 언제나 기만당하기 마련인 소원, 헛된 노력, 운명에 무참히 짓밟히는 희망, 한평생 따라다니는 저주스러운 미혹(迷惑), 날로 더해가는 고뇌, 마지막 타격인 죽음 등 여기서 영원한 비극이 일어난다.

게다가 운명은 우리 삶에 절망을 안겨줄 뿐만 아니라 우리를 비웃기까지 한다. 그리하여 우리 일생을 비극과도 같은 불행들로 가득 차게 하고 적어도 비극의 주인공으로서의 존엄마저 제대로 유지할 수 없게 한다. 여기에 그치지 않고 우리는 평생의 대부분을 광대 같은 값싼 역할을 하며 보낸다.

겉보기에 대부분의 인간 생애는 얼마나 빈약하며 또 얼마나 절망적인가? 내면적으로 볼 때는 또 얼마나 둔하고 어리석은가? 이는 거의 믿을 수 없을 만큼 두려운 일이다. 인간은 다만 수난과 무기력, 동경과 비틀거림이라는 생애의 네 시기를 통해 꿈을 되풀이한다. 그런 다음 보잘것없고 하찮은 생각을 지닌 채 죽음에 이른다. 마치 태엽에 감겨 돌고 도는 시계처럼, 한 인간이 태어날 때마다 인생 시계는 태엽에 감긴 낡은 기계 소리가 귀에 들리지 않을 때까지 곡조를 달리하며 쉼없이 돌아간다.

개인과 그 모습, 그 일생은 오직 자연의 무수한 영혼과 집요하고 고집스럽게 살려는 의지가 갖는 저마다의 덧없는 꿈이요, 시간과 공간이라는 무한한 백지 위에 의지가 그려놓고 희롱하는 한때의 그림이다. 그것은 눈이 아플 만큼 짧은 순간에 사라져버리며 그 뒤에 다시 다른 그림이 그려진다.

이런 인생에는 우리가 깊이 생각해 보아야 하는 중대한 다른 일면이 있다. 곧 줄기차고 맹목적인 삶의 의지는 개개의 희롱에 대한 보상으로서 많은 괴로움과 비통한 죽음—오랫동안 두려워하던 끝에 반드시 닥쳐오고야 마는—을 치러야 한다는 것이다. 우리가 시체를 보고 엄숙해지는 것은 이 때문이다.

단테는 어디에서 지옥의 표본과 이미지를 얻었을까? 우리가 사는 이 세계 말고는 다른 것이 있을 수 없지 않은가? 그가 그린 지옥은 참으로 그럴듯하다. 그런데 단테가 천국과 그 즐거움을 그리고자 했을 때, 그는 어떻게 해야 좋을지 알 수 없는 어려움에 부딪치고 말았다. 왜냐하면 우리가 살고 있는 세상에는 그곳과 비슷한 데가 전혀 없었기 때문이다. 그래서 단테는 천국의 즐거움을 그리기보다 자기에게 이야기를 전해 준 연장자나 마음속 연인 베아트리체,[5] 그리고 많은 성자들의 교훈을 전하는 도리밖에 없었다. 이것으로 미루어 보아도 이 세계가 어떤 종류의 것인지 잘 알 수 있다.

이 세상의 지옥은 단테가 그린 지옥을 뛰어넘으며 인간은 저마다 자기 이웃에게 악마가 되어 있다. 그리고 거기에는 모든 사람보다 뛰어난 악마 우두머리, 곧 정복자가 있다. 정복자는 수십만 인간을 두 파로 갈라 서로 싸움을 붙이고는 "적에게 온 힘을 다해 싸우다가 죽어가는 게 너희들 운명이므로 총과 대포를 쏘아대라"고 외친다. 고맙게도 인간들은 이에 순종한다.

만일 개개인에게 앞날에 도사리고 있는 수없이 고약한 근심과 고난을 한눈에 보여준다면 어떻게 될까? 사람들은 그 처참한 광경을 보고 매우 놀랄 것이다. 아무리 낙천가라도 데리고 다니면서 일반 병원이나 외과 수술실, 노예의 거실, 전쟁터, 중죄재판소 등을 보여주고 가난 때문에 세상의 싸늘한 눈을 피해 숨어사는 음침한 소굴이나 성곽을 보여주면, 그는 세상에 있을 수 있는 가장 바람직한 게 무엇인지 짐작할 것이다. 우주에는 폭력이 제멋대로 날뛰고 있을 뿐인데 우리는 모든 것을 선이라고 주장하는 근대철학에 물들어 있다. 사실은 악이 모든 것을 더럽히고 있고, 바른대로 말하면 모든 것이 악이다. 왜냐하면 세상에는 있어야 할 자리에 있는 것이 하나도 없기 때문이다.

황야인 이 세계는 몇백 몇천을 헤아리는 동물의 생생한 무덤이 되었고, 불안과 괴로움에 시달리는 생물은 오직 서로 물어뜯기를 일삼으며, 맹수들은 무

---

5) Portinari Beatrice(1266~1290). 이탈리아 피렌체의 귀부인. 디 발디의 아내로 단테의 《신곡》에 영원한 마음의 여성으로 그려진다.

수한 생명을 삼키면서 목숨을 이어가고 있다.

생물은 이지(理智)가 발달할수록 괴로움에 대한 감각이 섬세해지는데, 그 가운데 인간은 그 감각이 가장 높이 발달되어 있다.

낙천론자들은 이 세계를 자기들 학설에 적응시켜 선천적인 논증으로 가장 살기 좋은 곳이라고 주장하지만, 이는 분명 이치에 맞지 않다. 어떤 사람은 나에게 말하리라. 눈을 들어 태양이 밝게 비치는 이 세계가 얼마나 아름다운가를 보라고. 산과 계곡, 강물, 초목, 동물을 찬미하라고.

그렇다면 이 세계는 마치 마법사의 초롱불 같은 것인가? 그 광경은 보기만 해도 멋스럽다. 그러나 세상이 산이나 나무나 짐승으로 되어 있는 자체는 문제되지 않는다. 낙천론자의 주장에 따르면 인간은 세계의 궁극적인 뿌리로부터 창조된 것이라고 한다. 그들은 우주의 섬세하고 교묘한 이치를 찬양한다. 유성이 운행하다가 서로 부딪치는 일이 없고, 바다와 육지가 뒤죽박죽되지 않고 서로 뚜렷이 한계를 유지하며, 지상의 모든 것이 얼어붙지 않고 열에 녹아버리지도 않으며, 적도 경사면에서는 언제나 봄이 이어지는 일 없이 과일이 잘 익어간다고 한다.

이것은 없어서는 안 되는 조건에 지나지 않는다. 다시 말해 하나의 세계가 존속되려면, 또 유성이 영원히 존재하려면, 먼 항성에 빛이 다다를 때까지만이라도 존재하려면, 레싱의 어린이처럼 낳자마자 곧 죽어버리지 않으려면, 우주는 뿌리부터 붕괴되지 않도록 치밀하게 구성되어야 한다.

그런데 그처럼 찬미하는 세공품과 같은 세계에서 어떤 결과를 볼 수 있는가? 그처럼 견고하게 짜여진 무대 위에는 어떤 배역들이 돌아다니고 있는가? 우리 눈에 띄는 것은 괴로움이 감수성에 의존하고, 그 감수성은 이지적일수록 강도가 심하며, 욕구와 고뇌가 함께 보조를 맞추며 끝이 없고, 나중에 남는 것은 비극이나 희극의 재료뿐이다. 그러므로 적어도 성실한 사람이라면 아무래도 낙천론의 '할렐루야!'를 합창할 엄두가 나지 않을 것이다.

만일 이 세계를 유일한 신이 창조했다면 나는 그런 신이 되라고 해도 되지 않을 것이다. 세계의 참상이 내 가슴을 찢을 테니까.

만일 악마 같은 창조주가 있었다면 우리는 그가 만든 것에 대해 이렇게 항의할 수 있으리라.

"그대는 왜 세계에서 고요하고 성스러운 안정을 중단시켰는가? 무엇 때문에 그런 무모한 일을 했는가? 어쩌자고 그토록 많은 불행과 고뇌를 불러일으키려 했는가?"

인생의 객관적 가치를 두고 볼 때, 적어도 허무를 넘어설 수 있는 것이 있을지 의문이다. 나는 이렇게 말하고 싶다. 만일 경험과 여러 생각에서 나오는 소리가 바르게 퍼진다면, 허무 쪽이 더 우월하다고. 나는 이른바 영원한 삶이 무엇인지 모른다. 다만 이 세상에서 영위하는 삶은 값싼 희극이라고 할 수밖에 없다.

욕구를 갖는다는 것은 번거로운 일이 아닐 수 없다. 그런데 세상을 살아간다는 것은 욕구를 갖게 됨을 뜻한다. 그러므로 삶은 본질적으로 괴로운 일이다. 고귀한 생물일수록 더욱 불만을 느낀다. 인간의 생애는 삶을 위한 고달픈 투쟁이지만, 끝내 패망하고 만다는 것은 틀림없는 사실이다. 인생은 끊임없는 사냥이며, 우리는 거기서 포수가 되기도 하고 쫓기는 짐승이 되기도 하면서 서로 고기를 빼앗는다. 세계의 고통스러운 박물지(博物誌)—그것을 펼쳐보면 동기 없는 욕망과 끝없는 고뇌, 투쟁과 죽음이 들어 있다—가 세기에서 세기로 이어져 내려가며 지구가 금이 가서 가루가 될 때까지 이어지는 것이다.

앞에서 말한 바와 같이 고통은 적극적으로 우리에게 작용하는 데 비해 행복과 쾌락은 소극적으로 작용한다. 그러므로 어떤 사람의 생애가 행복했다는 것은 기쁨과 즐거움을 얼마나 누렸는가를 헤아릴 게 아니라, 적극적인 작용을 하는 고통을 얼마나 적게 느꼈는가 하는 게 기준이 되어야 할 것이다.

이렇게 볼 때, 동물이 인간보다 숙명적으로 한결 삶의 괴로움을 견디기 쉽게 되어 있음을 알 수 있다. 이제 우리는 이 둘을 상세히 생각해 보기로 하자. 인간의 행복과 불행은 매우 복잡한 형태로 나타난다. 그래서 인간은 때로는 그것들을 쫓기도 하고 때로는 놓치기도 한다. 그런데 이 온갖 행복과 불행은 사실상 육체의 쾌락과 고통을 바탕으로 하고 있다.

그리고 이런 행복과 불행의 근본은 매우 단순하다. 이를테면 건강, 식사, 추위와 습기로부터의 보호, 성욕의 충족, 또는 이 모든 것의 결핍에 지나지 않는다. 그러므로 인간도 육체 쾌락에서는 동물보다 더 많이 누린다고 할 수 없으며, 다만 인간의 더 고도로 발달된 신경계통이 쾌락이나 고통에 대한 감수성을 강화하고 있다는 게 동물과 다를 뿐이다.

　인간의 성욕은 동물에 비해 얼마나 격심한가! 물론 인간의 마음은 동물에 비하면 비교도 되지 않을 만큼 심한 동요를 느끼지만, 결과로 얻는 것이란 방금 말한 바와 같이 건강과 의·식·주 등에 지나지 않는다. 인간은 지나가버린 일과 앞으로 다가올 일을 생각하기 때문에 마음이 크게 흔들리고 불안과 두려움과 기대 때문에 쾌락과 고통이 실제보다 훨씬 큰 영향을 주게 마련이다. 그러나 동물은 언제나 실제의 쾌락이나 고통을 느낀다. 즉 동물에게는 깊은 생각이라는 고통의 축전기(蓄電器)가 없으므로 인간의 경우와 달리 과거를 기억하거나 미래를 예측해 위축되지 않는다. 그러므로 동물은 현재 느끼는 고통이 수백 수천 번 반복되어도 본디 고통을 그대로 느끼는 데 그치며, 결코 적극적으로 느끼지 않는다. 동물이 고통에 대해 부러울 정도로 침착한 것은 그 때문이다.

　그런데 인간은 깊은 생각과 여기에 따르는 마음의 작용 때문에 즐거움과 괴로움으로부터 행복과 불행이라는 승화된 감정이 나타난다. 그리고 그것이 커졌을 경우 뚜렷이 드러나 때로는 미칠 듯한 환희에 사로잡히며 때로는 자살에까지 이르는 절망에 빠지기도 한다.

　이 점을 상세히 말하면 본디 인간의 욕구를 충족시키는 것은 동물의 경우보다 좀 더 어려울 뿐인데, 더욱 커다란 쾌락을 위해 일부러 욕구를 키워 사치와 겉치레와 여기에 따른 좋은 음식, 담배, 아편, 술 등 많은 것을 만들어낸다.

　그래서 인간에게서만 찾아볼 수 있는 쾌락과 고통의 샘이 마련되며, 이 때문에 인간은 필요보다 더, 아니 자신의 행동을 거의 망각하면서까지 이 샘에서 망상하는 모든 것을 퍼내려고 한다. 야심, 명예, 치욕에 사로잡히며, 다른 이가 자기를 어떻게 보느냐에 치중해 행동하게 된다. 그래서 주로 기이한 형태로 행동의 목표를 세우고 육체 쾌락이나 고통을 도외시한 노력을 하게 마련이다.

　인간은 물론 동물에게서는 찾아볼 수 없는 순수한 지적 쾌락을 갖고 있을 것이다(이 쾌락에는 여러 단계가 있어, 가장 단순한 유희나 회화에서부터 가장 높은 정신활동에 이르기까지 다양하다). 그 대신 고통에는 똑같은 양의 권태라는 것이 주어진다.

이 권태는 자연이 준 본능에 따라 살아가는 동물에게서는 찾아볼 수 없다— 인간에 의해 훈련된 가장 영리한 동물만이 경험할 수 있을 정도이다. 인간에게는 그 권태가 마치 채찍 같아서, 그것에 얻어맞는 자들은 머리가 아니라 주머니를 살찌게 하는 데만 골몰하는 평범한 사람들이다. 그들은 안락한 삶을 누리게 되면 그 삶 전체가 하나의 형벌이 되어 권태의 채찍에 시달리게 되어, 여기에서 벗어나려고 여기저기 명승지를 찾아 여행이라도 다니며 세월을 보내는데, 그 모습이 한 곳에서 다른 곳을 찾아 구걸하러 다니는 거지와 다를 바 없다.

이처럼 인간의 삶은 가난과 권태로 양극을 이룬다. 그리고 인간의 성적 만족은 다른 동물에게서는 찾아볼 수 없는 특수한 선택으로 이루어진다. 그리고 이 선택은 때때로 다채롭고 열렬한 연애에 빠지게 하는데—이 점에 대해서는 《의지와 표상으로서의 세계》 보충 설명의 독립된 한 장(章)에서 이야기했다— 이 선택 또한 인간에게 긴 고통과 짧은 향락을 안겨주는 원인이 된다.

여기서 놀라운 것은 인간은 동물에게서 볼 수 없는 생각하는 힘이 있어 모든 동물에게 공통된 고통과 쾌락이라는 좁은 터전 위에 행복과 불행이라는 높고 큰 건물을 세운다는 점이다. 이로 말미암아 인간의 마음은 심한 갈등을 일으켜 때로는 망상에 사로잡히고, 그 흔적이 얼굴에도 나타나게 된다. 그러나 나중에 실제로 손에 넣는 것은 동물이 소유하고 있는 것에 지나지 않는다. 동물은 인간과는 비교되지 않을 만큼 조금만 애쓰면 쾌락을 얻을 수 있다.

인간에게는 쾌락보다 고통이 훨씬 많으며, 더욱이 인간은 죽음을 알기 때문에 고통이 몇 배나 커진다. 동물은 본능적으로 죽음을 피하려 할 뿐 죽음이 무엇인지 모르며, 따라서 머릿속에 떠오르지도 않는다. 그러나 인간은 늘 죽음을 내다보고 있다.

동물은 자연사하는 경우가 매우 드물며, 자연적으로 죽는 동물이라도 다만 생식을 하는 데 필요한 동안만 살다가 다른 것의 먹이가 되기 마련인데, 인간은 자연사가 당연시되어 있고 또 그러한 예가 헤아릴 수 없이 많다. 이런 점에서는 앞서 말한 이유로 동물이 인간보다 한 걸음 앞섰다고 할 수 있다.

인간이 자연스럽게 삶의 목적을 이룬다는 것은 동물의 경우처럼 드문 일이다. 그럴 수밖에 없는 것이 인간이 살아가는 방식은 자연적이지 못해서, 부자연스러운 노력과 의욕에서 비롯되는 종족 전체의 실질적인 퇴보가 삶의 목적을 이루는 데 많은 지장을 주기 때문이다.

동물은 인간보다 훨씬 단순한 생활에 만족한다. 식물 또한 만족을 누리고 있다. 인간은 지적 수준이 낮을수록 삶에 만족을 느낀다. 그리고 동물의 생존에는 인간보다 훨씬 적은 고통과 즐거움이 따른다. 그 이유는 그들이 한편으로는 불안과 거기에 따르는 괴로움을 모르고 살아가며 참된 의미의 소망을 지니고 있지 않고, 머릿속에서 즐거운 미래를 예상하거나 거기에 따르는 상상에서 오는 축복의 환영—인간 대부분의 기쁨과 가장 큰 즐거움은 이 두 가지 원천에서 나온다—에 사로잡히지 않으며, 이런 의미에서 희망을 품지 않기 때문이다.

이것은 동물의 의식이 직관(直觀)하는 것에 한정되며 현재에 그치기 때문이다. 요컨대 동물은 '구체화된 현재'이므로 현재 직관적으로 나타난 사물에 대해서만 매우 짧고 재빠르게 두려움과 소망을 느낄 뿐이다. 그러나 인간의 의식은 생애 전체를 포용할 만큼, 아니 그 이상으로 확대된다.

이런 면에서 동물과 인간을 견주어 보면, 현재를 마음 편히 아무 걱정 없이 즐길 수 있다는 점에서는 동물이 현명하다. 그래서 우리 인간은 때때로 동물이 누리는 마음의 평안을 보고 상상이나 불안에 시달리기 쉽고 만족을 누리지 못하는 자신을 부끄럽게 여길 때도 있다.

앞에서도 말한 대로 우리가 소망과 기대에 대한 즐거움을 누릴 수 있는 것은 결코 대가를 치르지 않고 주어진 것은 아니다. 우리가 이 소망이나 기대로 말미암아 즐거움을 미리 느끼게 되면, 그만큼 나중에 오는 즐거움이 줄어든다. 따라서 소망이나 기대 자체가 우리에게 만족을 주는 정도가 훨씬 줄어든다.

그러나 동물은 어떤 즐거움도 앞당겨 느끼는 일이 없고 이렇게 만족이 줄어드는 경우도 없기 때문에 현재 나타난 즐거움을 그대로 맛볼 수가 있다. 그러므로 해악도 그들에게는 있는 그대로의 비중을 차지하지만, 인간은 두려움과 괜한 걱정, 해악을 미리 고려해 그보다 열 배나 더 큰 비중을 차지하기 쉽다.

우리는 자기가 기르는 가축을 바라보며 자신과 비교하면서 즐거운 관찰을 할 수 있는데, 이것은 주로 동물이 우리와 달리 완전히 현재에만 매여 있기 때문이다. 그러므로 동물은 현재가 구체화된 모습이라고 할 수 있다. 우리는 그때그때 아무 걱정 없이 즐겁게 시간을 보내는 동물에게서 배울 점이 있다. 우리가 대체로 자기 생각에 갇혀서 이것을 지나쳐 버리는 것을 감안하면 그 가치가 매우 높다는 걸 더욱 깨닫게 된다.

이기적이고 냉정한 인간은 동물의 이러한 특성, 다시 말해 우리보다 한층 더 생존에만 만족을 느끼는 것을 도용해 진귀한 보화처럼 이용한다. 동물은 이런 인간으로부터 알몸뚱이 말고는 아무것도 소유하지 못한 존재로밖에 대접받지 못하고 있다. 그래서 인간은 지구의 절반을 날아다니는 새를 좁은 조롱 속에 가두어 기르고, 자기들의 가장 충실한 벗인 영리한 개를 쇠줄에 묶어둔다. 나는 이런 개를 볼 때마다 개들이 불쌍하다고 생각하며 한편 개 주인에게 강한 분노를 느끼게 된다.

나는 몇 해 전 〈타임〉지에 실린 어떤 유쾌한 사건을 지금까지 기억하고 있다. 거기에는 커다란 개를 쇠사슬에 매어둔 어떤 귀족이 어느 날 넓은 뜰 안을 거닐다가 문득 그 개를 어루만져 주고 싶은 생각이 들어 개에게 손을 내밀었더니, 개가 주인의 팔을 덥석 물어버렸다는 내용이 실려 있었다. 그럴 만도 하다. 아마도 개는 주인에게 말하고 싶었으리라.

"당신은 내 주인이 아니라 악마다. 당신은 내 짧은 생애를 생지옥으로 만들었으니까."

개를 쇠사슬에 매어두는 자는 이런 봉변을 당해도 마땅하다.

앞에서 동물보다 인간에게 고통이 더 많은 까닭은 인식능력이 높기 때문이라는 사실을 말했는데, 여기서는 이 점을 일반 법칙으로 삼아 더 폭넓은 관점에서 생각해 보겠다.

인식 자체에는 언제나 고통이 없다. 고통은 오직 의지에 의존하며 의지가 방해받거나 차단될 때 나타나는데, 이 경우 그 장애가 인식되어야 한다. 다시 말해 햇살이 공간을 비추는 것은 거기 물체가 있어서 햇빛을 비추기 때문이며, 음향은 소리를 전달하는 물체를 필요로 한다. 그리고 목소리는 진동하는 공기의 파동이 딱딱한 물체와 부딪쳐야 멀리까지 들린다. 그래서 주위에 아무것도 없는 산꼭대기에서는 소리가 약하게 들린다. 노랫소리도 바깥에서는 충분히 고음을 낼 수 없듯이 우리의 의지가 방해받으면 고통을 느끼게 되는 것은 인식이 다르게 변화하기 때문이다. 다만 방금 말한 대로 인식 자체는 괴로움과 관계가 없다.

육체의 고통을 느끼려면 신경이 있어야 한다. 손끝 하나를 다쳤을 때에도 뇌에 이르는 신경이 끊겨 있거나 뇌가 상해 기능을 잃으면 고통을 전혀 느끼지 못한다. 그리고 죽어가는 사람이 의식을 잃어버리면, 그 뒤 여러 가지 경련을 일으켜도 우리는 그 사람에게 통증이 없는 것으로 안다.

의식적인 고통은 인식을 바탕으로 하고 있다는 것을 분명히 알 수 있으며, 고통은 인식의 정도에 따라 느낌이 달라지게 된다는 것도 쉽게 알 수 있다. 이 점에 대해서는 이미 언급했으며, 또 《의지와 표상으로서의 세계》(56장)에서도 자세히 설명했다. 그러므로 이 점은 다음과 같이 말할 수 있다. 즉 '의지는 거문고 줄이고, 그 차단은 진동, 인식은 울림통, 고통은 소리'라고.

무기물이나 식물은 고통을 느끼는 일이 거의 없지만, 의지가 방해받는 경우는 얼마든지 있다. 이와 달리 모든 동물은 보잘것없는 벌레에 이르기까지 고통을 느낀다. 아무리 약하더라도 아무튼 인식을 지닌다는 것은 동물의 고유한 특징이다. 동물의 유기적인 단계가 높아져 인식이 발달할수록 고통을 느끼는 크기도 커진다. 가장 낮은 등급의 동물은 고통을 약하게 느낀다. 곤충들은 다리가 떨어지고 내장의 일부만 붙어 있어도 곧잘 끌고 돌아다니며 먹이를 찾아 먹는다. 고등동물의 경우에도 개념과 생각이 결핍되어 있으므로 실제로 느끼는 고통은 인간에 비해 두드러지게 약하다. 고통이 최고조에 이르는 것은 이성과 사고로 의지가 포기되는 경우이다. 만일 이것이 불가능하다면 고통을 느낀다는 것은 말할 수 없이 참혹한 일이다.

이 세계, 특히 인간사회에서 이루어지는 현상의 특징은 내가 이따금 주장한 바와 같이 불완전하다기보다 잘못되어 있는 것, 다시 말해 도덕 면에서나 지적 또는 형이하학적인 면에서나 모두 이지러지고 비뚤어져 있다는 것이다.

인간은 때때로 자기의 잘못된 행동에 대하여 그것이 인간에게 자연스러운 일이라고 변명하는데, 이는 충분한 변명이 될 수 없으며, 다음과 같이 반박할 수 있다. '그 행동은 악하기 때문에 자연스러우며, 자연스럽기 때문에 악하

다'고. 이 말을 올바로 이해하려면, 무엇보다 원죄에 관한 가르침부터 알아야
한다.

어떤 개인에게 도덕적인 비판을 하려면, 언제나 다음과 같은 관점에 서 있어
야 한다. 인간의 근본 소질로서는 전혀 있을 수 없는 죄 많은 일, 흉악하고 도리
에 어긋나는 일, 원리라는 가설로 해석해야 하는 일, 그 때문에 죽음이라는 운
명에 떨어진 것으로 인정하는 일이며, 이 악의 기본 성격은 누구나 타인이 세밀
히 관찰하는 것을 원치 않는다는 사실에도 나타나 있다.

이런 인간이라는 족속의 생물로부터 무엇을 기대할 수 있단 말인가. 이런 처
지에 서게 되면, 우리는 어떤 사람에게나 더 너그럽게 대하게 되고, 그에게 숨
어 있는 악마가 언제 깨어나 나타나더라도 전혀 놀라지 않는다. 그리고 그에게
지력(知力)이나 그 밖의 것을 원천으로 삼아 선이 나타나면, 그 가치에 대해 더
욱 타당한 평가를 내릴 수 있다.

다음으로 그의 처지도 고려해 이 세상은 주로 가난하게 살아가게 되는 곳
이며, 때때로 비극과 고뇌로 시달리는 곳이므로, 거기서 저마다 삶을 지속하기
위해 바둥대며 싸워나가기 쉽다. 따라서 웃는 얼굴만 보일 수는 없도록 되어
있다는 것도 아울러 계산에 넣어야 할 것이다.

이와 반대로 낙천적인 종교와 철학이 주장하는 바와 같이 인간은 유일신이
창조한 것으로, 모든 의미에서 마땅히 그렇게 존재해야 하고, 또 현재 있는 그
대로의 존재여야 한다면, 누구든 잠깐 쳐다보기만 해도 생김새부터 다르게 보
여야 하며, 상대를 세밀히 관찰해 보거나 내내 교체해 보더라도 인간으로서 전
혀 다른 존재로 인식되어야 한다.

"용서는 모든 인간에게 해당되는 말이다."[6]

우리는 인간의 모든 어리석음과 과오와 해악에 너그러워야 하며, 우리 눈으
로 지켜보는 이런 현상들은 사실 우리가 지니고 있는 어리석음이요, 죄요, 또
한 사악함이라는 것을 염두에 두어야 한다. 우리에게 있는 이런 인간적인 결함
은 우리 모두가 지니고 있으며, 우리가 현재 분노해 마지않는 타인의 악 또한
우리 자신 속에 깃들어 있다. 다만 그것이 현재 드러나지 않고 속에 깊숙이 숨

---

6) 셰익스피어의 《심벨린》에 나오는 말.

어 있을 뿐이다. 어떤 계기만 생기면 다른 이가 저지르는 죄악과 마찬가지로 밖에 드러나게 마련이다.

다만 어떤 사람에게는 이 악이 나타나고 다른 사람에게는 저 악이 일어날 가능성이 더 짙으며, 또 어떤 이에게는 남보다 고약한 성질이 훨씬 많다는 것도 부인할 수 없는 사실이다. 개성의 차이는 헤아릴 수 없이 다양하기 때문이다.

삶의 허무에 대하여

삶의 덧없음은 모든 현상에서 드러난다. 예를 들면 시간과 공간은 무한한데 개체는 어느 면에서나 유한한 것, 실제로 삶의 유일한 기반이 되어 있는 현재가 언제까지나 개체에게 주어지는 것은 아니라는 것, 모든 사물이 타자(他者)에 의존하며 상대적이라는 것, 참된 실재가 없고 끝없는 변천이 있을 뿐이라는 사실, 만족할 줄 모르는 끝없는 욕구, 우리의 노력을 가로막는 무수한 재해 등에 삶의 허무가 나타난다.

인생은 죽음이라는 종말에 이르기까지 노력과 장해의 충돌이 끊임없이 이어진다. 시간과 모든 사물이 그 속에서, 그것을 통해 질주하고 소멸되는 사실은 형상으로서의 생존 의지가 물자체[1]로서는 불멸인 데 비해 그 의지의 현상인 인간의 노력은 공허하기 짝이 없음을 보여준다.

시간 때문에 우리 손안에 있는 모든 것이 시시각각 무(無)로 돌아가므로 현실적인 가치를 잃게 된다.

지금까지 있던 것은 현재의 것이 아니라 이미 사라진 것이라 할 수 있으며, 현재 있는 모든 것은 다음 순간에는 방금 있었던 것이 되고 만다. 그러므로 아무리 무의미한 현재도 가장 의미 있었던 과거보다 낫고, 현재와 과거의 관계는 무와 존재의 관계와 같다.

인류는 몇만 몇천 년이 지나고 나서 비로소 현재 여기에 존재하며, 얼마 뒤에는 다시 헤아릴 수 없는 시간 속에 스며들어 사라져버린다는 사실을 생각할 때 자못 놀라움을 금할 수 없다. 그러나 우리는 부르짖는다. '그것은 옳지 못한

---

1) Ding an sich. 사물을 인식하는 주체인 인간의 주관에 나타나는 현상이 아니라, 그 인식의 근원이 되며 인식 주관과는 관계없이 독립하여 존재한다고 생각되는 실재. 칸트는 우리의 감각에 표상을 일으키는 것은 물자체이지만, 물자체에 대해서는 알 수 없다고 했다.

생각일 것이다'라고. 아무리 빈약한 지성을 갖고 있는 사람도 시간은 관념상으로만 존재한다는 걸 어렴풋이 느낄 수 있을 것이다. 사실상 시간은 공간과 함께 참된 모든 형이상학의 근거이며, 그 관념성을 인정함으로써 자연 그대로의 세계와는 전혀 다른 세계를 설명할 수 있다. 칸트가 위대한 것도 이 때문이다.

세계에서 일어나는 모든 사건에 대해서는 오직 순간적인 '있다'가 있을 뿐이며, 다음 순간부터는 영원히 '있었다'가 된다. 그리하여 우리는 저녁이 될 때마다 점점 더 가난뱅이가 된다. 우리는 가난한 일생이 이처럼 빠르게 흘러가 버리는 데 대해 참으로 미칠 지경이다. 그러나 다행히 우리 저마다의 가장 깊숙한 곳에 어떤 의식이 숨어 있어, 인간의 본성은 결코 없어지지 않는 영원한 샘으로부터 흘러나오며, 이 샘에서 삶을 위한 시간이 끝없이 넘쳐흐르고 있다는 사실을 이야기해 준다.

이렇게 볼 때, 우리는 현재를 즐기고 그것을 생존 목적으로 삼는 게 가장 지혜로운 처세법이라고 할 수도 있다. 오직 현재만이 실재하며, 그 밖의 모든 것은 다만 머릿속에 간직된 표상[2]에 지나지 않기 때문이다. 그러나 그것은 동시에 가장 바람직하지 못한 처세법이라고 할 수도 있다. 왜냐하면 바로 다음 순간 무(無)가 되어 꿈처럼 송두리째 사라지는 것이라면, 결코 진심으로 좇을 만한 가치가 없기 때문이다.

우리의 생존은 시시각각으로 줄달음질치는 현재밖에 발붙일 데가 없다. 그러므로 거기에는 끊임없는 흔들림이 있을 뿐 우리가 바라는 안정은 있을 수 없다. 마치 산마루에서 달음박질쳐 내려오던 사람이 갑자기 멈춰 서려고 하면 곤두박질치게 되므로 넘어지지 않게 줄곧 달려야 하는 것과 같다. 그것은 또 손가락 끝에 균형을 잡고 가로놓인 막대, 또는 전진하는 것을 멈추면 태양 속으로 떨어질 수밖에 없는 유성과 같다. 그래서 생존의 모습을 '불안'이라고 표현하는 것이다.

이러한 세계이므로 거기에는 고정된 것이 하나도 없고, 영원히 지속되는 상태도 없다. 모든 것이 그칠 줄 모르는 변화의 급류 속에 휩쓸리고 있으며, 모든

---

2) Vorstellung. 감각을 요소로 하는 심적 복합체. 지각표상 이외의 기억 표상, 상상표상 등과 같은 재생심상(再生心象)에 의한 (대상의) 인식.

것이 빠르게 변하고 질주하는 끊임없는 움직임 속에서 가까스로 유지된다. 이런 세계에서 어떻게 행복을 생각할 수 있겠는가? 플라톤이 말한 '끊임없이 변천하는 흐름'만이 있는 곳에는 행복이 머물 수 없다.

인간은 누구나 사실 행복하지 못하며, 모두 한평생 꿈속에서 행복을 좇아다니지만, 손에 넣는 일은 매우 드물다. 비록 손에 넣는다 하더라도 덧없는 미혹(迷惑)만 깨닫게 될 뿐이다.

그래서 누구나 다 파괴된 배처럼 항구로 들어오기 마련이다. 그때 단편적인 현재의 시간들로 이루어진 생애에서나마 끝이 보이는 상황에서는 행복했던 일들이나 불행했던 일들이 그리 다를 것이 없다.

인류나 동물이나 그토록 떠들썩한 소동이 결국 식욕과 성욕이라는 두 가지 욕구에서 비롯되며, 여기에 덧붙여 권태가 따를 뿐이라는 사실을 생각할 때 놀라지 않을 수 없다. 이 세 가지 식욕, 성욕, 권태로 생존의 눈부신 활극이 이루어지는 것이다.

좀 더 자세히 관찰해 보기로 하자. 먼저 무기물의 존재는 화학적인 힘으로 말미암아 시시각각 침해당하며, 유기물의 생존은 끊임없는 물질적인 신진대사로 유지된다. 그리고 이 신진대사를 하기 위해 계속적인 수입, 즉 외부의 도움을 필요로 한다. 그러므로 유기적인 생명은 이미 자기 손가락 끝에 가로놓인 막대기 중심을 잡기 위해 끊임없이 움직여야 하는 것과 같다. 그러므로 그것 자체가 멈추지 않는 욕구, 거듭되는 결핍, 끝없는 고뇌이다. 그리고 의식은 오직 이 유기적인 생명체에만 나타난다.

유한한 존재란 이러하지만, 우리는 이와 대조되는 관점에서 무한한 존재를 생각할 수 있다. 그것은 외부로부터 침해받지 않고 도움도 필요로 하지 않으며, 영원한 안주 속에 변함없으며 다양하지도 이채롭지도 않다. 그리고 이 소극적인 인식은 플라톤 철학의 바탕이 된다. 다시 살아난 의지를 포함할 때 비로소 이러한 존재에 이를 수 있다.

인생의 이런저런 모습은 보잘것없는 석조 공예품의 그림자와도 같아서, 다가가 보면 별것 아니므로 아름답게 감상하려면 조금 멀리 떨어져서 바라보아야 한다. 마찬가지로 우리가 동경해 마지않던 것을 막상 손에 넣으면 오직 공허한 느낌만 준다는 것을 알게 될 뿐이며, 우리는 언제나 좀 더 나은 것을 바라거나 과거를 뒤돌아보고 그리워할 뿐이다. 그래서 현재는 오직 목적에 이르는 과정으로 보고 그리 중요하지 않게 여기게 된다.

생애의 종착역에 이르면 대다수 사람들은 그때 비로소 자신이 한평생 기대 속에 살아왔음을 깨닫게 된다. 이렇다 할 향락도 누려보지 못하고 세월의 흐름에 대수롭지 않게 자신을 내버려둔 것이, 바로 자기가 기대를 갖고 살아온 삶이었다는 사실을 알고 놀라움과 비애를 동시에 느끼게 된다. 요컨대 인간의 삶은 언제나 희망에 속고 죽음과 씨름하게 되어 있다.

한편 개체의 의지가 끊임없이 작용해 저마다의 만족이 곧 새로운 욕구를 일으키게 하기 때문에 의지의 욕구는 언제나 불만을 느끼면서 끝없이 늘어나고 팽창된다. 그 근본 이유는 의지가 그 자체로 볼 때 세계의 제왕이 되어 모든 것을 예속시키며, 어느 부분에 의해서도 만족을 느끼지 못하고, 오직 전체로서만 만족하며 이 전체는 무한히 연장되어 있기 때문이다. 그런데 애처롭게도 세계의 제왕인 의지도 개체로서의 현상에서는 그 힘을 충분히 발휘하지 못하고 주로 개체를 유지하는 데 그친다. 따라서 개체는 심한 비탄에 빠지게 된다.

정신적으로 무기력하고 온갖 저속한 악을 숭상하기에 바쁜 이런 시대에 사람들은 그 자신이 만든 거만하고 듣기에 거북한 '현대'라는 말을 마땅하다는 듯이 쓰고 있다. 그런데 범신론까지도 생존은 그 자체가 자기 목적이라고 주책없이 떠벌리고 있다. 만일 우리의 생존이 세계의 으뜸 목적이라면, 우리가 조작한 것이든 신이 정한 것이든 가장 어리석은 목적이라고 하지 않을 수 없다.

인생은 무엇보다 부역, 즉 삶을 이끌어 나가기 위한 노고의 연속이다. 그런데 노고를 치르고 나서 이로 말미암아 얻는 소득이란 무거운 짐이며, 이 짐을 내려놓고자 맹수처럼 안전한 생활에 따르는 권태를 막기 위해 또 다른 일이 생긴다. 그러므로 우선 무엇인가 얻은 다음에는 그것이 무거운 짐이 되지 않도록 이를 의식하지 말아야 한다.

인간의 생존이 하나의 미혹임에 틀림없는 까닭은 인간이란 욕구가 구체화된 존재로, 이 욕구를 채우기란 매우 어려운 일이기 때문이다. 비록 어떤 욕구를 채웠다 하더라도 단지 고통 없는 상태에 이를 뿐, 동시에 권태에 사로잡히기 마련인데, 권태 자체는 아무 가치도 없고 오직 내면에서 공허를 느끼게 할 뿐이다. 이 간단한 사실을 유의해 보더라도 인간의 생존이 미혹임을 잘 알 수 있다. 즉, 우리의 본성은 생존 요구에 따라 구체화되는데, 이 생존이 적극적인 가치와 참된 내용을 지니고 있다면 거기에 권태가 따를 리 없으며, 오로지 살아 있다는 사실 자체만으로 우리를 흡족하게 해주어야 한다.

그런데 실제로는 어떤가? 우리가 자신의 삶을 즐기는 경우란 고된 노력을 하는 동안이나 순수한 지적 활동에 몰두하는 동안뿐이다. 고된 노력은 거리감과 장해가 목적물로 한 대상을 얻기만 하면 우리가 만족할 것 같은 외형을 갖게 하고(이 미혹은 목적물을 손에 넣자마자 소멸된다), 지적 활동은 사실상 우리의 생존 범위를 벗어나 있으며, 마치 부둣가에 있는 구경꾼처럼 외부의 방관자와 같은 입장이다.

그리하여 우리가 잠시나마 이 두 극단의 경우를 떠나 존재 자체로 돌아가면 우리는 곧 그것이 실속 없고 덧없음을 절실히 느끼게 되는데, 그것이 바로 권태이다. 우리 속에 깃든 그칠 줄 모르는 호기심에서 무엇이든지 그럴듯하게 보이면 탐내는 것은, 사물이 그대로의 모습으로 있는 데 대해 염증을 느껴 중단되기를 얼마나 바라는지 잘 말해 준다.

지체 높은 사람들이 누리는 호사스러운 영화(榮華), 번쩍거리는 옷과 술잔치 같은 것은 근본적으로 오직 생존에 따르는 본디의 빈약하고 초라한 상태로부터 벗어나려는 헛된 노력의 결과에 지나지 않는다. 그게 아니라면 수많은 큰 촛대며 보석, 진주, 무희, 곡예사, 가장(假裝)과 가면 등은 과연 무엇이란 말인가?

살려는 의지의 가장 완전한 현상, 다시 말해 인간유기체라는 더없이 복잡하고 정교한 기계가 끝내 죽어서 흙으로 돌아가고, 그 본성과 노력의 모든 결과가 눈앞에서 무(無)로 바뀐다. 인간 의지의 모든 노력은 본디 이렇듯 공허하기 이를 데 없다.

옛날부터 정직한 철학자는 솔직하게 말했다.

"인간 자신이 충분한 가치를 지니고 있다면, 다시 말해 인간의 존재를 무조건 긍정해야 한다면 결코 '무로 돌아가는' 도달점에 이를 리 없다."

이러한 느낌은 괴테의 아름다운 시에서도 찾아볼 수 있다.

　낡은 성에 우뚝 솟아 있노라.
　영웅의 존귀한 영혼.

　죽음이 반드시 찾아온다는 것은 인간이 하나의 현상이며 '물자체(物自體)'가 아니라는 점에서 이해할 수 있다. 만일 인간이 '물자체'라면 결코 죽는 일이 없어야 하기 때문이다. 그런데 이 현상의 뿌리인 '물자체'는 오직 현상을 통해서만 자기를 나타내며, 이것은 '물자체'의 성격으로부터 비롯된 결과이다.
　한평생을 두고 볼 때, 탄생과 종말 사이에 얼마나 무서운 심연이 가로놓여 있는지 알 수 없다. 탄생으로부터 인간은 욕망에 사로잡히고 음란한 쾌락에 빠지며 끝내 모든 기관들이 파괴되어 시체에서 썩은 냄새가 난다. 혼란이 겉으로 드러나지 않는 유년시절, 죽음에 이르는 병마와 마지막 임종 때의 고뇌……. 이렇게 볼 때 우리의 생존은 죄과이며, 그 결과가 차츰 뚜렷이 나타난다고 생각할 수 있다.
　인생을 미혹의 파편으로 생각하는 게 올바른 견해이며, 모든 것은 여기에서 헤어날 수 없다고 보아야 한다.

　세계를 전체적인 관점에서, 인간이라는 덧없는 존재가 빠르게 교체되는 점에 중점을 두고 고찰하며 인간의 삶이 얼마나 희극적인지 세밀히 살펴보라. 그러면 마치 현미경으로 세균이 우글거리는 물방울이며 치즈에 곰팡이가 피어 있는 것을 보고, 이 미물들이 웅성거리며 악착같이 싸우는 광경에 저도 모르게 웃음이 나올 때의 기분이 될 것이다. 여기서는 비좁은 공간 속에, 저기서는 짧은 시간 속에 활발히 활동하지만 우습기 이를 데 없다.
　생존은 현미경으로 볼 수 있는 한 점과 같은데, 우리는 생존을 시간과 공간이라는 두 개의 강력한 렌즈로 확대해 엄청나게 큰 것으로 보고 있다.
　시간은 우리의 머릿속에 있는 하나의 틀이다. 시간이 있기 때문에 사물과 우리 자신의 공허한 존재가 지속되며 이는 실재라는 가면을 쓰고 나타나게 된다.
　우리가 지난날 이러저러한 행운과 쾌락을 놓쳐버렸음을 한탄하는 것은 가장 미련한 짓이다. 비록 그 행운을 붙잡았다 하더라도 지금에 와서 무엇이 남아 있겠는가. 기억 속에 오직 껍데기 같은 미라만 남을 게 아닌가. 우리에게 주어지는 건 모두 이렇게 되고 만다. 시간을 인식하는 것은 우리에게 세상의 모든 사물이 허망함을 깨닫게 한다.

인간이나 동물의 생존은 결코 확고한 기반 위에 있는 것도 아니고, 시간상 언제까지나 지속되는 것도 아니다. 오직 변천하는 존재에 따라 끊임없는 변화를 통해서만 존립되는, 이를테면 굽이치는 물결과 다름없다. 생존의 형태는 물론 여러 해 동안 이어지겠지만, 그것은 오직 물질이 언제나 신진대사가 되어 낡은 것이 새것으로 대치되는 조건 아래에서만 존재할 수 있다.

그러므로 언제나 여기에 알맞은 것을 구하는 일이 인간과 동물의 중요한 임무이다. 이들은 자기들의 이러한 생존이 다만 몇 해 동안만 지탱된다는 사실을 의식하므로 자기의 생존이 멈추면 이와 대치되는 생존으로 이동하려고 한다. 이러한 의도가 성욕이라는 형태로 나타나며 객관적으로는 생식기로 나타난다.

그리고 이 성욕을 많은 구슬을 꿴 실에 비교하면, 빠르게 교체되는 개체는 구슬에 해당된다. 이 교체를 조급하게 생각해 보면, 연속된 전체에서나 개체에 있어 언제나 형상만 남고 알맹이가 변해가는 것을 볼 때, 개체로서 우리는 가상의 가상만 지닌다는 것을 알 수 있다. 관념만 존재하고 모방된 형상인 사물은 그림자에 지나지 않는다는 플라톤의 가르침도 이런 관점에 있다.

우리가 다만 '물자체'의 현상에 지나지 않는다는 사실은 우리의 생존이 끊임없이 주어지는 영양물질이 계속해 흘러들고 흘러나오는 데 의존하고 있다는 점으로도 입증된다. 이런 관점에서 볼 때, 우리는 연기나 불길 또는 분수 같은 현상이 외부로부터의 공급이 멈추면 곧 사라지거나 파손되거나 그치게 되는 것과 같다고 하겠다. 그리고 이렇게 말할 수도 있다. 살려는 의지는 결국 완전히 무로 돌아갈 현상 속에 자신을 나타내는 것이다. 그런데 이 현상이나 귀결인 무 또한 모두 살려는 의지를 근거로 한다. 이것은 분명 불가사의한 일이 아닐 수 없다.

세상을 바라보면 곳곳에서 시시각각 나타나는 수없이 많은 위험과 해악을 눈앞에 두고 살아가기 위해 끊임없는 투쟁과 치열한 갈등, 그리고 악착같이 싸우는 모습을 볼 수 있다. 그리고 이런 치열한 싸움을 멈추지 않는 인간의 삶을 바라보면, 조금이라도 고통 없는 상태가 될 때 곧 권태가 침입하며, 그 순간 새로운 가난이 발생해 본디 처지로 되돌아가는 것을 알 수 있다.

그래서 가난을 없애면 권태에 사로잡히게 되는(지능이 발달된 동물도 그렇다) 것은 삶이 조금도 진실하고 순수한 알맹이를 지니지 못하며 오직 요구와 환상이라는 미혹에 의해 움직이고 있기 때문이다. 그리고 이 삶의 움직임이 조금이라도 멈추면 생존이 덧없기 이를 데 없음을 절실히 느끼게 된다.

일찍이 지금의 자기 처지를 진정 행복하다고 느낀 사람은 한 사람도 없었다. 만일 행복하게 느낀 사람이 있었다면 그는 술에 취해 있었으리라.

살려는 의지에 대하여

지금 우리가 보는 이 세계라는 현상을 드러내게 한 존재는 동시에 이 현상을 나타내지 않게 할 수도 있다. 따라서 아무 일 없이 편안한 상태에 있을 수 있다는 것은 선천적으로 경험에 앞서 인식되며, 통속적으로 말하여 저절로 이해되는 진리이다. 그리고 이 두 가지 상태는 다른 말로 표현하면 '현재의 다양성'과 '본디의 단일상'이다. 현재의 다양성이 삶을 의욕하는 현상이라면 본디의 단일상은 삶을 의욕하지 않는 현상이라고 보아야 한다. 그리고 생존을 바라지 않는 것은 사리(捨離, 집착을 버리고 번뇌에서 떠남), 불교의 열반, 또는 신플라톤주의[1] '탈아(脫我)'의 경지와 중요한 점에서 같다.

이에 대하여 서투른 반론을 주장하는 사람도 있을 듯해서 덧붙여두고자 한다. 살려는 의지를 버리는 것은 어떤 실체를 없애버리는 게 아니라 다만 의욕하지 않는 행위, 다시 말해 이제까지 의욕해 온 것을 더는 의욕하지 않게 되는 것이다. 그리고 우리는 이 본성, 물자체로서의 의지를 다만 의욕하는 행동으로서만 알게 되므로 이 행위를 하지 않게 된 뒤 의지가 계속해 무엇이 된다거나 무엇을 한다는 데 대해서는 이해할 수 없다. 그러므로 의지가 현상화된 우리로서는 이 포기를 무에 이르는 과정으로 인식할 수밖에 없다.

살려는 의지를 주장하거나 버리는 것은 다만 의욕하는 것과 의욕하지 않는 것을 뜻할 뿐이다. 이 두 가지 행위를 하는 주체는 같으며 어느 행위도 완전히 소멸되지는 않는다.

그리스인의 윤리와 인도인의 윤리 사이에는 크게 다른 점이 있다. 그리스인

---

1) 로마시대 그리스 철학의 한 학파. 단순한 플라톤 철학의 부흥이 아니라, 종교적 신비사상, 특히 기독교 사상의 영향을 받은 철학 사상으로서 신비적 직관과 영계(靈界)의 존재를 주장하는 범신론적 일원론(一元論).

은 행복한 일생을 마치는 게 목적이고(플라톤은 제외), 인도인은 생존에서 벗어나 해탈을 얻고자 한다. 이 대조와 관련해 직관적이어서 두드러지게 대조를 이루는 것은 돌로 만든 관과 그리스인의 기독교 시대에 시체를 담았던 관이다. 플로렌스의 전람실에 있는 돌관에는 결혼할 때의 온갖 의식이 그림으로 새겨져 있다. 즉, 구혼에서부터 결혼의 신에게 바친 횃불이 보금자리를 비추는 장면에 이르기까지 모든 과정이 묘사되어 있다. 그리고 기독교 시대 관에는 비애를 상징하는 검은 포장이 덮이고 그 위에 십자가를 장식해 놓았다.

이 대조는 죽음에 대해 저마다 다른 방법으로 위안을 얻고 있음을 나타내는 깊은 의미가 포함되어 있으며, 둘 다 타당한 근거가 있다고 하겠다. 한쪽은 살려는 의지의 주장을 드러낸 것으로, 이 살려는 의지로서의 생존 자체는 (개체로서의) 형태가 아무리 빠르게 변한다 하더라도 영원히 변함없이 존속한다.

그리고 또 한쪽은 고뇌와 죽음의 상징으로써 살려는 의지를 포기하고, 죽음과 악마의 영토인 이 세상으로부터의 해탈을 표현하고 있다. 요컨대 그리스와 로마의 기독교 정신 사이에는 살려는 의지의 주장과 포기의 모습이 나타나며, 근본적으로는 결국 기독교가 올바른 근거 위에 있다고 하겠다.

내가 주장하는 윤리와 유럽 철학의 윤리설은 신약과 구약의 관계와 같다. 구약은 인간을 율법의 지배 아래 두고 있지만 구원으로 이끌지 못한다. 한편 신약은 율법을 불충분한 것이라고 분명히 하는 동시에 한 걸음 나아가 인간은 권능에서 해방되었다고 가르치고, 율법 대신 은총의 세계를 주장한다. 신앙과 박애와 몰아(沒我)의 경지로써 이 은총의 세계로 들어갈 수 있다고 보는 것이다. 신약의 정신은 이성에서 시작되는 프로테스탄트나 이성주의 신학이 아무리 그릇된 주장을 하더라도 어디까지나 고행의 길에 놓여 있다. 이 고행의 길이야말로 구약에서 신약으로, 율법의 지배에서 신앙의 지배로, 의로운 행동에서 중개자에 의한 구원으로, 죄와 죽음의 지배 아래에서 그리스도의 영원한 생명으로, 단순한 도덕적인 선행에서 살려는 의지의 포기로 이르는 길이다.

나(쇼펜하우어) 이전에 나타난 모든 철학적인 윤리설은 구약 정신에 따른 것으로, 절대적인 도덕 율법과 도덕적인 명령이며 금제(禁制)는 은밀히 구약의 명령을 바탕으로 한 것이다. 다만 그 주장이나 서술 체제에 차이가 있을 뿐이다.

이와 달리 나의 윤리에는 근거와 목표가 포함된다. 먼저 윤리적으로 박애의 형이상학적인 근거를 증명하고 다음에 이것이 완전히 행해질 경우 이르게 되는 마지막 귀착점을 제시한다. 또한 이 세계는 피해야 할 곳이라는 점을 솔직히 고백하고, 해탈에 이르는 길은 살려는 의지를 버리는 데 있다고 가르친다.

그러므로 나의 이론은 사실상 신약 정신과 맞아떨어지지만 그 밖의 윤리설은 모두 구약 정신에 버금가며, 이론상으로는 철저한 전제적 유신론인 유대교 가르침에 귀결되고 있다. 이런 의미에서 보면 나의 가르침은 참된 기독교적 철학이라고 불러도 무방하다. 사물의 핵심을 파악하지 못하는 사람에게는 이 말이 물론 이상하게 들릴 것이다.

사물을 깊이 생각할 줄 아는 사람이라면 아래와 같이 쉽게 달관할 수 있을 것이다. 인간의 탐욕이 죄악이 되는 것은 각 개인이 상대편을 방해해 해악을 끼치기 때문이 아니다. 오히려 이 탐욕은 본질적으로 죄악이어서 좀 더 빨리 없어져야 할 것이며, 살려는 의지 자체를 뿌리부터 송두리째 증오해야 할 것으로 간주하는 게 정당하기 때문이다.

요컨대 세계에 충만한 두려움과 비극은 인간의 성격에서 비롯되는 필연적인 결과로서, 살려는 의지는 이 성격 가운데서 인과율의 연속에 따라 나타나는 상황 속에 자신을 현상화한다. 그러므로 두려움과 참상은 살려는 의지가 움직이고 있는 것으로 보아도 무방하다.[2] 우리의 존재 자체가 죄악을 내포하고 있다는 사실은 죽음이라는 운명이 주어진 것을 보더라도 명백하다.

인간이 초인적인 고귀한 성격을 갖고 있으면 자기 운명을 좀처럼 한탄하는 일이 없고, 햄릿이 호레이쇼를 찬양한 심경과 같다.

"너는 온갖 고뇌에 시달리면서도 마치 아무 고통도 받지 않는 것 같았다."

이것은 다음과 같은 관점에서 이해할 수 있다. 이런 사람은 자신의 본질을 남에게서도 발견하고, 그들의 운명도 자신과 마찬가지라고 느낀다. 그리고 주위에 언제나 자기보다 더 큰 불운을 겪은 사람이 있음을 보면서 자신의 불우한

---

2) 루터의 《독일 신학》 p. 93 참조.

처지를 한탄하지 않는다.

이와 달리 마음가짐이 비열한 이기주의자는 자기만 존재하고 남들은 허수아비로 여겨 다른 사람의 운명은 전혀 동정하지 않고 오직 자기 운명에만 관심을 갖고 있다. 따라서 자기의 이해관계에 매우 예민해 언제나 비탄에 빠지게 된다.

여러 차례 말한 바와 같이 정의와 박애의 원천은 타인 속에서 자기를 재인식하는 데 있다. 그리고 이 재인식은 끝내 살려는 의지를 포기하는 데 이를 수도 있다. 왜냐하면 재인식되는 타인이라도 현상은 분명 비탄과 고뇌 속에 놓여 있으므로 자기의 자아를 모든 타인의 처지에까지 확대시키는 사람은 이미 그런 자아를 바라지 않기 때문이다. 그것은 제비를 뽑을 때, 모든 제비를 혼자 도맡아 뽑는 사람이 마땅히 많은 손해를 보는 것과 마찬가지이다. 의지가 주장하는 것은 자아의 의식을 자기 개체에만 국한시킬 것을 전제로 일어나며, 우연에 의해 행복한 일생을 누리려는 것이다.

이 세계를 관찰하고 이해하려 할 때 '물자체'인 살려는 의지로부터 출발하면 세계의 핵심, 그 으뜸가는 중심은 생식행위임을 알 수 있다. 살려는 의지에는 이 행위가 첫 번째 중대사로서 결말로 나타나며, 세계라는 난자(卵子)의 시작점이며 모든 요소가 되고 있다. 그런데 현상으로서의 경험 세계, 다시 말해 심상(心象)으로서의 세계로부터 출발하면 얼마나 많은 정반대의 장면이 나타나는지 알 수 없다. 여기서는 성행위가 전혀 동떨어진 특수한 일, 비열한 의지밖에 지니지 못한 일, 숨어서 몰래 이루어지는 일, 색다른 일, 따라서 웃음거리의 대상으로 나타나며, 그 행위의 배후에 악마라도 숨어 있어 모든 것을 조정하는 것처럼 보인다.

그리하여 악마의 성행위 대가로 세계를 사들인다고도 말할 수 있다. '성행위를 마치고 나면 바로 등 뒤에서 악마의 웃음소리가 들리는' 걸 느끼지 않을 사람은 아무도 없을 것이다. 이 문구를 곰곰이 생각해 보면 성욕, 특히 어떤 여성에게 연정을 품었을 때의 성욕은 이 세상에서 이루어지는 모든 사기 가운데 대표적인 것이며, 한마디로 헤아릴 수 없이 많은 걸 약속하면서 손에 넣는 보잘것없는 것이다.

생식행위에서 여성이 저지르는 죄는 남성보다 적다고 할 수 있다. 왜냐하면 남성은 태어나는 어린아이에게 최초의 죄악이며 해악의 뿌리가 되는 의지를 부여하는 데 비해, 여성은 유전적으로 해탈로 가는 길을 열어줄 수 있기 때문이다. 성교는 살려는 의지가 또다시 자신을 주장하는 것을 뜻한다. 바라문교의 경전에 "아, 슬프도다, '링감'은 '요나'에 들어갔다"라는 구절이 있는데, 이 또한 위와 같은 의미에서 부르짖은 비탄이다. 그러나 수태와 임신은 살려는 의지에 대해 다시 인식의 빛이 주어졌음을 의미한다. 의지는 이 빛을 얻어 다시 올바른 길에 이를 수 있으며, 그래서 해탈이 가능하게 된다.

이런 점에서 설명될 수 있는 주목할 만한 사실은, 모든 여성은 성교를 하려고 할 때 깜짝 놀라며 두려움과 부끄러움을 느껴 어찌할 바 모르지만, 막상 임신하게 되면 조금도 부끄러워하지 않을뿐더러 의기양양하게 사람들 앞에 드러내는 것이다. 주로 분명한 증거란 나타나는 상태를 두고 보아야 하는데, 여성은 성교에 대해 무척 부끄러워하지만 임신에 대해서는 아무렇지도 않게 여긴다.

임신이라는 사실은 어느 의미에서는 성교에서 일어난 죄과의 연상을 포함하며 적어도 그것을 기대하고 있다. 성교에는 치욕과 부정(不淨)이 따르지만 이와 밀접한 관련을 맺는 임신은 순결하고 티 없으며 얼마쯤 고귀한 것으로 여겨진다.

성교는 주로 남성이 하고 임신은 여성이 한다. 태어나는 어린아이는 아버지에게서 의지와 성격을 물려받고 어머니에게서 지적 능력을 물려받는데, 의지와 성격은 얽어매는 힘이고 지적 능력은 풀어놓는 힘이다. 살려는 의지가 지적 능력을 통해 온 세상에 거듭 그 정체가 드러나는데도 영원히 존재하려는 노력이 성교다. 의지가 새로운 인간을 낳게 하며, 이 의지 때문에 해탈에 이르는 길이 열릴 수 있다. 임신은 새로운 개체가 태어나는 징조이며 자유롭고 정정당당하게, 아니 의기양양하게 활개치며 나돌아다닐 수 있지만, 성교는 마치 범죄자처럼 숨어서 한다.

어떤 신부는 결혼한 뒤 동침하는 것도 자식을 낳으려 할 때만 용납된다고 가르치고 있으며, 클레멘스[3]의 《잡록》 1권 3편 11장에도 "오직 아이를 낳기 위해"

---

3) Clemens, Alexandrinus(150?~215?). 그리스 종교가. 철학과 문학에 조예가 깊고 인식을 중히 여겨 종교와 철학의 조화를 꾀함.

라고 씌어 있다. 그리고 3편 3장에는 피타고라스학파 철학자들도 이런 견해를 지녔다고 기록되어 있다. 엄밀히 말하면 이 견해는 잘못되었다. 성교가 다만 그 자체의 쾌락을 위해 이루어지는 게 아니라면, 이미 살려는 의지가 사라지게 되어 인류를 존속하는 일이 무의미해질 것이다. 그리고 아무 열정이나 음욕, 생리적 충동 없이 순수한 사려와 냉정한 의도에서 한 인간을 세상에 내보내는 일이 가능하다면, 그것은 도덕적으로도 의심되는 행동이며, 실제로 이런 행동을 취할 사람은 매우 드물다. 또 그러한 성행위와 단순한 성욕으로부터 비롯되는 생식은 어떤 동기를 갖고 저지르는 냉정한 살인과 격분한 나머지 저지르는 살인과의 관계로 비유할 수 있다.

부자연스러운 성욕의 만족이 비난의 대상이 되는 사실도 이와 정반대 이유에서 비롯된다. 이러한 성적인 만족은 다만 충동을 채우고, 또 그렇게 함으로써 살려는 의지가 꿈틀거려 의지의 포기를 가능케 하는 유일한 방편인 새로운 개체의 탄생이 제외되기 때문이다. 부당한 성관계가 무서운 죄악으로 여겨지는 건 금욕주의 경향을 가진 기독교가 나타났기 때문이라는 것도 이런 점에서 설명할 수 있다.

수도원이란 청빈, 동정(童貞), 복종, 곧 자기 의사를 포기하겠다고 다짐한 사람들이 공동으로 생활함으로써 첫째는 생존 자체의 짐을 가벼이 하고, 둘째로 그런 수도생활의 괴로움을 덜어보려는 곳이다. 다른 이들이 자기와 같은 고생을 하는 것을 눈으로 보게 되면, 서로 결의를 더욱 굳게 할 수 있고 위로도 받을 수 있다.

그리고 어떤 한정된 울타리에서 공동생활하는 것은 인간의 천성에 맞는 일이며, 온갖 어려움을 당해도 한결 마음이 가벼워질 수 있다. 이것이 수도원의 기원에 대한 정당한 견해이다. 그런데 나 아닌 다른 철학자의 주장을 보면 그것은 어리석은 사람이나 미치광이의 집합소라고 할 수밖에 없지 않은가.

순수한 수도원 생활, 즉 금욕생활에 깃든 정신과 그 의의는 자신이 이 세상에서의 존재보다 내세에서 한결 나은 존재가 될 만한 가치가 있으며, 또한 그것을 체험할 수 있다고 생각하는 데에 있다. 뿐만 아니라 확신을 갖고 이를 더욱 굳히기 위해 세상이 자기에게 제공하는 것을 멸시하며, 쾌락을 무가치한 것으로 보고 내동댕이쳐 현세의 헛된 욕구를 무시한 생활에 만족하고 안정된 마음으로 자기 일생이 끝나기를 기다린다. 그리하여 죽음이 찾아오면 그것을 구원에 이르는 계기로 기꺼이 맞아들이는 것이다.

사니안의 고행도 이와 비슷한 취지와 의의에서 이루어지며, 불교도들의 사찰생활도 마찬가지이다. 그러나 실천이 이론을 따르기 어려운 것은 이 사찰생활에서 뚜렷이 드러난다. 근본사상이 지나치게 현실과 동떨어져 맹목적인 실천은 죄악이 되기 때문이다. 순결한 승려는 누구보다도 존경할 만하지만 대부분의 경우 승복은 다만 꾸밈에 지나지 않으며, 그 승복 속에 진짜 승려가 들어 있는 것은 가장행렬의 경우처럼 매우 드물다.

자기 의지를 버리기 위해서는 자기를 완전히 다른 사람의 의지에 맡겨버리는 게 효과적이며, 또한 이것이 진리를 숭상하기 위한 알맞은 수단이기도 하다.

교단의 진정한 승려가 될 수 있는 사람은 드물다. 그들은 대부분 마지못해 트라피스트[4]가 되어 가난과 고행, 복종, 금욕을 일삼으며 가장 필요한 안위까지도 저버리고, 할 수 없이 또는 빈궁한 나머지 마지못해 정결한 생활을 참고 견디는 운명에 놓인다. 진정한 트라피스트가 자진하여 질서 있게 고행을 일삼으며 자신의 처지가 굳이 나아지기를 바라지 않는 한편, 대부분의 사람들은 내가 전에 고행을 논한 장에서 제2의 일이라고 말한 것에 속한다.

이 제2의 일에 순종하도록 하기 위해 자연은 인간에게 충분한 배려를 하여 근본적으로 가난이나 고난이 일어나도록 한다. 직접 자연으로부터 비롯되는 해악 말고도 전쟁 때이든 평화로울 때이든 인간의 사악함과 서로 간의 불화로부터 비롯되는 해악이 있다.

그리고 영원한 구원을 얻기 위해 스스로 불러들인 고뇌가 필요하다는 것은 구세주의 말씀에도 나타나 있다.

"부자가 천국에 들어가는 것보다는 낙타가 바늘귀로 빠져나가는 게 더 쉽다."[5]

---

4) trappiste. 1098년 프랑스의 시토 황야에 창립된 시토 수도회를 1664년 랑세가 개혁하여 세운 기독교의 한 분파. 침묵, 정진, 노역의 엄한 계율 아래 노동과 작업을 행함.
5) 〈마태복음〉 19장 24절.

진심에서 우러나 영원한 구원을 얻으려는 사람이 부유하고 지체 높은 집에서 태어나 가난이나 고생과는 동떨어진 생활을 한다면, 그는 자진해서 빈궁한 생활 속으로 뛰어든다. 부처가 된 석가모니가 그런 사람이다. 그는 왕족으로 태어났으나 자진해서 문전걸식했다. 또한 걸식승단(乞食僧團)을 창설한 프란체스코[6]는 젊고 방탕한 귀공자였다. 그런데 어느 무도회에서 옆에 있던 친구가 많은 귀족들과 좋은 집안 출신 젊은 아가씨들을 둘러보며 그에게 물었다.

"프란체스코, 저 가운데 자네 마음에 드는 아가씨가 있을 것 아닌가?"

프란체스코는 그 친구에게 대답했다.

"나는 아가씨보다 더 아름다운 걸 발견했네."

"그게 무엇인가?"

친구의 물음에 그는 말했다.

"가난일세."

그는 그 자리에서 모든 것을 버리고 이 집 저 집 돌아다니며 빌어먹으면서 전국을 누비고 다녔다.

이런 사실을 보더라도, 가난과 고뇌가 우리의 구원을 위해 얼마나 필요한지 인식한 사람은 행복한 사람을 부러워하지 않고 불행한 사람을 부러워한다는 사실을 깨닫게 될 것이다.

그리고 이런 까닭에서 스토익적(금욕적)인 생각을 갖는 것은 운명에 맞서는 좋은 방법이다. 또 그 생각이 번뇌와 고통을 막는 갑옷으로 현재를 좀 더 손쉽게 견디어나가는 데 도움이 되는 것은 분명한 일이지만, 참된 의미의 구원과는 거리가 멀다. 그것은 마음을 감추고 있기 때문이다. 이렇듯 돌처럼 딱딱하게 굳은 껍질을 쓰고 마음이 사물을 느끼지 못하게 되면, 고뇌로 타격을 입어 선량해지기를 바랄 수 없다. 이런 금욕주의란 그리 진기하지도 않고 오히려 위선처럼 보일 때도 많다. 그래서 도박에 지고도 웃는 얼굴을 보이는 허세를 떠올리게 한다. 그리고 이것이 마음속으로 밝혀지는 경우에도 주로 단순하고 무딘 감각이라든가 고뇌를 크게 느끼는 정력과 활기, 감수성과 상상력 등의 결핍에서

---

6) Francesco(1182~1226). 이탈리아 수도사, 성자. 1209년 교황의 인가를 받아 프란체스코 교단 창건. 그리스도의 사랑을 실천한다는 취지에서 가난한 사람과 병자를 위로하며, 회색 옷을 입고 탁발했음.

비롯되는 경우가 많다. 그래서 마음이 굳고 무거운 독일사람들에게는 아무래도 금욕주의가 적합하다.

부정직하고 사악한 행위는 행한 사람의 처지에서 보면 그가 살려는 의지를 주장하고 있다는 강력한 증거이다. 또 그가 진정한 구원인 살려는 의지의 포기와 세상에서의 해탈로부터 멀어지고 있음을 보여주고, 거기에 다다르기까지 인식과 고뇌의 오랜 수련을 받아야 한다는 것을 말해 준다. 그러나 그 행위로 말미암아 고통받는 사람의 처지에서 보면, 형이하학적으로는 해악일지 모르나 형이상학적으로는 정당한 일이며, 피해자를 참된 구원에 이르게 하는 혜택이다.

세계의 영 : 여기 네가 달게 고생받아야 할 일이 있다. 너는 거기에 정력을 기울이는 게 곧 생존하는 것이 된다. 다른 모든 생물도 그렇지만.

인간 : 그런데 내가 생존에서 대체 무엇을 얻고 있단 말입니까? 생존을 요구하면 가난에 시달리고 요구하지 않으면 권태에 사로잡힙니다. 나에게 이런 고된 일과 괴로움을 주면서 어찌 그 대가는 이처럼 보잘것없습니까?

세계의 영 : 아니다. 그 대가는 너의 노고에 알맞은 것이다. 네 자신이 빈약하고 가난한 사람으로 태어났기 때문이다.

인간 : 그렇습니까? 나로서는 무슨 뜻인지 알아들을 수 없습니다.

세계의 영 : 나는 잘 알고 있다. (옆을 돌아보면서) 저 사람에게 이렇게 말해 줄까? 생존의 가치는 오직 그를 타일러 그 생존을 원치 않도록 하는 데 있다. 그가 이 가장 높은 경지에 이르기 위해서는 미리 생존 자체로부터 예비적인 단련을 받아야 한다.

전에도 말했지만, 개인의 생애는 대부분 비극적인 성격을 띠고 있다. 생존은 터무니없는 희망, 공허하기 짝이 없는 계획, 나중에 깨닫게 되는 미혹에 지나지 않는다. 이것은 다음과 같은 바이런[7]의 비통한 시구에 잘 나타나 있다.

---

7) George Gordon Byron(1788~1824). 영국의 시인.

비애와 노쇠가 마침내 그를 죽음으로 이끌어가니,
이토록 길고 고달픈 생애를 거쳐
비로소 깨닫게 되노라, 미궁 속을 헤매왔음을.

이러한 견해는 내 세계관과 일치된다. 존재 자체는 없는 것보다 못한 일종의 미혹이며, 인식은 우리를 이 미혹으로부터 벗어나게 한다.

인간은 인간이라는 사실로서 이미 미궁 속에 빠져 있음을 의미하며, 개체로서의 인간이 자기 일생을 돌아보고 줄곧 그릇된 길, 즉 미궁에 빠져 있었음을 발견하게 되는 것은 마땅한 결과이다. 이 일반적인 진리를 달관하기 위해서도, 이 책을 읽는 이들은 먼저 자신의 일생에 대하여 깨닫는 바가 있어야 한다. 왜냐하면 부속에 대해 참인 것은 종속에 대하여도 참이기 때문이다.

인생은 어디까지나 우리에게 배당된 엄중한 부역으로 봐야 한다. 다만 우리의 사고방식이 전혀 다른 방면에 쏠려 있어 우리에게 어째서 그런 부역이 필요한가를 이해하지 못한다. 그러나 진리는 여전히 진리임을 입증하고 있어서 우리는 세상을 떠난 친구를 생각할 때마다 그들은 이미 그 부역을 마쳤다고 여겨 만족을 느끼며 그들이 가야 할 곳으로 잘 갔다고 생각한다.

우리도 이와 같은 점에서 자신의 죽음을 바람직하고 마땅한 일로 맞아들여야 할 것이다. 흔히 보는 것처럼 전율하거나 울부짖는 일이 있어서는 안 된다.

행복한 삶이란 있을 수 없으며, 인간이 다다를 수 있는 최고의 생존이란 고작 영웅적인 생애이다. 이런 생애를 산 사람은 어떤 방법과 사건을 통하여 뭇사람들에게 선을 베풀려고 큰 고난을 물리치고 승리를 거두었지만, 본인은 그 때문에 얼마쯤 보상을 받기도 하고 받지 못하기도 한다. 그리하여 고티에[8]의 희곡에 나오는 왕자처럼 화석이 되어버리거나 하느님 같은 용모를 한 존귀한 초인으로 고립될 수밖에 없다. 그러나 그는 영원히 뭇사람들의 기억에 남아 있으며 한 사람의 영웅으로서 숭배받게 된다. 그의 의지는 평생에 걸친 고난과 활동, 소득 없는 결말과 세상의 비정함에 정화되고 연소되어 열반에 이르게 된다.

---

8) Theophile Gautier(1811~1872). 프랑스의 작가.

우리는 앞서와 같은 관찰로 차원 높은 면에서 인간의 고뇌가 이로운 것임을 인정할 수 있으나, 동물의 괴로움에는 이런 해석을 내릴 수 없다. 게다가 동물의 고뇌는 거의 인간이 주는 것이며, 이것을 제외해도 매우 큰 것이다. 그래서 '살려는 의지는 대체 무엇 때문에 동물에게 천차만별의 형태로 나타나 괴로움만 주고, 인식의 작용으로 해탈할 수도 없는가?'라는 의문이 생긴다.

동물의 고뇌는 오직 다음과 같은 점에 유의해 생각해 보아야 한다. 즉, 현상의 세계에는 '살려는 의지'가 움직이고 있을 뿐이며 이것은 배고파 허덕이는 의지이므로 살덩이를 삼키는 도리밖에 없다. 따라서 이 의지의 현상은 단계적으로 나타나 그 하나하나가 타자(他者)를 잡아먹고 살아간다. 이 점에 대해서는 《의지와 표상으로서의 세계》 153~154절을 읽어주기 바란다. 거기서 동물이 인간보다 고뇌를 견디는 힘이 훨씬 미약하다는 것을 설명했다. 이 이상 언급하는 것은 이미 하나의 가설에 지나지 않으므로, 아니 신화와 같은 설명이 되어버리기 때문에 독자들은 자기의 사색에 의존해야 할 것이다.

인간에 대하여

아리스토텔레스는 《니코마코스 윤리학》 제1권 8장에서 인간의 귀중한 보물을 셋으로 분류했다. 외적인 보물과 마음의 보물, 육체의 보물이 그것이다. 나도 여기서 언젠가는 죽게 마련인 인간의 운명에서의 차이를 이 세 가지 기초적인 규정 위에 두고자 한다. 그러나 아리스토텔레스의 분류와는 세 가지라는 것만 공통될 뿐 아무 관련도 없다. 나의 세 가지 기본 분류는 다음과 같다.

1. 인간의 자아, 즉 가장 넓은 의미의 인격이다. 그러므로 그 가운데는 그 사람의 건강, 역량, 미모, 기질, 도덕적인 성격, 교양이 포함된다.

2. 인간이 소유한 것, 즉 일반적인 의미의 재화와 소유물을 말한다.

3. 인간이 표상(表象 : 의식 내용)하는 것, 즉 자기가 남의 표상 속에 나타나는 것, 다시 말해서 본디 자기는 남에게 어떻게 보이느냐 하는 것이다. 따라서 이 것은 다른 사람이 본 자기에 대한 견해 속에 이루어지며, 명예와 지위 및 명성 등이 포함된다.

첫 번째의 표제 아래 관찰되는 차이는 자연이 인간 사이에 둔 구별이다. 그 러므로 그 차이 자체가 인간의 행복과 불행에서 나머지 두 표제에서 말한 차 이보다 더욱 본질적이며, 따라서 훨씬 깊은 영향을 끼치게 될 것은 분명하다.

인간이 아무리 그 지위나 출생이 뛰어나다 하더라도, 왕가의 집안에 태어났 다고 하더라도, 또 제아무리 많은 재산을 자랑하더라도 인격적으로 볼 때 참으 로 우월한 점들, 즉 위대한 정신이나 훌륭한 마음씨와 비교하면, 마치 무대 위 의 왕자가 진짜 왕자와 어깨를 나란히 하고 있는 것과 같다.

에피쿠로스의 수제자인 메트로도로스는 일찍이 다음과 같은 글을 남겼다.

행복의 원인은 물질에서보다 우리 자신으로부터 나오는 것이 더 크다.[1]

인간의 안락과 모든 생활에 가장 중요한 것은 틀림없이 그 사람 자신 속에 있으며 그 속에서 일어난다. 왜냐하면 무엇보다도 그 사람의 마음—감각, 의욕, 생각의 총합—이 유쾌한지 불쾌한지가 여기서 비롯되며, 외부의 모든 것은 결국 간접적으로 유쾌함이나 불쾌함에 영향을 줄 뿐이기 때문이다.

그러므로 외적인 사건이나 처지가 같을지라도 사람에 따라서 전혀 다른 영향을 주며, 또 같은 환경에서도 사람들은 저마다 다른 세계에 산다고 할 수 있다. 즉, 모든 사람들은 직접적으로는 그 독자적인 표상(의식)과 감정 및 의욕의 작용에 따라 행동하며, 외부 세계는 그것이 인간의 표상과 감정 및 의욕이 작용하는 데 원인이 될 경우에만 사람에게 영향을 줄 뿐이다.

여러 사람들이 살고 있는 세계는 무엇보다 그 사람이 그 세계를 어떻게 생각하느냐에 따라서 다르게 보인다. 또 그 사람이 가진 두뇌의 차이에 따라 그 세계를 규정짓는 성격이 달라진다. 두뇌에 따라서 세계는 빈약하고 무미건조하거나 평범한 것이 되기도 하고, 또는 풍부하고 흥미 있으며 의미심장한 것이 되기도 한다. 많은 이들이 다른 사람이 체험한 것을 보고 그 체험을 부러워하는 일이 있다. 그런데 실은 오히려 그 사람이 그러한 일을 해 나가는 동안에 그 체험에 대하여 깊은 의미를 부여하는 이해력을 칭찬하고 부러워해야 한다. 사건이 같을지라도 정밀한 두뇌의 소유자에게는 흥미 있게 표현되지만, 천박하고 평범한 두뇌를 지닌 사람에게는 단지 세상에서 흔히 일어나는 한 장면에 지나지 않게 된다. 이것을 가장 확실하게 입증하고 있는 것을 괴테나 바이런의 많은 시에서 볼 수 있으며, 이것은 틀림없이 현실의 온갖 일로부터 비롯된다.

그런데 어리석은 독자는 시인이 일상적인 일에서 이처럼 위대한 아름다운 작품을 만들어낼 수 있었던 뛰어난 공상력에 대하여 부러워하는 데까지는 이르지 못하면서, 모든 사람들로부터 이토록 인기를 얻게 된 것을 부러워하는 정도가 고작이다. 그리고 그러한 이유에서 성격이 다혈질인 사람은 다만 갈등만을 보고, 점액질인 사람은 무의미만을, 신경질인 사람은 비극적인 광경만을 바라보게 되는 것이다.

이런 일들은 모든 진실, 즉 모든 현실이 주관과 객관으로부터 마치 물속에

---

1) 알렉산드리아의 클레멘스 저, 《잡록》 제2권 21장 참조.

있는 산소와 수소처럼, 반드시 밀접한 결합 상태로 성립되기 때문이다. 그러므로 객관적인 면은 같지만, 주관적인 면은 여러 가지로 달라진다. 그리고 이것은 반대의 경우에도 마찬가지여서 맞닥뜨린 진실은 전혀 다른 것이 된다. 즉, 가장 선하고 아름다운 객관적인 면이라도, 주관적인 면이 둔하고 졸렬하다면 거기에서 일어나는 진실과 현실은 어리석은 것이 되어 버린다.

이것은 아무리 경치가 아름다운 곳이라도 날씨가 나쁘거나 망가진 카메라로 그 경치를 찍어 내면 볼품이 없는 것과 같다. 더 쉽게 말하면, 사람들은 피부에 덮여 있는 것처럼 그 내부의 의식에 덮여 있으므로, 실제로는 본인 내부에서만 생활하는 것이다.

그러므로 사람들은 외부에서는 구제하기 어려운 존재이다. 무대 위에서 한 사람은 왕후의 역할을 하고, 다른 사람은 고문관, 세 번째 사람은 노예, 또는 병사, 장군 등으로 분장한다고 하더라도, 그들이 다른 점은 다만 외적인 것에 있을 뿐이다. 그와 같은 현상에서 중심이 되는 내면을 생각하면 모든 배우에게 한결같은 공통점, 즉 재앙으로 말미암은 불운과 가난에 시달리는 한 가련한 희극 배우가 있을 뿐이다.

인생도 이와 마찬가지이다. 지위와 재물의 구별이 그에게 연출할 역할을 배당해 주기는 하지만, 결코 이 배역에 따라 행복이나 쾌락의 내적 차이가 생기지는 않는다. 이 경우에도 사람들은 저마다 개성에 따라 재앙과 노고에 시달리는 똑같이 가엾은 존재를 발견할 뿐이다.

이 재앙으로 인한 불운과 노고는 소재에서는 사람마다 다르더라도 그 형태, 즉 본체에서 보면 모든 사람들에게 비슷하다. 물론 여기에도 정도의 차이는 있지만 이 정도의 차이는 절대로 지위와 재물, 즉 연출하는 역할로부터 비롯된다고는 말할 수 없다. 다시 말해서 그와 같은 것들은 인간을 위해 존재하거나 생기는 것뿐이다. 의식 자체는 직접적으로 다만 인간의 의식 속에 존재하며, 의식에서 성상(性狀), 즉 사람의 성질과 행동이 가장 본질적이며, 대부분의 경우에 의식 속에 나타나는 모습보다 이 성상이 더욱 소중하다는 것은 틀림없다. 예를 들어 어떤 어리석은 자의 둔한 의식에 나타난 호사나 향락 등은 세르반테스가 불쾌한 감옥 속에서 《돈키호테》를 쓸 때의 의식과 비교해 보면 볼품이 없다고 하겠다. 현실과 진실의 객관적인 면은 운명의 손에 있기에 변화하지만, 주관적인 면은 바로 우리들 자신이요, 본체적이므로 변화하지 않는다.

그러므로 인간의 생애는 외부 세계의 변화에도 같은 성격을 유지한다. 이를 테면 하나의 주제에 근거하는 같은 계열의 변주와 비슷하다.

아무도 자기 개성에서 벗어날 수 없다. 그러므로 동물에게 인위적으로 어떤 환경을 만들어 주더라도, 자연이 그 동물적 본성에 대하여 어떠한 것도 고칠 수 없도록 비좁은 한계 안에 제한되어 있다. 마찬가지로 사랑하는 어떤 동물을 행복하게 해 주려는 노력도 바로 동물의 본성과 의식이 지닌, 지금 말한 바와 같은 한계 때문에 언제까지나 비좁은 울타리 속에 갇혀 있어야 하며, 인간도 사정은 마찬가지이다. 즉, 인간에게 고유한 행복의 한도는 그의 개성으로 인해 미리 결정되어 있다. 특히 그가 지닌 정신력의 울타리가 고상한 향락에 대해 그가 갖는 성질을 단정짓는다.

이 정신력의 울타리가 비좁으면 외부 세계로부터 오는 모든 도움도 그를 속된 졸장부로서의 인간적인 행복과 쾌락의 한도를 넘게 할 수는 없다. 그는 오직 관능적인 향락이나, 손쉽고 명랑한 가정생활이나, 저급한 사교나 비속한 심심풀이에 여념이 없을 따름이다. 그뿐만 아니라 교양도 주로 그런 범위를 넓히기 위해 얼마쯤은 이바지한다고 하더라도, 그다지 유용하지는 않다. 요컨대 가장 고상하고 다채로우며 지속적인 쾌락은(우리가 청년 시절에는 이에 대하여 잘못 생각했을지라도) 정신적인 쾌락이며, 이 정신적인 쾌락은 주로 정신력에 달려 있다.

위에서 말한 사실에서 우리의 행복이 얼마나 강하며, 그 행복은 우리의 자아와 개성에 종속되어 있다는 것이 분명해질 것이다. 그럼에도 거의 모든 사람들은 우리의 운명만을, 우리가 소유한 것이나 의식하는 것만을 헤아린다.

운명은 더욱 좋아질지 모르며, 또한 인간은 내면적인 풍요함에 따라 운명에 대해서는 그다지 많은 것을 요구하지 않아도 될 것이다. 그러나 끝까지 바보는 바보, 둔한 자는 둔한 자로 끝나며, 죽을 때까지도 기독교의 천국에서 다시 살아나고, 이슬람교의 천국에서 미녀들에게 에워싸이고 싶어한다. 괴테는 이렇게 노래했다.

평민, 농노, 통치자 할 것 없이 저마다 말한다.

어느 때나 지상의 아들들의 가장 큰 행복은
마음속에서 우러날 뿐이라고.

—《서동시집》

행복과 쾌락에서 주관적인 것이 객관적인 것과는 달리 훨씬 근원적이라는
것은, 아래로는 시장기가 가장 좋은 요리사가 되고 젊은 시절을 보낸 노인은 이
제는 젊음의 여신을 평온한 마음으로 바라볼 수 있다는 사실에서, 또 위로는
천재나 성자의 생활에 이르기까지 모든 면으로부터 알 수 있다. 특히 건강은
외부의 보물보다도 훨씬 앞서서, 거지도 건강하기만 하면 병든 왕자보다도 더
행복하다고 말할 수 있을 만큼 소중하다.

완전한 건강과 순조로운 환경에서 비롯되는 평안과 쾌활한 기질, 명랑하고
활기차며 정확한 분별력을 갖는 투철한 오성(悟性)과 온화하고 알맞은 의지와
선한 양식, 이런 것들은 지위나 재물로는 살 수 없다.

결국 인간이 자기 자신을 위해 있는 것, 고독 속에서 자기의 반려가 되는 것,
아무도 자기에게 줄 수 없고 또 자기에게서 빼앗을 수 없는 것, 그것은 분명히
그가 소유한 것으로, 그가 타인의 눈에 비친 것(명예)보다 훨씬 근원적이다.

정신이 풍요한 사람은 고독할 때에도 독자적인 사유와 상념으로 커다란 위
안을 받지만, 이와 달리 어리석은 자는 사교나 연극, 등산, 오락 등을 바꿔가면
서 향락을 취해도 권태를 몰아낼 수 없다. 그리고 선량하고 중용을 얻은 온유
한 성격의 소유자는 가난하고 궁색한 생활 속에서도 만족하지만, 욕심이 많고
질투가 강하며 기질이 고약한 사람은 아무리 부유해도 좀처럼 만족하지 못한
다. 또한 비범하고 정신적으로 뛰어난 개성을 한결같이 즐길 수 있는 사람은 보
통 사람들이 추구하는 가장 좋은 향락도 평범한 것에 지나지 않으며, 나아가서
는 해롭고 거추장스러운 것이기도 하다. 그래서 호라티우스[2]는 노래하고 있다.

보석과 대리석, 상아, 튀레나[3]의 조각도, 그림도

---

2) Horatius(BC 65~8). 로마의 시인.
3) 이탈리아의 지방 이름. 조각으로 유명함.

은빛 바탕에 가에툴리아[4]의 주홍으로 물들인 의상도
갖기를 바라지 않는 사람도 있나니…….

소크라테스는 사치품이 놓인 상점을 바라보고, "우리에게는 쓸데없는 물건들이 왜 이토록 많은 것일까" 이렇게 말했다.

인생의 행복에서 자아와 개성이야말로 가장 좋은 것이며, 본원적이다. 그것은 영속적이고, 어떤 환경에서도 유효하며, 다른 두 가지, 즉 자아와 개성과 같이 운명에 굴복하지도 않고 찢기거나 빼앗기는 일도 없다.

따라서 그 가치는 다른 두 가지 보물이 상대적인 것에 지나지 않은 것과는 반대로 절대적이라고 볼 수 있다.

이것으로 보아 인간이 외부 세계로부터 간섭을 받는 일은 일반적으로 생각하는 것보다 훨씬 적다는 결론이 나온다. 다만 만능의 '시간'만이 여기서도 그 권리를 행사한다. 시간에 대해서는 육체적·정신적 우월도 당해내지 못한다. 도덕적인 성격만이 '시간'에 좌우되지 않을 수 있다.

이 점에서 자아와 개성은 '시간'이 직접 이것을 빼앗아갈 수 없으므로 첫째 것보다 뚜렷하게 하나의 특징을 갖고 있다. 또 다른 장점은 이것이 객관적인 것 속에 놓여 있으므로 그 성질상 가까운 데 있으며, 모든 사람들에게 적어도 그것을 가질 수 있는 가능성이 주어져 있는 것이라고 하겠다. 그런데 주관적인 것은 내 힘이 미치는 곳이 아니라, 신의 법도에 따라 우리 속에 들어온 것으로 일생 동안 한결같이 일관된다. 그래서 이에 대하여 가차 없는 선고가 내려진다.

네가 태어난 날을 비추는 태양을
별들이 우러러보고
너는 무럭무럭 자라났다.
일찍이 너를 지배한 법도에 따라
너는 이렇게 될 수밖에 없었다.
너는 너 자신으로부터 벗어날 수 없다.

---

4) 옛날 사하라의 오아시스에 살고 있던 유목민으로, 붉은 물감이 유명함.

신관, 예언자, 모두 이렇게 말한 것을…….

힘도 시간도 건드릴 수 없나니

운명이 짝지어 준 나를.

—괴테

이 점에 대해서 유일하게 우리 힘으로 할 수 있는 것은 주어진 개성을 되도록 유리하게 사용해 이 개성에 알맞은 노력을 계속하는 것이다. 이 개성에 맞는 것은 힘써 완성하고 그 밖의 것은 피하며, 따라서 이 개성에 알맞은 지위와 직업과 생활 방식을 택한다.

헤라클레스[5]를 닮은 비범한 육체의 힘을 가진 사람에게 앉아서 하는 세밀한 수공업에 전념하도록 하거나, 또는 전혀 다른, 그에게는 부족한 능력을 요구하는 학술 연구나, 그 밖에 머리를 쓰고 공이 드는 작품을 만드는 데 종사하도록 하여 뛰어난 힘을 내버려 두게 한다면, 그 사람은 한평생 자기의 불행을 통감하게 될 것이다.

그리고 지력이 뛰어난 사람이 지력이 필요 없는 평범한 직업을 갖거나, 또는 그의 능력에는 어울리지 않는 육체노동을 함으로써 지력이 전혀 계발되지 못하고 활용되지도 못하게 되면, 앞의 경우보다 더 불행할 수밖에 없을 것이다. 다만 이 경우에, 특히 젊었을 때에는 자기가 갖지 않은 힘을 과시하지 말아야 하며 지나친 위험은 되도록 피해야 한다.

첫째 표제는 이처럼 다른 두 표제 앞에 놓여 있으므로, 건강을 유지하고 기능을 완성시키려고 힘쓰는 편이 재물을 얻기 위해 힘쓰는 것보다 훨씬 지혜로운 일이라는 것을 알 수 있다.

그러나 필요에 따라 적당한 돈벌이를 하는 것까지 도외시해야 한다고는 오해하지 말기를 바란다. 지나치게 많은 재산은 우리의 행복에 거의 소용이 없다. 교양도 식견도 없고, 따라서 정신적인 일에 종사할 수 있는 흥미가 전혀 없는 부자는 어떤 행복도 맛보지 못하는 경우가 적지 않다. 결국 재물이 참되고 자연적인 요구의 만족을 뛰어넘어 그 이상으로 할 수 있는 일은, 자신의 쾌감에

5) 그리스 신화의 영웅.

대하여 얼마쯤 영향을 줄 수 있는 정도이며, 이 쾌감마저도 막대한 재산을 유지하는 데 따르게 마련인 많은 걱정으로 어지럽혀지기 십상이다.

그러므로 인간의 자아가 인간의 소유물보다 우리의 행복에 기여하는 바가 크다는 것은 분명하다. 그런데 인간은 정신 수양을 하기보다는 재산을 모으기 위해 몇 배나 많은 수고를 한다.

우리는 소유하고 있는 재산을 더 모으기 위해 개미처럼 부지런히, 아침부터 저녁까지 고생하는 많은 사람들을 보게 된다. 그들은 재물을 얻는 수단에 관한 영역에만 한정된 비좁은 시야밖에는 모르며, 정신은 공허하므로 다른 일에 대해서는 무감각하다. 더구나 가장 높은 정신적인 향락은 그들과는 상관없는 세계이다.

그들은 순간적이며 관능적이고 짧은 시간에라도 많은 비용이 드는 쾌락에 가끔 마음대로 자신을 내맡기는 것으로 정신적 향락을 대신하려고 애쓴다.

따라서 그들은 생의 끝에 이르러서 운이 좋으면 그 일생의 성과로서 사실상 돈더미를 쌓아올리지만, 이것을 더욱 많이 늘리거나 헛되이 쓰도록 후계자에게 남길 뿐이다. 아무리 의젓한 풍채를 하고 살아가더라도, 이런 사람의 일생은 방울이 달린 모자를 쓰고 있는 광대처럼 어리석어서, 세상의 많은 사람들의 일생과 비슷하며 참으로 어리석기 짝이 없다.

인간의 자아는 우리의 생에서 가장 본질적인 것이라고 할 수 있다. 다만 이것은 곳곳에 있을 듯하면서도 찾아보면 드물다. 가난과 투쟁을 거쳐 온 많은 사람들은 마침내 이 투쟁 속에서 싸우는 사람들과 마찬가지로 자기 자신을 불행하다고 여기게 된다. 그 내면이 공허하고 의식이 둔해지고 정신이 빈약해져서 그와 비슷한 친구들과 함께 사교장으로 몰려가고 사교계는 이런 사람들로 이루어져 있다.

거기서는 저마다 오락과 대화를 원하지만, 그것이 관능적인 향락이나 이런저런 위안을 얻는 가운데 끝내 방탕으로 흘러 버린다.

부유한 집에 태어난 자식들이 막대한 상속 재산을 때때로 믿기 어려울 정도로 짧은 시일 내에 탕진하고 마는 엄청난 낭비의 원인은, 지금 말한 정신의 빈곤으로부터 비롯된 권태이다. 그는 부자로 태어나기는 했지만 정신적으로는 가난하다. 이 세상에 내던져진 부유한 청년은 모든 것을 오직 외부에서 얻으려고

만 한다. 그러나 외부의 재물로써 내면생활의 결핍을 보충하려고 해도 되지 않기 때문에 이 세상에서 헛되이 죽어 가는데, 이것은 마치 젊은 여자가 발산하는 정기로 젊음을 되찾으려는 노인과 비슷하다. 그러므로 내적인 빈곤이 마침내 외적인 빈곤도 불러오게 된다.

인생의 다른 두 표제의 중요성에 대해서 나는 새삼스레 강조할 필요를 느끼지 못한다. 소유물의 가치에 대해서는, 오늘날 거듭 말할 것도 없이 일반 사람들에게 잘 알려져 있다.

그리고 세 번째 표제는 두 번째 표제와 비교하면 다른 사람의 견해 안에서만 이루어지는 것으로 막연하게 에테르와 비슷하다. 명예, 즉 좋은 평판은 모든 사람이 손에 넣으려고 노력하는 것이지만, 지위는 국가에 봉사하는 인간에게만 국한된다. 명성은 소수의 사람에게 국한되며 더군다나 아주 소수의 사람들에게 주어질 뿐이다.

이 가운데서 명예는 평가하기 어려운 보물로 간주되고, 명성은 인간이 손에 넣을 수 있는 가장 귀중한 것으로, 이를테면 선택된 사람에게만 주는 황금양모 기사단 훈장[6]이라고 생각된다. 이와 반대로, 지위는 재물보다 나은 것이라 하여 어리석은 자만이 갖고 싶어한다.

이 두 가지 표제는 이른바 상호작용을 한다. 그런 점에서는 페트로니우스[7]가 "부자는 인기가 있다"고 한 말이 옳으며, 또 반면에 다른 사람들의 호의가 재물의 소유를 돕는 것은 부인할 수 없는 사실이다.

---

6) 오스트리아와 스페인의 최고 훈장.
7) BC 66년경의 로마의 저술가. 네로의 심복 신하.

사랑에 대하여

시인은 즐겨 사랑을 묘사한다. 모든 희곡은 비극이든 희극이든, 낭만적이든 고전적이든, 인도에서든 유럽에서든 사랑을 주요 주제로 다루고 있다. 그리고 사랑은 서정시와 서사시에서도 가장 풍부한 주제이며, 또한 이 몇 세기 뒤로 계절에 따라 나는 과일처럼 유럽의 모든 문명국가에서 해마다 끊임없이 출판되어 나오는 소설에서도 그렇다. 이 모든 저작들은 근본적으로 사랑에 대한 온갖 묘사를 하고 있고, 《로미오와 줄리엣》《젊은 베르테르의 슬픔》 등에는 불후의 명성이 주어졌다. 라로슈푸코[1]는 열렬한 사랑이란 요물 같은 것으로, 세상 사람들이 사랑에 대해 여러 가지 이야기를 하고 있지만 누구도 그 요망한 악마를 실제로 본 일은 없다고 말했다. 그리고 리히텐베르크는 그의 〈연애의 힘에 관하여〉라는 논문에서 뜨거운 열정의 실재를 의심하며 자연스럽지 않다고 말하지만, 이는 잘못된 생각이다. 천재적인 시인들이 계속 묘사해 나아가며 누구나 여전히 감동을 느끼는 것을 보더라도, 사랑이 인간의 자연성에 배치되는 특수한 정념이나 헛된 공상이라고 할 수는 없을 것이다.

그리고 일반적인 경험(그것이 날마다 되풀이된다고 할 수는 없으나)에 비춰보아도 분명한 일이지만, 뜨겁고 통제할 수 없는 사랑은 어떤 환경에 지배되면 급속도로 커져서 그 강한 불길이 다른 열정을 뛰어넘고 깊은 생각을 물리친다. 또한 믿을 수 없을 만큼 위력과 고집을 나타내 모든 장애를 물리치고 욕구를 채우기 위해 목숨도 아낌없이 내걸며, 만일 욕구가 충족되지 않으면 자살까지도 무릅쓴다. 베르테르며 야코포 오르티스[2]는 소설에만 등장하는 인물이 아니다. 유럽에는 이런 이유로 자살하는 사람들이 해마다 적어도 5, 6명은 된다. 그렇게 조용히 죽음 속으로 사라진다.

---

1) François de La Rochefoucauld(1613~1680). 프랑스 고전작가.
2) 이탈리아 작가 우고 포스콜로의 소설 《야코포 오르티스의 마지막 편지》의 인물.

그들은 은밀히 죽어가므로 고뇌의 흔적은 신문과 잡지에 보도될 뿐이고 호적계 관리의 손에 의해 삶이 정리될 뿐이다. 프랑스나 영국 신문을 읽는 사람들은 내 말이 정확한 것임을 인정하리라. 그러나 그들보다 더 많은 것은 이러한 열정에 사로잡혀 정신병원으로 가는 사람들이다. 또 해마다 여러 쌍의 연인이 사랑 때문에 죽는다. 이들은 외부의 압력에 못 이겨 절망한 나머지 희생된다. 다만 아직 이해할 수 없는 것은 서로 사랑하며 사랑 속에서 가장 큰 행복을 누릴 수 있다고 확신하는 두 사람이 왜 용감히 떨치고 일어나 모든 사회 관례를 끊어버리지 못하는가, 그리고 왜 모든 굴욕을 달게 받지 않는가, 무엇 때문에 스스로 목숨을 끊어 가장 큰 행복을 저버리는가 하는 점이다. 그리고 가벼운 사랑의 불빛은 누구나 날마다 보고 들으며, 또 젊은 시절에는 가슴속에 누구나 그 불빛을 지니고 있다.

인생에서 사랑이 중대한 사건임은 의심할 여지가 없다. 그러므로 철학자나 시인들이 계속 다뤄온 것이라고 해도 그리 놀랄 일이 못 된다. 오히려 인간에게 이처럼 중요한 역할을 하는데도, 이제까지 철학자가 등한시하여 여전히 문제가 남아 있다는 것은 놀라운 일이 아닐 수 없다.

철학자들 가운데 사랑에 대해서 가장 많이 이야기한 사람은 플라톤으로, 특히 《향연》과 《파이드로스》 두 편에 잘 나타나 있다. 그러나 그가 사랑이라는 주제에 대하여 말한 것은 신화와 우화, 경구의 영역에 속하며, 주로 그리스인의 사랑에 관한 것이다. 그리고 루소가 《인간 불평등 기원론》에서 언급한 짧고 분명한 설명은 잘못되었으며 불충분하다. 칸트가 《미와 숭고의 감정에 대하여》라는 자신의 논문에서 설명한 것은 겉핥기식 서술로 어떤 대목은 전혀 문외한의 견해라고 볼 수밖에 없는 불확실한 것이다. 그리고 플라트너가 《인류학》에서 논한 것도 평범한 견해이다. 스피노자의 주장은 간명하여 여기 인용해 둘 만하다.

"사랑은 외부적 원인에서 오는 관념에 따르는 쾌락이다."[3]

이제 나는 이 선배 철학자들로부터 빌려오지도 않고 또 그들을 논박할 필요

---

3) 《윤리학》 4권, 정리 44행.

도 없는 입장에 있다. 내가 이 문제를 다루어 나의 우주론에 여백을 남긴 것은 선배 철학자들의 책을 보아서가 아니라, 외부의 인생을 관찰한 데서 오는 필연적인 결과이다. 나는 지금 사랑을 속삭이는 사람들의 동의나 찬양을 바라는 것이 아니다.

이들은 물론 자기네의 정념이 가장 숭고하고 거룩한 별나라처럼 화려하게 표현되기를 바랄 것이다. 그러므로 그들에게는 나의 견해가 지나치게 형이하학적이고 물질적으로 보일지 모르겠지만, 근본적으로 그것은 어디까지나 형이하학적이고 절대적이다. 그들은 내 주장을 어설프게 비판하기에 앞서, 자기들이 지금 찬양해 마지않는 애인이 만일 18년쯤 어린 나이였다면 대부분 거들떠보지도 않았을 거라는 사실을 부디 생각해 보는 게 좋을 것이다.

연정은 겉보기에는 별나라 같아도, 사실은 성욕이라는 본능을 바탕으로 한다. 아니, 이 본능이 특수화된 것이며 개체화된 것이다.

이 점을 염두에 두고 사랑이 희곡이나 소설에서뿐만 아니라 실제 사회에서 (거기서는 자기보존 본능과 함께 사랑이 가장 강력하게 작용하며, 모든 동작 가운데 가장 활동적이다) 연출하는 중요한 역할을 관찰하면, 언제나 모든 생애에서 가장 젊은 시절, 뭇사람들의 정력과 사고를 거의 절반쯤 강제로 동원한다. 또한 사랑은 인간이 기울이는 모든 노력의 마지막 목적으로서, 심지어는 가장 중요한 사건에도 엄청난 영향을 주며, 가장 진실한 과업을 중단시키고, 때로 가장 위대한 정신도 흐리게 하며, 외교적 교섭이나 학술연구에 몰두할 때도 체면을 가리지 않고 연출하여 장관의 문서철이며 철학자의 원고 속에 연애편지나 머리카락을 끼워넣게 한다. 또 수많은 나날 시끄러운 사건에 가장 나쁘게 사주하여 동지끼리 맺은 가장 친밀한 사이도 끊어버리고, 견고한 사슬도 풀며, 셀 수 없이 많은 사람들을 희생시키고, 생명과 건강과 부와 지위와 행복을 빼앗아갈 뿐더러, 정직한 사람을 철면피로 만들고, 충신을 반역자로 변절하게 하며, 마치 악마처럼 모든 것을 뒤집어엎고 찢어버리고 파멸시키려 한다. 이 모든 점을 곰곰이 생각해 보면, 그토록 소란을 피우고 애쓰고 고민하며 불행에 빠지는 것은 무엇 때문이냐고 외치지 않을 수 없다. 과연 무엇 때문에 그렇듯 하찮은 일이 그처럼 큰 파문을 일으키며 안정된 생활에 소동을 일으키게 하는 것인가?

진리 탐구 정신이 투철한 사상가라면 이 물음에 올바른 해답을 내릴 수 있다. 즉, 그것은 결코 작은 일에 관련되어 있지 않으며, 그 중대성은 그것을 추구하는 경우 맞닥뜨리게 되는 진지하고 열렬한 모습에 맞먹는다.

정사(情事)는 비극으로 나타나든 희극으로 나타나든 인생의 온갖 목적 가운데 가장 엄숙하고 중요한 것이며, 누구나 끈질기게 추구하기 마련이다. 이것은 마땅한 일이다. 거기서 실제로 이루어지는 일은 다음 세대의 조정이라는 중대한 일이며, 다음 무대 위에 우리를 대신해 나타날 인원은 이런 사소한 장난처럼 보이는 정사로 말미암아 그 존재와 양상이 결정된다.

그리고 이 미래에 인간이 존재하느냐의 문제가 성욕을 절대조건으로 삼고 있는 한편, 그들의 성격적인 특질인 본성(essentia)은 성애의 개체적인 선택을 절대조건으로 삼고 있다. 따라서 모든 점이 변함없이 결정된다.

문제의 핵심은 바로 여기 있으며, 한때의 사랑에서 가장 뜨거운 열정에 이르기까지 사랑의 모든 형태를 자세히 살펴보면 그 진상이 뚜렷이 드러난다. 사랑의 여러 가지 형태는 이성을 선택하는 개인적인 조건에 따라 다르게 나타나게 된다.

그러므로 이 세대의 연애를 인류 전체의 관점에서 크게 보면, 다음 세대의 성립을 깊이 헤아리고 그 뒤의 무수한 세대에 대해 배려하는 진지한 일이라고 하겠다. 사실 그것은 다른 열정같이 개인의 불행이나 이익에 관계되는 일이 아니고, 앞으로 돌아올 인류의 존재와 그 특수한 양상에 관한 것으로, 이때 개인의 의지는 가장 높은 능력에 이르러 자신을 종족의 의지로 돌아가게 한다.

연애란 엄숙하고도 뼈아픈 것으로, 큰 환락과 고뇌가 따르는 까닭은 이 종족에 관한 커다란 이해관계에서 비롯된다. 시인은 몇천 년 전부터 수많은 예를 들어 그것을 묘사했다. 이 주제는 종족의 이해관계와 바로 연결되므로 그 밖의 어떤 주제도 더 이상의 감흥을 주지 못한다. 즉 개인과 종족의 관계는 물체의 표면과 물체와의 관계와 같다. 그러므로 한 편의 희곡이 정사 없이 흥미를 자아내는 경우란 드문 일이다. 그리고 사랑은 옛날부터 다루어온 낡아빠진 것임에도 언제까지나 고갈되는 일이 없다.

성욕이 개인의 의식에 뚜렷한 윤곽을 드러내지 않고 희미하게 나타나면, 그것은 모든 현상 밖에 있는 살려는 의지 자체이다. 인간과 같은 의식적인 생물에게 이 성욕이 특수하게 작용할 경우에도 그것은 근본적으로는 똑같은 생존의 지이지만, 단지 미래의 신생아라는 명백하고도 엄밀히 한정된 생물체 안에 살려고 한다.

그리고 이 경우의 성욕은 주관적이지만 개체의식이 착각을 일으켜 상대에 대한 찬미라는 베일로 교묘히 자신을 숨기는데, 자연은 뜻을 이루기 위해 이런 술책을 써야 한다. 그러므로 애인에 대한 찬양은 아무리 이상적이고 이지적으로 보이더라도 그 마지막 목적은 어디까지나 어떤 일정한 성격과 형태를 지닌 존재를 만들어내려는 데 있다. 연애가 결코 서로의 애정만으로 만족하는 게 아니라 상대를 자기 것으로 만들어 살을 섞는 중대한 일을 요구한다는 것이 그 증거이다. 상대의 사랑을 확신하더라도 따로 떨어져 있으면 아무 위안을 느끼지 못할뿐더러 스스로 목숨을 끊는 사람도 있다.

이와 달리 상대에게 뜨거운 사랑을 품었던 자가 그 사랑에 아무 보답도 받지 못하고 있을 때는 상대를 정복하는 육체관계만으로 만족을 느끼기도 한다. 이를테면 강제결혼이나 선물을 미끼로 목적을 이루는 성교, 강간 등이 그렇다.

당사자들은 의식하지 못하지만, 정사는 결국 자식을 낳는 것이 유일한 목적이다. 따라서 거기까지 이르는 과정의 우여곡절은 그에 따라오는 조건에 지나지 않는다. 고결하고 애절한 심정으로 아름다운 사랑을 속삭이는 사람들은 나의 주장을 지나친 실재론이라고 반박할 테지만, 이것은 그들이 잘못 생각하고 있기 때문이다.

앞으로 등장할 인류의 외모와 성격을 정밀하게 선정하는 일은 그들의 꿈이나 공상보다 훨씬 고귀한 목적이 아닌가? 인간이 가질 수 있는 목적들 가운데 이보다 더 중대한 일이 어디 있겠는가? 이 목적을 인정하지 못하면 사랑의 뜨거운 열정을 이해할 수 없다. 이 열정이 중대한 역할을 하게 되고 더없이 하찮은 일도 일단 이 목적과 관련 맺으면 중대한 의미를 지니게 된다.

그래서 연인을 위해 동분서주하거나 서둘러 접근하는 노력이나 노고는 언뜻 보아 결과로 얻을 수 있는 대가보다 커 보이는데, 이를 올바르게 이해하려면 앞서 말한 목적을 잊지 말아야 한다. 이 노고와 투쟁을 거쳐 현재 꿈틀거리고 있는 것은 어디까지나 개성적인 성격을 갖고 태어날 다음 세대의 인류이다. 아니, 다음 세대의 인류는 벌써 성욕을 채우기 위해 움직이고 있는 저 사랑이라는 이름의 면밀하고도 끈기 있는 이성의 선택에서도 나타나 있다.

사랑 자체가 이미 두 사람이 앞으로 탄생시키려는 새로운 개체의 살려는 의지이다. 다시 말해 그들이 서로 반하여 주고받는 눈짓 속에 벌써 하나의 새로운 생명이 나타나 미래의 개성으로서 꿈틀거리고 있다. 두 연인은 진심으로 결합하고 어울려 한 덩어리가 되려고 하며, 그들이 낳은 자식은 그들의 생존을 연장해 거기에 부모의 유전성이 존속된다. 이와 달리 두 남녀가 서로 혐오하는 것은 그들이 부모가 되더라도 조화를 이룰 수 없는 소질을 가진 불행한 자식밖에 낳지 못한다는 징후이다.

이처럼 두 사람의 이성에게 다른 것을 돌아보지 않고 오직 서로를 주시하게 하는 전지전능한 힘이야말로 모든 종족 사이에 나타나는 생존의지이다. 이 경우 의지는 둘 사이에 태어날 자식이 자신을 실제로 나타내주기를 바란다. 그리고 이렇게 태어나는 자식은 아버지로부터 의지와 성격을, 어머니로부터 지능을 이어받아 두 사람으로부터 또 하나의 육체가 형성되며 생김새는 주로 어머니를 닮고 몸집은 아버지를 닮게 된다.

누구나 다른 사람에게서는 찾아볼 수 없는 성격이 있는데, 그 기원을 설명하기란 매우 어렵다. 그러나 두 연인이 서로 자기 편으로 끄는 연모의 감정이 그처럼 특수하고 독자적이라는 사실을 생각해 보면, 이 어려운 문제의 해답은 한결 쉽사리 나올 수 있을 것 같다.

사랑의 열정은 겉으로 드러나지만 잠재적으로 움직인다. 우리가 생존으로 얻게 되는 참된 출발점은 분명 우리 부모가 사랑을 속삭이기 시작한 순간 비롯되듯이, 앞서도 말한 바와 같이 새로운 존재자의 시작은 그들의 날랜 눈초리가 마주칠 때 시작되며, 새싹과 마찬가지로 이 연약한 생존의 싹이 그대로 사라져버리는 일도 있다.

이렇듯 생식 이전에 꿈틀거리는 새로운 개체는 어느 의미에서 플라톤적인 새로운 이데아이다. 모든 이데아가 현상계에 나타나려는 줄기찬 노력을 아끼지 않으며 인과법칙이 입에 갖다주는 물질을 삼키려 하듯이, 인간의 개성으로서 특수한 이 이데아도 애써 현상계에 나타나려고 한다. 이 집념과 노력은 곧 두 연인이 앞날의 부모로서 서로 품고 있는 연정으로부터 나온다. 물론 연정에는 수많은 단계가 있어 두 쌍의 극단을 '평범한 사랑'과 '거룩한 사랑'이라고 할 수 있을 것이다. 그러나 연인의 태도는 언제 어디서나 변함없이 똑같다. 여러 단계의 연정이 매우 뜨거워지는 것은 그들이 개체적으로 되어 있는 경우이다. 다시 말해 사랑하는 상대의 모든 특성이며 특징이 그 상대와 같은 성의 다른 사람들에 비해 훨씬 뛰어나 보이고, 사랑을 주는 이의 특수한 기대와 요구에 부응한다.

연애는 본질적으로 무엇보다 건강과 체력과 아름다움을 요구하며, 그 모든 것을 아울러 지니고 있는 젊은이들 사이에서 자주 일어난다. 이것은 주로 의지가 인간으로서 원만한 성능을 갖추어 생존을 감당해 나갈 수 있게 하기 위해서이며, 평범한 사랑은 여기서 더 벗어날 수 없다.

그 위에 한결 특별한 요구가 더해지면, 사랑의 열정은 빠르게 달아오른다. 주로 뜨거운 사랑이란 두 사람이 완전히 어울려야 한다. 그런데 두 개체가 똑같은 경우란 없으므로 모든 남성은 오직 한 사람의 여성에게서만 자기 특질에 가장 들어맞는 면을 발견해 낼 수 있다. 특질에 들어맞는 이 점은 언제나 태어날 어린 생명의 특질을 염두에 두고 있다.

그러나 이런 남녀가 서로 만난다는 건 드문 일이므로 참으로 열정적인 사랑은 희귀하다. 시인이 그린 위대한 사랑의 주인공이 우리에게 이해되는 것은 우리도 저마다 그런 사랑을 품을 가능성이 있기 때문이다. 사랑의 불길은 오직 미래의 존재와 특질을 목표로 삼기 때문에, 서로가 건전한 몸과 마음을 지니고 감정과 성격과 재능 등을 매개로 한다. 서로 공감하는 젊은 두 남녀 사이에 우정은 싹틀 수 있지만, 사랑은 이와는 다르다. 때로는 두 사람 사이에 성적으로 반감을 느낄 때도 있다. 그것은 나중에 그들이 결합되면 그 사이에 태어날 어린아이가 정신적·육체적으로 조화를 이룰 수 없어 종족을 위해 살려는 의지가 원하는 설계에 들어맞지 못하기 때문이다.

이와 달리 감정, 성격, 성질 등에 부조화가 있어 혐오하고 기피하는 감정이 있는데도 서로 사랑이 이루어져 훌륭히 유지되는 경우도 있다. 이때는 사랑이 두 사람을 맹목적으로 만들어 그 부조화가 눈에 띄지 않는 것이다. 만일 이런 사랑이 결혼에까지 이르게 되면 결혼생활은 어쩔 수 없이 불행에 빠진다.

이제 문제의 핵심을 언급하겠다. 사람은 누구나 이기심이 깊이 뿌리박혀 있어서 개개인에게 어떤 활동을 할 수 있도록 하는 유일하고도 뚜렷한 동기는 바로 이기적인 것이다. 종족은 개체에 대해 분명 우선권을 가지며, 좀 더 직접적이고 큰 권한을 갖고 있다. 종족의 유지와 발전을 위해 개체는 희생되어야 하는데, 개체의 관심은 오직 자신의 욕구에만 쏠려 있으므로 개체에게 이런 희생이 얼마나 필요한지 이해시켜야 한다. 그렇다 해서 개체에게 자신의 이해관계로부터 떠나게 할 수는 없으므로 자연은 그 목적을 이루기 위해 환상을 심어주어 개체를 속일 수밖에 없다. 이때 개체는 이 환상에 미혹되어 사실은 종족에 관한 일인데도 자신의 행복이 되는 것처럼 오인한다.

그리하여 개체가 자신의 욕구를 충족시키기 위해 애쓰고 있다고 믿는 순간, 이미 자연의 무의식적인 노예가 되어버린다. 그의 눈앞에는 곧 탐스러운 환상이 나타나 이를 좇게 된다. 이 환상이 다름 아닌 본능으로, 그 대부분은 개체 의지가 아닌 종족 의지로 보아야 할 것이다.

마찬가지로 개체화된 의지는 개체화의 뜻을 통해서만 종족의 뜻이 지니고 있는 의도를 감지하도록 속아야 한다. 그래서 의지는 사실 종족을 위해 종족의 가장 특수한 의도에 따라 움직이는데, 개체는 자기 이익을 위해 움직인다고 믿고 있다.

본능은 동물에게 가장 큰 역할을 하며, 겉으로 나타난 모습은 정밀하게 관찰할 수 있으나 내부활동은 다른 모든 내면적인 현상과 마찬가지로 오직 우리 자신을 돌이켜봄으로써 알 수 있을 뿐이다. 어떤 사람은 인간의 본능을 거의 갖고 있지 않으며 단지 갓난아기가 어머니의 젖을 더듬는 정도라고 한다. 그러나 인간에게 실은 매우 특수하고 명확하며 매우 복잡한 본능이 있는데, 이것이 우리를 이끌어 성욕을 만족시키고 이성에 대해 진지한 선택을 하게 한다. 만일 이 성욕의 만족이 억누를 수 없는 욕구로부터 비롯된 감각적 쾌락에 그친다면, 상대하는 이성이 아름답고 추한 것을 문제시하지 않을 것이다.

그런데 아름다움이 크게 문제되고 존중되고 선택되는 것은, 이런 선택을 하는 개체의 이해관계가 아니라(개체는 스스로 그렇게 생각하지만) 분명 미래의 존재자인 신생아의 이해관계 때문이다. 그 가운데에서도 종족 형태가 되도록 완전하고 순수하게 유지되기 위한 방편이다. 다시 말해 인간은 많은 육체적·정신적 손상을 입어 불구자가 되기 쉽지만, 아름다움을 좇는 마음이 있어 언제나 성욕을 지배하고 이끌므로 인간은 각 부분이 끊임없이 수정된다. 만일 그렇지 않다면 사랑은 진절머리나는 육체의 성욕에 지나지 않을 것이다.

그러므로 사람은 처음부터 아름다운 이성을 찾는데, 이것은 바로 아름다운 이성은 종족의 가장 순수하고 고상한 형태를 하고 있기 때문이다. 다음으로 인간은 주로 자기에게 부족한 특질을 구하며, 때에 따라서는 자기의 결함과 정반대되는 결함을 상대로부터 찾아내 아름답게 보기도 한다. 키가 작은 남성은 키가 큰 여성을 좋아하고, 피부가 흰 사람은 피부가 검은 사람을 좋아한다.

자기 이상에 맞는 아름다운 여성을 찾으면 남성은 미칠 듯한 열정을 일으키며, 이 여성과 결혼했을 경우 맛볼 수 있는 가장 큰 행복이 환영으로 눈앞에 나타난다. 그런데 이 열정도 따지고 보면 '종족의 의지'이며, 이것이 여성에 대해 스스로 뚜렷한 이미지를 그려 보이며 그녀를 통해 자신을 유지해 나가려고 한다.

이러한 해석은 모든 본능에 깃들어 있는 내면성을 밝힌 것으로, 성욕의 경우에 알 수 있는 바와 같이 본능의 역할은 거의 언제나 개체에게 종족을 위해 움직이게 한다. 곤충이 어떤 꽃이나 과일, 고깃덩이, 똥덩이, 또는 다른 곤충의 새끼집을 찾아가 알을 낳고 그 밖의 장소에는 낳지 않으며 그동안 그들이 노고와 위험을 돌아보지 않는 것은, 남성이 어떤 여성(그 개인적 특질이 자기에게 어울리는)을 다른 여성보다 열렬히 원하는 것과 비슷하다.

이때 남성이 여성에게 지닌 열정은 굉장하여 자기 목적이 이루어지지 않으면 이성(理性)의 경고도 무시하고 자기 일생의 행복도 희생하는 수가 많으며, 그 여성을 얻기 위해서는 어떤 무리한 결혼도 무릅쓰고 자신을 망쳐버리는 부적절한 성교도 신경 쓰지 않는다. 그리고 불명예며 범죄며 간통이며 간음도 저지르게 되는데, 이 또한 결국은 자신의 지상명령에 따라 종족의 목적에 이바지하려고 개체로서의 자기를 희생하는 것이다. 그러므로 어떤 경우에든 본능은 언뜻 보아 개체의 의도에 따르는 것처럼 생각되지만, 사실 개체의 의도와 본능은 아무 관계도 없다.

개체가 자신에게 충실하여 자연이 원하는 게 무엇인지 알아차리지 못하고 있을 때나 반항하려고 할 때, 자연은 곧바로 본능을 움직인다. 우리는 그런 사실을 곤충이나 고등동물에게서 찾아볼 수 있으며, 인간은 성욕에 한하여 본능의 지배를 받는다. 인간에게 이런 본능이 있는 까닭은 자연의 목적을 깨달을 수 없기 때문이 아니라, 그 목적을 위해 자기의 행복을 희생하려 하지 않기 때문이다.

그래서 이 경우의 본능도 다른 본능과 마찬가지로 진리가 환상의 옷을 입고 개체의 의지에 작용한다. 성적 쾌락이라는 환상이 그것이다. 이 때문에 인간은 어떤 한 사람의 이성을 누구보다도 훌륭하게 보며, 이 이성을 자기 소유로 만들면 지상의 행복을 누리게 되리라고 생각한다.

그리고 본인 자신이 즐거움을 누리기 위해 노고를 아끼지 않는 것으로 생각하지만 실은 종족의 완전한 형태를 유지하기 위해 하나의 개체를 출생시키려 움직이는 것이다. 이 개체가 자신을 실현해 생존을 획득하기 위하여 두 남녀의 교접을 필요로 하는 것은 두말할 필요도 없다.

그같이 본능의 성질은 인간에게 그 목적을 위해 힘쓰도록 하는 데에 있다. 그런데 자기의 환상에 이끌렸던 인간은 이렇게 하여 앞으로 새로운 생명을 탄생시키려 한다는 것을 알아차리고, 때에 따라 이를 증오하며 거기에 반항하려고까지 한다. 결혼 이외의 성교가 거의 이런 경우에 속한다.

그런데 사랑을 속삭이던 사람들이 일단 그 열정을 채우면, 곧 미궁에서 벗어나 그처럼 열망했던 것이 얼마 안 가 실망을 안겨주는 한때의 쾌락만 제공하는 것이라는 사실에 새삼 놀라게 된다. 그리고 이 욕망은 인간의 마음을 움직이는 다른 욕망에 대해 종족과 개체, 무한과 유한 같은 관계를 갖고 있다.

그래서 이 욕망을 채움으로써 종족만이 실제적 이득을 보게 되나, 개체는 그것을 의식하지 못한다. 개체가 종족의 의지에 따르게 되어 치른 희생은 그 자신의 목적이 아닌 다른 목적에 사용된 것이다. 모든 연인은 성교라는 큰일을 한 번 치르고 나면 곧 속았다고 생각하게 되는데, 그것은 자신에게 종족의 도구가 되게 한 환상이 사라지기 때문이다. 그래서 플라톤은 "성적 쾌락은 최대의 사기꾼"이라는 명언을 남겼다.

이러한 고찰은 동물의 온갖 본능과 아름다움에 대한 감수성을 해석할 때에도 새로운 빛을 던져준다. 동물도 이런 환각의 노예가 되어 자신이 향락을 누린다는 미혹에 빠져 열심히 활동하지만, 사실은 자기희생으로 오직 종족만 이롭게 하는 것이다.

새가 둥지를 짓고, 곤충이 알을 낳기에 알맞은 장소를 찾아 새끼에게 줄 먹이를 구해 알 옆에 놓아두며, 꿀벌과 개미가 미래의 종족을 위해 그처럼 바삐 애쓰는 까닭도 그 때문이다. 이 동물은 분명 환상에 이끌리고 있으며, 그 환상은 종족을 위한 노동에 이기(利己)라는 옷을 씌워놓은 것이다.

본능의 여러 가지 면을 조종하는 주관적 또는 내면적 현상에 대해서는 이런 설명이 유일하고 정확하다. 그런데 외관상으로 관찰하면 본능의 지배를 가장 많이 받는 동물, 주로 곤충류에 있어 신경계통, 특히 주관적 신경의 뇌수(腦髓)가 특히 발달되었음을 볼 수 있다.

이러한 사실에서 내릴 수 있는 결론은, 동물은 객관적이고 정확한 지능의 지배를 받기보다 욕정을 일으키는 주관적 심상에 의해 인도된다는 것이다. 이 심상은 뇌수신경의 작용에서 일어나는 어떤 환상에 속하는 것으로 볼 수 있는데, 본능에 있어서 한결같이 이런 생리적 현상이 나타난다.

이 점을 다시 분명히 하기 위해 인간의 본능에 대한 다른 예를 들어보기로 하자. 그것은 아이를 가진 부인의 엄청난 식성으로, 이것은 태아의 영양공급을 위해 특수한 생리적 변화를 필요로 하기 때문이거나, 태내에 흘러드는 혈액에 변화가 생겼기 때문이다. 이때 임산부는 태아가 가장 필요로 하는 음식을 먹고 싶어하며, 마찬가지로 환상의 지배를 받기 쉽다.

이렇게 볼 때 남성보다 여성에게 더 많은 본능이 주어진 셈이며, 신경계통도 한층 발달되어 있다. 인간이 동물보다 본능을 적게 지니고, 그 본능이 때로 탈선하는 경우가 있는 까닭은 동물보다 뇌수가 훨씬 발달되어 있기 때문이다. 그러므로 사랑에 있어서 이성을 선택하는 기준인 아름다움에 대한 감수성도 때로 정도(正道)에서 벗어나 자연에 대해 악행을 저지를 정도로 추락하기도 한다. 이런 현상은 동물에게서도 얼마쯤 찾아볼 수 있는데, 파리가 본능대로 썩은 고기에 알을 낳는 대신 썩은 고기 냄새를 풍기는 꽃에 알을 낳는 경우가 그렇다.

연애는 언제나 종족 번식을 위한 본능에 따른다. 이런 관점에서 세밀히 관찰해 보면, 이 진리가 옳다는 것을 알 수 있다.

우리가 먼저 관찰할 수 있는 것은 남성은 본디 사랑을 따라 곧잘 한눈을 팔며, 여성은 사랑에 충실하다는 것은 부인할 수 없는 사실이다. 남성의 사랑은 성관계를 가진 순간부터 뚜렷이 식어버려 자기 손에 넣은 여성보다 다른 여성이 나아 보인다.

그래서 남성은 언제나 여성을 바꾸고 싶어하지만, 이와 달리 여성의 사랑은 성관계를 끝낸 순간부터 커진다. 이것은 자연이 종족의 유지와 되도록 많은 번식을 원하기 때문이다. 사실 남성은 사정이 허락되면 1년에 100명 넘는 자식을 낳게 할 수 있지만, 여성은 아무리 많은 남성을 상대해도 쌍둥이 말고는 1년에 1명 이상 낳을 수 없다. 그래서 남성은 언제나 다른 여성을 탐내지만, 여성은 한 남편에게 충실히 의지하려고 한다.

이것은 자연이 본능을 통하여 무작정 그렇게 강제하는 것이며, 그래서 여성은 자기 옆에 미래의 자식을 부양할 사람, 즉 보호자를 남겨두려고 한다. 이런 면에 중점을 두고 추리해 나가면, 결혼생활에서 정조를 지키는 것이 남성에게는 부자연스럽고 여성에게는 자연스럽다. 그러므로 아내의 간음은 그 결과로 보나 부자연스러운 범행이라는 점으로 보나 남성의 간통보다 훨씬 비난받아야 한다.

나는 이제 문제를 더 깊이 파고 들어가 여성에 대한 사랑이 아무리 뚜렷한 사실로 보이더라도 실은 하나의 가면을 쓴 본능, 즉 종족을 유지해 나아가려는 의지에 지나지 않음을 논증해 보려 한다.

우리가 연애의 쾌락을 좇을 경우 이성에 대해 여러 가지 면을 고려하는데, 이 점에 대해서는 특히 상세한 검토를 할 필요가 있으므로, 앞으로 자세히 서술할 나의 논조가 철학책의 내용으로 어울리지 않더라도 신경 쓰지 않으려 한다. 사랑에 대한 여러 가지 조건을 들어보면 다음과 같다.

먼저 직접적으로 종족의 형태에 영향을 주는 형태미이고, 다음은 인체의 특질, 끝으로 순수한 상대적 특질, 다시 말해 서로에게 특별한 상태로 보이는 체격을 선택하여 교정하고 보완하려는 필요에서 추구되는 게 그것이다. 이제 그 하나하나를 생각해 보기로 하자.

첫째, 우리의 선호와 선택에 영향을 주는 가장 큰 조건은 나이이다. 일반적으로 말하면, 우리의 성적 대상이 되는 여성은 월경이 시작되어 끝나기까지 나이에 해당되며, 특히 매력을 느끼는 상대는 18살에서 22살까지 여성들이다. 나이 든 여성, 아이를 낳을 수 없는 여성은 염증을 느끼게 할 뿐이다. 젊은 여성은 아름답지 않아도 마음을 끌며, 늙은 여성은 본디 미인이었더라도 이미 매력이 없다. 이 경우 우리를 인도하는 무의식적인 의지는 아이를 낳을 수 있다는 데에 쏠리고 있다. 그러므로 여성은 아이를 낳거나 임신하기에 알맞은 시기에서 멀어질수록 이성으로서의 매력을 잃게 된다.

다음에 둘째 조건으로 건강이 고려된다. 급성 질병이라면 한동안 우리가 관심을 두지 않을 뿐이지만, 만성병이나 악성 질병은 자식에게까지 유전되므로 꺼리게 된다.

셋째는 종족의 형태에 기본이 되는 골격이다. 나이와 질병을 빼면, 불완전한 자세는 성적 선택에서 마땅히 소외된다. 얼굴이 아무리 아름답다 하더라도 비뚤어진 뼈대를 바로잡을 수는 없으며, 반대로 얼굴이 아무리 미워도 골격이 똑바로 갖춰진 이성은 매력을 잃지 않는다. 골격이 바르지 못하면 성적인 반감을 불러일으키는 결정적인 구실을 한다. 위에서부터 짓눌린 것처럼 왜소하거나 엄청나게 다리가 짧거나 태어나면서부터 절름발이인 사람 등이 그렇다.

반대로 눈에 띌 만큼 아름다운 체격은 여러 가지 다른 결점을 메워 주어 매력을 느끼게 한다.

우리가 여성의 작은 발을 아름답게 보는 것은 다음과 같은 이유에서이다. 발이 작은 것은 인간이라는 종족에게 근본적인 특징의 하나로, 뼈를 합쳐서도 인류만큼 작은 동물은 없으며, 보행동물로서의 인간은 그래서 똑바른 자세로 걸어다닐 수 있다. 이에 대해서는 외경(外經)의 《전도서》에서도 찬양하고 있다.

"아름다운 자태, 아름다운 발을 가진 여성은 마치 은받침 위에 선 황금기둥과도 같다."

또 건강한 치아도 이성을 선택할 때 중요한 조건이 되는데, 그 까닭은 인체에 필요한 영양을 공급하는 일과 관계가 있을뿐더러 자손에게 특히 유전되기 쉽기 때문이다.

그리고 넷째 조건은 머리카락이다. 머리숱이 얼마나 풍부한가 하는 것은 소화·흡수 등 생리적 기능과 신체와 성품의 작용이 활발하고 충분함을 나타내며, 태아가 충분한 영향을 섭취할 수 있기 때문이다. 덩치가 크고 마른 여성이 특히 성적인 반감을 불러일으키는 것 또한 태아의 영양이 무의식중에 고려되기 때문이다. 또 알맞고 크게 부풀어오른 여성의 가슴이 남성에게 특별한 매력을 주는 것은 여성이 지닌 생식 임무와 직접 관계가 있어, 유아에게 충분한 영양분을 공급할 수 있기 때문이다.

이와 달리 지나치게 뚱뚱한 여성이 혐오감을 주는 것은 이런 상태가 병적이고 자궁이 위축된 징후이며 임신할 가망이 없기 때문인데, 이를 아는 것은 지능이 아니라 본능이다.

그리고 아름다운 얼굴은 마지막 조건으로서 고려되며, 이 경우에도 무엇보다 중요한 것은 골격이며 그 가운데에서도 단정한 코다. 짧고 위로 치켜올려진 것 같은 코는 얼굴 전체를 망쳐놓는다. 코가 낮으냐 높으냐는 작은 차이가 옛날부터 수많은 젊은 여성들의 운명을 결정해 왔는데, 그것이 종족 형태의 유지와 관계가 있음을 고려할 때 마땅한 일이라고 하겠다.

작은 입은 동물의 경우와 달리 인간 고유의 것으로 소중히 여겨져 왔다. 그리고 턱이 도망이라도 칠 것처럼 앞으로 튀어나왔거나, 도려낸 듯 된 것을 특히 못마땅히 여기는 것은 동그스름한 턱이 인류의 특징 가운데 하나이기 때문이다. 또한 아름다운 눈과 높은 이마가 중요시되는 까닭은 그것이 정신적인 특성, 주로 어머니로부터 유전되는 지적인 특성을 나타내기 때문이다.

여성이 남성을 선택할 때 무의식적으로 염두에 두는 조건은 앞서 말한 남성의 경우와는 다르다. 정확히 지적할 수는 없지만 일반적으로 분명히 말할 수 있는 것은 다음과 같다. 여성은 다른 어느 연령층보다도 30살에서 35살 사이의 남성을 좋아하며, 남성미의 전성기라는 20대 남성보다 이 시기의 남성을 택하려 한다. 이는 여성들이 취미가 아닌 본능에 따라 움직이기 때문이며, 여성들의 본능은 남성의 생식력이 이 시기에 최고에 이르는 것을 알고 있다. 그리고 여성은 주로 남성의 미, 특히 얼굴을 대수롭지 않게 여기는데, 이것은 자기 쪽에서 자식에게 유전시킬 수 있다고 보기 때문인 듯하다.

여성의 마음을 움직일 수 있는 것은 주로 남성의 체력과 용기이다. 이 특질은 건강한 자식을 낳을 수 있는 증거가 되며, 여성에게 앞으로 용감한 보호자가 될 자격이 있음을 입증하기 때문이다.

남성의 육체 결함, 즉 종족의 정상적인 형태에서 벗어난 기형은 그 부분에 해당되는 여성의 신체 부위가 정상이거나 반대 방면에 뛰어나면, 여성은 출산으로써 그 결점을 보완할 수 있다. 다만 남성에게만 고유한 특성이어서 어머니로부터는 유전될 수 없는 특징은 그렇지 않다. 예컨대 남성적인 골격이나 떡 벌어진 어깨, 근육, 수염, 용기 등이 그것이다. 그러므로 여성이 바람둥이 남성을 사랑하는 경우는 흔하나, 여성스러운 남성을 사랑하는 일은 결코 없다. 이런 결함은 여성의 힘으로 보완할 수 없기 때문이다.

연애의 제2조건으로 정신적 특질이 고려된다. 여성이 매력을 느끼는 것은 남성의 심리와 성격에 속하는 특질이다. 그들의 2세가 아버지로부터 이런 면을 유전받기 때문이다. 그 가운데에서도 여성의 마음을 가장 끄는 것은 굳은 의지와 과감한 용기와 정직하고 선량한 마음씨이다. 반대로 지력의 우수성은 여성에게 본능적인 매력을 주지는 못한다. 왜냐하면 이런 특성은 아버지로부터 유전될 수 있는 특질이 아니기 때문이다.

무지는 여성의 사랑을 받는 데 장애가 되지 않지만, 정신적으로 뛰어나거나 천재적인 것은 변칙적인 특성으로서 결정적인 장애가 되는 경우가 많다.

그러므로 추하고 둔하고 야성적인 사나이가 잘생기고 총명하고 고귀한 남성을 제쳐놓고 사랑의 승리자가 되는 수가 매우 많다. 그리고 지적인 면에서 서로 어울리지 않는 남성과 여성들이 사랑해서 결혼에 이르는 경우도 많다. 예컨대 남성은 거칠고 건강하며 여성은 교양 있고 고귀하고 이해력이 뛰어난 다정다감하고 우아한 경우이다. 그러나 반대로 남성은 학자이고 천재이며 여성은 바보인 경우도 있다. 그 이유는 지적인 면은 완전히 도외시하고 본능만을 고려하기 때문이다.

인간이 결혼생활에서 바라는 것은 결코 재치 있는 대화가 아니다. 결혼의 목적은 자식을 낳는 일이며, 마음의 결합이지 두뇌의 결합은 아니다. 때로는 여성이 남성의 재능에 반했다고 말하는 경우도 있는데, 그것은 우습기 짝이 없는 거짓이거나 성적 타락에서 오는 잠꼬대이다.

반대로 남성이 본능적인 사랑을 할 때는 여성의 성격에 따라 움직이는 일이 없다. 세상의 많은 소크라테스가 크산티페[4]를 아내로 맞는 것도 이 때문이다. 그러나 여성의 지적인 특질은 매우 중요한 조건이 된다. 그것은 이 특질이 아버지 쪽에서 유전되지 않기 때문이다. 그러나 지적인 특질이 육체미에 압도되기 쉬운 것은 생식이라는 가장 요긴한 면에 육체의 아름다움이 좀 더 직접적으로 작용하기 때문이다.

세상에는 어머니가 경험으로 지적인 능력의 성적 위력을 깨닫고, 딸에게 그림이나 외국어 같은 것을 배우게 하여 딸의 매력을 증가시키려는 경향이 있다. 이것은 인위적 방법으로 이성에 대한 지능의 작용을 돕는 일로, 시대의 경향에 따라 엉덩이나 가슴을 유난히 발달시키는 것과 같은 방법이다. 결국 중요한 것은 이때 본능에 호소하면 직접적으로 상대를 유혹할 수 있으며, 이것만이 진실되고 열정적인 사랑을 불러일으킨다는 것이다.

교양 있고 이지적인 여성이 남성의 지능과 재주에 호감을 갖고, 이성적이고 사색적인 남성이 아내 될 여성의 성격에 유의하는 경우도 있기는 하지만, 그것은 여기서 말하는 점들과 관계가 없다. 마찬가지로 이성적인 선택에 따라서 결혼에 이르는 수도 있지만, 그러한 경우에는 결코 우리가 생각하는 바와 같은 뜨거운 사랑에 빠지는 일은 없다.

이제까지 연애의 절대 조건, 즉 일반적 효력을 지닌 조건에 대해 설명했는데, 이번에는 상대적 조건, 즉 개별적으로 적용되는 조건을 말해 보려 한다. 이 조건이 고려되는 근거는 종족이 손상되는 것을 바로잡고, 이성을 선택하는 당사자 사이에 생기는 기형적 형태를 고쳐 바로잡으려는 데 있다.

그러므로 개개인은 자기에게 결핍된 점을 지닌 상대를 사랑하고 선택하게 된다. 이런 관점에서 개체적인 선택이 이루어질 경우에는 절대적인 조건만을 염두에 둔 이성 선택에 비해 훨씬 엄밀하고 결정적이며 배타적이다. 우리가 흔히 볼 수 있는 일시적인 사랑은 절대적인 고려에서 이루어지며, 이때 열정적인 사랑은 참으로 이루어지기 어렵다.

---

4) 소크라테스의 아내. 악처로 유명함.

열정에 불을 붙이기 위해 반드시 아름다운 용모가 필요하다고 볼 수는 없으며, 참된 사랑의 불꽃이 피어오르기 위해 필요한 조건은 마치 화학작용으로 산과 알칼리가 중성이 되듯이 두 연인이 서로 중화되어야 한다.

성적 특징은 개인에 따라 그 정도가 달라서 저마다 뚜렷한 차이를 보여준다. 그래서 개개인은 어느 한 사람의 이성에 의해 다른 이성보다 한층 더 자기의 서로 다른 면을 보충하고 중화시킬 수 있다. 이 경우 새로 태어날 개체의 소질이 문제가 되므로, 이 새로운 개체를 통해 인류의 형태가 수정되기 위해서는 어떤 이성으로부터 자신의 이질적인 조건과 반대되는 면을 받아들일 필요가 있다.

생리학자는 성적인 특징이 남녀를 가리지 않고 수없이 많은 양상으로 나타나고 있음을 인정하는데, 남성이나 여성에게서 찾아볼 수 있는 가장 저급한 모습은 남성과 여성을 반반씩 띠고 있는 것이라고 말한다. 그래서 남성과 여성의 중간에 자리하여 그 어느 쪽에도 속하지 않는 개인은 생식도 할 수 없다. 두 개의 개체가 중화되려면 남성의 어떤 성적 양상이 상대 여성이 지닌 성적 양상에 적응되어야 한다. 그렇게 되어야만 양쪽의 부분적인 소질이 보완된다. 그러므로 가장 남성적인 남성은 가장 여성적인 여성을 원하며, 여성 또한 마찬가지이다.

여성은 저마다 자기 본능에 따라 움직이며 자기에게 필요한 대응성이 상대에게 있는지 없는지를 상세히 검토한다. 그러므로 이 저울질은 다른 배려와 함께 열렬한 사랑의 바탕을 이루게 된다. 사랑하고 있는 당사자는 간절한 어조로 자기들의 마음의 조화에 대해 이야기하고 싶어한다. 그러나 많은 경우 방금 내가 설명한 것과 같은 적응, 다시 말해 새로 태어나는 개체와 그 소질을 완전히 보존하기 위한 적응성이 사랑의 근본이 되어 마음의 조화보다 훨씬 중요한 역할을 한다. 결혼하고 얼마 되지 않아 부부 사이에 심한 부조화를 일으키는 경우가 잦은 까닭은 이 때문이다.

남성은 체력이 약할수록 몸이 튼튼한 여성을 원하고, 여성도 같은 방식으로 남성을 원한다. 그러나 여성은 자연 법칙에 따라 육체적으로 남성보다 뒤떨어지므로 주로 여성이 더 건강한 상대를 고르려고 하는데, 이는 자연스러운 일이다.

그리고 키도 중요한 조건이 된다. 몸집이 작은 남성은 몸집이 큰 여성에게 호감을 갖게 되며, 여성 쪽에서도 마찬가지이다. 몸집이 큰 여성이 몸집이 큰 남성을 싫어하는 것은 자연스러운 일로, 인류가 거인화되는 것을 막기 위해서이다. 만일 이들이 결합된다면 어머니로부터 유전되는 2세의 체력이 지나치게 커서 살아가기에 알맞지 못할 것이며, 따라서 오래 생존할 수도 없을 것이다. 만일 몸집이 큰 여성이 온갖 동기와 일종의 허영에서 거대한 남성을 남편으로 맞는다면, 그 어리석은 행동은 곧 자식들에게 영향을 주게 될 것이다.

사람은 신체의 여러 부분에 나타난 결함과 기형을 보완하고 바로잡을 수 있는 상대를 구하며, 신체의 중요한 부분일수록 더욱 그것을 요구한다. 그러므로 납작코를 가진 사람은 뾰족코에 앵무새 얼굴을 한 이성에게 큰 매력을 느끼고, 비쩍 마른 키다리 사나이는 뚱뚱하고 키 작은 여성에게 호감 갖게 된다.

성격에서도 마찬가지이다. 누구나 자기와 반대되는 성격을 가진 이성을 선택하려고 하며, 그 구애가 자신이 지닌 성격의 강도에 비례한다. 그렇다고 어느 면에서 완전한 사람이 반드시 그 면이 불완전한 이성을 좋아한다는 것은 아니다. 이 경우에 다른 사람들보다 불완전한 면을 쉽사리 용납할 수 있을 뿐이다. 그것은 그러한 면에서는 앞으로 태어날 자식이 그다지 불완전하게 되지 않을 것이라고 생각하기 때문이다.

개인이 이런 선택과 고려를 할 때, 자신은 미처 의식하지 못하지만, 사실은 한결 더 우월한 존재인 종족의 명령에 순응하는 것이다. 그러므로 자기로서는 무관심하게 보아넘길 수 있는 온갖 것들이 종족 차원에서는 매우 의미가 커진다. 젊은 두 남녀가 처음으로 선을 볼 때 의식하지는 않지만 긴장된 마음으로 상대를 관찰하는 태도를 보라. 날카로운 눈초리로 상대의 윤곽과 각 부분을 얼마나 치밀하게 샅샅이 살피는가? 인간의 행위치고 이렇듯 신비롭고 진지한 것은 없다.

이 치밀한 관찰은 그들 사이에 앞으로 태어날 자식의 체격과 체질에 관련하여 종족의 영혼이 하는 것이며, 두 남녀의 애착과 욕정의 정도도 세밀한 관찰을 거쳐 결정된다. 그러나 최초의 사랑이 얼마쯤 무르익은 다음에 그때까지 미처 느끼지 못한 면이 드러나 파탄에 이르는 경우도 있다.

이처럼 종족의 영혼은 다음 세대의 인류에 대해 배려를 게을리하지 않으며, 그 세대에 넘겨줄 소질에 대해 몰두하고 있다. 현재와 미래의 종족 전체의 막대한 이해관계에 비하면, 잠시 생존을 지속하는 개인의 이해는 문제될 수 없으며 사실 언제나 희생물이 된다. 종족의 영혼과 개체와의 관계는 불멸의 존재와 사멸하는 자와 같으며, 또 그 이해관계에는 무한과 유한이라는 큰 차이가 있다.

그러므로 종족의 영혼은 개체의 이익에 관계되는 일보다 월등히 중요한 일을 처리한다고 자부하며, 전쟁의 불바다 속에서든, 바쁘게 사무를 집행하는 중이든, 페스트가 퍼지는 동안이든, 또는 고요한 사원이든 아랑곳하지 않고 태연히 자기 일을 수행한다.

나는 앞에서 사랑의 열정은 개체의 조건을 고려한 경우일수록 강하다고 말했다. 두 남녀가 서로 보충할 수 있는 신체적 소질을 소유해 두 남녀의 결합으로 종족의 형태가 정상으로 복귀될 경우 이들은 저마다 누구보다도 상대가 지닌 소질을 요구하게 된다고 설명했다. 이 경우에 배타적인 욕정이 둘을 유인하여 서로 오직 하나뿐인 대상이 되게 하며, 동시에 종족의 특별한 사명을 대행해 곧 초인간적인 고귀한 사랑으로 발전하게 한다. 그리고 이와 반대되는 이유에서 단순한 성적 본능은 유일한 상대에게만 쏠리는 게 아니라 다른 이성에게 한눈을 팔며, 다만 종족을 유지하려고만 할 뿐 특질 같은 것은 거들떠보지 않으므로 자연히 사랑이 비속해진다.

사랑이 어느 유일한 이성에게 쏠리게 되면 굉장한 힘과 열을 내어, 만일 사랑이 맺어지지 못하면 본인에게는 세계의 훌륭한 것들이 시들하게 보이고 나아가 목숨까지도 하찮게 여겨지며 이 열정을 불태우기 위해 어떤 희생도 두렵지 않게 된다. 그 격정은 다른 무엇과도 견줄 수 없을 정도며, 때로 미치거나 스스로 목숨까지 끊게 만든다.

이처럼 대담한 열정을 발산하게 하는 원인은 앞에서 말한 일반적인 사랑의 원인과 달리 더 분별하기 어렵다. 다만 우리는 이 경우에 체격뿐만 아니라 남성의 의지와 여성의 지력도 특수하게 작용하여 두 사람만이 전적으로 새로운 개체를 낳을 수 있다는 데서 비롯됨을 알 수 있다. 이때 종족의 영혼이 바라는 것은 이런 새로운 개체를 존속시키는 것이다. 왜 그렇게 해야 하느냐는 물음에 대해서는 종족의 존속이라는 사실 속에 숨겨져 있으나, 우리의 사고는 거기까지 미치지 못한다고 답변할 수밖에 없다. 다시 말하면, 이 경우에 살려는 의지가 오직 이 두 사람을 부모로 두어야만 태어날 수 있는 독특한 개체 속에서 자신을 객관화하려 하기 때문이다.

살려는 의지의 이런 형이상학적인 욕구는 먼저 부모가 될 사람들의 마음을 목표로 하며, 의지의 작용이 마음속에 일어나면 당사자들은 오직 자신을 위해 사랑하고 있는 줄 여기면서 온갖 노력을 쏟는다. 그러나 그들이 하려는 일은 완전히 형이상학적인 목적이다.

이처럼 미래의 존재가 생존을 바라고 생존할 수 있는 유일한 기회를 찾는 원동력은 모든 생물의 원천인 살려는 의지로부터 비롯된다. 이 형이상학적인 생존을 위한 욕구는 현상으로서 미래의 부모가 상대에게 품고 있는 강한 배타적인 연정으로 드러나며, 그들에게 환상을 불러일으켜 지상의 모든 선을 희생해서까지 서로 결합하게 한다.

그러나 실제 이득은 다른 이성과 결합했을 때 손에 넣게 될 이득과 크게 다르지 않다. 그것은 이제까지 추구한 노력에 대한 보수이며 유일한 결과이다. 그러므로 무엇보다 강렬한 이 열정도 인간의 다른 열정과 마찬가지로 향락이 끝나면 사라져버리며, 당사자들은 긴 탄식을 금치 못하게 된다.

그리고 이 열정은 여성이 자식을 낳을 수 없는 것이 확실한 때 사라져버리는데, 그것은 앞서 말한 형이상학적인 목적을 이룰 수 없기 때문이다. 그래서 몇 천만을 헤아리는 잉태할 씨앗이 날마다 불임 때문에 소멸되고 있으며, 그 가운데서도 생명의 형이상학적인 욕구는 그 존재를 요구하고 있다.

그러나 살려는 의지는 무한한 공간과 시간 및 물질을 자유로이 쓸 수 있으며, 같은 시도가 끊임없이 되풀이되기 때문에 조금도 우려할 필요가 없다. 시대마다 시인들은 온갖 형식으로 사랑의 불길을 묘사하려고 했으나 완전히 표현하지는 못했다. 그것은 언제나 속속들이 형상화할 수 없는 주제였다. 어떤 사람에게 여성의 마음을 얻는 것을 더할 나위 없는 행복으로 여기게 하고, 그 뜻을 이루지 못하면 말할 수 없는 비애로 생각하게 한 이 욕정, 이 동경과 고뇌는 결코 한 개인의 허황된 욕구가 아니라 종족 영혼의 몸부림이다. 자기 의도를 이루려는 종족의 영혼은 이것을 얻느냐 잃느냐는 중대한 고비가 되므로 거칠게

숨을 몰아쉬면서 대드는 것이다.

오직 종족만이 무한한 생명을 갖고 있다. 그리고 종족만이 그 어떤 만족과 근심과 괴로움도 감당할 수 있다. 그런데 이 만족과 괴로움은 생멸(生滅)하는 개체의 작은 가슴속에도 스며든다. 그래서 가슴이 미어지는 듯하고, 사랑의 무한한 기쁨과 즐거움과 고민을 어떻게 표현해야 할지 모를 지경이 되는 것도 무리가 아니다. 이 일은 모든 뛰어난 연애시의 주제가 되며 지상의 경험을 뛰어넘은 것으로 아름답게 미화된다. 페트라르카[5]에게 붓을 들게 한 일도 그것이요, 샹포르[6]나 베르테르며 야코포 오르티스 등이 소설의 주인공으로 등장하게 된 일도 그 때문이며, 이런 인물들은 사랑의 깊이를 무시하면 이해하기 어렵다.

개인에게 서로 무한한 가치를 인정하고 있는 것은 결코 뛰어난 지적 특질이나 객관적 또는 현실적인 뚜렷한 특질 때문이 아니라, 오히려 페트라르카의 경우처럼 연인끼리 상대를 정확히 알지 못하기 때문이다. 이 경우 오직 종족의 영혼만이 두 연인이 자신에게 어떤 가치가 있는지 알고 있다. 그래서 그들이 어떻게 자기(종족의 영혼)의 목적을 이루기 위해 봉사할 수 있는지를 꿰뚫어 본다. 따라서 강한 열정은 주로 첫인상에서 시작된다.

매우 사랑하는 사람을 경쟁자에게 빼앗기거나 그 사람이 죽으면, 참을 수 없이 심한 괴로움을 느끼게 된다. 그것은 이 괴로움이 초월적인 성질을 갖고 있기 때문이다. 그것은 개체로서의 본인에게 작용하는 게 아니라 그의 영원한 본성, 다시 말해 종족의 영혼에 관련되어 있다. 개체로서 그는 이 경우 종족의 영혼이 지닌 특수한 의도를 실현할 사명을 띠고 있다.

질투가 괴롭기 이를 데 없는 정념(情念)인 것도 이런 점에서 이해할 만하고, 또한 자기가 누구보다 사랑하는 사람을 단념하는 일이 어떤 희생보다 크게 여겨지는 것도 이해가 된다. 영웅은 일상적인 일로 비탄에 빠지는 것을 부끄럽게 여기지만, 사랑의 비애에 대해서는 비탄을 억누르지 못한다. 이 경우 비탄에 빠

---

5) 1304~1374. 이탈리아 시인.
6) 1741~1794. 프랑스혁명 당시 사회평론가.

지는 것은 본인 자신이 아니라 종족 자체이기 때문이다. 칼데론[7]의 훌륭한 희곡 《위대한 제노비아》 제2막에서 데시우스가 말한다.

"아, 하늘이여, 당신이 날 사랑한단 말이지요? 그렇다면 나는 백 번이라도 승리를 포기하겠소. 적진에서 도망쳐버리겠소."

여기서는 여러모로 이해타산적인 명예가 무시되고 그 대신 사랑, 즉 종족에 대한 이해가 결정적 역할을 하게 된다. 명예와 의무, 그리고 충성은 이제까지 유혹이나 심지어 죽음의 협박에도 저항해 왔으나, 종족의 이해 앞에서는 고분고분 양보하고 굴복해 버린다.

이와 마찬가지로 생활에서도 이 사랑 앞에서는 어떤 성실함도 믿을 수 없다. 다른 면에서는 정직하고 의리 있는 사람도 사랑에 있어서는 양심의 가책을 느끼지 않으며, 열띤 사랑, 즉 종족에 대한 이해에 사로잡히면 모든 사람의 멸시도 신경 쓰지 않고 심지어 간통까지 서슴지 않는다.

이 경우 자기에게는 개인적 이해관계에서 비롯되는 권리와는 전혀 다른 높은 특권이 부여되었음을 암암리에 의식하는 듯이 보이는데, 이것은 개인보다도 무한히 큰 종족의 이해관계에 매여 있기 때문이다.

이런 관점에서 보면 샹포르의 말은 주목할 만한 가치가 있다.

"두 남녀가 뜨겁게 사랑하는 것을 보면 나는 언제나 이런 생각이 든다. 그들 사이에 놓인 장애가 무엇이든(남편이든 부모이든) 그들은 이미 자연의 이름으로 결합되어 법률과 사람의 힘이라는 테두리 밖에서 신성한 권리를 공유하고 있다."

이 점에 대하여 공부하는 사람이 있다면, 그리스도가 복음서에서 얼마나 너그러운 말로 간통한 여성에게 주위에 늘어선 사람들에게도 같은 죄가 있다고 말했는지를 떠올려 보라.[8] 그리고 《데카메론》[9]의 대부분은 이런 관점에서 종족의 영혼이 개인의 권리와 이해를 일축해 버리고 빈정대는 풍자와 독설이라고 보아도 좋을 것이다. 종족의 영혼은 지위의 차이, 온갖 어려움, 사회적인 장

---

7) 1600~1681. 스페인의 희곡 작가.

8) 〈요한복음〉 8장 3~8.

9) 이탈리아 사람 보카치오가 쓴 단편소설집. 페스트를 피해 교외로 나간 열 사람이 날마다 10편씩 열흘 동안 계속한 100편의 이야기를 모은 것.

애를 모조리 배격하고 유린하며, 인간이 이루어놓은 모든 제도를 지푸라기처럼 집어던지고, 오직 앞날의 인류를 탄생케 하는 데에만 관심을 가진다. 연인 앞에 서는, 위엄과 위력을 잃어버리고 비겁하기 이를 데 없는 사람까지도 사랑을 위해 큰 용기를 보이는 것은, 사랑에 깃든 형이상학적인 사명으로부터 격려를 받기 때문이다.

우리는 연극이나 소설에서 젊은 남녀가 자기들의 사랑, 즉 종족의 이해관계를 무시하고 개인적 이해만을 염두에 두는 부모들의 방해를 극복해 나가는 장면을 읽으며, 얼마나 큰 흥미와 공감을 느끼는지 모른다. 사랑하는 쪽의 노력은 주로 종족이 개인보다 중대한 의의와 생명을 지니고 있는 것과 마찬가지로, 사랑에 대항하는 힘보다 월등히 의의가 크고 고귀하며, 따라서 한층 더 떳떳하다.

그러므로 거의 모든 연극에서 기본 주제로 택하고 있는 것은 종족의 영혼이 그 소망과 계획을 앞세우고 무대에 나타나 다른 등장인물을 위협해 그들의 행복을 감춰버리는 모습이다. 줄거리는 주로 종족의 영혼이 승리를 거두고 시(詩) 속의 약속대로 끝맺어 관객들에게 만족을 준다. 종족의 의도가 개인의 욕구보다 훨씬 중요하다는 것을 그들이 깨닫기 때문이다. 그래서 결말에 와서 두 연인이 승리를 즐기는 장면을 보고 마음을 놓는다.

그런데 이들은 이 경우에도 환상에 사로잡혀, 두 남녀가 그들의 행복을 획득했다고 믿고 있지만, 사실은 종족의 이익을 위해 부모들의 편견과 반대를 물리치고 자기들의 행복을 희생한 것이다. 하긴 어떤 희극에는 이런 줄거리를 거꾸로 꾸며, 종족의 목적을 대가로 치르고 오직 개인의 행복을 누리는 것으로 끝나기도 한다. 그렇지만 이런 희극을 구경한 관객들은 마치 종족의 영혼이 느끼는 것과 같은 괴로움을 느끼게 되며 개인에게 행복을 완전히 허용하는 데에 불만을 느끼게 된다.

이러한 희극의 보기로는 다음과 같은 유명한 작품들이 기억난다. 《열여섯 살의 여왕》《이성적인 결혼》 등이 그것이다. 그리고 사랑을 다룬 비극에서는 으레 연인이 비참한 최후를 마치게 되어 있다. 종족의 도구라는 그 목적을 이룰 수 없었던 이들을 다룬 작품은 《로미오와 줄리엣》《탕크레드》《돈 카를로스》

《발렌슈타인》《메시나의 신부》 등 얼마든지 들 수 있다.

　사랑하는 모습은 대부분 희극적이며, 때로 비극적으로 보이기도 한다. 이것은 어느 경우에도 결국 그들 종족의 영혼에 속해 완전히 그 지배를 받으며, 그러한 행동과 자기의 성격 사이에 균형을 이루지 못하기 때문이다.

　사랑의 열정이 최고조에 이르면 상대에 대한 사모가 시처럼 되어 숭고한 느낌을 주며, 그들이 완전한 사랑의 형이상학적인 목적을 느끼지 못할 만큼 초월적인 경향을 갖게 된다. 이 경우 그들은 종족의 영혼과 그 숭고한 목적에 이용되어, 그들을 부모로 삼아야만 탄생될 성질을 지닌 새로운 개체를 통해 다음 세대를 이루는 사업에 동참한다. 요컨대 이들 두 사람이 결합되어야만 생존 의지가 성취되어 다음 세대에 새로운 개체를 탄생시킬 수 있다.

　그래서 그는 자기가 초월적인 뜻을 지닌 거대한 사업에 참여하고 있음을 살며시 느끼고, 그 심정이 사물 이상으로, 즉 자신 이상으로 고양되어 육체적인 욕정도 육신을 넘어선 듯한 모습을 보인다. 그러므로 사랑은 평범한 인간의 생애까지 시적인 삽화처럼 만들어, 그 당사자가 평범한 사람일 때에는 사랑하기 전과 뒤의 말과 행동에 우스꽝스러울 만큼 차이가 두드러지게 나타난다. 종족의 이해를 염두에 두고 있는 의지가 개개인에게 부여하는 사명에는 베일이 씌워져, 개인은 연인을 손에 넣기만 하면 끝없는 행복이 찾아오는 것으로 믿는다. 그리하여 열정이 커질수록 이 망상은 현혹적이 되어, 만일 소원을 이루지 못하면 당사자에게 생존은 전혀 보람 없고 무의미한 것으로 보이며, 우울하고 절망적인 생각이 앞서 죽음의 두려움도 압도하며, 커다란 불행에 빠진 나머지 스스로 자기 생명까지도 희생하게 된다.

　이 경우에는 개인의 의지가 종족 의지 속에 숨어 있거나 개인의 의지가 종족 의지의 정체를 완전히 파악하여, 마침내 자기는 이런 종족 의지의 대행자 구실을 할 수 없다는 생각에서 자기 의지로 그렇게 행동하는 것을 달갑게 여기지 않는다.

　개체는 종족 의지가 일정한 대상에게 집중시키고 있는 무한한 의지를 받아들이기에는 지나치게 작고 연약한 그릇이다. 그래서 자살 또는 때로 동반자살이라는 결과를 가져올 뿐, 몇몇 경우 말고는 자연이 개인을 현혹시켜 자신의 절망 상태를 의식하지 못하게 한다. 이런 사실을 실제로 입증해 주는 사건이 해마다 신문에 발표되고 있다.

이렇듯 때때로 비극을 가져오는 것은 다만 뜻을 이루지 못한 사랑뿐만이 아니라 뜻을 이룬 사랑도 행복보다 불행을 초래하는 경우가 많다. 그 이유는 사랑이 요구하는 것은 사랑하는 당사자의 개인 이익과 충돌해 실생활이나 미래의 계획과 양립하지 않을 뿐만 아니라 오히려 이제까지의 의도나 소망, 공상의 탑을 무너뜨리기 때문이다.

사랑은 개인의 사회생활과 조화되지 않을뿐더러 그 자신의 내면생활과 부합되지 않는 경우가 있게 된다. 이것은 그가 성관계를 제외하면 미워하고 멸시하고 염증을 일으킬 이성에게 매혹되었기 때문이다. 다만 그는 종족의 의지에 지배되어 상대의 결함에 눈감고 자신의 증오심을 묵살해, 명심해야 할 일을 지나쳐버리거나 잘못 판단해 정욕과 결합한다. 그가 그동안 홀린 환상은 종족 의지가 만족되면 곧 사라져버리고, 그 결과 평생을 두고 귀찮은 반려자가 붙어 있게 되는 것이다.

그리고 이지적인 비범한 남성이 요부를 아내로 삼아, 대체 자기는 무엇 때문에 이런 여성을 택했을까 하고 이상하게 여기는 것도 이런 관점에서 설명할 수 있다. 옛날 사람들이 사랑의 신에게 눈이 먼 것도 이 때문이며, 또 남성이 미래의 아내가 될 연인의 기질이며 성격에 받아들일 수 없는 결함이 있는 것을 잘 알면서도, 그 때문에 평생 골치를 앓게 되리라는 것을 예상하면서도 그녀를 단념할 용기를 내지 못하는 경우도 있다.

그 까닭을 깊이 생각해 보면, 이 경우에 그가 요구하는 것은 자기가 생각하듯 자신을 위한 상대가 아니라, 그 사랑에서 태어날 제3자를 위한 상대이다. 사랑이 이처럼 개체의 이익을 잊기 때문에(그것은 장엄하고도 위대한 징표인데) 그런 숭고한 기풍을 보여 주며 시로 노래할 만한 가치를 갖고 있다. 사랑은 연인에 대한 심한 증오와 타협하기도 한다. 플라톤은 그것을 '양을 향한 늑대의 사랑'이라고 비유했다. 사랑에 빠진 개인은 아무리 애쓰고 결심해도 도저히 상대의 냉정한 충고를 받아들일 수 없다.

"나는 그 여성을 사랑하지만 미워하기도 한다."

이렇게 해서 연인에 대한 증오심에 불타 마침내 연인을 살해한 뒤 자기도 자살해 버리는 일도 있다. 이런 예는 신문에서 얼마든지 볼 수 있다. 괴테의 다음과 같은 시구는 그런 점에서 정당하다.

짓밟힌 사랑과 지옥불에 맹세하노니
나는 이보다 더 큰 저주를 알지 못하노라.

사랑에 빠진 남성이 열렬히 사랑하는 상대가 냉정하거나 자기를 괴로움에 시달리게 하면서 그 상태를 즐길 경우 그 상대를 잔인하다고 생각하는 것은 마땅하다. 남성은 곤충의 본능 같은 어떤 충동에 지배되어 이성의 소리를 무시하며 오직 자기의 목적을 좇게 된다. 그래서 이루어질 가망도 없는 사랑 때문에 한평생 무거운 사슬에 끌려다닌다. 쓸쓸한 숲속에서 탄식하는 사람은 페트라르카 말고도 수없이 많다. 그러나 사랑의 괴로움과 아울러 시에 대한 천재성을 지닌 사람은 페트라르카뿐이었다. 괴테의 아름다운 시는 바로 그를 두고 노래한 것처럼 보인다.

남들은 번뇌 속에서 침묵을 지키지만
하느님은 나에게 그것을 노래할 능력을 주었나니.

종족의 영혼은 언제나 개인의 수호신과 겨루어 그 박해자가 되고, 다루기에 버거운 강적이 되며, 자기 뜻을 이루기 위해 개체의 행복을 가차없이 짓밟아버린다. 그리고 국민 전체의 행복이 이런 종족의 영혼에 의한 조작에 좌우되는 경우도 더러 있다. 셰익스피어는 《헨리 6세》 제3부 3막 2장과 4장에서 그 예를 보여준다. 사실 우리의 본성은 종족에 뿌리내리고 있기에 개인에게 한층 더 큰 권한을 갖고 있으며, 종족의 안전이 개체의 안전보다 우위에 놓이는 것은 마땅하다.

옛사람들은 이 진리를 알아차리고 있었다. 그들이 종족의 영혼을 의인화한

큐피드[10]의 얼굴은 어린아이 같지만 적대적이고 잔인하며 사나운 신이요, 변덕스럽고 폭군 같은 악마이며, 또한 여러 신과 인간들의 지배자이다. 끔찍한 화살과 맹목, 날개 등이 그의 소지품이다. 날개는 변심을 상징하여, 주로 사랑의 욕정이 충족되면 정체가 드러난다. 즉 사랑이란 종족에게 이득이 될 뿐이지만 사랑에 빠진 이들을 개체의 행복이라는 미망에 사로잡히게 한다. 그러나 일단 종족을 위한 헌신이 끝나면 미망은 사라지고 이제까지 개인을 사로잡고 있던 종족의 영혼은 개체를 내버려두고 본디의 자유로운 상태로 돌아가게 되는 것이다.

내버려진 개체는 다시 본래의 보잘것없는 영역으로 떨어져 지금까지 엄청나게 영웅적이고 고귀한 노력을 계속해 자기가 받은 대가란 비천하고 감각적인 만족밖에 없었으며, 모든 기대는 사라져버리고 전에 비해 조금도 행복하지 않은 자신을 발견하며 새삼 놀라게 된다. 그리고 비로소 자기가 종족의 영혼을 맹목적으로 섬겨왔다는 사실을 깨닫게 된다. 아리아드네[11]를 얻은 테세우스[12]는 곧 그녀를 버렸다. 만일 페트라르카의 열정이 채워졌다면 둥지에 일단 알을 깐 새가 울지 않는 것처럼 그의 시는 나오지 않았을지도 모른다.

내가 말하는 사랑의 형이상학은 지금 사랑의 함정에 빠져 있는 사람들에게는 반감을 불러일으킬 것이다. 그러나 만일 사랑에 대해 이상적인 고찰을 한다면, 내가 여기서 설명한 근본 진리는 다른 어느 것보다도 사랑의 위력을 초월하게 한다. 그러나 옛날 희극 시인의 격언을 떠올릴 필요가 있다.

"무엇이든 맞장구치지 않으면 소리가 나지 않는다. 이른바 사랑에서 시작된 결론이란 당사자의 이익이 아닌 종족의 이익을 위한 것이다."

물론 개체로서 그들 남녀는 사실 자신의 행복을 위해 움직인다고 생각하지만 진정한 목적은 그들과 관계가 없으며, 그들 사이에서 앞으로 태어날 새로운

_____

10) 사랑의 신.
11) 이상적인 여성.
12) 아테네 왕.

개체를 만들어 종족 유지를 도모하려는 데에 있다. 그들은 같은 충동에서 결합해 되도록 잘 융화되어 나가려고 한다. 그러나 이처럼 사랑의 핵심은 본능적인 미망에서 맺어진 부부도 성적인 관계 외의 모든 점에서 심한 부적응을 나타내게 되며, 이러한 부적응은 그런 미망이 소멸되는 것과 때를 같이해 더욱 두드러지게 된다. 요컨대 사랑에서 시작된 결혼은 현 세계의 사람을 희생시켜 다음 세계의 행복을 꾀하려는 것이므로 거의 불행으로 그치는 게 일반적이다.

스페인 속담에 이런 말이 있다.

"사랑에서 출발하여 결혼한 사람은 고통 속에 살기 마련이다."

이와 반대되는 절차를 거쳐 결혼하는 경우, 즉 부모의 선택으로 맺어진 관습적인 결혼을 할 때 고려되는 것은 그 결혼이 어떤 성질의 것이든 적어도 지속성을 지니며 문제가 저절로 소실되는 경우는 없다. 이런 결혼은 부부 사이의 행복을 위주로 하고 있으므로 아무래도 두 사람 사이에 태어나는 자식의 이익은 무시되어, 그 행복이 참된 것인지 의심스럽다.

그리고 애정보다 돈을 앞세워 결혼하는 여성은 종족보다 개체를 더욱 중시하며 살고 있으므로 자연의 이치를 거스르는 게 된다. 그러므로 사람들의 경멸을 사는 것은 마땅하다. 또 반대로 부모의 권고를 뿌리치고 관습적인 통념을 따르지 않은 채, 젊고 부유한 남성 대신 오직 본능적인 애정에 따라 이성을 골라잡는 처녀는 종족을 위해 자기 개인의 행복을 희생하는 것이다. 바로 이 때문에 그녀는 자연(종족)의 뜻을 좇아 움직이고 부모는 개인적인 이기심에서 권하는 것이므로, 그녀에게 찬사를 보내지 않을 수 없다.

이처럼 남녀가 결혼하는 상황에서 종족의 이익과 개인의 이익 가운데 한쪽이 희생되어야 한다는 것을 알 수 있다. 대부분의 결혼은 거의 그러하며, 관습과 열정이 손잡는 경우도 드물다. 대부분의 사람들이 육체와 도덕, 지능 면에서 빈약하기 이를 데 없다. 그 이유 가운데 하나는 많은 결혼이 순수한 애정과 선택에 따라서 맺어지지 않고, 여러 가지 외부 조건과 우연한 동기에서 시작되기 때문이다.

관습적인 균형을 유지하고 얼마쯤 애정이 지속되는 결혼은 종족의 영혼과 타협해 이루어진 것이다. 행복한 결혼이란 세상이 다 아는 바와 같이 드물다. 그 까닭은 결혼의 본질이 지금 존재하는 사람이 아니라 미래에 존재할 사람을 주요한 목적으로 삼고 있기 때문이다. 그러나 본디 우아한 감정을 갖고 세상에 태어나 사랑하는 사람들에게 어느 정도의 위안을 주기 위해 다음과 같은 점은 덧붙여 말하려 한다.

뜨거운 사랑은 때로는 전혀 기원을 달리하는 조건, 다시 말해 성격의 일치에서 오는 우정과 관련되기도 한다. 그러나 이 우정도 사랑이 성적인 만족을 얻어 사라져버린 뒤에 발생하는 것이 보통이다. 그리고 이런 우정이 성립되는 과정을 보면, 다음 세대를 위해 성적인 사랑의 본능이 일어나기 위해서는 두 남녀의 개체 속에 서로 보완하고 적응하는 육체나 덕, 지적인 특성이 있어야 한다. 이 특성은 개인으로서 그들 남녀에게도 서로 대립된 성격이나 정신적인 특질로 보충되어 마음의 융합이 이루어진다.

내가 여기서 말하는 사랑의 형이상학적 해석은 모두 나의 형이상학과 긴밀하게 관련되어 있다. 그것은 나의 형이상학에서 비롯된 것이다. 개체가 다음 세대를 위해 뚜렷한 애정을 불러일으킨다는 것은 이미 각 장에서 이야기한 두 개의 진리를 입증한다.

그 하나는 인간의 본성이 불멸이며 미래의 세대 속에서 존속된다는 것이다. 다시 말해 생각이나 의도에 따라서가 아니라, 인간의 본성에 깃든 가장 내면적인 충동과 경향에서 출발한다는 것이다.

만일 인간이 하루살이 같은 존재이며, 또 인류의 각 세대가 서로 분리되어 있고 그저 시간적으로 연속될 뿐이라면, 그처럼 활발하게 움직이는 애정이 개체로서의 인간을 이해할 수 없는 억센 힘으로 지배할 리가 절대로 없다.

제2의 진리는 인간의 본성이 개체보다 종족 속에 더 많다는 것이다. 그러므로 모든 정사는 가벼운 애정에서 가장 뜨거운 열정에 이르기까지 모든 단계에서 언제나 종족의 품성에 바탕을 둔다. 이것은 실제로 모든 사람에게 중대한 요건이 된다. 다시 말해 그것이 성취되고 안 되고는 큰 영향을 주는 것으로, 거기에는 '마음의 일'이라는 적절한 명칭도 부여되어 있다.

일단 종족에 대한 이해(利害)가 강조되면 개체에게만 관련되는 이해는 모두 거기에 순종하며, 때로는 희생이 되기도 한다. 이처럼 인간은 자신에게도 종족이 더 중요하다는 것을 실제로 체험하게 되며, 자기가 개체 안에서보다 종족 가운데에서 더 많이 살고 있음을 깨닫게 된다.

사랑에 빠진 사람은 무엇 때문에 연인에게 완전히 얽매여 애인을 위해서라면 어떤 희생이라도 무릅쓰려고 하는가? 애인을 그리워하는 까닭은 결국 그 사람 속에 깃든 영구불멸한 것이 있기 때문이다. 그 밖의 것들은 오직 허망하게 생멸하는 일에만 관련되어 있다.

어떤 사람에 대한 열렬한 사모의 감정은 우리 본성이 불멸임을 입증한다. 이 사실은 우리에게 빛을 던져주는 것으로, 이를 요약해 말하면 다음과 같다. 성적 욕망에 따른 이성의 선택은 차츰 열기를 더해 드디어 열렬한 사랑에 이르고, 이것은 앞으로 나타날 인류의 특수한 개성적인 소질이 종족 속에서 존속됨을 입증한다.

그런데도 이 종족을 어떤 불완전하고 무의미한 것으로 여긴다면 잘못된 생각이다. 종족의 생명이 지속되는 것을 다만 앞으로 우리와 비슷한 인간이 존재하는 것에 지나지 않는다고 여겨 우리와 그들이 참으로 동일하다는 사실을 염두에 두지 않는 데서 비롯된다. 그리고 이런 사고방식은 외계의 사물에 대한 인식으로부터 출발해 단지 직관으로써 알게 되는 종족의 외면적인 형태만 볼 뿐, 그 내면적인 본성을 꿰뚫어 보지 못하고 있다.

이 내재적인 본성이야말로 의식의 핵심이고 그 바탕에 있으며 의식 자체보다 더욱 직접적인 것, 즉 개개의 원리에서 떠난 물자체(物自體)이다. 개체는 시간적·공간적으로 어디에 흩어져 있더라도 영원히 동일한 것으로 존재한다. 그것은 또한 내가 다른 말로 '살려는 의지'라고 부르는 것이다. 즉 생명의 존속을 요구하며 죽음이 손대지 않고 남겨두는 힘이다.

있는 그대로의 현상으로는 그 자체를 개선할 수 없으며, 따라서 개체로서의 생존을 유지하면서 고뇌와 죽음을 면할 수는 없다. 그런데 죽음과 고뇌에서 해탈하는 길은 생존 의지를 버리는 것이므로, 이 때문에 개체 속의 의지는 종족의 근원에서 벗어나 종족 속의 존재를 단절시킨다.

그러나 이처럼 자신을 버린 뒤의 생존 의지가 어떤 상태에 이르는가에 대해서는 우리의 사고가 미치지 못하며, 또 거기에 대해 사실의 밑받침도 발견되지 않는다. 우리로서는 이런 상태는 오직 살려는 의지로 되는 것과 그렇지 않은 것이 모두 자유로운 상태라고 할 수밖에 없다. 불교에서 말하는 열반은 이 뒷경우, 즉 살려는 의지를 원하지 않는 상태로서 나타나며 이 점은 성질상 인간의 어떤 인식도 영원히 개입할 수 없다.

이러한 관점에서 인생의 이런저런 어수선한 면을 바라보자. 사람들은 가난과 근심에 사로잡혀 있으면서도 끊임없이 자기 욕구를 채우려 하며, 수없이 나타나는 불행을 피하려 무던히 애쓰고 있다. 그러나 그들이 기대할 수 있는 것은 오직 한동안 이런 고뇌에 가득 찬 비참하기 짝이 없는 개체로서의 생존을 유지해 나가는 데 그친다.

이러한 혼란 속에서 두 남녀가 서로 동경의 눈초리를 주고받는 것이다. 더욱이 그들 행동 하나하나는 무엇 때문에 그처럼 남들의 눈을 꺼리는가? 왜 그토록 두려워하면서 몰래 접촉하는가? 그것은 그들이 인류를 배반하는 반역자이기 때문이다. 다시 말하면 그들은 이런 비밀스러운 계획으로 성교가 이루어지지 않으면 단절되기 마련인 비극의 고통을 지속하려고 하기 때문이다. 이런 인생의 고통은 그들의 조상과 마찬가지로 이번에는 그들 때문에 단절되지 못한다.

재산에 대하여

　행복론의 위대한 교사인 에피쿠로스는 인간 욕구를 세 가지 항목으로 나누었는데, 이는 아주 뚜렷하고 적절한 구분이다.

　첫째 항목은 자연적이고, 없어서는 안 될 욕구이다. 이 욕구가 채워지지 못할 때에는 고통이 일어난다. 의식주가 이 항목에 포함되어 있으며 이는 만족되기가 쉬운 것이다. 둘째 항목은 자연적이기는 하지만 없어도 상관없는 욕구로, 성욕이 바로 그것이다(라에르티오스의 보고서에는 에피쿠로스가 이에 대해 언급하지 않았다고 기록되어 있다. 그러나 나는 주로 그의 학설을 충분히 수정하고 정리해 여기에 재현시켜 소개한다). 이것을 만족시키기 위해서는 어느 정도 노력이 요구된다. 셋째 항목은 자연적인 것도 꼭 필요한 것도 아닌 욕구이다. 즉 사치, 낭비, 화려함, 영달을 바라는 것으로, 이는 한이 없고 이것을 만족시키는 것은 아주 곤란하다(디오게네스 라에르티오스와 키케로 著《한계에 대해서》를 참고하라).

　소유에 있어서 우리들의 이성적 욕망의 한계를 규정하는 일은 불가능하지는 않지만 어려운 일이다. 이 소유에 대한 사람들의 만족은 절대량이 아니라 상대적인 양, 즉 그의 욕구와 그 소유와의 관계에 따르기 때문이다. 그러므로 그 소유 하나만 떼놓고 보면 분모 없는 분수의 분자 같아서 아무런 의미도 없다. 어떤 사람은 그 재산을 가지고 싶어하지도 않고 없어도 괜찮으며 그것 없이도 만족해할 수 있다. 그렇지만 그보다 백 배나 많은 것을 소유하고 있는 다른 어떤 사람은 그가 바라는 하나만이라도 가지지 못하면 그 때문에 불행하다고 느낀다. 이 점에서 사람은 저마다 가능한 한 도달할 수 있는 수평선을 가지고 있다. 각자의 욕구는 이 범위 안에서 움직인다. 이 한계 내부에 가지기를 바라는 어떤 대상이 있고 이것을 획득할 희망이 있으면 행복을 느끼지만, 어떤 장애로 이 희망을 빼앗기면 사람은 불행함을 느낀다. 그러나 이 한계 밖에 있는 것은 사람에게 전혀 작용하지 않기 때문에 부자의 많은 재산도 가난한 사람을 괴롭히지 않는다. 다른 한편으로 부자도 가지고 싶은 것이 있을 때에는 그가 이미 소유한 많은 것을 통해 위로받지 못하는 것이다(부귀는 바닷물과 같아서 마시면 마실수록 갈증을 더 느낀다. 명성도 마찬가지이다).

재산과 안녕이 사라지고 최초의 고통도 극복하게 되면, 그 뒤에는 우리의 기분도 이전으로 돌아가는데, 이는 운명이 우리의 소유량을 적게 했으므로 우리도 스스로 자기 욕망의 양을 적게 하기 때문이다. 불행한 경우에 처한 상태에서 참으로 고통스러운 것은 자기의 욕구를 줄이는 것이다. 그러나 먼저 욕구를 줄이면 아픔도 조금씩 적어져서, 마지막에는 전혀 아픔을 느끼지 않게 되어 상처도 아물어 버린다.

그와 반대로 행복한 경우에는 우리 욕망의 압축기가 튀어오름과 동시에 욕구가 확대된다. 이때 기쁨을 느낀다. 그러나 기쁨은 그 작업이 끝나면 없어져 더 지속되지 않는다. 욕망의 확대된 척도에 익숙해지면, 우리는 그에 어울리는 소유에는 관심을 잃게 된다. 이 진리를 호메로스의 《오디세이아》는 다음과 같이 말하고 있다.

> 신들이 인간에게 행복과 아리따운 젊음을 주는 한,
> 인간은 반항하고 자기에겐 불행이 절대 오지 않는다고 망상한다.
> 그러나 거룩한 신들이 인간을 징계하려고 시련을 주면,
> 그는 이 괴로움을 초조와 절망을 갖고 참는다.
> 그것은 신이 하늘에서 우리에게 보내 주는 나날이 변하듯,
> 대지에 사는 사람들의 마음도 변하기 때문이다.

우리 불만의 원천은 욕망의 양을 크게 하려고 되풀이해도 그것을 가로막는 다른 것이 움직이지 않고 버티고 있는 데에 있다.

인간처럼 이토록 가난하고 온갖 욕구로 이루어져 있는 종족에게는 재산이 무엇보다 존중되고 숭배되며, 권력마저 재산을 만드는 수단이라 여겨도 이상할 게 없다. 돈을 벌기 위해선 다른 모든 것이 제쳐지고 묵살되어도 놀랄 것이 없다. 예를 들면 철학 교수가 철학을 도매금으로 팔아넘기는 형편이다.

사람의 소망이 오로지 돈만을 바라보고 다른 무엇보다 돈을 사랑하면, 사람

들은 흔히 비난을 받는다. 그러나 지칠 줄 모르는 프로테우스처럼 그토록 변하기 쉬운 소망과 갖가지 욕구의 대상도 돈이면 만족되는 것이니, 이 돈을 우리가 좋아하는 것은 피할 수 없는 일이다. 즉 다른 재산은 단지 한 가지 소망, 한 가지 욕구를 채우는 데 지나지 않기 때문이다. 음식은 배가 고픈 사람에게만, 포도주는 건강한 사람에게만, 약은 병자에게만, 가죽은 겨울에만, 여자는 젊은 이에게만 좋은 것처럼, 이 모든 것들은 오직 '일정한 목적을 위한 재산'이다. 즉 상대적으로 좋은 것이다. 그러나 돈은 절대적인 보배로서 단 한 가지의 욕망에 대해 구체적으로 충족해 줄 뿐만 아니라 모든 욕구를 채워 준다.

현재 가지고 있는 재산은 일어날 수 있는 많은 재난이나 불행에 대한 방비책으로 보아야지, 이 세상의 향락을 얻기 위한 것이거나 즐거움을 누릴 의무가 있는 것이라고 생각해서는 안 된다. 집에서 물려받은 재산이 없는 사람은 그것이 어떤 종류의 것이든지 자신의 재능으로 많은 돈을 벌게 되면, 자신의 재능은 영속적인 자본이며 그 재능으로 얻은 것은 이자라는 망상에 빠지기 쉽다. 그래서 그들은 획득된 것의 일부를 고정 자본을 축적하기 위해 저축하지 않고 버는 대로 쓰는 것이다. 그러나 그의 재능 자체가, 예를 들면 대부분의 미술가들이 그러하듯이 일시적인 것으로 다 써 버리거나, 또는 그들의 재능이 특별한 경우나 경기가 좋을 때만 통용되어서 그 사정이 끝나면 돈벌이가 끝나 대부분 빈곤에 빠지고 만다. 그러나 수공업자는 앞에서 말한 것처럼 계속해서 견디어 나갈 것이다.

왜냐하면 그들의 일에 대한 재능은 쉽사리 사라지는 것이 아니며, 직공들의 손을 빌려 보충되기도 하고, 그들의 제품은 사람들의 욕구의 대상품으로서 언제나 상품을 판매할 길을 찾을 수 있기 때문이다. 그러므로 '수공업자는 황금의 모체를 가지고 있다'는 격언은 옳은 말이다. 그러나 예술가나 이런저런 대가들에게는 그렇지 않다. 그 때문에 그들의 작품은 비싼 값으로 팔린다. 그들이 획득하는 것은 자기의 자본이 되어야 하는데, 그들은 그것을 잘못 생각해 이자로 보기 때문에 어쩔 수 없이 파멸하고 만다.

이와는 반대로 재산을 상속받아 가지고 있는 사람은 적어도 어느 것이 자본이요, 어느 것이 이자인지를 올바로 알기 때문에 자본을 안전하게 확보하려고 어떤 경우에도 그것에 손을 대지 않는다. 가능하면 적어도 이자의 8분의 1을 앞으로 다가올 불경기에 대비해 따로 놔둔다. 그래서 그들은 대부분 계속 부유하게 살아간다. 상인들에게는 이 말이 모두 들어맞는다고 할 수는 없다. 상인에게는 금전 그 자체가 다음 벌이를 위한 수단으로서 마치 공작 기계와 같은 것이므로, 그들은 금전을 스스로 얻었을 때에도 그것을 이용하여 보존하려 하고 증식시키려고 한다. 때문에 어떤 계급에 속하는 사람이라도 상인 계급만큼 재산이 확고한 자리를 차지할 수는 없다.

그러나 일반적으로는 과거에 실제로 가난과 부족으로 고생한 경험이 있는 사람들은 이런 고생을 그저 뜬소문으로 알고 있는 사람들과 비교가 안 될 만큼 고생을 두려워하지 않고, 그래서 한층 더 낭비하기가 쉽다. 어떤 종류의 행운이나 어떤 특수한 재능으로 비교적 빨리 빈곤에서 헤어나 부유해진 사람이라도, 대부분은 이 전자의 예에 속한다. 이와 반대로 부유한 상태로 태어나 부유한 가운데 살아온 다른 사람들은 보통 빈곤했던 사람과 비교해 보면 좀 더 미래를 고려하고 그 때문에 한층 경제적이다. 이런 점을 미루어 멀리 내다보는 사람이 생각하듯이 가난이 그렇게 나쁜 것도 아니라고 할 수 있다. 그러나 이렇게 말할 수 있는 진정한 이유는 오히려 다음과 같은 것이 아닐까. 즉 물려받은 재산이 있는 집에 태어난 사람에게는 재산은 없어서는 안 되는 것, 공기처럼 이것만이 생활을 생활답게 하게 하는 요소라고 생각하는 결과, 그는 재산을 자신의 생명처럼 지키고, 따라서 질서를 사랑하고 조심성 있게 절약한다. 이와 달리 나면서부터 가난한 사람은 빈곤이 자연스러운 상태라고 생각하므로, 그 뒤 어떤 방법으로 우연히 손에 재산이 들어와도 오직 향락과 낭비에 필요한 여분의 것으로 여기게 된다. 그래서 재산이 다시 없어졌을 때에도 여전히 돈 없이 살아갈 수 있으며, 재산에 대한 근심으로부터 벗어나 다행이라고 여기는 것이다. 이는 셰익스피어가 말한 '말을 탄 거지는 말이 죽을 때까지 달린다'[1]는 격언이 확실하게 증명한다.

그런 사람들은 절반은 운명에 대해서, 또 절반은 자신을 가난으로부터 구해준 자기의 수완에 대해 견고하고 지나치게 큰 자신감을 머릿속뿐만 아니라 마음속에 지니고 있기 때문에, 부유하게 태어난 사람과는 달리 가난의 깊이가 끝

---

1) 《헨리 6세》 제3부 제1막 제4장.

없음을 개의치도 않고, 오히려 밑바닥에 부딪치면 되떠올라 오리라고 생각한다. 이런 인간의 특성에서, 처녀 시절에 가난했던 여성이 많은 지참금을 가지고 결혼한 여자와 비교해 볼 때, 가끔 심할 정도로 요구가 많고 낭비벽이 강하다고 할 수 있다. 대부분의 경우 부잣집 딸은 재산을 가지고 왔을 뿐만 아니라 가난한 집 딸보다 재산을 유지하는 데에도 훨씬 많은 노력을 기울이는데, 이 부분에 있어 유전적 본능도 가지고 온다. 누구든지 내 말에 반대하고자 하는 사람은 그 논거를 아리오스토(이탈리아 시인)의 첫 풍자시 속에서 찾아내면 된다. 그러나 존슨 박사는 내 의견과 같다. '부잣집에서 태어난 여성은 돈을 다루는 법에 익숙해 지혜롭게 쓰지만, 결혼한 뒤에 비로소 돈을 자유롭게 쓰게 된 여성은 쓰는 데만 만족을 느끼게 되어 터무니없이 낭비하게 된다.' 어떤 경우에나 나는 가난한 집 딸과 결혼한 사람에게는 그 아내에게 이자만을 상속시키고, 특히 아이들의 재산이 그녀의 손에 들어가지 않도록 조심하라고 권고해 두고 싶다.

여기서 나는 나중에 번 재산과 상속받은 재산의 유지에 대한 주의를 권고했지만, 부적당한 말을 썼다고 생각하지는 않는다. 왜냐하면 나면서부터 많은 것을 소유하고 있다는 것, 비록 나 개인에 대해서만이고 가족을 계산에 넣지 않는다 해도 진정으로 독립해서 일하지 않고 편히 살 수 있다는 것이야말로 이루비길 데 없는 특전이요, 인생에 붙어다니는 가난과 괴로움으로부터의 의무 면제이며, '대지의 아들'의 자연적 운명인 일반의 강제노동으로부터 벗어나는 것이기 때문이다.

이러한 운명의 은총 아래서만 사람은 참된 자유인으로 태어났다고 할 수 있다. 그래야만 사람은 진정으로 자기의 시간과 힘의 주인이며, 새로 눈뜨는 아침마다 '오늘은 내 것이다'라고 말할 수가 있다. 그러므로 천 탈레르(금화)의 연금을 받는 사람과 십만 탈레르를 받는 사람의 차이는, 천 탈레르를 받는 사람과 아무것도 못 가진 사람의 차이와 비교하면 훨씬 적은 것이다. 나면서부터 지닌 재산은 가장 고귀한 정신력이 주어져서 영리에 흐르지 않으려고 노력하는 사람의 손에 들어가서만이 그 최고의 가치를 발휘할 수가 있다. 그런 사람은 운명으로부터 이중의 혜택을 받은 것이 되고, 그제야 천재에 알맞은 생활을 할 수가 있다. 그래서 그는 다른 사람이 도저히 수행할 수 없었던 일을 해내고, 인류 전체에 이익이 되고 다시 인류 전체의 명예가 될 것을 창조함으로써, 인류에게 그가 입은 바를 백 배로 불려서 돌려주게 되는 것이다. 또 어떤 사람은 그런 혜택받은 상황을 이용해 자선 사업으로 인류에 이바지할 수도 있을 것이다. 그러나 어떤 학문을 철저히 연구해서 학문을 발전시킬 수 있는 가능성을 개척하려는 일을 한 번도 해보지 않거나 또는 시험적으로 어느 정도라도 해 보지 않은 사람이 있다면, 이런 사람은 부모로부터 물려받은 재산이 있으면서도 불쌍한 게으름뱅이라고 할 수 있다. 이런 사람은 행복할 수 없다. 이런 자는 가난으로부터 벗어남과 동시에 불행의 다른 극단인 권태에 빠져 버리고 만다. 거기서 권태가 그를 괴롭힐 것이다. 오히려 가난해서 그가 일을 해야 했다면 훨씬 행복했을 정도로 말이다. 이 권태는 자칫하면 그를 극단으로 달리게 하여 이런 사람에게 어울리지 않는 특권인 재산을 빼앗아 간다. 실제로 수많은 사람들이 그를 억누르는 권태를 한때나마 가볍게 하려고 돈이 있으면 지출해 버리고, 그 때문에 빈곤하게 된다.

그렇지만 관리가 되어 출세하려는 것이 목적이라면 사정은 완전히 달라진다. 그렇게 되려면 호의, 친구 그리고 연고를 얻어 계급에서 계급으로 가장 높은 지위에까지 올라가야 한다. 이런 경우 전혀 돈 한 푼 없이 세상에 나서는 것이 결국에 가서는 차라리 낫다고 할 수도 있다. 특히 귀족 출신이 아니면서 재능이 조금 있는 사람에게는, 알거지인 것이 그 청빈으로 말미암아 참으로 이득을 가져오기도 하고, 그것이 바람직하기도 하다. 대부분 모든 사람이 찾고 좋아하는 것은 그 자신보다 상대가 열등한 것이기 때문이다.

이것은 단순한 오락에서도 그렇거니와 생업에서는 더욱 그러하다. 알거지 신세는 어느 모로 보나 확연하고 철저한 열등감과 무의미함과 무가치함을 스스로 인정하고 권력이 요구하는 정도를 쉽게 이행할 수 있다. 그런 사람은 늘 변함없이 되풀이해서 지칠 지경으로 허리를 굽히는데, 그 인사로 말하면 족히 90도는 숙이는 것이다. 그 사람은 언제나 참고 웃는 얼굴이다. 그 사람은 자기 공로가 아주 무가치하다는 것을 인정한다. 그 사람은 그의 상관이나 다른 세력가들의 문학적 졸작을 걸작이라 말하고 공공연히 큰소리로 또는 대문자 인쇄로 찬양한다. 그는 구걸로 얻을 수 있는 기술을 습득하고 있다. 따라서 이들만이 괴테가 다음 글로 말한 것을 우리에게 확실하게 해 준다.

비천함은
아무도 한탄할 것이 못 된다.
누가 너에게 그것을 일러 주더라도
그것이야말로 강점이다.

—《서동시집》

이와는 반대로 나면서부터 살기에 족하도록 가지고 있는 사람은 대부분 버릇없이 행동한다. 그는 머리를 쳐들고 걷는 것이 습관이 되어 앞에 말한 기술은 전혀 습득하지 않았다. 게다가 그는 자기의 뛰어난 재능을 믿고 학문을 연구하게 되면서, 세상의 세력 있는 무리들이 평범하고 비열하다는 것을 곧 깨닫고, 자기의 재능이 세상에서 용납되지 않음을 알게 된다. 그래서 상관들에게 의분을 느끼며 불손한 태도를 취하게 된다. 이렇게 되면 세상에서 출세할 수는 없다. 마침내 그는 교만한 볼테르가 "우리가 단지 이틀밖에 살지 못한다 해도 이 이틀을 아니꼬운 놈들에게 허리를 굽히며 지낼 수는 없다"고 말한 기분이 될지도 모른다. 덧붙여 말하면 서글프게도 세상에는 이 '아니꼬운 놈들'이 진저리가 날 만큼 많다.

집에 소유한 것이 없으면 실천력도 방해받아
높이 일어서기가 힘든 법이다.

이 말은 세상 경륜에 익숙한 사람보다 예능에 뛰어난 경력을 가진 예술가에게 더 들어맞는다.

나는 사람이 소유한 것 가운데 아내와 아들을 고려에 넣지 않았는데, 아내가 있는 사람은 도리어 처자에게 소유당하게 마련이기 때문이다. 친구 또한 이 계산에 넣지 않은 것은, 친구가 있는 사람은 그만큼 친구의 소유물이 되게 마련이기 때문이다.

인상학에 대하여

바깥쪽에 있는 것이 안쪽에 있는 것을 드러내고, 사람의 얼굴 생김새가 그 사람의 모든 본질을 나타낸다는 것은 누구나가 태어날 때부터 품고 있는 하나의 가정으로서, 그것이 또 확실하게 들어맞는다는 것은 다음과 같은 사실에서 볼 수 있다. 즉, 선악여부와 상관없이 어떤 뚜렷한 행동으로 두각을 나타낸 인물, 또는 남다른 일을 해낸 사람이 있으면, 누구든 기회를 놓치지 않고 그 인물을 보고 싶다는 욕망에 사로잡힌다는 것, 또는 이 소망이 이루어지지 않을 때는 그 인물의 풍모에 대해서만이라도 제3자로부터 이야기를 듣고 싶어진다는 것이다. 그래서 한쪽에서는 그런 인물이 얼굴을 내밀 것으로 추측되는 장소로 사람들이 우르르 몰려가는 일도 일어나고, 다른 한쪽에서는 월간신문, 특히 영국의 신문 등등이 그런 인물에 대한 자세하고 적절한 기사를 쓰려고 애를 쓰고, 이어서 화가나 동판화가가 생생하게 그 인물을 그려내 주게 되고, 마지막으로 바로 이 목적에 부합하는 것으로 높이 평가받고 있는 다게르[1]의 발명이 완전히 세상 사람들의 욕망에 부응해 주게 되는 것이다. 마찬가지로 일상생활에서도 모든 사람은 자신의 눈앞에 나타난 누군가를 관상학적으로 살펴보고, 그 얼굴 생김새로부터 남몰래 상대의 도덕적·지적 본질을 미리 알아보려고 노력하는 것이다. 그런데 몇몇 얼간이들이 생각하듯이, 정신과 육체는 완전히 별개의 것이고 몸과 마음의 관계는 옷과 그것을 입는 사람이 아무런 관계도 아닌 것과 같으므로 인간의 외모는 아무런 의미도 없는 것이라고 한다면, 앞에서 말한 것과 같은 일은 일어날 리도 없지 않은가?

오히려 인간의 얼굴은 하나의 상형문자라, 해독할 수 있음은 물론이요, 알파벳조차 배우지 않아도 우리의 머릿속에는 고스란히 저장된다. 그뿐만 아니

---

[1] 최초의 사진술(다게레오타입) 발명으로 유명해진 프랑스의 화가. 다게레오타입에 의한 원작자의 사진도 몇 장쯤 남아 있다.

라 얼굴이 입보다 더 많은 것을 말해 주고, 재미있는 것도 이야기해 준다. 얼굴은 그 사람이 앞으로 어떤 것을 말하고, 무엇을 생각하고, 어떤 태도로 나올 것인가를 요약한 편람 같은 것이기 때문이다. 게다가 입은 단지 어떤 사람의 사상을 이야기할 뿐이지만, 얼굴은 대자연의 생각을 보여 준다. 그러므로 상대를 가리지 않고 모든 사람과 수다를 떨 필요는 없지만, 그 얼굴은 주의 깊게 관찰할 만한 값어치가 있다. 개체가 대자연의 개개의 사상으로서 관찰할 만한 값어치가 있다고 한다면, 아름다움은 최고도로 관찰할 만하다. 왜냐하면 아름다움은 무엇보다도 한층 더 고차원적이고 일반적인 개념이고, 그 종족에 대한 대자연의 생각이기 때문이다. 아름다움이 우리의 눈을 강력하게 사로잡는 것도 그 때문이다. 아름다움이야말로 대자연의 뿌리라고 할 수 있는 주요 사상이고, 개체는 오직 그에 딸린 방계적 사상에 지나지 않는 것이다.

모든 사람이 암묵리에 출발점으로 삼고 있는 원칙은 "각 개인은 얼굴 생김새대로의 존재이다"라는 것이며, 이 원칙은 정확하다. 그러나 그것을 적용하는 것은 어려운데, 그 능력은 부분적으로는 타고났으며 또 부분적으로는 경험으로부터 얻어진다. 하지만 완전히 읽을 수 있는 사람은 없고, 아무리 숙련된 사람이라도 실수를 저지른다. 그러나—피가로가 뭐라고 말하든—얼굴이 거짓말을 하는 게 아니라, 거기에 드러나 있지 않은 것을 읽는 실수를 저지르는 것은 우리이다. 물론 얼굴이 제시하는 암호를 해독하는 것은 위대하고 어려운 기술이다. 그 원리는 결코 추상적으로 익힐 수 있지는 않다. 그 제1조건은 상대를 오롯이 객관적인 눈으로 보는 것이지만, 그것이 그리 간단하지는 않다. 아주 조금이라도 호감이나 악감정, 공포, 기대가 있거나 또는 상대에게 지금 어떤 인상을 우리 자신이 주고 있는지 하는 것을 생각하는 것만으로도, 요컨대 어떤 주관적인 것이 섞여들면 그 순간 상형문자는 일그러져 가짜가 되어 버리기 때문이다.

어떤 국어의 음색이나 음향을 순수하게 듣는 것은 그 국어를 모르는 사람에 한하듯이—왜냐하면 그 국어를 잘 알고 있으면 그 발음의 의미가 곧 이해되기에, 소리는 의식으로부터 내쫓김당하고 말기 때문이다,—어떤 사람의 인상을 보는 것은 그 사람과 아직 거리가 있는 사람, 즉 그 사람과 가끔 만나거나 이야기해서 그 얼굴과 가까워질 기회가 없었던 사람에 한정된다. 따라서 어떤 얼굴로부터 완전히 객관적인 인상을 받고 그 인상이 판독될 가능성이 있는 것은 엄밀히 말하면 처음 얼굴을 마주한 순간뿐이다. 냄새가 최초로 풍겨왔을 때밖에 후각을 자극하지 않으며 포도주도 본디 맛이 나는 것은 가장 처음 한 잔 째뿐인 것과 마찬가지로, 얼굴도 충분한 인상을 줄 때는 첫 회뿐이다. 그러므로 첫인상에는 주의할 필요가 있다. 이 점은 기억해 두어야 하며, 그뿐만 아니라 자신에게 중요한 인물의 경우라면 첫인상을 글로 적어 두어야 한다. 물론 그러려면 자신의 사람을 보는 눈에 자신이 있어야 한다. 그 뒤 사귀어서 상대를 알게 되면 이 첫인상은 사라져 버리겠지만, 그 교제 결과는 언젠가 첫인상이 틀리지 않았음을 확증해 주게 될 것이다.

첫 대면이란 대부분의 경우 매우 불쾌한 것임을 우리는 여기서 굳이 숨겨 두지 않겠다. 서로 비슷비슷한 얼굴은 아무짝에도 쓸모가 없다! 아름다운 얼굴 생김새, 고운 마음씨, 혹은 똑똑한 얼굴 같은 예외도 없지는 않다. 그러나 이는 무척 보기 드문 경우이다. 대부분의 경우, 섬세한 감각을 갖고 있는 사람들에게는 처음 보는 어떤 얼굴도 하나의 경악에 가까운 기분을 느끼게 만든다고 나는 생각한다. 여러 요소를 조합할 때는 예상 밖의 신선한 것이 나오더라도 어느 것이나 모두 불쾌하고, 실제로 그것은 정취 없는 풍경이 되는 경우가 많기 때문이다. 그뿐만 아니라 세상에는 그 얼굴에 참으로 어수룩하고 천박한 성향이나 동물과 다를 바 없는 좁은 오성을 뚜렷이 드러내고 있는 사람들이 있는데, 이런 얼굴로 잘도 외출을 하는구나, 어째서 복면이라도 쓰지 않는 것일까 하고 이상하게 여겨지기도 한다. 실제로 흘끗 보는 것만으로도 이쪽이 더럽혀졌다는 기분이 들게 하는 얼굴도 있다. 그러므로 세간으로부터 은퇴해서 그 덕분에 '새 얼굴을 보는' 고통에서 완전히 벗어나는 교제를 혐오하는 사람들이 있다 해도, 이들을 나쁘게 생각할 수는 없다. 이를 형이상학적으로 설명하면, 사람마다의 개성은 생존 그 자체에 의해서 출발점으로 돌아가 수정되어야 할 바로 그 대상이라는 고찰로 귀결될 것이다. 이와 달리 심리학적 설명에 만족하고자 한다면, 한평생 그 마음속에 좀스럽고 저열하고 가련한 사상과 비속하고 이기적이고 질투 많고 사악한 소망 말고는 좀처럼 아무것도 떠오르지 않았던 사람들이 어떤 인상이 되는지를 자문해 보면 된다. 이러한 사상이나 소망은 그것이 마음속에 떠올라 있는 내내 얼굴에도 깃들어 있게 되는데, 그 모든 흔적은 자꾸만 반복되면서 시간과 함께 얼굴에 깊게 새겨져 문자 그대로 거칠고 삭막한 얼굴이 되어 버리는 것이다. 그래서 대부분의 얼굴은 처음 보면 흠칫하게 될 정도가 되며, 다만 서서히 그것에 익숙해져서 그 인상이 무뎌지면 비로소 그런 느낌이 사라질 뿐이다.

그런데 재기 넘치는 얼굴도 점차 서서히 만들어지고, 그뿐만 아니라 나이가 들어서야 뚜렷이 나타나고 젊은 시절의 초상화에서는 겨우 처음밖에 보이지 않는 것도 앞에서 말한 대로 얼굴의 표정이란 것이 무수하고 일시적이고 특징적인 긴장을 거듭하면서 서서히 만들어지는 탓이다. 또 처음 본 얼굴에서 놀라움을 느끼는 것도 무릇 그 사람의 얼굴이 올바르고 충분한 인상을 주는 것은 최초의 때로 한정된다는 앞에서 말한 의견과 일치한다. 즉 이 인상을 왜곡하지 않고 순객관적으로 받아들이기 위해서는 그 인물과 무관할 것, 가능하다면 그 인물과 이야기를 나누지 않을 필요가 있다. 모든 대화는 그것만으로도 서로를 얼마쯤 가깝게 만들고, 어떤 관련, 서로에게 주관적인 관계를 도입하게 되기 때문으로, 이렇게 되면 객관적 파악은 순식간에 훼손되는 것이다. 게다가 누구든 상대로부터 존경이나 우정을 얻으려고 노력하기 때문에, 관찰되는 당사자도 누가 자신을 본다고 느끼는 순간 특기인 연극을 시작하고, 표정으로 본성을 숨기고, 아양을 떨면서 우리의 마음에 들려고 노력하게 되므로, 처음에는 분명히 보였던 부분까지 우리는 곧 보지 못하게 되어 버린다. 따라서 "대부분의 사람은 가까워지면 그 사람의 매혹이 늘어나는 법이다"라고들 하지만, 오히려 "가까워지면 이쪽이 매혹된다"라고 하는 편이 맞을 것이다. 그러나 나중에 사정이 나빠지면 대부분은 최초에 잠깐 보고 내린 판단이 옳았음을 알게 되고, 때로는 우리를 비웃듯이 첫인상은 그 정당성을 주장하는 것이다. 그와는 반대로 '가까워진' 순간 견원지간이 되기도 하는데, 이렇게 되면 "가까워지면 매력이 늘어난다"고 할 수 없는 것은 물론이다. 교제가 친밀해지면 상대의 좋은 점이 보이기 시작한다고 하는 또 하나의 이유는 처음 만났을 때 경계심을 불러일으킨 인물도 대화를 나누다 보면 그 인품뿐만 아니라 그 인물의 교양까지 엿볼 수 있게 되기 때문이다. 즉 그 인물의 참된 바탕뿐만 아니라, 온 인류의 공유재산으로부터 그 인물이 취한 것이 드러나는 것이다. 즉 상대가 말하는 것의 4분의 3은 그 인물 그 사람의 것이 아니라, 외부에서 빌려온 것에 지나지 않는다. 그리하여 우리는 때때로 이런 미노타우로스[2]적 괴물이 자못 인간다운 말을 하는 것을 듣고 놀라게 된다. 그러나 그저 가까워지는 데 그치지 않고 좀 더 친밀한 교제로 발전해 보라. 그러면 처음 만났을 때 상대의 얼굴에 드러나 있었던 '야수의 본성이 훌륭하게 발휘'[3]될 것이다.

그러므로 인상을 볼 줄 아는 날카로운 눈을 가진 사람은 이 눈이 상대와 친밀해지기 전에 내린, 따라서 거짓 없는 판단에 충분히 주의하지 않으면 안 된다. 왜냐하면 인상은 그 사람의 본성을 단적으로 드러내는 것이며, 만일 그것이 우리를 속일 경우, 그것은 인상의 죄가 아니라 우리의 죄이기 때문이다. 그러나 입으로만 하는 말이라는 것은 그 사람이 생각하는 것, 또는 때때로 그 사람이 배운 것을 나타낼 뿐이고, 심한 경우에는 그렇게 생각하지도 않는 것을 말하기도 한다. 여기에 추가될 사정은, 우리가 어떤 사람과 이야기를 나눌 때, 아니 그 사람이 다른 사람과 이야기하는 것을 들었을 뿐인 경우에도, 우리는 진짜 의미의 인상을 도외시한다는 것이다. 즉 단적으로 주어진 토대로서의 인상은 덮어놓고, 단지 그 표면에 나타난 특징적인 점, 즉 이야기할 때의 표정에만 정신을 빼앗겨 버리는 것이다. 그런데 말하고 있는 당사자는 좋은 면만이 겉으로 나오도록 표정을 가다듬는 법이다.

소크라테스는 그 능력을 시험해 달라며 소개받은 한 청년에게 "자네가 어떤 사람인지 나에게 보이도록(알도록) 이야기해 보게"라고 말했는데(이 경우 소크라테스가 '보이다'라는 단어를 단지 '듣다'라는 의미로만 이해하고 있지 않다는 가정에서 성립하는 이야기지만), 그것은 마땅한 요구였다. 이야기를 시작해야 비로소 얼굴의 여러 특징, 특히 눈에 생기가 돌고 그 표정에 그 사람이 갖고 있는 정신적 자산과 능력이 나타나므로, 우리는 결국 그 지성의 정도와 능력을 평가할 수 있기 때문이다. 그리고 이것이야말로 소크라테스가 바라는 것이었다. 그러나 이에 대해서는 이론을 제기할 수도 있다. 첫째는 이야기로 알 수 있는 것은 겉으로만 드러나는 데 그치고, 좀 더 깊은 곳에 있는 도덕적 특성에는 미치지 못한다는 것이다. 둘째는 이야기를 하면 표정이 뚜렷하게 나오므로 객관적으로

---

2) 그리스 신화에 나오는 몸은 인간이고 머리는 소인 괴물. 해마다 7명의 소년과 7명의 처녀를 잡아먹었다.
3) 괴테《파우스트》2297행.

는 도움이 되지만, 앞서 말했듯이, 이야기를 하면 개인적 관계가 발생해 조금이긴 하지만 매혹당하게 되며, 그 때문에 공평무사하지 못하게 되어, 마침내 주관적으로는 마이너스가 된다는 점이다. 이 두 번째 관점에서 말하자면, "자네가 어떤 사람인지 나에게 보이도록 말하지 말아 주게"라고 하는 편이 오히려 옳을 것이다.

어떤 인간의 참된 인상을 순수하게 깊이 포착하기 위해서는 그 사람이 혼자 편안하게 앉아 있을 때를 관찰할 필요가 있기 때문이다. 어떤 파티에서든지, 또 제3자와 대화할 때도 타인의 모습을 그 사람의 위에다 투영하게 되고, 게다가 대부분 그것은 그 사람에게 유리한 것이다. 그런 대화로 말미암아 그 사람의 기분이 움직이고, 또 고조되기 때문이다. 그러나 혼자서 아무런 여념도 없이 자신의 생각과 기분에 흠뻑 젖어 있을 경우는 어떤가 하면, 그 사람이 100% 그 자신인 것은 그런 때로만 국한된다. 그리고 그럴 때야말로 깊이 꿰뚫어 보는 관상안이 그 인품 전체를 아울러 순식간에 포착해낼 수 있다. 왜냐하면 아무런 영향도 받지 않는 얼굴에는 그 사람의 모든 생각과 노력의 기조가 뚜렷이 드러나고, 그 사람의 정당한 판정, 또 혼자 있을 때에만 100% 느껴지는 자신의 모습에 대한 돌이킬 수 없는 판정이 새겨져 있기 때문이다.

인상학이 인간을 아는 주요한 수단이 되는 까닭은, 좁은 의미의 인상이야말로 인간 특유의 표면을 속이는 연극이 미치지 못하는 유일한 것이기 때문으로, 연극이 미치는 범위에 떠오르는 것은 표정의 특징, 의태에 지나지 않는다. 그렇기 때문에 나는 상대가 혼자 자신에게 침잠해 있을 때를 골라서, 또 상대와 이야기를 나누지 않을 때 그 인상을 파악하라고 권하는 것이다. 그 일부 이유는 앞서 말한 경우에만 아무것도 섞이지 않은 순수한 인상을 볼 수 있기 때문으로, 대화가 시작되면 즉시 표정의 특징적인 면이 흘러들어와 미리 배워 둔 연기가 펼쳐지기 때문이다. 또 다른 이유는 아무리 한 대에 그치는 관계라도 모든 개인적 관계는 우리를 헷갈리게 만들고, 그로써 우리의 판단을 주관적이고 불순하게 만들기 때문이다.

하나 더 덧붙이지 않으면 안 되는데, 일반적으로 관상의 방법에서는 그 사람의 도덕적 성격보다는 그 지적 능력을 꿰뚫어 보는 편이 훨씬 더 쉽다는 것이다. 그것은 지적 능력이 더 밖으로 나타나기 쉽기 때문이다. 그것은 얼굴이나 표정에 나타날 뿐만 아니라 걸음걸이나 그 밖의 어떤 사소한 동작에도 나타난다. 어쩌면 멍청이·바보·재주 있는 사람 정도의 판별이라면 뒷모습으로 알 수 있을 것이다. 모든 동작이 납처럼 둔중한 것은 멍청이의 표시이고, 바보는 모든 행동거지에 각인을 찍으며, 재기와 생각 또한 모든 언행에 나타난다. 라브뤼예르[4]의 다음의 말도 여기에 근거한다. "아무리 사소하고 아무리 단순하고 아무리 눈에 띄지 않는 것이라도 우리의 본성을 폭로하지 않는 거동이 거기에 드러나지 않은 것은 없다. 바보는 들어오는 것도 나가는 것도, 앉는 것도 일어서는 것도, 잠자코 있는 것도 우두커니 서 있는 것도 재기 있는 사람처럼은 하지 못한다." 참고로 말하면, 엘베시우스에 따르면 평범한 사람은 천재를 알아보고 그것을 피하는 '확실하고 신속한 본능'을 갖고 있다고 하는데, 이것도 위에서 말한 것으로부터 설명된다. 그런데 현명하고 어리석고를 태도나 동작으로 알 수 있는 것은 결국 다음의 사실에 근거한다. 즉 대뇌가 크게 발달하면 할수록, 또 대뇌에 비례해서 척수와 신경이 가늘면 가늘수록 지성도 그에 따라 높아짐과 동시에 손발의 움직임이나 유연성도 그만큼 커진다는 것이다. 이 경우, 손발은 대뇌의 지휘를 직접적으로 또 결정적으로 받게 되고, 따라서 모든 것이 한 올의 실로써 조작되는 식이 되며, 모든 동작 가운데 지성의 의도가 명확하게 내세워지게 되기 때문이다. 이는 어떤 동물이 생물의 단계에서 높은 곳에 위치할수록 단 한 곳에만 상처를 입혀도 그것을 죽이는 일이 쉬워지는 것과 비슷하다. 아니 그와 관련이 있다. 두꺼비를 예로 들어 보자. 그 운동이 자못 둔중하고 태만하고 굼뜬 것처럼, 그들은 또한 우둔하고 끈질긴 생명력을 지니고 있다. 이런 것들은 모두 두뇌가 빈약함에도 두꺼비가 매우 두꺼운 척수와 신경을 갖고 있다는 것으로 설명된다. 일반적으로 걸음이나 팔의 운동은 주로 뇌의 작용에 따른 것이다. 왜냐하면 팔과 다리는 척수신경을 매개로 해서 대뇌의 지휘로 움직이고, 그 운동의 수정은 모두, 아무리 작은 수정이라도, 대뇌에서 나오기 때문이다. 그래서 이런 수의적(隨意的) 운동은 우리를 피곤하게 만드는 것이다. 이 피로는 고통과 마찬가지로 뇌수 안에 자리를 갖고 있지, 우리가 잘못 생각하듯이 손발 안에 있는 것이 아니다. 따라서 피로는 수면을 재촉하게 된다.

---

4) 1645~1696. 프랑스의 작가.

이와 달리 유기적 생명의 운동 가운데 뇌수의 자극에 의하지 않는 것, 즉 불수의적 운동, 예컨대 심장·폐 등의 활동은 피로를 모른 채 이어지는 것이다. 사고 및 손발의 운동은 모두 같은 뇌수의 작용이므로, 개인의 성상에 따라서 두뇌 작용의 특질은 그 양쪽에 똑같이 나타난다. 즉 어리석은 자들은 꼭두각시 인형처럼 움직이고, 재기 넘치는 사람들의 경우는 모든 관절이 자기주장을 하는 것이다.

그러나 정신적 특질은 태도나 동작보다는 얼굴로 훨씬 더 잘 분간할 수가 있다. 즉 얼굴 형태와 크기, 눈매와 콧매의 긴장과 움직임, 특히 눈에서 엿볼 수 있다. 눈에도 여러 가지가 있어서 아랫단계로는 돼지처럼 작고 탁하고 둔한 눈빛의 눈에서부터 시작해서 여러 중간단계를 거쳐 빛나는 눈빛을 가진 천재의 눈으로 올라간다. 영리함을 보여 주는 눈빛은, 예컨대 아무리 빈틈없는 눈이라도, 천재의 눈빛은 다르다. 즉 영리한 눈빛은 의지에 봉사하고 있음을 뚜렷이 보여 주는 데 반해서, 천재의 그것은 의지에 좌우되지 않는 것이다. 그러므로 스쿠발차피키가 그의 저서 《페트라르카 전기》에서 페트라르카의 동시대인 요제프 브리비우스로부터 들은 이야기라면서 전하고 있는 일화는 완전히 믿어도 좋다. 즉 그에 따르면, 언젠가 페트라르카가 비스콘티[5] 저택에서 수많은 신사 숙녀들 사이에 섞여 있을 때, 갈레아초 비스콘티가 그 무렵 아직 소년이던 그의 아들, 뒷날의 밀라노 공에게 주위에 있는 사람들 가운데에서 가장 똑똑한 사람을 꼽아 보라고 시키자, 소년은 잠시 거기 있던 사람들을 눈여겨본 다음에 페트라르카의 손을 잡고 아버지에게로 데리고 갔으므로 참석자들은 크게 경탄했다는 것이다. 생각건대 자연은 인류의 뛰어난 인물에게는 그 품위의 인장을 또렷이 새기기 위해서 어린아이라도 그것을 분간할 수 있게 만든 것이다. 그러므로 나의 명민한 우리나라 여러분께 나는 충고하고 싶다. 여러분이 언젠가 또 평범하기 짝이 없는 남자를 30년 동안이나 위대한 사상가라고 선전하는 변덕을 부리게 된다면, 이번에는 헤겔처럼 비어홀의 주인 같은 인상을 가진 사람을 고르지 않도록 해 주었으면 한다. 자연은 이 남자의 얼굴 위에다 매우 읽기 쉬운 필체로 흔해빠진 '평범한 인간'이라는 글자를 적어 놓지 않았는가.

---

5) 중세 후기 롬바르디아의 명문가.

그런데 인간의 도덕적인 면, 즉 품성은 지적인 면과 달라서, 인상으로 알아차리기가 훨씬 어렵다. 왜냐하면 품성은 형이상학적인 것으로, 지성 따위와는 비교도 되지 않을 만큼 깊은 곳에 뿌리내리고 있으며, 유기체로서의 체질과 관계는 있지만 지성처럼 직접 그것과 결부되어 있지 않고, 신체의 특정 부분이나 계통과도 아무런 관련성을 갖고 있지 않기 때문이다. 이 사정에 덧붙여, 누구든 자신의 오성에는 크게 만족해 이것을 과시하고 틈만 나면 자신의 머리가 좋다는 것을 보여 주려고 노력하는 데 반해서, 도덕적인 면은 이것을 노골적으로 보여 주는 일이 드물고, 대부분은 일부러 숨긴다. 게다가 긴 수련 덕분에, 어찌나 잘 숨기는지 거의 신기에 가깝다. 그러나 앞서 이야기했듯이, 질이 낮은 사상이나 시시한 발버둥질은 서서히 얼굴에 흔적을 남기며, 특히 그것은 눈에 남는다. 그런 까닭으로, 우리는 인상으로부터 판단해서 어떤 사람이 절대로 불후의 작품을 낳지 못할 것이란 것은 쉽게 단언할 수 있지만, 그 사람이 결코 큰 범죄를 저지르지 않으리라고는 아무래도 보장할 수 없는 것이다.

우리의 본질에 대하여

이 문제에 대해서는 나의 주저 《의지와 표상으로서의 세계》에 정리해서 자세히 논해 두었지만, 그 서술에 빛을 조금 던져 주기도 할 단편적인 고찰들을 여기에서 덧붙여 두는 것은 많은 사람들에게 그다지 의미 없는 일만도 아니리라 생각한다.

장 파울의 《셀리나》[1]를 읽어보면 알겠지만, 매우 뛰어난 지성의 소유자가 황당무계한 잘못된 관념의 공격을 받고 악전고투하는 일은 흔하다. 그런 잘못된 관념을 그가 버리려 하지 않는 것은 그의 마음이 그 관념에 사로잡혀 있기 때문이지만, 그 경우 그는 스스로 받아들이지 못하는 불합리들에 끊임없이 시달리고 있는 것이다. 그 잘못된 관념이란 우리의 개인적인 의식의 전부가 사후에도 개체적으로 존속한다는 바로 그 관념이다. 진위가 뒤죽박죽 섞인 이 관념이 사람들이 말하듯이 유익한 오류가 아니라 오히려 매우 해로운 것임은 장 파울의 바로 저 악전고투가 증명하고 있다. 심령과 육체를 잘못해서 대립시키거나 심지어는 개성의 전체를 영원존재이어야 할 물자체 그 자체로까지 높이게 되면, 현상과 물자체의 대립 위에 세워진 저 진실의 인식은 불가능한 것이 되고 말기 때문이다. 그뿐만이 아니다. 주로 저 그릇된 관념이란 진리의 대용품으로서도 언제까지고 쥐고 있을 수는 없는 것이다. 왜냐하면 이성은 그 관념 속에 들어 있는 불합리를 향해서 끊임없이 새로이 반항할 것이고, 그러면 그 불합리뿐만 아니라 그것과 뒤섞여 연결되어 있는 진리도 함께 포기하지 않을 수 없게 될 것이기 때문이다. 대부분 진리란 오랜 기간 동안은 결국 그것의 순수한 형태로만 존속될 수 있다. 오류와 섞여 버리면 진리도 오류의 공허함을 입게 된다. 마치 화강암이, 예컨대 석영이나 운모에는 풍화의 걱정이 없다고는 하지만, 장석이

---

1) 독일의 작가(1763~1825). 《셀리나 혹은 영혼의 불멸에 관하여》.

풍화되어 버리면 부서지는 것과 같다. 따라서 진리의 대용품은 위험하다.

이때 누군가가 일상의 대화에서, 무엇이든지 알고 싶어 하는 주제에 아무것도 배우려 들지 않는 그 수많은 사람들 가운데 한 사람으로부터 사후의 생명에 대한 질문을 받았다고 한다면, 생각건대 가장 적절하고 무엇보다 가장 정확한 해답은 다음과 같으리라.

"당신이 죽은 뒤에는 당신이 태어나기 전에 당신이 있었던 모습으로 될 것이다."

생각건대 이 해답에 의해서, 시작이 있는 종류의 존재에 끝이 있어서는 안 된다는 요구의 어리석음이 지적된 것이다. 또한 그 해답 속에는 아마도 존재에는 두 종류가 있고, 그에 대응해 아마도 두 종류의 무(無)가 있을 것이라는 시사가 담겨 있다. 혹은 다음과 같이 대답해도 좋을 것이다.

"당신의 사후에 당신이 어떻게 되더라도—만일 무(無)가 되더라도—, 그때의 상태는 마치 현재 당신의 개체적·유기적 현존재가 당신에게 그러하듯이 자연에 어울리는 것일 것이다. 그러므로 만일 두려운 경우가 있다면, 고작해야 스쳐 지나가는 순간뿐이다. 그리고 우리의 이 현존재보다는 오히려 완전한 무가 차라리 낫다는 것은 사태를 충분히 고찰하기만 하면 분명히 알 수 있는 일이므로, 우리 존재의 종말이라든가 또는 우리에게 더 이상 존재하고 있지 않을 시간이라든가 하는 관념은 마치 우리가 만일 전혀 태어나지 않았더라면 하는 관념과 같은 것으로, 이성적으로 생각하기만 하면 전혀 우리를 두렵게 할 정도의 문제는 아니다. 주로 이런 현존재란 본질적으로는 개인적이므로, 그것으로부터도 그런 개인생활의 종말을 손실이라고 생각해서는 안 될 것이다."

그런데 만일 객관적·경험적인 방법으로 유물론의 그럴듯한 실(實)을 단서로 해서 살아온 사람이 이제 죽음으로 말미암은 철저한 파괴—이것이 그를 가만히 응시하고 있다—의 공포에 휩싸여 우리의 문을 두드리기라도 한다면, 그야말로 가장 간단한, 그리고 그의 경험적 견해에 어울리는 방법으로 그의 마음을 달래줄 수가 있을 것이다. 우리는 그에게 물질과 그 물질을 한때나마 점유하고 있는 시종일관 형이상학적인 힘의 구별을 명료하게 지적해 보이는 것이다. 이를테면 새의 알인데, 그 알의 완전히 동질적인 무형의 유동체는 그에 어울리는 기온이 되는 순간, 그 알이 속한 바로 그 종류의 새로 매우 복잡하고도 엄밀하게 규정되어 있는 형체를 취하게 되는 것이다. 그런데 이는 말하자면 일종의 우연발생이다. 그리고 이것은 매우 흔한 일이지만, 동물의 제형태의 진화적 계열이 발생한 것은 일찍이 머나먼 태고의 어느 행복한 시기에 알이 속해 있었던 동물의 특정 유형에서 어떤 좀더 고차원의 유형으로의 비약이 이루어짐으로 인한 것은 아닐까? 아무튼 여기서 물질과는 다른 어떤 것이 매우 명료하게 떠오른다.

이것은 만일 환경이 조금이라도 알맞지 않은 경우에는 나오지 않았을 수도 있었다. 이로써 그것의 작용이 완성된 경우 또는 그것의 작용이 나중에 방해받는 경우에는 이 또한 조금도 손상을 입지 않고 그런 물질적 형태로부터 물러날 수도 있음을 짐작할 수 있을 것이다. 이렇게 해서 시간 속에 있는 물질의 지속과는 전혀 다른 종류의 어떤 영원한 것이 거기에 암시되어 있는 것이다.

만일 우리가 모든 것을 인식하고 이해하며 개관하기도 한 존재를 상정할 수 있다면, 그런 존재에게는 우리가 죽은 뒤에도 존속하는지 아닌지 하는 물음은 아무런 의미도 갖지 못할 것이다. 왜냐하면 우리의 현재의 시간적·개체적 현존재의 저편에서는 존속이나 종말을 입에 올려봤자 아무 의미도 없을 터이고, 이 두 개념의 구별도 불가능해질 것이기 때문이다. 우리의 본디 진실의 본질, 바꿔 말하면 우리의 현상 속에 제시된 물자체에 대해서는 몰락의 개념도 또 존속의 개념도 적용할 수 없는 것이다. 왜냐하면 이러한 개념은 시간에서 유래하는 것이지만, 시간은 단순히 현상의 형식에 지나지 않기 때문이다.

그러나 우리로서는 우리에게 나타나는 현상의 저 핵심의 불멸성이라는 것도 그 핵심의 하나의 존속으로서가 아니면 생각할 수 없다. 게다가 그 존속도 실제로 여러 형태의 모든 유전(流轉)을 넘어 시간 속에서 지속되는 물질을 모형으로 해서 생각되고 있다.

그 핵심으로부터 그러한 존속이 떼어지면 우리는 우리의 시간적 종말을 하나의 멸망이라고 생각하게 된다. 이것은 시간이라는 형식을 모형으로 해서 사물을 생각하기 때문이고, 이 형식은 그것의 기반을 이루는 물질이 그것으로부터 제거되면 무(無)로 돌아가는 것이다. 그런데 이상의 두 경우는 모두 '엉뚱한 영역에 발을 들여놓는 오류'를 범하고 있다. 즉 현상의 제형식을 물자체에 잘못 적용시키려고 하는 것이다. 그렇다 하더라도, 어떠한 존속도 아닌 불멸성이라는 것은 그에 대해서 단순한 추상적 개념을 형성하는 일조차도 우리로서는 거의 불가능할 것이다. 그것은 그런 개념의 증거가 되는 모든 직관이 우리에게 결여된 탓이다.

그러나 정말은 새로운 존재의 끊임없는 생성과 현존하는 것의 몰락은 깨끗이 닦인 두 개의 안경(뇌의 작용)이라는 장치로써 생긴 환영이라고 봐야 한다. 우리는 이 두 개의 안경을 통해서만 사물을 볼 수가 있으며, 그것은 공간과 시간이라고 불린다. 그리고 이 둘의 상호침투가 인과성이다. 대체로 우리가 이러한 제약 아래 지각하는 모든 것은 단순한 현상에 지나지 않는다. 그러나 우리는 사물을 그 자체 그대로는, 즉 사물이 우리의 지각(知覺)으로부터 멀리 떨어져 있는 것처럼은 인식하지 못한다. 이것이 칸트철학의 핵심이다. 철학이 돈을 처들인 사기꾼의 백치화 작용 덕분에 독일에서 쫓겨난 시기도 슬슬 끝나가는 오늘날 이 칸트철학과 그 내용을 잘 생각해 보는 것은 이루 말할 수 없을 만큼 중요하다. 참고로, 앞서 이야기한 철학 추방에는 월급과 사례금이 무엇보다도 중요하고 진리나 정신은 아무래도 상관없다는 자들이 진심으로 기뻐하며 큰 활약을 했다는 말을 덧붙여 둔다.

시간이라는 인식형식 때문에 인간(즉 살려는 의지의 긍정의 최고 객관화 단계)은 끊임없이 새로 태어났다가 다시 죽어가는 인간의 종속, 즉 인류로서 나타나는 것이다.

개체가 죽을 때 국외자인 채로 있는 저 현존재는 시간·공간의 형식을 지니지 않는다. 그러나 우리에게 현실적인 모든 것은 이러한 형식들 속에 나타난다. 그렇기 때문에 죽음은 우리에게는 파멸처럼 보이는 것이다.

사람들은 어째서 어떤 인간의 죽음을 보면 여기서 하나의 물자체가 무로 돌아갔다는 식으로만 생각하는 것일까? 오히려 여기서 그 종말을 본 것은 시간—모든 현상의 저 형식—의 내적인 어떤 현상뿐이며 물자체가 그로 말미암아 어떠한 영향을 받은 것은 아니라는 사실은 누구나가 직관적으로 느낀다.

그렇기 때문에 사람들은 그것을 모든 시대에서 참으로 다종다양한 형태의 표현—이러한 표현은 모두 현상으로부터 빌려온 것이고, 그 본래의 의미는 이 현상에만 관계하고 있지만—을 통해서 표현하려고 노력해 왔던 것이다. 누구나가 자신은 일찍이 어떤 타자에 의해서 무로부터 창조된 존재와는 조금 다르다는 식으로 느낀다. 그래서 그의 안에 죽음은 자신의 생명의 끝일지는 몰라도 자신의 현존재로서 숨통이 끊어지는 일은 있을 수 없다는 확신이 생기는 것이다.

인간은 생명을 부여받은 무(無)와는 조금 다른 어떤 것이다.—동물도 그렇다. 자신의 현존재가 자신의 현재의 생명에 국한된다고 생각하는 사람은 자신을 생명을 부여받은 무(無)라고 생각하고 있는 것이다.—30년 전에 나는 무(無)였다, 30년 뒤에 나는 다시 무(無)가 된다 하는 식이다.

모든 사물의 덧없음과 허무성과 꿈같은 성질을 명료하게 의식하는 사람일수록 그만큼 뚜렷하게 그 사람은 자기 자신의 내적인 본질의 영원성도 의식하고 있을 것이다. 왜냐하면 본디 이 내적인 본질과의 대조에서만 사물의 저 성질은 진실로 인식되기 때문이다. 마치 자신이 타고 있는 배가 얼마나 빨리 달리고 있는지는 움직이지 않는 물기슭을 볼 때만 알 수 있지, 배 자체를 보면 모르는 것과 같다.

현재는 양면을 지니고 있다. 객관적인 면과 주관적인 면이다. 객관적인 현재만이 시간의 직관을 형식으로서 갖고 있으며, 그래서 그것은 멈추지 않고 앞으로 나아간다. 이와 달리 주관적인 현재는 움직이지 않는 채로 머물러 있으며, 그래서 그것은 언제나 동일하다. 이것으로부터 이미 지나간 것에 대한 우리의 생생한 회상도 나오며, 우리가 우리 현존재의 덧없음을 알고 있음에도 우리의 불멸성에 대한 의식을 갖고 있는 것 또한 이 때문이다.

"세계는 나의 표상이다"라는 나의 제1명제로부터 먼저 다음의 귀결이 나온다. "최초에 있는 것은 나이고, 그다음에 세계가 있다." 생각건대 인간은 이를 죽음을 파멸과 혼동하는 데 맞서는 해독제로서 굳게 지켜야 할 것이다.

누구나가 자신의 가장 깊숙한 핵심은 현재를 포함하고 다니는 어떤 것이라고 생각해야 한다.

우리가 어떠한 때에 살아 있든지, 언제나 우리는 우리의 의식과 함께 시간의 중심에 서 있지 결코 그 끝에 있는 것은 아니다. 그것으로부터 누구나가 무한한 시간 전체의 부동의 중심을 자기 자신 안에 지니고 있음을 짐작할 수 있을 것이다. 이것이 또한 결국은 인간이 끊임없는 죽음의 공포 없이 그날그날을 보낼 수 있는 신뢰를 인간에게 주는 이유인 것이다. 회상과 상상의 힘을 가지고 있는 덕에 자기 생애의 아득한 과거를 진실로 생생하게 눈앞에 떠올릴 수 있는 사람은 모든 시간을 관통하는 지금의 동일성을 다른 사람들보다 한결 명료하게 의식하고 있을 것이다. 아마도 이 명제는 그것을 거꾸로 하면 도리어 그 진리성이 늘어날지도 모른다. 그것은 그렇다 치고, 모든 지금의 동일성을 그런 식으로 다른 사람들보다 뚜렷하게 의식하고 있다는 것이 철학적 천분에 있는 본질적인 요소이다. 이 의식이 있기에 우리는 무엇보다도 지나가기 쉬운 지금을 유일한 지속자로서 파악하는 것이다. 그런 직관적인 방법으로 현재—이것이야말로 가장 좁은 의미의 모든 실재성의 유일한 형식이다—는 그 원천을 우리의 안에 갖고 있으며, 따라서 그것은 외부로부터가 아니라 내부로부터 솟아나오는 것임을 깨닫고 있는 사람이라면 그 자신의 본질의 불멸성에 의심을 갖는 일은 있을 수 없다. 오히려 그는 그의 죽음에 따르는 객관적 세계는 그 세계를 펼쳐 나가는 매체인 지성과 함께 그로부터 소멸해 버리기도 하겠지만, 그의 현존재는 그 때문에 어떠한 영향도 받지 않는다는 것을 이해하고 있을 것이다. 왜냐하면 내부에는 외부의 실재성에 꼭 맞설 만한 실재성이 있기 때문이다. 그는 완전한 이해로 이렇게 외칠 것이다.

"나는 있었던 것, 있는 것, 있을 것, 이 모든 것이다."[2]

이런 것들을 인정하지 않으려는 사람은 그와 반대인 내용을 주장하며 다음처럼 말해야 할 것이다.

"시간은 순수하게 객관적이고 실재적인 어떤 것이며, 그것은 나와는 완전히 독립적으로 존재한다. 나는 단지 우연히 그 안에 던져져 그것의 작은 부분을

---

2) 이집트, 사이스의 이시스 신전에 걸려 있는 글귀.

차지하게 되었고, 이렇게 해서 어떤 지나가기 쉬운 실재성에 이르렀을 뿐이다. 내 앞에 수많은 다른 사람들도 그러했다. 이들은 이제 더는 존재하지 않지만, 나도 곧 무로 돌아갈 것이다. 그러나 시간이야말로 실재적이다. 시간은 내가 없어져도 전진을 계속한다."

생각건대 이러한 견해에서 근본적인 오류, 아니, 불합리는 그 표현이 너무나 단호한 것으로서도 알아차릴 것이다.

이런 모든 것을 아울러 생각한다면, 분명 생은 꿈이고 죽음은 깨는 것이라는 식으로 생각할 수 있다. 그런데 이 경우 개성·개체는 꿈꾸는 의식에 속하지 깨는 의식에 속하는 것은 아니다. 그렇기 때문에 개체에 죽음은 파멸로서 나타난다. 그러나 어쨌거나 이러한 관점에서 보면, 죽음은 우리에게 완전히 새롭고 낯선 상태로의 이행이라고 간주해야 할 것이 아니라, 오히려 그것은 본디 우리 자신의 것이었던 근원적 상태로의 복귀라고 생각해야 하는 것이다. 인생은 이러한 근원적 상태의 하나의 작은 일화에 지나지 않는다.

그런데 만일 한 철학자 자신이 죽으면 그토록 이따금 자신을 괴롭혔던 저 문제의 수수께끼가 풀릴 테니 이것이야말로 자신만의 은밀한 위로 또는 적어도 위안이라고 생각한다면, 아마도 그는 자신이 찾고 있던 것을 발견하려는 바로 그 순간에 등불을 불어 꺼 버리는 사람과 같은 운명을 만나게 될 것이다.

죽음과 함께 의식은 분명 소멸해 버린다. 반면 그때까지 의식을 낳아 오던 그것은 절대로 소멸하지 않는다. 대부분 의식은 직접적으로는 지성에 바탕을 두지만, 그 지성은 또한 생리적 과정에 근거한다. 왜냐하면 지성은 명백히 뇌의 작용이며, 따라서 그것은 신경계통과 혈관계통의 공동작업으로 제약받는다. 바꿔 말하면, 심장에 의해서 걸러지고 활기를 얻고 끊임없이 운동하게 되는 뇌수와 그 뇌수의 정교하고 신비롭기 그지없는 구조—이 구조는 해부학에서 술되어 있기는 하지만, 그것은 생리학의 이해를 뛰어넘는다—를 통해서 객관적 세계의 현상과 우리의 사상이 나타나는 것이다. 개체적인 의식, 따라서 일반적으로 의식은 육체를 지니지 않은 존재 아래에서는 생각될 수 없다. 왜냐하면 모든 의식의 제약인 인식은 필연적으로 뇌의 작용이기 때문이다.

지성은 생리학적으로 말하면, 경험적 현실, 즉 현상에서는 2차적인 것, 즉 생리현상의 결과로서 나타나는 것이지만, 또한 생리학적으로 이야기해도 의지에 대립하는 것으로서 2차적이다.

의지만이 1차적이며, 어떠한 경우에도 근원적이다. 대부분 본디 유기체 그 자신부터가 의지의 현상에 지나지 않는다. 그것은 직관적·객관적으로 자기 자신을 뇌 속에, 또한 그 형식인 시간과 공간 속에 현상화하는 의지이다. 그런데 의식은 직접적으로 의지에 의존하는 게 아니라 지성으로서 제약받고, 그 지성은 또한 유기체로 말미암아 제약받고 있기 때문에, 죽음으로 의식이 소멸된다는 데에는 아무런 의심의 여지가 없다.—의식은 수면이나 기절에 의해서도 소멸하지 않는가?[3] 그러나 안심하라! 대체 이것은 어떤 종류의 의식인가, —그것은 뇌의 의식, 동물의 의식, 조금 고등한 동물적 의식이다. 그것은 우리가 본질적으로는 모든 동물과 공통으로 갖고 있는 것인데, 다만 우리의 경우에는 그것이 그 정점에 도달한 것일 뿐이다. 그것은 그 목적과 기원이라는 점에서 보면, 내가 이미 충분히 증명해 두었듯이, 대자연의 하나의 단순한 장치에 지나지 않는다. 즉 동물이 그 요구를 충족하도록 도와주는 하나의 수단인 것이다. 반면 죽음이 우리를 데리고 돌아가는 상태라는 것은 우리의 본원적인 상태이다. 바꿔 말하면, 이제 끊어지려 하는 생명의 창조와 유지 속에 자신의 근원적인 힘을 나타내는 저 본질의 본디 상태인 것이다. 즉 그것은 현상과 대립하는 것으로서의 물자체의 상태이다. 이러한 근원적 상태에서는 의심할 바 없이 저 뇌에 의한 인식—이것은 철저하게 간접적이며 바로 그 때문에 단순한 현상만을 제공하는 데 지나지 않는다—같은 것은 전혀 쓸모가 없다. 그렇기 때문에 우리는 이제 그것을 잃어버린다. 이 인식을 버리는 것은 우리에게는 현상세계의 소멸과 완전히 같은 것이다.

이 인식은 현상세계의 방편일 뿐이었고, 그 밖의 어디에도 쓸모가 없다. 예컨대 우리의 이 근원적 상태 안에서 저 동물적 의식을 유지하면 어떻겠느냐는 제안을 받더라도 우리는 그것을 마치 다리가 불편했던 사람이 목발을 버리듯이 거절할 것이다. 그러므로 뇌에 의한 그러한 오직 현상적이고 현상에밖에 도움이 되지 않는 의식이 곧 사라져버릴지도 모른다고 하면서 슬퍼하는 사람은 저 그린란드의 개종자들과 똑같다고 여겨질 것이다.

---

3) 만일 죽음과 함께 지성이 소멸되지 않는다면, 물론 이것만큼 유쾌한 일은 또 없을 것이다. 그렇다면 우리는 이 세상에서 배운 그리스어를 고스란히 저세상으로 가져갈 수 있다.

이 개종자들은 천국에는 바다표범이 한 마리도 없다는 말을 듣고 천국행을 거절했다.

그리고 앞에서 말한 것은 모두 다음과 같은 전제 위에 성립한다.─우리는 무의식이 아닌 상태를 인식적인 상태로서밖에, 따라서 모든 인식의 근본형식을, 즉 주관과 객관으로의 분열 또는 인식하는 것과 인식되는 것으로의 분열을 포함하는 것으로서밖에 표상할 수 없는 존재라는 것. 그러나 또한 우리는 다음과 같은 것도 고려해야 한다.─인식하는 것과 인식되는 것의 이 형식 전체는 단순히 우리의 동물적인, 따라서 매우 다른 의미를 지닌 파생적인 성질에 의해서 제약받는 것에 지나지 않는다는 것, 그러므로 그것은 모든 실체와 모든 존재의 근원적 상태는 결코 아니라는 것, 따라서 이 근원적 상태는 완전히 이질적이기는 하지만 무의식적인 것은 아닐지도 모른다는 것. 우리 자신의 현재의 본질도 그것의 핵심까지 탐구할 수 있는 한에서는 단순한 의지이며, 그리하여 이 의지란 그것 자체에서는 비인식적이다. 우리가 죽음으로 말미암아 지성을 상실할 경우에는 그로 인해 우리는 단순히 근원적이며 비인식적인 상태 속으로 옮겨지는 데 지나지 않는다. 그러나 그렇다고 해서 그것은 완전한 무의식적인 상태라고도 할 수 없으며, 오히려 그것은 저 형식을 뛰어넘은 상태, 즉 주관과 객관의 대립이 떨어져 나간 상태일지도 모른다고도 생각되는 것이다. 왜냐하면 여기에서는 인식되어야 할 것이 인식하는 것 자체와 진실로 직접 하나가 되어 있을 터이고, 따라서 모든 인식의 근본조건(다름 아닌 저 주관과 객관의 대립)이 결여되어 있을 것이기 때문이다. 이 점에 관한 규명으로서는 《의지와 표상으로서의 세계》 제2권을 참조하기 바란다. 그 부분과 여기에서 말하고 있는 내용과 같은 의미의 것을 조르다노 브루노는 다음과 같이 조금 다른 식으로 표현하고 있다.

모든 차별을 초월하는 절대 동일성으로서의 신의 마음은 이해하는 것인 동시에 이해되는 것이다.

─〈바그너편〉, 제1권

아마도 누구나가 일찍이 마음속 깊은 곳에 툭하면 다음과 같은 의식이 떠오르는 것을 경험한 적이 있을 것이다.—이러한 형용할 수 없이 보잘것없는 시간적이고 개체적인 존재, 오직 초라함뿐인 존재가 아닌 뭔가 전혀 다른 종류의 존재가 뭐니 뭐니 해도 본디 나에게 어울리며, 그것이야말로 정말로 나의 것이 아닌가, 하는……. 그리고 그때 그 사람은 어쩌면 죽음이 자신을 그런 존재로 되돌려줄지도 모른다고 생각하는 것이다.

다음으로 우리는 안을 향하던 이런 고찰방법에서 전환해 다시 눈을 밖으로 돌려 우리에게 주어진 세계를 완전히 객관적으로 포착해 보도록 하자. 그러면 죽음은 분명 우리에게는 무(無)에의 이행으로서 나타난다. 그렇지만 그에 대하여 탄생도 무로부터의 출현으로서 나타난다. 그러나 그것도 이것도 모두 현상적인 실재성을 지니고 있는 데 불과한 이상, 어느 것이나 절대로 진리일 수는 없다. 또 예컨대 우리가 어떠한 의미에서 죽음 뒤에도 계속 살아갈 수가 있다고 해도, 그것이 우리가 날마다 목격하는 출산보다 더 신기하다고 할 수는 없다. 죽음은 모든 생명—그 자신의 그것도 포함해서—이 분출되어 나오는 그곳으로 가는 것이다. 이집트인들이 오르쿠스(명부의 신)를 아멘테스라고 부른 것도 그런 의미에서였다. 아멘테스는 플루타르코스(《이시스와 오시리스에 관하여》 제29장)에 따르면, '수용자이자 부여자인 자'라는 뜻이고, 아멘테스는 만물이 귀환하고 다시 나오는 같은 원천이라는 것이 그로써 제시된 것이다. 이런 관점에서 보면 우리의 인생이란 죽음으로부터 융통해 온 빚과 같은 것이라고도 생각할 수 있다.

그렇다면 잠은 이 빚에 날마다 지불되는 이자인 셈이다. 죽음은 명백히 개체의 종말로서 제시되지만, 이 개체 속에는 어떤 새로운 존재로의 싹이 들어 있는 것이다. 그 때문에 죽어가는 모든 것 가운데 그 어떤 것도 영원히 죽어 버리지는 않는다. 반대로 태어나는 그 어떤 것도 전적으로 새로운 현존재를 받는 것은 아니다. 죽어가는 것은 몰락한다. 그렇지만 그 싹은 남아 있고, 거기에서 하나의 새로운 존재가 출현한다.

이 존재는 자신이 어디에서 왔는지도, 또 왜 자신이 현재와 같은 모습인지도 모르는 채 존재를 향해 걸어 나온다. 이것이 재생의 신비이다.

나의 주저 제2권 제41장은 이 신비의 규명이라고 볼 수 있다. 이런 식으로 이 순간에 살아 있는 모든 존재는 이미 앞으로 태어날 모든 것의 본디 핵심을 담고 있으며, 따라서 후자는 어떤 의미에서는 오늘날 이미 거기에 존재하고 있다는 것이 우리에게 뚜렷해진다. 또 생기발랄하게 여기저기에 서 있는 모든 동물이 우리에게 이렇게 말을 거는 듯하다.

"어째서 당신은 살아 있는 자가 지나가기 쉽다는 이유로 기만하는 것입니까? 만일 내 앞에 살아 있었던 나와 같은 유가 모두 죽어버리지 않았다면 어떻게 내가 이렇게 살아 있을 수 있었겠습니까?"

이런 까닭에서 세계의 무대 위에서 아무리 각본이나 가면이 바뀌어도 결국 배우들은 모든 점에서 같다. 우리는 나란히 앉아 서로 이야기하고 함께 감동하며, 눈은 빛나고 목소리는 커진다. 천 년 전에도 이런 식으로 다른 사람들이 앉아 있었다. 그것은 완전히 같은 식이었고 같은 사람들이었다. 천 년 뒤에도 같은 광경이 반복될 것이다. 이 사실을 우리가 깨닫지 못하도록 하는 장치가 시간이다.

생각건대 우리는 윤회와 재생을 구별해 다음처럼 정의할 수 있을 것이다. 윤회란 이른바 영혼이 고스란히 어떤 다른 육체 속으로 옮겨 가는 것이다. 그런데 재생은 개체의 해체와 재건이라는 뜻으로, 이 경우 오직 그 의지만이 지속되며, 이것이 새로운 존재의 형체를 취하고 새로운 지성을 획득하는 것이다. 따라서 개체는 말하자면 중성염처럼 해체되는 것이고, 이어서 그 염기가 다른 산과 결합해 새로운 염이 되는 것과 같다. 베르길리우스의 주석자인 세르비우스도 윤회와 재생을 구별하고 있는데, 그 요지가 베른스도르프의 《윤회론》 48쪽에 서술되어 있지만, 이것은 명백히 엉뚱하고 실없다.

스펜스 하디의 《불교입문》이나 생제르마노의 《빌마 제국》, 그리고 《아시아 연구》 제6권 및 제9권을 보건대, 불교에는 사후의 존속에 관해서 입문자를 위한 교리와 비전적인 교리 두 가지가 있음이 명백하다. 전자는 바라문교의 경우처럼 윤회이다. 그러나 후자는 훨씬 난해한 재생의 교리로, 이것은 나의 교설―지성은 단순히 형이상학적 성질의 것이고, 또 그에 어울리게 지나가기 쉬운 것이지만, 의지는 형이상학적으로 존속한다는 교설―과 뚜렷하게 일치한다.

우리가 재생의 비의에 한층 깊이 들어가기 위해서 여기에 나의 주저 제2권

제43장을 인용한다면 사태는 한결 상세하게 우리에게 다음과 같은 것으로서 나타날 것이다. 모든 시대를 통해 남성이 의지의 유지자이고, 여성은 인류의 지성의 유지자이다—이렇게 해서 인류는 이 끊이지 않는 존재를 이어가는 것이다. 만일 그렇다면 누구나가 아버지로부터 물려받은 부분과 어머니로부터 물려받은 부분을 갖고 있다는 이야기가 될 것이다. 그리고 이 둘은 출산으로 결합됨과 동시에 죽음으로서 해체된다—그리하여 죽음은 개체의 종말인 것이다. 바로 이 개체의 죽음을 우리는 개체가 완전히 사라져버렸다는 감정 아래 이토록 슬퍼하지만, 처음부터 개체는 단순한 결합에 지나지 않았으므로 그것은 일단 어쩔 수 없이 지나가는 것이다.

그렇지만 우리는 이때 어머니로부터 받은 지성의 상속은 아버지로부터 받은 의지처럼 결정적으로 절대적인 것은 아님을 잊어서는 안 된다. 즉 지성은 2차적이고 단순히 육체적인 성질에 지나지 않으며, 완전히 신체에 의존하는 것이다. 그것도 단지 뇌수에 관해서만이 아니라 다른 점들도 그렇다.

참고로 여기서 다음의 것을 서술해 두겠다. 플라톤도 그의 이른바 심령에 대해서 가사적(可死的) 부분(자연의 원리)과 불멸적(不滅的) 부분(인간의 고유한 차원)을 구별하고 있으며, 그런 한에서 나는 그와 일치한다. 단, 그가 나 이전의 모든 철학자들처럼 지성을 불멸의 것으로 여기고, 그런 반면 온갖 욕망과 열정을 품은 의지를 가사적인 부분으로 간주하고 있다는—이는 《티마이오스》에서 엿볼 수 있다—이 점에서 그는 나만큼이나 진리와 정반대의 관점에 서 있는 것이다. 아리스토텔레스의 관점도 플라톤과 같다.[4]

출산과 죽음으로서, 즉 의지와 지성에 의한 개체의 두드러진 조성과 그에 이어지는 개체의 해체를 통해서 물질적인 것이 아무리 색다르고 수상쩍은 세력을 휘두르더라도 물질적인 것의 바탕에 있는 형이상학적인 것은 본디 그것과는 완전히 이질적이기에 어떤 방해도 받지 않는 이상, 우리는 안심해도 된다.

---

4) 그는 《심령론》(1 : 4, 408페이지) 첫 부분에서 은근히 속내를 드러내고 있다. 즉 누스(지성)가 진짜 심령이자 불멸의 것이라는 말인데, 이것을 그는 엉뚱한 주장으로 증명한다. 즉, 미움과 사랑은 심령에 속하는 게 아니라 육체의 장부 기관(器官)인 가사적(可死的) 부분(자연의 원리)에 속한다는 것이다!

그런 까닭에 우리는 어떠한 인간도 두 개의 서로 다른 관점에서 고찰할 수 있다. 한쪽에서 보면, 그는 시간 속에서 시작되고 끝나는 덧없이 지나가는 개체로서, 말하자면 '그림자의 꿈'(핀다로스 《피티아 승리가》 8, 135)이다. 또한 그는 이런저런 과오와 온갖 고뇌라는 무거운 짐을 짊어지고 있다. 다른 쪽에서 보면, 그는 모든 현존재 속에서 자기를 객관화하는 불멸의 근원적 존재로, 그러한 것으로서 그는 사이스(나일강 하류)에 있는 이시스의 상과 함께 "나는 있었던 것, 있는 것, 있을 것, 이 모든 것이다"라고 말할 수 있는 것이다.—의심할 바 없이 이러한 존재에게는 우리와 같은 이 세계 속에서 자기를 현상화하는 일은 그리 좋은 일이 아니다. 이것은 유한성과 고뇌와 죽음의 세계이다. 이 세계 속에 있는 것, 이 세계로부터 나온 것은 끝나지 않으면 안 되고 또 죽지 않으면 안 된다. 다만, 이 세상의 것이 아닌 것 또 이 세상의 것이 아니려 하는 것은 마치 하늘에 번쩍이는 번개처럼 전능의 힘으로 이 세상을 빠르게 스쳐 지나가며, 그것은 시간도 죽음도 알지 못한다. 이 모든 대립을 통일하는 것이 본디 철학의 주제이다.

인생은 실러의 《시령자(示靈者)》처럼 속편이 없는 소설과 같다. 그리고 이 소설은 스턴의 《센티멘털 저니(Sentimental Journey)》처럼 이야기 속에서 도중에 끊겨버리는 일이 자주 있다는 것은 미학적으로나 윤리학적으로나 도무지 이해하기 어려운 생각이다.

우리에게 죽음은 어디까지나 부정적이다. 즉 삶의 종언이다. 그러나 죽음에는 또한 적극적인 면도 있어야 하는데, 이 면은 우리에게는 감춰진 채로 있다. 왜냐하면 우리의 지성에는 이를 파악할 수 있는 능력이 전혀 없기 때문이다. 그래서 우리는 죽음으로써 사라져버리는 것은 잘 인식하지만, 그로 말미암아 얻어지는 것에 대해서는 모르는 것이다.

만일 우리가 우리의 본질을 오롯이 그것의 가장 깊숙한 곳까지 남김없이 인식한다면, 개체의 불멸성을 염두에 두는 일은 우스꽝스러운 일임을 깨달을 것이다. 왜냐하면 그것은 저 본질의 헤아릴 수 없이 많은 현상—섬광—가운데 단 하나를 위해서 저 본질 그 자체를 버리는 것을 의미하기 때문이다.

어떠한 개체도 영원히 존속할 자격은 없다. 개체는 죽음으로 몰락하는 것이다. 그렇지만 우리는 그로 말미암아 아무것도 잃지 않는다. 왜냐하면 개체적인 존재의 바닥에는 어떤 완전히 이질적인 존재—전자는 이것의 현상이다—가 가로놓여 있기 때문이다. 이것은 어떠한 시간도 모른다. 따라서 그것은 존속도 몰락도 알지 못한다.

의지는 죽음에 의해서 지성을 상실한다. 의지는 여기서 몰락해 가는 현상의 핵심이고, 그것은 물자체로서 불멸이다. 그런데 지성의 상실은 바로 이 개체적 의지의 망각의 강이다. 만일 이 망각이 없었다면 의지는 일찍이 자신이 그 핵심 역할을 했던 수많은 현상들을 기억에 담아 두었을 것이다.

죽음에 이르렀을 때 사람은 자신의 개성을 마치 오래된 옷을 벗어던지듯이 내던져야 할 것이다. 그리고 이제 깨우쳐, 그것 대신 새롭고 좀 더 훌륭한 것을 받는 데서 기쁨을 느껴야 할 것이다.

만일 누군가가 세계정신을 향해서 그가 여러 개체를 찰나의 생존 중에 무(無)로 돌리는 데 대하여 불평을 한다면 아마 그는 이렇게 대답할 것이다.

"아무튼 이 인간들을 잘 보아라. 그들의 과실·미친 짓·추악·무도함을! 이런 자들을 과연 언제까지 살려 두어야 한단 말인가!?"

창조자(데미우르고스)에게 내가 이렇게 말한다면 어떨까.

"어째서 당신은 어중간한 기적으로 끝도 없이 새로운 인간을 만들고 현재 살아 있는 자들을 죽이시는 겁니까? 그보다는 지금 살아 있는 자들만 가지고 영원히 살려두시면 어떻겠습니까?"

아마 그는 이렇게 대답하리라.

"아니, 그들이 스스로 언제든지 새로운 인간을 만들고 싶어 한다. 그래서 나로서도 장소 걱정을 하지 않을 수 없다. 그게 아니면 얼마나 좋을까! 여기서니까 하는 이야긴데, 단지 살아 있는 것 말고는 아무런 목적도 없이 언제까지고 살아 있고 어디까지나 계속 살아가는 종속이란 객관적으로는 우스꽝스럽고 주관적으로는 따분한 것이다. 그것은 네 상상 이상이다. 시험 삼아 스스로 머릿속으로 상상해 보아라!"

그러면 나는 이렇게 대답한다.

"아니요, 그것은 그들이 온갖 방법으로 스스로 실연해 보여 줄 것입니다."

여성에 대하여

〈여성의 품위〉라는 실러[1]의 시는 세밀하게 고찰해 씌어진 것으로, 대조와 역설에서도 충분히 감명을 주지만, 나로서는 여성을 진정으로 찬미한 것은 이보다도 주이[2]의 몇 마디 말에 잘 드러나 있다고 생각한다.

"세상에 여성이 없으면 우리는 생애의 처음에 도움을 받을 수 없고, 생애의 과정에서 즐거움을 누릴 수 없으며, 마지막에 가서 위로를 얻을 수 없게 될 것이다."

바이런도 자신의 희곡 《사르다나팔루스》의 1막 2장에서 같은 의미의 말을 한결 감상적으로 표현하고 있다.

"인간의 생애는 여성의 가슴에서 시작된다. 당신이 세상에서 가장 처음 내뱉은 말은 여성의 입을 통해 배운 것이며, 당신이 세상에서 맨 처음 흘린 눈물은 여성이 손으로 닦아주었고, 당신이 세상에서 숨을 거두는 것은 한 여성 곁에서이다. 남성은 자기를 지배한 자가 임종 때 옆에 앉아 있는 것을 꺼려 가까이하려고 하지 않는다."

여성이 정신적으로 위대한 일이나 육체노동을 감당할 수 없다는 것은 그들의 몸집을 언뜻 보기만 해도 짐작할 수 있다. 여성은 삶의 죄과를 행동이 아닌 노고로 갚는다. 다시 말해 아이를 낳는 노고, 어린아이에 대한 걱정, 남편에게 순종하며 참을성 있는 반려자가 되어 정다운 위로의 손길이 되어준다. 그렇다.

---

1) Friedrich Schiller(1759~1850). 독일 시인, 극작가, 역사가.
2) Victor-Joseph Étienne de Jouy(1764~1846). 프랑스 문학자.

심한 고뇌와 기쁨과 즐거움과 노력 등은 여성의 타고난 재주와 기질과는 다른 것이며, 그들의 생애는 남성보다 한결 더 조용하고 인내심 있게 지나간다. 그러나 남녀의 일생은 근본적으로 보아 어느 쪽이 더 행복하거나 불행한 것은 아니다.

여성이 우리의 유년기에 꼭 필요하며 보육자나 교육자로서 알맞은 까닭은 오직 그들이 어리석고 근시안적이기 때문이다. 그들은 한평생 큰 어린아이에 지나지 않는다. 그러므로 여성은 어린아이와 남성의 중간 존재이다. 그러므로 남성만이 참된 의미의 인간이라고 하겠다. 부인들의 모습을 좀 보라. 종일 어린아이와 함께 잘도 뛰놀며 노래를 부르고 있지 않은가. 만일 남성에게 하루 내내 어린아이의 시중을 들라고 한다면 얼마나 할 수 있겠는가.

젊은 여성에게 화장을 하게 하는 것은 연극에서 불꽃 같은 무대 효과와 같아서 한동안 넘칠 듯한 아름다움과 매력을 느끼게 하지만, 그 대신 나머지 긴 생애에 좋지 않은 영향을 준다. 화장은 짧은 몇 해 동안 남성의 마음을 휘어잡아 그들이 저항할 수 없는 힘에 사로잡히도록 만들고, 한평생 어떻게 해서든 성실하게 그녀의 시중을 들도록 마음먹게 하려는 것이다.

남성을 여기까지 불러들이기 위해서는 다만 이성적인 사려(思慮)를 요구하는 것만으로는 안 되며, 짐짓 성욕이라는 본능으로 유인해야 한다. 자연은 그 밖의 모든 피조물과 마찬가지로 여성에게도 그 생존을 확보하는 데 필요한 무기며 도구를 마련해 주지만, 그것은 그녀들이 오직 사용할 필요가 있을 동안에만 제공된다. 우리는 여기서도 자연의 절약주의를 엿볼 수 있다. 마치 수개미가 짝짓기를 끝내면 땅에 떨어져 죽고 여왕개미가 알을 깔 때 필요 없는 날개를 잃는 것같이, 여성도 두세 번 아이를 낳으면 아름다움을 잃는 게 일반적인데, 이것은 다 같은 이유에서 비롯되는 현상이다.

이런 견해를 근거로 볼 때 젊은 여성은 집안일이나 사무적인 일을 마음속으로는 자기의 참된 일거리로 보지 않고 한낱 소꿉놀이쯤으로 여기며, 사랑하는 남성을 발견해 내고 그에게 몸을 맡기거나 따르는 일들, 예를 들어 화장이나 무용 같은 것을 자기가 참으로 성심껏 해야 할 일로 여기는 것이다.

무엇이든 정도가 높고 완벽해질수록 서서히 성숙하는 법이다. 남성의 이성과 정신력이 성숙하는 것은 28살에 이를 무렵이지만, 여성은 18살쯤이다. 조숙한 여성의 이성은 명색만 이성일 뿐 사실은 매우 열등하다. 그러므로 여성은 한평생 어린아이에서 벗어날 수 없고, 언제나 눈앞의 것만 보고 현재에 집착하며, 사물의 외면과 실상을 곧잘 오인해 중대한 일보다 사소한 일에 얽매인다.

인간은 동물과 달리 현재에만 살고 있는 게 아니며 과거와 미래에도 관심을 갖고 걱정하며 애태우는데, 이것은 인간이 이성을 지니고 있기 때문이다. 그런데 여성은 이성의 힘이 빈약하므로, 남성에 비하면 이 방면에 훨씬 열등하다. 여성은 정신적으로 근시안이어서 시야가 좁기 때문에, 여성들의 지성은 가까운 것은 예리하게 보지만 먼 것은 좀처럼 눈에 들어오지 않는다.

그러므로 눈앞에 존재하지 않는 것, 즉 과거나 미래는 남성보다 여성에게 훨씬 영향을 미치지 않는다. 여성들이 때로는 미친 듯 낭비를 하는 것도 이 때문이다. 그녀들은 마음속으로 남성이 할 일은 돈을 버는 것이고, 여성이 할 일은 돈을 쓰는 것, 남편이 살아 있을 때는 물론 죽은 뒤에도 돈을 낭비하는 게 일이라고 생각한다.

남성이 가계를 위해 벌어들인 돈을 아내에게 맡기고 간섭하지 않으면, 여성들의 이런 사고방식을 북돋아주게 된다. 여성이 눈앞의 이익만 탐한다는 사실은 매우 바람직하지 못한 결과를 가져온다.

그러나 여기서 오는 이득도 없지 않다. 여성들은 우리 남성들보다 한결 현재에 충실해 견딜 만하기만 하면 곧잘 즐긴다. 그리고 그녀들이 지닌 고유한 명랑함은 골치 아픈 일이 많은 남성의 마음을 맑게 하고, 때로 큰 위로가 되어주기도 한다. 그러므로 옛날의 게르만인들처럼 어려운 일을 아내와 의논하는 것은 결코 헛된 일이 아니다. 여성들은 우리와 전혀 다른 견해를 갖고 있으며, 언제나 목적을 이루기 위한 가장 가까운 길을 찾아내는데, 이것은 그녀들이 가까운 곳을 잘 보기 때문이다.

이와 달리 남성들은 먼 곳으로 자주 한눈팔기 때문에 발 아래 있는 것도 못 보는 경우가 많아서, 이럴 때에는 아내의 조언에 귀 기울여 가깝고 단순한 길에 주목할 필요가 있다. 이런 관점에서 볼 때 여성은 남성보다 한결 담담한 마음을 가졌고 사물을 눈에 보이는 그대로 관찰할 줄밖에 모르지만, 남성은 열정에 빠지기 쉽고 현실을 확대해 보며 때로 공상의 날개를 펴기도 한다.

또한 여성은 남성보다 한층 많은 동정심을 지녀 인간애를 갖고 불행한 사람들을 측은히 여기지만, 정의·정직·성실 등의 덕성에서는 남성보다 못하다는 것도 같은 이유에서 이해할 수 있다. 즉 여성들은 이성의 힘이 빈약하므로 현존하는 것, 직관할 수 있는 것, 직접 실재하는 것이 압도적으로 작용한다. 추상적인 사상, 일반적인 격언이나 결의, 과거와 미래에 관한 고찰, 현재 존재하지 않는 어떤 먼 데 있는 것에 대한 고찰 등에는 충분히 유념하지 못한다. 이런 관점에서 보면 여성은 간은 있으나 쓸개는 없는 생물에 비교할 수 있다.

이 점에 대해서는 《도덕의 기초에 대하여》에 관한 내 논문을 읽어주기 바란다. 여성의 성격에는 불의라는 근원적인 결함이 내포된 것을 알 수 있다. 이 결함은 주로 방금 언급한 바와 같이 그녀들의 이성이 빈약해 깊이 생각하지 못하는 데서 오며, 또 한결 연약한 여성들은 자연히 힘보다 술책에 의존하기 때문이다. 여성들이 본능적으로 간사하고 언제나 거짓말을 잘하는 것도 이 때문이다. 자연은 사자에게 발톱과 이빨을 주고, 코끼리에게 상아를, 멧돼지에게 송곳니를, 황소에게 뿔을, 오징어에게 먹물을 준 것처럼 여성에게는 위장술이라는 무기를 주었다. 남성에게는 건강한 육체와 이성을 주고, 여성에게는 이것을 유일한 선물로 준 것이다. 그러므로 위장술은 여성의 타고난 성품이며, 어리석은 여성도 이 점에서는 영리한 남성 못지않다.

그러므로 여성들이 기회 있을 때마다 이 능력을 발휘하려 하는 것은 매우 자연스러운 일이다. 이것은 동물이 적으로부터 공격받았을 때 이빨이나 발톱을 쓰는 것과 다름없다. 여성들은 그렇게 하는 것을 하나의 권리로 여긴다. 그러므로 어디까지나 진실을 지키며 거짓을 일삼지 않는 여성은 거의 찾아볼 수 없다. 그 때문에 여성들은 남의 거짓을 쉽사리 알아차린다. 따라서 여성들 앞에서 위선이나 가장을 하는 것은 결코 지혜로운 일이 못 된다.

이러한 여성의 근본적인 결함과 그에 따르는 결함에서 허위와 불신과 반역과 망상 등 여러 악덕이 발생한다. 법원의 증언대에서 위증하는 사람은 남성보다 여성이 훨씬 더 많으므로, 여성에게 어떤 다짐을 하게 한다는 것부터가 고려해 볼 문제이다. 그리고 전혀 부족한 것 없는 귀부인이 상점에서 물건을 슬쩍 훔치는 사례는 예부터 어느 나라에나 있어 왔다.

자연은 인류를 번식시켜 그 올바른 형태를 유지하기 위해 젊고 건강한 남성을 도구로 사용하며, 자연의 이런 강력한 의지는 사랑을 요구하는 여성의 열정을 불러일으킨다. 이러한 법칙은 다른 어떤 법칙보다도 그 위력이 뛰어나다. 그러므로 이 법칙을 무시하고 자기의 권리와 이익을 내세우는 사람이 있으면, 이것이 화근이 되어 그가 어떤 말과 행동을 하더라도 그 권리와 이득은 여지없이 분쇄되고 만다.

여성이 품고 있는 무언의, 아니 무의식적이고 선천적으로 삼는 믿음은 이렇게 말하기 때문이다.

"우리에게는 개체적인 생존을 등한시하고, 자신이 종족의 운명 이상의 권리를 행사할 수 있다고 믿는 남성에게 타격을 줄 권리가 있다. 종족의 성격과 행복은 앞으로 우리에게서 태어날 다음 세대 인류를 통하여 실현되며, 그것은 우리 손에 달려 있다. 그것은 우리의 성실한 중개를 거쳐야 하므로 우리는 이 임무에만 성의를 다하면 된다."

그런데 여성은 이 믿음을 추상적으로 아는 게 아니라 본능으로 의식하고 있으므로, 기회만 오면 곧 행동으로 보여주게 된다. 그러므로 이렇게 행동으로 옮긴 뒤의 여성들은 우리가 상상하는 것보다 훨씬 태연한 마음을 갖고 있다. 그럴 수밖에 없는 것이 이 경우 여성들은 마음속으로 개체에 대한 의무는 버렸지만 종족에 대한 의무에는 그만큼 더욱 충실했으므로 종족의 권능은 개인보다 무한히 크다고 생각하기 때문이다. 이 점에 대한 상세한 설명은 《의지와 표상으로서의 세계》44장을 참조해 주기 바란다.

여성은 본질상 오직 종족 번식을 위해 존재해, 그 일생의 임무는 그것으로 끝난다. 그러므로 그녀들은 언제나 개체보다 종족 속에 살며 개체보다 종족에 더욱 충실하다. 이들의 이런 생활태도는 그 행동 전체에 일종의 무분별이라는 특색을 지니게 된다. 그리하여 남성과 여성이 결혼한 뒤 충돌이 일어나는 경우가 많은 게 일반적이다.

남성은 본디 중립적이고 여성은 적대적이다. 남성은 경쟁자에 대한 증오감이 단체에 한정되고, 여성은 여성 전체에 파급되어 있으며 이것은 그녀들이 집안일을 돌보고 있는 데서 오는 현상이다. 여성들은 길에서 마주치면 마치 겔프당과 기벨린당[3]처럼 서로 적대시한다. 그녀들은 처음으로 남과 어울릴 때에도 남성들보다 속이 들여다보이는 가면을 쓰거나 빈말을 곧잘 한다. 그래서 두 여성이 인사를 나누는 모습을 보면 남성보다 우습기 짝이 없다. 남성은 자기보다 신분이 낮은 사람에게 대체로 얼마쯤 겸양과 인정을 섞어 말하지만 여성들은 그렇지 않다. 대부분의 귀부인들이 자기보다 신분이 낮은(그렇다고 하인은 아니다) 사람에게 거만하고 몰인정한 태도로 말하는 꼴은 차마 눈뜨고 볼 수 없을 지경이다.

여성들이 이런 태도를 취하는 것은 다음과 같은 이유에서이다. 즉 여성들에게는 지위 차이가 남성보다 훨씬 유동적이고, 한결 빨리 변하며, 남성은 수십 가지 우열이라는 저울에 얹혀 있지만 그녀들은 오직 한 가지 점, 즉 어떤 남성의 사랑을 받고 있느냐 하는 차이밖에 없다. 또 한 가지는 여성들은 거의 집안일에 몸담아 남성들의 경우와는 비교도 되지 않을 만큼 서로 비슷한 처지에 있기 때문이다. 그러므로 그녀들은 신분의 차이를 더욱 내세우려는 경향이 있다.

키가 작고, 어깨가 좁고, 엉덩이가 크고, 다리는 짧은 이 여성이라는 족속을 아름답게 여기는 것은 오직 성욕 때문에 눈에 아지랑이가 낀 남자들의 몰지각함 때문이다. 여성의 아름다움은 하나에서 열까지 이 성욕의 충동 속에 깃들어 있다.

그러므로 여성은 아름답기보다 예술적이 못 된다고 말하는 편이 옳다. 음악·시·미술에 대해 여성들은 사실 아무런 이해력도 감수성도 갖고 있지 않으며, 그녀들이 이해하는 체하거나 뭐라고 떠들어대는 것은 다만 남성의 사랑을 끌기 위한 원숭이 흉내에 지나지 않는다. 여성들이 객관적인 감정이입을 할 수 없는 것은 남성은 모든 사물을 이해하고 지배하려는 데 비해, 여성은 어떤 경우에도 다만 간접적인 지배, 즉 남성을 통해 지배하려고 하기 때문이다.

여성들은 선천적으로 사물을 다만 남성을 손에 넣기 위한 수단으로 보고, 그 밖의 일에 관심을 갖는 것은 겉보기에만 그렇게 보일 따름이다. 그것은 하나의 우회적 수단이며, 애교를 파는 원숭이 흉내에 지나지 않는다. 루소는 말

---

3) 중세 이탈리아의 대립적인 두 정파. 겔프당은 교황을, 기벨린당은 독일황제를 지지했다.

했다.

"여성은 대체로 어떤 예술도 사랑하지 않으며, 또 어떤 예술에도 익숙할 수 없고, 천재적인 소질은 전혀 없다."[4]

사물을 겉으로만 판단하는 사람이 아니라면 이런 사실을 벌써 꿰뚫어 보고도 남을 것이다. 이것을 확인하려면, 음악회나 오페라나 연극 등을 구경할 때 여성들이 어디에 주의를 집중하는지 살펴보면 된다. 걸작의 가장 오묘한 대목이 연주될 때에도 그녀들은 아이들처럼 멍한 얼굴로 쉴 새 없이 지껄일 것이다.

그리스 사람들은 여성을 아예 극장에 들여보내지 않았다고 했는데, 만일 정말로 그랬다면 이치에 맞는 처사였다. 그녀들은 극장에서 공연하고 있는 배우들의 대사쯤은 잘 분간할 수 있었을 것이다. 어쨌든 우리 시대에는 커다란 글씨로 이렇게 써붙이는 게 좋을 것이다.

"여성은 교회에서 침묵을 지킬 것."

"여성은 극장에서 입을 다물 것."

여성은 아무리 소양이 풍부하다 하더라도 미술에서 참으로 위대하고 독창적인 창작을 한 적이 없으며, 영원한 생명을 지닌 가치 있는 작품을 제작한 일도 없다는 사실을 염두에 둘 때, 여성에게는 도저히 기대할 만한 것이 없음을 알 수 있다.

여성들의 이런 현상이 특히 두드러지게 드러나보이는 것은 회화 방면이다. 회화의 기술면에서는 여성들에게도 남성과 같은 소질이 있어 열심히 공부하지만, 결코 명화라고 할 만한 그림을 그린 예가 없다. 여성들은 정신을 객관적으로 활용할 줄 모르는 데다 그림에서는 무엇보다도 이것이 직접적으로 요구되기 때문이다. 그리고 여성들도 때때로 주관 속에 곧잘 묻혀 버리기 때문이다. 같은 이유로 여성들은 대부분 그림을 제대로 감상하는 눈을 전혀 갖고 있지 못하다고 해도 과언이 아니다. '자연은 비약하지 않는다'고 했기 때문이다. 몇몇 예외가 없지는 않지만, 그것이 일반적인 상황을 바꾸지는 못한다. 대체로 여성들은

---

4) 달랑베르에게 보내는 편지에서.

근본적으로 다루기 어려운 속물들이다.

여성들은 남편의 신분과 지위를 내세우는 부당하기 짝이 없는 풍습에 젖어 있으며, 언제나 남성의 공명심을 자극해 비열한 수단까지 곧잘 동원한다.

여성에게 이런 성격이 있어 앞장서 꼬리치기 때문에 결국 오늘날 세상이 이렇듯 악화된 것이다. 여성이 남편의 지위를 나눠 가진다는 사실에 대해 나폴레옹은 말했다.

"여성에게 훈장을 주어서는 안 된다."

그 밖의 다른 점에 대해서는 샹포르의 말이 옳다고 본다.

"우리는 여성들의 약점과 어리석음을 알고 교제해야 하며, 결코 이성을 지닌 인간으로 대해서는 안 된다. 여성과 남성들 사이에는 겉으로만 공감이 존재하며, 정신과 영혼, 성격적으로 공감하는 일은 매우 드물다."

여성은 열등하고, 모든 점에서 남성보다 뒷자리에 앉아야 할 제2의 성이므로, 여성들의 약점은 너그럽게 받아줘야 한다. 그렇지만 철없이 여성을 존경한다는 것은 우스운 일이며, 그녀들 앞에서 우리 자신을 비굴하게 만드는 일이다. 자연은 인류를 절반으로 나눴으나, 그 경계선은 한가운데 있지 않다. 그리고 양극(兩極)에서의 음극과 양극의 차이는 질에만 있는 게 아니라 양에도 있다.

옛사람들과 동방사람들은 여성을 이렇게 보아왔다. 그러므로 여성들에 대한 차별도 우리보다 훨씬 명확했다. 그런데 우리 사회에서도 기독교와 게르만적인 어리석음에서 피어난 커다란 꽃바구니 같은, 저 프랑스에 전해져 온 예절과 여성 숭배라는 악취미에 착각을 일으켜 마침내 여성들은 그처럼 건방지고 철면피처럼 되어버렸다. 우리는 때때로 베나레스의 원숭이를 떠올린다. 사람들이 그 원숭이를 거룩한 짐승으로 받들기 때문에 놈은 신성불가침의 존재로 자부해 멋대로 행세하려고 한다.

서양여성들 가운데서도 이른바 귀부인은 잘못된 지위에 있다. 옛사람들이 정당하게도 열등한 족속이라고 부른 여성은 결코 우리가 존경하거나 숭배할 대상이 되지 못한다. 그러므로 남성보다 얼굴을 높이 추켜들거나 남성과 똑같은 권리를 가질 만한 자격이 없다. 잘못된 지위에서 비롯되는 고약한 결과는 보기만 해도 눈이 따가울 지경이다.

유럽에서도 인류라는 종족의 제2라는 숫자가 다시 자연스러운 위치로 돌아가는 것이 바람직하다. 그러므로 전 아시아의 웃음거리이며 또 옛날의 그리스인이나 로마인들에게 보이면 폭소를 자아냈을 만한 저 귀부인이라는 요물 계급을 비판해야만 한다. 그렇게 되면 사회적·정치적으로 매우 좋은 결과를 가져오게 될 것이다. 그리고 그때는 살리족의 법전도 자연히 필요없게 될 것이다.

어쨌든 유럽의 판에 박힌 귀부인이라는 족속은 절대로 허용해서 안 되며, 여성으로는 가정부인과 아가씨가 있으면 충분하다. 젊은 처녀들은 거만한 귀부인이 되기 위해서가 아니라 집안일을 돌보고 남편에게 순종하도록 가르쳐야 한다. 유럽에 귀부인이라는 게 있기 때문에 신분 낮은 여성들, 곧 대부분의 부인들은 동양여성들보다 훨씬 불행한 처지에 놓이게 된다. 바이런은 이렇게 말하고 있다.

"고대 그리스 시대 부인의 위치는 지금 생각해 보면 매우 훌륭한 것이었다. 오늘날 여성들의 지위는 기사제도와 봉건제도의 야만스러운 풍속에서 비롯된 폐해로 인위적이고 부자연스럽다. 여성에게는 충분한 옷과 음식을 제공하고 가정을 잘 돌보도록 해야 하며, 사회에 내보내지 말아야 한다. 그리고 정치나 시에 손대지 못하게 하고 성실하게 종교 교육을 실시해 단지 종교책과 요리책이나 읽게 하면 된다. 음악·미술·무용, 그리고 때로는 간단한 원예나 논밭일도 시킬 만하다. 나는 에피루스에서 여성들이 도로청소를 훌륭히 해내고 있는 것을 본 적이 있다. 그러니 풀을 베거나 젖을 짜는 일쯤은 할수 있을 것이다."

일부일처제가 실시되는 유럽에서 남성이 결혼한다는 것은, 자신의 권리를 절반으로 줄이고 의무를 배로 만드는 일을 의미한다. 법률이 여성에게 남성과 동등한 권리를 인정해 준다면 미리 여성들에게 남성에 버금갈 만한 이성도 주어야 한다.

법률이 여성에게 권리나 명예를 인정하여 그녀들의 천성을 무시할수록 이 법률의 혜택을 받는 여성 수는 사실상 차츰 줄어들어 대부분의 여성들은 그만큼 더 본디의 자연적인 권리를 잃어버리게 된다. 법률은 여성이 어느 모로 보나 남성과 동등하지 않은데도 완전히 동등하게 여겨 일부일처제와 혼인법으로, 여성에게 유리하지만 부자연스러운 지위를 부여한다. 결국 현명하고 사려 깊은 남성이라면 결혼이라는 얼마쯤 불리한 약정에 희생되기를 주저할 것이다.

그러므로 일부다처제 국민들 사이에서는 여성들이 저마다 생활에 도움을 받고 있는데, 일부일처제를 실시하는 나라에서는 결혼한 여성의 수가 적고 나머지 많은 여성들은 생계를 이어가기 어려운 처지에 놓여 있다. 상류계급 규수들은 시들어빠진 노처녀로 하는 일 없이 허송세월하고, 하류층 처녀들은 고달픈 막노동을 하면서 살아가거나 매춘부가 되는 도리밖에 없다.

매춘부로서 삶의 보람도 즐거움도 느끼지 못하고 살아가는 여성들은 이러한 일부일처제 사회에서 남성의 성욕을 만족시키기 위한 도구가 되고 있다. 이들의 직업은 법적으로 공인되어 특수한 목적을 갖고 있다. 현재 남편을 가진 여성이나 앞으로 남편을 가지려고 하는 여성들이 그릇된 유혹에 빠지는 것을 막으려는 데 목적이 있는 것이다.

런던만 해도 매춘부 수가 무려 8만에 이른다. 이 여성들은 일부일처제에 희생되어 더러운 수렁 속에 빠져 있으며, 일부일처제라는 제단에 바쳐진 제물이다. 이처럼 비통하고 추악한 생활을 하는 이들은 거드름을 피우는 귀부인이라는 존재가 한쪽에 있는 한 사라지지 않을 것이다.

여성들을 위해서라면 차라리 일부다처제가 말썽이 덜할지 모른다. 특히 아내가 만성병이나 불임증에 걸려 있거나, 나이를 먹어 성적 매력이 없을 때, 남편이 두 번째 아내를 맞는 게 어째서 나쁜지 냉정히 생각해 보아도 이유를 알 수 없다. 모르몬교[5]가 점점 많은 개종자를 양산해 내고 있는 것은 세상 남성들이 부자연스러운 일부일처제의 폐지를 원하고 있기 때문이 아니겠는가? 오늘날의 법률이 여성에게 부당한 권리를 부여하고 있는 것은 당치 않은 의무를 짊어지게 하는 일이다. 여성들의 불행은 여기에서 비롯된다.

---

5) 1830년 미국인 스미스(Joseph Smith)가 창시한 기독교 일파 가운데 하나. 모르몬 경을 경전으로 한다. 일부다처제를 채택했으나 1895년 이후 미국 법률로 금지됨.

대부분의 남성들에게 신분이나 재물은 매우 큰 두통거리이며 구해도 좀처럼 손에 넣을 수 없는 무거운 짐이 된다. 그 때문에 달리 특수한 조건이 없는 한, 차라리 정식결혼을 단념하고 마음에 드는 여성을 택하여 결혼 이외의 조건으로 그녀와 자식을 부양하려는 경향이 있다. 이런 조건이 정당하고 합리적이며 또 현실에도 들어맞는다. 여성이 결혼에서 얻게 마련인 불공평한 권리를 내세우지 않고 그 조건을 승낙하더라도, 결혼이 사회조직의 바탕이 되어 있는 한 불명예스러운 여성이 될 수밖에 없다. 따라서 그 여성은 암담하고 서글픈 나날을 보내기 마련이다. 이것은 결국 인간이 자기에 대한 타인의 시선을 매우 중요하게 여기기 때문이다. 만일 여성이 이 조건에 응하지 않는다면, 자기가 좋아하지 않는 사람을 남편으로 삼거나 노처녀로 시들어버릴 모험을 감수하는 수밖에 없다. 여성이 남성에게 매력 있게 보이는 기간은 매우 짧기 때문이다.

우리의 일부일처제에서 볼 수 있는 이런 폐단에 대해 토마지우스[6]가 쓴 〈첩을 얻는 데 대하여〉라는 논문이 있는데 꽤 읽을 만하다. 거기 보면 모든 문명 국민에게는 옛날부터 루터의 종교개혁 무렵에 이르기까지 축첩은 하나의 묵인된 풍습, 아니 얼마쯤 공인된 관습으로 인정되어 전혀 불명예스럽게 여겨지지 않았다. 그런데 이것이 불명예스럽고 비공식인 악습으로 여겨지게 된 것은 루터의 종교개혁에 기인한다. 한편 이 종교개혁은 사제의 결혼을 인정했으나 가톨릭에서는 부정했다.

일부다처주의에 대해서는 논할 필요가 없다. 그것은 곳곳에서 실시되고 있으므로, 다만 어떻게 조절하느냐가 문제이다. 대체 진정한 일부일처주의가 어디 있단 말인가. 우리는 누구나 적어도 어느 시기는, 그리고 대부분은 한평생 사실 일부다처주의자가 되어 있다. 남성이 본디 많은 여성을 필요로 하고 요구하는 이상, 그가 자유로이 행동하여 자기가 책임지고 많은 첩을 먹여 살릴 수만 있다면 이의가 있을 리 없으며, 이 때문에 여성도 남성에게 종속되는 올바른 위치로 돌아간다. 또 유럽 문명과 기독교 및 독일적인 어리석음이 낳은 괴물인 귀부인이라는 족속이 남성의 존경과 숭배를 강요하고 있는 웃지 못할 희극은 자취를 감추고, 세상에는 다만 여성이 있을 뿐이며 오늘날 유럽에 우글거리

---

6) Christian Thomasius(1655~1728). 독일 철학자.

는 불행한 여성들은 찾아볼 수 없게 될 것이다.

인도에서는 여성에게 독립이 허용되지 않고 아버지나 남편 또는 형제의 감시를 받는데, 이것은 《마누 법전》 5장 148절에서 유래된다. 인도에는 남편이 먼저 죽으면 아내가 그 유해와 함께 화장되는 풍습이 있다. 만약 이것을 비인간적이라고 한다면, 오늘날 유럽에서 찾아볼 수 있듯 남편이 자식을 위해 한평생 애써 벌어놓은 재산을 남편이 죽은 뒤 아내가 마구 써버리는 것도 비인간적인 처사라고 보지 않을 수 없다. 그러므로 그 중간을 취하는 게 바람직하다.

어머니의 사랑은 동물에게서도 마찬가지로 오직 본능적인 것이다. 그러므로 자식이 자라 육체적으로 독립하게 되면 습관과 인정에서 비롯되는 사랑이 나타나게 되는데, 실제로는 때로 드러나지 않는 경우도 있다. 이것은 어머니가 남편(자식의 아버지)을 사랑하지 않았을 경우에 특히 그렇다. 그러나 자식에 대한 아버지의 사랑은 전혀 다르다. 그것은 매우 견고하며 자기의 내면적 자아를 재인식하는 데서 비롯된다. 다시 말하면 그 사랑은 형이상학적인 원천에서 유래된다.

예로부터 거의 모든 나라에서 재산은 아들에게만 상속되어 왔다. 그런데 다만 유럽에서는 귀족사회를 제외하고는 이 일반적인 원칙이 준수되지 않고 있다. 남성이 오랫동안 땀흘려 모은 재산이 나중에 여성 손으로 들어가게 되면, 여성은 자기의 빈약한 이성을 잘못 사용해 곧 탕진해 버리거나 그 밖의 여러 방법으로 한꺼번에 낭비해 버리는데, 이는 자주 볼 수 있는 기이하고 괴이한 일이다. 그러므로 반드시 여성의 상속권을 제한해 이런 폐단을 막아야 한다.

내 견해로는 과부나 딸에게는 단지 재산을 담보로 한 이자를 종신연금으로 물려주는 데 그치고, 남성 상속자가 없을 경우가 아니면 부동산이나 기본 재산의 상속을 허용하지 않는 게 가장 좋은 제도라고 본다. 재산을 모은 사람은 남성이며 여성이 아니므로, 여성에게 무작정 재산을 물려주어야 할 아무 이유가 없다. 또 사실상 여성은 재산을 관리할 능력도 없다. 그리고 여성이 재산, 즉 자본금이나 가옥 또는 부동산을 상속받아 마음대로 처분하는 일은 절대로 허용하지 말아야 한다.

여성에게는 언제나 후견인이 필요하다. 그러므로 어떤 경우에도 여성은 후견인이 될 수 없다. 여성의 허영심이 남성보다 적다 하더라도 오직 물질적인 면, 곧 자기 얼굴의 아름다움이나 금빛으로 번쩍이는 장식품, 그 밖의 값진 소지품 따위 겉치레에 쏠리는 경향이 있다. 그래서 여성의 허영은 사교생활이라는 넓은 범위에까지 확대되므로, 그녀의 빈약한 이성으로 더욱 낭비에 흐르기 쉽다. 그러므로 옛사람도 "여성은 선천적인 낭비가다"라고 말했다.

반대로 남성의 허영심은 물질적인 우월을 원하기보다 지능이나 학식 또는 용기 같은 데 쏠리는 경우가 많다. 아리스토텔레스도 《정치학》 제2권 9장에서, 스파르타인이 여성에게 지나치게 많은 것을 허용했기 때문에 여성들은 남편으로부터 물려받은 유산을 재혼하는 혼수비용으로 썼으며, 방종과 자유가 허용되어 결국 국력이 크게 쇠퇴해져 끝내 나라의 멸망을 부추겼다고 쓰고 있다.

프랑스에서는 루이 13세[7] 이후 차츰 커지기 시작한 여성의 세력이 궁정과 정부를 날로 부패하게 만들어 최초의 혁명이 일어났고, 그 뒤 끊임없이 혁명과 내란이 일어났다. 아무튼 여성에게 부당한 지위를 주는 것은(귀부인층이 가장 확실한 예인데) 분명 사회를 위태롭게 하는 근본적인 결함이며, 그 영향은 사회의 중심에서 비롯되어 모든 부분에 파급된다.

여성이 선천적으로 남성에게 복종하도록 되어 있다는 것은 비록 어떤 여성이 부자연스러운 위치에서 독립해 있어도 한 남성에게 의지해 지도나 지배를 받고 있는 것을 보더라도 분명히 알 수 있다. 요컨대 여성에게는 주인이 필요하다. 젊어서 그 주인은 남성 애인이 되고, 늙으면 그 주인은 고해 신부가 된다.

---

7) 1585~1643. 프랑스의 국력을 강성하게 한 데 업적이 큰 프랑스 왕.

정치에 대하여

　국가란 무엇인가? 인간이라는 육식동물이 해독을 끼치지 않는 육식동물의 겉모습을 보여 주기 위한 구실에 지나지 않는다.

　인간은 속을 들여다보면 결국 야수요 맹수이다. 우리는 문명에 젖은 인간에 대해서만 알고 있지만, 그들도 기회만 있으면 야수성을 발휘하는 것을 보면 새삼 소름이 끼친다. 국법의 사슬이 풀려 무정부 상태가 갑자기 일어나면 인간이 무엇인가를 잘 드러낼 것이다.

　인간의 사회 조직은 전제 정치와 무정부 상태의 두 극단, 즉 두 개의 대립된 해악 사이에 놓여 있으며, 그 한쪽에서 멀어질수록 다른 쪽에 가까워진다. 그렇다고 그 중간이 이상적이라고 생각하는 것은 잘못이다. 이 두 개의 해악은 결코 똑같이 위험하거나 부당한 것은 아니다. 전제 정치는 무정부 상태의 경우에 비하면 그다지 두려워할 것이 못 된다.
　전제 정치의 폐단은 한정되어 있으며 행동으로 옮겨져도 피해를 입는 사람은 백만 명에 한 명 정도이다. 그러나 무정부 상태에서는 모든 백성들이 날마다 피해를 입게 마련이다. 그러므로 어떤 정치체제이든 무정부 상태보다 전제 정치로 기울어지는 편이, 다시 말해서 전제적 가능성을 조금 갖고 있는 편이 바람직하다.

　국왕은 "우리는 하느님의 은총으로 말미암아"라고 말하는 대신에 "큰 악이 아니라 작은 악을 거느린다"라고 말해야 할 것이다. 국왕이 없으면 나랏일이 제대로 되지 않는다. 국왕은 건물이 쓰러지는 것을 막는 돌기둥이다.

어느 나라, 어느 시대를 가리지 않고 정치와 법률, 제도에 대해 불만의 소리가 높게 마련이다. 이것은 결국 인간의 생존에서 떼어놓을 수 없는 고뇌가 언제나 이 정치와 법률 및 제도의 결함에서 오는 듯이 보이기 때문이다.

그런데 기독교 신화에 따르면 삶의 고뇌는 아담의 범죄 때문에 모든 후손들이 신의 저주를 받은 결과로 비롯된 것이라고 한다. 이 신앙을 공격의 발판으로 삼아 철면피한 허구의 극단을 주장하는 사람들이 있다. 이들은 기독교를 증오한 나머지 자기들을 낙천주의자로 자부하고, 이 세계는 자기 이외의 아무 목적도 없으며, 세계 자체가 본질적으로 잘 되어 행복의 이상향인데, 제도가 잘못되어 현실이 낙관주의에 어긋나는 참상과 고뇌를 빚게 된다고 주장한다. 그러므로 만일 정부가 그 임무를 정당하게 수행한다면 지상에 천국이 실현되어 누구나 고생도 하지 않고 아무 걱정 없이 식성대로 배불리 먹고 생활을 즐길 수 있으리라는 것이다. 이들은 생존과 세계의 목적이 인류의 무궁한 발전에 있다고 하며, 이에 대해 그럴듯한 말들을 많이 하지만 이들이 말하는 발전이란 물욕(物慾)이 한층 더 만족을 누리는 것을 뜻할 뿐이다.

인간이라는 족속은 본디 세상에 태어날 때부터 고뇌와 소멸이라는 운명을 짊어지고 있다. 그러므로 아무리 국가의 힘이나 인위적 정치제도의 도움으로 부정과 노고가 제거되어 이 지구가 천국으로 변했다고 하더라도, 인간은 권태 때문에 처참히 싸우거나 인구가 넘쳐나 기근으로 전멸되고 말 것이다.

누구나 거울에 자기의 행동을 비춰 보면 거기에는 마음속에 숨어 있는 무서운 사욕이 다 드러날 테지만, 이것을 똑바로 보는 자는 매우 드물다. 그런데 당신네들은 진심으로 로베스피에르[1]나 마르크의 제왕, 길목의 암살자들만을 우리들 가운데에서 악인이라고 생각하는가? 그렇게 생각한다면 그것은 큰 잘못으로 안팎의 사정만 허락하면 이런 부류의 인간은 세상에 득실거릴 것이다.

보나파르트[2]는 사실 대다수의 인간보다 포악하지는 않았다. 그가 갖고 있는

---

1) Robespierre(1758~1794). 프랑스의 혁명가, 정치가. 자코뱅당의 지도자로서 왕정을 폐지, 1793년 공안위원회 의장으로 취임하여 공포정치를 하다가 1794년 쿠데타로 실각, 사형됨.
2) 여기서는 나폴레옹 1세를 가리킴.

것은 다른 사람을 희생시키고 자기가 득을 보겠다는 일반 사람들에게 공통된 이기심에 지나지 않았다. 그가 보통 사람보다 다른 존재가 된 것은 자기의 의욕을 충족시키기 위한 더욱 강한 욕구와 지능, 이성 및 용기를 갖고 있었기 때문이다.

그에게는 이 모든 조건이 갖춰져 있었으므로 다른 사람들이 마음속으로만 바라고 실천에 옮기지 못한 일을 실제로 행했을 뿐이다. 그러므로 날품팔이 일꾼이 타고난 고약한 마음으로 동료에게 해를 끼쳐 얼마쯤 이득을 보았다면, 그 동료에게 준 손해가 아무리 작은 것이라도 그가 나쁜 사람인 것은 보나파르트와 차이가 없다.

만일 여러분이 유토피아를 꿈꾼다면 나는 이렇게 충고하고 싶다. 즉 정치와 사회 문제의 유일한 해결 방법은 몇몇 현명한 자와 고결한 자가 전제 정치를 해야 한다는 것이다. 이 소수의 인재들은 진실한 귀족계급이라고 볼 수 있으며, 이런 인재들을 세상에 배출하려면 성품이 고귀한 남성과 지능이 뛰어난 여성을 결혼시키는 것이 가장 적절한 방법이다. 이것이 유토피아와 플라톤의 이상국을 세워 보기 위한 나의 제의다.

사회에 대하여

세상에서 일어나는 모든 일들은 마치 고티에의 희곡을 보는 것 같다. 그의 희곡에는 어디에서나 본질적으로 동일한 인간이 같은 소원과 운명을 짊어지고 등장한다. 하나하나의 사건마다 동기와 상황이 다르지만 그 정신은 같으며, 어느 한 장면의 등장인물은 다른 장면에서 어떤 일이 일어났는지 전혀 알지 못하지만, 어쨌든 그들은 거기서 활동하고 있다.

그러므로 그의 희곡을 통하여 몇 번을 두고 어떤 행동을 하든 어떤 경험을 쌓든지 간에 판타론은 전보다 더 똑똑하지도 너그럽지도 않고, 탈타그리아도 그다지 정직하지 않고 브리게라도 용감하지 않으며, 코론비스도 선량해진 것이 없다.

우리의 문명 세계는 그저 하나의 커다란 명목에 지나지 않는다. 거기에는 장교와 졸병이 있고 친구, 의사, 변호사, 목사, 철학자가 있고, 이 밖에도 수없이 많은 직업이 있으나 그들의 직업이 그들을 대표하지는 않는다.

직업이란 하나의 가명에 지나지 않으며 거의 모든 직업에 돈벌이꾼들이 숨어 있다. 그들은 누구나 자기가 가장 잘난 듯이 보이려고 어떤 자는 변호사가 되어 정의와 권리의 가면을 쓰고, 어떤 사람은 성직자가 되어 종교의 가면을 쓴다.

자선이니 뭐니 하는 가면 아래 남모르게 숨겨 둔 의도는 여러 가지이지만, 철학이라는 가면 아래에도 으레 두셋은 숨겨져 있다. 다만 여성용 가면만은 얼마 되지 않아 그 대부분은 정조를 지키고 선량하고 얌전하고 상냥하다.

또 별다른 특징도 없이 사람들이 어디에나 갖고 다니는 가면이 있다. 이를테면 의리, 예절, 그럴듯한 동정, 곧잘 히죽거리는 우정 등으로 앞에서 말한 바와 같이 그 가면 아래에는 날품팔이꾼, 장사꾼, 사기꾼 등이 숨어 있다.

이렇게 보면 상인이 가장 정직하다. 이들만은 돈벌이라는 가면을 쓰지 않고 돌아다니며 사회적으로도 적절히 낮은 지위에 있다.

의사의 눈에는 어디에나 병자가 우글거리며 법관의 눈에는 곳곳이 악의 투성이요, 신학자의 눈에는 언제나 죄가 득실거리게 마련이다.

식물학자가 잎사귀 하나만 보아도 그 나무 전체를 알고, 퀴비에[1]가 한 토막의 뼈만으로도 능히 그 동물 전체의 형태를 알 수 있듯이, 인간의 행위도 마음속에서 나온 것이므로 그 하나만 보고도 어떤 성격의 인간인지 정확히 짐작할 수 있다. 그러므로 그가 평소에 살아가는 것을 보고 그를 평가할 수 있다.

이런 관찰을 할 때는 상대편의 일상생활에서 기회를 보아야 한다. 인간은 중대한 일을 당하면 자기를 굽히고 감추기 마련인데, 사소한 일에는 천성대로 자유롭게 행동한다. 만일 누가 조그마한 일에도 남의 존재를 전적으로 무시한 이기심을 드러내며 정의와 성실을 완전히 저버린 것이라고 생각되면, 충분히 담보를 잡지 않고는 한 푼도 빌려주지 말아야 한다.

같은 이유에서 스스로 친구라 말하는 사람도 어떤 사소한 일에나마 사악하고 위선적인 행동을 하거나 비열한 성격을 드러내면, 큰일을 맞닥뜨렸을 때 그의 속임수에 넘어가지 않도록 곧바로 그와 인연을 끊는 게 낫다. 또한 이 말은 하인에게도 해당된다고 본다. 아무튼 사기꾼에게 에워싸이기보다 홀로 지내는 것이 얼마나 마음 편한지 모른다.

자기의 분노나 증오를 얼굴에 드러내는 것은 부질없고 위태롭고 어리석은 일이며, 저속하고 우스꽝스러운 일이기도 하다. 분노나 증오는 행동으로 드러내야 한다. 진실로 독한 것은 냉혈동물뿐이다.

예절은 지혜로운 사람이 지키는 것이고 무례함은 어리석은 자가 하는 일이다. 함부로 무례한 짓을 해서 적을 만드는 것은 어리석은 일이며, 마치 자기 집에 불을 지르는 격이다. 예절은 일종의 부도수표이며 현찰로서의 가치가 없다

---

1) Cuvier(1769~1832). 프랑스의 동물학자. 고생물학과 비교해부학의 창시자.

는 것은 누구나 다 아는 일인데도 예절에 인색하다는 것은 어리석은 짓이요, 반대로 지나친 예절은 상식이 풍부한 탓이다.

우리가 남을 신뢰하는 것은 오직 우리의 게으름과 이기심, 허영심에서 비롯되는 경우가 많다. 자기가 깊이 생각하거나 감시하거나 행동하는 것이 귀찮기 때문에 남을 의지하는 것은 나태심에서 비롯되며, 자기를 내세우기 위해 상대편을 믿는 것은 이기심에서이고, 자신을 과장하기 위해 이야기하는 것은 허영심에서이다. 그런데 이 경우에 상대편이 과연 자기의 신뢰에 보답할 수 있는 위인인지 확인하지 않는 것은 이상하다고 생각될 만큼 잘못이다.

누구에게나 자기는 상대편과 언제 발길을 끊게 되어도 전혀 아쉬움을 느끼지 않는다는 것을 상대에게 가끔 암시해 두는 것이 현명하다. 이렇게 하면 그들과 언제나 우애를 두텁게 할 수 있다. 그리고 대다수의 사람들에게도 이야기를 주고받는 가운데 때때로 상대를 무시하는 듯한 암시를 주는 것도 하나의 방법이다. 그렇게 하면 그들은 당신과 우애를 유지하는 것을 소중히 여기게 된다. 이탈리아 속담에 "남의 존경을 받는 사람은 남을 존경하지 않는다"는 말이 있다.

어떤 사람에게 이용가치가 많다고 생각되면, 이쪽에서 그런 내색을 하는 것은 그에게 죄를 범하는 일이기나 한 듯이 숨겨 두어야 한다. 이렇게 숨기는 것은 끝까지 숨겨두지는 못하지만 그렇게 해야 할 이유가 있다. 개는 주인이 귀여워하면 주인을 우습게 아는데, 인간에게도 이런 경향이 있다.

우리의 유일한 친구인 개에게는 다른 동물에게서 찾아볼 수 없는 독특한 점이 있다. 바로 부드러운 표정으로 꼬리를 치는 모습이다. 이 개의 인사와 허리를 굽신거리거나 얼굴을 히죽거리면서 깍듯이 예절을 갖추는 체하는 인간의 인사를 견주어 보면 어떤 대조를 이루게 될까? 개의 동작에 나타난 우정과 성실은 적어도 그 순간만은 인간보다 몇천 배나 순수하고 정직하다.

나는 개와 사귀기를 무척 좋아한다. 개는 솔직하기 때문이다. 특히 내가 지금 기르고 있는 개는 유리알처럼 투명한 마음씨를 갖고 있다. 나로서는 세상에 개라도 있어야지 그렇지 않으면 도저히 살아갈 수가 없을 것이다.

어떤 사람이 친구들이 많다고 해서 그가 그만큼의 역량과 가치가 있기 때문이라고 생각한다면, 이것은 인간학에 대한 무지에서 비롯된 것이다. 도대체 인간이 남의 진가를 인정하는 데 따라 그에게 우정을 베푸는 것으로 생각하는가? 천만의 말씀이다. 인간도 개와 마찬가지로 그다지 수고한 것도 없는데 이쪽에서 어루만져 주거나 먹다 남은 뼈다귀라도 던져주면 그를 따르게 마련이다. 그러므로 인간을 교묘히 다루는 자가 많은 친구를 두게 되며, 얼마나 열등하고 어리석은 자인지의 여부는 문제가 되지 않는다.

'다른 사람을 사랑하지도 미워하지도 않는다'는 것은 인간학의 전반부이고, '아무에게도 참견하지 않고 아무도 믿지 않는다'는 그 후반부이다. 이러한 믿음이 필요한 세계라면 차라리 등지고 마는 것이 얼마나 유쾌한 일인가.

우리는 오랫동안 자기 적수나 반대당이던 자가 죽으면 거의 자기 친구의 죽음에 접했을 때처럼 유감스럽게 생각한다. 앞으로 아무리 빛나는 승리나 발전을 하더라도 그에게 자랑할 수 없기 때문이다.

허영심과 자만심이 다른 점은 자만심이 남보다 뛰어나다는 확신인 데 반해 허영심은 이런 확신을 남들에게 일으키려는 욕구이다. 거기에는 이렇게 해서 스스로 자기를 우월한 사람으로 자부하고 싶어하는 은밀한 기대도 섞여 있다.

자만심은 자기 가치에 대한 직접적인 확신에 의거해 있으나 허영심은 반대로 자기가 그런 확신을 얻기 위해 남에게 의지해서 남들이 그렇게 생각하게끔 하려고 한다.

허영심은 인간을 수다스럽게 만들고 자만심은 침묵하게 만든다. 그러나 허영심이 강한 사람은 다음과 같은 이치를 잘 분별해야 한다. 즉 그가 다른 사람들이 존중해 주길 바라는 것은 수다보다 지속적인 침묵으로 더 많이 얻을 수 있으며, 자기가 만일 큰소리를 칠 수 있는 경우라 하더라도 입을 다물어야 한다는 것이다.

거드름을 피우고 싶어하는 사람은 세속에 초연하지 않고 다만 그렇게 보일 뿐이지만, 그것은 다른 눈속임과 마찬가지로 언제까지나 그런 연극을 할 수는 없는 노릇이다. 참된 자만은 자기가 우월한 특성을 소유하고 있다는 확고하고 깊은 신념에서 비롯된다. 이 확신은 물론 사실과 다른 경우가 있으며 또 외부적으로 인습적인 특질에서 오는 경우도 있지만, 확실한 이상이기 때문에 자만이 손상되지는 않는다. 왜냐하면 자만은 자신의 확신에 따르며, 자신에 대해 아는 것과 마찬가지로 자기 멋대로의 기분에서 일어나는 것이 아니기 때문이다.

자만의 가장 나쁜 적이며 가장 큰 장애인 허영은 먼저 남을 찬양하는 것을 바탕으로 자기가 높은 평가를 얻으려는 반면에, 자만은 이 평가가 확정된 것이라고 간주한다. 자만을 비난하고 공격하는 사람들이 많은데, 그들은 아마도 자신 속에 자부할 만한 것을 아무것도 갖고 있지 못하기 때문일 것이다.

세계에서 가장 고귀한 것은 인간 자신이다. 유럽에서 귀중히 여기는 지위나 인도 사회의 문벌은 인간과 인간 사이에서 벌어진 차이로, 자연이 덕성이나 지능의 개인차로 인정한 불가변적인 간격에 비하면 그 차이가 매우 작다.

그런데 인위적인 귀족계급에서와 마찬가지로 자연이 결정한 귀족계급을 살펴보아도 모든 평민에 대해 한 사람의 귀족으로 되어 있고, 백만인의 평민에 대해 한 사람의 왕자로 되어 있어 대부분의 인간은 비천한 민중에 지나지 않는다.

방금 말한 이유로, 자연이 정한 특권계급이나 귀족은 국가가 규정한 것과 마찬가지로 일반 대중 속에 어울리지 않고 고답적으로 살아가며, 지위가 높을수록 가까이 대하기가 힘들다.

사람들은 흔히 큰 인물의 넓은 도량을 찬양한다. 그런데 이러한 도량은 타인에 대한 심한 모멸감에서 비롯되는 것이 보통이다. 위대한 정신의 소유자는 이 모멸감이 충만해지면 주위 사람들을 자기와 동등하게 보지 않으며, 그들에게는 자신에 대해 능히 가질 수 있는 기대를 하지 않게 된다. 그래서 마치 우리가 다른 동물이 미련하고 분별력이 없는 것을 탓하지 않는 것처럼 세상의 저속한 사람들에게 큰 아량을 베푼다.

육체적인 미든 지적인 미든 아름다움에 대한 감수성이 있는 사람이라면 이 인간이라는 생물을 볼 때마다, 그들과 어울릴 때마다 언제나 추악함, 평범함, 비열함, 부정, 어리석음, 흉악함 등으로 이루어진 생물의 표본, 그나마 아주 새롭고 독특한 표본을 보는 듯한 느낌을 갖지 않을 수 없다.

처음 대하는 많은 사람들에게 에워싸여 있으면 테니르스가 그린 〈성 앙투안의 유혹〉 또는 그와 비슷한 그림을 떠올리게 된다. 이 대작을 보면 잇달아 눈앞에 어른거리는 악마의 괴상한 얼굴을 바라보고는 천하의 흉악한 모습이 독창적으로 잘 그려져 있는 데에 경탄하지 않을 수 없다.

천재는 한편으로는 저주받은 인간이라고 볼 수도 있다. 다른 사람들의 눈에 위대하고 놀라운 존재로 보일수록 그 본인은 다른 이가 보잘것없는 가련한 인간으로 보이는 법이다. 그래서 다른 사람들은 이 굴욕적인 감정을 덮어 두려고 하지만, 그는 평생 존재하는 자기를 마치 고독 속에 유배된 자처럼 여겨야 한다.

그가 살아가는 주위에는 원숭이나 앵무새가 있을 뿐, 자기와 비슷한 자를 찾아볼 수 없다. 그래서 언제나 멀찌감치 바라보이는 저것이 인간이거니 하고 생각했는데, 나중에 보니 원숭이였다는 사실에 실망하고 한심스럽게 생각한다.

솔직히 말해서 나는 동물을 보면 곧 마음이 밝아지고 저절로 즐거워진다. 특히 개와 자유를 얻은 모든 동물, 즉 새나 곤충 같은 것을 보았을 때 그렇다.

그런데 이와는 달리 인간을 보면 으레 혐오를 느꼈다. 왜냐하면 예외는 조금 있겠지만 인간은 누구나 다 서투르고 흠이 많은 실패작, 다시 말해 추한 육체와 천한 욕정과 속된 야망, 온갖 어리석음과 사악함으로 가득 차 있는 외모와 부자연스럽고 타락한 생활에서 오는 천박하고 난폭한 모습을 하고 있으니 말이다. 그래서 나는 되도록 그들과 마주치는 것을 피하고 자연의 품에서 동물들과 사이좋게 지내면서 즐거움을 나누고 싶다.

Parerga und Paralipomena

지성

교육에 대하여

개념은 직관을 추상화해서 나오는 것이다. 이것은 인간이 지닌 지력의 성격에서 비롯되며, 직관은 개념보다 먼저 있다. 실제로 그러한 과정을 밟는다고 하면, 사람들은 하나하나의 개념이 어느 직관에 해당하며, 어느 직관이 어떤 개념을 대표하는지 정확하게 알 수 있다. 우리는 이 직관과 개념에 대해 정확히 알고 있기에 자신에게 닥치는 모든 일을 알맞게 처리할 수 있다. 이것을 '자연적 교육'이라고 말할 수 있을 것이다.

반대로 '인위적 교육'은 어떤 방법을 취하는가? 직관의 세계에 대하여 두뇌가 폭넓은 지식을 받아들이기 전에 강의나 독서 등을 통해 머릿속에 많은 개념을 잔뜩 주입한다. 이런 개념에 대해서는 경험이 거기에 해당되는 직관을 지적해 보여 주지만, 이 개념은 잘못 사용되어 사물과의 인과관계가 잘못 생각되고 판단되어 잘못 취급되기 쉽다. 요컨대 이런 교육은 비뚤어진 두뇌를 만들게 되어, 대부분의 젊은이들은 오랫동안 공부하고 독서해도 뜻밖에 고지식하고 뒤틀린 인간이 되어 세상에 나온다. 그래서 매사에 소심하거나 무모하게 고슴도치처럼 살아간다. 이 젊은이들은 머릿속에 가득 찬 개념을 적용하기 위해 애쓰지만, 언제나 거의 실패한다. 그것은 개념을 먼저 머리에 쑤셔넣은 데에서 오는 폐단이다. 즉 정신능력의 자연스러운 발달과정을 역행해 먼저 개념을 머릿속에 넣은 다음 직관을 받아들이기 때문이다.

교육자들은 아동의 인식이나 판단 및 생각하는 힘을 기르려 하지 않고 다만 머릿속에 느닷없이 기존사상을 주입하는 데에만 힘쓴다. 이 때문에 나중에는 개념의 그릇된 적용에서 비롯되는 판단을 오랜 경험으로 바로잡게 되지만, 이 또한 성공적으로 이루어지는 경우가 드물다. 박식한 사람이 상식이 풍부한 경우는 매우 드물며, 오히려 무지한 사람들이 건전한 상식을 갖고 있는 경우가 많은 것은 이 때문이다.

경험은 세계에 대해 깊이 알려고 한다. 그러므로 이 지식을 올바른 출발점에서 받아들이는 것이 교육의 핵심이다. 그런데 이것은 앞서 말한 바와 같이 어떤 사물에 대해서나 직관을 개념에 앞세우고, 좁은 개념을 넓은 개념에 선행시켜, 교수법은 순서대로 개념을 배치해 나아가야 한다. 만일 한 번이라도 이 순서를 어기면 충분하지 못하고 불확실한 개념을 얻게 되고, 여기서 그릇된 개념이 파생되어, 나중에는 개인에게만 통용되는 비뚤어진 세계관이 만들어진다. 그래서 사람들이 오랫동안, 아니 한평생 이런 세계관을 갖고 살아간다.

누구나 되돌아보면, 나이를 먹은 뒤에야 비로소 사물에 대한 정확하고 분명한 이해를 하게 된 경우를 떠올릴 수 있을 것이다. 그러므로 그는 이제까지 세계에 대한 지식에 결함을 갖고 있었는데, 그것은 최초의 교육으로 사물에 대해 잘못된 개념을 갖게 되었기 때문이다. 교육은 다른 사람을 교사로 하여 배우는 인위적인 경우도 있고, 자기의 경험을 바탕으로 배우는 자연적인 경우도 있다.

교육자는 먼저 피교육자의 지식이 실제로 어떤 자연적인 순서를 밟아서 아는지 자세히 살피고, 이 순서에 따라 피교육자가 질서 있게 사물에 대한 지식을 얻도록 해야 하며, 절대로 머릿속에 그릇된 생각을 주입해서는 안 된다. 이 생각은 한번 주입되면 좀처럼 다시 버리기 어렵기 때문이다. 주의해야 할 중요한 일은 직관이 개념에 앞서게 해야 하는 것이며, 그 반대가 되어서는 안 된다.

실제에서는 교육적으로 해로운 반대 현상이 이루어져, 아이들은 나면서부터 발로 걸어다니고 시는 처음부터 운율에 맞춰 짓는 것으로 생각하는 듯하다. 아이들의 머리가 아직 빈약한 직관밖에 갖지 못했을 때 선입관으로 굳어버릴 여러 개념이나 판단을 주입하기 때문에, 나중에 아이들은 직관과 경험으로 이것을 추출하려 하지 않고 오히려 그것을 직관이나 경험에 적응하려 한다.

직관은 풍부하고 다양한 반면 추상적 개념은 생각을 바로 매듭짓기 때문에 간명하고 신속한 점에서도 직관은 개념을 따르지 못한다. 직관이 먼저 받아들인 개념을 바로잡으려면 매우 오랜 시일이 걸리는 것은 물론, 전혀 시정할 수 없는 경우도 매우 많다. 직관이 스스로 개념과 충돌할 경우 특수한 것, 편견에서 비롯된 것으로 여겨 이를 인정하면 전부터 가졌던 개념이 아무런 쓸모가 없어질까봐 두려워 외면해 버린다.

사람들은 대부분 일생 동안 그릇된 생각과 망상과 편견, 그리고 상상의 부산물이나 선입관을 갖고 있어 이것들은 때로 지렛대로도 움직일 수 없는 확고부동한 개념으로 굳어버린다. 이처럼 어떤 사람이 모든 사물에 대하여 이미 만들어진 개념만 받아들여, 이 때문에 직관과 경험을 바탕으로 한 개념을 한 번도 끄집어내려고 하지 않는다면, 그의 지식은 얄팍하고 왜곡된 것이 된다. 오늘날 그 예를 얼마든지 찾아볼 수 있다.

그러므로 소년시절에 이런 잘못된 과정을 밟지 말고, 인식능력의 발달에 따르는 자연스러운 과정에 의한 교육을 받아야 한다. 어떤 개념도 직관을 통하지 않고 주입해서는 안 되며, 적어도 직관 없이 덮어놓고 받아들이게 해서는 안 된다.

이렇게 교육받은 아동은 개념을 조금 갖고 있을 뿐이지만, 모두 올바르고 기본적인 것이다. 그 아이는 사물을 다른 사람의 것이 아닌 자신의 척도로 측정할 줄 알며, 대다수 사람들처럼 학교교육의 대부분을 차지하는 망상이나 선입관 제거에 힘쓸 필요도 없다. 그 정신상태는 근본적이고 명석해 선입관에 사로잡혀 자기 주관대로만 판단하는 일이 없게 된다.

아동이 인생에 대한 지식을 배울 경우 중요한 것은 원전(原典)으로 직접 배우게 하며, 사본으로 익히게 해서는 안 된다는 것이다. 교육자는 그들에게 책을 읽히는 일을 서두르지 말고, 순서에 따라 사물과 인간의 관계를 차츰 알게 해야 한다. 무엇보다 중요한 것은 그들에게 사물을 올바로 이해하는 습관을 들이게 하는 일이다. 아이들이 언제나 개념을 세계에서 직접 끄집어내고, 현실에 바탕해 개념을 파악하도록 지도해야 한다.

그런데 관념을 그 밖의 방면, 즉 책의 이론이나 소설이나 다른 사람의 이야기 등에서 빌려다 고정된 것으로 현실에 적용하면, 공허한 생각으로 가득 찬 머리는 눈앞의 현실을 잘못 이해하거나, 자기의 망상에 따라 현실을 개조하려고 헛되이 노력한다. 그래서 여기서 오는 그릇된 이론으로 실천하려고 할 때 미궁에 빠지게 된다.

이렇게 일찍이 옮겨 심은 망상과 거기서 비롯되는 선입관은 해악을 불러일으킨다. 그러므로 참된 세계와 인생이 우리에게 베푸는 교육은 주로 잘못된 것을 골라내는 데에 주력하게 된다. 디오게네스[1]의 《고문선집》 6권 7장에서 안티스테네스[2]는, 교육에서 무엇이 가장 필요한 것이냐고 묻는 물음에, "나쁜 것을 가려내 잊어버리는 일이다"라고 대답했다.

일찍부터 머릿속에 주입된 오류는 대부분 없애기 어려우며, 판단력은 가장 나중에 성숙하므로 피교육자가 18살이 되기까지는 큰 오류를 품고 있을지도 모르는 모든 가르침, 즉 철학이며 종교며 그 밖의 학문의 일반 견해로부터 멀리하도록 해야 한다. 그 대신 수학처럼 그들이 잘못을 범할 우려가 없는 어학·박물학·역사 같은 과목을 가르치는 게 좋다. 일반적으로, 어떤 나이에서나 그 시기의 두뇌가 완전히 받아들일 수 있는 학문만 가르쳐야 한다.

청소년 시절은 재료나 사실을 수집해 하나하나의 특성으로부터 근본을 알아내야 하는 시기이므로, 사물에 대한 판단은 나중으로 미루고 최종 설명은 보류하는 게 바람직하다. 그러므로 이 시기의 피교육자는 지적 능력의 성숙과 경험에 앞서 일어나는 판단력은 잠재워두고, 온갖 선입견을 받아들이는 일이 없도록 조심해야 한다. 그렇게 하지 않으면 판단력은 끝내 균형을 이루지 못하고 만다.

기억력은 젊은 시절에 가장 정확하므로, 기억력 훈련은 이 시기가 가장 알맞다. 다만 교재에 면밀한 주의를 요하며 세심한 배려와 선택을 할 필요가 있다. 즉 젊은 시절에 뚜렷이 기억해 둔 것은 일생 동안 남아 있기 때문에 이 귀중한 능력을 최대한 이용해야 한다.

우리가 생애의 처음 22년 동안에 알게 된 사람들을 얼마나 생생히 기억하며 그즈음 일어난 일들과 그동안 경험하고 듣고 배운 온갖 것들이 얼마나 깊은 인상을 남기는지 생각해 보면, 교육의 기초는 청소년 시절의 감수성과 고착성 위에 뿌리박고 있음을 알 수 있다. 우리는 이 예리한 성질의 소산인 깊은 인상을 규범과 법칙에 따라 조직적으로 선택하고 이끌어야 한다.

인간에게는 이 청소년기가 매우 짧고 또 대부분 개인이 소유한 기억력은 한

---

1) Diogenes(BC 412?~323?). 고대 그리스 철학자. 키니코스학파(견유학파)의 창시자.
2) Antisthenes(BC 445?~365?). 고대 그리스 철학자. 소크라테스의 제자. 세상 욕심을 떠난 덕만이 최상의 것이라며 거지처럼 살았음.

정된 능력밖에 발휘하지 못하므로, 사물의 가장 중요하고 필요한 부분을 이 시기에 중점적으로 다루게 하고 그 밖의 것들은 취급하지 말아야 한다.

이 선택은 각 전문분야의 가장 유능한 사람들에 의해 충분히 숙고되어야 하며, 그 결과가 반드시 좋아야 한다. 또한 이 선택에서 일반인은 근본적으로 개개인에게 알맞은 특유한 전문적 직업을 골라내야 하므로 여기에 필요한 일을 잘 알고 있어야 한다. 그리고 일반인에게 필요한 지식은 개개인의 환경을 잘 살펴 교양 정도에 따라 단계적으로, 등급별로 학과목을 편성해 아래로는 필요한 기본 교과에서, 위로는 대학의 철학과에서 습득하는 학과목에 이르기까지 각각 등급을 나눠야 한다.

그리고 전문 분야의 치식은 저마다 참된 전문가에게 선택을 맡기는 것이 좋다. 이렇게 익힌 지식은 지적 교육에서 특별히 선정된 기준을 제공하게 된다. 물론 이 기준은 20년에 한 번쯤 개정할 필요가 있다. 이런 식으로 교육을 실시하면 청소년기의 기억력을 가장 이상적으로 활용할 수 있으며, 그 뒤의 판단력에 좋은 소재를 제공할 수 있다.

인식능력의 성숙, 다시 말해 개개인의 머릿속에서 인식능력이 발달하는 정도는 추상적 개념과 직관적 이해 사이에 이루어지는 정교한 관련에서 비롯된다. 이 경우 하나하나의 개념이 직·간접으로 개념에 오직 참된 가치를 부여하는 직관의 터전 위에 서게 되며, 인간은 현재 나타나고 있는 하나하나의 직관을 거기 적응하는 올바른 개념에 귀착시킬 수 있다.

그리고 이것이 이루어지는 것은 오직 경험을 쌓아 시간이 얼마큼 지난 뒤의 일이다. 다시 말해 우리의 직관적 지식과 추상적 지식은 저마다 따로 얻게 되는 게 일반적이며, 직관적 지식은 자연적으로 얻어지고, 추상적 지식은 다른 누군가의 가르침과 전달(그것이 옳고 그른 것은 별문제로 하고)로써 우리의 머릿속에 들어온다. 그러므로 청소년기에는 대체로 말로만 되어 있는 개념과 직관으로 얻는 참된 인식이 일치하는 경우는 매우 드물다.

그리고 이 둘(직관과 개념)은 시간이 지남에 따라 점점 가까이 접근해 나중에는 합치된다. 인식이 성숙된 상태란 이 경우를 가리킨다. 인식의 성숙은 개인의 능력 차이와는 관계가 없다. 이것은 추상적 인식과 직관적 인식의 연관이 문제가 아니라 그 둘의 강도가 다른 문제에서 비롯하기 때문이다.

실천적이고 활동적인 사람에게 가장 필요하고 중요한 것은 세계가 참으로 어떠한 것이며 어떻게 움직이고 있는지에 대해 정확하고 근본적인 지식을 갖는 것이다. 이것은 다른 분야의 연구보다도 오랜 기간을 필요로 한다. 과학분야라면 청소년 시절에도 중요한 문제를 연구해 배울 수 있지만, 세계에 대한 지식을 얻으려면 늘그막에 이르기까지 연구를 멈추지 않아야 하며, 이렇게 해도 잘 터득하지 못하는 게 보통이다. 청소년들은 이 지식에 대해서는 누구나 초보자다. 처음으로 가장 어려운 과목을 배우게 되는 셈이며, 나이 지긋한 사람도 많은 학습과정이 필요하다.

그런데 세계에 대한 지식 자체를 학습하는 것도 매우 어려운데 소설을 읽기 때문에 어려움은 더욱 커지게 된다. 소설은 현실에 있지 않은 사건이나 인간관계를 그린 것인데, 경솔한 판단을 내리기 쉬운 청소년들은 사실로 받아들여, 이제까지 지녀온 소극적인 무지와 무식 대신 허망한 가정(假定)이 심한 혼란을 불러와 언제나 경험에 입각한 실제교육을 방해하기 때문에 올바른 가르침이 오히려 거짓으로 보인다.

지금까지 어둠 속에 놓여 있던 청소년들이 이제는 미궁 속에 빠져들게 되는데, 젊은 여성들에게는 이 폐단이 더욱 심하다. 여성들은 소설을 읽음으로써 인생에 대한 그릇된 견해가 주입되어 실제로 이루어질 수 없는 기대를 갖게 되며, 이렇게 해서 인생의 첫발을 잘못 내디디면 거의 한평생 불행한 인생을 살게 된다.

그러므로 시간 여유가 없거나 직업에 매여 소설을 모르고 청소년 시절을 보낸 사람은, 이 점에서 한결 유리한 처지에 서게 된다. 다만 몇몇 소설은 위에서 말한 비난에서 제외될뿐더러 정반대 영향을 주는 것도 있다.

예컨대 르사주[3]의 《질 블라스 이야기(Gil Blas)》나 그 밖의 작품, 《웨이크필드의 목사(The Vicar of Wakefield)》, 그리고 부분적으로는 월터 스콧[4]의 소설 등이다. 또한 세르반테스의 《돈키호테》는 앞에서 말한 혼미 상태를 풍자적으로 묘사한 작품으로 볼 수 있다.

---

3) LeSage(1668~1747). 프랑스 작가. 17세기 초엽의 사회상을 정확하고 상세히 묘사한 작가로 알려짐.
4) Scott, sir Walter(1771~1832). 영국 소설가·비평가·역사가. 영국 낭만파 선구자.

지식과 학자에 대하여

가르치고 배우기 위한 여러 종류의 수많은 학교와 학생, 그리고 교사 무리를 보면, 사람들은 인류에게 통찰과 지혜가 매우 중요하다고 믿을 수도 있을 것이다. 그러나 이것은 사실이 아니다. 교사들은 돈을 벌기 위해 가르치며, 지혜를 위해서가 아니라 겉모습과 신용을 위해 열심이다. 그리고 학생은 지식과 통찰을 얻기 위해 배우는 것이 아니라 수다떨기 위해, 명성을 얻고자 배우는 것이다. 다시 말해, 30년마다 새로운 세대가 등장한다. 그 세대의 그는 아무것도 아는 게 없는 신출내기이면서 인류가 수천 년에 걸쳐 모은 지식의 결과를 간추려서 매우 빨리 파악한 다음, 과거보다 더 현명해지려고 한다. 그는 이런 목적으로 대학에 들어가서 책을 읽는다. 그것도 자신의 동시대인이나 같은 연배가 출판한 최신 서적에 한정된다. 그 자신이 신참이듯이 모든 것이 짧고 새로울 뿐이다! 그리고 나서 그는 이것저것 함부로 평가를 해대기 시작한다. 여기서 나는 빵에 대한 진지한 연구는 한 번도 생각하지 않았다.

온갖 부류와 모든 나이층의 대학생과 대학 교육을 받은 자는 오로지 지식을 얻으려 할 뿐 통찰을 얻으려고 하지는 않는다. 그들은 모든 암석이나 식물, 전쟁이나 실험에 대해, 그리고 특히 온갖 책에 대한 모든 지식을 얻는 것을 명예로 여긴다. 그들은 그 지식이 통찰을 얻기 위한 단순한 수단이며, 그 자체는 가치가 많지 않거나 전혀 가치가 없다는 것까지는 생각하지도 않는다. 오히려 이런 사고방식이야말로 철학적 두뇌의 특성이다. 박식한 사람들의 이목을 끄는 학식을 접하면 나는 때로는 이렇게 말한다. 저렇게 책을 많이 읽으려면 생각은 얼마나 적게 해야 하나? 중년의 플리니우스는 식탁에서나 여행 중에 또는 욕실에서 늘 책을 읽거나 책을 낭독하게 했다고 한다. 이런 이야기를 들으면 그에게 자기만의 생각이 너무 부족한 것은 아닌지, 고생하는 사람에게 목숨을 유지하기 위해 걸쭉한 고기 수프가 주입되듯 끊임없이 남의 생각을 주입해야 했는지 의문이 생긴다. 판단력 없이 남의 말을 곧잘 믿는 것도 마음에 들지 않고 이해하기 어려우며, 종이를 아끼려고 스크랩북식으로 쓰는 문체도 그의 독자적 사고를 후하게 평가할 만큼 적합하지 않다.

많은 독서와 배움이 자신의 사고를 분열시키듯이, 많은 글쓰기와 가르침도 사람들에게 명확성과 지식과 이해의 정확성을 버리게 한다. 이를 받아들일 시간이 없기 때문이다. 그래서 그는 강의할 때 또렷한 인식이 부족한 것을 말과 미사여구로 대신하려 한다. 이것은 대부분의 책을 끝없이 지루하게 만든 원인이다. 주제가 무미건조해서가 아니다. 훌륭한 요리사는 낡은 구두 밑창을 가지고도 즐길 수 있는 요리를 만들어낼 수 있다고 하듯이 훌륭한 저자는 무미건조한 주제마저도 흥미롭게 만들 수 있다.

학자들에게 학문은 목적이 아니라 수단이다. 따라서 그들은 결코 어떤 위대한 일을 해내지 못할 것이다. 위대한 일을 하려면 학문을 하는 것을 목적으로 다른 모든 것, 즉 그의 존재는 오로지 수단이어야만 한다. 그 자신 때문에 하지 않는 모든 것은 절반만 하기 쉽다. 어떤 종류의 것이든 그 밖의 목적에 대한 수단으로서가 아니라 그 자체 때문에 만들어지는 것에서 진정으로 뛰어난 작품을 얻을 수 있다. 이와 마찬가지로 다른 사람을 신경 쓰지 않고 연구의 직접적인 목적을 위해 자신의 인식을 좇는 자만이 새롭고 위대한 기본 통찰을 할 수 있다. 하지만 학자들은 원칙적으로 가르치고 저술할 목적으로 연구한다. 따라서 그들의 머리는 음식물을 소화시키지 않고 다시 내보내는 위나 장에 비교된다. 바로 그 때문에 그들의 가르침과 글도 덜 유익한 것이다. 제대로 소화하지 않고 내보낸 배설물 말고 자신의 몸에서 분비된 우유만이 다른 사람에게 영양을 섭취시킬 수 있다.

가발은 순수한 학자 그 자체를 의미하는 아주 알맞은 상징이다. 가발은 자신의 머리칼이 부족할 때 다른 사람의 풍부한 머리칼로 자신의 머리를 꾸며 준다. 이처럼 학식도 엄청난 양의 남의 생각을 자신 안에 잔뜩 집어넣고 있는 것에 지나지 않는다. 다른 사람의 생각은 자신에게 자연스럽게 어울리지도 않을 뿐만 아니라, 모든 경우나 목적에 쓸모 있거나 적합하지도 않고 확고하게 뿌리를 내리고 있지도 않다. 그것을 사용했을 경우 자기 자신의 땅에서 나온 생각처럼 같은 원천에서 나온 다른 생각으로 대체할 수도 없다. 바로 그 때문에 스턴은 《트리스트럼 샌디》(44장)에서 대담하게 이런 주장을 한다.

"자신이 지닌 1온스의 정신은 다른 사람이 지닌 2000파운드의 정신만큼이나 가치가 있다."

사실 가장 완전한 학식과 천재의 관계는 식물 표본실과, 언제나 새로운 것을 만들어 내며 영원히 신선하고 젊으며 영원히 변화하는 식물계와의 관계와 같다. 주석자의 학식과 노인의 아이 같은 순진함과의 관계보다 더 큰 대조를 이루는 것은 없다.

딜레탕트, 딜레탕트라니! 학문이나 예술을 즐거움이나 사랑하는 마음만으로 하는 이들을 경멸하는 투로 딜레탕트라고 부른다. 학문이나 예술로 돈을 벌어야만 즐겁다고 생각하기 때문이다. 이러한 경멸적 호칭은 곤궁이나 배고픔, 또는 탐욕의 자극을 받아야만 어떤 일을 진지하게 할 것이라는 비열한 설득에서 비롯한다. 대중도 같은 생각이다. 그 때문에 대중은 '전문가'를 대부분 존경하고 딜레탕트에 대해서는 불신하는 것이다. 실제로 딜레탕트에겐 그 일이 목적이며, 전문가에겐 수단이라고 할 수 있다. 그러나 그 일을 참으로 중요하게 생각하고 사랑하기 때문에 몰두할 수 있고, 사랑하는 마음으로 그 일을 하는 사람만이 매우 진지하게 추진할 수 있다. 늘 가장 위대한 일은 이런 사람에게서 시작되지, 임시 고용인에게서 시작되는 것은 아니다.

색채론 분야에서 딜레탕트였던 괴테에 대해 여기서 한마디 하겠다!

어리석음도 못됨도 허락되었다. "어리석음은 인간의 권리이다." 반대로 멍청하고 나쁘다고 말하는 것은 범죄이며, 좋은 풍습과 모든 예절을 불쾌하게 깨뜨리는 행위이다. 하나의 지혜로운 예방수단! 그렇지만 나는 독일인과 독일어로 말하기 위해 지금 이런 점을 등한시한다. 왜냐하면 나는 괴테가 쓴 색채론의 운명이란 부정직하거나 독일 학계의 완전한 판단력 결여의 증거임을 말해야 하기 때문이다. 어쩌면 두 가지 고상한 특성이 이 경우에는 서로에게 도움을 주었을지도 모른다. 다수의 교양 있는 대중은 안락한 생활과 오락을 추구하므로 소설, 희극이나 시가 아닌 것은 제쳐 둔다. 예외적으로 교훈을 읽기 위해, 그들은 먼저 실제로 교훈을 얻을 수 있다는 사실을 더 잘 이해하는 자들의 보장을 기다린다. 그들은 좀 더 잘 이해하는 이들이 전문가일 거라고 생각한다. 다시 말해, 대중은 어떤 일로 밥벌이하고자 하는 자들을 그 일을 위해 살아가는 사람과 혼동하고 있다. 비록 그 일을 위해서만 살아가는 사람은 드물지만 말이다. 이미 디드로는 《라모의 조카》[1]에서 "어떤 학문을 가르치는 자는 그 학문을 이해하고 그것에 진지하게 임하는 자가 아니며, 그 일을 위해 사는 자는 학문을 가르칠 시간이 없다"라고 말했다. 학문으로 살아가는 자들은 단순히 학문을 해서 살아갈 뿐이다. 다시 말해 학문은 그들에게 "버터를 공급해 주는 쓸모 있는 암소인 것이다"(실러, 《학문》).

어느 민족의 가장 위대한 정신의 소유자가 어떤 일을 자신의 필생의 주 연구로 삼았지만, 괴테가 색채론을 연구했듯이 그 문제가 수용되지 않는다면, 정부는 금전을 지원하는 일을 대학에 위임해, 위원회를 열고 이 문제를 조사하도록 해야 한다. 프랑스에서는 훨씬 덜 중요한 문제도 그렇게 하고 있다. 그렇다면 그토록 많이 증축되었지만 실은 그곳에 많은 어리석은 자들이 죽치고 앉아 자랑하고 있는 이러한 대학들이 과연 왜 존재하고 있단 말인가? 중요한 새로운 진리가 그곳에서 나오는 경우는 매우 드물다. 그 때문에 대학은 중요한 업적을 판단할 능력과 직무상 말할 능력을 갖추게 해야 한다.

베를린 대학 교수 링크는 그의 《자연과학 입문》(1836년)에서 자신의 대학이 보유한 판단력의 본보기를 우리에게 제공해 주었다. 그는 선천적으로 자신의 동료 헤겔은 위대한 철학자이며, 괴테의 《색채론》은 서투른 작품이라는 확신 아래 두 사람을 연관시켰다(같은 책 47쪽). "헤겔은 아주 걸맞지 않은 결과물에 지쳤다. 아마 교만함 때문에 그러는 것일 게다. 나쁜 작품은 나쁜 소리를 듣는

---

1) 라모의 조카인 엉터리 악사가 카페에서 대화하는 형식으로 쓰인 작품이다. 천재론과 이탈리아 음악과 프랑스 음악의 우열론 등이 화제로 등장하나, 권력자에게 아첨해 기생충 같은 생활을 하면서 백과전서파 공격에 열중한 어용 문인들의 생활 태도나 심리 분석이 주 내용이다. 괴테가 이 작품을 1805년 독일어로 번역했다.

다." 그러니까 링크는 어떤 비참한 사기꾼이 교만하게 민족의 가장 위대한 정신을 깔보는 태도에 대해 대담하게 말하고 있는 것이다! 나는 그의 판단력과 어리석은 오만함의 표본을 덧붙이겠다. "사려 깊은 뜻을 지니고 있다는 점에서 헤겔은 앞 세대의 모든 철학자를 능가한다. 그들의 철학은 헤겔의 철학 앞에서는 흔적도 없이 사라진다고 말할 수 있다." 링크는 초라한 헤겔식 강단의 어릿광대극의 서술을 다음처럼 끝마친다. "이것은 고도의 형이상학적 예지를 갖춘, 학문을 아는 심오하고 고상한 조직이다. '필연의 사유는 자유다. 자유가 다시 필연이 되는 경우, 정신은 윤리성의 세계를 창조한다'는 이러한 말은 근접한 정신을 경외심으로 가득 차오르게 한다. 한번 적절하게 인식하면 그 말은 그것을 말한 사람에게 불멸을 약속해 준다." 베를린 대학 교수일 뿐만 아니라 널리 알려진 인사, 어쩌면 독일 학자공화국의 유명인사에도 속하는 링크의 이런 발언은 어디서도 비난받은 적이 없으므로, 독일의 판단력과 정의의 본보기로 여겨질 수 있다. 그러므로 독자는 나의 저서가 30년 넘도록 볼 가치 없이 존중되지 못한 사실을 더욱 잘 이해할 수 있을 것이다.

그러나 독일 학자들은 너무 가난해서 솔직하거나 명예롭게 행동할 수 없다. 그 때문에 왜곡하고, 비틀고, 타협하고, 자신의 신념을 부정하고, 자신이 믿지 않는 것을 가르치고 쓰며, 비굴하게 굴고 아첨하며, 당을 만드는 것, 그리고 장관·대가·동료·대학생·서적상 비평가와 친교를 맺는 것, 다시 말하면 진리나 낯선 이득보다 오히려 모든 것을 고려하는 것이 그들의 길이자 방식이다. 그로 말미암아 독일학자들은 대부분 사려 깊은 사기꾼이 된다. 독일 문학 일반이나 철학에 특히 부정직이 힘을 발휘해, 누군가를 속일 능력이 없는 사람은 그 영향력을 잃게 될 것이다.

다른 공화국에서와 마찬가지로 학자공화국도 이러하다. 다시 말해 그곳에서 사람들은 조용히 혼자 행동하며, 굳이 남보다 더 현명해지려고 하지 않는 소박한 사람을 사랑한다. 위험하고 위협적인 별난 사람에 맞서 서로 단결해, 다수가 그의 편에 선다.

학자공화국에서는 전체적으로 보자면 멕시코공화국과 같은 일이 벌어진다.

멕시코공화국에서는 저마다 자신의 이득만 생각하고 자신을 위한 명성과 권력을 좇으며, 전체에는 무관심해 끝내 파멸하고 만다. 이와 마찬가지로 학자공화국에서는 저마다 명성을 얻기 위해 자신만 인정받으려 한다. 그런데 유일하게 그들 모두가 의견 일치를 보는 일은 정말로 똑똑한 사람이 등장하지 않도록 하는 것이다. 왜냐하면 자신들 모두가 위험해질 수 있기 때문이다. 학계 전체의 사정이 이와 같다는 것은 쉽게 예측할 수 있다.

교수와 독립적인 학자 사이에는 예로부터 개와 늑대 사이에서 설명되는 어떤 갈등이 존재한다.

교수는 자신의 지위로 말미암아 동시대인에게 알려지는 데에 큰 이점이 있다. 이와 달리 독립적인 학자는 그것으로 인해 후세에 알려지는 데에 큰 이점이 있다. 그러기 위해서는 무엇보다 여유와 독립이 필요하다.

인류가 누구에게 관심을 보여야 할지 알아낼 때까지는 오랜 세월이 걸리므로 그들은 서로 나란히 영향을 미칠 수 있다.

주로 교수라는 사람이 취하는 축사용 사료는 반추 동물에게 가장 알맞다. 반면에 자연의 손으로 자신의 먹이를 획득하는 사람에게는 야외 생활이 더 어울린다.

인류의 온갖 다양한 지식의 대부분은 늘 종이 위에, 즉 종이에 기록된 인류의 기억물인 책 속에 존재한다. 모든 주어진 시점에서 사람들의 머릿속에 실제로 남아 있는 것은 그 기억의 아주 작은 일부일 따름이다. 이것은 특히 인간의 수명이 짧고 불확실한 것에 더하여 인간의 게으름과 향락욕 때문이다. 그때그때 빠르게 지나가 버리는 세대는 자신이 필요로 하는 것을 인간의 지식으로부터 얻는다. 세대는 멈춤 없이 곧 지나가 버린다. 학자들은 현상에만 매우 집착한다. 이제 아무것도 모르는 모든 것을 처음부터 배워야 하는 희망적인 새 세대가 뒤따른다. 그리하여 새 세대는 파악할 수 있는 만큼 또는 자신의 짧은 여정에 사용할 수 있는 만큼 지식을 되찾지만, 또한 다시 지나가고 만다. 문자와 인쇄 기술이 없다면 인간의 지식은 얼마나 보잘것없겠는가! 도서관만이 인류의 완전하고 지속적인 기억이며, 인류 개개인은 하나같이 매우 한정되고 불완전한 지식을 지니고 있을 뿐이다. 그 때문에 상인이 장부 검사를 싫어하는 것처럼 대부분의 학자는 자신의 지식 정도를 테스트하는 것을 좋아하지 않는다. 그러므로 인간의 지식이 어느 정도인지 여러 측면에서도 예측조차 할 수 없으며, 무릇 알아둘 가치가 있는 것에 대해서도 저마다 1000분의 1도 알 수 없다.

따라서 학문의 폭이 너무 넓어져 '성과를 내려는' 사람은 다른 모든 것은 다루지 말고 오로지 어떤 특수한 전문 분야만 다루어야 한다. 그렇게 되면 연구자는 자신의 전문 분야에서는 일반인의 수준보다 높아지겠지만, 다른 모든 분야에서는 일반인과 다르지 않은 수준에 머물 것이다. 그런데 오늘날 갈수록 자주 나타나는 현상처럼 반쯤만 배워서는 전혀 도움이 되지 않는 고전어를 소홀히 하면 인문 교양이 부족해진다. 그럼으로써 우리는 자신의 특수한 전문 분야 말고는 완전히 지식 없는 학자를 보게 될 것이다. 일반적으로 이처럼 다른 분야를 받아들이지 않는 배타적인 전공학자는 평생 동안 특정한 나사나 갈고리, 또는 특정한 도구나 기계의 손잡이를 만드는 공장 노동자와 다름없다. 여기에는 물론 믿기지 않을 정도의 완벽한 기술을 요구한다. 또한 전공학자는 자신의 집에 살면서 절대로 집 밖으로 나오지 않는 사람과 견줄 수 있다. 마치 빅토르 위고의 콰지모도가 노트르담 교회만을 알고 있는 것과 같다. 그는 교회 안에 있는 모든 것, 즉 모든 계단, 모든 구석, 모든 들보는 정확히 알지만, 그 교회 밖의 모든 것은 그에게 낯선 미지의 세상일 뿐이다.

이와 달리 인문주의의 참된 교양은 여러 분야의 지식과 조망을 요구하므로, 학자에게는 좀 더 높은 의미에서의 박식함이 요구된다. 그러나 철두철미한 철학자가 되려고 하는 자는 그의 머릿속에서 인간 지식의 아득히 먼 양 끝을 관련지을 줄 알아야 한다. 그렇지 않으면 다른 어느 곳에서 그것들이 언젠가 함께 만날 수 있겠는가? 그런데 가장 높은 정신은 결코 전문학자일 수 없을 것이다. 그런 사람은 생존 전체를 문제로 삼기 때문이다. 또한 어떤 형식과 방식으로든 그 문제에 대한 새로운 답을 인류에게 제시할 것이다. 사물의 전체와 위대함, 본질적인 것과 일반적인 것을 자신의 업적의 주제로 삼는 자는 천재라고 불릴 수 있기 때문이다. 그러나 사물 사이의 특수한 관계를 정리하려고 자신의 생애 동안 애쓰는 사람은 천재라고 할 수 없다.

라틴어를 일반적인 학문용어로 쓰는 것이 폐지되고 도입된 민족 문학의 소시민 근성은 유럽 학계로서는 참으로 불행한 일이다. 처음에는 라틴어를 통해서만 유럽의 학식 있는 일반 독자가 존재했으며, 발간되는 책은 모두 그 학식 있는 독자 전체를 직접 겨냥하기 때문이다. 그런데 생각하고 판단하는 실제 두뇌의 수는 온 유럽에서 매우 적다. 그래서 그들의 토론장이 언어의 한계로 말미암아 나눠지고 해산되고, 그들의 유익한 영향력은 한없이 약화되고 말았다. 출판업자가 마음대로 선택한 뒤에 문학 직공에 의해 제작된 번역품은 일반적인 학문용어를 대신한 형편없는 대용품이다. 때문에 칸트의 철학은 잠시 반짝하다가 독일 판단력의 늪 속에 정체되었다. 이와 달리 피히테, 셸링, 마지막으로는 헤겔적인 겉보기 학문의 도깨비불이 휘황찬란한 횃불을 밝혔다. 그 때문에 괴테의 색채론은 정당한 평가를 받지 못했고, 나 자신도 주목받지 못했다. 그 때문에 그토록 지적이고 판단력이 있는 영국 민족이 오늘날까지도 가장 모욕적인 경건함과 사제의 후견을 통해 전락되었다. 그 때문에 프랑스의 명예로운 물리학과 동물학 또한 충분히 합당하고 가치 있는 형이상학의 지지와 통제로 말미암아 소홀히 취급되었다.

이러한 커다란 손해에 얼마 안 가 제2의 더 큰 손해, 다시 말해 고전어 습득을 중단하는 일이 생기게 될 것이다. 프랑스와 독일에서도 주로 고전어의 소홀함이 갈수록 더 드러나고 있다! 이미 1830년대에 《법전》이 독일어로 옮겨졌다는 사실은 모든 학식, 즉 라틴어의 토대에 맞서 무지와 야만이 등장했다는 뚜렷한 징표였다. 그리하여 이제 라틴과 그리스 저작들은 독일어 각주를 달고 출판되는 상황에 이르렀다. 이런 일은 추잡한 불명예 행위라고 말하지 않을 수 없다. 그렇게 된 진정한 이유(그들이 어떤 행동을 취할지 모르지만)는 발행자가 더는 라틴어를 쓸 줄 모르기 때문이다. 그리고 젊은이는 그들의 손에 이끌려 게으름, 무지, 야만의 길에서 떠돌아다닌다. 나는 문학지들에서 이러한 조치가 마땅히 성과에 따라 채찍질당하게 되는 것을 볼 수 있으리라고 생각했다. 그러나 놀랍게도, 마치 아주 정상인 것처럼 아무도 질책하지 않았음에 나는 얼마나 놀랐는지 모른다. 그 이유는 비평가라는 사람들이 사실 그러한 무지한 귀족들이거나 발행자, 또는 출판인의 대가이기 때문이다. 이제 각종 독일 문학에는 가장 나쁜 것들이 완전히 넘쳐나고 있다.

날마다 더욱 당당하게 나오는 특수한 비열함으로 나는 학술 서적에, 그리고 본디 배운 사람들이 보는 잡지와 대학에서 발행되는 잡지에 그리스나 라틴 저자가 쓴 대목이 독일어로 옮겨져 인용되는 것을 비난하지 않을 수 없다. 이 얼마나 부끄러운 일인가! 퉤, 악마! 당신은 구두장이나 재단사를 위해 글을 쓰는가? 그것은 오로지 책을 많이 '팔기' 위해서이다. 감히 지적하자면 당신네들은 모든 의미에서 비열한 친구들이다. 더 많은 명예를 지녀라. 지갑 속에 더 적은 돈을 넣고 다녀라. 무식한 자가 열등감을 느끼게 하고, 그들이 몸에 차고 다니는 전대에 절하지 마라. 그리스와 라틴 저자들에게 독일어 번역은 커피 대신 쓰이는 치커리 같은 대용품이나 다름없다. 게다가 그들의 번역이 올바로 되었는지 도저히 알 수 없는 일이다.

그쯤 되면 인문주의, 취향, 고상한 감각은 이제 모두 안녕이다! 철도가 건설되고 전선(電線)이, 기구가 만들어졌으나 다시 야만 시대로 돌아가고 말았다. 마침내 우리는 그로 말미암아 우리의 선조가 누렸던 어떤 장점까지 잃어버리고 마는 것이다. 다시 말해 라틴어는 로마 고대뿐만 아니라 모든 유럽 국가의 중세 전체와, 지난 세기 중반에 이르기까지 직접적으로 근대에도 쓰였던 것이다. 따라서 수백 명의 사람들과 함께 9세기의 스코투스 에리우게나, 12세기의 솔즈베리의 요안네스, 13세기의 라이문두스 룰루스는 라틴어를 학문적 주제로 생각하며 자연스럽고 고유한 언어로 내게 말한다. 그들은 지금도 내 곁으로 바짝 다가온다. 나는 그들과 직접 접촉하며 진정으로 사귀게 된다. 만일 그들이 자신이 살았던 시대에 자기 나라 말로 생각하며 글을 썼더라면 어떻게 될 뻔했는가? 나는 그것의 절반도 이해하지 못하고, 그들과의 참된 정신 교류는 불가능했을지도 모른다. 다시 말해, 나는 그들을 멀리 지평선에 걸린 환영처럼 보거나 번역이라는 망원경을 통해 볼지도 모른다. 이런 일을 피하기 위해 베이컨은 자신이 분명히 말했듯이 그의 《에세이》를 〈신자 강론집〉이라는 제목을 붙여 나중에 라틴어로 직접 번역했다. 홉스가 그의 번역을 도와주었다.

다시 말하면, 애국심은 학문의 영역에서 유효성을 위해 버려야 할 추잡한 것이다. 순수하고 일반적인 인간성을 추구하고 진리, 명백함, 아름다움만 통용되어야 하는데 자신이 가치 있는 일원으로 소속된 민족만을 위해 편애하는 것보다 더 부적절한 것이 어디에 있겠는가. 그리하여 자신만 소홀하지 않게 여겨 진리에 폭력을 가하고, 때로는 자기 민족의 부족한 자를 두드러지게 보이기 위해 다른 민족의 위대한 정신을 부당하게 평가하기도 한다. 그러나 우리는 유럽의 모든 문필가들에게서 이런 천박한 예들을 날마다 접할 수 있다. 그 때문에 트리아르테는 그런 사람들을 이미 그의 매우 인기 있는《문학적 우화》의 33번째 우화에서 비웃기도 했다.

넘쳐나는 대학생들로 인한 비용을 줄이고 그들의 자질을 향상시키기 위해 법칙을 정해야 한다. 첫째, 스무 살이 되기 전에 대학교에 입학해서는 안 되고, 학적부가 주어지기 전에 먼저 두 가지 고전어의 구술시험에 합격해야 한다. 그렇지만 대학생이 되면 군 복무에서 제외되어야 한다. 이로써 대학에 다니면서 학자라는 권위에 수여된 첫 훈장을 받는 셈이다. 대학생은 일 년 또는 그 이상 동안 자신의 직업과 전혀 다른 군인 신분이 되어 피해를 당하지 않고 아무 걱정 없이 학업에 몰두할 수 있어야 한다. 교육을 받지 못한 사람은 누구를 막론하고 박식한 사람을 존경해야 하지만, 박식한 이가 군사 훈련을 받는다고 존경받지 말아야 한다고는 생각하지 않는다. 라우파흐는《백 년 전》이라는 희극에서 바로 이런 야만성을 묘사했는데, 거기에서 늙은 데사우 사람은 어느 대학 졸업 예정자를 교활하고 잔인하게 다룬다. 대학생을 군 복무에서 면제해 준다 해서 군대가 해체되지는 않을 것이다. 오히려 그로 말미암아 나쁜 의사, 나쁜 변호사와 판사, 무식한 교사와 온갖 사기꾼의 수는 줄어들 것이다. 모든 면에서 군 생활이 미래의 학자가 사기를 잃게 하는 작용을 하리라는 사실은 그만큼 확실하기 때문이다.

둘째, 모든 대학생은 1학년 때는 오로지 철학 강좌를 들어야 한다는 법칙을 정해야 한다. 2학년 때 전공에 들어가 신학은 2년, 법학은 3년, 의학은 4년 동안 공부해야 한다. 반면에 김나지움 수업은 고전어, 역사, 수학, 독일 표현법에 한정해도 되며, 특히 고전어를 더욱 철저히 가르쳐야 한다. 그렇지만 수학적 소질은 다른 능력과 평행하지 않고, 그것과 아무 공통점이 없는[2] 특수하고 고유한 소

---

2) 이 점에 대해서는 1836년 1월 잡지《에든버러 리뷰》에서 휴얼(Whewell)의 어떤 책에 대해 비평 형식으로 쓴 윌리엄 해밀턴의 멋진 논문을 참조하기 바란다. 이것은 또한 나중에 그의 이름으로 다른 몇몇 논문과 함께 발간되었다. '수학의 가치와 무가치에 대하여'라는 제목으로, 독일

질이기에 수학 수업을 할 때는 학생들을 수준별로 나눠 가르쳐야 한다. 그러므로 영재 학급에 속하는 학생이 수학 과목에서는 그의 명예와 상관없이 김나지움 4, 5학년에서 배울 수 있으며, 그 반대의 경우도 마찬가지이다. 이렇게 해서 저마다 자신의 이런 특별한 종류의 능력에 따라 무언가를 배울 수 있다.

그러나 교수는 학생의 수준보다는 양에 관심이 있으므로 앞의 제안을 받아들이지 않을 것이고, 또한 다음의 제안도 지지하지 않을 것이다. 즉 교수의 이익을 탐내는 마음 때문에 신용이 떨어진 박사 학위가 다시 영예를 얻기 위해서, 학위 취득은 완전히 무료로 받을 수 있게 해야 한다는 점이다. 그 대신 박사 학위를 취득하면 그 뒤의 국가시험은 없애는 것이 좋다.

어로 번역되기도 했다(1836).

지성에 대하여

철학에서 전제가 없는 방법이라고 칭해지는 것은 모두 속임수이다. 왜냐하면 어쨌든 뭔가를 주어진 것이라고 간주하지 않으면 어디로부터도 출발할 방도가 없다. "나에게 설 곳을 달라"는 유명한 말은 곧 이런 상태를 가리키는 말로, 이것은 인간의 모든 활동에 꼭 필요한 조건이며, 철학적 사색의 작용조차도 이 예에서 벗어나지 않는다. 생각건대 우리 인간의 육체와 정신이 무턱대고 허공에 떠 있을 수는 없는 것이다.

그러나 이러한 철학의 출발점, 이렇게 먼저 주어진 것으로서 받아들여진 전제는 나중에 가서 보상받지 않으면, 즉 그 정당성을 증명받지 않으면 안 된다. 이러한 전제는 주관적인 것—즉 이를테면 자기의식이라든가 표상이라든가 주관이라든가 의지라든가—이거나 객관적인 것—즉 다른 것에 대한 의식에 나타나는 것, 예를 들면, 실재세계라든가 외부세계의 사물이라든가 자연이라든가 물질이라든가 원자라든가, 또는 신이라든가, 또는 실체라든가 절대자라든가 그 밖의 여러 경우들처럼 단순히 멋대로 나온 개념이라든가—일 것이다. 그래서 이때 벌어진 어떤 선택의 임의성을 나중에 보상하고 그 전제를 바로잡기 위해서 곧 관점을 바꾸어 반대 관점에 서고, 거기서 처음으로 주어져 받아들인 전제를 보완적으로 철학이론 안에서 다시 이끌어내야 한다. "이렇듯 사물은 사물에 빛을 던진다"(루크레티우스 제1권 1109행)란 이러한 것을 뜻한다.

예를 들면, 버클리나 로크, 또 이러한 고찰 양식에 있어서 정점에 다다른 칸트가 했던 것처럼, 어떤 주관적인 것으로부터 출발하면 주관적인 것은 실제로 직접적인 존재이기 때문에 이 길에는 가장 큰 장점이 있게 되는데, 그래도 이 철학의 안에서 이끌어내진 것을 나중에 역으로 철학의 출발점으로 삼고, 그리하여 처음에는 주관적인 것으로부터 객관적인 것을 이끌어냈듯이 이번에는 반대 관점에 서서 객관적인 것으로부터 주관적인 것을 이끌어내는 보충작업을 하지 않으면, 하나는 매우 일면적인, 또 하나는 충분히 정당화되지 않은 철학을 갖게 될 것이다. 칸트 철학에 대한 이 보충을 나는 《의지와 표상으로서의 세계》 제2권 제22장과 《자연에서의 의지》에서 식물생리학이라는 제목 아래, 외적 자연으로부터 출발해 지성을 이끌어내는 부분에서 제시해 두었다.

이번에는 반대로, 객관적인 존재로부터 출발해, 이를테면 물질과 그 안에 나타나는 온갖 자연의 힘처럼, 엄청나게 많은 것을 처음부터 주어진 것들로서 전제하면, 이러한 고찰양식은 순수한 자연주의(내가 좀 더 정확하게 절대적 자연학이라고 불러 온 것)를 제시하므로, 곧 모든 자연을 손안에 넣을 수가 있다. 그곳에서의 이미 주어진 것들, 즉 절대적 실재는 무엇이냐 하면, 개괄적으로 말하면 다양한 자연법칙과 자연의 힘, 그 기체(基體)로서의 물질이 그것이고, 이를 특수하게 보면, 무한한 공간 속에 허공에 떠 있는 태양과 그것들을 둘러싸고 회전하고 있는 헤아릴 수 없이 많은 유성이 그것이게 된다. 따라서 결론적으로 말하자면, 또는 빛을 내고 또는 조명되는 무수한 구체 외에는 그 어떤 것도 존재하지 않게 된다. 그리고 비추어지는 구체에서는 어떤 부패과정의 결과, 그 표면상에 생명이 발생하고 이것이 단계적으로 발달하면서 개체의 모습을 띠는 유기적 존재를 낳고, 그리고 이 개체들은 생명력을 지배하는 자연법칙에 따라서 탄생과 죽음을 갖고, 그로 말미암아 시간적인 시작과 끝을 갖는데, 이러한 자연법칙 자체는 다른 모든 자연법칙과 똑같이 모든 것을 지배하면서 시작도 끝도 없이 영원히 존립하는 삼라만상의 질서를 이루며, 게다가 스스로 어떠한 자기해명도 하지 않는다. 저 생명의 발달의 정점에 서 있는 것은 인간이지만, 그의 생존에도 짐짓 시작이 있고, 그 과정 가운데에는 매우 많은 고통과 크지 않은 기쁨이 있으며, 그리고 다른 모든 생존과 똑같이 끝이 있고, 그다음에는 마치 그것이 전혀 존재하지 않았던 듯한 상태로 돌아간다.

여기서 우리의 고찰을 이끌며 철학의 역할을 하고 있는 절대적 자연학은 앞서 말한 절대적으로 존립하고 지배하는 자연법칙 아래 온갖 현상이 서로 초래하고 구축하는 늘 변함없는 상태를 우리에게 설명해 준다. 여기서는 모든 과정이 완전히 자연적으로 움직이고 있으며, 그 때문에 모든 것이 명쾌한 길을 간다. 그러므로 이렇게 설명된 세계 전체에 대해서는 일찍이 피히테가―(그만의 연기력을 강단 위에서 발휘해 매우 엄숙하게, 위엄 있는 어조로, 학생들을 놀라게 하는 몸짓을 섞어가며)—입버릇처럼 말했던 "그것은 존재한다. 왜냐하면 그것은 존재하기 때문이다. 그리고 그것은 그 모습 그대로 존재한다. 왜냐하면 그것은 그 모습 그대로 존재하기 때문이다"라는 명문구를 적용할 수도 있을 것이다. ─ 이렇게 보면, 이처럼 뚜렷해진 세계에 대해서 특별히 완전히 환상적인 형이상학을 마련해 또 다른 설명을 구하려 하는 것은 이 관점에서 볼 때는 망상처럼 여겨질 것이다. 그리고 그것은 우리가 자연학에 의해서 기초를 놓지 못하고 있는 도덕론의 유일한 기댈 곳을 적어도 그 형이상학적 허구들로써 유지하려는 의도처럼 보일 것이다. 자연학자들이 형이상학을 깔볼 때의 노골적인 경멸은 이 점에 근거한다. ─

그러나 이 순수하게 객관적인 철학태도가 아무리 자족적이어도, 이 관점의 일면성과 그것을 교환할 필요는 (─즉 저 모든 세계 또한 뭐니 뭐니 해도 당장은 주관의 인식능력 안에 존재하는 것이므로, 어찌 되었든 인식주관과 그 인식능력을 연구 대상으로 해 볼 필요는─) 늦든 빠르든 여러 형태로 다양한 인연을 만나 깨닫게 될 것이다. 이렇게, 이를테면 그리스도교의 신비가들은 인간의 지성을 자연의 빛이라고 부르면서 고급 인식장면에서는 그것에 발언권이 없다고 선언하지만, 이를테면 이 자연의 빛이라는 표현의 이면에도 앞서 이야기한 온갖 인식의 타당성이 무조건적인 게 아니라 상대적인 조건 아래 있는 것에 지나지 않는다는 통찰이 숨어 있는 것이다. ─이와 달리 오늘날의 합리주의자들은 인간의 지성에 의한 인식의 타당성을 무조건적인 것으로 간주하고, 그렇기 때문에, 자연학자가 형이상학을 경멸하듯이, 그리스도교의 깊은 교리를 경멸하고, 이를테면 원죄의 교리를 미신이라고 여긴다. 그들의 펠라기우스식의 생활고에 찌든 지성 덕분에, 갑이 6천 년 전에 저지른 죄를 빌미삼아 오늘날의 을을 책망할 수는 없다는 것을 알게 되었기 때문이다. 생각건대 합리주의자는 그의 자연의 빛에 안주하고 따르기 때문에, 40년이나 50년 전, 즉 그의 아버지가 수면 모자를 쓰고 그를 잉태하게 만들고 그의 아내가 기쁨 속에 그를 이 세상에 태어나게 하기 이전에는 자신이 전혀 무(無)였다가 그때 바로 무로부터 발생한 것이라고 진심으로 아주 진지하게 믿고 있다. 그렇기 때문에 그를 무책임하다 말하는 것이다. 오, 죄인이여, 원죄인이여!

이처럼 객관적 인식을 따라가는 사변은 앞에서 말한 몇 가지 길을 통해서,

그러나 대부분은 피할 수 없는 철학적인 길을 통해서 늦든 빠르든 위험을 느끼기 시작할 것이다. 즉 그것은 객관을 향해서 자신이 얻은 모든 지혜는 인간의 지성을 믿고 채용된 것이며, 이 지성에도 고유 형식이나 기능, 또는 표현양식이 갖추어져 있을 것이니 그 지혜는 완전히 이 지성으로 말미암아 조건지어진다 하는 것을 통찰하기 시작할 것이다.

그 결과, 여기서 다시 한번 관점을 바꾸어, 객관적 방법을 주관적 방법으로 바꾸는 것이 필요해진다. 즉 지성은 지금까지 자신만만하게 안주하면서 그 학설체계를 이루고, 아주 대담하게 세계와 그 안의 온갖 사물의 형상에 관해서, 그뿐만 아니라 그것들의 가능성에 대해서조차 아 프리오리하게(선험적으로) 단정해 왔지만, 이번에는 이 지성 자체를 연구대상으로 삼고 그 기능을 음미할 필요가 생긴다. 이것은 곧바로 로크로 통하는 길이지만, 그는 얼마쯤 시간이 흐른 뒤에는《순수이성비판》으로 통하고, 마지막에는 "자연의 빛은 오로지 외부를 향하는 빛으로, 그것이 굴절해 자신의 내면을 비추려 해도 그 힘이 없어서 내면을 온통 뒤덮고 있는 어둠을 직접적으로는 쫓아내지 못하고, 저 철학자들이 걸었던 반성의 우회로를 거쳐 커다란 곤란과 싸우면서 비로소 자신에게 고유한 기구와 본성에 관한 간접적인 지견을 얻는 데 지나지 않는다"라는 인식으로 이끌고 간다.

그리고 여기까지 오면 지성은 본디 단순한 상대관계를 파악하는 것을 사명으로 하며(개체적 의지에 봉사하기 위해서는 그러한 파악으로 충분하다), 게다가 본질상 외부를 향하며, 거기서조차도 전기처럼 물체의 표면에밖에 미치지 못하는 힘이고, 즉 사물의 표면만을 포착하고 그 내면까지는 스미지 못하며, 그런 까닭에 지성에 객관적으로 뚜렷한 모든 실재적 존재 가운데 어느 것 하나도(가장 미소하고 가장 단순한 것일지라도) 완전히 뿌리부터 이해하거나 통찰할 힘이 없고, 오히려 거의 모든 것에서, 중요한 점은 지성에게 어디까지나 비밀이라는 것이 지성 자신에게 명백해진다.

이로써 지성은 얼마쯤 시간이 흐른 뒤에 관념론이라는 명칭으로 제시된 한층 깊은 통찰로 인도되어 간다. 그것은 즉 지성이 자신의 활동으로써 파악하는 저 세계와 그 질서는 무조건적으로 그 자체에서 그대로의 모습으로 현존하는 게 아니라 두뇌 기능들에 매개되어 성립하며, 당장은 단순히 두뇌 안에 실재하는 데 지나지 않고, 따라서 이런 형태로는 조건부의 상대적인 현실존재를 갖는 데 불과해, 따지고 보면 단순한 현상에 지나지 않는다는 통찰이다. 인간은 여기에 이르기까지 자기 자신의 현실존재의 바탕을 탐구하고, 이때 인식과 사유와 경험의 법칙들은 순수하게 객관적이고 진실하게 절대적으로 현존하고, 그 자신도 다른 모든 것도 오로지 이러한 존재들 덕분에 존재한다고 전제해 왔지만, 이제 그는 그 반대로, 그의 지성이, 따라서 그의 현실존재가 저 온갖 법칙 및 그것들의 모든 귀결의 조건임을 인식하기에 이른다. 이때 그는 그에게 이제 뚜렷해진 공간, 시간, 인과율 등의 관념성이 자연의 법칙과는 전혀 다른 사물의 질서를 가능케 하는 것이라는 사실도(하기야 그는 전자를 후자의 성과 또는 상징으로 간주하지 않을 수 없지만) 마침내 꿰뚫어 본다.

인간의 지성이 대부분 얼마나 철학적 성찰에 알맞지 않은가 하는 것은, 데카르트 이래의 여러 학설이 있음에도 아직도 관념론에 대하여 실재론이 태연히 맞서서 물체 자체는 우리의 표상 속에 있을 뿐만 아니라 현실에 실제로 현존한다는 소박한 주장을 내세우고 있는 것을 봐도 엿볼 수 있다. 그러나 바로 이 현실성, 이 현실 존재의 양상이야말로 그것이 담고 있는 일체의 것과 함께, 그것은 표상 속에 현존할 뿐 그 밖의 어디에서도 찾아볼 수 없다고 우리가 주장하고 있는 그것인 것이다. 왜냐하면 그것은 표상들의 결합의 특정한 필연적 질서에 지나지 않기 때문이다. 이에 대해서는 그 이전의 관념론자, 특히 버클리가 많은 것을 가르쳐주지만, 이 점에 대해서 매우 철저한 확신을 얻으려면 아무래도 칸트에 의하지 않으면 안 된다. 그것은 그가 문제를 단숨에 해치우지 않고 세세히 파고 들어가 아 프리오리(선험)적인 것을 분리하고, 곳곳에서 경험적 요소를 고려하기 때문이다. 일단 세계의 관념성을 이해한 사람에게는 세계가 아무도 그것을 표상하지 않을 때도 현존할 것이라는 주장은 실제로 무의미해 보이기 시작한다. 왜냐하면 이 주장은 모순을 늘어놓고 있기 때문이다. 생각건대 세계의 현존이란 바로 세계가 표상되는 것이다. 그 현실존재 자체가 주관의 표상 안에 있다. 세계는 객관이라는 표상은 바로 이를 일컫는다. 이에 따라 고등한, 비교적 오래된, 그리고 훌륭한 종교, 즉 바라문교와 불교는 어디까지나 관념론을 그 교리의 바탕으로 삼으며, 따라서 관념론의 인정을 민중에게까지 기대한다. 이와 달리 유대교는 실재론의 틀림없는 집중이자 강화이다.

피히테가 도입한 뒤, 대학 안에서 자리를 잡게 된 궤변 중 하나로, 자아라는 단어에 숨어 있는 궤변이 있다. 본디 어떻게 해도 주관적 존재인 것이 피히테의 자아(das Ich)에서는 실체명사적인 표현과 그것에 붙은 정관사로써 하나의 객관으로 바꿔치기 되었기 때문이다. 그러나 자아는 사실은 어디까지나 주관적인 것, 따라서 결코 객관이 될 수 없는 것을 부르는 이름으로, 인식되는 모든 것에 대립해 그것들 모두의 조건인 인식자 자체를 지칭한다. 모든 국어의 지혜가 나(자아)를 실체명사로서 취급하지 않음으로써 이를 표현해 왔다. 바로 그렇기 때문에 피히테는 그의 뜻을 관철하기 위해서 국어에 폭력을 가하지 않을 수 없었던 것이다.

피히테의 한층 더 뻔뻔한 바꿔치기는 정립이라는 단어를 남용한 것인데, 이 남용은 누군가로부터 추궁받거나 추방되지도 않고 오늘에 이르기까지 거의 모든 사이비 철학자들에 의해서, 그를 선례로 삼거나 권위로 삼아, 상투적인 수단으로서 줄곧 사용되고 있다. 정립하다(ponere→propositio)라는 말은 본디 단순히 논리적인 표현에 지나지 않는 것으로, 토론과 같은 흐름 속에서 어떤 것을 일단 상정하고, 전제하고, 긍정하고, 따라서 먼저 그것에 논리적인 타당성과 형식적인 진리성을 줘 보겠다는 의미이며, 이때 그것의 실재성이나 실질적인 진리성, 현실성은 어디까지나 묻지 않고 해결하지 않은 채로 보류해 두는 것이다.

그러나 피히테는 이 정립에 은밀히 어떤 실재적인, 그러나 모호하고 헷갈리는 의의를 도입했고, 그것을 얼뜨기들이 애지중지하고 얼마 지나지 않아 궤변가들이 잇따라 이용했던 것이다. 즉, 자아가 먼저 자기 자신을, 그리고 그다음에 비아(非我)를 정립한다고 피히테가 주장한 이래, 정립한다는 것은 창조하고 산출한다는—요컨대 어떤 식으로 하는지 알 수 없지만, 아무튼 세상에 내놓는다는—정도의 의미가 되었고, 그리하여 사람들이 이유도 없이 현실존재로서 인정하고 타인에게도 그렇게 믿게 하고 싶어 하는 것들은 모두 이런 식으로 정립하게 되어, 그 순간 그것은 거기에 엄연히 실재하게 된다. 이는 이른바 칸트 이후 철학의, 지금도 활개를 치고 있는 방법으로, 본디는 피히테로부터 시작되었다.

권고와 잠언

나는 이제까지 서술이 완벽해야겠다는 관점에서 이야기해온 것은 아니다. 이 장에서 더욱 그럴지 모르겠다. 그렇지 않으면, 멀리는 테오그니스[1]나 솔로몬 왕[2]에서, 가까이는 라로슈푸코에 이르기까지 모든 시대의 사상가들이 지어낸 많은(그중에는 꽤 무게가 있는 것도 들어 있는) 처세훈을 그저 되풀이하는 것이 될 수 있으며, 평범한 주장으로 그칠지 모르기 때문이다. 그렇게 완벽을 기하기는커녕 계통적으로 안배하지도 못할 테니 완벽히 하는 것은 단념하는 수밖에 없다. 독자들을 지루하게 만들고 싶지 않기 때문이다.

나는 생각나는 것, 전할 만한 가치가 있는 것, 그리고 내가 기억하는 한 아직 누구도 말하지 않은 것만을 말하려고 한다. 즉 행복이라는 넓은 영역에서 이미 다른 사람들이 말해 온 것을 보충하겠다.

그러나 이 문제에 대한 견해나 충고는 각양각색이므로 어느 정도 순서를 정하기 위해 이것을 일반적인 것, 자기 자신에 대한 우리의 태도, 다른 사람에 대한 우리의 태도, 시대와 운명에 대한 우리의 태도로 구분해서 이야기하려고 한다.

일반적인 것

내가 처세의 최고 기준이라고 생각하는 것은 아리스토텔레스가 《니코마코스 윤리학》[3]에서 말한, "현자는 슬픔이 없기를 요구하되 기쁨을 바라지 않는다"라는 명제이다(라틴어 번역은 '참으로 지각 있는 사람이 원하는 것은 즐거운 일이 아니라 고통이 없는 일이다'). 차라리 이 구절은 독일어로 이렇게 번역해 두기로

---

1) BC 550년 무렵의 그리스 시인. 시구 약 1400행이 오늘날 남아 있다.
2) 옛 유대의 3대 임금. 구약 전도서의 저자.
3) 제7권 12장.

하자. '이성이 있는 사람은 고통이 없기를 바라되 향락은 원하지 않는다.' 이 구절의 의미는 모든 향락과 행복은 소극적인 것이지만, 고통은 적극적인 것이라는 뜻이다.

이 명제의 해설과 증명은 내가 쓴 《의지와 표상으로서의 세계》[4]에 서술되어 있다. 그러나 나는 여기서는 날마다 관찰할 수 있는 사실에 대하여 이야기하려고 한다.

몸은 건강해도 작은 상처나 통증이 있으면 몸 전체의 건강은 도외시되고, 끊임없이 작은 상처에만 정신이 쏠려 기분이 좋지 않게 된다.

이와 마찬가지로, 모든 일이 우리의 뜻대로 행해지더라도 한 가지 일이 의도에 어긋날 경우, 아무리 그것이 하찮은 것이라도 우리의 신경을 계속 자극한다. 즉, 우리는 안 되는 일은 몇 번이고 생각해 보지만, 뜻대로 되어가는 다른 소중한 일에 대해서는 그다지 신경을 쓰지 않는다.

이 두 가지의 경우, 상처를 받은 것은 의지다. 자세히 말하면, 앞의 경우에는 신체로 객관화된 의지이고, 뒤의 경우는 인간의 노력으로 객관화된 의지다. 의지의 만족은 언제나 소극적으로 작용할 뿐이기 때문에 직접 느끼는 일은 없다. 기껏해야 성찰을 거쳐 의식으로 떠오를 뿐이다.

이와 반대로, 의지의 억제는 적극적인 것이므로 자기 자신에게 뚜렷이 의식된다. 모든 향락은 단지 억제를 제지하거나 억제로부터 벗어나는 것이므로 오래 지속하지는 못한다.

앞에서 찬미한 아리스토텔레스의 교훈도 여기에 바탕을 두고 있다. 그것은 우리의 목표를 인생의 온갖 향락이나 기쁨에 두지 않고, 살아가는 동안에 수없이 만나는 재앙에서 될 수 있는 대로 몸을 피하라는 것이다. 이 길이 정당한 것이 아니라면 볼테르의 "행복은 꿈에 지나지 않으며 고통은 현실이다"라는 말은 사실인 것 같지만 실제로는 거짓말이라는 이야기가 된다.

그러므로 행복론적으로 반성해 보고 자기 생애를 결산하려고 하는 사람은 스스로 인생을 즐기는 기쁨의 가짓수에 따라서가 아니라, 무사히 넘긴 재앙의 가짓수로써 계산서를 작성해야 할 것이다. 즉, 행복론의 '행복하게 산다'는 말

---

4) 제1권 58절.

자체가 가지는 의미는 '불행을 줄이고', '그럭저럭 살아간다'는 뜻을 가질 뿐이라는 가르침에서 시작해야 한다.

인생은 향락을 누리기 위한 것이 아니라 극복하고 헤쳐나가기 위해 있는 것이다. 이 사실은 여러 나라 말로 해석할 수 있다. 라틴어로는 '세상에 태어난 이상 죽을 때까지 살아야 한다', 이탈리아어로는 '인생을 적당히 즐겼으면 도망칠 일이다', 독일어로는 '인간은 세상을 이겨나가도록 힘써야 한다' 또는 '그는 세상을 잘 뚫고 나갈 것이다'라고 말하고 있다.

그렇다. 일생의 활동이 끝났다는 의미에서 늙은이의 마음은 홀가분하다. 가장 행복한 사람은 정신적으로나 육체적으로 심한 고통을 받지 않고 살아온 사람이다. 엄청난 기쁨이나 최대의 향락을 누린 사람을 행복하다고 할 수 없다는 뜻이다. 향락으로 인생의 행복을 측정하려고 생각하는 사람은 잘못되었다. 향락은 소극적인 것이기 때문에 향락 그 이상이 될 수 없다. 그러므로 인간이 향락으로 행복하게 된다고 생각하는 것은 질투가 자기를 처벌하기 위해 품은 망상에 지나지 않는다.

고통 없는 상태에 권태까지 깃들지 않은 생활을 하게 된다면 이 세상의 행복에 도달했다고 할 수 있다. 그러나 그 밖의 것은 모두 망상이다.

그러므로 사람들은 고통을 참으면서까지 향락을 사들이려고 해서는 안 된다. 만일 그렇게 한다면 소극적인 것, 환상과 같은 것을 사들이기 위해 적극적인 것, 실제적인 것을 치르는 것이 된다.

이와 반대로 고통에서 벗어나기 위해 향락을 희생한다면 그는 이득을 보고 있는 것이다.

이 두 가지의 경우에, 고통이 향락의 뒤에 오는 것인지, 그 전에 오는 것인지는 그다지 중요하지 않다. 이 괴로운 무대인 세상을 아주 즐거운 무대로 바꾸려고 하거나 되도록 고통을 없애려고 생각하는 대신에 향락과 기쁨을 탐닉하려고 하는 것은 그 이치가 거꾸로 된 것이다. 그러나 많은 사람들이 그런 일을 예사로 하고 있다.

이와 견주어 지나치게 우울한 눈으로 세상을 일종의 지옥으로 생각하고, 무작정 지옥 속에 하나의 견고한 방을 마련할 궁리만 하는 사람은 아직도 미혹에 덜 빠져 있는 편이다. 어리석은 자는 인생의 향락을 찾아 헤매다가 끝내 실망하게 된다. 현명한 사람은 재난을 피하는 법이다. 물론 현명한 사람이라도 재난을 잘못 피하는 경우가 있겠지만, 그것은 그 운명 때문이지 결코 그가 어리석어서가 아니다. 그가 아무리 재난을 잘 피했다 하더라도 그 재난은 틀림없이 존재하기 때문이다. 예컨대 그가 재난을 너무 일찍부터 피해 향락을 누릴 필요가 전혀 없을 정도로 희생했다 하더라도 아무것도 잃은 것은 없다. 향락은 모두 악몽과 같은 것으로, 향락 자체에 권태를 느꼈다고 마땅찮게 여기는 것은 쓸데없고 우스꽝스러운 일이다.

이 진리를 낙천주의에 억눌려 제대로 보지 못하는 것은 많은 불행의 근원이 된다. 왜냐하면 고뇌에서 벗어난 동안 안정을 잃은 소망이, 전혀 있지도 않는 행복의 그림자를 우리 눈에 띄게 하여, 이 그림자를 뒤쫓도록 유혹하기 때문이다.

이로 말미암아 우리는 부정할 수 없이 현실의 고통을 느끼게 된다. 그래서 우리는 고통 없는 상태를 이미 잃어버린 천국처럼 생각하고 한탄하면서 부질없이, 현재 일어난 것을 일어나지 않은 것으로 할 수만 있다면, 하고 소망한다.

그것은 가장 진실한 행복인 고통이 없는 상태에서 악마가 끊임없이 소망이라는 온갖 환상으로 우리를 유혹하는 것과 같다. 젊은이들은 잘 생각해 보지도 않고 이 세상이 향락을 위해 존재한다고 믿고, 향락은 적극적인 행복의 주거지라고 믿으며, 그 행복을 놓치는 것은 자기를 지배하는 능력이 없는 사람이라고 생각한다.

젊은이들을 이렇게 생각하게 한 것은 소설이나 시, 그리고 곳곳에서 찾아볼 수 있는 그릇된 신념이다(나는 이 그릇된 신념에 대해서 나중에 한 번 더 이야기하고자 한다). 그들은 적극적인 행복을 좇으며, 그 행복은 적극적인 향락으로 이루어져야 한다고 생각한다. 그리고 젊은이들은 위험을 무릅쓰고 결판을 내려고 한다.

이런 행복 추구는 전혀 있지도 않는 가공의 목적을 노리므로 결국 실재하는 적극적인 불행을 불러오게 된다. 그리고 이것은 고통과 고뇌, 질병, 손실, 근심, 가난, 치욕 등의 결과로 나타난다. 나중에야 환멸에서 깨어나지만 이미 때는 늦은 것이다.

그러므로 이런 결과를 초래하기 전에 고뇌를 피하는 방법, 즉 가난이나 병,

그 밖의 모든 곤경을 멀리하는 방향으로 생활계획을 세워 밀고 나가면 어떤 성과를 거두게 될 것이다. 일을 많이 성취하고 싶으면 적극적인 행복을 추구하는 방향으로 생활계획을 세움으로써 방해받지 않도록 힘써야 한다.

이와 비슷한 말을 괴테는 언제나 남의 행복을 위해 힘쓰는 미틀러의 입을 빌려 《친화력》에서 이렇게 말하고 있다.

재앙을 당하지 않으려는 사람은, 평소에 자기가 무엇을 원해야 하는지 알고 있다. 자기가 갖고 있는 것보다 더 좋은 것을 바라는 사람은 눈뜬 장님이다.

그리고 이 말은 '더 좋은 것은, 참으로 좋은 것의 적이다'라는 프랑스 속담을 떠올리게 한다.

여기서 나의 저서 《의지와 표상으로서의 세계》[5]에 서술한 것처럼, 견유주의의 근본 사상을 엿볼 수 있다. 견유학파에게 모든 향락을 버리게 한 원인은 많든 적든 이 향락과 결부된 고통에 관한 사상이다. 이 고통을 피하는 편이 그들로서는 향락을 얻는 것보다 더욱 중요한 일로 여겨졌다.

그들은 향락의 소극성과 고통의 적극성을 깊이 인식하고 있었다. 그래서 철두철미하게 재난을 회피하기 위해 모든 것을 바치고, 나아가 향락을 완전히 포기할 필요가 있다고 생각했다. 그들은 향락 속에 우리를 고통에 빠뜨리는 함정이 있음을 잘 알고 있었던 것이다.

실러가 말한 바와 같이, 우리는 물론 저마다 아르카디아[6] 태생이다. 다시 말하면 우리는 행복과 향락의 청구권을 충분히 갖고 이 세상에 태어났다. 그리고 이 청구권을 관철하려는 어리석은 기대를 가슴에 품고 있다. 그러나 운명은 우리의 모든 것을 헛일로 만들어 버리고는 '우리의 것은 하나도 없다, 모두가 그의 것이다'라고 가르쳐 준다. 우리가 가진 모든 소유와 소득, 아내와 자식, 팔다

---

5) 제2권 16장.
6) 그리스 펠레폰네소스반도 중앙에 있는 땅. 마음 편히 살고 있는 신들이 모여드는 곳, 풍속이 순박한 유목민의 평화로운 땅. 실러의 《체념》 머리말에 "우리도 아르카디아에서 태어나다"라고 씌어 있다.

리, 눈과 귀, 아니 얼굴 한복판의 코조차 우리 것이 아니라 운명의 것이다.

행복과 향락은 다만 멀리서만 보일 뿐 가까이 다가가면 사라져 버리는 아지랑이와도 같다. 그렇지만 고뇌와 고통은 현실성을 가지고 직접 자신을 드러낸다. 그리고 이것이야말로 착각도 아니고 허망한 것도 아님을 가르쳐 준다. 이가르침이 몸에 배면 우리는 행복과 향락을 좇는 것을 단념하고, 오히려 고통과고뇌의 길을 막으려고 애쓴다.

그래서 우리는 이 세상에서 가장 좋은 것은 고통 없는 평온하고 견딜 만한생활임을 알고, 이런 생활태도를 더욱 분명히 익히기 위해 이에 따르는 온갖요구도 제한하게 된다. 심한 불행에 빠지지 않으려면 엄청난 행복을 바라지 않는 것이 가장 확실한 방법이기 때문이다.

괴테의 젊은 시절 친구인 메르크[7]는 이를 인정하고 다음과 같이 말했다.

우리가 꿈꾸는 최상의 행복에 대한 비천하고 터무니없는 소망은 세상의모든 것을 희생시킨다. 그러나 이런 소망을 버리고 자기가 현재 소유하고 있는 것 이외에는 아무것도 바라지 않는 사람은 그럭저럭 살아갈 수 있다.

—《메르크와의 왕복 서한집》100쪽

우리는 향락, 소유, 지위, 명예 등에 대한 자기의 청구권을 적당히 요구하는것이 상책임을 알아야 한다. 행복과 부귀영화, 향락에 대한 노력이나 분투는커다란 불행을 초래하기 때문이다. 매우 불행하기는 쉽지만, 크게 행복하기는어려운 일일 뿐만 아니라 전혀 불가능하다는 이유만으로도 앞서 말한 생활 태도는 현명하고 유리하다. 그래서 처세의 지혜에 뛰어난 시인은 다음처럼 노래하고 있다.

절도를 황금보다 더 소중히 여기고 분수를 지키는 사람은
궁전의 화려한 생활을 부러워하지 않는다.
높은 소나무 가지는 바람에 흔들리는 일이 잦고

---

7) 1741~1791. 괴테의 친구, 저술가. 나중에 자살함.

우뚝 솟은 성곽의 높은 탑은 무너지기 쉽고
가장 높은 산은 벼락을 먼저 맞는다.

—호라티우스 《송가》 2, 10의 5

그러나 내 철학의 가르침을 충분히 체득하고, 우리의 존재가 오히려 없는 편이 나으며, 그것을 부정하고 거부하는 것이 가장 큰 지혜임을 깨달은 사람은, 어떤 사물이나 상태에 처해도 큰 기대를 걸지 않는다. 그리고 이 세상에 있는 것은 하나도 애써 손에 넣으려 하지 않으며, 또 자기가 어떤 것을 잘못 손에 넣었다고 하더라도 크게 한탄하는 일도 없을 것이다. 오히려 그는 플라톤이 "인간의 일은 무엇이건 크게 애쓸 만한 것이 못 된다"[8]라고 말한 것이나, 다음 시구의 취지를 잘 이해할 것이다.

그대 세상을 잃었다 해도
한탄하지 마라, 이는 아무것도 아니니.
그대 세상을 손에 넣었다 해도
기뻐하지 마라, 이는 아무것도 아니니.
괴로움도 기쁨도 언젠가는 사라지게 마련이거늘
세상을 다만 스쳐서 지나가라, 이는 아무것도 아니니.

—안바리[9]

그런데 이 유일한 견해에 이르는 길을 가로막는 것은 전에도 말한 바와 같이 세상의 위선이다. 그러므로 그 진상을 젊은이들에게 미리 폭로할 필요가 있다.

세상은 무대 장치처럼 겉모습은 화려하게 보이지만 사물의 본체가 빠져 있다. 예컨대 돛대에 깃발을 올리고 꽃다발로 장식한 선박, 축포의 발사, 조명 장식, 북과 나팔, 환호와 아우성 등 모두가 기쁨의 간판이요, 겉치레요, 상형문자이다. 참된 기쁨은 거기서 찾기 어렵다. 즉, 기쁨이 축제에 참석하는 것을 가로막고 있는 것이다. 기쁨이 참석할 경우에는 보통 초대를 받지 않아도 미리 알리

---

8) 《국가론》 제10권 604.
9) 12세기의 페르시아 시인.

지 않고, 자발적으로 으스대지도 않으며 몰래 침입하는 경우도 있다. 또한 기쁨은 때때로 보잘것없는 시시한 기회에, 아주 평범한 상황에서 야단스럽지도 떠들썩하지도 않은 경우에 나타난다. 기쁨은 오스트레일리아의 황금처럼 대부분 매우 작은 알맹이에 지나지 않지만 드물게는 커다란 덩어리로 발견되기도 한다.

이와 반대로 그 목적은 단지, 지금 여기 기쁨이 와 있다고 남에게 믿게 하는 데에 있다. 즉 타인의 머릿속에 그렇게 보이게 하려는 것이다. 슬픈 일이나 기쁜 일에 대한 것도 마찬가지이다. 저 느릿느릿한 긴 장례행렬이 얼마나 울적하고 슬프게 다가오고 있는가! 뒤따르는 마차의 행렬은 끝이 없다. 그러나 속을 들여다보라! 이 마차들은 모두가 텅 비어 있다. 그리고 죽은 사람은 실상 도시 안의 마부들을 모조리 무덤까지 함께 데리고 가는 것뿐이다. 이것이야말로 세상 친구 사이의 정과 존경이 무엇인가를 있는 그대로 말해 주는 한 폭의 그림 아니겠는가! 이것이 처세의 허위와 공허와 위선이다.

이와 비슷한 또 다른 경우는 엄청난 대접을 받고 있는 예복 차림의 초청객들이다. 그들은 고급 사교의 간판이며, 초대되어 온 손님 중에 그들을 빼고는 대부분은 의리와 번뇌와 권태이다. 즉, 많은 귀빈이 득실거리는 곳에는 으레 무뢰한들이 끼게 되어 있다. 그들 가슴에 번쩍거리는 훈장이 달려 있어도 말이다. 참으로 훌륭한 모임이란, 어디서나 거의 조촐한 법이다. 그러므로 호화판으로 떠들썩한 축제나 향연에서는 반드시 어떤 공허를 느끼게 마련이며 내적인 부조화가 노출되기 쉽다. 이것은 우리가 생활에서 바라는 것과 분명히 다르며, 그 모순이 한결 두드러지게 드러난다.

그러나 겉으로 대단한 작용을 하는 것처럼 보이고자 한다. 샹포르는 다음과 같이 말한다.

사교계나 서클, 모임, 요컨대 사람들이 사회라 부르는 것은 아무 재미도 없는 시시한 연극이고 서투른 오페라로, 무대장치, 의상, 배경 등으로 겨우 지탱하고 있을 뿐이다.

마찬가지로 아카데미나 철학 강좌는 지혜의 간판, 겉모습뿐이며, 지혜는 대개 거기에 없으므로 다른 데서 찾아야 한다. 교회의 은은한 종소리, 사제의 복장, 경건한 몸가짐, 괴이한 행사 등은 신앙의 간판으로 꾸며진 거짓 의식에 지나지 않는다.

그러니 이 세상의 거의 모든 것은 속 빈 호두와 같다. 알맹이는 드물며, 그것이 껍질 속에 들어 있는 경우는 더욱 드물다. 이것은 전혀 다른 장소에서 찾아야 하며, 대부분 우연히 발견된다.

어떤 사람의 됨됨이를 그가 누리는 행복의 정도로써 평가하려고 한다면, 그에게 만족감을 주는 것을 살펴볼 것이 아니라 그를 슬프게 하는 것이 무엇인가를 살펴보아야 한다. 그를 슬프게 하는 것이 가치가 없는 것일수록 그 사람은 더욱 행복할 테니까. 그러나 사소한 일에 민감하게 되려면 무사태평한 생활이 필요하다. 불행할 때에는 사소한 일은 머리에 전혀 떠오르지 않는 법이다.

인간은 생활해 가는 데 필요한 온갖 요구로 말미암아 자기의 행복을 넓은 토대 위에 세우는 것을 경계해야 한다. 이와 같은 바탕 위에 세운 행복은 무너지기 쉬우며, 이런 행복은 훨씬 많은 재앙을 가져올 뿐만 아니라 이 재앙을 미리 막을 수도 없기 때문이다.

행복이라는 건물은 다른 모든 건물이 견고하게 넓은 토대 위에 서는 것과는 반대이다. 그러므로 자기의 요구를 되도록 낮추는 것이 큰 불행을 벗어나는 가장 확실한 길이다.

생활 방식이 어떻든 우리 생활에 규모가 큰 계획을 세우는 것은 자주 볼 수 있는 어리석은 일 가운데 하나이다. 이런 계획은 자신이 오랫동안 살 것이라는 생각에서 나온다. 그리고 그들이 예컨대 그처럼 장수하더라도 커다란 계획에 비해 삶은 너무나 짧다. 이런 계획들을 모두 실천에 옮기려면 예상했던 것보다 훨씬 많은 시간이 필요하기 때문이다. 그리고 그런 계획은 다른 사람들에게서 찾아볼 수 있는 것처럼 실패와 장해에 몇 번이고 거듭 부딪쳐야 하기 때문에 목표를 이루는 경우는 매우 드물다.

만일 모든 일이 성취되더라도 세월이 흘러 우리 몸에 일어나는 이런저런 변화로 예상을 뒤엎는 일이 수두룩하다. 자신이 세운 계획을 이루거나 향락을 누리기 위해서라도 일생을 통해 우리의 능력이 지속되지 않는다는 것을 헤아려야 한다.

때때로 그 계획이 완성되어도 우리에게 알맞지 않은 것을 손에 넣으려고 노력하거나, 어떤 작품 준비를 위해 여러 해를 들여, 작품을 완성할 힘을 어느새 잃고 마는 경우도 일어난다.

그러므로 오랜 모험의 결과 얻은 재물로 우리는 향락을 누리지 못하게 되고, 결국 우리는 남을 위해 일한 것이 된다. 또 우리가 오랫동안 이리저리 바삐 돌아다니며 애써 도달한 지위를 유지할 만한 정력이 없어지는 경우도 가끔 있다. 일은 우리에게 더디게 이루어지게 마련이다. 또는 반대로 우리가 일에 더디게 좇아갔다고도 할 수 있다.

이것은 특히 온갖 업적, 또는 작품 제작에 관한 일을 할 경우이며, 시대의 취미가 변하고 새 세대가 자라 그런 일에는 아무도 관심을 보이지 않고, 다른 사람들은 더 가까운 길을 택해 우리를 앞질러 가는 경우에도 해당된다.

호라티우스는 이제까지 말해 온 모든 것을 염두에 두었던 듯하다.

> 어찌 백년대계로 하여
> 그대는 터무니없이 피곤하게 하는가?
>
> ─《송가》 2, 11의 11

이러한 오류를 되풀이하는 까닭은, 정신의 눈에 언제나 따라오는 착각 때문이다. 이 착각으로 말미암아 삶은 그 입구에서는 끝이 없는 듯하지만, 종점에서는 매우 짧게 보인다. 물론 이 착각에도 장점이 있다. 만일 이 착각이 없었다면 위대한 일은 전혀 이루어지지 않았을 것이다.

우리가 살아가는 동안 사물을 멀리서 바라보았을 때와 가까이서 보았을 때 모습이 다르게 보이는 법이다. 특히 그런 일은 우리의 소망에서 잘 나타난다. 우리가 탐구한 것과 전혀 다른 무엇, 때로는 더 좋은 것을 발견하는 경우도 있고, 탐구한 것을 처음부터 가망이 없다고 판단해 포기하고 다른 길을 택해 목적을 이루는 경우도 있다. 특히 우리가 향락, 행복, 기쁨 등을 찾은 장소에서 교훈, 통찰, 인식이 얻어지는 일이 가끔 있다. 또 우리가 찾던 한때의 거짓 보물 대신 영속적이고 참된 보물이 있을 때도 있다. 이것이야말로《빌헬름 마이스터의 수업시대》의 밑바닥에 깔려 있는 일관된 사상이다. 이 작품은 교양소설이며, 월터 스콧[10]도 이 점을 지적했다. 다른 소설들이 윤리적으로 인간의 천성을 오직 의지의 측면에서만 파악하는 것과 비교하여 좀 더 고상한 소설이라고 할 수 있다.

이와 동시에 기괴하지만 의미심장하고 뜻있는 상형문자라고 할 수 있는《마술피리》[11]에도 앞에서 말한 것 같은 근본 사상이 대담한 필치로 상징되어 나타난다. 다만 절정 부분을 왕자 타미노가 밤의 왕녀 타미나에 대한 사랑으로 말미암아 덕이 높은 성자가 되어 '지혜의 성전'에 오르고, 그와 전혀 다른 인물인 사냥꾼 파파게노가 파파게나를 손에 넣도록 하는 편이 좋았을 것이다.

요컨대 세속을 벗어난 고결한 성품을 갖고 태어난 이들은 일찌감치 위에서 말한 운명의 가르침을 이해하고 묵묵히 이를 지켜나간다. 그들은 이 세상에서 얻을 수 있는 것은 예지이며 결코 행복이 아님을 깨닫고 만족을 누리는 것을 유일한 기쁨으로 삼는다. 그리고 예지를 위해서라면 희망도 기꺼이 버린다. 페트라르카[12]처럼 이보다 더 큰 즐거움을 바라지 않는 것이다.

배우기를 기뻐하고, 여기에 정신이 팔려 다른 것에는 관심이 없다.

그들은 한 걸음 나아가 자기들의 욕구를 충족하는 것은 다만 겉으로 드러나는 유희에 지나지 않으며, 본심으로는 오직 지혜만을 기대한다. 그래서 그들은 현실적인 관심을 버리고 객관적으로, 천재와도 같은 숭고한 모습을 갖추게 된다. 옛날의 연금술사가 금덩어리를 찾아다니다가 화약과 도자기, 약품과 자연 법칙까지도 발견했듯이 우리도 쾌락 대신에 지혜를, 행복 대신에 진리를 얻기도 한다.

자기 자신에 대한 태도
어떤 건물을 세우려고 일하는 일꾼들이 전체 계획에 대해서는 알지도 못하

---

10) 1771~1832. 영국 소설가. '낭만의 왕'이라고 불린다.
11) 1791년 쉬카네더가 대본을 만들고 모차르트가 작곡한 가극.
12) Petrarca(1304~1374). 이탈리아의 시인. 르네상스의 대표적 문학가.

고 또 언제나 의식하지 않는 것과 마찬가지로, 인간도 자기의 생활을 하루하루 이어 나아가면서 인생의 전모와 그 성격에 대해서는 알지 못하며, 언제나 의식하고 있지도 않다.

인생이 가치 있고 의의 있다고 생각하며 계획대로 사는 개성 넘치는 존재일수록 인생의 설계도를 때로는 한눈에 바라볼 필요가 있다.

이를 위해서는 물론 그가 손댄 일에 대하여 '자기 자신을 알라'는 격언 그대로, 비록 사소한 것일지라도 다른 모든 것은 덮어 두고 자기가 가장 바라는 것이 무엇인지, 다시 말해서 자기 행복에서 가장 본질적인 것이 무엇인지를 알아야 한다. 그 뒤 제2, 제3의 것이 무엇인지를 알고, 또한 자기의 직업과 역할, 그리고 이 세상과 자기 자신이 어떤 관계에 있는지 알 필요가 있다. 이는 매우 중요한 일이다. 인생의 설계도를 한눈에 바라본다는 것은 무엇보다도 그를 굳세게 하고 분발시키며, 활기를 불어넣어 곁길로 가는 것을 막아줄 것이다.

여행하는 사람이 어떤 높은 곳에 이르렀을 때 비로소 지나온 길을, 그 모든 우여곡절을 통틀어 한눈에 훑어보듯이, 우리는 자기 생애의 어느 한 시기나 온 생애의 맨 끝에 가서 우리가 행한 행위와 업적, 작품 등과 관련해 정밀한 인과 관계와 연결하여 가치까지 인식하게 된다. 무슨 일에 전념하고 있는 동안 우리는 언제나 동기의 영향으로 우리의 성격이나 능력에 따라, 하나에서 열까지 필연성에 따라서 행동한다.

우리는 모든 순간에, 우리에게 정당하고 적당하다고 생각되는 일을 할 따름이다. 그렇게 하여 무슨 일을 이룩함으로써 비로소 그것이 무엇에 의해, 어떻게 이루어졌는지 확실해진다.

우리가 위대한 행위를 하거나 훌륭한 작품을 제작하면서도 그와 같은 것으로 의식하지 않고, 단지 우리가 맞닥뜨린 목적에 부합되고, 그때그때 우리 의도에 적합한 것, 다시 말해서 현재 올바르고 당연한 것으로 의식할 뿐이다. 이것이 하나의 완전한 형태를 갖추게 되면, 그 뒤에 우리의 성격과 여러 가지 능력이 드러나게 된다. 이것을 하나하나 생각해 보면, 우리는 마치 어떤 영감에 의해, 수호신에 이끌려 수백 가지 곁길에서 유일한 정도를 걸어온 것처럼 생각된다.

인생의 지혜에서 중요한 점은 우리 관심의 일부는 현재에, 나머지 일부는 미래에 쏟는 비율을 올바로 유지해 한쪽을 위하여 다른 쪽을 희생하지 않는 것이다. 대부분의 사람들은 현재에만 치중해 사는 경박한 자들이다. 그런가 하면 그 나머지 사람들은 지나치게 미래를 위해 살기 때문에 걱정과 불안에서 헤어나지 못한다. 올바른 중용을 유지하며 살아가는 사람은 매우 보기 드물다.

언제나 미래를 내다보고, 행복은 앞날에만 있는 것으로 생각해 현재를 돌보지도 않고 즐기지도 않는 사람은 혼자서 원대한 계획 아래 현명하다고 자부한다. 그러나 실은 이탈리아의 노새와 비슷한 족속들이다. 이탈리아에서는 마른 풀 한 다발을 노새의 머리 앞에 매어 두는데, 노새는 이것만 쳐다보며 한 발짝만 더 나아가면 낚아챌 줄 알고 발길을 재촉한다.

그런데 이런 사람들은 자기 생애에 대한 근본적인 태도와 처세의 방도를 그르친 것으로, 언제나 헛된 희망과 기대 속에서 일생을 마친다. 그러므로 우리는 장래를 위한 온갖 계획이나 걱정으로 마음을 빼앗기지 말아야 하며, 그렇다고 해서 과거를 돌아보고 추억에만 사로잡혀서도 안 되며, 현재만이 분명한 사실이라는 것을 잊어서는 안 된다. 현재와는 달리, 미래는 대부분 우리가 예상한 것과는 다른 결과를 쉽게 가져오기 때문이다. 그뿐만 아니라 과거도 우리가 회상하는 것과는 다르다. 먼 거리는 육안으로 볼 때 사물을 축소해서 보여 주지만, 사유할 때는 오히려 이를 확대해서 보여 주기 때문이다.

현재만이 유일한 진실이며 현실이다. 현재는 사실로 가득 차 있는 '시간'이며, 우리의 존재는 현재 속에 한정되어 있다. 우리는 현재를 언제나 쾌활한 마음으로 맞아들여야 한다. 마땅히 견딜 만하고 직접적으로 느끼는 불쾌나 고통에서 벗어난 '시간'은 그 가치를 충분히 인정해 이를 즐겨야 한다. 과거에 대한 후회나 미래에 대한 걱정으로 모처럼의 평안한 현재를 우울하게 만들어서는 안 된다. 우리가 마땅히 환영해야 할 현재를 푸대접하거나 후회나 걱정으로 따분하게 만드는 것은 못난 짓이며, 걱정이나 후회하는 시간은 얼마든지 짧아도 상관없다. 즉, 지나간 일에 대해서는 다음과 같이 해야 할 것이다.

지난 일은 지난 일이므로
지난 일로 내버려 두라.

—호메로스 《일리아스》 16의 60

또 미래의 일에 대해서는 다음과 같이 생각해야 한다.

그러나 그것은 신의 마음에 달려 있나니.

그러나 현재에 대해서는 "하루를 일생으로 간주하여"(세네카) 그 유일한 현실인 '시간'을 되도록 즐겁게 보내도록 해야 한다.

우리를 불안하게 만들 권리를 갖고 있는 것은, 오는 것도 확실하고 오는 때도 정확한 것으로 보이는 미래의 재앙뿐이다. 그러나 그러한 재앙은 매우 드물다. 대부분의 재앙은 있을 수 있다거나, 기껏해야 있을 것 같다거나, 또는 분명히 오긴 올 것 같은데 언제 올지 뚜렷하지 않다는 정도에 지나지 않는다.

그러나 사람들이 이 두 가지에 신경을 쓰면 이미 마음 편한 순간은 없다. 그러므로 확실하지 않은, 또는 정해지지 않은 재앙에 의해 우리가 마음의 평안을 잃는 일이 없도록 해야 한다. 일어날 가능성이 있는 재앙에 대해서는 절대로 오지 않는다고 생각하고, 분명히 일어날 재앙에 대해서는 빈틈없는 대책을 세워야 한다.

사람들은 공포에서 멀리 벗어날수록 기대나 욕망 등으로 불안이 늘어갈 뿐이다. 애창된 괴테의 시구 "나는 이제 내 일에 전혀 구속을 받지 않는다"의 본디 뜻은, 인간이 모든 욕망에서 벗어나 벌거숭이로 돌아와야 비로소 인간다운 행복의 기초가 되는, 정신의 안정을 누릴 자격을 얻게 된다는 뜻이다. 이런 정신의 안정이야말로 무엇보다 먼저 현재를, 결국에는 온 생애를 즐길 수 있다는 것을 깨닫게 하는 데 필요한 것이다.

이 목적을 위해 우리는 언제나, 오늘 하루는 오직 한 번뿐이고 결코 다시 오지 않는 것임을 명심해야 한다. 그런데 우리는 오늘이라는 시간이 내일 또 오는 것으로 잘못 생각하고 있다. 그러나 내일도 오직 한 번밖에 오지 않는 또 다른 하루이다.

우리는 각각의 하루가 일생 동안 쌓아가는 생애의 일부임을 잊어버린다. 오히려 여러 개체가 일반 개념 아래에 포섭되듯이, 모든 나날이 한 생애 속에 포함되는 것으로 간주해 버린다. 마찬가지로 건강한 날도, 병에 걸렸거나 우수에 사로잡혔을 때도, 잃어버린 낙원이나 떠나간 친구를 그리워하듯 추억을 그리워하고 있다면 현재를 좀 더 가치 있는 것으로 생각하고 오늘을 즐기도록 해야 한다.

그럼에도 우리는 자신이 가진 아름다운 나날을 느끼지 못하고 헛되이 써버린다. 그리고 달갑지 않은 나날이 닥쳐왔을 때에야 겨우 전과 같은 날이 돌아와 줬으면 하고 바란다.

우리는 명랑하고 즐거운 시간을 찌푸린 얼굴로 즐기지도 않고 헛되이 보내다가 나중에 우울한 시간이 찾아오면 쓸모없는 추억에 잠겨 사라진 시간을 되돌아보며 한탄하게 된다. 이런 일을 하는 대신 우리는 저마다 무사한 현재 속에, 아무리 일상적인 평범한 것이라도 결코 냉대하여 무심히 보내는 일이 없어야 하며, 결코 불안하고 초조한 마음으로 이를 푸대접하지 말고 존중해야 한다. 현재는 시시각각 과거 속으로 사라져 그 속에서 언제나 불멸의 후광을 발산한다. 그것도 대부분은 일이 순조롭지 않을 때 기억의 베일이 걷히면서, 부질없이 추억의 대상이 되어 우리 앞에 나타나는 것이다.

인간은 활동 범위를 제한하는 데서 행복을 얻을 수 있다. 우리의 시야나 활동 무대 및 접촉 범위가 좁을수록 우리는 더 행복할 수 있다. 그리고 그것이 넓을수록 우리는 더욱 괴로워하고 번거로워진다. 짐짓 그것들은 걱정과 욕구와 불안을 키우거나 확대하기 때문이다. 장님도 우리의 생각처럼 그렇게까지 불행하지 않다는 것은, 그들의 얼굴이 부드럽고 쾌활에 가까운 침착성을 보여주는 것만으로도 알 수 있다.

인생의 전반보다 후반이 더욱 서글퍼지는 것도 주로 이 때문이다. 살아갈수록 우리의 소망과 범위는 점점 확대된다. 어릴 적에는 가장 가까운 환경과 좁은 범위의 관계를 맺고 있지만, 청년기에 이르면 한결 확대되고 장년기에는 우리 인생의 전체를 포괄하여 때로는 가장 먼 인간관계, 국가나 민족에까지 확대된다. 노년기에 이르면 자손이나 후손까지 포함하게 된다. 그럼에도 정신적인 제한까지도 포함한 모든 제한은 우리가 행복해지는 데에 효력이 있다. 고뇌가 적극성을 띠는 반면 행복은 소극적인 것으로, 의지의 흥분이 작을수록 고뇌도 작기 때문이다.

우리의 활동 범위를 제한하는 것은 의지를 흥분시키는 외부적 계기를 감소시키는 것이 되며, 정신 활동을 제한하면 그 내적 요인을 감소시킨다. 다만 이런 내적인 제한은 권태의 문을 열어젖히는 결과를 가져온다.

권태는 수많은 고뇌의 원천이 된다. 우리는 이것을 쫓아내기 위해 온갖 방법을 찾아 여러 가지 공상, 사치, 도박, 음주 등으로 기분 전환을 꾀한다. 한가할 때 우리는 마음의 평정을 누리기 쉽지 않다. 내적인 제한과는 달리 외부적인 제한은 인간의 행복에 없어서는 안 되는 것이다. 이것은 행복한 인생을 묘사하려는 유일한 시의 형태인 목가가 사람들을 매우 조용하고 아늑한 상황과 환경에 놓아두고 표현하는 것만 보아도 충분히 알 수 있다. 우리가 자연미가 있는 풍속화를 보고 기쁨을 느끼는 것은, 단순한 생활이 행복의 요건임을 직감하기 때문이다.

그러므로 우리의 다양한 관계를 되도록 단순하게 하고, 생활방식을 한 가지 형식으로 하는 것이 인간을 행복하게 만든다. 간소하고 단순한 생활 자체는 삶의 무거운 짐을 덜 느끼게 하기 때문이다. 이런 생활은 강물처럼 파도도 일지 않고 소용돌이도 치지 않으면서 조용히 흘러간다.

우리의 행복과 불행은 결국 마음이 무엇으로 가득 차 있는가, 그리고 그 마음이 무엇으로써 움직이고 있는가에 달려 있다. 우리의 생활은 동요와 수고로움의 연속이요, 성공과 실패의 엇갈림에 지나지 않으므로 순수한 지적인 생활은 인간을 행복하게 만들어 줄 것이다. 다만 이 지적인 생활을 감당하고 즐기려면 뛰어난 정신적인 소양이 있어야 한다. 그리고 유의해야 할 것은 외부적인 활동이 우리의 학구적인 사색에 필요한 마음의 안정과 집중을 방해하며, 다른 관점에서 볼 때 정신적인 일을 계속한다는 것은 인간을 현실 생활의 번거로움에 대처하는 데 무능한 자로 만들기도 한다는 점이다. 그래서 현실적인 일을 활발히 해 나가야 할 처지에 놓이게 되면, 잠시 내면생활은 멈추는 것이 좋다.

완벽하게 사려분별하면서, 자기 경험에 의해 이 경험이 내포하고 있는 모든 교훈을 끄집어내기 위해서는 몇 번이고 다시 생각해 보고, 이제까지 체험하고 경험할 때 느끼고 깨달은 것을 생각해 보아야 한다. 또한 그 무렵 판단과 지금의 것을 비교하고, 자기의 계획과 노력을 그 성과와 여기서 비롯되는 만족과 비교해 볼 필요가 있다. 이것은 경험이 저마다에게 들려주는 개인적인 과외수업의 복습이다.

자기 경험을 본문이라고 본다면, 반성과 지식은 이에 대한 주석서이다. 경험이 적고 반성과 지식이 많은 것은, 그 책의 페이지마다 두 줄의 본문에 40행씩이나 주석을 달아 놓은 것과 같다. 이와는 달리 많은 경험을 하고서도 반성과 지식이 부족한 것은, 주석을 달지 않고 많은 난해한 본문을 그대로 둔 비폰틴 판(版)의 책과 같은 것이다.

피타고라스[13]의 가르침인 "인간은 밤마다 잠자기 전에, 그날 한 일을 한 번 반성해야 한다"는 말도, 내가 앞에서 말한 것과 같은 의미이다. 직업이나 오락으로 혼잡을 이룬 생활을 하면서 한 번도 자기의 과거를 반성하거나 깊이 생각해 보지 않고 그날그날을 보내며, 생명의 수레에서 끊임없이 쾌락을 찾아 헤매는 사람은 사려와 분별이 모자라기 쉽다.

그의 심정은 혼미하고 사상은 혼란을 일으켜, 이야기에 일관된 논리가 서지 않고 단편적으로 두서가 없게 된다. 이러한 경향은 외부에서 오는 불안이나 흔들림이 심하고, 그의 내면적인 정신 활동이 적을수록 더욱 심하다.

꽤 오랜 시간이 흐른 뒤 우리에게 영향을 주었던 여러 가지 사정이나 처지를 다시 그때의 기분이나 감정으로 느낄 수 없다 하더라도, 그 당시 상황에 의해 겪은 일을 상기할 수 있다는 것에 유의할 필요가 있다. 즉, 이러한 경험은 그 원인에서 온 결과요, 표현이요, 또한 척도이기도 하다. 그러므로 그때그때 일을 기록하여 잘 남겨 두어야 한다. 이를 위해서는 일기가 가장 효과가 있다.

자기 자신에게 만족하고 자기 안에 모든 것을 소유하여, "나는 내 전 재산을 내 몸 가까이에 갖고 다닌다. 나의 지력은 최상의 소유물이다"[14]라고 할 수 있는 것은 우리의 행복에서 가장 중요한 자격이다. 그러므로 아리스토텔레스의 "행복은 만족하는 자의 것이다"[15]라는 말을 늘 명심해야 할 것이다(이것은 내가 이 논문의 첫머리에 인용한 샹포르의 말이 간접적으로 표현한 것과 근본적으로 같은

---

13) BC 582?~BC 493. 그리스의 철학자이며 수학자.
14) 키케로 《패러독스》 제1권 제1장 8절.
15) 《에우데모스 윤리학》 제7장 2절.

사상이다). 사람들이 의지할 수 있는 것은 오직 자기 자신뿐이며, 그 밖의 어느 누구도 아니다. 또한 사회가 주는 고뇌와 손실, 위험과 번거로움은 수없이 많고 피할 수도 없다.

행복에 이르는 길로서, 상류층의 방종처럼 거꾸로 된 것은 없다. 그것은 우리의 가엾은 존재를 기쁨과 즐거움과 만족으로 바꾸려고 하지만, 그때 느끼는 환멸을 막을 도리가 없으며, 그런 생활에 반드시 따르는 서로에 대한 기만도 피할 수 없다.[16]

모든 사교에는 먼저 서로간의 타협과 조절이 필요한데, 이것은 어쩔 수 없는 일이다. 그러므로 사교의 범위가 넓을수록 무미건조하게 된다.

사람들은 혼자 있을 때 온전히 자기 자신일 수가 있다. 그것은 사람들은 혼자 있을 때 자유로우며, 고독을 사랑하지 않는 사람은 자유도 사랑하지 않는다는 말이다. 강요는 모든 사교에서 뗄 수 없는 것이며, 이런저런 희생을 요구한다. 이 희생은 본인의 개성이 뛰어날수록 더욱 참기가 어려워진다.

모든 사람들은 자신의 자아의 가치에 비례해 고독을 기피하거나 견디어 나가며, 드문 일이기는 하지만 때로는 고독을 사랑하게 된다.

고독하며 비참한 인간은 자신의 초라함을 어렴풋이 느끼지만, 위대한 정신의 소유자는 자기 자신의 위대성을 그대로 느낀다. 결국 모든 사람은 자신의 수준에서 느끼는 것이다.

누구나 자연의 계급표에서 높은 지위를 차지할수록 사회에서 더욱 고립되게 되는데, 이것은 본질적으로 피할 수 없는 일이다. 그리고 이때 만일 육체적인 고독이 정신적인 고독에 합치된다면 그로서는 고마운 일이 아닐 수 없다. 그렇지 못할 경우에는 이질적인 사람들에게 에워싸여 끊임없이 적대적으로 자신의 자아를 빼앗기지만 그 대신 보상받는 것은 하나도 없다. 그뿐 아니라 자연은 인간에게 도덕적으로나 지성적으로 저마다 큰 차별을 두었으나, 사회는 이 차별을 무시하고 모든 사람이 평등하다고 간주하며, 자연이 만든 계급표와는 정반대로 배치된 신분과 계급의 인공적인 차별과 계층을 조성한다.

---

16) 우리의 몸뚱이가 옷으로 싸여 있듯이 우리의 정신은 거짓으로 싸여 있다. 우리의 이야기나 행위, 모든 행동은 거짓에 가깝다. 사람들이 이 덮개를 통해 겨우 우리의 진정한 의도를 추측할 수 있는 것은, 마치 옷으로 신체의 모습을 추측할 수 있는 것과 같다.

이 배열로 말미암아 자연이 낮은 계층에 둔 대부분의 사람들이 매우 높은 지위를 차지하게 되거나, 자연이 가장 고위층에 둔 매우 적은 몇몇 사람들이 큰 손해를 보게 된다. 그러므로 이들은 사회에서 은퇴하는 것이 습성화되어, 사회의 인원이 늘어나면 곧 어느 사회에서나 평범한 사람들이 득세하게 된다.

위대한 정신을 지닌 사람들이 사회를 싫어하는 것은 다른 사람들의 능력이 고르지 않고, 사회적 업적이 불평등함에도 불구하고 권리는 평등한 데서 비롯된다. 이른바 상류층의 모든 우월을 인정하면서도 정신적인 우월만은 인정하려고 하지 않으며, 그들의 안목으로 보면 정신적 우월 운운하는 것은 불평하는 자에 지나지 않은 것이다. 사회는 우리에게 어리석고, 터무니없고, 반대되고, 아둔한 것에 대해 무한한 인내를 요구한다. 인격적으로 우월한 자가 오히려 열등한 자들에게 용서를 빌어야만 하는 형편이며, 그것이 싫으면 숨어 사는 수밖에 없다. 그렇지 않으면 정신적인 우월은 이를 내세울 만한 것이 못 되더라도, 단지 그것이 존재한다는 것만으로 이런 사회의 감정을 해친다.

그러므로 사람들이 이른바 상류사회라고 부르는 사회는 우리가 칭찬할 수도 없고, 더구나 사랑할 수도 없는 사람들을 우리들에게 받아들이기를 요구한다. 또한 우리 자신이 자기의 천성에 따라 생존하는 것까지도 허용하지 않고 오히려 남들과 보조를 맞추기 위해 자기의 키를 낮추거나, 또는 스스로 바보인 체하지 않으면 배겨낼 수 없게 만든다.

그리하여 천재적인 발언이나 사상도 천재들의 사회에서는 허용되지만, 일반 사회에서는 처음부터 배척당한다. 이런 사회에서 환심을 사려면 마찬가지로 평범하고 어리석어야 하는 것이다. 따라서 이런 사회에서 우리는 자기를 남들과 비슷하게 보이기 위해 대담하게 자기를 부정하고, 자신의 4분의 3쯤은 버려야 한다. 그렇게 하면 우리는 다른 사람들에게 환영받게 된다. 누구든지 정신적으로 뛰어나면 그는 이 사회에서 손해를 더 보게 마련이다. 세상 사람들은 지불능력이 없다. 다시 말해서 그들은 사교에서 권태와 번거로움과 불쾌와 그리고 천재에게 강요하는 자기 부정에 대하여 보상할 만한 것을 하나도 갖고 있지 않다. 이런 사정으로 대부분의 사교계는 고독을 팔고 여기에 얼굴을 드러낸 사람은 결국 재미를 보게 되는 것이다.

사회는 진정한 우월의 보상을 위해 그릇되고 인습적이며 멋대로의 기준에 의해, 전통적으로 상류사회에 널리 퍼져 있는 변덕스러운 우월을 내세우고 있다. 이 우월은 예절이 바르다거나, 기품이 고상하다거나, 유행을 따르고 있다거나 하는 것이다. 그러나 이런 우월이 진정한 우월과 갈등을 빚어내면, 스스로의 약점을 대뜸 드러내 버린다. 이런 상류계급의 바람이 거세면 건전한 상식은 후퇴하게 마련이다.

대부분 모든 사람들은 자기 자신에게만 완전히 공명(共鳴)하는 법이며, 자기 친구나 애인에게도 그렇지 못하다. 개성과 기분의 차이는 언제나 사소한 것이라도 불협화음을 내기 때문이다. 이 세상에서 가장 중요한 참된 마음의 평화와 완전한 평정은 고독 속에서만, 그리고 지속되는 기분으로서는 현역에서 은퇴한 뒤의 한가함 속에서만 찾아볼 수 있다. 결국 그 사람의 자아가 위대하고 풍부할수록 이 빈약한 지상에서 발견할 수 있는 가장 큰 행복을 누리게 되는 것이다.

또 한 가지 특별히 말하고 싶은 것은, 우정과 연애와 결혼이 인간을 아무리 긴밀히 결합하더라도 모든 사람들은 결국 자기 자신을 상대해서만 정직할 수 있다는 것이다. 인간은 객관적 또는 주관적인 조건에 따라 다른 사람들과 접촉할 필요가 많지 않을수록 그만큼 다행이다. 고독한 생활에 따르는 모든 손실은 미리 손을 써서 대책을 마련할 수 있으나, 사회는 매우 음험하여 오락이나 여론, 사교적인 향락의 그늘에 때때로 커다란 불치의 재앙을 숨기고 있다. 젊은이들은 중요한 연구 과제로 고독을 견디는 법을 배워야 한다. 이것은 행복과 마음의 평화를 이루게 하는 밑바탕이 되기 때문이다.

이런 사항으로부터 '오직 자기만을 의지하고, 자기 자신이 모든 것 가운데 모든 것일 수 있는 사람이야말로 행복과 마음의 평화를 가장 많이 누릴 수 있다'는 것을 추론할 수가 있다. 키케로는 또 이렇게 말했다.

오직 자기를 의지하고, 자기 자신 속에 모든 것을 소유한 사람이 완전히 행복하지 못하다는 것은 있을 수 없는 일이다.

—《패러독스》 제2권

인간이 자신에게 충실할수록 다른 사람들은 그만큼 가치가 작아 보인다. 완전히 만족을 누리는 감정은 내적으로 부유한 자가 타인과 교제하거나, 이 교제가 요구하는 큰 희생을 거부한다. 이 희생은 자기 부정까지도 요구하기 때문이다.

이와 달리 일반 사람들은 지나치게 사교적이고 타협적이다. 물론 이런 사람들은 자기 자신에 대하여 참는 것보다 다른 사람들에 대하여 참는 것이 쉬운 일이다.

한마디 덧붙이고 싶은 것은, 실제로 훌륭한 사람은 세상에서 존경받지 못하고, 세상에서 존경받는 사람은 실제로 아무 쓸모도 없다는 것이다. 훌륭한 사람들이 은퇴하여 사는 것이 이것을 입증해 준다.

자기의 정당한 주장과 견해를 갖고 있는 사람은 오직 자기의 자유를 수호하거나, 또는 자유를 확대하기 위해 필요할 때 자기 요구를 줄인다. 그래도 그는 세상과 동떨어져 살 수는 없다. 생활을 되도록 간단히 해 나간다면, 그는 처세의 지혜까지 가진 사람이라 하겠다.

다른 관점에서 보면, 인간을 사교적으로 만드는 것은 그들에게 고독을 참아나가거나 고독 속에 자기를 가두어 나갈 만한 능력이 없는 데서 비롯된다. 내면적인 공허와 권태는 그들을 사교로 몰아넣을뿐더러, 낯선 땅으로 여행을 떠나게 한다. 그들의 정신에는 스스로 자기에게 운동을 일으킬 만한 힘이 없으므로 술로 그 힘을 얻으려고 하며, 마침내 많은 사람들이 주정뱅이가 되어 버린다. 그들은 외부로부터 끊임없이 흥분을, 그것도 매우 강렬한 흥분을 필요로 한다. 이 흥분이 없으면 그들의 정신은 그 자체의 무게에 짓눌려 무감각 속에 빠지게 마련이다.[17]

---

17) 누구나 다 아는 바와 같이 재앙은 사람들이 협력해 참는 데서 줄어든다. 사람들은 권태를 이 재앙 속에 넣고 있는 모양이다. 따라서 권태 때문에 사람들은 협력해 모여든다. 생명에 관한 애착이 본질적으로 죽음에 대한 공포에 지나지 않은 것처럼, 인간의 사교 본능도 그 근본은 직접적인 본능이 아니다. 즉, 사교를 사랑하기 때문이 아니라 고독이 두렵기 때문이다. 아무튼 사교에서 요구되는 것은, 남들의 호의를 얻고 눈앞에 있어 줄 뿐만 아니라 자기의식의 단조로움을 느끼게 마련인 고독의 쓸쓸함과 갑갑증 때문이다. 이런 것들에서 벗어나기 위해 사람들은 고약한 사회에서도 번거로운 일이나 모든 사회에 반드시 따라오는 강제도 감수하고 있다. 이와 반대로, 이 모든 일에 대한 혐오가 더 크면 그 결과 고독의 습관과 그 직접적인 인상에 대한 단편으로 말미암아 고독이 벌써 앞에서 말한 작용을 일으키지 않는다. 그렇게 되면 사람들은 사교에 열을 올리지 않고 즐거운 기분으로 내내 혼자 살아갈 수 있다. 이것이

마찬가지로 이렇게도 말할 수 있을 것이다. 그들은 다만 인류라는 이념의 한 조그마한 단편에 지나지 않으므로 저마다 어느 정도까지 하나의 완전한 의식이 생기려면 타인에 의해 여러 가지를 보충할 필요가 있다. 그런데 한 온전한 인간은 뛰어난 인간이며, 자기 자신만으로도 통일이 되어 있어 아무런 단편적인 것도 나타나지 않기 때문에 자기 자신만으로도 충분히 족하다.

이런 의미에서 일반 사회를 러시아의 단음 악기 호른에 비교할 수가 있다. 이 음악에서 호른은 단지 한 가지 음을 낼 뿐이며, 모든 호른을 정확하게 결합해야만 화음이 이루어지고 비로소 음악이 연주된다.

일반 사람들의 감각기관과 정신은 이와 같이 단음의 호른처럼 단조롭기 때문에 그들 대부분은 어떤 다른 사상을 생각해낼 만한 능력이 없다. 따라서 언제나 한 가지 사상만 갖게 되고 같은 사상을 갖게 된다.

이것으로 그들이 권태를 느껴 못 견디는 까닭을 알 수 있으며, 그들이 그토록 사교적이고 즐겨 떼를 지어 살아가는 사교성도 설명할 수 있다. 그들은 자신의 본성이 단순하기 때문에 저마다 자기 자신이 짐스러워 견디지 못하는 것이다. 어리석은 자들은 권태에 시달린다. 그들은 모여들어 단체를 만들지 않고서는 아무것도 하지 못한다.

이와 반대로 정신력이 풍부한 사람은 자기 연주회를 혼자서 개최하는 명수이다. 그는 피아노와 비교할 수 있는데, 피아노가 합주악기인 것처럼, 모든 사람들이 공동작업으로 간신히 해 나가는 것을 그는 하나의 작은 세계로, 하나의 의식에 통일해 표현한다. 그는 피아노처럼 교향악의 부분이 아니라 독주와 고독에 적합하다. 다른 사람들과 함께 공동 작업을 해야 할 경우에, 그는 피아노에 반주가 따르는 주역으로 움직일 뿐이다. 또 성악의 경우라면, 피아노처럼 멜로디를 이끌어나갈 것이다.

그런데 사교를 즐기는 사람들은 질적으로 모자라는 것을 양적으로 보충해야 한다고 주장할지도 모른다. 이런 사람들은 정신력이 무한한 사람과 어울릴 수 있으면 그로써 족할 테지만, 보통 수준의 사람밖에 찾아볼 수 없으면 많은 사람들과 어울려 공동 작업을 하려고 하기 때문에 사람들이 많은 편이 좋다고

_____
야말로 사교에 대한 요구가 본질적인 것이 아니며, 다른 각도에서 보면 인간은 고독의 여러 가지 특질에 익숙해질 수 있다는 이유이다.

여기게 된다.

인간의 내적인 공허에 대해서는 논의를 그만하고, 인간의 추태에 대하여 몇 마디 덧붙이고 싶다. 어떤 이상적인 목적을 세우고 어느 정도 뛰어난 자들이 모여 하나의 단체를 조직할 경우, 그 결말은 거의 언제나 해충처럼 많은 집단을 이룬다. 그리고 곳곳에서 처음의 욕구를 충족시키면서 자기의 권태를, 그리고 사정이 달라지면 자기의 결함도 보충하려는 생각에서 언제나 집단에 들어가려고 기다리는 사람들이 있다. 그들은 처음에 두세 사람씩 침투하다가 나중에는 떼를 지어 몰려와 일을 망쳐 놓거나, 아니면 처음 계획과는 전혀 반대되는 것으로 만들어 버릴 정도로 변모시켜 놓는다.

그리고 사교성이란, 인간이 몹시 추울 때 몸을 비벼 온기를 더하듯이 인간이 서로 정신적인 체온을 따뜻이 나누는 일이라고 할 수 있다. 그러나 스스로 많은 온기를 갖고 있는 사람은 그럴 필요를 느끼지 않는 법이다.

위에서 말해 온 결론으로 보면, 사람들의 사교성은 그의 지적인 가치와 거의 반비례한다고 말할 수 있다. '저 사람은 사교성이 전혀 없다'고 한다면, 그 말만으로는 '저 사람은 위대한 특질을 갖춘 인물'이라고 할 수 있다.

지적으로 훌륭한 사람에게 고독은 두 가지 이득을 가져온다. 첫째는 자기 자신과 함께 있을 수 있다는 것이고, 둘째는 타인과 함께 있지 않아도 된다는 것이다. 그런데 두 번째가 중요하다. 모든 교제가 얼마나 많은 강제와 번거로움, 또한 위험까지도 따르는가를 잘 생각해 보면 곧 알 수 있다.

"우리의 고뇌는 모두가 혼자서 있을 수 없다는 데서 온다"라고 라브뤼예르[18]는 말했다.

사교성은 우리에게 대다수가 도덕적으로 고약하고 지적으로 둔하거나, 아니면 마음이 비뚤어진 자들과 접촉을 갖게 하므로, 위험하다기보다 사람을 타락시키는 경향을 갖고 있다. 비사교적인 인간이란, 사교가 필요 없는 사람을 가리킨다. 즉, 사교를 필요로 하지 않을 만큼 많은 것을 자기 자신 속에 갖고 있다는 것은 그만큼 커다란 행복이다.

우리가 겪는 고뇌의 대부분은 사교에서 비롯된다. 행복의 가장 본질적인 요

---

18) 17세기 프랑스의 모럴리스트.

소를 이루는 것 가운데 건강 다음에 속하는 마음의 평정은 모두가 사교로써 침해되고, 고독을 유지하지 않으면 간직할 수 없다. 마음의 평정을 누려 행복을 얻기 위해 견유파의 사람들은 모든 소유를 단념했지만, 이와 마찬가지 이유에서 사교를 단념하는 사람은 가장 지혜로운 선택을 했다고 할 수 있다. 베르나르댕 드생피에르[19]는 이렇게 말하고 있다.

음식을 절제하면 건강을 되찾을 수 있고, 되도록 사람을 만나지 않으면 마음의 평정을 얻을 수 있다.

그러므로 시간을 내어 고독을 가까이하고, 다시 고독을 사랑하게 된 사람은 금광을 얻은 것과 다름없는 이득을 본 셈이다. 그러나 이것이 모든 사람들에게 다 가능한 일은 아니다. 본디 가난이 제거되면 권태가 사람에게 모여들기 때문이다. 이 가난과 권태가 없으면 아마도 사람들은 홀로 살아갈 수 있을 것이다. 고독은 누구에게나 고유한 자부심을 만족시켜 주지만, 일단 세상에 발을 들여놓으면 그 고독은 차츰 타격을 받아 세상일의 치다꺼리에 눌리고 짓밟혀 버린다. 이런 의미에서도 고독은 사람들에게 자연스러운 상태이며, 사람을 최초의 아담으로 돌아가게 한다. 그리고 원시적이고 천성에 맞는 행복을 누리게 한다.

그런데 아담에게는 부모가 있었다. 인간은 세상에 태어났을 때부터 혼자가 아니며, 부모와 형제자매가 있다. 이것만으로도 이미 공동체 안에 있다고 할 수 있다. 이것으로 미루어보더라도 고독에 대한 애착은 원시적인 마음의 움직임으로 존재하는 것이 아니라 경험과 성찰의 결과로 비롯된 것이라고 하겠다.

고독에 대한 애착은 자기 정신력이 발전하는 정도에 따르는 한편, 나이가 들어감에 따라 보조를 맞추게 된다. 사람의 사교적인 본능은 그 사람의 나이에 반비례하게 된다. 꼬마 아이는 고작 2, 3분만 혼자 두어도 불안을 느껴 고함을 지른다. 어린이로서는 혼자 있는 것이 큰 고행이다.

젊은이들은 곧잘 단체를 만들지만, 그들 가운데에서도 좀 고상하고 뛰어난

---

19) 1737~1814. 프랑스의 저술가.

사람들은 일찌감치 고독을 요구하기도 한다. 그러나 종일 집에서 혼자 지낸다는 것은 매우 어려운 듯하다. 장년들은 고독하게 사는 것이 한결 쉬워지며, 꽤 오랫동안 혼자 있을 수 있고, 나이가 듦에 따라 더욱 그렇다. 노인층에 이르면 이미 사라진 세대에서 혼자 남게 되었을 뿐만 아니라 생활의 향락에 대해서도 나이를 너무 먹어 무감각하게 되었기 때문에, 고독에서 고유의 세계를 찾기 시작한다.

개개인의 경우, 고독으로 이르는 속도가 그들의 지적 가치의 척도에 따라 규정된다. 이 경향은 앞에서도 말한 바와 같이, 자연적이고 직접적인 요구로써 일어난 것이 아니라, 오히려 이제까지 얻은 경험과 이에 대한 반성의 결과에 지나지 않는다. 이것은 분명히 대다수 사람들이 도덕적 및 지적으로 가련한 처지에 있음을 통찰한 결과이다.

이런 처지에 따르는 가장 나쁜 상태는, 개인 안에서 그의 도덕적·지적 불완전성을 공모하고 협력하여 인간의 사고를 혐오스러운 것, 아니 감당하기 어려운 것으로 만드는 온갖 불쾌한 현상이 일어나는 것이다.

이 세상에서는 참으로 많은 일들이 고약하기 짝이 없으나, 그 가운데에서도 가장 심한 것은 언제나 사회이다. 그래서 사교를 좋아하는 프랑스인 볼테르까지도, "이 세상은 어디나 이야기할 가치조차 없는 것들로 가득 차 있다"고 말했다. 고독을 무척 사랑한 페트라르카도 다음과 같이 노래했다.

나는 언제나 혼자 살기를 바란다……
(시냇물과 들과 숲이 잘 알고 있듯이)
하늘에 이르는 길을 잘못 내디딘, 거짓에 충만한
고약한 자들의 무리에서 벗어나기 위해.

그는 저서 《고독한 생활에 대하여》 속에서 이에 대해 상세히 언급하고 있다. 이 책은 짐머만[20]의 고독에 대한 유명한 저서 《고독에 대한 고찰》의 표본이었던 것 같다. 샹포르는 비사교성이 이차적이고도 간접적으로 일어난다는 것을

---

20) 1728~1795. 스위스의 의사이며, 또한 저술가.

그다운 풍자적인 방법으로 표현하고 있다.

세상 사람은 고독하게 살아가는 사람을 가리켜 사교를 즐기지 않는다고 한다. 그것은 저녁때 본디 숲[21]을 즐겨 돌아다니지 않는다고 해서 산책을 좋아하지 않는다고 생각하는 것과 같다.

온유한 기독교도인 안겔루스 질레지우스[22]도 그의 독특하고도 신비로운 말투로 같은 이야기를 하고 있다.

헤롯은 나의 적, 요셉은 나의 지혜
신은 그에게 꿈속에 나타나 위험을 알린다.
베들레헴은 인간의 세상, 이집트는 고독의 세계,
달아나라, 나의 영혼이여! 그렇지 않으면 목숨을 잃으리라.

조르다노 부르노[23]도 같은 내용의 견해를 말하고 있다.
지상에서 천국의 생활을 즐기려고 한 많은 사람들은, "나는 홀로 멀리 떨어진 들에서 살리라"[24] 하고 저마다 한결같이 말했다.

같은 뜻의 말을 페르시아인 사디는 《굴리스탄》 속에서 다음처럼 고백하고 있다.

나는 다마스쿠스에 있는 친구에게 진절머리가 나서, 동물들과 어울려 살기 위해 예루살렘 근처의 황야로 은퇴했다.

---

21) 프랑스의 드 라 세 어느 지역에 있는 숲. 이 숲에서는 옛날, 유명한 사람들이 암살당했고, 그 뒤 오랫동안 도둑의 소굴이었다. "그것은 본디 숲이다"라는 말은 그곳이 도둑의 소굴이라는 것과 같은 뜻이다.
22) 1624~1677. 독일의 종교시인.
23) 1548~1600. 이탈리아 르네상스 시대의 철학자.
24) 〈시편〉 55 : 7.

프로메테우스[25]가 좋은 흙으로 빚어 만든 사람들도 같은 의미의 말을 했다. 프로메테우스가 만든 사람들이 세상 사람들과 교제해 아무 기쁨도 만족도 얻지 못한 것은 마땅한 일이다. 그들이 세상 사람들과 교제하려면 자기 안에 깃들어 있는 가장 보잘것없는 부분, 즉 사소한 세속적인 일에 대한 부분을 매개로 하는 수밖에 없으며, 세상 사람들은 자기들을 그들과 같은 수준으로 끌어올릴 수 없으므로 사람들이 바라는 것은 오직 그들을 자기들의 수준으로 끌어내리는 일이다. 그러니 이런 교제에서 무슨 즐거움을 얻을 수 있겠는가. 고독하게 살려는 마음을 갖는 것은 하나의 귀족적인 감정이다. 모든 인간의 찌꺼기들은 사교적이다. 가련한 일이다!

이와 달리 어떤 사람이 조금이라도 고귀한 편에 속한다는 것은, 처음에 그가 다른 사람들과 교제해도 만족을 얻을 수 없고, 갈수록 사교보다도 고독을 선택하게 되었으며, 특별한 경우를 제외하고는 이 세상에서 고독과 비속의 어느 하나를 택하는 수밖에 도리가 없다고 생각하는 데에서 알 수 있다. 안겔루스 질레지우스는 기독교적인 온유함과 애정을 갖고 있으면서도 이렇게 말했다.

고독은 괴로운 일이다. 결코 천하게 살지는 말아라.
그러면 그대는 언제까지나 광야에서 혼자 사는 것과 다름없으리라.

위대한 정신의 소유자, 인류의 참된 교육자인 그들이 다른 사람들과 자주 협력하는 일에 그다지 마음이 내키지 않는 것은, 교육학자들이 주위에서 떠들어대는 아이들과 섞이지 않으려는 것과 같다.

이 위대한 사람들은 그 밖의 사람들이 미혹의 바다에 떠 있는 것을 진리 쪽으로 이끌고, 그들을 사납고 비속한 어둠의 나락에서 빛을 향해 끌어올리기 위하여 이 세상에 태어났다. 그래서 이들은 마땅히 다른 사람들 사이에서 살아야 하지만, 본디 그들의 상대가 아니므로 젊은 시절부터 자기가 다른 사람들과 크게 다르다는 것을 깨닫는다. 처음에는 서서히 인식하다가 나이가 들수록 뚜렷이 인식되어 다른 사람들과 자연스레 육체적으로 멀어진다. 그리고 나중

---

25) 그리스 신화에 나오는 문화적인 영웅. 흙을 빚어 인간을 만들고 하늘에서 불을 훔쳐다가 인간에게 주었다.

에는 일반 사회의 비속을 떠난 사람이 아니면 접근해 오는 것을 꺼린다.

이제까지 이야기해 온 것들을 살펴보면, 고독에 대한 애착은 직접적인 본능으로 나타나는 것이 아니라 간접적으로, 주로 어느 정도 고귀한 정신을 지닌 사람이 자연스러운 사교적인 본능을 이겨내면서, 이따금씩 메피스토펠레스[26] 다운 유혹도 뿌리치는 가운데 서서히 발달되는 것을 알 수 있다.

> 슬픔에 잠기는 일은 이제 그만하라.
> 그것은 우리의 목숨을 독수리처럼 파먹는다.
> 아무리 고약한 친구라도 그대에게 가르쳐 주리라.
> 그대도 인간다운 인간이라는 것을.
>
> —괴테《파우스트》제1부

고독은 모든 뛰어난 자들의 운명이지만, 그들도 때로는 이 고독을 탄식하기도 할 것이다. 그래도 두 가지 재앙 중에서 나은 편이라는 생각에 이것을 선택할 것이다. 그러나 나이가 들수록 이렇게 하기가 점점 쉬워진다. 그리고 곧 마땅한 것으로 생각하게 된다. 60대가 되면 고독을 그리워하는 충동이 본능적이 되어 버린다. 이 무렵에는 모든 일이 고독에 대한 충동을 촉구하도록 돕는다.

사교에 대한 강한 충동을 일으키는 이성에 대한 매력은 늙어 성욕이 없어지면서 차츰 사교적인 충동을 고스란히 흡수해 자기만족의 기초가 된다. 그는 착각과 어리석은 일에서 돌아왔으며, 능동적인 생활을 끝내고 아무 기대도 없게 되었다. 따라서 어떤 계획도 하지 않게 되고, 자기가 속했던 세대는 이미 생기를 잃어버렸으며, 얼른 이해가 가지 않는 세대 속에서 객관적으로나 본질적으로 고립된다.

이렇게 되면 시간의 흐름이 한결 빨라지지만, 정신적으로는 그도 시간을 이용하려고 한다. 그의 머리가 그럴 힘을 갖고 있기만 한다면 이제까지 공부해 온 많은 지식과 경험, 원숙한 사상 등이 여러 가지 연구를 전보다 더욱 흥미 있게 하고 또한 손쉽게 해 준다. 따라서 그는 전에 안개 속에서 가물거리며 정체

---

26) 괴테의《파우스트》에 나오는 악마.

를 분간할 수 없던 수많은 일에 정통해 이런저런 성과를 올리며 자신의 모든 장점을 피부로 느끼게 된다.

오랜 경험에 의해 인간을 전체로 바라보면 아무리 친밀한 사이가 되어도 아무 소득이 없으므로 인간에게 그다지 기대하지 않는다. 그것은 그가 아주 드문 행운을 만난 경우를 제외하면 인간에게서 결함투성이인 모습밖에는 찾아볼 수 없음을 잘 알고 있기 때문이다.

그는 사람을 잘못 보는 실수를 범하지 않으며, 사람을 보는 순간 그가 어떤 사람인지 짐작이 가서, 이 사람이라면 좀 더 가까이하고 싶다는 생각을 하는 일도 드물 것이다. 끝으로 그가 고독을 젊음의 여자친구쯤으로 여기는 경지에 이르면 고립된 생활에 익숙하여 자기를 친구로 삼는 습관이 생기며, 그것이 제2의 천성이 된다.

그렇게 되면, 전에 사교 충동과 싸우지 않고서는 가질 수 없었던 고독과의 애착이 이제는 아주 자연스럽고 단순한 것이 되어, 고독 속에 있는 것이 곧 물고기가 물속에서 사는 것과 같게 된다. 이때 다른 사람들과는 전혀 다른, 홀로 우뚝 솟은 개성은 그의 고독으로 말미암아 분명히 젊은 시절에는 압박감을 느껴 온 감정이 노년기에 와서 한결 가볍게 느껴지는 것을 알 수 있을 것이다.

물론 이러한 늙은이의 특권은 사람들의 지적인 역량에 따라 누리게 된다. 이 특권은 남들보다 뛰어난 머리를 가진 사람이 누리게 되지만, 누구나 얼마쯤의 특권을 가질 수 있다. 아주 빈약하고 비속한 천성밖에 갖고 있지 못한 사람들은 늙어서도 여전히 사교적일 테지만, 그들이 환영받지 못하는 사회에서는 짐스러운 존재로, 전에는 아쉬워했으나 지금은 그들의 존재를 겨우 허용하는 데에 지나지 않게 될 것이다.

우리의 나이와 사교성의 정도 사이에 성립되는 반비례적인 관계와 함께 목적론적인 측면도 볼 수 있다. 인간은 젊을수록 저마다 나름대로 배울 것이 많아 자연은 모든 사람들이 동료와의 교제로 서로 배우도록 했다. 이런 관점에서 보면, 인간 사회는 하나의 커다란 벨 랑카스터 교육원[27]이라고도 할 수 있을 것이다. 책과 학교는 인공적인 자연 계획에서 벗어난 교수법이므로, 사람은 젊

---

27) 18세기 초에 실시되었던 교육법으로, 진보적인 학생이 교사의 감독 아래 뒤처진 학생을 가르친다. 벨과 랑카스터가 그 교육법의 선구자이다.

을수록 더욱 부지런히 자연의 학교를 찾는 것이 마땅한 일이다.

호라티우스는 "모든 부분이 다 행복한 경우는 없다" 말했으며, 또 "매듭이 없는 연꽃은 없다"는 인도의 속담처럼, 고독에 그와 같은 장점이 있다고 하더라도 사소한 단점과 어려움도 있다. 그러나 이것은 사교의 단점이나 결함과 견주어 보면 매우 사소한 것이다. 자기에게 그 자격만 있다면, 사람들과 어울리느니 혼자서 지내는 편이 한결 마음이 홀가분하다는 것을 알 수 있을 것이다.

그러나 그 단점 가운데 잘 느끼지 못하는 것이 하나 있다. 줄곧 집안에만 갇혀 있으면 우리의 육체가 외부의 이런저런 영향에 매우 민감하게 된다. 이를테면 찬바람이 한 번만 불어도 곧 감기에 걸리게 되는 것처럼, 오랫동안 은퇴해서 고독한 생활을 계속하면 우리 마음도 민감해져서 보잘것없는 일이나 말, 또는 단순한 표정만으로도 불안을 느끼고, 감정이 상하거나 또는 기분을 망치게 된다. 그러나 평소에 혼잡한 가운데서 살아가는 사람은 이런 것은 아무렇지도 않다.

고독의 적막감을 오랫동안 감당할 수 없는 사람에게 충고하고 싶은 것은, 젊을 때 인간에 대하여 반드시 느끼게 되는 불만감이 때때로 고독에 몰아넣어도, 자기 고독의 일부를 가지고 사회에 들어가는 습관을 가지라는 것이다.

그렇게 하면 그는 사회에서도 얼마쯤 고독을 즐길 수 있으며, 그가 생각하고 있는 것을 남들에게 전하지 않고, 또 남들의 말을 곧이곧대로 받아들이지 않는다. 그래서 도덕적으로나 지적으로 남의 말에 그다지 많은 기대를 하지 않으며, 남들의 견해에 대해 무관심한 태도를 취하게 된다. 이런 무관심이야말로 언제나 찬양할 만한 너그러움을 기르는 데에 가장 확실한 방법이 된다.

그는 남들과 어울리는 동안에도 사회에 완전히 묻혀 있지 않고 오히려 사회를 상대로 객관적인 처지에서 행동할 수 있다. 또한 고독은 그로 하여금 사회와의 접촉을 긴밀히 하지 않도록 해서 그를 보호하기 때문에 때가 묻지 않고 훼손되는 일도 없게 될 것이다.

그리고 이런 울타리를 치고 있다고 할 수 있는 사교방법에 관하여, 읽을 만한 극적인 묘사는 모라틴[28]의 희극 작품 《신작희극》에서 볼 수 있다. 그 가운데

---

28) 1760~1828. 스페인의 극작가.

에서도 특히 제1막 2장과 3장 속에 그려지는 돈 페드로의 성격이 압권이다.

이런 의미에서 사회를 모닥불로 비교할 수도 있을 것이다. 지혜로운 사람은 적당한 거리를 두고 불을 쬐며 바보처럼 손을 불에 데는 일이 없지만, 어리석은 자는 손을 데고 나서 고독이라는 찬 방에 들어가 불이 자기에게 화상을 입힌 것을 원망한다.

질투는 인간의 자연스러운 감정이지만, 이것은 하나의 악덕이요, 불행이다.

인간이 질투를 한다는 것은 자신을 얼마나 불행하게 느끼고 있는가를 말해 주며, 타인의 행위를 끊임없이 주목하는 것은 얼마나 권태에 사로잡혀 있는가를 보여 준다.

그러므로 우리는 질투를 행복의 적으로 돌리고, 하나의 악마로 여겨 질투를 없애도록 궁리해야 한다. 이에 대하여 세네카는 우리에게 이렇게 말하고 있다.

우리는 자기 것을 남의 것과 비교하지 말고 생활을 즐기도록 하자. 남들이 한결 행복하게 살고 있다고 해서 괴로워한다면 절대로 행복할 수 없다.

—《분노에 대하여》제3권 제30장

얼마나 많은 사람들이 그대보다 더 잘살고 있으며, 또 얼마나 많은 사람들이 그대보다 못살고 있는가를 생각해 보라.

—《서한집》제15장

우리는 자기보다 잘사는 사람보다 못사는 사람을 더 눈여겨보아야 한다. 그리고 어떤 재앙이 일어났을 때 우리에게 가장 큰 위로를 주는 것은(예컨대 질투와 같은 원천에서 비롯된 것이라고 하더라도) 우리보다 더한 고통을 당하고 있는 '불행한 동료들'과 어울리는 일이다.

질투의 능동적인 면에 대해서는 이쯤으로 언급해 두고, 수동적인 면을 생각해 보자. 어떤 증오도 질투만큼 누그러뜨리기 어려운 것은 없다. 우리는 질투를 불러일으키는 일이 있어서는 안 되며 이에 따르는 위험한(다른 여러 취미와 마찬가지로) 결과를 고려해 질투를 없애야 한다.

귀족에는 세 종류가 있다. 첫째 출생과 위계에 의한 귀족, 둘째 돈에 의한 귀족, 셋째 정신적인 귀족이 그것이다. 이 가운데 마지막 귀족이야말로 가장 고귀한 것으로, 시간적인 여유만 있다면 어떻게 해서든지 그럴듯한 일을 이루어 사람들의 인정을 받게 될 것이다.

일찍이 프리드리히 대왕은 "뛰어난 정신의 소유자는 군주와 같은 자리에 앉아야 한다"고 말했다. 이 말은 그의 궁내대신에게 한 말이다. 궁내대신이 다른 대신이나 장군들은 자신과 같은 식탁에서 식사를 하는 반면, 볼테르는 왕후와 왕자들의 전용식탁에 앉도록 명한 것에 대해 불평했기 때문이다.

이 세 귀족들은 모두 질투가 심한 무리들에게 에워싸여 있다. 그리고 질투가 심한 무리들은 귀족들에게 은근히 화를 품고 있기 때문에 '너희들도 우리와 조금도 다를 게 없다'는 것을 알려 주려고 한다.

그러나 바로 이 노력이야말로 그와 반대되는 것을 그들이 굳게 믿고 있음을 보여 준다. 질투를 받는 자가 이에 맞서는 방법은, 그들과의 접촉을 되도록 피하는 일이다. 만일 이 방법이 그다지 효과가 없을 경우에는 오늘날 여러 곳에서 행해지듯이 어디까지나 냉정한 태도로 상대의 태도를 묵살해 버리면 될 것이다. 그러나 위에서 말한 세 가지 귀족들은 주로 서로간에 잘 어울려 질투 같은 것은 모르고 지낼 수 있을 것이다. 이것은 서로간에 남의 장점을 앞세워 균형을 취할 수 있기 때문이다.

어떤 계획을 실천에 옮기기 전에 충분히 검토해야 한다. 모든 것을 철저히 심사숙고한 뒤에도 인간에게 있을 수 있는 작은 실수로 말미암아 언제나 예측할 수 없는 일이 일어나기 쉬우며, 자칫 잘못하면 모든 계산이 틀어지게 되는 일도 있음을 알아야 한다.

이는 저울 한쪽에는 희망을 올려놓고 다른 쪽에는 경계심을 올려놓는 것과 같아, 일을 시작할 때 '평지풍파를 일으키지 말라!'는 가르침을 살릴 수 있을 것이다.

그러나 일단 결단을 내리고 모든 일이 어느 정도의 궤도에 올라 이제는 성과만을 기다리는 상황이 되었을 때는 이미 지난 일을 돌이켜 보거나 앞으로 생길 위험에 대해 걱정해서는 안 된다. 오히려 그때에는 모든 일을 완전히 자연스럽게 흘러가도록 놔두고, 자기는 알맞은 시기에 충분히 생각하여 최선을 다했다고 확신하며 마음을 가라앉히면 된다.

이에 대하여 이탈리아의 속담은 좋은 충고를 해준다.

'당나귀에게 안장을 얹은 뒤에는 쏜살같이 달려라.'

이것을 괴테는 '안장을 잘 얹은 다음에는 마음 놓고 달려라'라고 번역했다. 덧붙여 말하지만, 괴테가 '격언'이라는 표제로 발표한 교훈적인 잠언집의 대부분은 이탈리아 격언을 옮긴 것이다. 그런데도 나쁜 결과를 불러온다면 그것은 인간의 일에 우연과 잘못이 작용하는 것을 막을 수 없기 때문이다.

누구보다도 현명했던 소크라테스까지도 자기 자신의 개인적인 일에 대하여 정의를 수호하고, 실수를 피하기 위해서는 자신에게 경고를 아끼지 않는 다이모니온(수호신)을 필요로 했다. 이것은 인간의 이해력이 우연과 착오를 미리 막기에는 부족하다는 것을 입증해 준다.

어느 교황이 다음과 같이 말했다고 한다. "우리가 당하는 모든 불행에 대해서 적어도 어느 의미에서는 우리가 책임을 져야 한다." 이 말은 물론 모든 경우에 해당된다고 할 수는 없다. 대부분 사람들은 자기의 불행을 되도록 숨기려고 노력하며, 그것이 여의치 않으면 만족스러운 얼굴을 한다. 그들은 괴로워할 때 무슨 잘못이라도 저지른 듯이 보이는 것을 걱정하는 것이다.

이미 바꿀 수 없게 된 불행한 사고를 냈을 경우, 이렇게 되지 않을 수도 있었다거나 미리 막을 수 있었을 텐데 하고 자꾸 후회해서는 안 된다. 이런 생각은 고통을 부추기며, 마침내 자학에 빠지게 되므로 차라리 다윗 왕[29]처럼 할 일이다. 왕은 자식이 병으로 누워 있는 동안에는 여호와께 기도와 애원으로 성가시게 했으나, 자식이 죽어 버리자 거문고를 튕기며 이에 대해 생각도 하지 않았다고 한다. 이처럼 손쉽게 체념할 수 없는 사람은 자기에게 일어나는 모든 일은 필연적이며, 피할 수 없다는 큰 진리를 자각함으로써 숙명론적인 관점을 취하는 것이 가장 좋다.

그러나 이런 방법 또한 일방적인 것이다. 그것은 불행할 경우에 우리 마음을

---

29) 이스라엘의 왕. 〈시편〉의 저자.

한결 가볍게 하거나 진정시키는 역할을 한다. 그러나 우리의 태만이나 무모한 행위가 적어도 얼마쯤 불행에 대하여 책임이 있다면, 어떻게 했으면 그것을 방지할 수 있었을까, 하고 괴로워하며 돌이켜 생각해 보는 것은 앞날을 위한 이로운 자기반성이 된다. 더구나 분명히 드러난 과실에 대해서 우리는 변호하거나 은폐, 또는 과소평가해서는 안 된다. 앞으로 이런 과실을 피하기 위해서도 스스로 이를 고백하고, 그 과실의 크기를 분명히 눈앞에 그려보도록 노력해야만 한다. 이 경우에 사람들이 자기 자신을 못마땅하게 여기는 괴로움을 각오해야 한다. '매를 맞지 않는 사람은 배울 수 없다'는 교훈을 기억하자.

기쁨과 한탄에 대한 모든 일에 우리는 공상을 억제해야 한다. 가장 중요한 것은 공중누각을 쌓아서는 안 된다는 것이다. 그것은 곧 한숨을 쉬면서 후회하게 한다. 그리고 우리는 생기지 않을 수 없는 불행한 일을 떠올리며 불안을 느끼는 일이 없도록 조심해야 한다. 이런 불행한 장면이 완전히 공상의 산물이거나 억지로 조작한 것일 경우, 우리는 이런 꿈에서 깨었을 때 모든 것이 다만 속임수에 지나지 않음을 곧 알게 될 것이다. 이것이 현실이고 좀더 나은 것이라면 기쁨은 더욱 커질 것이며, 있을 수 있더라도 매우 멀리 떨어져 있는 불행한 경우를 미리 생각할 것 없다는 경고를 즐거운 현실에서 깨달을 수도 있다.

그런데 우리의 공상이 이런 불행만을 상대로 하는 경우란 좀처럼 없으며, 한가로운 때의 심심풀이로 화려한 공중누각을 쌓는 것이 보통이다. 이 어둡고 불행한 꿈의 소재는 예컨대 현실성이 희박하다고 하더라도 어느 정도는 실제로 우리를 위협하는 불행한 사건이다. 그리고 공상이 더욱 확대되어 그 가능성을 한결 가까이 앞당겨 매우 두려운 것으로 그려보는 것이다. 우리는 이러한 꿈을 눈뜨고 있을 때에도 화려한 꿈처럼 뿌리칠 수 없다. 화려한 꿈은 현실을 금세 지워 버리고, 겨우 연약한 희망만 가능성의 주머니 속에 남겨 놓는 정도에 그친다. 그러나 우리가 어두운 상상에 쏠려 버리면 공상은 좀처럼 물리칠 수 없는 온갖 형상을 우리에게 거듭 안겨 준다. 요컨대 일의 가능성은 일반적으로 확립되어 있으며, 우리는 언제나 그 정도를 뚜렷이 측정할 수 없다.

따라서 가능성은 개연성이 되기 쉽고 우리는 자기 자신을 공포의 손에 내주고 만다. 우리는 자기의 기쁨과 한탄에 관한 것을 이성과 판단력으로 살펴봐야 하며, 좀 더 분명한 개념을 가지고 대처해야 할 것이다. 이 경우 공상을 연극에 참여시켜서는 안 된다. 공상에는 판단력이 없으며 마음을 무익하게, 때로는 가혹하게 동요시키는 환상을 눈앞에 보여준다.

이런 원칙은 특히 밤에 엄격히 성찰해야 한다. 어둠이 우리를 두렵게 해서 곳곳에 무서운 모습을 보이는 것처럼 사상의 어둠도 이와 마찬가지로 작용하며, 모든 불확실성이 불안을 일으키기 때문이다. 그러므로 밤에 마음이 풀어져 이해나 판단의 힘이 주관적인 어둠으로 덮이고, 지성은 피로하고 사물의 근본을 통찰하지 못하면 우리의 사고 대상도 그것이 특히 우리 개인적인 일에 관계될 경우 자칫하면 위험하고 무서운 모습으로 나타난다.

이것은 밤에 침상에 누워 정신이 느슨해진 상태에서 이미 판단력을 완전히 잃어버리고 공상만이 머리에 떠오를 때 가장 많이 일어나는 일이다. 그것은 밤이 검은빛으로 모든 사물과 인간을 덮어 버리기 때문이다. 그래서 잠들기 전에, 또는 밤중에 눈을 떴을 때 우리 생각은 주로 꿈속에서와 마찬가지로 사물을 크게 왜곡하거나 전도시키게 된다. 특히 개인 문제에 관계될 때에는 보통 음산하고 무서운 모습을 나타내기도 한다.

그러나 아침이 되면 무서운 모든 형상들은 꿈결처럼 고스란히 사라져 버린다. 스페인의 속담으로 이런 현상을 '밤은 먹물, 낮은 흰빛'이라고 말한다.

밤에 등불을 켜도 이해력은 한낮처럼 분명하게 느껴지지 않으므로 밤 시간은 불쾌한 사건을 성찰하기에는 특히 알맞지 않으며, 아침이 가장 적합한 시간이다.

아침이 정신노동은 물론 육체노동에도 적합하다. 아침은 그날의 청년시절과 같으며, 쾌활하고 신선하며 경쾌해 자기 자신을 힘차게 느껴 많은 기대를 갖게 한다. 우리는 이 아침 시간을 늦잠으로 단축시켜서는 안 된다. 지저분한 일이나 잡담으로 헛되이 써서도 안 될 뿐만 아니라 아침을 생명의 정수로 신성하게 생각해야 한다.

한편 밤은 하루의 노년기이므로 저녁에는 머리가 멍청해지고 입을 잘못 놀려 경솔해지기 쉽다. 하루하루가 짤막한 한 생애인 셈이다. 날마다 아침에 눈을 떠 잠자리에서 일어나는 것이 그날의 탄생이며, 신선한 아침마다 짧은 청년시기를 거쳐 잠자리에 들어 잠들면 그날은 죽어 버린다.

그리고 대부분 건강, 수면, 영양, 온도, 날씨, 그 밖의 외부적인 일들이 우리 기분에 큰 영향을 주고, 이 기분이 우리가 가진 사상에 커다란 작용을 한다. 어떤 사건에 대한 우리의 견해와 마찬가지로, 어떤 일에 대한 우리가 지닌 능력도 '때'와 '장소'에 크게 지배를 받는다.

즐거운 기분은 꽉 붙잡아 둘 일이다.
그것은 자주 우리를 찾아들지 않으니.

—괴테, 〈일반적인 고백〉

객관적인 여러 가지 고안이나 독창적인 사상 같은 것도 그 실현 가능성을 걱정하거나, 언제 뜻을 이룰 것인가 하고 기다리고만 있을 것이 아니다. 개인적인 일을 깊이 생각할 때에도 미리 정한 기한에 언제나 잘 되어 간다고만 볼 수 없다. 적당한 시기가 따로 있는 법이니 때가 되면 우리도 깊이 생각하게 되어 알맞은 과정을 더듬어 나가게 된다.

나는 앞에서 공상을 억누를 것을 권했다. 여기에 덧붙이고 싶은 것은 우리가 당한 불법 행위나 감정이 상하는 일, 손실, 모욕, 배척, 능욕 등을 떠올리거나 마음속에 그려보는 행동은 금물이라는 것이다. 그렇게 하면 오랫동안 진정되었던 불만이나 분노가 그 밖의 온갖 혐오스러운 격정을 새삼스럽게 불러일으켜 우리의 마음을 더럽힌다.

신플라톤파의 프로클로스[30]가 아름다운 비유로 말한 바와 같이, 어느 곳에나 고귀하고 뛰어난 인물 곁에는 많은 비천한 인간들이 모여 있는 것처럼 인간들 가운데에서(가장 고귀한 인물들 가운데에도) 소질로 보면 인간적이라기보다도 동물적인 비속한 인간이 존재한다.

이 비천한 인간을 들끓게 해서는 안 되며 창밖으로 얼굴을 내놓게 해서도 안 된다. 그런데 이 비천한 인간을 부추기는 것은 앞에서 말한 공상의 농간이다. 아주 사소하고 기분 나쁜 일(그것이 인간에게서 일어났든, 사건에서 일어났든)도 자꾸 생각하면 역겨운 색채를 띠거나 차츰 팽창되어 끝내 하나의 괴물처럼 부

---

30) 410~485. 그리스의 철학자.

풀어 올라서 사람을 깜짝 놀라게 하기도 한다. 모든 불쾌한 일은 되도록 가볍게 여기어 자유롭게 놓아두는 것이 좋다.

작은 물체도 눈 가까이 가져오면 우리의 시야가 좁아져서 세계를 뒤덮어 버리듯이, 우리 주위의 인간과 사물들은 매우 보잘것없는 것일지라도 집중력과 사상을 필요 이상으로 혹사시켜 소중한 사상이나 문제를 압박한다. 이런 일이 없도록 노력해야 한다.

우리는 자기가 소유하지 않은 것을 보면, '이것이 내 것이라면 얼마나 좋을까!' 하는 생각이 들어 초라한 자기를 의식하게 된다. 그런데 우리는 이런 생각 대신에 자기가 소유한 것에 대해, '이것이 내 것이었다면 얼마나 따분할까!' 하고 생각해 볼 필요가 있다. 또한 우리는 자기가 소유한 것에 대해, 만일 그것을 잃어버렸다면 얼마나 안타깝고 슬플까, 하고 가끔 생각해 볼 필요가 있다. 재산, 친구, 애인, 아내, 자식, 말, 개 등 무엇이든지 괜찮다. 대개 이런 것들은 없어진 이후에야 비로소 그 참된 가치를 알게 된다.

어쨌든 앞에서 권고한 사물의 관찰 방법에 따르면, 첫째로 사물을 소유하고 있는 것이 전보다 더 우리를 기쁘게 할 것이고, 둘째로 우리는 모든 방법을 마련해 잃어버리지 않도록 미리 막을 수 있을 것이다. 즉, 재산을 함부로 쓰지 않고, 친구의 마음을 상하게 하지 않으며, 아내의 정조를 시험해 보지 않도록 하고, 아이들의 건강관리에 유의하도록 할 것이다. 우리는 때때로 일이 잘 되어 가리라는 생각에서 현재의 어두운 구석을 밝게 하려고 힘쓰거나 온갖 망상적인 희망에 가슴이 부풀기도 한다. 하지만 그 어느 것이나 환멸을 품고 있으며 그것이 냉혹한 현실에 부딪쳐 깨어지면, 반드시 이 환멸이 나타나게 마련이다. 아니, 오히려 여러 가능성을 사고의 대상으로 삼는 편이 나을지도 모른다.

그렇게 하면 한편으로는 그것을 미리 막는 수단도 되고, 다른 한편으로는 그것이 사실로 나타나지 않았을 경우 유쾌한 환희를 불러일으키게 될 것이다. 우리가 어떤 불안을 뚫고 지나갔을 때에는 반드시 쾌활하게 되기 때문이다. 이런 일보다도 더욱 바람직한 것은 우리가 만나게 될지도 모르는 큰 불행을 가끔 스스로 떠올리는 것으로, 이렇게 하면 나중에 사실상 훨씬 작은 불행이 닥쳤을 때 전에 생각만 했을 뿐 일어나지 않고 지나간 불행을 돌이켜봄으로써 훨씬 쉽게 참아 나갈 수 있을 것이다. 그러나 그렇다고 해서 앞에서 말한 충고를 소홀히 해도 좋다는 말은 아니다.

우리가 당하는 사건이나 일은 아주 고립되어 두서없이, 또 서로 관련도 없이 커다란 대조를 이루거나, 사건이라는 것 이외에는 어떤 공통점도 없이 나타나거나 뒤섞여 급히 지나가 버린다. 이에 대해 우리가 사고하고 걱정하는 것은 저마다의 사건에 대응하려고 하기 때문에 아무래도 산만해질 수밖에 없다. 우리가 한 가지 일을 처리할 때는 나머지 일은 전혀 얽매이지 말고 그것을 다른 모든 일에서 추론해 독립시켜서 적당한 시기에 노력하거나 즐기거나 감당해 나아가도록 해야 한다. 우리는 각자 자기 사상의 서랍을 몇 개 갖고 있어야 하는데, 그 하나를 여는 동안 다른 것은 모두 닫아 두어야 한다는 뜻이다.

이렇게 하면 우리는 마음을 무겁게 짓누르던 걱정으로부터 온갖 사소한 즐거움을 잃어버리는 일도 없고, 그것으로 우리 마음의 평정을 잃는 일도 없이 하나의 집착이 다른 집착을 몰아내지도 않고, 한 가지 중대한 일에 대한 큰 걱정으로 많은 사소한 걱정을 등한시하지 않게 되어 여러모로 이득이 된다.

특히 훌륭한 고찰을 할 수 있는 능력을 가진 사람은 그 정신을 개인적인 사건이나 사소한 걱정으로 빼앗기고, 높고 고상한 일로 통하는 길이 막히는 일이 있어서는 안 된다. 그렇게 하지 않으면 그야말로 "삶을 위해 삶의 목적을 버리는"[31] 것이 되어 버린다. 물론 우리는 자신의 이런 경향에 대해서도 자제가 필요하지만, 이런 자제를 해도 사람들은 외부로부터의 많은 강요를 참아야 한다. 또한 이런 강요는 누구나 당하는 일이다. 그러나 자신에 대한 적절한 작은 강요가 나중에 외부에서 오는 많은 강요를 미리 막아준다. 마치 중심 가까이에서 절단된 원주의 한 부분은 원둘레 가장자리에서 절단된 원주의 작은 부분보다 훨씬 크다는 것과 마찬가지이다.

우리는 무엇에 의해서도 자기 강요만큼 외부의 강요를 슬기롭게 벗어나지는 못한다. 이에 대하여 세네카는 "만일 모든 일을 그대에게 복종케 하려고 하면, 먼저 그대 자신을 이성에 복종케 하라"[32]는 말로 표현하고 있다.

---

31) 유베날리스 《풍자시》 제8권 83장.
32) 《서한집》 37.

그리고 우리는 자기 강요라면 언제나 자기 권한 안에 있으며, 극단의 경우 그것이 자기의 가장 아픈 부분과 부딪히는 때에는 얼마쯤 자기 강요를 완화할 수 있지만, 외부 세계로부터 받은 강요는 무자비하기 짝이 없다. 그러므로 이것을 자기 강요로 굳게 다져 두는 것이 지혜로운 방법이라고 하겠다.

자기 혼자서는 모든 소망 중에서 매우 작은 한 부분밖에 손에 넣을 수 없다. 하지만 많은 재앙은 모든 사람들이 당하게 마련이라는 것을 언제나 잊지 말고 우리의 소망에 하나의 목표를 세워 욕구를 억제하고 분노를 막아야 한다. '그대들은 절제하고, 참고 나아가라.' 이것이 하나의 법도이다. 이를 무시하면 재물도 권세도 자신에 대한 우리의 비참한 감정을 억제하지 못한다. 이를 주제로 해서 호라티우스는 이렇게 노래했다.

> 모든 일을 손쉽게 처리하는 방법은
> 현자의 글을 읽고 석학에게서 배우는 것.
> 탐욕도, 불안도, 무익한 기대도
> 이제 그대를 괴롭히지 않으리니…….

―《서한집》1권 18의 96

"생명은 운동에서 비롯된다"는 아리스토텔레스의 말은 옳다. 우리의 육체적인 생명이 단지 끊임없는 운동으로 이루어지는 것처럼 우리의 내적인, 정신적인 생명도 계속 일을 할 것과 행위 또는 사고로써 어떤 목적을 갖고 일할 것을 요구하고 있다.

이것은 일이 없고 지각이 없는 사람들이 손으로 또는 가까이에 있는 어떤 도구로 물건을 두드리며 북을 치는 듯한 소리를 내는 것으로도 입증된다. 우리의 생존은 본질적으로 휴식 없는 존재이며, 아무 일도 하지 않으면 참지 못하고 곧 권태를 느끼게 된다.

이 충동을 만족시키기 위해서는 이를 잘 통제해야 한다. 즉, 활동을 계속할 것, 무엇이든지 할 것, 가능하면 어떤 것이든지 만들 것, 적어도 무엇이든 배우는 것이 인간의 행복에 꼭 필요하다. 인간의 힘은 쓰기를 요구하고 그 성과를 알아보고자 한다.

그러나 이 가운데 가장 큰 만족을 주는 것은 무엇이든지 만드는 것이다. 하나의 바구니든 한 권의 책이든 그것을 완성하는 일이다. 하나의 작품이 그의 손에서 하루하루 자라나 드디어 완성된 것을 바라볼 때 그를 직접적으로 행복하게 해준다.

하나의 예술품이나 저작, 아니면 단순한 공예작품이라도 상관없다. 물론 그 작품이 고귀하다면 그만큼 더욱 고급 향락을 누릴 수 있다.

이런 견지에서 보면, 가장 행복한 사람은 소질이 풍부한 사람들로, 이들이야 말로 의의 있는 위대한 작품을 창조할 수 있는 힘을 자각하고 있다. 따라서 훨씬 고상한 흥미가 이들의 온몸에 퍼져 다른 사람들에게서는 찾아볼 수 없는 하나의 흥취를 느끼게 한다.

이들에 비하면 다른 사람들의 생존은 무미건조하기 짝이 없다. 천재적인 소질을 타고난 사람은, 인생과 세계가 모든 사람들에게 공통된 실질적인 흥미 이외에 제2의 더욱 고차원의 관심을 갖는다. 이 관심은 이들의 작품에 대한 소재를 모아준다. 개인적인 가난만 벗어나면 한평생 이런 소재의 수집에 열중한다.

이들의 지성은 이중적인데, 한편은 다른 사람들과 마찬가지로 일반적 관계를 파악하는 지성이고, 다른 한편은 사물을 객관적으로 파악하는 지성이다. 그래서 다른 사람들은 배우 노릇을 하고 있는데, 이들은 배우인 동시에 관객이기도 한 이중생활을 하게 된다.

모든 사람들은 능력의 정도에 따라서 행동해야 한다. 또 무슨 일을 하든지 계획적인 행동이나 노동의 결핍이 우리에게 얼마나 큰 해악을 끼치는가는, 오랫동안 여행이라도 떠났을 때 도중에 갑자기 느끼게 되는 것을 보면 알 수 있다. 이 경우, 자연적인 요소로부터 떠난 것처럼 본디 일정한 일거리가 주어져 있지 않아 때때로 커다란 불행을 느끼게 된다. 향락이 이어지고 평온한 상태가 와도 인간은 참기 어려운 것이다.

무엇보다도 애써 저항과 싸워 나아가는 것은 두더지가 흙을 파듯이 인간에게 중요한 일이다. 장해를 극복해 나아가는 것은 온전한 향락이며 이 장해는 행동의 경우처럼 물질적인 것이라도 상관없고, 학습이나 연구의 경우처럼 정신적인 것이라도 무방하다. 장해와 싸워서 승리하는 것이 인간을 행복하게 한다.

그래서 그런 기회가 없으면 사람들은 스스로 그런 기회를 만든다. 사람들의 개성에 따라 저마다 사냥을 하거나 공을 치거나, 무의식적으로 싸움을 하거나 음모를 꾸미거나, 또는 사기나 그 밖의 이런저런 고약한 일에 가담할 테지만, 이것들은 다만 무사태평한 상태에서 벗어나기 위한 것이다. '한가할 때 마음의 평정을 유지하기는 어렵다.'

우리는 이루어질 수 없는 환상을 노력의 목표로 삼아서는 안 된다. 우리는 이 경우에 뚜렷한 개념을 갖고 있어야 한다. 그러나 이와 반대되는 일들을 흔히 찾아볼 수 있다. 엄밀히 검토해 보면, 우리가 어떤 결심을 할 때 마지막으로 어떤 결론을 내리는 것은 개념과 판단력이 아니라 이 둘 가운데 어느 한쪽을 대신하여 나타내는 공상적인 환상이다. 볼테르의 작품인지, 디드로가 쓴 것인지 잘 모르겠으나, 주인공은 청년이 헤라클레스[33]처럼 선량한 생애와 안락한 생애의 갈림길에 서게 되면, 그의 눈에 덕이 왼손에는 재떨이를 쥐고 오른손에는 담배를 매만지며 도덕강의를 하는 늙은 가정교사의 모습으로 보이는 반면에, 부덕은 어머니를 모시는 시녀의 모습으로 보였다고 쓰고 있다.

특히 젊은 시절에는 행복의 목표가 환상적으로 우리 눈앞에 떠오르기 때문에 자칫하면 반생을, 때에 따라서는 일생을 변치 않고 고정되는 경우도 있다. 이런 환상은 본디 사람을 놀려대는 유령이다. 즉, 우리가 거기 손이 닿았을 때에는 벌써 사라져 버리는 것이다. 우리는 그것이 우리에게 약속한 것을 전혀 이루어주지 않는다는 것을 경험하게 된다. 우리는 가정적, 시민적, 사교적, 자연적인 모든 생활에서 여러모로 명예와 존경을 얻기를 꿈꾼다. '모든 광기에는 저마다 버릇이 있다.' 애인에 대한 환상까지도 자칫하면 이런 종류의 것이 된다.

우리가 이렇게 되는 것은 자연스러운 일이다. 왜냐하면 실생활의 모든 것은 직접적이므로 인간의 의지에 영향을 주지만, 관념이나 추상적인 사상은 현실을 드러내는 개개의 것이 아니고 다만 일반적인 것, 따라서 인간의 의지에 대해서도 간접적으로 작용할 뿐이기 때문이다.

그러나 그 약속을 지켜 우리를 기만하지 않는 것은 전자가 아니라 후자, 즉

---

33) 그리스 신화에 나오는 영웅.

관념과 사상뿐이다. 지혜로운 사람이라면 이것만을 믿어야 한다. 하긴 추상적인 문장에 실례나 주석을 달 필요가 있듯이 때로는 관념이나 사상도 어떤 환영의 도움을 받을 필요가 있지만, 그것은 다만 소금을 조금 치는 정도에 그친다.

앞에서 말한 일반적인 가르침은 '인간은 어디서나 현실적이어야 하며, 직관적인 인상을 통괄하는 지배자가 되어야 한다'는 것이다.

이런 인상은 단지 생각에 그치는 것이나 알고만 있는 것과 비교하면 강력하게 작용한다. 그것은 실질적인 부분이나 내용에 의해서가 아니라(이런 것은 대부분 매우 빈약하다), 그 직관성과 직접성이라는 형식에 기인한다. 이 형식이 마음에 스며들면 마음의 안정을 어지럽혀 계획을 흔들어 놓기도 한다. 현재 있는 것, 직관되는 것은 언제나 위력과 압박을 느끼게 하는데, 사상이나 관념이 이를 하나하나 생각하려면 꽤 오랜 시간과 마음의 여유가 필요하기 때문이다. 따라서 사람은 순간마다 있는 그대로 파악할 수는 없다.

우리가 잘 생각해 단념해 버린 놀이 같은 것도 눈앞에서 보게 되면 자극을 받듯이, 전혀 부당하다고 생각되는 비판도 그것을 들으면 불쾌하고, 또 무시해 버려도 될 모욕을 당하면 화가 나는 법이다. 마찬가지로 신뢰를 주는 인상에는 거부할 온갖 이유를 갖고 있어도 좀처럼 이를 물리치기 어렵다.

이 모든 일에 인간의 본성이 지닌 원시적이고도 비이성적인 성질이 드러나 있는 것이다. 이런 인상에 쉽게 굴복하는 것은 여자들이며, 남자들도 이런 인상에 흔들리지 않을 만큼 훌륭한 이성을 갖춘 사람은 드물다. 그래서 우리가 이 인상을 완전히 누를 수 없을 때에는 어느 하나의 인상을 이와 반대되는 인상으로써 중화시키는 것이 가장 좋은 방법이다. 예컨대 모욕을 당한 인상은 우리가 존경하는 사람들을 방문하는 것으로, 위협하는 인상은 그것을 지워 버리는 현상을 사실상 관찰함으로써 그 성질을 사라지게 하는 것이다. 라이프니츠[34]는 다음과 같이 말한다.

저 이탈리아인은 고문을 받는 동안에 결심을 굳혀, 만일 자기가 고백하면

---

34) 1646~1716. 독일 철학자.

오르게 될 교수대의 환상을 한순간도 상상에서 떼어놓지 않음으로써 고문의 고통을 견딜 수 있었다.

—《새로운 에세이》 제1권 제2장 11절

이로 말미암아 그는 때때로 "나는 너를 바라보고 있다"고 외쳤는데, 나중에 와서 그는 왜 이런 말을 했는가 하는 배경을 설명했다.

우리를 에워싼 모든 사람들이 다른 의견을 갖고 행동할 때, 우리는 그들의 오류를 믿으면서도 그들의 견해에 동요를 일으키지 않고 대범한 마음을 간직하기란 매우 어렵다. 역적이 두려워서 피신을 다니는 왕자에게 믿을 만한 신하 두 사람이 표시하는 충성이야말로 왕자의 마음을 든든하게 하지만 그것마저 없어지면 자기 자신의 존재까지도 의심하게 된다.

나는 이미 우리의 행복에 건강이 가장 중요한 가치를 지니고 있다는 말을 했지만, 여기서 잠시 건강 유지에 관한 일반적인 가르침이 되는 기준을 들어 보고자 한다.

인간은 건강할 때 몸 전체의 각 부분을 적당히 움직임으로써 좋지 않은 환경에 저항할 수 있는 습관을 길러 자신을 단련해야만 한다. 그리고 전체든 일부이든 어떤 병적인 증상이 나타나면 빨리 그에 알맞은 치료를 해야 한다. 온갖 수단을 다 기울여 병든 부분을 잘 보살펴야만 한다. 병들었거나 쇠약한 부분은 단련시킬 수 없기 때문이다.

근육은 쓸수록 강해지지만 그 반대로 신경은 오히려 약해진다. 누구나 적당히 근육을 움직이되, 신경은 되도록 쓰지 말아야 한다. 눈은 지나치게 밝은 빛, 특히 반사를 피해야 하며 어두운 곳에서 일하지 않아야 한다. 그리고 작은 것을 계속해서 관찰하는 일이 없도록 조심해야 한다. 마찬가지로 귀도 아주 강한 음에는 조심해야 하고, 특히 뇌는 억지로 계속해서 쓰거나 지나치게 혹사해서는 안 된다.

소화하는 동안은 두뇌를 쉬게 하는 게 좋다. 두뇌로 사상을 만들어 내는 것과 같은 생명력이 위와 내장에서 음식을 소화시키기 위해 열심히 일하고 있기 때문이다. 심한 근육노동을 하는 동안은 물론 그 뒤에도 두뇌를 쉬게 해야 한다. 운동 신경에서의 상황이나 지각 신경에서의 상황이 마찬가지이며, 우리가 상한 팔다리에서 느끼는 아픔을 받는 장소는 뇌에 있는 것처럼, 걸어다니거나 일하는 것도 본다는 팔이나 다리가 아니라 뇌, 자세히 말하면 연수(延髓)와 척수(脊髓)를 거쳐, 팔다리의 신경을 흥분시켜 이로 말미암아 사지를 움직이기 때문이다.

우리가 다리나 팔에 느끼는 피로감도 실은 뇌가 그렇게 생각하기 때문이다. 운동이 자기 마음대로인 부분, 즉 그 운동이 뇌에서 출발하는 근육만이 피로하고 자기 의지와 상관없이 움직이는 근육, 예컨대 심장과 같은 것은 피로하지 않다. 우리가 심한 근육 활동과 정신적인 긴장을 동시에 하고 있을 경우에도 뇌수가 분명히 장해를 받는다. 산책을 시작할 때나 또는 가까운 거리를 걸어가는 길에 가끔 정신 활동이 높아지는 것을 느끼는 것은 이와 모순되는 일이 아니다. 이 경우에는 앞에서 말한 뇌의 피로가 아직 나타나지 않는다. 이런 가벼운 근육 활동으로 증가된 호흡은 동맥을 통해 산소와 잘 결합한 피를 머릿속에 보내기 때문이다. 그러나 특히 뇌에는 그 휴식에 필요한 만큼 충분한 수면을 취하게 하는 것이 좋다.[35] 수면이 육체에 미치는 작용은 시계에 태엽을 감는 것과 마찬가지기 때문이다.[36]

수면량은 뇌가 발달했을수록, 그리고 활동적일수록 더욱 커질 것이다. 그러나 적당량을 넘는 것은 단지 시간의 손실에 지나지 않는다. 그렇게 되면 수면시간은 늘어나지만 그 밀도가 엷어지기 때문이다.[37]

우리의 사고는 뇌의 유기적인 작용임에 틀림이 없다. 노력과 휴식에 대해서는 다른 유기적인 활동과 비슷한 상태에 있다는 것을 알아야 한다. 지나친 노력이 눈을 해치듯이 뇌도 마찬가지로 해를 입는다.

"뇌가 생각을 하는 것은 위장이 소화하는 것과 같다"는 말은 사실이다. 어떤 비물질적이고 단순하게 사고하는 지칠 줄 모르는 영혼이 뇌 속에 그저 머물

---

35) 수면은 죽음의 일부이다. 우리는 수면을 이자로 선불하고 하루 동안 살기 위해 소비한 생명을 되찾아 오곤 한다. 수면은 죽음에서 꿔온 행위이다. 그것은 생명을 유지하기 위해 죽음에서 빌려오는 것이다. 다시 말해서 수면은 죽음에 치르는 이자이며, 죽음 자체는 원금의 지불이다. 이자 지급 방법이 정확하고 규칙적일수록 원금 지불은 더욱 천천히 청구해 올 것이다.
36)《의지와 표상으로서의 세계》제2권 참조.
37)《의지와 표상으로서의 세계》제2권 참조.

곳을 빌리고 있을 뿐 아무것도 필요로 하지 않는다는 망상이 있다. 이 망상은 분명히 많은 사람들을 어리석은 행동으로 몰아넣어 정신을 헛되이 쓰게 만들었다. 일찍이 프리드리히 대왕이 잠을 자지 않으려고 한 것이 좋은 예이다.

철학 교수들은 그들의 교리 문답 같은 엉터리 철학인 이 해로운 망상을 강제로 팔 생각은 하지 말아야 한다.

우리는 자기의 정신력을 어디까지나 생리적인 작용으로 보고, 정신력을 아껴서 사용하고 육체적인 병이나 통증, 부조화가 정신에 장해를 준다는 것을 알아야 한다.

이에 대하여 가장 잘 논술한 것은 카바니스[38]가 쓴 《인간의 육체와 정신에 관한 보고 연구》이다. 여기서 말한 충고를 소홀히 하여 많은 위대한 사상가나 학자들이 늙어서 어린이처럼 되고, 끝내는 망상에 잘 빠져드는 정신병을 앓는 일이 때때로 일어났다. 예컨대 이 세기에서 인기 있는 영국 시인 월터 스콧, 워즈워스,[39] 사우디[40] 등 많은 사람들이 늙어서, 아니 아직 60대인데도 일찌감치 정신이 둔화되어 무능해지고, 나아가서는 백치가 될 정도로 비참하게 된 것은 분명 저마다 비싼 보수에 유혹되어 저술을 장삿속으로 했기 때문이다. 한마디로 돈 때문에 글을 썼기 때문이라고 할 수 있다.

이런 일들은 자연에 어긋난다. 천마(天馬) 페가수스에 멍에를 얹어 혹사하거나 시의 여신 뮤즈를 채찍질하여 달리는 사람은 사랑의 여신 베누스에게 강제로 봉사한 사람과 마찬가지로 속죄를 하게 마련이다. 심지어 칸트[41]까지도 늘그막에 유명하게 된 뒤로 지나치게 일했기 때문에 그의 생애 마지막 4년 동안 유년기로 다시 돌아가고 말았다. 너무 많은 정신노동은 1년 내내 모두 우리의 육체, 나아가서는 정신상태에 저마다 독특하고 직접적인 영향을 준다.

---

38) 1757~1808. 프랑스의 철학자.
39) 1770~1850. 영국의 낭만파 시인.
40) 1774~1843. 영국의 시인. 1813년 계관(桂冠)시인이 되었다.
41) 1724~1804. 독일의 대철학자. 쇼펜하우어가 "칸트는 만년에 어리석음으로 되돌아갔다"고 말한 것은 칸트가 《실천이성비판》 속에 신학적 도덕률의 지고선의 정언명법을 채택하여 그 결과로서 도덕신학을 수립한 오류 및 《순수이성비판》 제2판에서 개악을 지적하는 것이다.

타인에 대한 우리의 태도

이 세상을 살아가려면 많은 조심성과 아량이 필요하다. 조심성은 손해와 손실로부터, 아량은 충돌과 분쟁으로부터 미리 보호하게 해 준다.

인간들 속에서 살아가야 하는 자는 어떤 개성이건 일단 자연으로부터 주어진 것인 이상 만일 그것이 고약하고 보잘것없더라도, 또는 괴상한 것이라도 절대로 물리쳐서는 안 된다. 오히려 이런 사람들을 형이상학적인 원리에 따라 있는 그대로 있게 한 불변한 것으로 인정해야 하며, 극단의 경우에는 "이런 사람도 세상에는 있어야 한다"[42]고 생각해야 할 것이다. 만일 그렇지 않고 이와 다른 태도를 취한다면 그 사람이 나쁜 것이며 타인의 숨통을 끊는 처사로 비난받아 마땅하다. 인간은 본디 개성, 다시 말해서 도덕적인 성격, 인식 능력, 기질, 용모 등은 아무도 바꿀 수 없기 때문이다.

우리가 어떤 사람의 본질을 무작정 공박하면 그는 우리 가운데 있는 적을 물리치려고만 할 것이다. 그것은 우리가 그에게 바꿀 수 없는 그의 본질이 바뀐다는 조건 아래에서만 생존의 권리를 허용하려고 하기 때문이다. 따라서 우리가 인간 가운데서 살아가기 위해서는, 우리 모든 인간에게 주어진 개성이 어떤 상태에 있든지 그 개성을 포함해 그 사람을 인정해야 하며, 그 개성의 종류와 성질을 있는 그대로 두고 이를 주로 이용하도록 해야 한다. 그리고 그 개성의 변화를 바라거나 있는 그대로의 개성을 무작정 나쁘다고 경멸해서는 안 된다.[43] 이것이 바로 '살기도 하고 살리기도 한다'는 속담의 참된 의미이다.

그러나 이 과제는 정당하지만 결코 쉬운 일이 아니다. 온갖 개성을 가진 자들과 언제나 상종하지 않고 지내는 사람은 행복하다고 할 수 있다. 어쨌든 우리가 사람에게 시달리면서도 참는 법을 배우기 위해서는 무생물을 상대로 자기 인내력을 기르는 것이 좋다. 무생물은 기계적으로, 또는 그 밖의 물리적인 필연성에 따라 우리가 하는 행위에 대하여 고집스럽게 저항한다. 이것을 상대로 수련을 쌓는 기회는 얼마든지 있다.

이렇게 해서 얻게 된 인내를 차츰 다른 사람들에게 적용하는 법을 배워야

---

42) 괴테 《파우스트》 제1부, 메피스토펠레스의 말.
43) 많은 사람들을 상대할 때에 '나는 그의 개성을 바꾸려고 하지 않고 이용하려고 한다.' 이렇게 생각하는 것이 가장 현명한 방법이다.

한다. 우리를 방해하려는 자들도 무생물이 작용하는 필연성과 같은 그들의 타고난 성품에서 비롯되었으므로 필연적으로 그렇게 하지 않을 수 없다. 그들의 태도에 대하여 화를 내는 것은 마치 길에 널린 돌멩이에게 불평하는 것과 같다. 이것은 어리석은 짓이라고 생각하는 습관을 기를 필요가 있다.

사람들과 이야기를 나누다 보면 서로의 정신과 감정의 동질성, 이질성을 쉽게 알아차릴 수 있다. 이는 참으로 놀라운 일이다. 이 동질성과 이질성이 아무리 작은 것이라도 알 수 있다. 이를테면 이야기가 아무렇지 않은 내용이라도 크게 이질적인 사람들 사이에서는 하나에서 열까지 다른 사람의 비위를 거스르며, 말이 많으면 끝내 분통을 터뜨리게 될 것이다.

이와 달리 동질적인 사람들이라면 모든 것이 곧 얼마쯤 공감을 일으킬 것이다. 이 공감이 클 경우 완전한 화음이 되어 합류한다. 이것으로 보아 평범한 사람들이 왜 그토록 사교적이고, 곳곳에서 손쉽게 좋은 친구들을 사귀게 되는가를 설명할 수가 있다.

그러나 비범한 사람들은 이것이 반대로 나타나며 그가 뛰어날수록 더욱 뚜렷이 드러난다. 다른 사람들 속에 자신과 동질적인 부분이라도 찾게 되면 아무리 사소한 것이라도 그들의 고립된 생애에서 때때로 기쁨을 제공해 준다. 참으로 위대한 사상가는 솔개와 같은 높이에 혼자서 둥지를 튼다. 앞에서 말했듯이, 어떻게 해서 비슷한 사람들끼리 마치 자력으로 서로 끄는 것처럼 쉽게 만나는지 이해할 수 있을 것이다. 비슷한 영혼은 멀리서도 서로 인사한다. 물론 우리는 저급한 마음을 가진 사람이나 태어날 때부터 빈약한 사람들에 대해 이런 일을 관찰할 기회가 자주 있다. 그러나 이런 사람들은 수없이 많고, 반대로 뛰어난 천성을 지닌 사람들은 보기 드물다.

어떤 목적을 이루려는 단체 내부에 악당 둘이 있다면, 그들은 군대 휘장을 달고 있는 것처럼 서로 이용하거나 배신을 위해 힘을 모을 것이다. 이와 마찬가지로 여기 가담한 두 바보를 제외하고는 분명히 지각도 있고 사려도 깊은 사람들로 이루어진 커다란 사회(있을 수 없는 일이지만)에서 이 두 사람만은 서로 뜻이 맞는 것을 느끼게 될 것이다. 그리고 그들은 서로 이해할 수 있는 상대를 만난 것을 진심으로 기뻐할 것이다. 특히 도덕적으로나 지적으로 뒤떨어지는 두 사람이 한눈에 정들어 가까이하고, 마치 예전부터 알던 사이나 되는 듯이 시시덕거리며, 서로 수작을 하는 것을 보면 놀라지 않을 수 없다. 그것은 참으로 불교의 윤회설처럼 이미 태어나기 전부터 맺은 인연이 있었다고 생각될 정도이다.

그런데 아무리 뜻이 맞아도 그들을 서로 떼어놓고, 그들 사이에 한때나마 불화를 일으키는 것은 기분의 차이이다. 이 기분은 모든 사람들의 지위, 직업, 환경, 신체 상태 등에 따라 거의 언제나 다르다.

마음이 아주 잘 맞는 사람들 사이에서도 불협화음이 일어나는 경우가 있다. 이런 장애를 없애기 위해 끊임없이 필요한 수정을 가하여 언제나 한결같은 온정을 유지하는 것은 수준 높은 교양이 있어야만 비로소 가능하다.

사교 모임에 기분을 일치시키는 일이 얼마나 많은 성과를 올리는가, 인원이 많은 집회에서 어떤 객관적인 것(그것이 어떤 위험한 일이든, 어떤 희망이든, 또는 어떤 보고 사항이나 보기 드문 구경거리, 연극, 음악, 그 밖의 무엇이든지)이 모든 사람들에게 동시에 작용하기만 하면 곧 그 모임은 즐거워지며 서로 곧 친밀감을 갖게 되는 것으로도 짐작할 수 있다. 이 객관적인 것이 개인적인 흥미를 넘어서서 다른 사람들과 기분의 통일을 자아내기 때문이다. 이와 같은 객관적인 효과가 작으면 흔히 주관적인 효과가 중요시된다. 보통 술이 좋은 분위기를 조성하는 수단으로 쓰이는 것도 그 때문이다. 차나 커피도 이런 효과가 있다.

그러나 순간적인 기분의 차이가 이처럼 모든 협동체에 때때로 생기는 부조화에서 부분적이나마 설명될 수 있는 것은, 모든 사람들이 이 기분과 이와 비슷한 영향(한때나마 뒤흔들어 놓는)에서 해방된 기억 속에 자기 자신을 이상화하거나 나아가서는 때때로 신성화해 묘사한다는 것이다.

기억은 사진의 암상자 속의 집광렌즈와 같은 작용을 하며, 모든 것을 끌어모아 그 본체를 한결 아름답게 나타낸다. 이렇게 이상적으로 보이는 것은 '부재(不在)'에서 온다. 회상을 이상화하려면 오랜 시일이 필요하지만, 그것이 얼마쯤 이루어지면 상대가 잠깐 눈에 보이지 않아도 가능하다. 그러므로 친지나 친구는 되도록 오래간만에 만나는 것이 현명하다고 하겠다. 그렇게 하면 다시 만났을 경우에 이 '회상의 이상화'를 즐길 수 있기 때문이다.

아무도 자기를 뛰어넘어 세계를 인정하지 못한다. 즉, 모든 사람은 자기 기준에서 남을 평가하며, 자기의 지능 정도에 따라 다른 사람을 이해할 뿐이다. 이 지능이 아주 저급하면 아무리 정신적으로 뛰어난 사람이라도 그에게 아무 영향도 주지 못한다. 이런 성격을 타고난 이는 뛰어난 사람의 개성 가운데에서 가장 저급한 것, 다시 말해 모든 약점과 기질 및 성격적인 결함밖에는 인정하지 않으며 그 이상의 것은 전혀 알지 못할 것이다. 그러므로 이 천부를 지닌 사람도 그에게는 보잘것없는 존재가 되어 버릴 것이다. 그에게 한결 높은 정신 능력은 마치 눈먼 사람이 색채를 대할 때의 색채가 지니는 가치와 마찬가지이다.

요컨대 모든 사상은 사상이 없는 사람에게는 없는 거나 마찬가지이며, 모든 평가는 평가자의 인식 범위에 의한 상대의 가치에서 비롯된다. 누구나 어떤 사람과 이야기할 때 그 사람과 같은 수준으로 내려가게 되는데, 그때 그가 상대보다 나은 면은 모두 숨겨질뿐더러, 필요한 자기 부정도 상대는 분명히 알지 못한다.

그러므로 누구나 상대가 얼마나 저열한 생각을 하고 있으며 빈약한 천성을 갖고 있는가, 얼마나 많은 사람들이 철저하게 비속한가를 생각한다면, 자기를 떨어뜨리지 않고 그들과 이야기할 수 없다는 것을 알게 될 것이다. 그래서 '자기를 비속하게 한다'는 표현이 지닌 본디 의미를 깊이 이해할 것이다. 그리고 자기 천성이 숨기고 있는 치부를 매개로 해서만 연결될 수 있는 모든 사교를 피할 것이다. 또한 어리석은 자나 바보에 대하여 자기 오성(悟性)을 뚜렷이 보여주려면 오직 하나의 길밖에 없음을 짐작하게 될 것이다. 그것은 그들과 이야기를 나누지 않는다는 것이다. 이렇게 되면 많은 사람들과의 사교를 위해 때때로 무도회에 나왔다가 절름발이를 만나게 된 무용가와 같은 심정이 될 것이다. 그는 대체 누구와 춤을 추어야 할까?

무엇을 기다리지 않고 있을 때, 다시 말해서 용무가 없는 상태로 앉아 있을 때 지팡이나 나이프, 스푼, 그 밖에 가까이 있는 어떤 것으로든 박자에 맞춰 소리를 내거나 만지작거리지 않는 사람이야말로 백 사람 가운데 한 사람 있을까 말까 한 존경할 만한 사람이라고 하겠다. 아마도 그는 무엇인가 생각하고 있을 것이다. 그런데 많은 사람들은 머리로 생각하는 역할을 눈으로 대신한다. 그렇지 않으면 그들은 무슨 소리를 내어 자기의 존재를 의식하려고 한다. 담배를 피우는 것도 이 때문이다. 그들은 자기 주위에서 끊임없이 일어나는 모든 일에 대해 오직 눈과 귀만 가지고 있을 뿐이다.

라로슈푸코가 "같은 사람을 존경하는 동시에 뜨겁게 사랑하기는 어렵다"고 이야기한 것은 매우 옳다. 우리는 사람들로부터 사랑과 존경 두 가지 가운데 어느 하나를 택해야 한다.

인간이 사랑하는 방법은 여러 가지이지만 늘 이기적이다. 그뿐만 아니라 남의 사랑을 받고 있는 까닭이 언제나 우리가 자랑스럽게 생각하는 것이라고 할 수는 없다. 주로 인간은 다른 사람의 정신과 얻으려는 요구를 겸손하게 가지고 있으면 있을수록 다른 사람으로부터 사랑받는다. 이런 저자세는 진지해야 하며, 단지 경멸에서 비롯된 너그러움이어서는 안 된다.

이 경우에 엘베시우스[44]의 "우리를 기쁘게 하는 데 필요한 소질의 정도는, 우리가 갖고 있는 소질의 정도를 헤아리는 정확한 척도가 된다"는 적절한 말을 떠올린다면 이러한 전제에서 결론을 내릴 수 있다.

같은 사람이라도 존경에 대해서는 사정이 달라진다. 존경은 타인의 의지에 거슬러 강요되는 것이며, 주로 은폐된 경우가 많다. 그래서 다른 사람으로부터 존경받는 것은 우리에게 다른 무엇보다도 큰 만족을 준다. 존경받는 것은 우리의 가치와 관련되기도 한다. 그러나 인간의 사랑에 그대로 해당되지는 않는다. 다시 말해 사랑은 주관적이고 존경은 객관적이다. 물론 우리로서는 사랑이 존경보다 더 유용하다.

인간은 대부분 주관적이다. 인간에게 흥미 있는 것은 오직 하나, 그들 자신뿐이고 그 밖에는 아무 흥미도 느끼지 못한다. 그러므로 무슨 말을 하든 먼저 인간은 자기 자신부터 생각한다. 자신에게 어떤 관계만 있으면 그것이 무슨 일이든지 관심을 갖게 되며, 이야기 가운데서 어떤 제3의 대상에 대해서는 전혀 이해하지 못한다. 또 자신의 흥미나 허영심이 거역하기만 하면 아무리 근거 있는 이야기라도 그들에게는 아무 가치도 없게 된다.

---

44) 1715~1771. 프랑스 철학자.

인간은 기분이 산만하기 쉽고 감정이 크게 상해 모욕을 느끼거나 화를 내기 쉽다. 어떤 이야기든 객관적으로 말하면서도 상대에게 소중하고 민감한 것은 오직 하나, 자아에 관한 것뿐이며 그 밖의 것은 그다지 관심이 없다.

인간은 남의 진실하고 정당한 이야기나 아름답고 재치 있는 이야기에 대해서는 아무 감각도 감정도 느끼지 못한다. 오직 자신의 하찮은 허영심이 상할 경우에는 대수롭지 않은 이야기라도 자신에게 가장 소중한 자아에 불리한 것이므로 예리한 감수성을 발휘하는 법이다.

인간은 무의식중에 화 주머니를 슬쩍 건드리기만 해도 곧 비명을 지르는 강아지와 견줄 만하다. 또는 옆에 있는 사람들을 조심스럽게 하는 상처받기 쉬운 병자와 같다. 심한 사람은 그들과 주고받은 이야기 가운데 분명히 나타나 있는, 그러니까 충분히 감춰져 있지 않은 정신과 오성을(예컨대 그 무렵에는 숨겨져 있더라도) 그대로 하나의 모욕으로 느끼게 된다. 그리고 나중에 그 모욕에 대한 복수를 당하게 되면 무경험자는 왜 자기가 그들의 원한과 증오를 갖게 되었을까 하고 아무리 깊이 생각해 보아도 알 수 없는 경우도 생긴다.

그들은 아첨을 받거나 농락을 당하기 쉽다. 그들의 판단은 대부분 사들인 것으로, 오로지 당파나 계급을 위한 하나의 수작에 지나지 않으며, 결코 객관적인 공정한 비판이 아니다. 이것은 그들의 의지가 인식을 능가하고, 빈약한 지성은 완전히 의지의 노예가 되어 한순간도 의지에서 해방되어 있지 않기 때문이다.

인간은 그 주관성에 따라서 모든 일을 자기와 관련지어 모든 사상으로부터 곧바로 자기 자신으로 돌아온다.

이 가련한 주관성을 입증할 수 있는 것이 점성술이다. 이것은 엄청나게 많은 천체의 운행을 비참한 자아에 연결시키며, 하늘의 혜성까지도 지상의 싸움이나 무뢰한의 출입과 연결 짓는다. 이는 어느 시대에나, 그러니까 아주 먼 옛날에도 있었던 일이다.[45]

사람들 사이에서, 또는 사회 전체 속에서 곧잘 이야기되고 또 문학에 씌어

---

45) 스토바이오스 《시선》 제1권 22장 9절 478쪽 참조.

있는 부조리에 대해 사람들은 절망하거나 이것으로 일은 끝났다고 생각해서는 안 된다. 일은 나중에 가서 재검토되고, 숙고와 논의를 거친 뒤에 비로소 올바른 판단이 내려진다. 그래서 적당한 기간이 지나면 곧 알아차릴 수 있는 일을 겨우 이해하게 됐다고 깨닫고 위안을 해야 한다. 물론 그동안은 참아야 한다. 기만당한 사람들 속에서도 올바른 식견을 갖춘 사람은, 모든 도시의 탑시계가 잘못되어 있는데 혼자만 정확한 시간을 알고 있는 것과 같다. 그러나 그것이 그에게 무슨 소용이 있겠는가? 세상의 모든 사람들이 잘못된 시간을 나타내고 있는 시계를 표준으로 삼고 있기 때문에 자기 시계가 정확한 시간을 가리키고 있다는 것을 알고 있는 사람까지도 어쩔 도리가 없다.

인간은 누구나 너그럽게 대하면 어린아이처럼 버릇이 없어진다. 그래서 누구에게든지 지나치게 관대하거나 다정해서는 안 된다. 인간은 대부분 돈을 빌려 달라는 것을 거절해 친구를 잃은 일은 없지만 오히려 돈을 빌려준 것이 화근이 되어 친구를 잃는 경우가 종종 있다. 그리고 존경하여 받들거나 냉정한 태도를 취하여 친구를 잃는 경우도 이따금 있다. 더구나 자기는 상대에게 필요한 존재라는 것을 보여 주면 으레 교만하게 되고 나를 괄시하지 못하리라는 생각을 하여 파탄을 일으킨다. 그러므로 우리는 친밀한 교제를 내내 유지하기란 흔치 않다는 것을 아는 사람을 만나야 한다. 속마음을 깊이 털어놓고 사귈 만한 사람은 흔치 않기 때문에, 특히 저열한 사람들과 허물없이 사귀다가 자기 위신이 떨어지지 않도록 조심해야만 한다. 한 걸음 나아가서 사람들에게 가끔, '나에게는 너 같은 사람은 없어도 괜찮다'는 인식을 하게 할 필요가 있다. 그렇게 되면 오히려 우의가 두텁게 된다. 일반 사람들과 교제할 때에는 오히려 경멸하는 태도를 취하는 것이 좋다. 그렇게 되면 그들은 그 우정을 한결 더 값지게 생각할 것이다. '존경하지 않는 사람은 존경받게 된다'는 교묘한 이탈리아의 속담이 입증하는 것이다. 그러므로 어떤 사람이 자기에게 소중하더라도 마치 죄를 숨기듯이 숨겨 두어야 한다. 그것은 절대로 즐거운 일은 될 수 없지만 현명한 일이다. 친절하게 대하면 버릇없이 굴지 않는 개(犬)가 없듯이 인간의 경우도 마찬가지이다.

고결한 성격이나 천재적인 기질을 가진 사람들은, 특히 젊었을 때에 인간을 분별해 알아보는 눈과 처세술이 서툴러 곧잘 남에게 속아 넘어가고, 그렇지 않으면 농락당하게 마련이다. 반대로 저속한 사람들은 세상 물정을 훨씬 빨리 알게 된다. 그것은 자기들 기준에서 판단하기 때문에 그렇지만, 고상한 사람들은 그 이상의 것을 기준으로 하여 판단을 내리기 때문이다. 천재적인 사람은 범속한 사람의 사유나 행위를 자기를 기준으로 하기 때문에 계산 착오가 생기게 마련이다.

더구나 이러한 사람들은 타인의 교훈과 자기의 경험에서 인간과 세상의 참된 모습을 귀납적으로 알게 된다. 즉, 인간의 6분의 5는 타고날 때부터 보잘것없는 존재이며, 태어나면서부터 도덕적으로나 지성적인 범주에서 벗어나게 되어 있다. 따라서 될 수 있는 대로 그들과 사귀지 않는 것이 훨씬 유리하다는 것을 깨우쳐 주더라도, 그들이 빈약하고 가련한 존재임을 분명하고 확실하게 인식하지 못할 것이다. 그들이 생존하는 한 끊임없이 이러한 신념을 키우고 좀더 견고하게 갖추어 나가지 않으면 안 된다. 그러는 동안에는 때때로 잘못 생각하며 손해를 보게 될 것이다.

그가 받은 교훈을 진실하게 받아들인 뒤에도 알지 못하는 사람들의 사회에 들어가 보면, 그들은 모두 이야기하는 것으로나 풍채로 보아서는 제법 의젓하고 분별력이 있어 보인다. 솔직하고 정직하고 존경할 만하여 덕스럽게 보이고 지혜롭고 영리하게까지 보이지만, 때때로 놀라운 사실에 부딪치게 될 것이다. 그러나 이러한 일에 흔들려서는 안 된다.

이러한 사실은 자연의 원리가 통속적인 소설이나 희곡의 인물과는 다르기 때문이다. 통속적인 소설가들은 악당이나 바보들을 묘사하는 데 있어 서투르고 슬기롭지 못하게 작품을 다루어 나간다. 언뜻 보기에는 악당의 배후에는 언제나 작자가 도사리고 앉아 그들의 취향이나 말과 행동을 꾸짖고, '이것은 악당입니다. 이것은 바보입니다. 그의 말을 듣지 마십시오' 하고 타이르는 것을 발견하게 된다. 그러나 셰익스피어, 괴테와 같은 훌륭한 작품 속에서는 모든 인물이(예컨대 그가 악마로 나타나더라도) 언제나 진실성을 지니고 있다. 이것은 어디까지나 작품 속의 인물이 객관적으로 다뤄지기 때문이다. 그리하여 우리는 그 인물에 흥미를 갖게 되고 그 인물이 악당이거나 바보이거나 마음속으로 동정하게 된다. 이러한 인물은 자연이 만든 악한이나 바보처럼 인간이라는 커다란 개념 속에서 창조되고 개성이 뚜렷이 묘사되었으며 언행이 매우 자연스럽게 나타나는 것이다.

악마는 뿔이 있고 바보는 방울을 달고서 세상을 유유히 활보한다고 생각하는 사람은 언제나 그들의 먹이가 되며 노리개가 될 것이다. 게다가 사람들은 사교적인 면에서 달이나 꼽추처럼 언제나 그 일부분만을 남에게 보여준다. 모든 사람들은 마치 희극배우와 같은 얼굴로 자기의 인상을 전혀 다르게 만드는 소질을 태어날 때부터 지니고 있다. 이러한 가면은 본디 그의 개성을 헤아리고 있으므로 그에게는 적합하며 그 기만술은 교묘한 것이다. 그러므로 기회만 있으면 언제나 이 가면을 쓰고 상대를 기만하려고 한다. '어떠한 개도 꼬리를 치지 않을 정도로 나쁘지는 않다'는 이탈리아의 속담을 떠올려 이 가면이나 가장 행렬에서 보는 것과 같이 그 이상의 것으로 생각해서는 안 된다.

어떠한 경우에도 인간은 처음 보는 사람에게 지나치게 호의를 보이지 않도록 주의를 해야 한다. 그렇게 하지 않으면 인간은 대부분의 경우 기대에 어긋나게 마련이며, 수치를 당하거나 아니면 손해를 보게 될 것이다. 이때 더욱 조심해야 할 것은, 인간이란 사소한 일에 대해서는 조심하지 않기 때문에 그 성격이 적나라하게 드러난다는 것이다. 인간은 사소한 행동을 통해 다른 사람의 생각은 전혀 하지 않는 철저한 이기주의를 분명히 드러낸다. 이러한 이기주의는 나중에 큰일을 할 때에도 나타난다. 예컨대 가면을 쓰더라도 그 본성은 숨길 수 없다. 그러므로 사람들은 이러한 기회를 놓쳐서는 안 된다. 어떤 사람이 일상생활에 '법률은 사소한 일을 문책하지 않는다'는 말을 적용할 수 있는 사소한 일에서 파렴치한 행동을 하고, 그 행동이 다른 사람에게 손해를 입힌다는 것을 염두에 두지 않고 오직 자기의 이익이나 편의만을 취한다면, 또 그가 모든 사람들을 위해 있는 공적인 것을 혼자서 차지한다면, 그의 마음속에는 정의감이 없다고 할 수 있다.

법률이나 권력이 그의 손을 결박하지 않는다면 그는 큰일을 수행할 때에도 불의와 부정을 얼마든지 저지를 것이다. 우리는 그런 사람들은 문전에 얼씬도 못하게 해야 한다. 의리를 저버리는 사람은 나라의 법률도 어길 것이며, 자기 신상에 위험이 닥치지 않는다면 어떠한 잘못이라도 서슴지 않고 저지를 것이

다.[46]

동료나, 또는 사귀고 있는 사람이 불쾌하게 굴거나 귀찮게 군다면, 우리는 자신에게 물어보아야 한다. 이와 비슷한 일을 다시 몇 번이고 기꺼이 받아들이지 않으면 안 될 만큼 상대가 우리에게 쓸모가 있는 존재인가 아닌가를 확인해야 하니까. 만일 쓸모가 있을 경우에는 여러 말을 필요로 하지 않겠지만, 경고를 해 주거나 아니면 따끔하게 한번 맛을 보여주라. 그와 반대로 부정적일 때에는 절교를 하고, 상대가 하인일 경우에는 그를 해고하는 것이 좋다. 그렇지 않으면 기회가 있을 때마다 번번이 되풀이하게 마련이다. 예컨대 상대가 다시는 그런 짓을 하지 않겠다고 엄숙하게 맹세를 하면 사람은 모든 일을 잊어버리는 수가 많지만, 사람의 본성은 어디로 가지 않기 때문에 상대의 성격은 고쳐지지 않는다. 그는 절대로 자기의 본성을 고치지 못하기 때문에 같은 짓을 할 수 있다.

나의 〈의지의 자유에 대하여〉라는 현상 논문을 읽고 이러한 망상에서 벗어나 주길 바란다. 절교한 사람과 다시 교제한다는 것은 기회를 보아 가면을 쓰고, 상대에게 은근히 없어서는 안 될 존재처럼 요긴하게 보여줌으로써 처음 절교하게 된 계기와 같은 과거의 버릇을 되풀이하기 때문에 좋지 못하다. 해고한 하인을 다시 불러들이는 것도 마찬가지이다. 그러나 일단 이해관계가 달라지면 누구나 그 근본 성격과는 달리 생각과 언행이 변한다. 그리고 누구나 환경이 달라지면 이전과 같은 행동을 하리라고 보지 않아도 된다. 우리는 그들이 이해관계의 변화에 따라 태도를 달리한다는 것을 명심해서 그들을 대해야 한다.

따라서 우리가 어떤 사람을 그 자리에 그대로 머물러 있게 하려고 생각하여 그의 행동을 알고 싶어도 당사자의 말이나 서약을 믿을 수는 없다. 우리는 그가 유임(留任)하지 않을 수 없는 경우를 참고해 그의 성격이 환경에 적응할 수 있도록 계획을 세워야 한다.

일반적으로 인간은 매우 가련한 존재라는 생각을 확고하게 갖는 것이 바람직하다. 그것을 알기 위해서는 문학작품에 그려진 인간의 행동을 실생활에 나타나는 인간 행동으로 해석하거나 반대로 생각하면 배우는 바가 많다. 이것은

---

46) 인간은 대부분의 경우, 선이 악보다도 월등하다면 공포심을 목표로 삼기보다 정의, 공정, 감사, 성실, 사랑 또는 동정심을 목표로 하는 것이 훨씬 더 지혜롭다. 그러나 사실은 이와 반대이므로 상반된 태도를 취하는 것이 훨씬 더 실속이 있다.

자기 자신에 대해서뿐만 아니라 타인에 대해서도 잘못을 저지르지 않기 위해 유용하다.

그러나 인생에서나 문학에서 우리가 경험하게 되는 못나고 어리석은 행동으로 말미암아 번번히 혐오를 느끼거나 분노를 일으켜서는 안 된다. 오히려 우리는 이와 같은 것 속에서, 인류의 성격을 연구하는 데에 새로운 공헌을 할 수 있음을 인정하고 이를 깊이 인식해야 할 것이다.

그렇게 되면 우리는 광물학자가 특색 있는 광물 표본을 관찰할 때와 거의 비슷한 태도로 이 특징을 관찰하게 될 것이다. 물론 예외는 있다. 그리고 파악할 수 없을 만큼의 예외도 있으며, 개성 차이에 따라서는 매우 크다고 할 수 있다.

그러나 옛날부터 전해 오듯이 전체적으로 보아 고약하기 짝이 없는 무자비한 세상에서는 야만인이 서로 물어뜯고 있으며 문명인들은 기만을 일삼고 있는데, 이를 가리켜 인생이라고 말한다.

국가는 안팎으로 영향을 주는 인위적인 기구와 그 권력 수단으로 인간의 끊임없는 불의를 억제하는 울타리를 만들기 위해 예방조치를 한다. 우리는 역사에서 모든 제왕들이 자기의 지위가 확립되고 나라가 어느 정도 번영하기만 하면 군대를 이끌고 도둑떼처럼 이웃나라를 침략하기 위해 국력을 이용한 것을 볼 수 있지 않은가. 그리고 거의 모든 전쟁은 본질적으로 약탈 행위가 아닌가.

고대의 초기에도, 그리고 중세에도 패자는 승자의 노예가 되었다. 다시 말해서 결국 패자는 승자를 위해 일해야만 했다. 또한 군대에 세금을 바치는 사람들도 같은 처지에 있었다. 그들은 노동에서 얻은 수익을 바쳤으니까. 볼테르는 "어떠한 전쟁도 모두 도둑질이다"라고 말했는데, 독일인들은 언제나 이 말을 명심해야 한다.

아무리 선량한 성격이라도 내버려 두어서는 안 된다. 모든 성격은 원칙에 따라 관리할 필요가 있다. 그러나 이 점을 너무 중요시해 우리가 타고난 본성이 아니라 오직 이성적인 사고에서 비롯되는 완전히 후천적인 성격을 만들려고 하면 그야말로 아래의 말을 곧바로 입증하게 될 것이다.

천성을 억지로 쫓아내 보라.

그것은 언제나 곧 제자리로 되돌아올 것이다.

이렇게 되면 사람들은 타인에 대한 태도에 관해 하나의 규범을 쉽사리 찾아 낼 수 있으며, 또 어떤 이상적인 규범을 찾아내어 그것을 적절히 발표할 수도 있다. 하지만 일단 실천에 옮기게 되면 이상하게 이와 배치(背馳)되는 일을 곧잘 저지르게 된다.

그러나 우리는 이로 말미암아 실망하거나, 실제 생활에서 자기의 행동을 추 상적인 규범이나 법도에 따라서 인도할 수 없다고 생각하거나 멋대로 행동하 는 것이 으뜸이라고 생각해서는 안 된다. 오히려 그것을 실제 생활에 대한 이 론적인 규정이나 지시로 생각하고, 무엇보다도 규범 자체를 이해하고, 다음에 는 이것을 생활에 응용하도록 노력해야 한다. 규범을 이해하는 것은 이성의 힘 으로 할 수 있지만, 생활에 응용하는 것은 훈련으로 차츰 길들이는 수밖에 없 다. 선생이 학생에게 악기에서는 운지법을 가르치고, 검술에서는 장검 사용법 을 가르친다고 하자. 학생은 열심히 하려고는 하지만 배운 대로 되지 않는다. 그러나 훈련을 거듭하면서 쓰러지고 일어나고 하는 동안에 차츰 익숙해진다.

라틴어로 글을 쓰거나 이야기하기 위해 문법 규칙을 배울 때에도 이와 마찬 가지이다. 교양 없는 자가 관리가 되거나, 신경질이 심한 자가 사교가가 되거나, 대범한 자가 소심하게 되는가 하면, 고귀한 자가 익살꾼이 되는 것도 같은 이치 이다.

이와 같은 오랜 습관에 의해 얻은 자기 훈련은 언제나 외부로부터 강요되는 것이다. 그리고 이 강제에 맞서는 것을 자연은 결코 중지하고 있지 않으며, 가 끔 뜻하지 않은 때에는 이 강제를 물리치기도 한다. 그 이유는 추상적인 법칙 에 의한 모든 행위와 천성에서 비롯되는 행위의 관계는, 마치 형태와 움직임이 서로 상관없는 재료로 만들어진 시계와 같은 인위적인 제작품과, 형태와 물질 이 서로 뒤섞여 하나가 된 살아 있는 유기체의 관계와 같기 때문이다.

그러므로 태어난 이후로 얻은 성격을 선천적인 성격에 비추어 나폴레옹이 "부자연스러운 것은 불완전하다"고 한 말이 정당함을 알 수 있다. 이 말은 육체 적 및 정신적인 모든 일에 타당한 하나의 규범으로서, 이 규범에서 벗어나는 것은 내가 알기로는 오직 하나뿐이다. 그것은 광물학자들에게 알려진 천연 수정이 인공 모조품만 못하다는 것이다.

그러므로 우리는 무엇보다도 허식을 경계해야 한다. 허식은 언제나 경멸을 불러일으킨다. 첫째는 거짓으로서이며, 거짓은 두려움에서 비롯되는 것이므로 그 자체가 비겁하다. 둘째는 자기 자신에 대한 탄핵선고로서이며, 이것은 자기가 아닌 것, 즉 자기를 더 부풀려 돋보이려는 것이다.

어떤 하나의 특질을 내세워 자랑삼는 것은, 그가 그 특질을 가지고 있지 않다는 것을 스스로 고백하는 것이다. 그것이 용기이든 학식이든, 또는 정신, 기지, 여성으로부터의 인기, 재산, 고귀한 신분, 그 밖의 무엇이든 간에 그것 하나를 자랑한다면, 그에게 그 특질이 결여되어 있으리라고 추측할 수 있다. 반대로 어떤 특질을 완전히 소유하고 있는 사람은 그것을 내세우거나 자랑하고 싶은 생각이 없을 터이므로, 그는 자신이 가진 특질에 대하여 담담한 심정으로 있을 수 있다. '쩔렁쩔렁 소리를 내는 말굽쇠는 못이 하나 빠져 있다'는 스페인 속담은 이를 가리킨다.

앞에서도 말한 바와 같이 누구나 무조건 자기 자신을 다 드러내 놓아서는 안 된다. 우리의 천성이 지닌 흉악하고 잔인한 것은 숨겨 두어야 하기 때문이다. 그러나 이것은 오직 소극적으로 자기 결함을 은폐하는 것을 시인할 뿐이지 적극적으로 가장하는 것을 시인하는 것은 아니다.

그리고 어떤 사람이 가장하는 것이 무엇인지는 몰라도, 가장하고 있다는 것은 곧 상대가 알아차리게 된다는 것을 알아야 한다. 끝으로 가장은 결코 오래가지 못하며, 언젠가는 탄로난다는 것을 분명히 말해 두고자 한다.

"아무도 오랫동안 가면을 쓰고 있을 수는 없다. 위장은 곧 자기의 자연으로 돌아가는 법이다."[47]

인간은 자기의 몸무게를 의식하지 못하고 지탱하고 있지만 다른 물체를 움직이려고 하면 그 무게를 느낄 수 있듯이, 자기의 결점이나 부덕은 의식하지 못하면서 남의 것은 눈에 띄게 마련이다. 그러나 그 대신 모든 사람들은 타인 속에 하나의 거울을 갖고 있어 그 거울 속에 자기의 온갖 부덕과 결함, 무례 및 고약

---

47) 세네카《관용에 대하여》제1권 제1장.

한 성질 등을 뚜렷이 찾아볼 수 있다. 그런데 거의 누구나 거울을 보며 짖어대는 개와 같은 짓을 곧잘 한다. 개는 거울 속에서 자기 자신을 보고 있다는 것을 모르고, 그것이 다른 개인 줄 알고 짖어댄다.

남의 결함을 들추는 것은 자기 자신을 탓하는 것도 된다. 다른 사람들의 행동을 자기 혼자만이 조심스럽게, 그리고 날카롭게 비판하는 취미와 습성을 지닌 사람들은 간접적으로 자신의 결함을 바로잡을 수도 있다. 왜냐하면 자기가 이처럼 자주 엄격하게 비난하는 일이라면, 자기 스스로도 이를 피하려는 정의감과 긍지와 허영심까지도 충분히 지니게 될 테니 말이다.

관대한 사람은 이와는 반대로 "우리는 서로 눈을 감아 준다"[48]는 일이 일어나고 있다. 〈마태복음〉에는 "남의 눈에 들어 있는 티끌은 보면서 자기 눈에 들어 있는 대들보는 보지 못하는가" 하고 적절하게 가르치고 있는데, 인간의 눈은 본디 외부의 사물은 잘 보지만 자기 자신은 잘 볼 수 없도록 되어 있다. 따라서 자기 결점을 돌이켜보기 위해서는 남이 지닌 결점을 찾아내어 비난하는 것이 적절한 수단이 될 수 있다. 우리는 자기 자신의 결함을 바로잡기 위해 하나의 결함을 가질 필요가 있다.

문체와 철자법에 대해서도 이 원칙이 그대로 적용된다. 그릇된 문체가 유행할 때 이를 비난하기는커녕 오히려 감탄하는 사람은 반드시 그것을 모방하게 될 것이다. 독일에서 나쁜 문장이 판을 치는 것도 이 때문이다. 독일 사람들이 매우 관대하다는 것은 누구나 다 알고 있다. '우리는 서로 눈을 감아 준다'는 것이 그들의 표어다.

조금이라도 고귀한 성품을 지닌 사람은 젊었을 때 사람이 서로 어울려 지내는 것은 관념적인 것, 다시 말해서 성격이나 사고방식, 취미, 지능 등이 비슷하기 때문이라고 생각하지만, 후년에 가서는 그것이 현실적인 것, 어떤 물질적인 이해타산으로 지탱되고 있음을 깨닫게 된다. 이 이해타산이 인간의 모든 결합의 기초를 이룬다. 대부분의 인간은 다른 문제에 대해서는 하나의 개념조차 갖고 있지 않다. 모든 사람들은 그 관직과 직업, 국적, 가문에 따라서, 일반적으로

---

48) 호라티우스 《시론(Ars Poetica)》.

인습이 그에게 준 지위와 역할로써 평가되며, 이 인습에 의해 마치 공장 제품을 대하듯 한다.

그가 인간으로서의 인격적인 특질에 따라 자신을 위해 존재하는 것은, 때때로 마음이 내키면 예외적으로 화제에 오를 뿐이며, 그나마도 모든 사람들에게 그런 여건이 갖추어졌을 때뿐이다. 그러므로 대부분 그런 이야기는 거의 모든 사람들의 입에 오르지 않고, 문제되지 않는다.

개인적인 특질의 가치가 높을수록 그에게는 사회구조가 더욱 마음에 들지 않게 되므로 자연히 세상을 등지게 마련이다. 한편으로 생각해 보면 세상 사람들이 인격적인 가치보다 이해관계에 치중하는 것도 어쩔 수 없는 일이다. 왜냐하면 고뇌와 결함에 가득 찬 이 세상에서는 언제나 이것부터 없앨 대책을 마련하는 것이 무엇보다 급하기 때문이다.

세상에서 은화 대신 지폐를 쓰듯이 참된 존경과 우정 대신에 이를 되도록 그럴듯하게 꾸미는 외모와 시늉이 곧잘 통용된다. 하기는 과연 참된 존경과 우정을 바칠 만한 사람이 있느냐는 것도 의문이다. 어쨌든 나로서는 이런 맹랑한 말과 행동이나 시늉보다는 차라리 충실한 개 한 마리가 꼬리를 쳐 주는 편이 훨씬 가치 있다고 생각된다.

만약 이 세상에 진정으로 깨끗한 우정이 있다면 그것은 친구의 행복과 불행에 대하여 전혀 사심을 섞지 않은 순수하고 객관적인 동정이 앞서야만 한다. 이런 동정은 친구와 자기가 한마음 한몸이라는 관점에서 비롯되어야 한다. 참된 우정은 모든 인간이 지니고 있는 선천적인 것이지만, 이러한 일체감은 인간성 속의 이기심과 완전히 배치(背馳)된다. 따라서 참된 우정이란 모든 사물과 마찬가지로, 옛말에 나오는 커다란 바다뱀처럼 지어낸 이야기가 아닌지 모르겠다.

세상에는 분명히 여러 이기적인 동기에서 출발한 것이기는 하지만, 그래도 진실하고 순수한 우정도 얼마쯤 섞여 있기 때문에, 이 불완전한 세계에서 어느 정도 정당한 권리를 갖고, 우정이라고 불러도 좋을 정도로 고귀하다고 볼 수 있는 이런저런 교제가 존재한다. 이와 같은 교제는 평소에 가까이 지내는 것보다 훨씬 차원이 높다. 우리가 여느 때 가깝게 지낸다고 하더라도 만일 자기가 알고 지내는 사람들의 대부분이, 자기가 없는 데서 자기에 대하여 무엇이라고 말하는가를 귀로 분명히 들을 수 있다면 이미 그들과 한마디도 나누고 싶지 않을 것이다.

우리가 친구의 성실성을 시험해 보려면 진정한 도움과 많은 희생을 요구하거나 방금 자기가 겪은 불행을 상대에게 알릴 때 보면 알 수 있다. 이때 친구의 표정에서 진실하고 순수한 비탄의 빛이 나타나는가, 아니면 평소와 다름없는 냉정한 태도를 취하는가, 혹은 또 다른 표정을 짓는가에 따라 그 우정의 정도를 알 수 있다.

라로슈푸코는 "인간은 가장 가까운 친구의 불행에 대해서도 일종의 기쁨을 느낀다"고 말했다.

친구들은 보통 얼굴을 찌푸리며 일종의 교활하고 만족스러운 미소를 거의 금치 못할 것이다. 친구에게 자기가 최근에 겪은 큰 불행을 이야기하거나 또는 자기의 개인적인 약점을 솔직히 말할 때처럼 그를 즐겁게 하는 일은 없다. 이것은 참으로 이상한 일이다.

모든 우정은 서로 멀리 떨어져 있거나 오랫동안 소식이 끊기면 손상되게 마련이다. 우리가 만나지 않고 있는 사람은 만일 가장 사랑하는 친구라고 하더라도 세월이 흐르는 동안 조금씩 식어 멀어지고, 우정이란 하나의 추상적인 개념이 되어 버린다. 그들에 대한 관심은 갈수록 줄어들어, 이성적이라기보다는 전설적인 것이 되어 버린다. 진심에서 우러나는 동정은 우리가 눈으로 볼 수 있는 것에 한정된다. 이것은 상대가 다만 귀여운 동물에 지나지 않을 경우에도 마찬가지이다. 그만큼 인간의 천성은 감각적이다. 다음과 같은 괴테의 말은 잊을 수 없다.

현재는 매력 있는 여신이다.

—괴테 《타소》 4막 4장

친구는 서로간에 '성실'을 내세운다. 그러나 참으로 성실한 것은 친구가 아니라 적이다. 그러므로 자기를 알려면, 적의 비난을 쓴 약으로 이용해야 한다. 궁할 때 돌봐주는 친구는 드물까? 그러나 사실은 정반대이다. 누가 당신의 친구가 되면, 그는 그때 벌써 역경에 놓여, 돈을 빌리기 위해 당신에게 손을 내밀 것이다.

만일 정신력과 분별력을 남에게 보여주는 것이 세상 사람들의 호감을 얻는 방법의 하나라고 잘못 생각하는 사람이 있다면, 이는 아직도 어린아이에 지나지 않는다. 대부분의 사람들은 남의 재능을 목격하면 오히려 원한을 느끼게 된다. 증오나 원한은 그 재능에 대하여 트집을 잡을수록, 그리고 애써 그것을 묵살하려고 할수록 심해지고 열렬해진다. 좀 더 상세히 말하면, 어떤 사람이 자기와 이야기하는 상대가 훌륭한 정신을 가진 사람으로 생각되면, 상대 또한 그의 정신수준이 낮고 좁다는 것을 알아차리고 있으리라고 스스로 지레짐작한다. 이런 약식 삼단논법이 그로 하여금 증오와 원한과 분노를 일으키게 하는 것이다.

그러므로 그라시안[49]이 "남에게 호감을 사는 유일한 방법은 가장 어리석은 짐승의 가죽을 쓰는 일이다"라고 말한 것은 정당하다. 정신과 지능을 자랑하는 것은 다른 사람들의 관점에서 보면, 그들의 무능과 어리석음을 멸시하는 간접적인 방법이기 때문이다. 그리고 비속한 자질을 갖고 있는 사람은 자기와 다른 면을 보면 반항심을 일으키게 되는데, 그 마음은 질투에서 온다. 그들의 허영심을 충족시키는 것은 사람들에게 더없는 즐거움이며, 이와 같은 즐거움은 그들 자신을 다른 사람들과 비교하는 데서 얻을 수 있기 때문이다. 인간이 자랑할 수 있는 훌륭한 점은 정신 말고는 없으며, 이것으로 인간이 동물들보다 뛰어나다고 할 수 있다.

그러므로 정신면에서 두드러진 자기의 우월을 남에게, 더구나 사람들 앞에서 보여 주는 것은 대담하기 짝이 없는 일이다. 이때 상대는 반드시 보복을 하려고 들며, 그 보복을 모욕이라는 수단으로 감행하려고 한다.

이쯤 되면 그는 지성의 영역에서 벗어나 의지의 영역으로 들어간다. 우리가 의지의 영역에서 대립되었을 경우에 우리의 모든 입장은 평등하게 된다. 사회에서는 지위나 돈으로 언제나 존경받을 것을 기대해도 상관없지만, 정신적인

---

49) 1545~1658. 스페인의 가장 중요한 모럴리스트 작가.

우월만은 기대해서는 안 된다. 운이 좋을 경우에는 이것이 무시될 정도에서 그치지만, 그렇지 않으면 뻔뻔스러운 일로 간주되거나, 또는 그 소유자가 부당한 방법으로 손에 넣은 것을 자랑한다고 여기게 된다. 그래서 다른 방법으로 어떤 모욕을 주려고 모든 사람들이 몰래 방법을 세우고 그 기회를 기다린다. 그러므로 아무리 겸손한 태도로 정신적인 우월을 보여준 데 대하여 용서를 구하더라도 소용이 없다.

사디는 《굴리스탄(Gulistan, 장미정원)》에서, "무지한 자들이 지혜로운 사람에게 느끼는 반감은, 지혜로운 사람이 무지한 사람에게 느끼는 혐오보다 훨씬 크다는 것을 알아야 한다"고 말했다. 한편 정신이 저급한 사람은 일종의 추천장이 될 수 있다. 몸이 따뜻하면 쾌감을 느끼듯이 정신이 우월하면 쾌감을 느끼게 된다. 그러므로 난롯가나 햇살을 그리워하듯 본능적으로 쾌감을 약속하는 대상에 가까이 다가간다.

이런 대상은 남자의 경우는 정신적인 면에서, 여자의 경우는 아름다움이라는 면에서 자기보다 떨어지는 사람이다. 물론 많은 사람들에 대하여 자기가 모자란다는 것을 그대로 입증해 보이는 것도 쉽지는 않다. 꽤 예쁜 처녀가 진심으로 호감을 갖고 그리 잘생기지 않은 남자를 맞아들이는 것을 보라. 육체적인 미는 남자에게는 그다지 문제가 되지 않는다. 인간은 자기보다 뛰어난 사람 곁에 있는 것보다, 자기보다 못한 사람 곁에 있는 편이 훨씬 기분이 좋다. 그러므로 남자들 사이에서는 어리석고 무식한 여자가, 여자들 사이에서는 추한 남자가 대체로 호감을 사는 것이다. 그들은 늘 선량한 사람이라는 평판을 듣기도 한다. 사람들은 자기가 좋아하는 상대를 위해 어떤 구실을 필요로 하기 때문이다.

이런 이유로 정신적으로 우월한 사람은 고립되기 쉽다. 이런 특질은 남에게 외면당하고 미움도 받는다. 그리고 이에 대한 구실로서 갖가지 결점이 씌워지기 마련이다.[50]

---

50) 세상에서 출세를 하려면 친구와 동지가 귀중한 수단이 된다. 그런데 본디 뛰어난 자는 교만하기 때문에 무능한 자들에게는 자기 능력을 감추거나 부정해야 하는 대신에, 이들에게 아첨할 수는 없게 되어 있다. 그러나 자기 능력이 보잘것없다는 의식은 반대로 겸손과 친절과 아부 및 열등한 자에 대한 존경심도 갖게 하므로 친구들과 보호자를 손쉽게 얻을 수 있다.

여자들 사이에서는 아름다움이 이런 현상을 일으켜서, 뛰어날 정도로 아름다운 처녀는 친구도 없고 함께 걸어가 주는 여자도 없다. 이런 미인은 귀부인의 말상대자가 되길 원해도 고용될 가망이 없는 줄 알고 미리 단념하는 것이 좋다. 왜냐하면 그녀와 면접을 하자마자 귀부인은 자기를 위해서나 자기 딸을 위해서도 이런 미인을 곁에 두기를 꺼리기 때문이다.

반대로 지위나 신분이 높으면 사정은 달라진다. 개인적으로 뛰어나면 상대는 열등감을 느끼는 것과는 달리 마치 '좋은 옷이 날개'가 되는 것처럼 그 후광은 반사적으로 열등한 자를 돋보이게 하기 때문이다.

우리가 남을 신임한다는 것은 주로 우리 자신의 태만과 사욕과 허영이 그 원인이라고 하겠다. 우리가 스스로 살펴보거나 감시하지 않고 남을 신뢰한다면 그것은 태만이다. 우리의 이기심은 무언가 눈앞에 닥친 문제에 대해 이야기하고 싶어서 그것을 다른 사람에게 털어놓을 때 나타난다. 또 우리가 다른 사람에게 털어놓는 것이 우리가 자랑하는 거라면 그것은 허영심이다. 그럼에도 우리는 남에게 자신에 대한 믿음을 존중할 것을 요구한다.

불신에 대하여 우리는 반드시 분개하지 않아도 좋다. 왜냐하면 불신 속에는 공정성이 매우 적은 데 대한 정직한 고백이 깃들어 있으며, 본디 공정성은 매우 보기 드문 것으로, 그 존재까지도 의심스러울 정도기 때문이다.

나는 중국 사람들이 가장 중요한 덕으로 여기는 '예의'에 대해서는 이미 《윤리학》(201쪽) 속에서 그 근거를 밝혔지만, 또 다른 근거를 이제부터 이야기하려고 한다. 예의는 무언의 약속이며, 도덕 및 지적으로 무능하거나 무기력함을 무시하고 이것을 드러내지 않기 위한 암암리의 합의이다.

예의를 지키는 것은 현명한 일이며, 무례는 어리석다. 무례한 짓을 자행하여 적을 만드는 것은 자기 집에 불을 지르는 것과 다름없는 어리석은 짓이다. 예절

이것은 단지 관리 사회에만 적용되는 것이 아니라 명예나 지위나 현직, 나아가서는 학문사회에서의 명성에도 해당된다. 따라서 여러 대학에서도 늘 평범한 사람이 윗자리를 차지하고 실력이 있는 자들은 이들보다 한결 처지거나 또는 배척당하게 마련이다. 이런 현상은 어디서나 찾아볼 수 있다.

은 도박장의 칩으로서, 실질적인 가치가 없는 가짜 돈이나 마찬가지이다. 따라서 이런 돈을 아낀다는 것은 무지의 소치이며, 반대로 돈을 마구 뿌리며 다니는 것이 지혜로운 일이다.

프랑스, 영국, 이탈리아와 같은 나라 사람들은 편지를 끝낼 때, '그대의 가장 충실한 종'이라고 쓰지만, 독일 사람은 '종'이라는 말을 쓰지 않는다. 허황된 말이기 때문이다. 예절을 지나치게 지켜 오히려 손해를 보는 사람이 있다면 이는 금화를 대신 내는 격이다. 양초는 본디 연하여 조금만 열을 가하면 부드러워지므로, 마음대로 여러 형태를 만들 수 있는 것처럼 인간 역시 강직하며 적의를 품은 사람까지도 예의와 친절을 조금 베풀면 부드럽고 온화한 사람으로 만들 수 있다. 이와 같은 인간에 대한 예의의 효과는 양초에 대한 열의 효과와 같다.

예의는 대다수의 사람들이 존경할 만한 존재가 못 되는데도 우리가 모든 사람들에게 존경을 표시할 것을, 또 우리가 그들에게 조금도 관심을 갖고 있지 않으면서도 그들에게 큰 관심을 갖고 있는 체할 것을 요구한다. 따라서 예의는 어려운 과제가 아닐 수 없다. 예의와 긍지를 일치시키면 그야말로 걸작이 될 것이다.

본디 모욕은 존경하지 않는다는 표시이지만, 우리는 모욕을 받을 때 한편으로는 자기의 높은 가치나 품격에 대하여 부당한 자부심을 갖지 않는다. 그리고 다른 한편으로 사람들이 마음속으로 타인에 대해 품거나 생각하는 것을 헤아려 보면 그다지 화를 낼 것도 없으리라. 사람들이 누군가가 자기를 조금이라도 비난할 때 느끼는 예민한 반응과, 그들이 숨어서 다른 사람을 욕하는 소리 사이에는 얼마나 큰 차이가 있는 것인가!

일반적인 예의는 이빨을 드러내놓고 웃는 가면에 지나지 않음을 우리는 알아야 한다. 그렇게 되면 가면이 벗겨져 땅에 떨어지는 경우가 있을지라도 법석을 떨 필요가 없다. 그러나 어떤 사람이 예절을 무시하고 무례한 행동을 하면 그것은 곧 자기 옷을 벗어 버리고 알몸으로 나선 것과 같다. 이 얼마나 꼴불견인가!

우리는 남을 본보기로 삼아 행동해서는 안 된다. 왜냐하면 나와 남은 환경과 처지와 사정이 같지 않으며 성격도 달라 행동이 다양하게 나타나기 때문이다. 그래서 '두 사람이 같은 얼굴을 하고 있어도 결코 같다고 할 수 없다'고 말하는 것이다.

우리는 이해가 될 때까지 스스로 깊이 생각하고, 반성하고 나서 자기 성격에 따라 행동해야 한다. 그리고 실천적인 방면에서도 결코 독창성을 잃어서는 안 된다. 자기 행위와 자기 자신이 분리되는 결과를 가져오지 않기 위해서이다.

남의 견해를 반박하지 마라. 그가 믿고 있는 모든 부조리를 완전히 그에게 이해시키려고 하면, 므두셀라[51]만큼 오래 살더라도 그 목적을 이루지 못할 것이다.

또한 남하고 이야기할 때 아무리 호의라 하더라도 상대의 잘못을 지적해서는 안 된다. 남의 감정을 상하게 하기는 쉽지만, 잘못을 바로잡기는 매우 어렵기 때문이다.

어떤 사람들이 나누는 이야기를 들을 때, 차마 들을 수 없을 정도로 이치에 닿지 않더라도 제3자인 우리는 끼어들 필요가 없다. 단지 그들이 서투른 연극을 하고 있는 것으로 생각하면 된다. 세상에 진리나 교훈을 전하려는 사람이 그 임무를 무난히 마쳤다면 그것은 하나의 요행이며, 오해와 푸대접과 반항, 그리고 학대를 받게 마련이다.

자기 견해를 남에게 이해시키려면, 괜히 열을 올리지 말고 끝까지 냉정한 태도로 이야기해야 한다. 열의나 열중은 의지에서 비롯되며, 지성의 본질은 냉정한 데에 있다. 따라서 자기 견해를 이야기할 때 감정이 생겨나면 듣는 사람은 그 말을 지성보다 의지 때문에 일어난 일이라고 여긴다. 물론 인간에게 기본적인 것은 의지이며 지성은 이차적이고 그에 딸린 것이므로, 그들은 참된 견해가 의지를 흥분시키는 줄 모른 채, 흥분된 의지에서 그릇된 견해를 말하는 것으로 안다.

---

51) 구약에 나오는 인물로, 969세까지 생존했음.

자기를 자랑하는 것은 그럴 만한 이유가 있더라도 삼가야 한다. 왜냐하면 인간은 허영심이 넘치는 반면에 참된 값어치는 알아보기 어려운 법이기 때문이다. 그러므로 조금이라도 자기를 내세우면 사람들은 그것을 곧 허영으로 여기고, 거기에는 남의 비웃음을 산다는 것을 통찰할 만한 지성이 결여되어 있다고 생각한다.

그러나 프랜시스 베이컨은 남을 비난하는 것과 마찬가지로 자기 자랑에 대해서도 '언제나 어떤 취할 점이 있다'고 해서 적당한 자화자찬을 권장했는데, 이 또한 전혀 틀린 견해는 아니다.

남이 거짓말을 하는 것 같으면 그것을 진실로 여기는 듯한 태도를 취하라. 그렇게 하면 상대는 신이 나서 더욱 떠벌릴 것이며, 드디어 정체를 드러낼 것이다.

이와 달리 상대가 숨기려고 하는 진실을 일부 발설했을 때에는 이를 믿지 않는 듯한 태도를 취하라. 그렇게 하여 상대가 당신의 태도에 이끌려 모든 비밀을 털어놓는 것을 기다려 보라.

자기의 사사로운 일은 비밀로 하고, 가까운 사람에게도 그들이 객관적으로 인정할 수 있는 '자기'만을 보여 주고 그 밖의 것은 어디까지나 덮어두는 것이 바람직하다. 왜냐하면 그들에게 자기의 사사로운 비밀을 알려 주면 나중에 뜻하지 않은 피해를 받을 염려가 있기 때문이다. 남들에게 자기의 분별력을 표시할 때 말보다 침묵으로 나타내는 것이 훨씬 나을 때가 있다. 전자는 허영에 속하고 후자는 지혜에 속하기 때문이다. 그러나 우리는 흔히 전자가 갖다주는 한때의 만족을 택하고, 후자에게 얻을 수 있는 이득을 저버리는 수가 많다.

이런 경우를 원기왕성한 사람에게서 곧잘 찾아볼 수 있는데, 가끔 혼자 큰 소리를 질러서 직성을 푸는 일은 삼가야 한다. 이런 일을 자주 되풀이하면 버릇이 되어 생각과 말이 사이좋게 손을 잡고 남과 이야기할 때 자기의 견해를 있는 그대로 나타내게 된다. 그러나 지혜로운 이성은 우리의 견해와 이야기 사이에는 넓은 간격을 두어야 한다고 명령하고 있다.

우리는 다른 사람이 우리에 관한 일을 조금도 의심하지 않는데도 그는 도저히 믿어주지 않을 것이라고 생각하는 경우가 있다. 이런 기미를 그들에게 보이면, 그들은 벌써 어떤 일이든지 믿어 주지 않게 된다. 그러나 우리는 늘 남들이 그런 기미를 알 리가 없다고 멋대로 생각하고 마냥 지껄이기도 한다. 그것은 마치 우리가 높은 곳에 서 있기 때문에 현기증을 일으키고, 거기 그대로 서 있을 수 없어서 시달림을 당하느니 차라리 아래로 뛰어내리는 게 낫다는 생각에서 몸을 던지는 것과 같다. 이 망상이야말로 현기증이라는 것이다.

다른 관점에서 되풀이해 말하면, 다른 방면에 매우 둔한 자가 남의 사사로운 일에 대해서는 뛰어난 대수학자처럼 하나의 숫자만 가지고 아무리 복잡한 문제라도 척척 풀어낸다는 것을 알아야 한다.

그러므로 그들에게 과거의 어떤 일에 대하여 말할 경우, 당사자에게 관계되는 일은 물론이고 시간이나 장소, 사소한 관계자의 이름과 그 밖의 아무리 보잘것없는 간접적인 일이라도 비밀에 부쳐야 한다. 만일 그렇게 하지 않으면 그들에게 계산의 죄를 제공하게 되어, 그들은 모든 것을 알아내게 될 것이다. 이때 그들은 호기심이 강하게 작용하므로, 지력이 의지의 도움을 받아 어려운 해답도 곧잘 풀어낼 수 있다. 사람들은 보편적인 진리에서는 무감각하고 무관심하지만, 개인의 사사로운 일에 대해서는 캐고 따지기를 잘 한다.

옛날부터 처세에 관한 가르침에서 과묵함을 지키라고 강조한 것은 이 때문이다. 여기서는 매우 인상적이면서도 세상에는 흔히 알려지지 않은 아라비아의 격언을 두세 가지 소개하고자 한다.

'그대의 적에게 알려서는 안 되는 것은 그대의 친구에게도 이야기하지 마라.'

'내가 자신의 비밀을 입 밖에 내지 않으면 비밀은 나의 노예가 되지만, 입 밖에 내면 나의 주인이 된다.'

'침묵의 나무에는 평화의 열매가 열린다.'

남에게 사기를 당한 돈은 가장 유용하게 쓴 것이다. 왜냐하면 우리는 그 대가로 '조심성'을 얻었기 때문이다.

되도록 어떤 사람에게나 노여워해서는 안 된다. 그러나 저마다의 행위는 세밀히 관찰하여 기억해 두어야 한다. 적어도 당신에게 관계되는 점에 대해서는,

그들이 지니고 있는 가치를 따진 다음에 인간의 성격은 불변한다는 점에 유의하여 그들의 진가에 맞는 언행을 취해야 한다. 상대의 고약한 성격을 파악하고 나서 곧 잊어버리는 것은 마치 애써 모은 돈을 창밖으로 내던지는 것과 같다. 누구나 이런 점에 유의하면 남을 무조건 믿고 경솔하게 교제하는 데서 오는 위험을 막을 수 있다.

이 '사랑하지도 말고 미워하지도 말라'는 것이 처세에 관한 지혜에서 반쪽을 나타내고, '아무것도 말하지 말고 아무것도 믿지 말라'는 말은 다른 반쪽을 나타낸다. 물론 인간은 이런 교훈이나, 이제부터 말하는 교훈을 필요로 하는 세계에는 등을 돌리고 싶을 것이다.

분노나 증오를 얼굴에 드러내는 것은 무익하고, 위험하며, 어리석고 웃음거리가 되는 일이다. 그러므로 분노나 증오를 행위로 나타내는 것 말고는 결코 표현해서는 안 된다. 사람들이 말이나 얼굴에 분노나 증오를 나타내기를 완전히 피할 수 있다면 그만큼 행위로 더욱 완전하게 표시할 수 있다. 냉혈 동물만이 독이 있는 것이다.

'격한 어조로 말하지 말라'는 오랜 처세의 가르침은 해야 할 말만 요령 있게 하고 그 해석은 남에게 맡기라는 뜻이다. 일반 사람들은 이해력이 부족하므로, 그 자리를 떠난 뒤에야 해석을 내릴 수 있다.

이와는 달리 '격한 어조로 말하는 것'은 감정에 호소하는 것이 되므로, 그때 모든 것은 반대의 결과를 낳는다. 대부분의 사람들은 점잖은 태도로 조용히 말하면, 무례한 말이라도 바로 눈앞에서는 화를 내지 않는다.

시대와 운명에 대한 우리의 태도

인간의 생활은 여러 형태를 취하지만 언제나 같은 요소로 되어 있으므로 본질적으로는 언제나 마찬가지이다. 즉, 오두막이든 궁궐이든 수도원이든, 또는 군대에서 생활하더라도 다를 것이 없다.

거기서는 모험도 있고 행복 또는 불행한 일, 그 밖의 온갖 일들이 일어날 테지만, 여러 모양으로 만든 과자의 재료가 같은 밀가루로 된 것처럼 A의 경험과

B의 경험은 본인들이 생각하듯이 그렇게 차이가 많은 것은 아니다.

모든 행운과 액운은 본질상 한결같이 인간의 운명이 지닌 거세고 잔잔한 파도에 지나지 않는다. 만화경의 원통을 돌리면 그 속에 들어 있는 렌즈 때문에 온갖 색다른 그림이 나타나지만 실은 우리가 같은 그림을 보고 있는 것처럼, 인생의 모든 관계도 이와 다를 바가 없다.

세상에는 세 가지 지배적인 힘이 있다고 어느 옛사람이 말했다. 그것은 지혜와 힘과 행운이다. 나는 마지막에 언급한 행운이 가장 많은 일을 할 수 있는 능력을 가지고 있다고 생각한다. 인생은 배의 항로와 비교할 수 있다. 운명이 바람 역할을 하여 우리를 재빨리 멀리 운반해 가기도 하고, 때로는 멀리서 되돌려 보내기도 하는데, 이에 대한 우리의 노력이나 분투는 그다지 힘을 쓰지 못한다. 이때 이 노력이나 분투가 노 역할을 하여, 많은 시간을 허비하면서 오랫동안 애쓴 나머지 얼마쯤 나아갔다고 생각하면, 갑자기 회오리바람이 일어나 우리가 지금까지 전진해 온 거리만큼 후퇴시킨다.

그러나 순풍이 불어올 때에는 우리를 계속 전진하게 하므로 우리는 노를 저어나갈 필요도 없다. 행운의 이런 힘을 스페인의 격언은 매우 훌륭히 표현하고 있다.

'그대의 자식에게 행운을 주어 바다에 내던져라.'

그러나 운명의 한 면은 악의에 가득 차 있으므로 이것은 신뢰해서는 안 된다. 한편 이 행운만은 참된 은인이요 또한 설교자라는 것도 잊어서는 안 된다. 즉, 운명이라는 인생의 제왕은 우리에게 이런저런 은총을 베풀어 주는 동시에 우리를 학대하고 우리가 가진 것을 빼앗아 간다. 운명이 가져다주는 것에 대하여 우리는 본디 아무런 청구권도 갖고 있지 않다. 그것은 인간의 참된 가치나 공로에 의한 것이 아니며 오직 운명의 호의와 은총으로 주어진 것이다. 그러므로 우리는 앞으로도 자기의 공로가 아닌 이러한 은총을 받을 것이라는 즐거운 기대를 하게 된다. 이 운명이야말로 많은 은총과 교훈을 아울러 지닌 우리의 제왕이자 스승으로, 그 사랑과 은총에 비하면 우리의 공적은 참으로 보잘것없다.

우리는 방황과 탈선으로 가득 찬 지난날을 돌아보고 놓쳐 버린 많은 행복과 닥쳐올 불행을 생각하며 자기의 불찰을 나무라지만, 그것은 당치 않은 일이다. 지난날에 일어난 모든 일은 결코 우리 자신만의 책임이 아니기 때문이다.

우리 생애는 외부의 현실적인 조건과 우리 자신이라는 두 가지 원인에서 비롯된 결과로, 이 둘은 언제나 밀접한 관계를 갖고 서로 영향을 주어 변화를 일으킨다. 그런데 이 양자에 대해 우리가 가진 타고난 능력은 매우 보잘것없어 시간적으로 조금만 떠나 있으면 외부의 현실적인 조건은 물론 자기 자신이 굳게 한 결의도 예측할 수 없게 되며, 겨우 현재의 결의와 조건을 헤아릴 수 있을 뿐이다.

그러므로 어떤 목적을 향해 똑바로 나아갈 수 없고 다만 그 방향을 대충 짐작해 노를 잡아 나아갈 뿐이므로, 몇 번이고 돛을 바꾸어 달며 뱃길을 바꾸어야 한다. 결국 우리가 할 수 있는 것은 오직 현재의 처지를 바라보고 자기가 뜻하는 목적에 다가갈 수 있도록 하는 것뿐이다. 주로 외부의 조건과 우리의 결심은 다른 방향으로 움직이는 힘이요, 우리의 생애는 거기서 그어지는 하나의 대각선이다. 그러므로 테렌티우스[52]는 이렇게 말한다.

"인생은 주사위놀이 같은 것으로, 만일 자기가 바라는 주사위가 손에 들어오지 않더라도 우연이 가져다준 주사위를 이용해야 한다."

그는 트릭트랙이라는 일종의 주사위놀이를 생각했던 모양이다. 간단히 말하면, 주사위를 뒤섞는 것은 운명이고 승부를 하는 것은 우리 자신이라고 할 수 있다.

우리가 할 수 있는 현실적인 관찰을 말한다면 다음과 같은 비유가 가장 적절하지 않을까? 인생은 장기와 같은 것으로, 우리는 어떤 계획을 세우기는 하지만 장기의 경우에는 상대의 수법에 따라서, 그리고 인생에서는 운명에 따라 많은 영향과 변화를 일으키게 되기 때문에 본디 계획대로 되지 않는 법이다.

또한 인간의 생존에는 이보다 더 뿌리 깊은 것이 있다. 그것은 우리가 자기 자신이 보고 있던 것보다 훨씬 어리석은 자라는, 평범하지만 매우 자주 입증되는 진리이다. 이것이 인생을 크게 지배하지만, 이 점에 대하여 현명한 견해를 가지려면 많은 경험과 성찰을 거쳐야 한다.

---

52) BC 195?~159?. 고대 로마의 희극 시인. 북아프리카 출신 노예였으나, 그의 재능에 감복한 주인에 의해 교육을 받고 자유의 몸이 되어 극작가이자 시인으로 이름을 날렸다.

인간의 내부에는 두뇌보다도 훨씬 현명한 무엇이 있다. 우리는 사는 동안에 어떤 난관이나 큰일을 당하면, 자기가 무엇을 해야 좋을지 뚜렷이 알고 행동하는 것이 아니라 마음속 깊숙이 숨어 있는 충동에 따라서 행동하게 된다. 이 충동은 일종의 본능이라고도 할 수 있는 힘으로, 인간의 가장 깊은 곳에서 나타난다.

우리는 이러한 근본적인 원동력을 의식할 수는 없다. 그리고 '한 가지 사건은 반드시 모든 사람에게 적용되는 것은 아니다'라는 것을 잊어버리기 쉽다. 그래서 빌려 온 관념이나 일반적인 법칙, 또는 타인의 예로써 자기의 과거를 평가하려고 든다. 그리고 그 생애가 끝날 무렵, 자기가 걸어온 발자취에 대해 객관적인 관점에서 살펴보면 비로소 모든 근본 원인을 분명히 알 수 있다. 그러므로 노인의 건전한 판단만이 자기 생애를 올바로 비판할 자격을 갖는다.

인간의 자아에는 일종의 신비로운 묵시가 있어, 우리는 잘 의식하지 못하지만 이것이 본능적인 충동을 이끄는 것으로 보인다. 이와 같은 내면적인 자아의 묵시가 예언으로 작용하기 때문에 인간의 생애에는 일정한 질서, 마치 희곡에서와 같은 통일이 주어져 있으며, 이런 질서나 통일은 자주 동요되거나 방황하고 변덕을 부리기 쉬운 두뇌의 의식을 우리 삶에 줄 수 없다.

이를테면 어떤 위대한 사업을 하도록 숙명적으로 태어난 사람은 이 사실을 어렸을 때부터 마음속에 느끼고, 마치 꿀벌이 집을 짓듯이 이 일을 위해 힘쓴다. 그것은 모든 사람들에게는 발타사르 그라시안이 위대한 진실이라고 말한 것, 즉 그것 없이는 누구나 멸망하는 자기 자신의 본능적인 위대한 보호자이다. 추상적인 여러 가지 원칙에 따라서 행동하는 것은 어려운 일이며 많은 훈련을 거쳐서 비로소 성공을 거두게 되지만, 이 경우에도 번번이 그렇게 된다고만 보장할 수 없으며, 또한 그 원칙도 충분하다고 할 수는 없다.

이와 달리 모든 사람들은 이 세상에 태어나면서부터 얼마쯤 구체적인 여러 원칙을 갖고 있다. 이 원칙은 그의 모든 사유와 가정과 의지의 성과이며, 그의 핏줄에도 스며 있다. 그는 이 원칙을 추상적으로는 알지 못하지만, 그 생애를 돌이켜볼 때 비로소 눈에 보이지 않는 실처럼 이 원칙에 따라왔음을 깨닫게 된다. 그리고 이 여러 원칙은 그 성질로 말미암아 그를 행복하게 할 수도 있고 불행하게 할 수도 있다.

인간은 언제나 시간의 효과와 사물의 변천을 살피고 현재 일어나고 있는 모든 일에 대해 그와 정반대의 경우를 예상할 필요가 있다. 즉, 행복할 때에는 불행을 예상하고, 우애가 있을 때는 반목을, 좋은 날씨에는 나쁜 날씨를, 사랑 가운데 미움을, 신뢰와 고백에 대해서는 배신과 회한 등, 다시 말해서 언제나 그 반대의 경우를 분명히 머릿속에 그려 두어야 한다. 그렇게 하면 우리는 언제나 생각이 깊어져 좀처럼 속지 않게 된다. 이는 처세술의 영원한 원천이 되어 줄 것이다. 우리는 이것으로 시간의 작용도 미리 알 수 있다.

그러나 경험은 어떠한 인식에서나 사물의 덧없음과 추이의 올바른 평가에 꼭 필요한 것이라고는 할 수 없다. 눈앞에 일어나는 모든 현상이 지속되는 한 필연적인 것이며, 충분한 이유를 갖고 있다. 해와 달과 날은 저마다 마치 이제야 존재 이유를 가지려고 하는 것처럼 보이는 동시에 모든 것이 영원히 이어지는 듯이 생각된다. 그러나 어떠한 상태도 그런 보장을 받을 수는 없으며, 유일하고도 영원한 현상은 오직 변화뿐이다. 현자란 겉으로의 모습에 현혹되지 않고 변화가 일어날 시간과 장소를 재빨리 내다볼 수 있는 사람이다. 거의 모든 사람들이 언제나 사물의 일시적인 상태나 과정을 그대로 존속되는 것으로 생각하는 것은 그들이 결과만을 인정하고 원인을 이해하지 못하기 때문이다.

평범한 사람과 현명한 사람의 차이는 일상생활에서 찾아볼 수 있다. 앞으로 닥쳐올 위험을 미리 생각하거나 그 정도를 예측하는 경우에, 보통 사람은 언제나 전에 일어난 그와 비슷한 사건과 비교해 검토해 볼 뿐이지만, 현자는 스페인 속담처럼 '일 년이 되도록 일어나지 않은 일이 고작 1분 사이에 일어난다'는 것을 명심한다. 이러한 차이는 매우 자연스러운 것으로, 앞으로 일어날지도 모르는 일을 미리 내다보려면 지혜가 필요하지만, 이미 일어난 일을 뒤돌아보는 데는 단지 감각만으로도 충분하다.

우리의 격언은 이래야 하지 않을까. '악마들에게 제물을 바쳐라!'

이 의미는 어떤 불행이 닥쳐올 듯한 대문을 꼭 닫아 두기 위해서는 얼마쯤의 수고와 시간과 불편, 번거로움, 돈 또는 인내 등을 싫어해서는 안 된다는 것이다. 이 제물이 클수록 불행은 작아지고 멀리 사라져 좀처럼 닥쳐올 듯이 보이지 않는다. 이런 법칙이 가장 두드러지게 나타난 예가 보험료다. 이것은 모든 사람들이 악마의 제단에 바치는 제물이다.

우리는 우리에게 무슨 일이 일어나더라도 지나치게 기뻐하거나 슬퍼해서는 안 된다. 모든 사물은 끊임없이 변화하므로 언제 정반대의 현상이 나타날지 모른다. 행복과 불행 또는 반가운 일과 혐오스러운 일에 대한 우리의 판단이 확실하지 못하여, 전에 자기가 한탄한 것도 나중에 돌이켜 생각해 보면 오히려 큰 경사일 수도 있고, 전에 무척 기뻐했던 일이 나중에는 골칫거리가 되는 경우가 얼마든지 있기 때문이다. 셰익스피어도 이에 대하여 다음과 같이 아름답게 표현했다.

나는 몇 번이고, 큰 기쁨과 슬픔을 낱낱이 맛보았으므로, 그 어느 쪽에 대해서도 처음부터 담담한 마음으로 맞이한다.
—《끝이 좋으면 다 좋아》 3막 2장

불행에 대하여 진실로 침묵을 지킬 수 있는 사람은 이 세상에 불행과 화근이 얼마나 많으며, 또 그것이 얼마나 끔찍한 일인가를 잘 알고 있다. 이런 사람은 현재 당하고 있는 재앙은 얼마든지 있을 수 있고, 또 생길 수 있는 재앙 가운데서 매우 적은 부분이라고 생각한다. 이것은 바로 스토아적인 사고방식이다. 이에 따르면, 인간은 결코 인간 조건을 잊어서는 안 되며, 인간 존재가 얼마나 비통한 운명에 놓여 있으며, 세상에 나타나는 재앙이 얼마나 많은가를 언제나 염두에 두어야 한다.

이런 신념을 철저히 간직하려면 자기 주위를 한 번 돌아보는 것으로 충분하다. 그때 곳곳에서 목격할 수 있는 것은 이른바 생존이란 비참하고 덧없어 아무 보람도 없는 고난뿐임을 알 수 있다. 우리는 차라리 이와 같은 인생에 대하여 소극적으로 대처하고 되도록 자기 욕망을 제한해 모든 사물이 불완전하고 여의치 못한 것을 참아야 한다. 즉, 모든 재앙을 침착하게 예방하거나 인내하면서, 생존의 요소는 수없이 많은 재앙에 지나지 않음을 마음에 새겨 두어야 한다. 그렇다고 우리는 우울해지거나, 베레스포드[53]처럼 시시각각으로 닥쳐오는 인생의 참사에 대하여 슬픔에 잠기고 얼굴을 찌푸리거나, '벼룩에 물렸다고 해

---

53) 1764~1840. 영국의 수필가.

서 신에게 도움을 청해서는' 안 된다. 우리는 어디까지나 지각 있는 사람이므로 만일 액운이 인간에게서나 또는 어떤 일에서 일어나더라도 이를 예방하기 위해 세밀한 주의를 기울이는 동시에 동화에 나오는 영리한 여우처럼 크고 작은 모든 재앙을 조심스럽게 피하도록 해야 한다.

주로 모든 불행을 미리 예상해서 각오하고 있으면, 실제로 불행이 닥쳤을 때 한결 견디기가 쉽다. 재난을 있을 수 있는 일로 여기면 그 재앙의 정도를 헤아리게 되어, 적어도 그것을 유한한 것으로 간주할 수 있다. 따라서 그것으로부터 실제 이상의 영향을 받지 않는다.

그러나 이런 예상을 전혀 하지 않고 있다가 갑자기 당하면, 놀라움과 두려움이 앞서기 때문에, 그 재난이 지닌 실제의 크기를 헤아릴 수 없어 실제보다 훨씬 엄청나게 생각되므로 견디기가 한결 어렵게 된다. 이처럼 모든 재난에 어려움을 주는 것은 그 재난의 정체를 분명히 파악하지 못하기 때문이다. 앞에서 말한 바와 같이 우리가 어떤 불행한 일을 예상하면, 그것이 실제로 닥쳐왔을 때 어떻게 해야겠다는 방법도 아울러 생각해 두기 때문에, 거기에 대한 예비적인 경험을 마음속으로 하고 있어 괴로움을 한결 덜 수 있다.

그러나 불행한 사건을 냉정하게 잘 참아 나아가게 하는 것은 내가 〈의지의 자유〉에 대한 논문에서 설명했듯이 모든 사건은 크고 작고 간에 반드시 일어난다고 생각하는 일이다. 피할 수 없는 일에 대해서는 쉽사리 체념하는 것이 인간의 일반적인 모습이므로 위에서 말한 진리를 확신하면 우연히 당하는 일도, 일반적인 법칙에서 일어나는 일(물리적인 형상)이나 예측할 수 있는 일(자연현상)처럼 사람의 힘을 넘어서는 필연적인 결과로 생각할 수 있다. 이것을 확신하는 사람은 먼저 자기 힘으로 할 수 있는 일만 하고, 그 뒤에 자기가 당해야 할 고뇌를 의지적으로 참아 나아갈 것이다.

시시각각으로 우리를 시달리게 하는 온갖 사소한 불행은 오히려 우리를 단련시키고, 나중에 큰 재앙을 슬기롭게 감당해 나아가도록 하는 예비훈련이라고 보아야 한다. 우리가 겪는 번거로운 일이나 대인관계에서 일어나는 여러 가지 마찰과 충돌, 무례, 욕설 등에 대해서는, 불사신인 지그프리트[54]가 되어야

---

54) 독일과 북유럽의 오랜 전설에 나오는 유명한 영웅.

한다. 다시 말해서 이런 일은 전혀 대수롭지 않게 받아들여야 한다. 그것을 마음속에 담아 두고 고민할 것이 아니라 모든 것을 상종하지 말고, 마치 길가에 널린 조약돌처럼 발길로 차버리고 신경 쓰지 말아야 한다.

운명이란 자기 자신이 어리석은 데서 오는 경우가 많다. 호메로스도 《일리아스》에서, 메티스[55]가 총명하고 신중하게 생각하기를 권고하는 놀라운 대목[56]은 아무리 명심해도 지나치지 않을 것이다. 왜냐하면 사악한 행동은 저세상에 가서 비로소 처벌받지만 어리석은 행동은 이 세상에서 처벌받기 때문이다. 하기는 가끔 용서를 받는 경우도 있지만.

화가 난 듯한 눈을 지닌 자보다 오히려 지혜로운 듯한 눈을 가지고 있는 사람이 사납고 위험한 인물이다. 이것은 인간의 두뇌가 사자의 발톱보다 훨씬 무서운 무기인 것과 마찬가지이다. 처세에 정통한 사람은 절대로 우유부단하지 않고, 가볍게 행동하지 않는다.

행복을 얻는 데는 지혜 다음으로 용기가 소중하다. 우리는 그 어느 것도 스스로 얻을 수 없으며, 지혜는 어머니로부터 물려받고 용기는 아버지로부터 전해진다. 이렇게 얻어진 지혜와 용기는 결심과 훈련으로 키울 수 있다. 운명의 주사위가 사정없이 굴러가는 이 세상에서는, 운명과 인간에 대하여 든든한 갑옷을 입고 언제나 강철 같은 굳은 마음을 지니고 있어야 한다. 인생은 짐짓 하나의 싸움이며, 한 발짝 앞으로 나아갈 때마다 싸워야 하기 때문이다. 볼테르는, "이 세상에서 성공을 거두려면 죽을 때까지 칼을 손에서 놓지 말아야 한다"고 했는데, 이것은 마땅한 말이다. 그러므로 위태로운 먹구름이 덮쳐 오거나 구름이 지평선에 나타나기만 해도 벌써 위축되거나 겁을 내고 비명을 지르는 것은 그야말로 비겁한 짓이다. 차라리 우리가 내걸 표어는 다음과 같아야 한다.

불행에 꺾이지 마라. 오히려 대담하게 불행에 도전해 나아가라.
　　　　　　　　　　　　　　　　　　　—베르길리우스 《아이네이스》 6의 95

---

55) 그리스 신화에 나오는 바다의 신 오케아노스의 딸. 《일리아스》 속에서 총명의 덕을 주장한다.
56) 제23장 313행 이하.

위험한 일을 할 때에도 한 가닥 희망이 엿보이면 곧 행운이 돌아올지도 모른다. 그 경우에는 하늘의 한 모퉁이에 파란 여백만 있어도 날씨가 갤 가망이 보여 실망할 필요가 없는 것처럼 끝까지 싸워 나아가야 하며 결코 실망해서는 안 된다. 우리는 오히려 이렇게 외쳐야 한다.

지구가 파멸해 산산조각이 나더라도 의로운 자는 결코 놀라지 않는다.
—호라티우스 《송가》 3권 3의 8

인생 자체는 결코 비겁해지거나 두려워할 정도로 고약하지는 않다. 하물며 우리의 재산쯤이야.

그러므로 굳세게 살아나아가라. 역경에 용감히 맞서라.

그러나 용기도 지나치면 만용이 된다는 것을 알아야 한다. 우리가 이 세상을 살아가는 데에는 어느 정도의 공포심은 필요하지만, 지나친 공포는 비겁함을 가져온다. 이런 점에 대해서는 프랜시스 베이컨도 공포에 대한 어원적인 해석에서 적절히 해명했다. 그는 이 말을 인격화된 자연으로서의 판[57]이라는 신의 이름에서 비롯되었다고 하며, 이렇게 주장했다.

자연이 모든 생물에 공포심을 준 것은 그들로 하여금 삶을 유지하고 육체를 보호하도록, 모든 위험에서 미리 몸을 피하게 하려는 것이다. 그러나 자연도 그 정도를 적당히 어울리게 할 수 없어, 목적에 필요한 공포 속에 언제나 어리석은 공포를 혼동한다. 그러므로 우리가 모든 생물의 마음속을 들여다볼 수 있다면 그들은 특히 인류에게 두려움을 느끼기 쉬운 약점이 있음을 알게 될 것이다.
—《고대인의 지혜에 대하여》 6권

---

57) Pan. 그리스 신화에 나오는 삼림과 목축과 사냥의 신으로, 갑자기 사람들을 곤경에 빠뜨리고 놀라게 하여 당황하는 모습을 즐긴다.

그리고 이 공포의 특징은 그 동기를 뚜렷이 의식하지 않고 있기에 실제로 존재하는 동기보다 어떤 가상적인 동기로 인해 더욱 큰 두려움을 느끼게 되며, 나아가서는 두려움 자체가 두려움의 동기가 되기도 한다.

비판, 비평, 갈채, 그리고 명성에 대하여

칸트는 《판단력비판》에서 미학을 말했다. 그에 따라서 나도 미학적 고찰에 판단력 비판을 조금 덧붙여 보고자 한다. 단, 경험으로 주어진 바로서의 판단력만을 비판하는 데 그치겠다. 그 주된 목적은 500년이나 기다리지 않으면 나타나지 않는다는 불사조처럼 판단력이란 희귀한 새의 하나에 가깝고, 대부분은 존재하지 않는 것임을 말하기 위함이다.

이런 표현을 쓰는 것 자체가 그다지 멋있다고는 할 수 없지만, 이 '멋'이라는 단어에 드러나 있는 것은 미학적으로 정확히 맞아떨어지는 것을 규칙의 안내 없이 발견하는 것, 또는 단지 그것을 인정하는 것이다. 규칙의 안내가 없는 것은 거기까지 규칙이 영향을 미치지 않는 탓이거나, 아니면 나중에 반성했을 때는 비판하지만 실제로 그것을 사용할 때는 의식하지 않는 탓이다. '멋'이라는 단어 대신에, 만일 그것이 동의어반복[1]이 되지 않는다면, 미감(美感)이라고 말할 수도 있을 것이다.

어떤 것을 파악하고 구별하는 멋이라는 것은—생산적인 재능 또는 천재적 능력이 남성적인 것에 비해—여성적이다. 그 본질은 스스로 어떤 것을 낳는 능력이 아니라 받아들이는 능력에 있다. 즉, 올바른 것, 아름다운 것, 적합한 것을 그것과 구별하는 동시에, 그 반대도 구별하는 능력이다. 즉 좋은 것을 나쁜 것과 구별하고, 좋은 것을 찾아내서 평가하는 동시에 나쁜 것을 배척하는 능력을 말한다.

하늘의 별들은 유성, 행성, 항성 하는 식으로 분류할 수 있다. 첫 번째 것은

---

1) '미감'의 어원 ästhetisches Gefühl의 '미학적'은 그리스어로 '느끼다'라는 의미이므로.

순간적인 임기응변을 제공한다. 모두가 하늘을 올려다보며 "저것 봐, 저거야!" 하고 외쳤나 싶으면 그대로 영원히 모습을 감춰 버린다. 항성, 행성에 해당하는 두 번째 것은 훨씬 오래간다. 이것은 항성과 가까운 덕분에 때때로 항성보다 밝게 빛나기에, 비전문가의 눈에는 항성처럼 보인다. 그러나 이러저러하는 사이에 자리를 비워주지 않을 수 없게 되고, 그 빛도 잠시 빌린 것에 지나지 않으며, 그것이 영향을 미치는 범위는 같은 궤도를 달리는 동료(동시대인)에 한한다. 그들은 움직이고, 변화한다. 2~3년의 수명으로 한 바퀴를 도는 것이 그들의 일인 것이다. 세 번째 것만이 불변으로, 하늘에 확실히 자리를 차지하고 있으며 자신의 빛을 지니고 있다. 그리고 한 시대뿐만 아니라 다른 시대에도 영향을 미친다. 그 명망이 우리의 관점이 바뀌는 데 따라서 달라지지 않는 것도 거기에 시차각이 없기 때문이다. 그들은 앞선 다른 자들과 달리, 단 하나의 계(국민)에 속하는 것이 아니다. 세계에 속하는 것이다. 그러나 그 위치가 높기 때문에, 그 빛이 지구에 살고 있는 자들의 눈에 보이게 되기까지는 매우 많은 세월이 필요하다.

천재를 따질 때, 그 작품 안의 오류나 작품들 가운데 취약한 것을 골라 그것을 깎아내려서는 안 된다. 천재를 따지는 기준으로서는, 그 가장 뛰어난 점만을 취해야 한다. 지성 면에서도 인간의 본성이 반드시 지니고 있는 약점이나 도덕에 어긋나는 행동은 단단히 달라붙어 있어서, 아무리 눈부신 정신이라도 완전히 그것을 피하지는 못하기 때문이다. 그래서 가장 위대한 사람들의 저작에서도 커다란 오류가 지적되는 것이며, "뛰어난 호메로스도 때로는 앉아서 졸고 있다"고 호라티우스가 말한 까닭도 거기에서 비롯한다. 반면 천재를 두드러지게 하는 것, 따라서 그 기준이 되어야 하는 것은 시대와 기분이 운 좋게 맞아떨어져서 천재가 거기까지 오를 수 있었던 높이인데, 보통의 재능으로는 이 높이에 영원히 다다를 수 없다. 마찬가지로, 위대한 사람들을 그와 똑같은 분야에서 견주는 것, 이를테면 위대한 시인, 위대한 음악가, 철학자, 예술가를 그 동료들끼리 비교하는 것은 매우 잘못된 일이다. 왜냐하면, 그렇게 하면 적어도 순간적으로는 천재에 대하여 불공정해지는 일을 거의 피할 수 없기 때문이다. 즉 갑에게 고유한 장점에 주목하면 을에게는 그것이 없음을 곧 알게 되어 을을 깎아내리게 되기 때문이다. 그러나 을에게 고유한, 전혀 다른 종류의 장점을 출발점으로 삼으면, 갑에게서 그것을 찾아봐야 헛수고가 된다. 그래서 이번에는 갑이 부당하게 경시받게 된다.

자신은 어린아이 장난감 같은 나팔을 불면서 그것을 소문의 여신(파마)의 훌륭한 나팔이라고 착각하는 주제에, 스스로 우열을 분간할 수 있다고 생각하는 비평가가 있는 법이다.

한 번에 삼키는 약이 너무 독하면 약도 효능을 보이지 않듯이, 공평의 한도를 벗어나 버리면 불쾌한 설교도 비평도 똑같은 것이 된다.

정신적 공적에서 불합리한 것은, 자신은 시시한 것밖에 창작하지 못하는 자들이 그 미점을 칭찬해 줄 때까지 기다리지 않으면 안 된다는 것이다. 아니, 일반적으로 그 왕관을 인간의 판단력의 손으로부터 받아야만 한다는 것 자체가 불합리하다. 이 판단력이라는 특성은 거세된 자에게 생식력이 없듯이 대부분의 사람들이 갖고 있지 않은 것이며, 이 비유조차도 따지고 보면 약하고 별 볼일 없는 비유이다. 즉 판단력 그 자체가 하늘이 준 선물로서 진귀한 부류에 들어가야 하는 것이다. 그러므로 라브뤼예르[2]가 "세상에서 가장 진귀한 것은 분별해 알아보는 마음 다음으로 다이아몬드와 진주다"라고 말한 것은 엄숙한 말이면서 진실한 말이다. 구별하는 능력, '식별하는 마음', 즉 판단력이 결여된 것이다. 그것은 순수한 것과 불순한 것, 겉겨와 껍질, 황금과 동을 구별하지 못하고, 평범한 머리와 보기 드문 두뇌의 사이에 있는 커다란 간격을 알아차리지 못한다. 있는 그대로 보이는 사람은 하나도 없고, 다른 사람들이 만들어낸 자로 보일 뿐이다. 이것이 뛰어난 사람들을 억누르는 얼간이들의 수법이다. 그들 평범한 인간들은 뛰어난 정신의 등장을 억누른다. 그 결과로 빚어진 곤란한 사태를 옛 노래가 이렇게 표현했다.

위대한 사람과 이 세상의 만남은

---

2) 인용은 그의 명저 《Les Caractères ou les Mœurs de ce siècle》 제2권 제12장.

죽고 난 뒤에 세상에 알려진다.

순수하고 뛰어난 자가 나타날 때, 가장 먼저 앞길을 가로막는 것은 열등한 자이다. 즉 바로 그가 차지해야 할 장소가 이미 열등한 자에게 점령되어 있는 것을 발견하는 것이다. 오랜 시간과 격렬한 싸움 뒤에 드디어 그 위치를 빼앗고 명성을 얻는 데 성공하더라도, 그것도 오래가지 못한다. 그들 얼간이들이 젠체 하며 무식하고 무례한 모방자를 데리고 와서 아주 태연하게 이 모방자를 천재 와 나란히 제단에 올려놓는다. 그것도 구별할 줄 모르는 그들은 진심으로 그 것 또한 일류 인물의 출현이라고 생각하는 것이다. 그래서 이리아르테[3]도 그의 《문학적 우화》의 제28우화를 다음과 같은 말로 시작하는 것이다.

어떤 세상에서도 어리석은 천민은
좋은 것에서도 나쁜 것에서도 똑같이 멋을 발견한다.

이런 이유에서 셰익스피어의 희곡도 그가 죽자마자 벤 존슨,[4] 매신저,[5] 보몬 트,[6] 플레처의 연극에 자리를 양보하고 10년 동안이나 그 자리를 이런 자들에 게 내주지 않을 수 없었던 것이다. 마찬가지로, 칸트의 엄숙한 철학은 피히테의 노골적인 허풍, 셸링의 절충주의, 야코비의 징그러울 정도로 나른한 신들린 말 에 밀려난 것이고, 마침내는 그야말로 가련한 사기꾼 헤겔까지 칸트와 동렬에, 아니 칸트보다 더 치켜세워지고 만 것이다. 누구나 접근할 수 있는 분야에서도 우리는 누구와도 비교할 수 없는 월터 스콧이 그만한 가치도 없는 모방자들에 의해서 대중의 주목으로부터 밀려나는 것을 본다. 대중은 언제 어떤 경우에라 도 뛰어난 것을 알아볼 줄 알고, 문학, 예술, 철학 등에서 어엿한 업적을 올릴 줄 알며, 따라서 그 일은 우리의 주목을 독점해 마땅한 사람이 얼마나 보기 드 문가 하는 것은 전혀 깨닫지 못한다. 그러므로 문학계나 그 밖의 다른 높은 전

---

3) 박학다식한 우화시인으로 알려진 18세기 스페인의 시인.
4) 엘리자베스왕조의 극단에서 셰익스피어와 함께 활약했던 극작가.
5) 셰익스피어 이후의 극단에서 인기작가.
6) 플레처와 합작했던 극작가. 그 무렵 및 왕정복고기의 인기작가.

문영역의 사기꾼에게는 인정사정없이 틈만 나면 호되게 다음의 말을 해 주어야 할 것이다.[7]

　신들도 인간도 광고탑조차도
　시인에게 허락되지 않는 것은 범용한 것.[8]

　볼품없는 일을 하는 사기꾼은 밀이 싹을 틔우는 것을 방해하는 잡초 따위로, 결국 무엇이든지 덮어 버리고 제멋대로 날뛰는 놈이 아닌가! 그래서 일찍이 세상을 떠난 포이흐터슬레벤[9]도 독창적으로 훌륭하게 다음과 같이 노래하고 있는 것이다.

　놈들은 뻔뻔스럽게 말한다.
　"이러쿵저러쿵 말하지만 하는 일은 아무것도 없다, 무위나 마찬가지 아닌가!" 하고.
　그러는 동안에도 위대한 자들은 성숙해 간다,
　소리 없이 묵묵히.

　누구의 눈에도 비치지 않고,
　소리 질러도 듣는 자는 없는 듯이 보인다.
　그러나 위대한 자는 슬프게도 저만치 떨어져서 쓱 지나간다,
　소리 없이 묵묵히.

　마찬가지로 학문의 영역에서도 되풀이되는 잘못된 이론이 끈질기게 살아 있기 때문에, 앞서 말한 판단력의 개탄스러운 결여가 마찬가지로 보이는 것이다. 잘못된 이론도 한번 신용을 얻어 버리면 반세기, 아니 수세기 동안이나, 마치

---

7) 디드로가 《숙명론자 자크》에서 모든 예술은 사기꾼에 의해서 영위된다고 말한 것은 매우 진실하다.
8) 호라티우스 《시학》 372.
9) 민중에게 친숙한 표현으로 수많은 시를 쓴 19세기 초엽의 오스트리아 철학자.

돌로 만든 방파제가 잔물결과 큰 물결에 저항하듯이, 진리에 맞서는 것이다. 코 페르니쿠스는 100년이 지나도록 아직 프톨레마이오스를 몰아내지 못했다. 프 랜시스 베이컨, 데카르트, 로크는 기다리다 지칠 정도로 느릿느릿, 한참이 지나 서야 겨우 세상에 통용되게 되었다(달랑베르의《백과전서》에 바친 유명한 서언을 꼭 읽어보기 바란다). 뉴턴도 마찬가지이다. 그 사실을 라이프니츠가 클라크[10]와 의 논쟁문에서, 특히 제35, 113, 118, 120, 122, 128절에서 뉴턴의 인력설을 공격 할 때의 그 격분과 조롱만 보면 된다. 뉴턴은 그의 주요 저서《자연철학의 수학 적 원리》를 출판하고 거의 40년 동안이나 살아남았지만, 그가 죽었을 무렵에는 그의 학설도 겨우 영국 본국에서만 몇 사람에게 인정받는 정도에 지나지 않았 다. 하물며 그의 고국 이외에서는 그의 지지자가 20명도 되지 않았다. 이것은 볼테르의 뉴턴학설 소개 첫머리에서도 확인할 수 있다. 바로 이 볼테르의 언 급이 뉴턴이 죽은 지 거의 20년이나 지나서 프랑스에서 그 체계를 널리 알리는 데 가장 큰 기여를 한 것이었다. 그때까지는 프랑스인들은 고집스럽게 애국심 을 발휘하여 데카르트의 소용돌이를 지지했던 것이다. 그러나 고작 40년 전에 는 같은 데카르트철학이 프랑스의 모든 학파에서 금지되었다. 그런데 이번에는 재상 다게소가 볼테르의 이 뉴턴설 소개에 대하여 출판을 거부하고 있다. 그 런데 뉴턴의 부조리한 색채론은 괴테의 색채론이 출판된 지 40년이나 지났는 데도 오늘날에도 완전히 그 전장을 굳게 지키고 있는 모습이다. 아주 일찍 세 상에 나타난 흄은 매우 대중적인 필치를 구사했지만 50세가 될 때까지 세상의 주목을 받지 못했고, 칸트는 평생 교단에서 가르치고 끊임없이 글을 썼음에도 60세가 넘어서야 겨우 알려졌다.

예술가나 시인은 물론 사상가보다 이율이 좋다. 무엇보다도 그 상대인 대중 이 적어도 100배는 많기 때문이다. 그러나 모차르트나 베토벤은 살아 있는 동 안에 어떠했는가? 단테는? 셰익스피어는? 셰익스피어의 동시대인들이 만일 그의 참된 가치를 알았다고 한다면, 그 시대에 회화는 꽃을 피우고 있었으니까 적어도 한 장 정도는 믿을 만한 훌륭한 초상화가 있어도 좋지 않은가? 그러나 실제로는 매우 의심스러운 초상화 몇 장, 조잡한 동판화 한 장, 더 볼품없는 묘

10) 18세기 영국의 철학자. 라이프니츠와 자연철학 및 종교의 원리에 대해서 논쟁했다.

석용 흉상 한 개밖에 남아 있지 않은 것이다.[11] 마찬가지로, 셰익스피어의 필적이 백 단위로 남아 있어야 할 텐데, 실제로는 법정 기록 서명 두 개가 있을 뿐이다.

모든 포르투갈인은 그들의 유일한 시인 카몽이스[12]를 자랑스러워한다. 그러나 그는 인도에서 데리고 온 흑인소년이 저녁마다 거리에서 얻어온 것들로 먹고살았다.

물론 ('시간은 신사다'[13]라고 하듯이) 시간이 흐르면 누구에게나 완전한 공정성이 주어지긴 하지만, 무엇보다도 옛 독일제국의 최고법원처럼 느려터지고, 게다가 당사자가 이미 세상을 떠난 것이 암묵적 조건인 것이다. 그것은 "죽음에 앞서서 누구도 칭찬해서는 안 된다"라는 예수 시라흐[14](11 : 28)의 규정이 충실히 지켜지기 때문이다. 그러므로 불멸의 작품을 창조한 사람은 인도의 다음과 같은 신화를 자신의 작품에 대입해서 스스로 위로로 삼아야 한다. 즉 이 신화에 따르면, 불멸의 것이 이 세상에서 몇 분 살아 있는 것은 몇 년에나 해당하며, 이 세상에서 몇 년 살아도 그것은 불멸의 것의 몇 분에 지나지 않는다는 것이다.

이러한 개탄스러운 판단력의 결여는 어느 세기에든지 이전 시대의 뛰어난 자는 존경받지만 자신의 시대에 걸출한 자는 무시당한다는 것에서도 볼 수 있다. 그리고 고작 10년쯤 유행하다가 다음 10년이 되면 웃음거리가 되는 볼품없는 작품에 마땅히 우수한 작품에 쏠려야 할 주의를 돌려 버리는 것이다. 자신의 시대에 등장한 진정한 공적을 인정하는 것이 대중들에게 매우 어려운 일임을 증명해 주는 것은, 대부분 오래전에 인정받은 천재의 작품이라도 대중은 권위에 근거해서 존경은 하지만 이해하지도 제대로 즐기지도 못하고 진정으로 평가할 능력도 없다는 사실이다. 이 증명을 검증하는 하나의 본보기는 이를테면 피히테철학 같은 형편없는 것도 한 번 신용을 얻으면 인간의 2, 3세대쯤은 버젓

---

11) A. Wivell 《셰익스피어 초상의 역사·신빙성·특징에 관한 연구, 판화 21장 수록》 런던, 1836년.
12) 바스코 다 가마가 바닷길로 인도에 도착한 쾌거를 중심으로 포르투갈의 모든 역사를 엮은 일대장편 《우스 루지아다스》의 작가. 시인 자신도 인도에 건너간 적이 있다.
13) 이탈리아의 속담.
14) 기원전 200년쯤 예루살렘에 살았던 인물. 그가 수집한 히브리의 격언은 구약외전에 실려 있다.

이 통용된다는 것이다. 단지 그것을 상대하는 대중의 수가 아주 많은 경우에만 그 추락이 앞당겨질 뿐이다.

뭐니 뭐니 해도 태양은 그 빛을 받아들이는 눈이 있어야 진정으로 빛난다고 할 수 있고, 음악이 진정으로 울리기 위해서는 귀가 필요하듯이, 예술이나 학문의 모든 걸작의 가치도 그것이 말을 건네는 상대인 가까운 혈통적 정신, 그것에 걸맞은 정신에 의해서 제약받는다. 이 정신이 지닌 주문에 의해서만 그런 일에 얽매인 사람들의 마음이 움직이고 모습을 드러내게 되는 것이다. 평범한 머리가 걸작을 대하는 것은 마치 자물쇠가 잠긴 마법의 보물상자를 앞에 두고 있는 것과 다를 바 없으며, 또는 연주하는 법을 몰라서, 아무리 자신이 얼마나 형편없는지를 믿고 싶지 않아도 삐꺽한 소리밖에 내지 못하는 악기를 앞에 두고 있는 것과 같다. 같은 유화라도 캄캄한 구석에서 볼 때와 해가 잘 드는 곳에서 보는 경우는 전혀 다르듯이, 같은 걸작에서 받는 감명도 그것을 파악하는 머리에 따라서 하늘과 땅 차이이다. 따라서 그것이 정말로 존재해서 생명을 갖기 위해서는 아름다움을 담은 작품은 그것을 느끼는 정신을, 사상을 담은 작품은 사색하는 정신을 필요로 한다. 그러나 이런 작품을 세상에 선물한 사람이 나중에 어떤 기분이 드는가 하면, 그것은 불꽃놀이 기술자의 심경과 매우 비슷하다. 즉, 오랫동안 힘들여 준비한 자신의 작품이 마침내 흥분 속에서 불타 없어지고 난 뒤에 느끼는 것은, 자신이 뭔가 엉뚱한 곳에 와 있는 것은 아닌가, 관중들이 모두 맹인 학교의 학생이었던 것은 아닐까 하고 생각하는 저 불꽃놀이 기술자의 감상과 다르지 않은 일이 자주 일어날 수 있다. 그래도 그보다 나은 것은, 관중들이 예컨대 불꽃놀이 기술자들만 모인 날에는 유독 훌륭한 불꽃을 쏘아 올렸다고 해서 뭇매를 맞고 고개가 꺾이는 일도 없는 것은 아니기 때문이다.

성질이 같고 공통점이 있다는 것이 모든 쾌적한 기분의 원천이다. 미의 감각에서조차도 자신과 같은 종(種)의 것, 또 그 가운데에서도 같은 종속의 것이 무의식적으로도 가장 아름다운 것으로 선택된다. 누군가를 사귈 때에도 대부분은 자신과 닮은 사람을 선택하는 법이다. 따라서 바보에게는 바보가 모든 다른 사람들을 합친 것보다 더 바람직해 보인다. 그러므로 어떤 사람의 경우든지 가장 먼저 마음에 드는 것은 어김없이 자신의 작품이다. 무엇보다도 그것은 자기 자신의 정신의 영상이고, 자신의 사상의 메아리이기 때문이다. 그다음으로 마음에 드는 것은 자신과 비슷한 사람들의 작품일 것이다. 즉 단조롭고 천박하고 괴이한 사람, 단순한 말을 찾아다니는 사람은 단조롭고 천박하고 괴이한 것, 그저 아름답게 꾸민 말에 진심으로 감동해서 갈채를 보낼 것이다. 이와 달리 위대한 정신들의 저작에 대해서는, 실은 마음속으로는 못마땅하나 이것을 인정하는 것도 오직 권위 때문인데, 즉 경외심에 강제당하고 있을 뿐이다. "그것은 그들에게 말을 걸지 않는다(흥미를 일으키지 않는다)", 아니, 사실은 싫어하지만, 절대로 자기 자신은 그런 사실을 인정하지 않을 것이다. 천재의 저작을 진정으로 누릴 수 있는 것은 뛰어난 두뇌에 한한다. 권위라는 뒷배가 아직 없을 때 그것을 처음으로 알아차리기 위해서는 정신의 엄청난 뛰어남이 요구된다. 이런 것을 곰곰이 생각해 보면, 천재의 작품이 매우 뒤늦게 가까스로 갈채와 명성을 얻게 되는 일은 이상할 것도 없으며, 오히려 그럭저럭 명성을 얻은 것 자체에 놀라지 않을 수 없다. 그렇게 되기까지의 과정은 복잡하고 지지부진하다. 즉, 명청한 머리를 가진 사람이 마지못해, 이른바 억지로 끝에 가서야 자신보다 머리가 좋은 남자의 우월성을 서서히 인정하게 됨으로써, 천재는 이런 식으로 점점 위쪽으로 올라간다. 결국 찬성을 외치는 목소리의 무게가 수를 압도하게 된다. 그리고 이것이야말로 모든 가짜가 아닌, 즉 그만한 가치가 있는 명성의 조건을 이룬다. 거기까지 가는 길에는 어떤 위대한 천재라도, 아무리 그 실력을 증명한 뒤라도, 마치 자신의 지배 아래 있는 국민대중 사이에 선 국왕 같은 모습을 보이기도 한다. 즉 국민은 왕을 개인적으로 아는 것은 아니기 때문에, 최고급관리가 수행이라도 하지 않는 한은 왕에게 복종하지 않을 것이다. 하급관리가 왕의 명령을 직접 받을 수는 없기 때문이다. 하급관리가 정말로 알고 있는 것은 자신의 직속상관의 서명뿐이고, 이 직속상관도 자신의 상관의 서명밖에 모른다. 이런 식으로 점점 위로 올라가서 가장 상층부가 되면 내각서기관만이 대신의 서명을 확인할 수 있게 되고, 대신만이 국왕의 서명을 증명할 수 있게 된다. 천재가 대중에 대하여 명성을 떨치는 것도 이와 비슷한 수많은 중간적 단계에 제약받는 것이다. 따라서 명성의 시작이 가장 어렵다. 상급관청의 수는 한정되었는데, 그것을 찾지 못하는 경우가 매우 잦기 때문이다. 이와 달리 밑으로 가면 갈수록 명령을 동시에 받는 자들의 수는 그만큼 늘어난다. 그래서 아래쪽에서는 명성이 퍼지는 데 정체를 일으키지 않는 것이다.

이런 과정에서 대해서는, 대다수의 사람이 자신의 수단에 기대지 않고 오직 다른 권위에 근거해서 판단할 뿐인 것은 다시금 행복이라고 생각해야 할 일이라고 여김으로써 우리는 스스로 위로하지 않을 수 없다. 왜냐하면, 만일 저마다가 플라톤이나 칸트, 호메로스, 셰익스피어, 괴테에 대해서 진정 자신이 이 인물들에 대해서 느끼고 즐기는 것에 따라서 판단을 내리고, 강제력을 가진 권위가, 예컨대 각자의 마음에서 나온 것은 아닐지라도, 어떤 것이 어울리는지를 말하게 하지 않았다고 한다면, 대체 어떤 판단이 이 인물들에게 내려지겠는가? 이런 사정이 없다면 높은 종류의 진정한 공적에 대하여 명성을 얻기란 전혀 불가능할 것이다. 다음으로 제2의 행복이라 할 수 있는 것은 저마다가 자신의 위에 있는 인물의 뛰어남을 인정하고 그 권위에 따르는 데 필요한 만큼의 판단력은 갖고 있는 것이다. 이로써 마침내 다수의 사람이 소수의 사람의 권위에 따르고 판단의 저 계서(히에라르키)가 성립하는 것이며, 확고하고 넓은 층에 이르는 명성의 가능성은 이 계서에 바탕을 두는 것이다. 위대한 정신의 공적 따위는 전혀 받아들이지 못하는 최하층의 자들에게 있어서는 겨우 그 감각적 인상에 의해서 막연한 예감을 그들에게 줄 뿐인 기념상 정도밖에 없는 것이다.

그러나 높은 종류의 공적에 주어지는 명성에 대하여 이 판단력 결여에 못지않게 맞서는 것은 질투이다. 이것은 가장 낮은 종류의 공적에서조차도 이미 그 첫발부터 명성에 대항하고 마지막 걸음에 이르기까지 따라다니기 때문에, 이 세상이 잘 돌아가지 않는 데 크게 기여하고 있으며, 따라서 아리오스토가 다음처럼 말한 것도 마땅하다.

이 구석에서 저 구석까지 질투로 가득 찬
인간의 세상은 쾌청하기보다는 암울하다.[15]

---

15) 《광란의 오를란도》 4의 1.

즉 질투는 모든 종류의 뛰어난 개개 인물에 대하여 평범한 사람들이 합의 따위 없이 암묵리에 맺어 곳곳에서 번성하는 동맹의 혼인 것이다. 그것은 자신의 활동영역에 그런 뛰어난 사람이 있으면 그를 묵살하지 않을 평범한 사람이 없고, 자신의 구역에 훌륭한 인물이 있는 것을 참는 사람도 없기 때문이다. 오히려 어떠한 경우에라도 "만일 누군가가 우리들 사이에서 도드라질 때는 우리의 곁을 떠나 다른 곳에서 그 걸출함을 발휘하게 하라"라는 것이 평범한 이들의 의기투합한 표어이기 때문이다. 그래서 처음부터 뛰어난 자가 드물고, 또 그것이 이해와 인정을 얻는 어려움에 더하여, 이것을 억압하고, 가능하면 완전히 그 숨통을 끊어 버리겠다는 수많은 자들의 일치단결된 질투의 작용이 더해지는 것이다.

공적에 대한 태도는 두 가지가 있다. 자신이 어떤 공적을 갖고 있든지, 아니면 어떤 공적도 인정하지 않든지 이 둘 가운데 하나이다. 후자가 훨씬 편하므로 대부분 이런 태도가 선택된다.

어떤 전문에서든지 뛰어난 재능의 낌새가 느껴지면 곧바로 그 전문의 얼간이들이 개떼처럼 달려들어 노력하는 것은 그 재능을 완전히 덮어 버려서 그것이 세상에 알려져 두각을 나타내고 햇빛을 볼 기회를 그 인물로부터 빼앗고, 온갖 수를 써서 그것을 막는 것으로, 그 모습은 마치 그들의 무능함, 천박함, 형편없음에 대한 배신이 일어나기라도 했다는 식이다. 오랜 기간 동안 행해지는 그들의 조직적 억압은 대부분 효과를 거둔다. 모두가 기뻐해 주겠지 하는 어린아이 같은 믿음에서 그 작품을 제공하는 천재에 한해서, 평범한 것에만 완전히 안주하는 비열한 혼이 꾸미는 책략과 간계에 전혀 무지하며, 그런 것에는 아무런 예감도 없을 뿐만 아니라 이해도 못하는 지경으로, 따라서 그런 식으로 억압받으면 당황하거나 자신의 작품에 의심을 품기 시작하고, 마침 그런 찰나에 예의 얼간이들의 정체와 그 술수에 눈이 떠지는 일도 없거니와, 스스로 혼란스러워지기 시작해서 그 노력을 내팽개치기 쉽기 때문이다. 그런 실례를 그리 가까이에서 찾지도 않고, 그렇다고 해서 이미 옛날이야기가 되어 버린 먼 곳에서 찾지도 않을 거라면,—독일 음악가들의 질투가 인간의 한 세대에 해당하는 기간 내내 위대한 로시니의 공적을 인정하기를 거부했던 모습을 보라. 실제로 나는 어떤 규모가 큰, 어엿한 남성합창단이 그의 불멸의 오페라

〈탄크레디〉의 'di tanti palpiti'를 웃음거리로 만들려고 그 멜로디로 메뉴표를 노래로 만들어 부르는 것을 들은 적이 있다. 질투의 무력함! 그 멜로디는 훌륭하게 천박한 말을 압도하고 집어삼켜 버렸다. 그리고 로시니의 경탄스러운 멜로디는 온갖 질투에 맞서 온 세계에 퍼져 옛날과 마찬가지로 지금도, 그리고 다가올 모든 세기에 모든 사람의 마음을 즐겁게 해 주는 것이다. 또 마셜 홀[16] 같은 인물이 자신이 엄청난 연구를 했음을 알고 있다고 한 번 발언하자마자 독일의 의사들, 특히 비평만 잘 하는 의사들이 격분한 나머지 얼굴이 붉으락푸르락했던 모습을 떠올려 보라.

질투는 뭔가가 결여되어 있다는 확실한 표시이다. 따라서 그것이 공적을 향할 경우는 틀림없이 공적이 결여되어 있다는 표시인 것이다. 도드라지게 뛰어난 사람에 대한 질투의 태도에 대해서는 우리의 탁월한 발타자르 그라시안[17]이 한 우화에서 아주 자세히 그려내고 있다. 그 우화는 〈과시하는 남자〉라는 제목으로 그의 작품 《군자론》에 실려 있다. 여기서 바퀴 같은 깃털을 가진 공작에게 모든 새들이 격분하여 결탁한다. 까치가 말한다.

"저 재수 없는 깃털의 관병식만 못하게 하면 저 녀석의 아름다움도 끝장이야. 보이지 않는 것은 없는 거나 마찬가지잖아."

그러므로 겸손의 미덕 등도 오직 질투에 대한 방벽으로서 고안된 것이다. 겸손을 요구하고, 공적이 있는 사람이 자신을 낮추면 매우 기뻐하는 것은 주로 별 볼 일 없는 사람이라는 것에 대해서는 나의 주저 속편·제37장에서 설명해 두었다. "쓰레기 인종만이 겸손하다"[18]라는 많은 사람들이 화를 내는 괴테의 유명한 발언에는 이미 선례가 있다. 즉 세르반테스는 《파르나소로의 여행》의 부록에 담은 시인들을 위한 지침에서 이런 지시를 내리고 있기 때문이다.

"'자신을 쓰레기 인종이라고 보는 자가 쓰레기 인종이다'라는 속담을 믿고서 모든 시인은 자신이야말로 자중하는 인간 가운데 하나이며, 자신을 높이 평가하는 자임을 그 시를 통해 알아야만 한다."

셰익스피어는 자신에 대해서 이야기할 수 있었던 유일한 작품인 그의 소네

---

16) 19세기 영국의 의사. 반사운동을 발견했으며, 간질과 인공호흡에 대한 연구도 했다.
17) 쇼펜하우어는 그의 잠언집 《신탁》을 번역했다.
18) 시 Rechenschaft 71행.

트의 많은 부분에서 자신이 쓴 것은 불멸이라고 자신만만하게, 그리고 솔직하게 선언했다. 그의 새로운 비판적 전집을 출판한 코일러는 그 〈소네트〉 서언 473쪽에서 이에 관해서 다음과 같이 썼다.

"이 소네트 대부분에서는 그의 시의 불멸성에 대한 자부와 확신의 주목할 만한 증언을 찾아볼 수 있다. 우리 저자의 견해는 이 점에 대해서 결코 흔들림이 없었다. 그는 그것을 공언하기를 조금도 주저하지 않았다. 그가 남긴 작품의 비율로 볼 때, 자신이 이 문학 분야에서 쓴 것을 세상이 결코 사라지도록 놔두지 않을 것이라는 확고한 신념을 이렇게 자주, 그리고 이토록 단호히 밝힌 작가는 고대에도 근대에도 아마 없을 것이다."

뛰어난 것을 끌어내리기 위해서 질투가 이따금 사용하는 수법은, 결국 그것은 끌어내리는 것과는 반대에 지나지 않지만, 파렴치하고 뻔뻔하게 하찮은 것들을 끄집어내는 것이다. 하찮은 것들이 통용되면 뛰어난 것은 순식간에 패배하기 때문이다. 이 수법은 특히 대규모로 행해질 때에는 한동안 효과가 있지만 이윽고 정리의 때가 와서, 시시한 작품이 한때나마 받은 호평은 그런 것을 칭찬한 비열한 자들이 언제까지고 오명을 뒤집어쓰는 결과를 낳는다. 그렇기 때문에 이들은 익명을 즐겨 쓴다.

아무리 멀리 떨어진 곳에서라도 뛰어난 것을 직접 깎아내리거나 비난하면 위와 같은 위험이 닥치기 때문에, 많은 사람들은 영리하게도 그런 것은 전혀 하지 않도록 조심하는 것이다. 그래서 훌륭한 공적이 나타나면 그 마지막 결과로서, 공작의 깃털로 모욕당한 새들처럼, 그 공적 때문에 심하게 상처 입은 경쟁자들 모두가 마치 서로 짜기라도 한 듯이 한마음으로 깊은 침묵의 상태로 이동할 뿐인 사태가 곧잘 일어나는 것이다. 즉 경쟁자 모두의 혀가 마비되어 버리는 것으로, 세네카가 말하기를 이른바 '질투의 침묵'이다. 이 심술궂고 음험한 침묵, 그것은 술어로 '암살'이라고 불리는데, 이것이 어떻게든지 이어지는 것은, 고도의 학문의 세계에서 보이듯이, 그런 업적을 억압하는 가장 가까운 집단이 (전문가라는) 경쟁자로만 이루어져 있고 일반대중은 그 발언권을 전문가를 통해서 간접적으로밖에 행사하지 못하고, 스스로 직접 조사할 수 없는 경우이다. 그래도 예의 '질투의 침묵'이 마침내 칭찬으로 깨지는 경우가 있더라도, 지금 여기서 정의를 행사해서 칭찬하는 사람들에게 완전히 속마음이 없는 경우는 매우 드물다.

> 자신을 뛰어난 사람으로 보이고 싶어서,
> 그것이 빛을 보지 못하면,
> 누구도 남을 인정하지 않는다,
> 상대가 다수이든 한 사람이든.
>
> ─괴테 《서동시집》[19)]

　누구든 자신의 전문, 또는 그것에 가까운 분야의 사람을 칭찬하면 결국은 자기 자신을 깎아내리는 꼴이 되지 않을 수 없다. 즉 자신의 가치를 깎아내려야만 남을 칭찬할 수 있는 것이다. 그래서 인간이란 존재는 이미 본성상 칭찬하는 것을 좋아하는 존재가 아니며, 간접적으로 자신을 치켜세우게 되는 비난이나 중상모략으로 기우는 것이다. 그럼에도 남을 칭찬한다면 다른 고려나 동기가 작용하지 않을 수 없다. 다른 동기라 해도, 이 경우는 동료를 헐뜯는 것은 문제가 되지 않으므로, 남의 작품을 바르게 평가하고 인정하는 것이야말로 자기 작품의 공적과 가장 가깝다는 동기가 결국 작용하는 것이다. 이는 인간의 머리에는 세 가지 등급이 있다는 헤시오도스 및 마키아벨리가 내세운 생각이 바탕에 깔려 있다(《근거율의 네 가지 뿌리에 관하여》 제2판 참조). 첫째 등급에 들어가겠다는 희망을 버린 사람은 둘째 등급에 위치를 차지할 기회가 있으면 기꺼이 그것을 잡을 것이다. 어떤 공적이든지 그럭저럭 인정받을 것이 확실하다는 것은 거의 이것에만 근거한다. 또 이것으로부터 일어나는 현상으로서는 한번 어떤 작품의 높은 가치가 인정받아 이제 그 진가를 감추거나 거부할 수가 없게 되면, 그 순간 모두가 앞을 다투어 그것을 칭찬하거나 존경을 드러낸다는 사실이 있다. 누구든 "현자를 인정하려면 그만한 현명함을 갖고 있어야 한다"[20)] 라는 크세노파네스의 말을 떠올리고, 남을 칭찬하는 것을 자신의 명예로 삼으려 하기 때문이다. 그래서 그들은 근원과도 같은 공적에 주어지는 명예, 그들에게는 도저히 손이 닿지 않는 명예에 가장 가까운 것을 자신을 위해서 붙잡으

---

19) 〈불만의 서〉.
20) 디오게네스 라에르티오스 《철학자열전》 9의 20.

려고 허겁지겁 서두르는 것이다. 즉 그 공적을 올바르게 평가하게 되는 것이다. 이렇게 되면 물러나지 않을 수 없게 된 군대와 같아서, 그때까지의 전투에서 선봉을 다투었듯이 이번에는 너도 나도 서로 뒤질세라 앞을 달리게 되는 것이다. 이런 식으로 모든 사람이 천하에 인정받은, 칭찬받아 마땅한 인물에게 허둥지둥 갈채를 보내는 것도 앞의 제241절에서 설명한 동질성의 법칙을 인정했기 때문인데, 대부분의 경우 이것은 그들 자신은 깨닫지 못한다. 즉 자신의 생각이나 견해가 명예가 주어진 인물의 그것과 같은 것처럼 보이고 싶은 것이며, 자신에게는 아무것도 남아 있지 않기 때문에 적어도 자신의 체면이라도 살리려고 하는 것이다.

이처럼 쉽게 알 수 있는 것은 과연 명성을 손에 넣기란 매우 어려운 일이지만, 일단 얻고 나면 이것을 유지하기는 쉽다는 것이다. 마찬가지로, 짧은 기간에 얻어진 명성은 사라지는 것도 빠르며, 여기서도 "갑자기 발생한 것은 갑자기 사라진다"는 법칙이 타당하다는 것을 알 수 있다. 분명한 일이지만, 흔해빠진 평범한 인종이 그 가치를 쉽게 인정하고, 같은 분야에 있는 사람들도 기꺼이 그것을 인정할 수 있는 작품이 범인(凡人)이나 경쟁자의 수준을 훨씬 뛰어넘는 일은 있을 수 없기 때문이다. 왜냐하면 "누구든 다른 사람을 칭찬하는 것은 자신도 그것을 할 수 있을 것 같아 보이는 범위에 한하기" 때문이다. 게다가 자주 이야기했던 동질성의 법칙으로 볼 때도, 명성이 갑자기 높아졌다는 것은 수상쩍은 표시이다. 즉 그것은 대중의 직접적 갈채이기 때문이다. 대중의 갈채가 어떤 것인지, 포키온[21]은 그것을 잘 알았다. 즉 그는 그의 연설에 국민들이 박수갈채를 보냈을 때, 옆에 서 있던 친구들에게 "내가 무슨 이상한 말이라도 했나?" 하고 물었다(플루타르코스 《격언집》). 반대의 이유에서 영속적인 명성은 그것이 무르익기까지는 오랜 시간이 걸리고, 그것이 수세기나 이어지는 경우는 대부분 동시대인의 갈채가 대가에 의해서 얻어지지 않으면 안 된다. 그렇게 지속적으로 중시되는 것은 분명히 얻기 힘든 탁월함을 지니고 있기 때문이고, 그것을 알아차리는 데만도 꽤 두뇌가 필요하다. 그러나 그런 머리를 가진 사람들은 늘 있는 게 아니며 하물며 그 존재를 알릴 정도로 숫자가 많은 것도 아닌데,

---

21) 아테네의 장군, 정치가.

한편 언제나 눈떠 있는 질투는 이런 머리를 가진 사람들이 내는 찬성의 목소리를 찌부러뜨리려고 모든 힘을 다할 것이기 때문이다. 반면 그 즉시 인정받는 중간 정도의 공적은, 그 공적을 올린 사람이 그 뒤 어떤 공적도 올리지 못하고 남은 생애 동안 수모를 당할 위험이 있다. 즉 젊어서 올린 명성이 나이가 들어서는 의심받는 것이다. 그러나 커다란 공적은 반대로 오랫동안 세상에 알려지지 못한 채로 있을지언정, 나이가 들어서 눈부신 명성을 얻게 된다.[22] 그러나 세상을 떠난 뒤에야 명성이 높아지는 경우, 그런 사람은 "마지막 기름바름이 그들의 세례"라고 장 파울이 말한 사람들 무리에 넣어져야 하며, 사후에 반열에 오르는 성인들을 생각하면서 스스로 위로로 삼아야 한다. 이렇게 해서 《헤로데》에서 적절하게 했던 말이 실증된다.

> 내가 생각하건대, 이 세상에서 진실로 위대한 것은
> 그 즉시로는 마음에 들지 않는 것뿐.
> 그리고 천민이 신에게 바치는 것은
> 오직 얼마 동안 제단에 서 있는 것뿐.

이 규칙이 그림의 경우에 직접 확인된다는 것은 주목할 만하다. 그 분야의 사람이 알고 있듯이, 최대의 걸작은 그 즉시로는 눈길을 끌지 못하고, 처음 봤을 때는 그리 뚜렷한 감명을 주지 않지만, 몇 번이고 볼 때마다 조금씩 인상 깊어지는 것이다.

주어진 업무를 시기적절하고 올바르게 평가할 수 있는가 아닌가 하는 것은 결국 그 업무의 종류에 달렸다. 즉 그 일의 수준이 높은가 낮은가, 따라서 그것을 이해·평가하기가 어려운가 쉬운가 하는 것과, 그것을 상대하는 대중이 많은지 적은지에 따라서 좌우되는 것이다. 이 대중의 많고 적음이라는 조건은 대부분 앞의 조건에 의존하지만, 부분적으로는 그 주어진 일이 책이나 악보처럼 복제할 수 있는가 아닌가에도 달려 있다. 이 두 조건을 아우름으로써, 지금 여기서 들고 있는 실리와는 관계없는 작품에 관해서는, 그 가치가 빨리 인정·평가

---

22) 죽음은 질투를 완전히 달랜다. 노령은 이미 반쯤은 질투를 온화하게 만든다.

받을 가능성이라는 관점에서 거의 다음과 같은 순서를 만들 수 있다. 올바른 평가를 빨리 받을 가능성이 많은 것부터 순서대로 들면, 줄타기꾼, 곡마사, 발레 무용수, 마술사, 배우, 가수, 음악의 명수, 작곡가, 시인(작곡가와 시인은 그 작품을 복제할 수 있으므로), 건축가, 화가, 조각가, 철학자 순이 될 것이다. 철학자가 비교할 것도 없이 마지막에 오는 까닭은 그 작품이 오락을 약속하는 게 아니라 오직 교화를 주려 하기 때문으로, 따라서 지식을 바탕으로 하여 독자 자신의 노력을 크게 요구하기 때문이다. 그래서 철학자를 상대하는 대중은 아주 소수가 되고, 철학자의 명성은 횡으로 퍼지기보다는 종으로 뻗어 올라가게 된다. 일반적으로 명성은 그것이 얼마나 지속될 가능성이 있느냐 하는 점으로 따지면, 명성이 빨리 높아질 가능성과는 거의 반대가 되므로 위에서 든 순서는 정반대가 될 것이다. 단, 그러면 시인과 작곡가는 그들이 쓴 작품이 영원히 남을 가능성으로 볼 때 철학자 다음에 올 수밖에 없지만, 뭐니 뭐니 해도 1위는 철학자이다. 왜냐하면 이 영역에서의 작품은 시인의 작품보다 훨씬 적고, 매우 중요한 동시에 거의 완전하게 온갖 국어로 번역할 수 있기 때문이다. 철학자의 명성은 때때로 그 저술 이상으로 살아남기조차 한다. 예를 들어 탈레스, 엠페도클레스, 헤라클레이토스, 데모크리토스, 파르메니데스, 에피쿠로스 등등에서 보이는 대로이다.

그러나 같은 일이라도 실용품이나 직접 음미하는 제품은 올바른 평가를 받는 데 아무런 어려움도 없는데, 이를테면 솜씨 좋은 파이 기술자가 있으면 어떤 도시에서든 그 이름이 오래도록 묻히는 일이 없고, 하물며 후세에 호소할 필요는 없다.

갑작스럽게 얻어진 명성의 하나로 꼽아야 할 것 가운데 가짜 명성도 있다. 즉 날조된 명성으로, 대중에게 판단력이 없는 것을 이용해서 어떤 작품을 부당하게 치켜세우고, 좋은 친구를 바람잡이로 만들거나 비평가에게 뇌물을 주거나, 위쪽에서는 눈짓을 보내고 아래쪽에서는 협정을 맺어, 제대로 서지도 못하는 것을 무리하게 일으켜 세운 것과도 같은 명성이다. 이런 명성은 무거운 물체를 둥둥 뜨게 하는 부낭과 같다. 팽팽하게 불어 마개만 단단히 틀어막으면, 그 정도에 따라 시간의 길고 짧음의 차는 있어도 무거운 것을 옮겨 주기는 하지만, 차츰 공기가 빠져서 마침내 무거운 것은 가라앉는 것이다. 이는 그 명성의 원천을 자신의 안에다 갖고 있지 않은 작품의 피할 수 없는 운명이다. 가짜 칭찬의 목소리는 사라지고, 협정도 유지되지 못하며, 그 분야의 지식인들은 수상한 점을 발견하고, 명성은 어느새 사라져 버리고 그 대신 한결 더 심하게 바보취급을 받게 된다. 이와 달리 명성의 원천을 자기 안에 갖고 있고, 때를 가리지 않고 언제든지 새롭게 경탄을 불러일으키는 진짜 작품은 특별히 가볍게 되어 있어서 언제든지 자신의 힘으로 떠 있을 수 있는 물체와 닮아서, 시간의 흐름을 따라가는 것이다.

이런 헛된 명성을 얻은 실례로서는 고대·근대를 통틀어 문필의 모든 역사에서 헤겔철학에 견줄 것이 없다. 이만큼 완벽하게 덜떨어진 것, 부조리하고 틀린 것은 손바닥을 들여다보듯 훤한 것, 말장난임이 뚜렷한 것, 게다가 그 조사(措辭)로 볼 때 가장 역겹고 구역질나는 것, 짜증날 정도로 뻔뻔스럽고 철면피하기 짝이 없는 이 완전히 무가치한 사이비 철학이 일찍이 세계가 보았던 것 가운데에서 최고의 예지, 가장 찬연한 것으로서 찬양받은 것은 실로 전무후무하다. 게다가 태양까지 위에서 빛났다는 것은 새삼 말할 필요도 없다. 그러나 명심해야 할 것은 이것이 독일 대중의 눈앞에서 100%의 완벽함으로 행해졌다는 것이다. 여기에 부끄럽기 짝이 없는 점이 있다. 저 후안무치하게 거짓으로 날조된 명성은 4반세기가 넘도록 진짜로 간주되었고, 저 '의기양양한 야수'는 독일 학자공화국에 군림하여 영화를 누렸으며, 때문에 이 어리석음에 적대하는 소수자조차도 감히 어떻게 손을 쓰지 못하고 이 천박한 발기인을 마치 희대의 천재·위인을 대할 때처럼 가장 큰 경의를 담아서 이야기했던 것이다. 그러나 그 결과가 어떤지, 그 꼴을 추론하기를 게을리해서는 안 될 것이다. 문필의 역사에서 이 시기는 독일 국민과 그 시대의 영원한 오점으로 기록되어 몇 세기가 지나도록 후세의 비웃음거리가 될 것이다. 이는 그러나 마땅하다! 물론 개인과 마찬가지로 시대에게도 형편없는 것을 칭찬하고 뛰어난 것을 경멸하는 것은 자유다. 그러나 복수의 여신 네메시스에게 쫓겨 다니는 것은 시대나 개인이나 변함이 없어서, 오명을 피할 수는 없다. 돈에 움직이는 저열한 자들의 합창대가 저 머리를 쓸모없는 것으로 만드는 사이비 철학자의 명성과 그 구제할 길 없는 말장난의 오물의 공적을 계획적으로 찬양하고 있었을 때, 만약 독일인에게 얼마쯤 날카로운 감각이 있었더라면, 이 칭찬이 식견에서 나온 게 아니라 다른 의도가 있는 흉계에 바탕을 두고 있음을 그 칭찬 수법만 보고도 한눈에 알아보았을 게 틀림없다. 이 칭찬은 비처럼 퍼부었다. 그것도 줄기차게 내리는 비, 억수 같은 비로, 곳곳으로 튀면서, 크게 벌린 입으로부터 여기저기로 뿜어져 나오는데, 유보도 조건도 에누리도 없고, 한도도 절도도 없거니와, 그들의 입으로부터 말이 되어 튀어나왔다. 그리고 그들 자신이 부르는 이 중창의 개가에도 만족하지 못하고, 대오를 짜서 서 있는 바람잡이들이 어디 다른 진영의 청렴결백한 칭찬이 한 톨이라도 굴러다니지나 않을까 마음을 졸이면서 찾아내서는 그것을 주워 높이 치켜세워 보이려 하는 것이었다. 어느 명사가 강요받거나 책략에 걸려들어서 어쩔 수 없이 칭찬의 말을 한마디라도 내뱉거나, 또는 어쩌다 실수로 듣기 좋은 말을 하거나, 또는 적들까지도 이제까지의 비난을 비겁하게도 또는 불쌍하게도 달콤한 갈채의 말로 누그러뜨릴라 치면—바람잡이들은 냉큼 달려들어 그것을 주워들고는 득의양양하게 뽐내는 것이다. 이런 수법은 못된 속셈을 품은 흉계다. 이런 식으로 칭찬하는 것은 보수가 목적인 용병, 뇌물을 받은 바람잡이, 무리를 짠 문학적 선동자뿐이다. 이와는 대조적으로, 식견에서 나오는 거짓 없는 칭찬은 전혀 다른 성격을 지니고 있다. 이 칭찬에 선행하는 현상은 포이흐터슬레벤이 훌륭하게 표현하고 있는 대로이다.

인간이란 얼마나 실패를 거듭하면서도 저항하는가,
오직 훌륭한 것을 어떻게 해서든지 존경하지 않으려고!

즉 진실한 칭찬은 아주 천천히 뒤늦게 찾아온다. 그 모습이 얼마나 느릿느릿하고 신중한지 얼마씩 다가오고 있는지도 겨우 측정할 수 있을 정도이며, 더구나 언제나 제한까지 붙어 있어서 모처럼 칭찬받은 사람도 왠지 이렇게 말하고 싶어진다.

입술만큼은 축이게 해 주었지만, 입 안은 바싹 말랐다.

—《일리아스》 22의 495

그러나 칭찬하는 측에서 보면, 그렇게 조심하는 데도 이유가 있다. 칭찬은 하나의 상이라, 이것을 낼 때는 둔감하고 인정머리 없고 고집스럽고 질투심 많은 얼간이들에게 이미 널리 알려진 진실한 공적의 위대함을 보여 주어 그들로부터 억지로 쥐어짜낼 필요가 있었기 때문이다. 그것은 클롭슈토크[23]가 노래했듯이 고귀한 사람들의 땀에 맞먹는 월계관이고, 괴테[24]가 말했듯이 아래와 같은 결실이기 때문이다.

둔감한 세상 사람들의 저항에 늦든 빠르든
승리하는 저 용기.[25]

그러므로 진실한 칭찬과 다른 뜻을 가진 자들의 뻔뻔스러운 격찬의 관계는 마치 어렵게 얻은 성실하고 기품 있는 연인과 돈으로 자유가 된 거리의 여자의 차이이며, 앞에서도 말했듯이 독일인이 좀 더 예리했더라면 헤겔의 명성에서 즉시 이 매춘부의 두꺼운 화장을 알아볼 수 있었을 것이다. 그러면 이미 실러가 다음과 같이 노래한 것이 그토록 요란하게 이루어지는 일도 없었을 것이고, 독일 국민이 창피를 당하는 일도 없었을 것이다.

나는 보았다, 명성의 신성한 월계관이
비속한 이마로 더럽혀지는 것을.[26]

여기에서 가짜 명성의 실례로 택한 헤겔의 영광은 물론 비할 데 없는 하나의 사실이요, 독일에서조차도 유례를 찾아볼 수 없는 것이다. 따라서 나는 공립도서관에 요구하건대, 이 영광의 모든 기록, 이 사이비 철학자 자신의 모든 작품, 그 숭배자의 모든 저작을 주의 깊게 미라로 만들어 보관해야 한다. 그것은 후세에 교훈을 주고, 경고를 주고, 보고 즐기지 못하도록 하기 위함이며, 바로 이

---

23) 18세기 독일의 시인.
24) 〈실러의 종의 노래에 대한 에필로그〉.
25) 명성이란 속인들이 마지못해 억지로 뱉어낸 경탄이기 때문에, 한숨 돌리지 않으면 진정되지 않는 것이다.
26) 〈이상〉 제9시절.

시대와 이 나라의 하나의 기념물로서이다.

그러나 좀 더 시야를 넓혀서 모든 시대의 동시대인의 칭찬 일반에 주목한다면, 처음부터 앞잡이 노릇을 했던 동시대인은 그 짓을 시킨 수천 명의 한 푼 값어치 없는 자들에 의해서 돈으로 매수된 더럽혀진 매춘부라는 사실을 발견할 것이다. 이런 매춘부를 바라는 자가 어디에 있을까? 그런 자의 귀여움을 받아서 무슨 득이 될까? 그런 자의 총애를 물리치지 못하는 사람이 있을까? 이와 달리 후세로부터 받은 명성은 가치 있는 자, 승리자, 희대의 영웅에게만 그 사랑을 주는 새초롬하고 자존심 센 미녀이다. 이제 여기서부터는 이 창부이기도 하고 정부(貞婦)이기도 한 이족동물이 어때야 하는지 그 결론을 내보도록 하겠다. 이 평가를 정하기까지는 인간의 한 세대, 아니 수세기가 필요했다. 즉 수억 명 인간들 가운데 한 줌의 사람들이 나타났는데, 그들이야말로 좋은 것을 악한 것으로부터, 진짜를 가짜로부터, 황금을 적동(구리합금)으로부터 구별하는 능력을 갖추고 있었으며, 그래서 이들을 후세의 법정이라 부르는 것이다. 이 법정에 다행스러운 일이라고 하면, 무능한 자의 화해할 줄 모르는 질투와 저열한 패거리의 다른 뜻이 있는 아첨도 침묵하고 식견이 발언하게 되었다는 것이다.

그리고 앞서 말한 인간의 천박한 천성으로부터, 어느 시대에든, 문학, 철학, 예술을 가리지 않고, 위대한 천재들이 밀려오는 대군에 대하여 절망적으로 고군분투하는 영웅처럼 서 있는 모습이 보이지 않는가? 왜냐하면 인류의 커다랗고 커다란 부분을 차지하는 다수자의 어리석음, 무식함, 삐딱함, 멍청함, 잔인함은 모든 면에서 천재의 활동에 영원히 대립하는 것으로, 일대 적진을 구성해 마침내 천재도 이것에 굴복하는 것이다. 모든 영웅(반신, 헤로스 등)은 일개 삼손[27]이다. 강자도 약자인 다수자의 책략에는 쓰러지고, 인내를 잃을 때 그는 다수자를 해치우는 동시에 자신도 으깨 버리는 것이다. 또는 영웅은 소인국의 난쟁이들에게 둘러싸인 걸리버와 같아서, 수적 열세에 끝내 압도되는 것이다. 이렇게 고립된 개인이 무엇을 하더라도 그것이 인정받기란 어렵고, 단지 권위에 따라서 나중에 가서야 평가받을 뿐이며, 적어도 일시적으로는 간단히 다시 내쳐지고 마는 것이다. 이런 업적에 맞서 어디 이래도 버티나 보자 하

---

27) 괴력으로 펠리시테인들과 싸운 이스라엘의 전사.

고 사기꾼의 밋밋하고 아무 멋대가리 없는 작품이 시장에 들어오는데, 차라리 그 편이 저 대다수자의 천성에는 오히려 맞으며, 따라서 대부분 승리를 차지하기 때문이다. 예컨대 비평가가 대중의 앞에 서서 햄릿처럼 어머니라 불릴 자격도 없는 그의 어머니에게 두 장의 초상화를 들이밀면서 "당신은 눈도 없는가? 눈도 없어?"[28] 하고 외치더라도—아아, 그들에게는 눈이 없는 것이다! 나는 위대한 거장의 작품을 감상하는 사람들의 모습을 관찰하고 그들이 보내는 갈채를 볼 때, 희극 비슷한 것을 연기하도록 훈련받은 원숭이를 떠올릴 때가 가끔 있다. 그런 원숭이는 과연 그 동작은 인간과 꽤 비슷하지만, 가끔 비이성적인 본성을 드러냄으로써 그 동작의 본디 내면적 원리가 그들에게는 결여되어 있음을 폭로한다.

이런 까닭으로, 어떤 사람이 "그 세기를 뛰어넘었다"라고 흔히 쓰는 표현은 실은 "인류 일반을 뛰어넘었다" 하는 식으로 풀이되어야 한다. 그런 인물이 직접 인정받는 것은 이미 보통 능력의 한도를 훌쩍 뛰어넘은 사람들에 의해서지만, 어느 시대에든 그런 사람들은 흔히 찾아볼 수 있는 게 아니라 드물다. 따라서 세기를 뛰어넘은 인물이라도 이 점에서 좋은 운명을 타고나지 못했다면, "그 세기로부터 오해받는다", 즉 시간의 흐름과 함께 수준 높은 작품을 판정할 만한 능력을 가진 소수자의 목소리가 점차 모아질 때까지는 무게를 지니지 못하는 것이다. 이를 가리켜 후세가 왜 "인류를 뛰어넘었다" 하지 않고 "그 인물은 그의 세기를 뛰어넘었다" 하느냐 하면, 어쨌든 인류는 그 책임을 한 세기에게만 지우고 싶어 하기 때문이다. 그러므로 대부분 그 세기를 뛰어넘은 인물은 다른 모든 세기도 뛰어넘었을 것이다. 물론 어떤 세기에, 보기 드문 행운에 따라서, 그가 완수한 분야에서 능력도 있고 적정하기도 한 두세 명의 판정자가 동시에 탄생하는 경우라면 이야기는 별개이다. 예를 들면, 어떤 아름다운 인도의 신화에 따르면, 비슈누 신이 영웅이 되어 인간계에 모습을 드러냈을 때, 때를 같이해서 브라흐마(범천)가 이 영웅의 사적을 노래하는 가수로서 이 세상에 나타났다, 하는 경우이다. 그리하여 이 신화에서는 발미키[29]도, 비야사[30]도, 칼

---

28) 3막 4장의 중간부분.
29) 기원전 3세기 무렵 고대 인도의 시인.
30) 인도의 전설적 성자.

리다사[31]도, 브라흐마의 화신인 것이다.[32]

이런 의미에서 우리는 모든 불멸의 작품은 그 시대를 시험하는 것이라고 할 수 있다. 즉 그것을 인정할 능력이 그 시대에 있는지 없는지를 시험하는 것이다. 그러나 시대가 이 시험에 합격하기란 필레몬과 바우키스의 이웃들이 그 정체를 알아보지 못하고 신들을 문전박대하는 것보다 결코 쉽지 않다. 따라서 어떤 시대의 지적 가치를 재는 올바른 잣대를 주는 것은 그 시대에 나타난 위대한 정신의 소유자들이 아니다. 왜냐하면 그들의 능력은 자연의 작품, 하늘이 준 선물이고, 그 능력을 길러낼 가능성은 우연한 사태에 맡겨져 있기 때문이다. 시대의 지적 가치는 위대한 정신들의 작품이 그 동시대인들에게 어떻게 받아들여졌느냐에 따라서 정해진다. 즉, 그 작품에 곧바로 우렁찬 갈채가 주어졌는지, 또는 뒤늦게라도 꿋꿋한 박수가 보내졌는지, 아니면 그것이 완전히 후세에 맡겨졌는지 아닌지에 의해서이다. 수준 높은 작품의 경우, 특히 그것은 후세에 맡겨지게 될 것이다. 위대한 정신의 작품 영역이 소수의 사람만 접근할 수 있는 종류일수록, 그만큼 위에서 말한 운 좋은 경우는 분명 줄어들기 때문이다. 명성에 대해서 거의 모든 사람이 접근할 수 있는 시인이 헤아릴 수 없을 만큼 유리한 까닭은 여기에 있다. 만일 월터 스콧을 읽고 판정할 수 있는 자가 겨우 100명 정도밖에 없었다면 아마 시시한 삼류문사가 그를 누르고 독서계에서 환영받았을 것이고, 나중에 사정이 드러났을 때는 그에게도 "그 세기를 뛰어넘었다"는 명예가 주어졌을 것이다. 그러나 시대의 이름으로 하나의 작품을 판정해야 할 예의 100여 명이 무능한 까닭에, 게다가 거기에 질투, 불성실, 개인적 목적의 추구와 같은 것까지 끼어든 경우에는, 그 작품의 운명은 배심원 모두가 매수된 법정에서 변호에 나선 자의 슬픈 운명과 같을 것이다.

그리고 보면, 문필의 역사에서 빠짐없이 보이는 것은 식견과 인식 자체를 자신의 목적으로 삼은 사람들은 오해받고 버림받은 채로 있는데, 그럴싸한 인식만을 뽐내는 자들은 부수입과 함께 동시대인들의 경탄을 받았다.

왜냐하면 결국 문필가의 활동이란 아무래도 '이것은 꼭 읽어야 한다'는 평판을 얻느냐 그렇지 못하느냐에 따라서 제약받기 때문이다. 그런데 수백 명의 무

---

31) 5세기 인도의 시인·극작가.
32) 폴리에 《인도신화》 제1권.

가치한 자들이 기교와 우연, 친화력으로 재빨리 이 평판을 얻는 데 반해서, 정말로 가치 있는 작가는 거기까지 가는 데 시간이 걸리는 것이다. 시시한 자들은 여기저기에 널려 있고 단결력도 있어서 삼류문사에게는 친구들이 있지만, 진짜에게는 적밖에 없기 때문이다. 왜인고 하니, 정신적 우월성은 때와 경우를 가리지 않고 모든 관계에서 이 세상에서 가장 미움받는 것이고, 특히 스스로 엄청난 사람으로 보이고 싶어 하는 같은 분야의 엉터리 작가들에게는 눈엣가시이기 때문이다.[33] 여기에 암시된 것은 철학교수들인데, 그들이 30년 넘도록 나의 저작에 대해 취해 온 전략을 칭찬하는 거라고 생각하는 철학교수가 있다면, 그것은 정확한 생각이다.

사태는 위와 같으므로, 뭔가 위대한 일을 하고 그 세대와 세기를 살아남을 수 있는 작품을 탄생시키려면 그 동시대인들을 무시하고, 그들의 의견, 관점, 또 거기에서 나오는 비난과 칭찬을 완전히 도외시하는 것이 주요한 조건이 된다. 그러나 이 주요 조건은 다른 여러 조건이 갖춰지면 저절로 생기는데, 이것은 하나의 행복이라 할 수 있다. 그런 작품을 낳을 때 여론이나 전문가들의 판단 따위를 고려해서는 한 발짝 나아갈 때마다 정도(正道)에서 벗어나게 되기 때문이다. 그러므로 후세에 이르고자 하는 사람은 시대의 영향으로부터 벗어나야 한다. 물론 그 대신, 시대에 영향과 감화를 미치는 것은 단념하지 않을 수 없으며, 수세기에 걸친 명성을, 동시대인들의 갈채를 포기하는 대가로 얻겠다는 각오가 필요하다.

무릇 어떤 새로운, 따라서 역설적인 근본진리가 나타나면 세상 사람들은 완강하게, 가능한 한 오랜 기간에 걸쳐서 저항을 시도한다. 그뿐만 아니라, 이미 동요를 일으키고 거의 승복하고 있을 때도 그것을 부정할 것이다. 그러나 그 사이에도 그 근본진리는 조용히 작용하면서 산(酸)처럼 주위를 침식하고, 모든 것의 바닥에 구멍을 뚫는다. 그러면 여기저기에서 우지끈하면서 낡은 오류는 무너지고, 마치 발굴된 기념물처럼 새로운 사상의 건물이 갑자기 나타나 일반으로부터 인정받고 찬탄받게 된다. 그러나 이런 일에는 대부분 시간이 걸린다. 누구에게 귀를 기울여야 하는가를 세상 사람들이 깨닫는 것은 보통 그 사람이

---

33) 대부분 어떤 작품의 독자의 질과 양은 보통 반비례할 것이다. 따라서, 예를 들면, 어떤 문학 작품이 계속해서 판을 찍어냈다고 해서 결코 그 가치를 측정할 수는 없다.

죽고 난 다음으로, 변사가 이미 퇴장하고 나서야 "경청! 경청!" 하는 목소리가 날아다니는 것과 같은 이치이기 때문이다.

이와 달리 좀 더 나은 운명이 보통 수준의 작품을 기다리고 있다. 이런 작품은 그 시대의 전체적 교양과 보조를 맞춰 완성되기 때문에, 그 시대의 정신, 즉 그때 활개를 치는 견해와 긴밀하게 연결되어 있으며, 그때그때의 요구와 필요를 예측한다. 따라서 뭔가 쓸 만하다 싶으면 바로 인정받고, 동시대인들의 교양의 한 시기를 잠식한 것으로서 즉시 흥밋거리가 될 것이다. 그것은 공평한 대접을 받는다. 아니, 때로는 공평을 넘어서는 대접을 받는다. 질투의 표적이 되는 일도 적지 않기 때문이다. 앞에서도 말했다시피, "누구든 남을 칭찬하는 것은 자신도 그것을 할 수 있을 것 같아 보이는 범위에 한하기" 때문이다. 그러나 온 인류에 속하여 수세기의 생명을 유지해야 할 운명을 지닌 비범한 작품은 그 성립부터 너무나도 뛰어나서 그 시대의 교양의 주기와 정신과는 거리가 멀다. 이런 작품은 거기에 소속되어 있지도 않고 그것과 관련된 교섭을 하지도 않기 때문에, 거기에 사로잡혀 있는 사람들의 흥미를 끌지 못한다. 그것은 가장 높은 다른 교양단계의 훨씬 이전 시대에 속한다. 비범한 작품이 가는 궤도와 예의 평범한 작품의 궤도의 관계는 천왕성의 궤도와 수성의 궤도의 관계와 비슷하다. 따라서 당장 비범한 작품은 공정한 대접을 받지 못하는데, 세상 사람들은 그것을 어떻게 대해야 할지 몰라 내팽개쳐버리고 변함없이 굼벵이 걸음을 느릿느릿 이어가는 것이다. 땅을 기어가는 벌레에게는 하늘을 나는 새가 보이지 않지 않은가!

어떤 국어로 쓰인 책의 총수를 10만이라고 하면, 그 가운데 영원히 남을 본디 문학의 일부가 될 숫자는 하나 정도일 것이다. 이 10만을 무시하고 영속되기에 어울리는 명예의 자리에 오르기까지 이 소수의 책은 어떠한 운명을 헤쳐 나아가야만 하는가! 그것들은 모두 결정적으로 뛰어난 두뇌의 작품이고, 그야말로 그런 까닭에 다른 작품과는 특별히 다른 것이다. 그리고 이는 늦든 이르든 반드시 밝혀진다.

이런 과정이 언젠가는 조금 나아질 거라고 생각해서는 안 된다. 인간의 천박한 성품은 세대가 달라지면 조금 다른 형태를 취하기는 해도, 결국 어느 시대에건 바뀌지 않는다. 걸출한 정신이 그 목숨을 이어가는 중에 목적을 이루는 일은 드물다. 왜냐하면 그들은 그들과 이미 핏줄이 통한 사람들에 의해서밖에, 또 거의 완전하게 이해받지 못하기 때문이다.

수백만 명의 사람들 가운데 단 한 사람이 드물게 이 불멸에의 길을 가는 셈이니, 반드시 그 사람은 몹시 고독하지 않을 수 없다. 그리고 후세로의 여행은 오싹하리만큼 황량한 지대를 지나야만 갈 수 있다. 그것은 리비아[34]의 사막과 비슷해서, 본 사람 말고는 누구도 감히 상상할 수 없다. 나는 이 여행을 하는 사람에게 무슨 일이 있어도 짐을 가볍게 하라고 충고한다. 그러지 않으면 도중에 정말 많은 것을 버려야만 하기 때문이다. 그러므로 늘 명심해야 할 것은 발타사르 그라시안의 말 "좋은 것은 짧으면 이중으로 좋다"로, 이는 일반적으로 독일인에게는 특별히 권해야 할 것이다.

위대한 정신들과 그들이 이 세상에 살아 있는 아주 짧은 시기와의 관계는 거대한 건축과 그것이 서 있는 좁은 광장의 관계와 같다. 즉 그 건축이 지나치게 가까이에 서 있어서 그것의 참된 크기를 몰라보는 것이다. 같은 이유에서 위대한 정신의 참된 가치 또한 그 시대는 알아보지 못한다. 그러나 중간에 1세기를 끼워 넣으면 그 참된 가치도 인식되어, 그들이 돌아와 주면 얼마나 좋을까 하고 생각하는 것이다.

사실 세월의 덧없는 아들이면서 불멸의 작품을 낳은 사람 자신에 대해서 보더라도, 그 사람의 변화해 가는 생애와 그 변하지 않는 작품은 몹시 어울리지 않는다. 그것은 세멜레[35] 또는 마야[36]처럼 불사의 신을 낳은 죽을 운명의 어머니와 신과의 관계, 또는 그 반대로 테티스[37]와 아킬레우스가 어울리지 않았던 것과 닮았다. 왜냐하면 변해가는 것과 변하지 않는 것은 너무나도 큰 모순관계에 있기 때문이다. 그 찰나의 목숨을 이어가는 기간, 그 빈곤하고 억압당한 평범하지 않은 생애는 자신의 작품인 그 불멸의 자식이 가는 눈부신 길의 아주 작은 출발점밖에 보는 것을 허락하지 않을 것이고, 자신의 진가대로 받아들여지는 것을 좀처럼 허락하지 않을 것이다. 후세에 들어 명성이 높아진 사람은

---

34) 북아프리카, 나일강 서쪽의 지방.
35) 술의 신 디오니소스의 어머니.
36) 석가의 어머니, 마야 부인.
37) 트로이 전쟁의 영웅 아킬레우스의 어머니.

그 세대에 이미 명망을 얻은 귀인과는 아무래도 양립할 수 없다.

그건 그렇고, 유명한 사람 자신에게 동시대의 세상에서 명성을 얻었을 경우와 후세가 되어 명성을 얻은 경우의 차이는, 결국 전자는 그 숭배자들과 공간으로 갈라져 있고 후자는 시간으로 갈라져 있을 뿐이라는 것으로 귀결된다. 왜냐하면 동시대의 세상에서 명성을 얻은 경우라도 보통은 딱히 숭배자를 눈앞에다 두고 있는 것은 아니기 때문이다. 즉 존경이란 것은 바로 가까이에 있으면 안 되기 때문에 거의 늘 멀리 떨어져 있는 법이다. 존경하는 사람 자신이 눈앞에 나타나면, 버터가 햇볕에 녹듯이 존경심은 녹아 버린다. 그러므로 이미 동시대의 세상에서 유명해진 사람이라도, 그 가까이에서 살고 있는 사람들 가운데 열에 아홉은 단순히 그 신분이나 재산을 척도로 해서 이 유명 인사를 존경할 뿐이며, 나머지 열에 하나는 멀리에서 들려오는 소식에 의해서 막연히 그 사람이 훌륭하다고 생각할 따름이다. 이런 존경이 살아 있는 인간과 양립하지 않고, 살아 있는 것과 명성이 양립하지 않는 것에 대해서 우리는 페트라르카의 훌륭한 라틴어 편지를 갖고 있다. 그것은 내가 갖고 있는 어느 1492년의 베네치아판 《사신(私信)》 가운데 두 번째 편지로, 그가 토마스 메사넨시스에게 보낸 것이다. 여러 가지 내용이 쓰여 있는 와중에 페트라르카가 말하기로는, 단 한 번이라도 그 저자와 만난 적이 있는 책은 완전히 경멸하게 된다는 것이 당대 모든 학자들이 받드는 원칙이라는 것이다. 이렇듯 고명한 사람들도 인정과 존경을 받는 점에서 보면 간격과 거리를 피할 수 없으므로, 시대적으로 간격이 있든 공간적으로 거리를 두고 있든 모두 같다고 할 수 있다. 물론 시대는 같고 장소만 다른 경우는 존경의 표시를 때로는 자기가 받는 경우도 있지만, 시대가 다르면 절대로 그런 일은 없다. 그러나 진정 위대한 공적은 후세에 명성을 얻으리라는 것을 확신을 갖고 내다볼 수가 있다. 그뿐만 아니라, 진정 위대한 사상을 낳은 사람은 이미 그것을 구상한 순간부터 다가올 세대와 자신이 관련을 갖게 될 것을 깨닫는 법이다. 따라서 자신의 존재가 몇 세기씩이나 퍼졌음을 느끼고, 그리하여 그는 후세 사람들을 위해서 사는 동시에 후세 사람들과 함께 산다. 한편 우리는 지금 바로 다루고 있는 그 저작의 위대한 정신에 대하여 감탄의 마음을 느낄 때, 그가 우리에게로 내려와 주었으면 하고 바라고, 직접 그 모습을 접하고 말을 걸고 싶어 하며 그 사람이 우리의 곁에 있어 주었으면 하는데, 이 동경하는 마음이 성취되지 않고 끝나는 경우도 있을 수 없다. 왜냐하면 위대한 정신도 자신을 스스로 인정하며, 질투로 가득한 동시대인들이 거부한 존경과 감사와 사랑을 자신에게 표해 줄 후세를 간절히 기다리기 때문이다.

　최고 수준의 정신적인 작품은 대부분 후세의 법정에서 비로소 인정받게 되지만, 어떤 종류의 눈부신 오류에는 그것과는 반대의 운명이 주어진다. 이러한 오류는 재능이 풍부한 사람으로부터 나오는데, 따라서 언뜻 까닭이 있어 나온 듯이 보이며, 상당한 재지(才智)와 지식으로 변호받으므로 동시대인들 사이에서 명성과 명망을 얻고, 적어도 그 당사자가 살아 있는 동안은 그 명성을 유지한다. 이런 종류로 들 수 있는 것은 잘못된 수많은 논리나 비판, 그 시대의 편견에서 비롯한 잘못된 취향·수법으로 만들어진 시나 예술품 따위이다. 이런 종류의 것들이 주목받고 통용된다는 것은 그것을 반박하거나 그 잘못된 점을 지적할 수 있는 사람들이 아직 없는 데에서 비롯한다. 그러나 대부분 그 다음 세대에 가면 이런 사람들이 나타난다. 그리고 영광은 최후를 맞이한다. 개개의 경우에만 영광이 이어지기도 한다. 이를테면 뉴턴의 색채론이 그랬고, 실제로 지금도 그렇다. 이런 종류의 다른 예로서는 프톨레마이오스의 천동설, 슈탈[38]의 화학, 호메로스가 한 사람의 인물이라는 기존의 생각을 논박하고 사라진 F.A. 볼프[39]의 주장, 그리고 아마도 로마 황제사에 대한 니부어의 파괴적 비판 같은 것 등이다. 이렇듯 후세의 법정은 시인하는 경우나 부결하는 경우나 동시대의 판단에 대한 적정한 파괴재판소이며, 따라서 동시대에도 후세에도 똑같이 만족을 주는 일은 몹시 어렵고도 드물다.

　예술이나 학문의 세계에서든 또는 실천적 삶에서든, 심각한 오류가 나타나 차츰 퍼져나가거나 또는 잘못된, 완전히 정반대의 소행이 활개를 치고 사람들이 그것에 박수를 보낼 때마다, 우리는 시간이란 것이 인식이나 판단을 반드시 수정해 가는 이 작용에 주목하면서 마음을 진정시키지 않으면 안 된다. 그럴 때 화를 내거나, 더 나아가 주눅이 들어서는 안 될 것이다. 오히려 우리는 언

---

38) 18세기 독일의 화학자.
39) 호메로스의 작품이 몇몇 시인의 손으로 이루어진 것이라고 주장했던 18세기 독일의 고전학자.

젠가는 그런 사람들도 틀림없이 그런 오류를 버리고 그런 소행을 떠날 때가 올 것이며, 그들이 날카로운 눈을 가진 사람이라면 단박에 알아차릴 것을 스스로도 분간하게 되기까지는 단지 시간과 경험을 필요로 할 뿐이라고 생각해야 한다. 사실이 진실을 고할 때, 말로써 곧 응원할 필요는 없다. 시간이 수천 개의 혀로 진실을 도울 것이다. 물론 그 시간이 얼마나 오래 걸릴지는 대상의 난이도와, 거짓이 심각한지 그렇지 않은지에 따라서 달라질 것이다. 그러나 아무리 길어도 시간은 흐르는 것으로, 많은 경우 그것을 선취하려 해 봤자 헛수고일 것이다. 최악의 경우는 이론적 영역에서도 실천면에서도 눈속임이나 기만이 성공한 데에 뻔뻔해져서 이윽고 극단으로 치달을 테지만, 마침내 가면이 벗겨질 때가 거의 불가피하게 찾아오는 것이다. 즉 이론적 영역에서도 바보들을 맹목적으로 믿고 있다가 부조리한 것이 차츰 더 팽창하고, 마침내 그 어떤 약한 눈에도 간파될 정도로 크게 자라나고 마는 것이다. 그러므로 우리는 이런 것들에 대해서는 "미친 것일수록 좋다!"고 말하지 않으면 안 된다. 그리고 우리는 온갖 허풍이나 망상이 때를 잘 만나 득의양양했어도 사필귀정의 때가 와서 흔적도 없이 사라졌음을 떠올리고 마음을 굳게 먹어야 한다. 문체나 문법이나 정서법 분야에서는 3년 또는 4년밖에 못 가는 그런 변덕쟁이도 보인다. 좀 더 부풀려진 허황된 생각의 경우는, 물론 우리는 짧은 인생을 한탄할 수밖에 없지만, 그런 경우에도 시대 그 자체가 퇴보하고 있다고 생각하고 오히려 시대에 뒤처지고 남겨지는 데 만족을 느끼지 않으면 안 된다. 왜냐하면 자신의 시대와 같은 수준에 서지 않으려면 길은 두 가지밖에 없기 때문이다. 시대에 영향을 미치지 않든지, 시대를 앞지르든지, 둘 중 하나이다.

명예에 대하여

남의 견해, 즉 다른 사람들의 생각 속에 나타나는 우리의 존재는 그저 생각해 보아도 그것이 우리의 행복에 본질적인 것이 못 됨을 곧 알게 된다. 그러나 우리는 타고난 성품이 지닌 약점으로 말미암아 일반적으로 그것을 지나치게 높이 평가하고 있다. 그러므로 누구나 자기가 다른 사람에게 호감을 사고 있다는 낌새를 알아차리거나, 누군가 자기의 허영심을 자극해 주면 마음속으로 커다란 기쁨을 느낀다. 마치 고양이가 자기 등을 쓰다듬어 주면 목청을 꾸르륵거리듯이, 칭찬을 들은 사람은(그의 헛된 자부심의 범위 안에 속하기만 하면, 그 칭찬이 분명히 거짓말이라는 것을 알 수 있어도) 으레 달콤한 기쁨을 느끼게 마련이다.

그리고 사람들은 참된 불행이나 행복, 다시 말해 이제까지 줄곧 이야기해 온 그 두 원천이 실은 보잘것없다는 것을 모르는 사람들이 보내는 갈채에 위로를 얻는다. 이와 반대로, 어떤 의미에서나 그 정도를 가리지 않고 조금이라도 자기 허영심이 손상되거나 모욕받거나, 또는 무시당하거나 멸시를 받으면, 틀림없이 격분하거나 때로는 커다란 비애를 느끼게 되는 것을 보면 놀라울 정도이다.

명예욕이라는 것이 사람들의 이런 성질에서 비롯되고 있는 이상, 이 성질은 많은 사람들을 고상하게 하는 도덕의 대용품으로서 유용할 것이다. 그런데 이 성질은 인간의 참된 행복, 무엇보다도 행복에 없어서는 안 되는 마음의 평정과 자유의 확보에 이바지하기보다 오히려 이를 방해하는 경우가 잦다.

그러므로 이 성질을 제한해, 이런 것의 가치를 충분히 살펴보고 평가해서 다른 사람들의 생각에 대해 방금 말한 바와 같은 예리한 감수성, 즉 다른 사람들의 호의를 받을 경우나 괴로움을 당할 경우에도 그 감수성을 되도록 억제할 필요가 있다. 이 두 가지 경우는 자기가 아닌 것, 다른 사람들의 견해의 노예가 되어 꼼짝 못하게 된다.

명예욕이 강한 자를 지배하는 것은
이렇듯 경솔하고 사소한 일이다.

—호라티우스 《서한집》 2권의 1, 179

그러므로 자기 안에 자신을 위해 있는 것의 가치를 다른 사람들의 눈에 비친 데 불과한 것과 견주어 정당하게 평가하는 것은, 우리가 행복해지는 데에 많은 기여를 하게 될 것이다.

전자에게는 우리가 자기 시간을 메우는 전부, 즉 우리가 살펴본 '인간의 자아'와 '인간의 소유'라는 두 가지가 모두 포함되어 있다. 왜냐하면 이 모든 것이 그 작용 영역을 갖는 곳이 바로 자기 의식이기 때문이다.

이와 달리 우리가 다른 사람을 위해 머무르는 곳은 자기가 아닌 것에 대한 의식이다. 그것이 표상과 이에 따르는 개념이 되고, 우리는 표상 속에서 남의 의식 속에 나타나 그 개념이 표상에 적용되는 것이다.[1]

그래서 어떤 개념이 따르는 표상은 우리에게 직접 존재하는 것이 아니라 단지 간접적으로, 즉 우리에 대한 다른 사람들의 견해에 따라 결정된다. 그리고 다른 사람의 견해도 그 뿌리를 따지면, 그것이 어떤 존재(이로써 우리의 자아가 변할지도 모르는)에 영향을 주는 데서 겨우 관찰될 뿐이다. 그 밖에 자기가 아닌 어떤 것에 일어나는 일은 우리가 대다수 사람들의 두뇌(그 사상이 천박해 보잘것없으며, 개념이 좁고 정조(情操)가 비천하며, 견해가 변덕스럽고 오류를 많이 범하는 등)를 잘 알게 된다면, 그리고 사람들이 그를 두려워할 필요가 없고 그 비난이 본인의 귀에 들어가지 않으리라고 믿게 되면, 기회 있을 때마다 그를 얼마나 경멸할 것인가를 자신의 경험에서 배운다면, 특히 가장 위대한 인간에 대하여 어리석기 짝이 없는 자가 의젓한 말투로 평가하는 것을 듣고 나면, 그런 것은 우리에게 아무래도 상관없다고 생각될 것이다. 그럼으로써 우리는 사람들의 비평에 큰 가치를 두는 사람은, 그들에게 지나친 경의를 표시하고 있다는 것을 알아차리게 된다.

---

1) 최고의 지위에 올라서 모든 영광과 호사와 권력을 가지고 위풍을 떨치던 사람들도 고백하게 될 것이다. '우리의 행복은 오로지 우리 자신 이외의 곳에 존재한다'라고. 이 행복이 있는 곳은 다른 사람의 두뇌다.

어쨌든 자기의 행복을 이미 말한 첫 번째와 두 번째 표제에서 찾지 않고 이세 번째 속에서, 다시 말해 참된 자아 속에서가 아니라 자기 아닌 다른 사람의 표상 속에서 찾는 사람은 믿음직스럽지 못한 것에 의존해 있다고 하겠다. 즉, 우리 존재의 터전, 따라서 행복의 바탕은 우리의 동물적인 천성이다.

그러므로 우리의 복리를 위해서는 건강이 가장 본질적이며, 다음은 우리의 생명을 유지하기 위한 수단, 즉 생계를 걱정하지 않을 정도의 지출이다. 명예, 영광, 지위, 명성 같은 것은 사람들이 아무리 많은 가치를 인정하더라도, 앞에서 말한 본질적인 것과는 비교도 되지 않으며, 또 그것을 대신할 수도 없다. 오히려 이런 것들은 경우에 따라 건강과 생명의 유지를 위해 아낌없이 내던져야 한다.

인간은 먼저 자기 피부의 내부에서 살고 있으며, 다른 사람의 견해 속에서 살아가는 것이 아니라는 것, 따라서 건강, 기질, 능력, 수입, 처자, 친구, 집 등에서 오는 현실적이고 개인적인 상황은 다른 사람들이 우리에게서 끄집어내는 견해보다도 우리의 행복을 위해서 백 배나 더 중요하다는 단순한 견해에 빨리 도달한다면, 그야말로 우리의 행복에 이바지하는 바가 클 것이다.

이것에 반대하는 망상이 우리를 불행하게 만든다. '명예는 생명을 초월한다'고 핏대를 올리면서 외치는 것은, 자기의 생존이나 행복은 있으나 마나 하고, 자기에 대한 제3자의 견해만이 가장 소중하다는 것을 뜻한다. 아마도 이 말은 인간사회에서 우리의 출세와 오랜 생존에서의 명예, 즉 우리에 대한 다른 사람들의 견해가 가끔 필요하다는 평범한 진리에 근거를 둔 과장이라고 보아도 좋을 것이다. 이에 대해 나는 다시 상세히 이야기하려고 한다.

그런데 인간이 일생 동안 끊임없이 분발하고, 몇 번이나 모험과 고난을 거치면서 손에 넣기 위해 지칠 줄 모르고 노력하는 것은 바로 이 평가를 받으려는 것이다. 다시 말해서 관직이나 칭호, 훈장뿐만 아니라, 재물이나 과학 및 예술까지도 결국은 그 때문에 힘을 기울이는 것으로, 다른 사람들로부터 더욱 큰 존경을 받으려는 것이 그 최종 목적임을 안다면, 이는 유감스럽게도 인간이 얼마나 어리석은가를 보여 줄 뿐이다.

그대가 하는 것을 남이 몰라준다면,

그것이 무슨 가치가 있겠는가.

─페르시우스 《풍자시》 1의 27

　다른 사람들의 견해를 너무 높이 평가하는 것은 흔히 볼 수 있는 망상이다. 이 망상이 우리의 천성에 뿌리박고 있든, 또는 사회와 문명의 결과로 생긴 것이든, 이는 우리의 행위에 큰 영향을 주고 우리의 행복에 나쁜 작용을 한다.

　우리는 이 영향을 작게는 '다른 사람들이 그것을 뭐라고 말할 것인가?' 하고 두려워하는 노예와도 같은 걱정들에서, 크게는 비르기니우스의 단검이 그 딸의 심장을 찌르게 하거나,[2] 죽은 뒤의 명예를 위해 태연히 재물과 건강을 희생하거나, 나아가서는 생명까지도 내던지는 등, 인간을 잘못 인도하기에 이르는 흔적을 더듬어 볼 수 있다. 하긴 이 망상이 뭇사람들을 지배하거나, 적어도 지도해야 하는 자에게는 좋은 미끼가 되므로, 인간을 복종하게 하는 온갖 방법으로 명예욕을 왕성하게 하는 것이 주요 과제로 되어 있다.

　그러나 우리가 지금 여기서 문제 삼고 있는 인간의 행복이라는 관점에서 본다면 사정은 아주 다르다. 그리고 사람들에게 다른 사람의 견해를 지나치게 높이 평가하지 않도록 권고해야 한다. 그런데 일상적인 경험이 가르쳐 주는 바와 같이 우리는 다른 사람들의 견해를 중요시하고, 자기에 대한 남다른 사람들의 평가를 중요하게 생각한다. 자신의 의식 속에 들어가 직접 자기를 위해 존재하는 것보다도 다른 사람들의 견해가 자기에게 더욱 중요한 역할을 한다고 여기기 때문에 자연적인 질서가 뒤집어진다. 자기에게 다른 사람의 견해가 자기 존재의 현실적인 한 부분이며 자기 자신의 것이 단지 관념적인 부분에 지나지 않은 것으로 간주한다면, 다시 말해서 그들이 파생적인 것, 즉 부차적인 것을 중요시하여 다른 사람의 머릿속에 있는 자기 본체의 그림자에게 본체보다도 더 관심을 쏟는다면, 즉 우리에게 직접적으로는 존재하지 않는 것을 이처럼 존중한다면, 이것이야말로 그 노력과 내용의 허망함을 말해 주는 어리석은 허영심이라고 하겠다. 위에서 말한 바와 같은 어리석음은 탐욕과 마찬가지로, 수단을 위해 목적을 저버린 것이다.

---

2) 로마인으로, 입법자 아피우스 클라우디우스가 자기 딸을 첩으로 삼으려고 하자, 딸의 정조와 명예를 지키기 위해 클라우디우스와 사람들이 보는 앞에서 칼로 딸의 가슴을 찔러서 죽임.

아닌 게 아니라 우리가 다른 사람들의 견해에 대하여 인정하는 가치와 이 견해에 대해 우리가 끊임없이 마음을 쓰는 것은 주로 거의 모든 목적의 추구를 뛰어넘고 있으며, 일반적으로 널리 퍼져 있는 타고난 광기의 하나가 아닐까 의심스러울 정도이다.

우리가 행하는 모든 일에는 다른 사람들의 견해가 먼저 고려된다. 좀 더 정확히 검토해 보면, 우리가 일찍이 느낀 비애와 염려의 거의 절반은 다른 사람들의 견해에 대한 걱정에서 일어난 것임을 알 수 있다. 즉, 이 생각은 모두 병적으로 민감하기 때문에 때때로 크게 상처를 입은 자기감정과 허영심과 자부심, 그리고 호화로움과 허세에서 비롯된다.

이러한 다른 사람들의 생각에 대한 고려와 허영심이 없다면 오늘날의 사치는 거의 10분의 1로 줄어들 것이다. 모든 과시와 체면 및 영예는 그 종류와 범위도 다양하지만, 모두가 그러한 고려와 허영심에서 나온 것이다.

그것들은 대부분 엄청난 희생을 요구한다. 그것은 어린아이에게서도 찾아볼 수 있으며, 모든 연령층에 걸쳐서, 심지어는 늘그막에도 강하게 나타난다. 만년 무렵에는 관능적인 향락을 즐길 능력이 사라져, 허영심과 교만이 날로 탐욕과 결탁해 주권을 행사한다.

이런 경향이 가장 두드러지게 나타나는 것은 프랑스인으로, 이는 하나의 풍토적인 현상이라고도 할 수 있으며, 때때로 몰염치한 명예욕, 가소로운 국민의 허영심 및 터무니없는 과장으로 나타난다.

그러므로 그들의 노력 자체가 허영에 차서 여러 국민들의 웃음거리가 되었으며, 이른바 '대국민'이라는 말이 모욕적인 대명사가 되었다. 지금 여기에, 다른 사람들의 견해에 대한 엄청난 배려가 불러오는 불합리한 점을 더 정확히 설명하기 위해, 인간의 천성 속에 뿌리를 박고 있는 가장 큰 어리석음의 예, 다시 말해 환경과 거기에 어울리는 성격이 인상 깊은 효과를 거두는 보기 드물게 안성맞춤인 예를 하나 들어 보자. 다음의 이야기는 이상한 동기로 일어난 강도 사건에 대한 것이다. 이 사건은 1846년 3월 31일 〈타임스〉지에 실려 있었다. 복수하기 위해 주인을 죽인 직공 토머스 윅스가 사형에 처해진 내용이 상세히 보고되었는데, 그 일부는 이러하다.

처형이 확정된 날 아침, 성스러운 형무소 전속 사제보(司祭補)는 정해진 시간에 그의 옆으로 다가갔다. 웍스는 사제보의 훈계에 전혀 관심을 보이지 않고 태연한 태도를 취했다. 다만, 하나 그의 마음에 걸린 것은 자신의 수치스러운 최후를 지켜보는 대중 앞에서 어떻게 해서든지 담대한 태도를 과시하는 것이었다. 그런데 이것은 뜻대로 되었다. 형무소에 세워진 교수대로 걸어가는 도중에 뜰 가운데를 지나가면서, 그는 "도드 박사가 말한 굉장한 비밀을 나는 곧 알게 되었다"고 말하면서 팔이 묶여 있긴 했지만 유유히 교수대의 사다리를 밟고 올라갔다. 그는 교수대 위에서 구경꾼들을 돌아보고 경례를 했다. 이 경례로 그곳에 모인 군중들은 우레 같은 박수를 그에게 보냈다.

이것이야말로 무서운 죽음 그 뒤에 있는 영원을 목격하면서도, 모여든 구경꾼들과 그들의 머리에 남겨 주는 인상 말고는 아무 관심도 보이지 않은 명예욕의 훌륭한 표본이 아닌가! 마찬가지로 같은 해에 프랑스에서 국왕을 살해하려고 한 죄로 처형된 르콩트가 심문 도중에 가장 불쾌하게 느낀 것은 정장을 하고 상원에 나갈 수 없었던 일이다. 그는 처형 때에 수염을 말끔히 깎는 것이 허용되지 않아 몹시 화를 냈다.

이런 일은 옛날에도 마찬가지였다. 마테오 알레만[3]이 그의 유명한 작품《구스만 데 알파라체》의 머리말에서, 현혹된 많은 범죄자들이 주로 자기 영혼의 구제를 위해 보내야 할 마지막 몇 시간을 교수대 위에서 읽을 간단한 고별사를 짓고 이를 외는 데 헛되이 쓴다고 말한 데서도 알아차릴 수 있다.

그런데 이런 경향은 오늘날에도 얼마든지 찾아볼 수 있다. 무슨 일에서나 참된 실례는 그 사실을 입증한다. 우리의 모든 걱정이나 비애, 분노, 불안, 공포, 노력 등은 아마도 그 대부분이 본디 다른 사람들의 견해에서 비롯되지만, 그것은 모두 저 사형수의 경우와 마찬가지로 도리에서 벗어나는 일이며, 또 이에 못지않게 우리의 질투나 증오는 거의 다 앞서 말한 근거에서 비롯된다.

우리의 행복은 주로 안정된 기분과 흐뭇한 만족감에서 온다. 그러므로 타

---

3) 1547~1614. 스페인의 소설가.

인 중심의 허영심을 누르고 감소시키는 것이 행복을 키우는 중요한 방법이다. 이 허영심을 철저히 줄이면 아마도 50분의 1쯤으로 줄어들 것이다. 그럼으로써 그만큼 자기를 괴롭히는 가시를 몸에서 뽑아 버리게 되겠지만, 그것은 결코 쉽지 않다. 선천적인 병폐와 관계되는 것을 없앤다는 것은 쉽지 않다.

타키투스[4]는, "현자도 더러운 명예욕에서 좀처럼 벗어나지 못한다"[5]고 했다. 이 일반적인 어리석음에서 벗어나기 위해서는 그 어리석음을 어리석음으로 인식하고, 이 목적을 위해서는 인간의 머릿속에 있는 의견의 대부분이 얼마나 잘못되고 이치에 어긋난 망상이며, 또 얼마나 터무니없는 것인가를 알아야 한다.

그러므로 그 견해는 전혀 거들떠볼 가치가 없다. 다른 사람의 견해가 우리에게 참된 영향을 주는 일이 실제로 적고, 또 그 대부분은 호의가 없다. 거의 모든 사람들이 자신에 관하여 말하는 것을 모조리 듣거나, 자기에 대하여 어떤 말투로 이야기하는지 듣는다면, 화가 치밀어 어쩔 줄 모를 것이라는 사실을 알아야 한다. 그뿐만 아니라 명예 자체도 다만 간접적으로 가치를 갖고 있을 뿐이며, 직접적인 가치를 갖고 있지 않음을 잊어서는 안 된다. 이처럼 하는 것이 그 어리석음에서 벗어나는 유일한 수단이 된다. 명예에 관한 일반적인 어리석음에 대해 이처럼 슬기롭게 다시 생각해 보면, 마음의 평정을 얻어 한결 유쾌해지는 동시에, 더욱 견실하고 분명한 행동과 의젓하고 자연스러운 태도를 취하게 될 것이다.

은둔 생활이 우리 마음에 미치는 이로운 영향은, 이 같은 생활이 다른 사람들의 눈에 보이는 생활과, 다른 사람들이 가질지도 모르는 인상을 염두에 두어야 하는 데에서 우리를 자유롭게 하고, 이로 말미암아 우리를 우리 자신으로 돌아오게 하는 데에 있다. 마찬가지로 순수한 관념적 노력은 치명적인 어리석음이 우리를 이끌고 가는 허다한 불행에서 벗어나게 할 수 있을 것이며, 견실한 것에 대해 한결 많은 주의를 기울이는 것도 가능하게 해주고, 그 진정한 맛을 더욱 잘 음미하게 할 수 있을 것이다. 그러나 세상에서 흔히 말하듯이, "좋은 일은 하기 어려운 것이다"라고 솔론은 말했다.

앞서 말한, 우리의 어리석음에서 주로 세 가지가 자라나게 된다. 즉 명예욕,

---

4) 55~120. 이탈리아의 역사가.
5) 《역사》 제4권 6장 참조.

허영심, 자존심이 그것이다. 뒤의 두 가지의 차이는, 자존심은 어느 각도에서 본 자기의 우월한 가치에 관하여 이미 확립된 신념이지만, 이와는 달리 허영심은 다른 사람들의 마음속에 이런 신념을 불러일으키려는 것으로, 주로 다른 사람들의 신념을 자기의 신념으로 삼을 수 있다는 숨은 소망으로부터 온다. 또한 자존심은 내부로부터 우러나는 직접적인 자기 존중이지만, 허영심은 이러한 존중을 외부로부터, 즉 간접으로 침묵을 지키게 한다. 그런데 허영심이 많은 사람은 그가 얻으려고 하는 자신에 대한 좋은 인상이, 예컨대 자기에게 자랑거리가 있더라도 이것을 입 밖에 내기보다는 침묵을 지키는 편이 훨씬 다른 사람들에게 좋은 인상을 주어 존경을 받게 된다는 것을 알아야 한다. 자존심은 그것을 바라는 자에게는 없으며, 고작해야 그런 사람은 자존심이 있는 체할 뿐, 결국엔 들통이 나서 자존심을 구기게 된다. 즉, 뛰어난 재능과 독자적인 가치에 대한 내적인 확고한 신념만이 사람에게 참된 자존심을 갖게 하는 것이다. 그러나 이 확신도 잘못된 것일지도 모르며, 외면적이고 흔히 있는 장점에 지나지 않은 경우도 있을 것이다. 어쨌든 확신이나 장점이 진실한 것이기만 하면 자존심을 손상하게 하지는 않을 것이다. 요컨대 자존심은 확신 위에 서 있는 것이므로, 모든 인식과 마찬가지로 우리가 생각하는 그대로 되지는 않는다.

자존심의 가장 큰 장애물이 되는 가장 고약한 적은 허영심이다. 허영심이란 처음부터 다른 사람들의 갈채 속에서 허세를 부리려고 하기 때문에 다른 사람들에게 아첨하게 되는데, 스스로 확신을 갖고 자기를 높이 평가해 양보하지 않는 것이야말로 자존심의 전제 조건이 된다.

그런데 자존심은 자칫하면 거만하다고 비난을 받거나, 야유를 받는 수도 있다. 이런 일은 주로 자랑거리가 전혀 없는 사람들이 당하게 된다고 생각된다. 거의 모든 사람들에게서 찾아볼 수 있는 몰염치에 대항하기 위해 어떤 장점을 갖고 있는 사람들은, 이 장점을 잊지 않기 위해 자랑까지는 하지 않더라도 염두에 두는 게 좋다. 그러면 저들은 당연한 것으로 간주해 버리고 만다. 그러므로 나는 그 장점이 고귀한 것에 속하는 사람들, 즉 진실하고 순결한 인격에서 우러나는 장점을 지닌 사람들에게 위에서 말한 것을 명심하기를 바라고 싶다. 최고의 인격적인 우월은 훈장이나 칭호와는 달라서, 언제나 감각적인 작용으로 제3자에게 보여 줄 수 있으므로 그 당사자는 진지한 태도를 취해야 한다. 그렇게 하지 않으면 미네르바의 신(賢者)에게 돼지(愚者)가 설교하는 꼴을 보게 된다. 아라비아의 속담에, "노예에게 농담을 걸면, 그는 그대에게 바로 꼬리를 칠 것이다"라는 말이 있지만, "그대의 공로로 얻은 것이라면 자랑하라"고 한 호라티우스의 말은 부정할 수 없다.

그러므로 흔히 찬양되는 '겸양의 미덕'은 사실 대부분의 소인들이 자기네 편의를 위해 내세우는 것으로, 자기를 낮추어 이런 무리들과 동등한 자가 되는 것이 겸손이고 보면 모든 인간을 같은 계열로 생각하는 데는 편리하겠지만, 그렇게 되면 세상은 완전히 소인들의 독무대가 되어 버린다.

그런데 자존심 가운데 가장 값싼 것은 국민적인 자존심이다. 왜냐하면 이 자존심에 사로잡힌 사람은, 자기가 내세울 만한 개인적인 특질이 없다는 것을 무의식중에 폭로하기 때문이다. 그러므로 국민적인 자존심은 수백만 사람들의 공동소유로 되어 있는 것이 아니겠는가. 가치 있는 인간적인 장점을 갖춘 자는 자기 나라 국민의 단점을 언제나 뚜렷이 인식하게 마련이지만, 스스로 자랑할 만한 것이 전혀 없는 불쌍하고 어리석은 자들은 자기가 속한 국민성을 자랑하는 마지막 수단을 취한다. 그리고 그는 이로써 생기를 얻는다. 그러면서 그 국민의 단점이나 어리석음을 두둔하는 것이다. 그러므로 예컨대 영국 국민의 품격을 떨어뜨리는 굳어버린 맹신에 대하여 비평과 비난을 한다면, 영국 사람 50명 가운데 한 사람밖에 찬성하는 자를 발견하지 못할 것이다. 그러나 이 한 사람이야말로 뛰어난 인물이라고 할 수 있다.

독일인들은 국민적인 자존심에 얽매어 있지 않다. 다른 나라 사람들로부터 국민성에 거짓이나 허식이 없다는 말을 듣는 까닭은, 자기 나라 자랑을 하는 병에 걸려 있지 않기 때문이다. 그런데 근래에 독일당과 민주당이 생기면서 국민들에게 아부하며 가소로운 방법으로 국민적인 자부심을 고취시키고 있는데, 이런 무리들은 예외에 속한다. 하긴 독일 사람이 화약을 발명했다고 하지만, 나는 이런 견해에 찬성할 수 없다. 리히텐베르크[6]는 다음처럼 말했다.

독일인이 아닌 자가 국적을 속이려고 할 때에는 대체로 프랑스인이나 영

---

6) 1742~1799. 독일의 물리학자이며, 괴팅겐 대학의 교수.

국인이라고 말하고, 좀처럼 독일인이라고 하지 않는 것은 어찌된 일인가?

아무튼 인간의 개성은 국민성보다도 훨씬 중요하며, 어떤 인간을 대할 때에 개성은 국민성에 비하여 천 배나 더 중요시할 만한 가치가 있다.

국민성이란 다수를 말하는 것이므로, 솔직히 말해서 명예로운 일이라고 해서 칭찬할 만한 것은 그리 많지 않을 것이다. 오히려 인간의 편협함, 불합리, 흉악함이야말로 여러 나라에서 온갖 형태로 나타나는 것으로, 이것을 가리켜 국민성이라고 한다. 우리는 이것들 가운데서 어느 하나로 혐오감을 느껴 다른 것을 칭찬하지만, 곧 이에 대해서도 마찬가지로 혐오하게 된다. 각 국민들은 서로 다른 국민을 비웃는데, 이것은 일리가 있다.

이 장(章)에서 논하는 대상, 즉 우리가 세상에 표상하는 것, 다시 말해서 다른 사람들의 눈 속에 비치고 있는 것은, 이미 말한 바와 같이 명예와 지위 및 명성으로 나눠서 생각할 수 있다.

지위는 대중이나 속인의 눈에는 매우 중요한 것으로 국가의 운영에도 효과가 크지만, 우리의 목적인 행복의 요건으로는 몇 마디 말로 간단히 마무리를 지을 수 있다.

그것은 인습적인, 다시 말하면 사실은 외형적인 가치이다. 그 작용은 표면상의 존경이요, 일반 대중에 대한 희극임에 틀림없다. 훈장은 대중의 견해에 영합하는 수표로, 그 가치는 발행인의 신용 정도에 따라 다르다. 훈장이 금전으로 치르는 보수의 대용으로서 국가를 위해 막대한 돈을 절약하는 방법의 하나라는 것에 대해 굳이 설명하지 않더라도, 높은 식견과 공정한 입장에서 주어진다면 이것은 목적에 들어맞는 제도이다. 왜냐하면 대중은 눈과 귀를 갖고 있지만, 그 이상의 것은 갖고 있지 않으며, 더구나 판단력에 이르면 피가 잘 돌지 않기 때문에 매우 둔하며, 기억력은 있는지 없는지조차 분간할 수 없을 정도이다.

훈장에 대하여 그들은 대부분 이해하지 못하고 있다. 이해하고 있다고 해도 그것이 발표되었을 때 갈채를 보내는 것이 고작이며 곧 잊어버리고 만다. 나는 많은 대중에게 십자 훈장이나 성형(星形) 훈장으로 '이 사람은 당신들과 다르다. 그에게는 공로가 있다!' 하고 외치는 것이 필요하다고 생각한다. 그러나 공정하지 못하고 무비판적이며 정도를 지나친 훈장 수여는 그 가치를 잃어버리고 만다.

그러므로 왕후는 훈장을 줄 때, 상인이 수표에 도장을 찍을 때처럼 조심해야 한다. 십자 훈장의 명분인 '공적에 대해서'라는 말은 부질없는 말이다. 모든 훈장은 '공적에 대해서' 주어져야만 한다. 이것은 두말할 필요가 없다.

명예는 지위보다 설명하기가 훨씬 까다롭고 어려운 일이다. 무엇보다도 이에 대해서 정의를 내려야겠다.

'명예는 외적인 양심이며, 양심은 내적인 명예다' 하고 내가 말한다면, 대부분의 사람들은 찬성할 것이다. 그러나 이것으로는 의미가 통하는 근본적인 설명이 될 수 없으며, 다만 재치 있는 설명 정도에 그친다. 그래서 한 번 더 이를 고쳐 말하면, '명예는 객관적으로는 우리의 가치에 대한 남다른 사람들의 견해이며, 주관적으로는 그 견해에 대한 우리의 두려움이다'라고 할 수 있다. 이렇게 말하면 명예는 결코 순수하게 도덕적인 것은 아닐지라도 매우 효과적인 작용을 하게 된다. 하긴 이것은 명예로운 사람에게 국한된 이야기지만 말이다.

명예와 치욕에 대한 깨끗한 인간 감정의 기반과 기원, 그리고 명예에 대해 인정되는 높은 가치의 기반과 기원은 다음과 같은 데에 있다. 즉, 인간이 자기 혼자만으로 할 수 있는 일이란 매우 보잘것없으며, 이를테면 섬에 홀로 내던져진 로빈슨과 처지가 같다. 다른 사람들과 협력해야만 비로소 많은 일을 할 수 있다.

그의 의식이 어느 정도 발달하기 시작할 때, 이런 관계를 자연스레 알 수 있다. 그리하여 사회의 일원, 다시 말해서 유능한 동료로서 공동생활을 하게 되어, 이 때문에 협동체의 이익에 참여할 자격이 있다는 인정을 받으려는 노력을 하게 된다.

그래서 어느 장소에 가든지, 그는 처음에 모든 사람이 그에게 요구하고 또 기대하는 일을 해냄으로써 이와 같은 사회의 일원이 된다. 그러면서 그는 자기가 참된 자부심에서 이런 존재가 되는 것이 이때에 매우 중요한 게 아니라, 다른 사람의 견해 속에서 그런 존재가 될 필요가 있음을 알게 된다. 그래서 그는 다른 사람들에게 좋은 인상을 주려고 애쓰며, 또 다른 사람의 견해를 높이 평가하게 된다. 거의 일종의 본능이라고 할 수 있는 이러한 자발적인 태도가 명예심 또는 수치심이다. 이 감정은 자기에게 죄가 없다는 것을 알고 있을 경우에도 어떤 동기로 갑자기 남의 호의를 잃었거나, 한때나마 짊어진 의무 이행을 소홀히 한 것이 다른 사람에게 알려지면 곧 얼굴을 붉히는 것으로 우리에게 명예심이나 수치심이 있음을 드러낸다.

그러나 한편 이 감정으로 다른 사람들에게 호감을 주었다는 확증을 얻게 되거나 호감을 주는 일이 되풀이되면, 삶에 대한 그의 의욕은 한결 커진다. 이런 확증은 짐짓 그에게 힘이 되어 인생의 재앙에 대해 자기 힘과는 비교도 되지 않는 큰 방어벽이 된다.

이런저런 대인관계에서 타인이 그에게 신뢰감, 즉 호감을 갖는 관계에서 여러 종류의 명예가 생겨나게 된다. 이 관계는 먼저 나와 너 사이에서 이루어지고, 다음에 서로 의무를 수행하게 되며, 가장 국한된 것으로는 성적 관계를 이루게 된다. 그래서 저마다 개인으로서 명예와 관직의 명예 및 성적 명예로 구분되며, 이것이 다시 각각 몇 가지로 분류된다.

개인의 명예는 그 범위가 가장 넓다. 이것은 우리가 모든 종류의 권리를 어디까지나 존중하고, 사람들도 우리의 이익에 대하여 부정하거나 법률적으로 금지되는 수단을 취해서는 안 된다는 것이 기본 전제이다. 이 명예를 지키는 것이 평화로운 사회생활을 해 나가는 오직 하나의 조건이 된다. 그러므로 평화로운 사회생활에 크게 어긋나는 행위를 한 번이라도 하게 되면, 온갖 형벌을 받는데, 단 그 형벌이 공정하게 실시된다는 전제 아래에서 자신이 가지고 있던 명예는 잃게 된다.

그리고 이 명예는 근본적으로 도덕적인 성격은 변하지 않는다는 신념에서 비롯된다. 이 성격의 불변성으로 단 한 번이라도 잘못된 행위를 하게 되면, 비슷한 여건에서는 앞으로의 행위도 같은 도덕적인 성격을 갖게 되리라는 것을 보장하게 된다. 이것은 영어의 '성격(character)'이라는 말이 명성이나 체면 또는 명예라는 뜻도 되는 것을 보아도 알 수 있다.

그러므로 잃어버린 명예는 중상이나 착각에서 비롯된 것이 아니라면 회복될 수 없다. 이로 말미암아 중상과 비방, 나아가서는 모욕에 대해서까지 법으로 다스리는 것이다. 즉, 모욕은 단순한 욕설이라 하더라도 하나의 중상이다. 이에 대해서는 '욕설은 단순한 중상이다'라는 그리스어가 잘 나타내준다. 이 말은 어떤 책에도 씌어 있지 않다. 물론 욕설을 퍼붓는 사람은 이 때문에 그가 타인에 대해 어떤 사실도 밝히지 못하고 있다는 것을 스스로 보여 준다. 그렇지 않고, 만일 사실이나 진상을 제시할 수 있다면 그것을 전제로 제시하고, 최종 판단은 안심하고 청중에게 맡겨버린다. 그런데 대신 그는 결론만 내리고 전제는 빼 버린다. 그리고 그는 이렇게 하는 것이 재치 있는 간편한 방법이나 되는 듯이 다른 사람이 알아주기를 기대하는 것이다.

개인적인 명예는 결국 국민의 위치에서 얻은 것이지만, 그 효용은 모든 지위에 있는 사람들에게 적용되며, 가장 높은 지위에 있는 자라고 해서 제외될 수는 없다. 어떤 사람도 개인적인 명예 없이는 살기 어렵고, 이는 누구에게나 진실한 일이므로 가볍게 여겨서는 안 된다. 일단 신임과 신용을 잃은 사람은 아무리 좋은 일을 해도, 또 그가 아무리 훌륭하게 되어도 영원히 믿지 못할 사람이 되어 버린다. 그러므로 그 쓰라린 결과는 반드시 나타나게 마련이다.

명예는 어떤 의미에서는 소극적인 성격을 띠고 있으며, 적극적인 성격의 명성과 대립된다. 명예는 개인이 지닌 뛰어난 성격으로 얻어지는 게 아니라, 일반적으로 누구나 갖고 있어야 하는 성격, 다시 말해서 개인에게 반드시 필요하다고 인정되는 성격으로 얻게 된다. 명예는 일반적인 것을 나타내지만, 명성은 특수한 것을 나타낸다. 명성은 뛰어난 일인자로서 손에 넣어야 하지만 명예는 다만 잃지 않도록 조심하면 된다. 명성이 없다는 것은 세상에 알려져 있지 않다는 소극적인 결과를 가져온다. 그러나 명예가 없다는 것은 하나의 수치로서 적극적인 결과를 가져온다. 그러나 명예의 소극성을 수동성으로 잘못 생각해서는 안 되며, 오히려 명예는 매우 능동적인 성격을 띠고 있다고 보아야 한다. 명예는 주체성에서 출발한다. 그리고 그 주체성의 행위에서 비롯되는 것으로, 다른 사람의 행동이나 외부의 사정으로 얻어지는 게 아니라 일종의 내적인 특성이다. 이것이 참된 명예와 기사적 명예 또는 가짜 명예와의 차이이다. 명예에 관한 외부로부터의 공격은 오직 중상에 따른 것이며, 유일한 대항 수단은 중상을 공박하는 동시에, 이것을 적당한 방법으로 공개해 중상하는 자의 정체를 드러내는 일이다.

나이 많은 사람을 존경하는 근거로 젊은 사람들의 명예는 다만 하나의 가정으로서 인정될 뿐이며, 아직 시험을 끝내지 않고 있어 일종의 신용에 지나지 않지만, 연장자의 명예는 이제까지 지내온 생애를 통하여 유지되어 오고 있기 때문이다. 연장자라는 사실이나 풍부한 경험만으로는(경험이란 좀 더 상세한 사회의 지식이다) 도저히 이런 존경을 받을 만한 이유가 되지 못하며, 나이 많음이 그저 나이 많음에 그친다면 연장자는 심신이 쇠퇴했다는 이유로 젊은이들의 위로는 받을 수 있어도 존경받을 만한 가치는 없어진다. 그럼에도 백발에 대한 어떤 종류의 존경심이 인간에게는 타고난 것, 또는 본능적인 것으로 되어 있는데, 이것은 참으로 이상한 일이다. 그런데 무엇보다도 분명히 늙었다는 증거가 되는 주름살이 결코 이런 존경심을 일으키지 않는 것도 이상한 일이며, 누구든지 '존경할 만한 주름살'이라고 하지 않고, 반드시 '존경할 만한 백발'이라고 말하는 것이 보통이다.

명예의 가치는 간접적인 것에 지나지 않는다. 왜냐하면 이미 이 장(章) 처음에서 말한 바와 같이, 우리 자신에 대한 다른 사람의 견해는 그것이 우리에 대한 그들의 행위를 결정하거나 결정할 수 있을 때에만 가치를 갖게 된다. 이것은 우리가 사람들과 함께, 또는 사람들 속에서 생활하는 데에 가치를 둔다. 요컨대 우리는 생명과 재산을 오직 사회 덕택에 안전하게 보장받는다. 또한 모든 기업이 타인을 필요로 하고, 타인도 우리와 협력하기 위해서는 우리에 대한 믿음을 가져야 하므로, 우리를 보는 그들의 견해는 언제나 간접적이기는 하지만 우리에게 높은 가치를 지닌다.

그러나 나는 타인의 견해에서 그 이상의 직접적인 가치를 인정할 수는 없다. 이와 비슷한 말을 키케로도 하고 있다.

"세상의 평판에 대하여 크리시포스[7]도 디오게네스와 마찬가지로 좋은 평판을 이용할 경우 말고는 이것을 위해 손가락 하나도 움직여서는 안 된다고 말하고 있는데, 이런 견해에 나도 완전히 동의한다."[8]

마찬가지로 엘베시우스[9]는 이 진리에 관한 상세한 해설을 그의 걸작 《정신에 대하여》[10]에서 서술하고 있는데, 결론에서, "우리는 명예를 위해 명예를 사

---

7) BC 280~207. 그리스의 스토아 철학자.
8) 《전집》 제3권, 제17장.
9) 1715~1771. 프랑스의 철학자. 저서 《정신에 대하여》는 유물론적·무신론적 경향 때문에 국회에서 소각당함.
10) 제3권 13장.

랑하지 않고, 주로 명예가 가져오는 효용 때문에 사랑한다"고 했다. 그러나 수단은 목적 이상의 가치를 갖고 있는 것이 아니므로, "명예는 생명을 초월한다"는 말은 전에도 말했듯이 하나의 과장이다. 개인적인 명예에 대해서는 이 정도로 해 둔다.

직위에서 명예는, 어떤 관직에 있는 사람이 거기에 필요한 여건을 실제로 소유하고 있어 모든 경우에 그 관직상의 의무를 잘 이행하고 있다는 다른 사람들의 일반적 견해에 근거를 두고 있다. 국가에서 어떤 사람이 차지한 임무의 범위가 넓고 중요할수록, 다시 말해 그의 지위가 높고 세도가 당당할수록 그를 그 지위에 적응시키기 위한 지적인 온갖 능력과 도덕적인 성격에 관한 평가가 더욱 중대해진다. 그러므로 그는 차츰 큰 명예를 지니게 되며, 그에 대한 칭호나 훈장 등이 그 사실을 말해준다. 따라서 많은 사람들이 종속적인 위치에서 그를 받들게 된다.

이와 마찬가지 기준에 따라 일반적으로 계급도 명예의 정도를 결정한다. 물론 이 정도는 계급의 중요성을 인식하는 대중의 능력에 따라 좌우되지만, 사람들은 특수한 의무를 갖고 이를 수행하는 사람에게는 일반 국민보다 많은 명예가 주어지는 것을 인정하는 게 보통이다. 개인의 명예는 주로 소극적인 성질에서 비롯되기 때문이다.

직위에서의 명예는 관직을 지닌 사람이 그 동료와 후계자들을 위해 직위 자체의 위엄을 지킬 것이 요구된다. 직위에 걸맞은 위엄은 그가 먼저 의무를 착실히 수행하는 것과, 더욱이 그가 그 직위에 있는 한 관직 자체에 대하여, 또는 자신에 대한 여러 가지 공격, 다시 말해서 그가 그 직위를 잘 감당하지 못하거나, 직위 자체가 사람들에게 이득이 되지 않는다는 뒷공론을 그대로 내버려 두지 않고 법률에 따른 징벌을 가하는 동시에, 이와 같은 공격의 부당함을 입증하는 데서 지켜지는 것이다.

직위에서의 명예 다음가는 것은 국가의 고용인, 의사, 변호사, 모든 공인된 교사, 그리고 대학 출신의 학사나 박사 학위를 가진 사람, 요컨대 공식적인 통고로 정신적인 부류의 업무에 종사할 자격이 주어지고, 같은 이유에서 이 일을 맡고 있는 사람들의 명예이다. 한마디로 모든 공적인 의무를 지닌 사람들의 명예이다.

그러므로 여기에는 참된 군인의 명예도 포함된다. 이 명예는 조국을 지키는 것을 의무로 알고 있는 사람이 이에 필요한 온갖 성질, 즉 무엇보다도 용기와 실력을 실제로 갖고 있으며, 죽음을 각오하고 조국을 방위하며 한번 서약한 군기를 무슨 일이든지 절대로 버리지 않고자 결의를 굳게 하는 데 있다. 나는 여기서 직위에서의 명예를 훨씬 넓은 의미로 보고 있다. 직위의 명예라면 보통 관직 자체에 대한 시민들의 존중을 뜻한다.

성적인 명예를 이해하려면 여러 가지 원칙을 훨씬 상세히 검토할 것과 이 여러 원칙을 근본적으로 확립하는 것이 필요하다. 이 두 가지를 검토함으로써 명예는 결국 공공의 이익을 위한 관심에서 비롯되었음이 입증될 것이다.

성적 명예는 그 자연적인 성질에서 여자의 명예와 남자의 명예로 구분되지만, 이 둘에 대해 살펴보면 각각 잘 이해된 하나의 연대정신이다. 그리고 여자의 명예는 그중에서도 특히 중요하다. 왜냐하면 여자의 삶에서는 성적인 관계가 중요한 위치를 차지하기 때문이다.

여자의 명예는 처녀에게는 아직 한 사람의 남자와도 접촉이 없었다는 것, 아내에 대해서 말하면, 그녀와 결혼한 남편 말고는 몸을 맡긴 일이 없다는 것이다. 이것은 다음과 같은 이유에서 중요하다. 즉, 여성은 남성으로부터 모든 것, 그야말로 바라는 것과 필요한 것 모두를 기대하기 때문이다.

남자가 여자에게 가장 먼저 그리고 직접적으로 기대하는 것은 오직 하나뿐이다. 그러므로 남성이 여성으로부터 그 유일한 것을 얻어내기 위해서는 여자가 바라고 기대하는 것에 대한 배려와, 남녀의 결합에서 생기는 자식에 대한 배려를 해야만 한다. 여기에 여성 전체의 복리가 달려 있다.

이 복리를 실현하기 위해서는 아무래도 여성이 일치해서 연대 정신을 발휘해야 한다. 그럼으로써 여성은 한덩어리가 되어 공동의 적인 남성에게 대항한다.

남성은 본디 체력과 정신이 뛰어나 이 세상의 재물을 소유하고 있다. 그런데 남성의 소유를 매개로 하여 여성이 그 재물을 차지하기 위해서는 여성은 남성을 적으로 삼아 이를 정복해서 빼앗아야 한다. 이 싸움에서 종말에 이르기까지는, 남성에 대하여 결혼 전에 동침하는 것을 완강히 거절하는 것이 여성들에게 명예로운 원칙으로 되어 있다. 이 원칙에 따라 남성들은 여성에게 일종의 항복을 함으로써 결혼을 강요당하며, 결혼으로 모든 여성이 남자의 부양을 받게 된다.

이 목적에는 앞에서 말한 원칙이 엄격히 지켜져야만 도달할 수 있다. 그러므로 모든 여성은 참된 연대 정신을 가지고 모든 성원들 사이에서 그 원칙이 잘 유지되는지 감시한다. 따라서 결혼 전에 동침을 함으로써 모든 여성에 대하여 배신행위를 한 여성은, 그런 행위가 일반화되면 모든 여성의 복리가 파괴될 것이므로 같은 여성들로부터 추방되어 치욕을 면치 못한다. 이 여성은 명예를 잃게 되는 것이다. 그리고 부인들은 이 여성과 교제하기를 꺼린다. 그녀는 마치 보균자처럼 외면당한다.

간통한 아내도 같은 운명에 놓이게 된다. 간통한 아내는 남편과 맺은 결혼 서약을 지키지 않았으며, 이런 일이 발생하면 남자들은 결혼 서약 맺기를 꺼리게 된다.

그런데 이 결혼 서약이야말로 모든 여성들에게 안위의 기본이 된다. 간통한 아내는 그 행위 때문에 결혼 서약을 어긴 파렴치한 사기로 성적 명예와 함께 국민적 명예도 상실한다. 그러므로 세상에서 흔히 '타락한 여자'라는 말을 써도 '타락한 아내'라는 말은 쓰지 않는다. 그리고 처녀를 유혹한 사람은 그 처녀와 결혼함으로써 그녀의 명예를 되찾아 줄 수 있다. 그러나 유부녀와 간통한 남자는 그 여자가 이혼을 당한 뒤에 그 여자와 결혼해도 그녀의 명예를 회복시켜 주지는 못한다.

사람들이 이런 이해타산으로 뒷받침되는 연대 정신(효과도 있고 불가결하기는 하지만)을 여성이 지니는 명예의 근본으로 인정한다면, 여성에게 매우 중요하고 상대적으로 커다란 가치를 연대 정신에 부여할 수 있을 것이다. 하지만 그렇다고 절대적인, 즉 생명과 그 목적을 뛰어넘어 생명 자체를 내걸고 지켜야 할 만큼 중요하다고 할 수는 없다.

그러므로 사람들은 루크레티아[11]나 비르기니우스가 지나친 긴장으로 비극적이고 경솔한 결과를 가져온 행위를 인정하지 못할 것이다. 그리고 에밀리아

---

11) 로마의 타르퀴니우스 콜라티누스의 아내. BC 550년, 섹스투스 타르퀴니우스에게 강간당해 자살함. 이는 로마왕정이 붕괴하고 공화정이 탄생하는 하나의 계기가 됨.

갈로티[12]의 종말에는 얼마쯤 불쾌감을 금치 못할 것이다. 이로 말미암아 관객들은 불쾌한 기분으로 극장을 나서게 된다.

이와 반대로 성적 명예를 거역하기는 하지만, 《에그몬트》의 클레르헨[13]에게는 동정을 금할 수 없다.

이것은 여성에게 명예의 원칙이 지나치게 강조되어 있으므로, 다른 일도 극단으로 치닫게 되어 수단을 위해 목적을 저버린 것이다. 즉, 이와 같은 과장으로 성적 명예에 대하여 절대적인 가치가 위조되었지만, 이 명예는 다른 명예와 비교해 상대적인 가치를 지니고 있다는 데는 변함이 없다. 아니, 단지 인습적인 가치밖에 지니고 있지 않다고 말해도 무방하다. 왜냐하면 토마지우스[14]의 《첩을 얻는 데 대하여》를 읽으면, 세계 여러 나라에서 루터의 종교 개혁에 이르기까지 첩을 두는 행위가 법률적으로 허용되었으며, 이러한 처지에서는 첩을 거느리는 것도 명예였기 때문이다.

바빌론의 뮤리타신(神)[15]에 대해서는 여기서 언급하는 것을 미루기로 한다. 그리고 분명히 결혼이라는 외적 형식을 취할 수 없는 시민의 사정도 있다. 특히 이혼이 허락되지 않는 가톨릭 국가들의 경우가 그렇다.

그러나 통치자인 귀족들로서는 곳곳에 이와 같은 사정이 있으며, 내가 생각하기에 귀족들은 억지로 결혼을 하느니 차라리 첩을 거느리는 편이 한결 도덕적인 행동이라고 생각한다. 이런 사정을 무시한 결혼은 결국 누구든지 양보하는 것을 삼가야 하는 두 계급, 즉 부녀자들과 사제들에 대한 특별 면허나 마찬가지이다.

그리고 모든 남자가 자기들이 선택한 여자와 결혼할 수 있는데, 오직 왕은 이런 권리를 박탈당하고 있다는 것도 염두에 둘 필요가 있다. 즉, 가엾게도 왕

---

12) 독일 레싱의 비극(1772). 고대 로마의 비극 비르기니아의 사건을 소재로 다룬 《함부르크 희곡론》. 에밀리아는 여주인공 이름. 폭군에게 무참히 능욕당하게 된 미모의 딸을 그 아버지가 칼로 찔러 죽임으로써 정조를 구해 주는 이야기가 중심이 되어 있다.

13) 《에그몬트》는 괴테의 희곡(1787). 클레르헨은 여주인공으로 순정의 처녀. 주인공 에그몬트의 정부로 본처는 아니었지만, 에그몬트의 사형집행에 앞서 독을 마시고 자살함.

14) 1655~1728. 독일 철학자이며 법학자.

15) 아시리아인이 아프로디테(베누스)를 부른 이름. 바빌론의 부녀자들은 누구나 한 번은 반드시 여신의 신전 경내에 앉아서 '뮤리타신의 이름으로 그대의 축복을 비노라!'라고 말하면서 은화를 무릎 위에 던지는 남자에게 몸을 맡겨야만 했다. 《헤로도토스》 제1권 199절.

의 결혼은 국가에 속하며 국가 정책의 기본 방침, 다시 말해 나라의 이익에 따라서 결정되는 것이다.

그러나 왕도 인간이며, 때문에 마음이 가는 대로 하고 싶을 것이다. 그러므로 왕이 첩을 두는 것을 방해하거나 비난하는 것은 잘못이요, 국민으로서 도리에 어긋나는 편견이라고 하겠다. 첩은 정치에 개입할 수 없다. 그녀의 처지에서 보더라도 이런 첩의 신세란 성적 명예를 놓고 볼 때, 예외에 속하며 일반적인 관례에서 벗어나 있다. 그녀는 오직 한 남자, 즉 그 남자가 그녀를 사랑하고, 그녀도 그를 사랑하지만 결혼은 도저히 할 수 없는 남자에게 몸을 맡겼을 뿐이다. 그리고 일반 여성들이 갖고 있는 명예의 원칙에 대하여 치르는 피비린내 나는 희생, 즉 자녀 살해와 어머니들의 자살은 이 명예 원칙의 기원이 자연스럽지 못하다는 것을 입증한다. 물론 비합법적으로 몸을 맡긴 여성은 이 때문에 같은 여성들에게 일종의 배신행위를 한 것이 되지만, 이런 믿음과 의리는 남몰래 인정되고 있을 뿐이고, 무슨 서약 같은 것을 한 것은 아니다. 그리고 흔히 이 경우, 자신의 이익이 이 때문에 가장 피해를 입게 되므로, 그녀의 어리석음은 그녀가 저지른 잘못과는 비교도 되지 않을 만큼 심하다고 하겠다.

남자의 성적 명예는 여성의 성적 명예와 대립되는 연대 정신으로서 의미를 갖는다. 이 연대 정신은 상대에게는 매우 유리한 조약인 혼인을 맺은 남성들이, 그 뒤 계속해서 자기가 이 약속을 엄수하게 되는가를 주시해야 한다. 즉, 이 계약마저 되는대로 적당히 팽개쳐 두고 굳게 지키지 않으면, 남성은 모든 것을 다 상대에게 제공하면서 그 대가로 손에 넣은 유일한 것, 즉 아내의 독점도 보장되지 않는 억울한 일을 당하지 않기 위해서이다. 즉 남성의 명예는, 그가 아내의 간통에 복수해 적어도 그녀와 이혼하고, 그녀에게 벌을 내릴 것을 요구하고 있다. 아내의 불의를 그가 알고 있으면서도 간통을 처벌하지 않는다면, 그는 같은 남성들로부터 치욕을 면치 못할 것이다.

그러나 이 치욕은 성적 명예를 잃어버린 것 때문에 부인이 당하는 치욕만큼 끈질기게 오래 지속되는 것이 아니라, 단지 조금 눈에 띄는 오점에 지나지 않는다. 왜냐하면 남성에게는 더 많은 다른 중요한 일들이 있으므로 성적인 관계는 그들에게는 두 번째 문제이기 때문이다.

근대의 위대한 두 극작가가 저마다 두 차례씩 남성의 명예를 그들의 주제로 삼았다. 즉, 셰익스피어는《오셀로》와《겨울 이야기》에서, 칼데론은《명예를 고치는 의사》와《은밀한 모욕에는 은밀한 복수를》에서 다루었다.

어쨌든 이 명예는 부인에 대한 처벌은 요구하지만 그 정부를 처벌할 것은 요구하지 않는다. 정부를 처벌하는 것은 필요 없는 일이기 때문이다. 이것으로 이 명예가 남성들의 연대 정신, 앞서 말한 기원으로부터 나왔음을 입증할 수 있다.

내가 지금까지 여러 종류에 걸쳐, 그리고 여러 원칙에 대하여 생각해 온 명예는 모든 민족과 온갖 시대에 널리 해당되는 것이다. 그러나 부인들의 명예에 대해서는 그 원칙이 조금 지역적으로, 그리고 일시적으로 바뀌는 경우도 있다.

그런데 보편적이고 어디에나 타당한 것과는 전혀 다른 명예가 있다. 이에 대해서는 그리스인이나 로마인도 생각해 본 적이 없으며, 중국인이나 힌두교도 및 이슬람교도들도 아직 모르고 있다. 이 특이한 명예는 중세에 생겨 기독교를 믿고 따르는 유럽에서만 널리 퍼진 것이며, 그나마 이 지역에서도 주민들의 매우 일부, 즉 사회의 상류층과 이들과 경쟁해서 지지 않으려는 일부 사람들 사이에서만 뿌리를 내렸던 것이다. 이것이 기사적인 명예 또는 이른바 체면이라는 것이다.

이 명예의 원칙은 이제까지 말해 온 명예의 원칙과는 전혀 다른 것으로서, 전의 것이 '명예를 지닌 인간'을 만드는 것과는 달리, 이번 것은 '명예를 탐내는 인간'을 만들므로 이 둘은 부분적으로 대립한다. 그래서 나는 기사적인 법전이나 그 거울로서 여기에 그 여러 원칙을 서술하려고 한다.

⑴ 이 명예는 우리의 가치에 대한 다른 사람들의 견해 속에 만들어진 것이 아니라, 이런 견해를 표현하는 데서 성립될 뿐이다. 그러므로 발표된 견해가 근거를 갖고 있는 것인가의 여부는 둘째 치고, 이런 견해가 존재하는가의 여부도 이제는 관계가 없다.

그러므로 우리가 몹시 경멸하더라도 그것을 큰소리로 떠들어대는 자가 없는 동안은 조금도 명예가 손상되지 않는다. 그러나 반대로 우리의 성질과 행위로 다른 사람들이 우리를 존경하도록 하려고 해도(존경한다는 것은 그들의 마음대로 되는 일이 아니므로), 누가(예컨대 그가 보잘것없는 어리석은 자라고 하더라도) 우리를 경멸하는 말을 입 밖에 낸다면 그때 우리의 명예는 곧 훼손되며, 상처받은 명예가 회복되지 않으면 언제까지나 상실된 채 그대로 있는 것이다. 이런 말은 하지 않아도 상관없을지 모르지만, 이 명예는 어차피 다른 사람들의 견해 속에 있는 것이 아니라, 그 견해를 드러내는 데에 있다. 그 증거로는 비난이 철회될 수 있고, 또 필요하다면 사과를 할 수도 있으며, 그렇게 하면 비난하지 않은 것과 같게 된다는 것이다.

이 경우에 비난을 가하게 한 견해에 변화가 왔는가, 그리고 어째서 철회나 사과를 해야만 했는가의 여부는 아무런 의미도 없다. 다만 그 견해를 발표한 것을 취소하기만 하면 모든 것이 원만하게 된다. 그러므로 여기서 바랄 것은 자기의 가치로서 존경받는 것이 아니라 애써 존경을 빼앗는 것이다.

(2) 이 명예는 그의 행동에 따른 것이 아니라 다른 사람들의 반응, 다시 말해서 다른 사람들의 견해에 근거한 것이다. 이것은 앞에서 말한 바와 같이, 일반적으로 타당한 원칙에 따른 명예는 오직 본인이 말하고 행동한 것과 관련되지만, 기사적인 명예는 반대로 다른 사람들의 언행에 의존하는 것이다.

그리고 누가 공격하면 공격을 받은 사람은 지금부터 말하려고 하는 명예 회복의 절차에 따라 자기 손으로 되찾지 않으면, 그 명예를 영원히 잃어버리게 된다. 그러나 이 절차는 아무래도 그 생명, 자유, 재산, 마음의 평정 등에 위험이 닥칠 것을 각오해야 한다. 그러므로 어떤 남자의 행위가 성실하고 고귀하며, 심성이 순결하고, 두뇌가 매우 뛰어나다고 하더라도, 그를 비방하는 것이 다른 사람(이 사람은 그저 지금까지 이 명예의 법칙을 어긴 일이 없으면 되고, 그 외에는 보잘것없는 인간 쓰레기이든 어리석기 짝이 없는 짐승 같은 자이든, 게으름뱅이, 도박꾼, 빚쟁이라도 무방하다)의 마음에 들기만 하면 곧 명예를 잃게 된다.

그리고 이런 일을 즐기는 자는 대부분 앞에서 말한 부류의 인간일 것이다. 그리고 세네카가, "경멸해도 싼 놈팡이일수록 그 혓바닥이 고약하다"[16]라고 한 것도 적절한 표현이다. 그뿐만 아니라 이런 인간이야말로 처음에 말한 바와 같은 사람을 만나면 감정이 상하는 모양이다. 됨됨이가 상반된 사람은 서로 미워하게 마련이며, 볼품없는 자가 뛰어난 사람을 은근히 경멸하는 것은 흔한 일이다. 이와 비슷하게 괴테는 이렇게 말하고 있다.

16) 《영혼의 평정에 대하여》 제11권.

대적하는 자에게 그대는 무어라고 중얼거리는가?
그대와 같이 성품이 뛰어난 자는
영원히 그들의 눈에 난 가시로다.
어찌 이들이 그대의 벗이 되랴!

—《서동시집》

마지막으로 이야기한 부류의 사람들이야말로 이 명예의 원칙에 크게 감사
해야 한다는 것은 분명하다. 왜냐하면 이 원칙이 있기 때문에 어느 면으로 보
나 그들이 상상도 못할 사람들과 어깨를 나란히 할 수 있기 때문이다.

그러므로 이런 사람이 비방했다면, 다시 말해서 타인의 비열한 성질을 비방
했다면, 이것이 객관적으로 진실하고 근거 있는 비판이나 법적인 효력을 가진
고시(告示)처럼 통용된다. 그리고 곧 피로 씻기라도 하지 않으면 오랫동안 바르
고 유효한 것으로 남게 된다. 다시 말해서, 비방을 받은 사람은 비방한 사람(그
가 아무리 보잘것없는 사람이라고 하더라도)으로부터 입은 손상이 그대로 남게 된
다. 즉, 그는 이 비방을 '감수하는' 것이다.

그렇게 되면, '명예를 위한 자'는 그를 끝까지 경멸할 것이며, 그를 보균자처
럼 피할 것이다. 예컨대 입장이 허용된 어떤 모임에 그가 참석하려고 한다면,
큰소리로 보란 듯이 거절당할 것이다. 이러한 근본 견해의 근원을 우리는 다음
과 같은 일에서 되돌릴 수 있다고 확신한다. 베히터[17]가 쓴 《독일 역사》(1844)에
따르면, 중세에는 15세기에 이르기까지 형사 재판을 할 때 원고가 유죄를 입증
하는 것이 아니라, 피고가 무죄를 입증해야만 했다. 무죄를 입증하는 것은 남
을 비웃고 헐뜯어 말하는 선서로 할 수 있었으나, 이 때문에 그는 선서 보증인
을 세워야만 했으며, 이들은 그가 절대 위증을 하지 않음을 확신한다고 선서
했다.

그러나 그가 선서 보증인을 세우지 못하거나 원고가 그의 보증인들을 인정
하지 않을 경우에는 신이 심판을 했는데, 그것은 주로 결투였다. 그렇게 되면
피고는 '명예를 더럽힌 자'이므로 결투로 불명예를 씻어 버려야 하는 것이다.

---

17) 1797~1880. 독일의 법학자.

우리는 여기서 명예를 더럽힌 것과, 오늘날도 여전히 '명예를 탐내는 자'들 사이에 행해지고 있는 개념의 기원을 찾아볼 수 있다. 다만 여기서는 선서가 생략되었을 뿐이다.

그리고 '명예를 탐내는 자'가 거짓말쟁이라는 비난을 받으면, 반드시 '피의 복수'를 했다. 그러나 거짓말은 인간이 예사로 하는 습성임을 감안할 때 당치 않은 일이지만, 영국 같은 나라에서는 이것이 뿌리 깊은 미신적인 습성이 되어 있다. 실제로 거짓말쟁이라는 비난을 받고 상대를 죽여 버리려고 위협하는 자들이 한평생 거짓말을 전혀 하지 않았을까?

요컨대 중세의 형사 소송에서 가장 간단한 형식은, 피고가 원고에게 '거짓말쟁이'라고 말하면 곧 '신의 심판'이 선고되었다고 간주하는 것이다. 그러므로 기사적인 명예의 법전에 따르면, 거짓말에 대한 비난에는 즉시 무기를 드는 소송이 제기되었는데, 이것은 앞서 말한 일에서 유래된 것이다.

비방에 관해서는 이쯤에서 마치기로 하자. 비방보다도 더 악질적인 것이 있는데, 이것은 내가 기사적인 명예의 법전 속에 들려고만 해도 '명예를 위한 자'들의 용서를 구해야 할 정도이다. 이것은 이 세상에서 가장 흉악하여 죽거나 지옥에 떨어지는 것보다도 악질적인 것으로, 생각만 해도 소름이 끼치고 머리칼이 쭈뼛 서게 마련이다. 이것은 생각만 해도 몸서리쳐지는 판결, 즉 죄수나 어떤 사람에게 뺨을 후려갈기거나 주먹질을 하는 일이다. 이것이야말로 언어도단이며, 다른 명예 훼손은 피를 흘림으로써 회복될 수 있어도, 이것만은 근본적으로 명예를 회복하기 위해 상대에게 완전히 치명적인 타격을 주지 않고는 배기지 못할 만큼, 그렇게 하지 않으면 명예가 땅에 떨어져 버릴 만큼 중대한 일이다.

(3) 이 명예는 인간의 참된 자아나 도덕적인 성격 및 지적인 고뇌와는 전혀 관계가 없다. 아니, 명예가 손상되거나 현재 사라져 가고 있다고 해도, 빨리 해치우기만 하면 유일한 만병통치약인 결투로 곧 완전히 회복될 수 있다.

그런데 명예 훼손자가 기사적인 명예의 법전을 신봉하고 있는 계급 출신이 아니라면, 그리고 그가 이미 한 번 이 법전을 어긴 행위를 한 적이 있다면, 특히 명예 훼손 행위를 한 것이라면 물론이지만, 그렇지 않고 오직 말로만 한 일이라고 하더라도, 무장하고 있다면 고작해야 한 시간도 못 되는 사이에 상대를 찔러 죽임으로써 확실하게 만회할 수 있으며, 이로써 명예는 회복된다.

게다가 일어날 불쾌한 일들에 대한 우려에서 피하려고 생각하거나, 모독한 사람이 기사적 명예의 법도에 따를지 분명하지 않을 경우에는 미봉책을 쓰는 '특권'이 있다.

이 방법은 상대편이 사나울수록 더 거칠게 나가려는 것으로, 욕설을 퍼부어 주는 것으로 직성이 풀리지 않으면 닥치는 대로 후려갈기는 것이다. 그러나 여기에는 명예를 구제하는 점증법(漸增法)이 있다. 즉, 귀뿌리를 얻어맞으면 지팡이로 때리고, 지팡이로 얻어맞으면 이번에는 상대의 얼굴에 침을 내뱉는 것을 확실한 보복 수단이라고 어떤 사람은 권장한다. 만일 이 방법으로도 목적을 이루지 못할 때에는 단호히 유혈 수단을 취해야 하는데, 이와 같은 임시방편은 본디 다음과 같은 원리에서 나왔다.

(4) 욕을 먹는 것이 치욕인 동시에 욕을 하는 것은 명예이다. 예컨대 상대가 진리와 권리 및 이성을 소유하고 있다고 하더라도 짐짓 욕설을 퍼붓는다. 그러면 그가 명예를 회복하기까지는 진리도 권리도 이성도 침묵을 지키게 된다.

그것도 권리나 이성 때문이 아니라 사격이나 칼로 찔러서 회복하는 것이다. 이렇게 되면 폭력이 명예를 위해서는 다른 무엇보다도 유리한 특징을 이루며, 가장 주먹이 센 자가 언제나 사회 정의를 유지하게 된다. 여기에 어떤 제재를 가할 수는 없을까? 어떤 사람이 어리석은 행동과 무례한 행위를 저질러도 이것은 폭력이라는 수단으로 말살되고 곧 정당성을 갖게 된다.

그래서 어떤 사람이 토론이나 대화에서 우리보다 정확한 전문 지식이나 참된 진리, 또는 건전한 판단이나 풍부한 이해력을 보여 주거나 일반적으로 우리를 무색하게 하는 정신적인 우월성을 보여 줄 경우에, 그들은 폭력을 휘둘러 자기들의 보잘것없음을 해소하고, 오히려 자기들을 뛰어난 자로 만들어 버릴 수도 있다. 즉, 폭력은 모든 논증을 누르고 정신적인 우월성을 짓밟아 버리는 것이다.

그러므로 여기에 상대편이 걸려들지 않거나, 이른바 '특권'을 써서 더 사납게 보복하지 않는 한 그들은 승리자가 되며, 따라서 명예는 그들의 것이 된다. 그래서 진리나 지식, 이해력, 정신, 기지 등은 미친 듯이 날뛰는 폭력으로 말미암아 꽁무니를 빼지 않을 수 없게 된다. 그럼으로써 '명예를 존중하는 자들'은 누가 그들과 다른 의견을 발표하거나, 그들이 좀 더 명확한 논증을 하게 되면 곧 폭행에 호소하려고 한다.

그리고 만일 상대를 비꼬아 줄 만한 어떤 반증이 발견되지 않으면, 그들은 이런 역할을 하는 한결 손쉬운 폭력을 써서 승리를 자랑하게 될 것이다.

이 명예의 원칙이 사회 기능을 높이는 데 도움이 된다고 칭찬까지 받는데, 무슨 권리로 그러는지 이제 짐작이 갈 것이다. 또한 이 원칙은 다음에 말하는 모든 법전의 참된 근본 원칙이자 정신에 입각하고 있다.

(5) 논쟁에서 이 명예에 대해서 누구나 고발할 수 있는 최고의 법정은 육체적인 폭력, 즉 야수성이 마구 날뛰는 법정이다. 모든 폭력은 정신력이나 도덕적인 정의에 의한 투쟁을 불완전한 것으로 보고, 그 대신 육체적인 힘의 투쟁을 가져오므로 진정한 야수성을 고발한다.

이 투쟁은 프랭클린이 도구를 만드는 동물이라고 규정한 인류가 독특한 무기를 쓰는 결투로서 행해지며, 그 결과 취소할 수 없는 판결이 내려진다.

이 근본 원리는 누구나 아는 바와 같이, 한마디로 말하면 '주먹의 권리'라고 하겠다. 이것은 '광기'와 비슷한 표현으로, 둘 다 풍자적인 의미를 지니고 있다. 그러므로 이를 모방한다면 기사적인 명예는 '주먹의 명예'라고 해야 할 것이다.

(6) 우리는 앞에서 개인의 명예가 나와 너의 소유, 인정된 의무, 또는 약속을 존중한다는 점에서 훌륭한 것임을 인정했다. 그러나 반대로 기사적인 명예는 이 점에서 매우 방자하다. 기사적인 명예는 오직 명예에 관한 한마디 말, 다시 말하면 '명예를 위해'라는 말만 소중히 여기는 것이다. 그러니까 다른 말은 모두 무시해 버린다. 그리고 이 '명예를 위해' 다짜고짜 '결투'라는 공공연한 방법으로 상대를 물리치면 그만인 것이다. 또한 무조건 갚아야 하는 부채는 오직 하나뿐인데, 그것은 바로 도박에서 번 돈이다. 그러므로 이 돈에 대해서는 '명예로운 차용금'이라는 명칭으로 부를 수가 있다. 그 밖의 다른 빚은 채권자가 유대인이든 기독교인이든 얼마든지 떼먹을 수 있다. 그런 것은 기사적인 명예를 조금도 손상하지 않는다.

이 기묘하고 거칠며 가소로운 명예의 원리가 인간의 천성에서, 아니면 대인관계의 건전한 견해에서 나온 것일까? 이에 대해서는 사리를 공정하게 판단하는 사람이라면 누구나 알게 될 것이다. 그리고 이것은 그 통용 범위가 매우 제한된 것으로도 입증할 수 있다. 그 통용 범위는 주로 유럽인에 한정된다. 그것도 아마 중세기 이후의 일이고 그나마 귀족이나 군인, 그리고 이런 자들과 겨루는 자들에게서만 찾아볼 수 있는 일이다. 즉, 그리스인이나 로마인, 고대와 교양 있는 아시아의 여러 민족은 이 명예와 원칙 같은 것은 전혀 알지 못한다. 이들은 내가 처음에 분류한 그런 명예밖에는 모르는 것이다.

그러므로 이들은 자기 행위에 대하여 책임을 지며, 자기에게 누가 쓸데없는 말을 지껄여대도 그다지 신경 쓰지 않는다. 이들은 누가 뭐라고 했다고 해서, 예컨대 본인의 명예가 손상되는 일이 있더라도 결코 다른 사람의 명예를 짓밟는 일은 없다. 이들에게는 한 대 맞는다는 것은 말이나 노새에게 한 번 채인 정도로 여겨질 뿐이다. 하긴 형편에 따라서는 화를 내고 곧 덤벼들지도 모른다. 하지만 그것은 명예와는 아무 상관도 없으며, 주먹질을 하거나 욕설을 퍼붓는 일은 있어도 결투에까지 갔다는 이야기는 어느 책에도 씌어 있지 않다.

이들은 용기나 희생정신에서는 기독교를 믿는 유럽 여러 민족에게 뒤떨어지지 않는다. 그리스인과 로마인들은 훌륭한 용사라고 볼 수 있지만, 체면에 대해서는 아는 것이 그리 많지 않았다. 그들은 결투를 국민들 가운데 고귀한 자들이 하는 일이 아니라 가난뱅이 검투사들, 자포자기에 빠진 노예들, 사형선고를 받은 죄인들이 하는 일로 여겼고, 그것도 민중의 오락을 위해서 야수들과 번갈아 하거나 격분한 나머지 했던 것이다. 기독교가 전해지면서 검투사의 경기는 금지되었다. 그러나 그 대신 기독교 시대가 되자 신의 심판이라는 이름 아래 결투가 일어났다. 전자가 일반 사람들의 구경거리, 오락물로 이용된 잔인한 희생이었다면, 후자는 편견에서 비롯된 잔인한 희생으로, 그 차이점은 죄인, 노예, 포로가 아니라 자유인이나 고귀한 사람들이 희생되었다는 것이다.

고대인들이 그러한 편견은 전혀 없었다는 것은 우리에게 전해진 많은 문헌으로 입증되고 있다. 예컨대 어떤 미개인의 추장이 로마의 장군 마리우스[18]에게 결투를 신청했을 때, 이 용사는 이렇게 대답했다.

"사는 게 싫증났다면, 스스로 목을 조르는 편이 좋을 것이다."

그리고 그는 추장에게 상대가 될 만한 늙은 검객을 보냈다.[19]

---

18) BC 156~86. 로마 장군.
19) 프라인슈 증보 《리비우스》 제68권 12절.

플루타르코스[20]의 저서 《테미스토클레스》제11장에도 함대 사령관인 스파르타의 장군 에우리비아데스[21]가 아테네의 장군 테미스토클레스[22]와 논쟁을 하다가 그를 때리려고 지팡이를 쳐들었다는 이야기가 씌어 있지만, 테미스토클레스가 이때 칼을 빼들었다는 기록은 없다. 오히려 그는 "나를 때려도 좋지만, 내 말은 들어다오!" 이렇게 말했다.

만일 이 글을 '명예를 위한 자'가 읽는다면, 이 경우 아테네의 장교단이 테미스토클레스와 같은 사람은 앞으로 섬기고 싶지 않다고 선언했다는 말이 없는 것에 대해 불쾌하고 유감스럽게 생각할 것이다. 어느 프랑스의 주술가는 이렇게 정직하게 말하고 있다.

만일 사람들이 데모스테네스[23]를 '명예를 아는 사람'이라고 한다면 웃음거리가 될 것이다. 키케로도 '명예를 탐내는 사람'은 아니었다.[24]

그리고 플라톤이 쓴 《법률》[25] 속의 폭행에 관한 부분을 보면, 폭행당했다고 해서 명예 운운하는 일은 없었다. 소크라테스는 그가 몇 번이고 토론한 결과, 가끔 폭행당하기는 했지만 조용히 참았다. 한번은 발길로 차이기까지 했지만 끈기 있게 참는 것을 보고 놀라는 사람에게 그는 이렇게 말했다.

"내가 노새에게 채였다고 해서 고발할 수는 없지 않나?"[26]

"그렇지만 그 사나이는 당신에게 욕설을 퍼부어 창피를 주지 않았습니까?"

"천만에, 그가 한 말은 나에게 해당되지 않네."[27]

스토바에오스[28]는 고대인이 명예 훼손, 즉 모욕과 구타를 어떻게 생각했는가에 대하여 잘 이해할 수 있도록 후세에 무소니우스의 긴 글을 남겨 놓았다.

---

20) 46?~120?. 그리스 저술가.
21) BC 480. 스파르타 장군. 크세르크세스 전쟁에서 그리스 함대의 사령장관이 됨.
22) BC 514~449. 아테네 장군. 페르시아 전쟁이 일어나자 해군을 지휘, 국난을 이겨냄.
23) BC 384~322. 그리스 대웅변가.
24) 루아, 《세 듀랑을 위한 문학의 밤》1828, 제2권 300쪽.
25) 제9권 마지막 6쪽 및 제11권 131쪽, 비폰틴 판.
26) 《디오게네스 라에르티오스》제2권 21장.
27) 《서동시집》36쪽.
28) 《사화집(詞華集)》제1권 327~330쪽.

이에 따르면 그들은 법률상의 제재 말고는 그 밖의 어떤 보복도 인정하지 않았으며, 현명한 남자들이 모욕당했다고 하더라도 사정은 마찬가지였다.

고대인들은 누구에게 뺨을 얻어맞더라도 법률상의 징벌 말고는 어떤 복수도 하지 않았다고, 플라톤은 《고르기아스》에 분명히 기록하고 있다. 그리고 거기에는 이에 대한 소크라테스의 견해도 실려 있다.

마찬가지의 일이 길리우스[29]가 쓴 양심적인 루키우스 베라티우스라는 사나이에 대해 기록한 보고에서도 뚜렷이 드러난다. 이 사나이는 길에서 만난 로마 시민에게 아무 까닭도 없이 뺨을 후려갈기면서 행패를 부렸다. 이것은 계획적인 일로서, 그는 이에 관한 항의를 미리 막고자 동전자루를 맨 노예를 데리고 다녔다. 그리고 이 노예가 이렇게 봉변당한 사람들에게 즉시 법정 위자료 25아스를 주었다.

유명한 견유학자(犬儒學者) 크라테스[30]는 음악가 니코드로모스에게 뺨을 얻어맞고 얼굴이 퉁퉁 부어 피가 날 지경이었다. 그래서 그는 얼굴에 '니코드로모스의 소행'이라고 쓴 딱지를 붙여 놓았다. 그래서 아테네 시민들이 가정의 수호신처럼 존경하는 사람[31]에게 이런 만행을 한 음악가는 치욕을 받게 되었다.[32]

시노페의 디오게네스가 술 취한 아테네 청년에게 배를 얻어맞은 것에 대하여 멜레시포스[33]에게 '이런 것은 자기에게는 보잘것없는 일'이라는 의미의 편지를 적어 보냈다는 것이 그의 저서에서 알려졌다.[34]

그리고 세네카는 《현자의 변하지 않는 마음에 대하여》 제10장에서 마지막 장에 걸쳐 모욕에 대하여 상세히 고찰하고 있다. '현자는 모욕을 신경 쓰지 않는다'는 것을 설명하기 위해서였다. 제14장에서 그는 다음과 같이 말했다.

---

29) 2세기 무렵의 로마 저술가.
30) 테베의 크라테스라고 부르며, BC 4세기 후반 그리스 철학가, 디오게네스 문하생. 많은 재산을 시에 기부하고 걸식생활을 함.
31) 아풀레이우스 《명문선(名文選)》 26쪽.
32) 《디오게네스 라에르티오스》 제6권 89절.
33) BC 4~5세기 무렵 그리스 철학자. 디오게네스의 친구.
34) 《디오게네스 라에르티오스》 제4권 33절 카소본의 주.

현자는 주먹으로 얻어맞으면 어떻게 행동할까? 그는 카토[35]가 입을 얻어 맞았을 때와 마찬가지로 '화를 내지 않고, 용서도 하지 않고, 일어난 일, 바로 모욕당한 것을 부인한' 것처럼 할 것이다.

그러고 보니, 고대인들은 기사적인 명예의 원칙에 대하여 전혀 모르고 있었다는 것을 알 수 있다. 그들은 모든 면에서 기사와 같이 마음씨가 비뚤어진 사납고 비천한 행동은 상상도 못했다.

그들은 만일 뺨을 얻어맞았다고 하더라도 그로써 끝이었다. 즉 자그마한 육체적인 손상 이외는 아무것도 아니라고 생각하는 것이다.

그러나 근대인에게는 얻어맞은 것이 파탄을 가져오기도 하고 비극의 주제가 되기도 했다.

예컨대 코르네유[36]의 《르 시드》나, 근대 독일의 시민적인 비극 《환경의 힘》(이것은 '편견의 힘'이라고 하는 것이 좋을 것이다)의 경우가 그렇다. 하물며 만일 파리의 국회에서 한 번이라도 뺨을 얻어맞는 일이 일어난다면, 틀림없이 그 소문이 온 유럽에 파란을 일으킬 것이다.

그러나 앞에서 말한 고전적인 회상이나 옛 문헌의 인용 사례에 불쾌감을 느끼는 것처럼 보이는 '명예를 탐내는 자들'에게, 나는 해독제로서 디드로의 주인공 데그랑의 이야기를 읽을 것을 권한다. 이 작품은 근대적이고 기사적이며 명예 보존에 관한 좋은 예이다. 이 작품을 읽고 기뻐하거나 감동하기를 바란다.

내가 많은 예를 인용했으므로 충분히 이해할 것이다. 기사적인 명예의 원칙은 결코 타고난 인간의 본성에 근거를 두는 것이 아니다. 그러므로 이것은 인위적인 원칙이며 그 기원을 발견하는 것은 어렵지 않다. 이것은 분명히 두뇌보다도 주먹이 더 성숙해, 성직자들이 이성을 사슬로 얽매고 있었던 시대, 다시 말해서 찬양된 중세와 기사제도의 시대가 낳은 자식이다. 즉, 그 무렵의 사람들은 사랑하는 신에게 신세를 지고 판결까지도 받았던 것이다. 따라서 까다로

---

35) 대(大)카토는 BC 234~149. 소(小)카토는 BC 95~46. 소카토는 대카토의 증손자로 둘 다 로마의 정치가.

36) 1606~1684. 프랑스 극시인. 희비극 《르 시드(1636)》에는 주인공 로드리고의 아버지가 로드리고 애인의 아버지에게 모욕당한 것이 묘사됨.

운 소송사건은 신의 판단, 또는 판결에 따라 재판을 받았다.

이와 같은 단죄법은 얼마쯤의 예외를 제외하면 결투를 하는 것이었으며, 이 것은 자신들 사이에서만 있었던 일이 아니라, 시민들 사이에서도 행해졌다. 셰 익스피어의 《헨리 6세》[37]에서 이런 예를 볼 수 있다. 그리고 법정 선고가 있은 뒤에도 여전히 상급심으로서 결투, 즉 신의 판결에 호소할 수 있었다.

이 때문에 실제로는 육체적인 힘과 숙련, 즉 동물의 본성이 이성 대신에 재 판관의 의리를 차지한 것으로, 인간이 한 일보다 인간이 당하는 일에 있어 옳 고 그름을 판정했으며, 이는 오늘날에도 통용되는 기사적인 명예 원칙 그대로 이다.

결투 제도가 이런 기원을 갖는다는 데 대하여 의문이 있는 사람은 메링겐 이 쓴 《결투의 역사》(1849)를 읽기를 권한다. 아닌 게 아니라 오늘날에도 기사적 인 명예 원칙을 준수하는 사람들(이들은 잘 알려졌다시피 교양이 높거나 사려가 깊 다고 할 수 없는 자들이다) 가운데에는 결투의 결과를, 이 결투의 원인이 된 투 쟁에 대한 신의 판결이라고 진실로 믿고 있는 사람이 더러 있다. 이것은 분명히 인습에 매인 의견에 따른 것이다.

기사적인 명예 원칙의 기원에 대해서는 덮어두고라도, 그 경향은 먼저 존경 에 대한 겉으로 드러나는 표시를 육체적인 폭력의 위험에 따라서 강요하려는 데 나타나 있다. 이것은 마치 손으로 온도계의 공을 데워 수은이 오르게 해서 자기 방이 따뜻하다는 것을 사람들에게 인정하게 하려는 것과 비슷하다. 좀 더 상세히 말하면 그 핵심은 다음과 같다. 개인적인 명예는 타인과의 평화로운 교제를 위한 것으로, 우리가 다른 사람의 권리를 무조건 존중하기 때문에 우 리를 믿을 수 있다는 견해 속에 성립된다. 그러나 기사적인 명예는 우리가 자신 의 권리를 무조건 수호하려고 하기 때문에 우리를 두렵게 생각하는 다른 사람 의 견해로부터 성립된다.

신용을 얻기보다는 두려움을 받는 편이 더 중요하다는 원칙은, 저마다 자신 을 보호하고 자기 권리를 직접 수호해야 하는 자연 상태에서 우리가 살아간다 면, 인간의 정의는 그다지 신뢰할 것이 없을 것이므로 그리 잘못되었다고는 할

---

37) 제2부 제2막 제3장. 토마스 호너와 그 제자 피터가 결투하는 장면이 나온다.

수 없을 것이다.

그러나 국가의 인격과 우리 재산을 보호하는 문명 상태에서 이 원칙은 이미 통용되지 않으며, 주먹이 힘을 쓰던 시대의 유물로 남아 있는 성벽이나 망루처럼 잘 일구어진 밭이나 번창한 거리, 또는 철로 사이에 버려진 채 썩고 있다. 그럴 수밖에 없지만, 이 원칙을 고집하는 기사적인 명예는 무의미한 모욕이나 조소거리에 지나지 않는 것으로서, 국가에서 가벼운 벌을 내리거나 또는 '법률은 사소한 일을 돌보지 않는다'는 원칙에 따라 인격에 해를 가하는 데 그친다.

그런데 기사적인 명예는 자기 인격의 가치를 인간의 천성과 성질 및 운명에 적합하지 않을 정도로 과대평가하여, 이 가치를 신성한 것으로 끌어올리고, 여기에 가하는 사소한 모욕을 인정할 수 없어 모욕한 자를 처벌할 것을 요구한다. 분명히 이것은 지나친 교만과 터무니없는 자부심 때문에 생긴 일이다. 이것은 인간이 본디 어떤 존재인지 전혀 잊고 있으면서, 인간에 대하여 무조건 침범하지 말고 비난하지 말기를 요구하는 것이다. 그나마 이런 일을 폭력으로 수행하려고 생각하고, '나를 모욕하거나 때린 자는 죽어 마땅하다'는 원칙을 내세우려는 사람들은 그 이유만으로도 국가에서 쫓겨나는 것이 마땅하다.[38]

그래서 이 주제넘은 그릇된 교만을 미화하기 위해 온갖 구실을 만들고 있다. 여기서 두 사람의 대담한 적수가 조금도 양보하려고 하지 않고, 아주 가벼운 말다툼에서 주먹다짐으로 발전해 마침내 살인도 무릅쓰게 되는 것이다.

---

38) 기사적인 명예는 교만과 정신박약이 낳은 아들이다. 이 명예와 반대되는 진리를 칼데론의 희곡 《불변의 원리》가 날카롭게 "이것은 아담의 유산이다"라는 말로 표현하고 있다. 기독교 이전의 먼 옛날에, 유럽 이외의 다른 대륙에서도 이 기사적인 명예의 원칙을 모르고 사는데도, 기독교 신도들에게만 극도의 겸손을 의무로 부과하는 최상의 교만이라고 볼 수 있는 것이 존재한다는 것은 매우 이상한 일이다.

그러나 이는 기독교 탓이 아니라, 오히려 봉건제도로 인해 생겨난 것이다. 봉건제도에서 귀족들은 저마다 자기를 작은 왕으로 간주하여, 자기를 뛰어넘는 인간적인 심판자를 인정하지 않고 자기의 신성불가침을 중요시하도록 힘써 왔다. 그러므로 인격에 대한 침범은 예컨대 구타나 욕설이라고 하더라도 모조리 사형에 처해 마땅한 범죄로 생각했다. 그러므로 명예를 위한 결투는 본디 귀족들만 하는 일이었지만, 세월이 흐름에 따라 사관들도 하게 되고, 이어서 다른 상류층에 속하는 자들도 남에게 질세라 보조를 같이했다. 결투는 신의 재판에서 비롯되었지만, 이 재판은 명예의 원칙에 따르는 것이 아니고 그 결과에 치중한다. 인간을 심판자로 인정하지 않는 자가 신을 심판자로 내세워 고발한다. 신의 재판 자체는 기독교 특유의 것이 아니라, 힌두교도들 사이에도 커다란 의미를 갖고 있으며, 또 먼 옛날부터 있어 온 흔적이 남아 있다.

그러므로 처음부터 중간단계를 뛰어넘고 무기에 호소하는 것이 깨끗하다는 생각에서, 이 경우에 특수한 절차와 규정이 생기게 되었다. 이것이야말로 세계에서 가장 진지한 광대놀음이지만, 어리석은 명예의 전당으로 우뚝 서 있다.

그런데 이것은 원칙 자체가 잘못되었다. 그다지 중요하지 않은 사건에서는(중요한 사건은 언제나 재판소에 일임하고 있다) 두 사람의 적수 가운데서 한 사람이라도 영리한 사람이라면 분명히 양보한다. 그리고 단순한 타인의 견해는 신경쓰지 않는다.

이 분명한 오류의 증거는, 민중 또는 기사적인 명예의 원칙을 믿고 따르지 않는 거의 모든 계급에 속하는 사람들에 의해 제공되고 있다. 이들에게 살인은 명예 원칙을 따르는 전체 시민의 천분의 일에 지나지 않은 소수 집단에서보다 백 배나 드문 것이다. 또한 구타도 아주 보기 어렵다.

다음에 사회의 미풍양속은 그 마지막 버팀목으로서 결투를 불러들이는 명예 원칙에 의존하며, 결투는 난폭과 불법의 발생을 막는다는 말들을 하고 있다. 그러나 아테네, 코린트, 로마에서도 분명히 훌륭한 사회와 미풍양속을 찾아볼 수 있다. 거기에는 기사적인 명예라는 허수아비가 그 배후에 숨어 있지는 않았다. 물론 오늘날처럼 부인들이 모임에서 윗자리를 차지하고 있지도 않았다. 부녀자가 윗자리를 차지하면 그 경박한 아이 같은 성격 때문에 충실한 대화를 나눌 수 없다. 그리고 분명히 우리 상류 사회에서는 개인적인 용기가 다른 성질보다 사람들로부터 존중받게 된다.

그런데 이 용기는 본디 하찮은 하사관이 가질 법한 덕으로, 이 점에서 동물이 우리보다 나을 정도이다. 그러므로 '사자처럼 용감하다'고 말하지 않는가.

이제까지 주장해 온 것을 뒤집어보면 이렇게 말할 수도 있다. 즉, 기사적인 명예의 원칙은 크게는 부정직과 사악함의 피난처가 되고, 작게는 불법과 몰염치와 난폭함의 안전한 피난처가 된다. 왜냐하면 매우 고약한 부덕함도 묵묵히 참을 수 있기 때문이다. 누구나 질책하거나 해서 목을 내거는 일 따위에는 흥미를 가질 수 없다.

정치적·경제적으로 참된 신의와 성실성이 결여된 국민들에게만 결투가 성행하며, 피에 굶주려 진지하게 이에 임한다는 것을 우리는 알 수 있다. 이런 국민이 사교에 얼마나 신의를 지키며 진실하게 대하는가. 이 점에 대해서는 경험자에게 묻는 것이 좋을 것이다.

그리고 그들은 본디 점잖은 태도와 사교적인 교양을 등한시하는 것으로 알려져 있다. 그러므로 그들이 내세우는 구실이 모두 확실하지는 않다. 여기에서 분명히 말할 수 있는 것은, 모든 적대행위에 대하여 적의로 보복하고 경멸이나 미움을 받으면 화를 내거나 불평하는 것은 인간의 자연스런 감정이라는 것이다.

이에 대해서는 이미 키케로가 말한 적이 있다. "모욕에 어떤 가시가 돋쳐 있으면 조심성 있고 선량한 사람들도 참기 어렵다"는 것이다. 이것은 사실이며 몇몇 경건한 종교를 제외하고는 세상 어디에서나 욕설이나 주먹질을 태연하게 받아들이는 사람은 좀처럼 볼 수 없다.

그러나 자연은 사건 자체에 어울리는 보복 이상의 엄청난 일은 시키지 않는 법이다. 더구나 허위나 어리석음이나 비겁함을 비난받았다고 해서 죽음으로 되갚거나 보복시키는 일은 없다. 고대 독일에서 '뺨을 얻어맞으면 칼을 빼들라'는 속담이 있었으나, 이것도 혐오스러운 기사적인 미신에 지나지 않은 것이다. 모욕에 대한 보복 또는 복수는 분노의 소행으로, 결코 기사적인 명예 원칙이 지시하는 명예나 의무 탓은 아니다. 오히려 어떤 비난을 받았다는 것은 그만큼 어딘가 허점이 있었기 때문이며, 이것이 아프게 느껴지는 것은 마땅하다. 매우 부드러운 야유도 급소를 찌르면, 아무 근거 없는 일로 지독한 벌을 받는 것보다 훨씬 큰 타격을 받는 것은 엄연한 사실이다.

그러므로 비난당할 까닭이 없다고 느끼고 있는 사람은 이 비난을 아무렇지도 않게 귀 밖으로 흘릴 수 있으며 거들떠보지 않게 될 것이다. 그런데 명예 원칙은 인간을 자극해서 가지고 있지도 않은 과민성을 나타내라고 지시하거나, 그에게 타격도 주지 않은 모욕에 대하여 피로써 보복할 것을 요구한다. 그럴 수도 있는 것이, 자신의 가치에 대하여 신념이 박약한 사람은 자기의 가치를 따지고 공격하는 발언은 무작정 억제하기 위해 입을 다물게 하려고 애쓰니 말이다. 즉 욕설을 들었을 경우, 본디 자신이 없어 그렇게 할 수 없으면 총명과 교양이 그것을 위장하고 분노를 감추도록 할 것이 뻔하다.

그러므로 처음부터 기사적인 명예 원칙의 미신에 얽매어 있지 않으면 누구든지, 저주를 퍼붓거나 하여 타인의 명예에서 무엇인가 앗아가거나 자신의 명예에 무엇을 회복할 수 있다고 잘못 생각하는 사람은 없을 것이다. 그리고 명예 회복을 위한 결투 신청에 응해, 당연히 쏘아 버리겠다는 결의를 하여 부정과 야비한 수단과 폭력이 마구 날뛰는 일은 없을 것이다. 뿐만 아니라 비방이나 욕설의 경쟁에서는 패배자가 승리자라는 생각이 일반 통념이 될 것이다.

빈센초 몬티[39]는 "욕설은 교회의 행렬과 같은 것으로, 반드시 출발한 지점으로 되돌아온다"고 말했다. 그렇게 하지 않으면 사람들이 자기의 권리를 관철하기 위해 난폭한 행동을 하는 일은 오늘날처럼 자주 일어나지 않을 것이다. 그리고 그렇게 되면 식견과 이해력은 지금과는 전혀 다른 모습으로 나타나게 된다. 지금은 이 식견과 이해력이 단지 얼굴을 내밀었을 뿐, 편협하고 어리석은 견해를 무장시키거나 격분하게 해서 식견과 이해력이 이 견해를 건드리지나 않을까 하여 겁을 집어먹게 된다. 이 견해가 고개를 쳐들면, 식견과 이해력은 그 편협과 어리석음을 상대로 노름을 해야 할 처지가 되므로. 그러나 정말 이렇게 된다면, 사회에서는 정신적으로 뛰어난 자가 최고 위치에 오르게 될 것이다. 그런데 오늘날은 육체적인 우월함과 속임수와도 같은 용기가 최고 위치를 차지하고 있는 실정이다.

한마디 더 덧붙이자면, 오늘날처럼 뛰어난 사람을 사회에서 물러나게 하는 원인이 하나라도 줄어든다면, 참된 미풍양속이 나타난 훌륭한 사회가 될 것임이 틀림없다. 참으로 훌륭한 사회의 형태로 옛날 아테네나 코린트, 또는 로마에 세워진 그런 사회의 본보기를 보고 싶어하는 사람에게, 나는 크세노폰[40]의 《향연》을 읽기를 권한다.

그런데 기사적인 법전의 마지막 해명은 아마도 다음과 같을 것이다. '이봐! 도와 줘! 아무래도 주먹다짐을 하게 될 테니까!' 이에 대하여 나는 간단히 대답하려고 한다. 그 법전을 믿고 받들지 않는 자들 1000명 가운데에서 999명은 가끔 주먹다짐을 할 것이다. 그러나 그 법전의 신봉자들이 한 번 때릴 때마다 한 사람씩은 죽을 지경에 이르게 될 것이다. 나는 그에 대하여 좀 더 상세히 생각해 보고자 한다.

나는 주먹질이 사람을 크게 놀라게 하고 두렵게 한다는 사회 일부의 확신에

---

39) 1754~1820. 이탈리아의 시인.
40) BC 430?~350?. 그리스의 장군이며 역사가, 철학가.

대하여, 인간의 동물적인 천성이나 이성적인 천성 속에 유지되어야 하고, 또는 적어도 수긍할 수 있는, 또는 단지 공론 속에 성립될 뿐만 아니라 뚜렷한 개념으로 대체될 수 있는 근거를 발견하려고 생각을 더듬어 보았으나, 짐짓 헛수고에 그치고 말았다.

주먹질은 모든 사람이 타인에게 줄 수 있는 작은 육체적 해악이며, 이것으로써 그가 상대보다 강했거나 슬기로웠거나, 아니면 상대가 해이하다는 것을 입증하는 데 그치는 것이다. 더 세밀히 따져봐야 이 외에 더 나오지 않는다.

그리고 나는 모든 재앙 가운데에서 인간의 손에 의한 구타가 가장 큰 것이라고 생각하는 기사가 그것보다 10배나 심한 발길질을 자기 말에게서 당해도, 아픔을 꿋꿋이 참고 아무렇지도 않게 생각하리라는 것을 잘 알고 있다. 그래서 나는 그 원인은 인간의 손에 있다고 생각한다.

그러나 나는 기사가 전투 중에 인간의 손으로 단검에 찔려도, 이것은 사소한 일이며 입 밖에 낼 가치도 없다고 말하리라는 것도 알고 있다. 나는 이런 이야기도 들었다. 즉, 검으로 일격을 당한 것은 몽둥이로 얻어맞은 것 같은 불쾌감은 느끼지 않는다는 것이다. 그러므로 최근까지 사관후보생들은 검으로 얻어맞는 일은 있어도 몽둥이로 얻어맞는 일은 없었다고 한다. 오히려 기사가 검으로 얻어맞는 것은(기사가 되는 의식에서도 검으로 어깨를 얻어맞는다) 가장 높은 명예로 간주했다.

여기서 내가 주장하는 심리학적, 도덕적 근거는 결론에 이른다. 뿌리 깊은 미신으로 사람들이 남에게 그럴싸하게 믿게 하는 것은 많다. 이것도 그 속에 포함해야 할 또 하나의 예라고 하겠다.

중국에서는 참대나무 회초리로 때리는 것이 시민적인 형벌로 자주 시행되었으며 관리들에게도 이 태형이 가해졌다는 사실은 내가 한 말을 입증한다. 그리고 이 사실은 인간의 천성이(높은 교양에 도달한 사람의 천성까지도) 중국에서는 기사적인 명예에서 주장하는 것과는 전혀 다르다는 것을 보여 준다.[41]

그리고 인간의 천성을 보면, 회초리로 때리는 것이 인간에게 자연스러운 일

---

41) 엉덩이를 20~30번쯤 몽둥이로 얻어맞는 것은 중국인들에게는 흔한 일이다. 이것은 큰 관리의 어버이다운 훈계로 전혀 모욕적인 의미를 갖고 있지 않으며, 오히려 감사하게 받아들이는 것이었다. ―《계몽과 호기(好奇)의 서한》

이라는 것은, 맹수가 물어뜯는 것이 당연하고, 뿔을 가진 짐승이 들이받는 것이 자연스러운 일과 마찬가지이다.

그러므로 보기 드문 일이기는 하지만, 어떤 사람이 다른 사람을 깨물었다는 말을 들을 경우에 우리는 불쾌한 생각을 하게 된다. 반대로 어떤 사람이 때리거나 맞는다는 것은 부자연스러운 일이지만, 흔히 있을 수 있는 일이다. 또한 얼마쯤 높은 교양을 갖고 있으면, 서로 자제해서 구타를 하지 않으려 하는 것을 쉽사리 설명할 수 있다.

그러므로 주먹다짐은 말이 안 되는 것이요, 그 결과 살인과 죽음을 부른다는 것은 어떤 국민에게, 또는 어떤 계급에서 의무처럼 생각되는 것은 잔인성 때문이다. 세상에는 재앙이 너무나 많으며, 또한 이런 재앙을 일으킬 수 있는 가상적인 재해로 그 수를 늘이려고 하는 것이 과연 옳은가, 옳지 않은가. 그런데 어리석고 흉악한 미신이 이것을 감히 행하고 있다. 이에 대하여 나는 잠자코 있을 수 없다. 그것은 정부와 입법부가 시민사회 및 군부에서 모든 태형을 강제적으로 폐지함으로써, 이 미신에 부채질을 하고 있다.

그들은 인간의 법도를 위해 행동하고 있는 줄로 아는 듯한데, 실은 이렇게 함으로써 그들은 이미 많은 희생을 낸 자연에 어긋나는 무모한 망상이 확립되는 것을 도와주고 있으며, 바로 그 이유와 반대되는 일을 하고 있는 것이다.

가장 무거운 범죄는 예외로 치고, 모든 범죄에서 사람들이 먼저 생각하며, 따라서 자연스럽다고 할 수 있는 형벌은 태형이다. 이론적으로 설명해 줘도 알아듣지 못하는 자에게는 회초리로 때리는 것이 상책이다. 더구나 당사자가 무일푼인 가난뱅이라면 벌금을 물릴 수도 없고, 또한 그 자유를 구속하는 벌을 내리는 것보다 적당한 태형을 가하는 것이 쉬울 것이다.

이에 반대할 까닭이 전혀 없는데도 이 경우에 '인류의 존엄'이라는 이유를 들어 반대하는 것은, 분명한 개념에서가 아니라 앞에서 말한 미신에 바탕을 두고 있다고 하겠다. 그리고 이 미신이 그런 행동의 근원이 되어 있다는, 참으로 우스꽝스러운 증거가 있다. 이것은 옛날에 있었던 이야기가 아니다.

여러 나라들이 군대에서 태형을 가하던 것을 영창의 구류로 바꾸었다. 이것은 육체에 고통을 주는 점에서는 둘 다 비슷하지만, 영창에 갇히는 편이 명예를 손상하지 않아도 되므로 품위를 떨어뜨리지 않게 된다는 것이다.

앞에서 말한 미신을 이렇게 해서 촉진시키므로, 한편으로는 몇몇 법률로 결투를 시정하려고 힘쓰지만 오히려 그 존재에 구실을 주어 마찬가지로 기사적인 명예를 존중하며, 마침내 결투를 부추기게 되었다.[42]

그러므로 매우 거칠었던 중세의 여러 시대로부터 19세기에 흘러들어온 폭력의 단편인 결투가, 이 세기에서도 여전히 공공연한 악덕으로 활개를 치고 있지만, 이제 치욕을 당하여 추방될 때가 올 것이다. 오늘날에도 합법적으로 개나 닭을 싸우게 하는 것은 용납되지 않고 있다. 적어도 영국에서는 이런 싸움은 처벌을 받는다. 하물며 인간의 탈을 쓰고, 의지를 거슬러 죽을지도 모르는 싸움을 건다는 건 있을 수 없는 일이다. 이런 시도를 하는 것은 도리에 어긋나는 기사적인 명예라는 원칙의 미신 때문이며, 매우 사소한 원인으로 검투사들처럼 싸우는 의무를 갖게 하는, 저 명예 원칙의 옹호자와 관리인 때문이다. 그러므로 나는 우리 독일의 언어를 싫어하는 사람들에게, 결투에 대해 'Duell'이라는 말 대신에 '기사 사냥(Ritterhetze)'이라는 말을 쓸 것을 제안한다. 'Duell'은 라틴어인 'duellum[43]'에서 나온 것이 아니라 스페인어의 'duelo[44]'에서 파생된 말이 아니겠는가. 건방지다고 말할지 모르지만, 아무튼 이 어리석은 짓을 저지르는 외고집은 실로 웃음거리밖에 되지 않는다. 특히 마땅찮은 것은 원칙과 사리에 어

---

42) 여러 나라 정부에서는 표면상으로는 결투를 억압하려고 한다. 또 이것은 대학 같은 데서는 누구나 인정하고 있는 바와 같이, 쉽게 실천될 것 같으면서도 좀처럼 성공을 거둘 것 같지 않은데, 그 진정한 이유는 이렇다. 국가에는 무관이든 문관이든 노동에 대하여 돈만으로 충분히 보수를 제공할 만한 재원이 없으므로 그들에 대한 보수의 부족한 부분을 명예로 보충하려고 한다. 이 명예는 칭호, 제복, 훈장 등으로 표시된다.

그런데 그들의 노동에서 얻은 관념적인 보상이 값비싼 시중 가격으로 환산되려면 온갖 방법으로 명예심을 키워 어떤 형태로나 과장되어 있어야 한다. 그러나 이 목적에는 시민적인 명예로는 부족하다. 이것은 벌써 시민들이 저마다 갖고 있기 때문이다. 그래서 기사적인 명예를 부추겨, 앞에서 말한 것처럼 확립하려고 한다. 영국에서는 무관이나 문관의 봉급이 대륙에 비해 훨씬 많으므로 지금 말한 것과 같은 장려책은 필요 없다. 그래서 이 나라에서는 최근 20년 동안에 결투는 거의 사라져 버렸다. 지금도 간혹 결투를 하는 일이 있기는 하지만, 어리석은 일이라고 남들의 비웃음을 살 뿐이다. 많은 귀족이나 제독, 장군들을 회원으로 갖고 있는 위대한 '반결투협회(反決鬪協會)'가 여기에 많은 공헌을 했다. 그러나 몰렉(《구약성서》에 나오는 바빌론의 신, 페니키아인이 어린 자식을 제물로 바쳤다고 한다)은 제물이 없으면 지탱하지 못할 것이다.

43) 두 사람 사이의 싸움.
44) 고민, 한탄, 괴로움.

굿나는 그 법전이 폭력의 권리만 인정하고 다른 어떤 권리도 인정하려 들지 않는 한, 국가를 세워 이 나라의 신성한 과격 재판(독일 중세의 비밀 종교 재판)을 공개함으로써 이 국가에 예속된 모든 계급을 억압한다. 그리고 이 과격 재판의 법정에 매우 일반적인 이유로 상대와 자신에 관해 죽느냐 사느냐의 판결을 내리기 위해 저마다 죄수를 감시하는 이를 동지라고 부른다. 물론 이곳은 아무리 흉악한 자라도 어느 계급에 속해 있기만 하면, 최고의 인물(이런 인물이기 때문에 저들에게 자연히 미움을 받지 않을 수 없지만)을 숨어서 위협하고 끝내는 살해할 수도 있는 잠복 장소가 된다.

오늘날은 사법과 경찰이 조직되어 있어 어떠한 악당도 큰길에서 우리에게 '돈이냐, 목숨이냐?' 하고 큰소리를 지를 수 없게 되었다. 그러므로 악당이라 하더라도 평화로운 사교장에서 우리를 향해 '명예냐, 목숨이냐?' 하고 외칠 수 없을 만큼 상식이 발달해도 상관없다.

그리고 어느 정도 높은 계급에 속하는 사람들의 가슴을 억누르는 것이 없어져야 한다. 왜냐하면 모든 사람들이, 누군지 모르는 제3자가 짓궂게 거칠고, 난폭하고, 어리석고 또 악의에 찬 언동을 해온다면, 언제나 신체와 생명으로 대응하지 않으면 안 되기 때문이다.

세상 물정에 어두운 두 열정적인 젊은이가 언쟁을 벌였다 해서, 그 결과 피를 흘리고 건강을 해쳐 때로는 생명까지 잃어야 한다는 것은 하늘을 향해 통곡해야 할 비참한 일이요, 또 부끄러운 일이다. 그 국가의 폭정이 얼마나 심하고, 또 미신의 힘이 얼마나 강대한가를 알 수 있는 예로서, 모욕한 사람의 지위가 너무 높거나 낮거나 또는 부당한 사정으로 손상된 기사적인 명예를 되찾는 것이 불가능하게 되자, 절망한 나머지 스스로 목숨을 끊고 비극적인 결과를 초래한 일까지 있었다.

그릇된 일이나 도리에 어긋나는 일은 대부분의 경우 나중에 성공을 했다 하더라도 분명히 모순을 일으켜 정체를 드러내는 것처럼, 여기서도 이 모순이 결국 극단적인 자가당착의 형태로 나타난다. 즉, 사관에게는 결투가 금지되어 있지만, 실제로는 그가 만일의 경우에 결투를 행하지 않으면 파면이 되는 것이다.

나는 일단 이 문제를 언급한 이상, 솔직하게 서술하려고 한다. 인간은 적과 같은 무기로 싸워 상대를 공공연히 죽이는 것과, 숨어서 몰래 죽이는 것과의 차이를 중요시하고, 이 둘을 구분한다. 하지만 이 차이를 세밀하게, 그리고 선입견에 사로잡히지 않고 생각해 본다면, 앞에서도 말한 바와 같이 이는 한 국가가 강자의 권리, 즉 폭력의 권리밖에 인정하지 않고, 이 폭력의 권리를 신의 판결로까지 높여 법전의 기초로 삼은 데서 비롯되는 것이다. 그러나 공공연히 싸웠다고 하더라도 어떤 사람이 상대와 견주어 강자이며 무능하다는 것 말고는 아무것도 입증하지 못한다. 공개적인 싸움이 이루어진다는 이유로 이 싸움을 긍정하게 하려는 생각은, 다시 말해 강자의 권리가 사실상 오직 하나의 권리라는 것을 전제한다. 그러나 실제로는 상대의 방어태도가 서툴기 때문이며, 어떤 사람에게 그를 죽일 수 있는 가능성이 주어진다. 그러나 그를 죽일 권리가 주어진 것은 아니다.

그를 죽일 권리가 주어졌다면, 다시 말해서 자기가 도덕적으로 인정을 받는다면, 그것은 자기가 그 사람에게서 생명을 빼앗을 때 따르는 여러 동기에 근거를 둔다고 말할 수밖에 없다. 그런데 이 온갖 동기가 실제로 충분히 존재한다고 인정한다면, 그때에는 자기와 그와의 사격술이나 검술의 우열에 따라 살인을 하느냐의 여부를 놓고 망설일 필요는 조금도 없지 않은가? 더구나 이 경우에 어떤 방법으로 자기가 그의 생명을 빼앗는가, 등 뒤에서 기습을 할 것인가, 정면에서 덤벼들 것인가 하는 것은 어떻게 해도 무방하다. 요컨대 도덕적으로 본다면 살인에서 간사한 꾀를 쓰는 교활한 권리보다 강자의 권리가 반드시 훨씬 우위에 있다고 볼 수 없다. 여기서는 폭력의 권리와 두뇌의 권리는 동등한 위치에 있다. 그러므로 검투나 결투에서, 폭력과 두뇌의 권리를 함께 써도 무방하다. 만일 내가 어떤 사람의 생명을 빼앗는 것이 도덕적으로 인정받고 있다고 믿는다면, 새삼 그가 나보다 검술이나 사격술이 뛰어난 것 같다고 의심하면서도 될 대로 되라고 내버려 두는 것은 어리석은 일이라고 생각한다.

그의 사격술이나 검술이 나보다 뛰어날 때에는 나에게 치명상을 입히거나 목숨까지도 빼앗길지도 모른다. "모욕은 결투가 아니라 암살로 복수해야 한다"는 루소[45]의 의견은 이를 조심스럽게 암시하고 있다.

---

45) 1712~1778. 프랑스의 사상가이자 소설가, 교육 철학자.

그러나 이 경우 그는 거짓말을 했다는 남의 공격을 상대를 암살할 만한 일이라고 인정할 만큼 기사적인 미신에 사로잡혀 있다. 한편 그는 모든 사람이, 아니 자신이 이 비난받을 만한 일을 수없이 하고 있다는 것을 알고 있을 것이다. 같은 무기로 공개적인 싸움을 함으로써 자신을 모욕한 사람을 살해하는 것을 정당화할 수 있다고 생각하는 편견은, 분명히 폭력의 권리를 참된 권리라고 생각하고 결투를 신의 판결로 믿는 것이다.

이와 달리 분노에 불타 자기를 모욕하는 자를 발견하는 대로 단도로 찌르는 이탈리아인의 수법은 변함이 없으며 자연스러운 일이다. 이 이탈리아인은 결투하는 자와 비교하면 한결 사리를 분간할 줄 알고 따라서 질이 그렇게 고약하다고 할 수는 없다.

그러나 결투에서는 내가 적을 죽이려고 할 경우에 적도 나를 죽이려고 애쓴다는 이유로, 자기 행위가 인정된다고 주장하려는 사람이 있다면, 그 도전으로 상대를 정당방위의 위치에 두려는 것은 결국 살인에 대한 그럴듯한 구실을 찾으려는 것밖에 되지 않는다. 그렇다면 차라리 사람들이 서로 합의해 자기 생명을 이 승부에 내건 이상, '자진해서 한 일에 손해란 있을 수 없다'라는 원칙에 따라 변명하는 것도 무방하다고 하는 사람이 있을지 모른다. 그러나 이 추론에 대하여 '자진해서 하는 자'란 있을 수 없다. 왜냐하면 기사적인 명예의 원칙과 반이성적인 법전의 독단적인 결정이야말로 두 결투자들의 쌍방 또는 적어도 한쪽을, 이 피비린내 나는 과격한 종교 재판의 법정에 끌어낸 것이 아니냐하는 반박이 성립되기 때문이다.

나는 기사적인 명예에 대해 상세히 서술했다. 이것은 좋은 뜻에서 한 일이다. 뭐니 뭐니 해도 이 세상에 있는 도덕적·지성적인 괴물을 퇴치하는 유일한 헤라클레스는 철학이기 때문이다.

근대 사회는 주로 두 가지로 고대 사회에 비해 뒤처지는데, 그 두 가지가 있어 근세에는 쓰라리고, 어둡고, 고약한 색채를 주었는 데 비해, 고대는 그런 색채에 물들지 않음으로써 생명의 아침처럼 명랑하고 의젓한 모습으로 서 있기 때문이다.

이 두 가지란, 기사적인 명예 원칙과 성병이다. 이 얼마나 짝이 잘 맞는 형제인가! '투쟁과 애정'에 독을 담은 것이다. 성병은 얼른 봐서는 알 수 없을 만큼 매우 폭넓게 영향을 주고 있다. 그 영향은 결코 육체적인 것에 그치지 않고 정신적인 것이기도 하다.

사랑의 신이 가진 화살통에 독 묻은 화살이 담긴 뒤로 이성 관계에 이질적이고 적의에 찬, 그리고 악마적인 요소가 들어간 결과, 음침하고 두려운 불신이라는 관념이 이 관계에 찬물을 끼얹게 되었다.

그리고 모든 협동체의 기초 의식에서 이러한 변화의 간접적인 영향은 많든 적든 다른 사교 관계에도 미치는 것이다. 그러나 여기서 이것을 설명하려면 내용상 너무 벗어날 우려가 있다.

이 영향과 아주 유사한 것에(그나마 종류가 아주 다른 것이지만) 기사적인 명예 원칙, 즉 어처구니없는 미치광이에 의한 영향이 있다. 이 명예 원칙은 옛날 사람들과는 상관없지만, 현재 사회는 이것이 있기 때문에 딱딱하고 숨 막히는 불안정한 것이 되고, 아무렇지 않은 발언도 하나하나 검토하고 되씹어 보지 않고서는 못 배기게 되었다. 아니, 이 정도로 그치는 것이 아니다. 그 원칙이야말로 고전시대의 미노타우로스[46]와는 달리, 유럽의 모든 국가에서 해마다 지체 높은 집안의 아들들을 공물로 바쳐야 하는 보편적인 미노타우로스인 것이다. 그러므로 이제야 이 괴물에 대하여, 내가 여기서 하듯이 대담한 공격을 해야 할 때다. 원컨대 근대의 이 두 괴물을 19세기를 넘기기 전에 씨를 말리기를!

우리는 성병에 관해서는 의사들이 예방약을 사용해 모조리 없애줄 것이라는 소망을 버리지 않는다. 그러나 그 유령을, 개념을 바로잡아 퇴치하는 것은 철학자의 일이다. 왜냐하면 그것을 법률로 시정하려고 한 각국 정부는 아직 성공할 기미가 보이지 않으며, 특히 앞서 말한 방법만으로는 겨우 그 재앙의 뿌리를 공격하는 데 지나지 않기 때문이다. 그래도 결투제도의 폐지에 대해서 각국 정부가 진지한 태도를 보이고, 그들의 노력으로 거둔 얼마쯤의 성과가 참으로 그들의 무능 때문이라면, 한 가지 법률을 제안하려고 한다.

---

46) 크레타섬의 왕 미노스가 바다의 신 포세이돈에게 바치기 위해 황소가 바다에서 나타나기를 빌었는데, 그 소의 장려(壯麗)한 아름다움을 사랑한 왕비가 소와 교접하여 반인반우(半人半牛)의 괴물 미노타우로스를 낳았다. 왕은 이것을 미궁에 가두고, 자기가 정복한 아테네에서 공물로써 해마다 괴물의 먹이로 젊은 남녀를 7명씩 제공했다.

나는 성공을 확신하며 이것은 피비린내 나는 단두대나 종신금고와 같은 것에 도움을 요청하지 않아도 된다. 게다가 이것은 작고 무척 가벼운, 같은 종류의 병에 유효한 약제이다. 즉, 다른 사람에게 결투를 제의하거나 이에 응하는 자는 중국식으로 한낮에 수위장 앞에서 열두 차례의 태형을, 결투 중개자와 입회자는 각각 여섯 차례의 태형을 받는 것이다.

실제로 일어난 결투의 결과를 위해서는 일반 형법상의 절차를 취할 일이다. 기사적인 생각을 갖고 있는 사람은 내게 항의할지도 모른다. 이런 징벌을 집행한 다음에는 '명예를 존중하는 많은 사람들'이 권총 자살을 할 우려가 있다고 말이다. 그럼 나는 이렇게 대답할 것이다. '그런 어리석은 자는 다른 사람을 사살하기보다는 자기를 사살하는 편이 훨씬 낫다'라고.

결투제 폐지에 대해서 각 정부가 열심히 노력하지 않는다는 것을 나는 알고 있다. 문관의 봉급은 물론이고, 무관의 봉급도(최고의 지위를 제외하고는) 그들의 업무에 훨씬 못 미치는 처지에 있다. 그러므로 나머지 반을 그들의 명예로 지불하는 것이다. 명예는 먼저 칭호와 훈장으로 표시된다. 좀 더 넓은 의미에서는 계급적인 명예로 대표되고 있다. 이 계급적인 명예에서 결투야말로 가장 유용하다. 그러므로 결투는 이미 오래전부터 각 대학은 물론이고 예비학교까지 두고 있는 형편이다. 그럼으로써 결투의 희생자들은 그들의 피로써 봉급에서 부족한 액수를 충당하게 된다.

나는 여기서 한 걸음 나아가서 국민적인 명예에 대하여 언급하고자 한다. 이 명예는 여러 민족 협동체의 일부로서의 어떤 민족 전체의 명예이다. 이 협동체에서는 힘의 법정 이외에는 법정이 없다. 따라서 이 협동체의 각 구성원은 자기 권리를 스스로 보호해야 하므로, 어떤 국민의 명예는 오직 그것이 믿을 만하다는 견해 속에 성립될 뿐이며, 두려운 것이라는 견해에서도 이루어진다. 그러므로 이 명예는 그 권리를 침해하는 자를 내버려 둬서는 안 된다. 국민적인 명예는 시민적인 명예 및 기사적인 명예를 합쳐서 하나로 만든 것이라고 할 수 있다.

명성은 인간이 표상하는 것, 다시 말해 세상 사람들의 눈에 비친 것, 이제까지 이야기해 온 것에서 이루어진다. 이제 우리는 이 명성에 대하여 생각해 보기로 하자.

명성과 명예는 쌍둥이라고 말할 수 있다. 그러나 디오스쿠로이[47] 가운데에서 폴리데우케스는 불사신이었으나 또 하나의 카스토르는 죽어야 했던 것처럼, 명성은 불사신의 형이요, 명예는 결국 죽어야 하는 아우이다. 물론 이것은 다만 명성 가운데에도 최고의 것, 참되고 순수한 명성만 해당된다. 세상에는 여러 가지 아지랑이처럼 수명이 짧은 것도 있으니 하는 말이다.

그래서 좀 더 생각해 보면, 명예는 단지 같은 처지에 있는 사람들이라면 누구에게나 요구하는 성질의 것이지만, 명성은 누구에게서나 요구할 수 없는 독특한 것이다. 또한 명예는 모든 사람들이 버젓이 자기 자신에게도 갖춰져 있다고 말해도 상관없지만, 명성은 누구나 자신에게 스스로 부여할 수는 없는 것이다. 우리의 명예는 소문이 전달되는 범위에 한정되는 반면, 명성은 소문을 넘어서 명성 그 자체로 멀리 퍼지게 된다. 명예는 모든 사람이 요구할 수 있으나, 명성은 특수한 사람에게만 국한된다. 요컨대 명성은 뛰어난 업적으로만 얻을 수 있다. 그리고 이 업적은 행위나 작품이다.

그러므로 명성을 얻는 일에는 두 가지가 있다고 하겠다. 행위나 작품의 길이 그것이다. 행위의 길에는 주로 위대한 심정이 자격을 부여하고, 작품의 길에는 위대한 두뇌가 자격을 부여한다. 쌍방의 길에는 저마다 득실이 있다. 주요한 차이는 행위는 사라지고, 작품은 머물러 있다는 것이다.

가장 고귀한 행위도 한때 영향을 주는 데 그치지만, 천재의 작품은 그와 반대로 오래 남아 모든 시대를 통틀어 세상에 이득을 주고 사람들의 마음을 높은 데로 이끌어 주는 역할을 한다. 행위에 대해서는 추억이 남지만, 추억은 차츰 쇠퇴해 자칫하면 왜곡되고 점점 무관심해진다. 그러므로 역사가 그것을 받아들여서 화석과 같은 형태로 만들어 후세에 전하지 않으면 하나둘씩 사라져 버릴 것이다. 그러나 작품은 그 자체가 불사신이며, 특히 글로 된 작품은 모든 시대를 거쳐서 남게 마련이다. 알렉산더 대왕은 그 이름과 기억이 전해지고 있지만, 플라톤이나 아리스토텔레스, 호메로스, 호라티우스는 그 자신이 오늘날도 살아남아 있는 것처럼 직접 사람들에게 이야기를 걸어온다. 《베다》[48]는 《우파니샤드》와 함께 오늘날도 살아남아 있지만, 그 시대에 일어난 행위에 대해서

---

47) 제우스의 자식들.
48) 인도의 성전.

는 어떤 소식도 전해지고 있지 않다.[49]

행위의 또 하나의 단점은 그것이 기회에 좌우되므로 기회가 우선 행위에 가능성을 주어야 한다는 것이다. 동시에 행위의 명성은 그 내적인 가치에 따라 나타날 뿐만 아니라, 행위에 무게와 빛을 주는 여러 사정에 따른다고 할 수 있다. 그리고 전쟁에서와 같이 행위가 완전히 개인적일 경우에는 명성은 소수 목격자의 진술이 있어야 하는데, 그 목격자는 언제나 존재하는 것이 아니며, 또 있다고 하더라도 언제나 공평하다고 볼 수는 없다.

이와는 달리 행위에는 장점도 있어, 그것이 현실적인 것으로써 일반적으로 사람들의 비판 능력의 범위 안에 있고, 따라서 자료가 올바로 비판되기만 하면 곧 인정받게 된다. 다만 여러 행위의 동기가 훨씬 나중에야 정당하게 인정받거나 평가되는 경우도 있다. 우리가 하나하나의 행동을 이해하기 위해서는 행위의 동기를 이해해야 하기 때문이다.

그러나 작품의 경우는 사정이 다르다. 작품은 어떤 기회에 제작된 것이 아니라 단지 작가 자신과 관계가 있다. 그리고 작품은 그것이 세상에 남아 있는 한, 그 자체 그대로의 모습을 영원히 지니고 있다.

그런데 작품은 비판하기 어려우며 이런 어려움은 작품이 훌륭할수록 더욱 커지는 경향이 있다. 게다가 훌륭한 자격을 갖춘 비판자는 좀처럼 보기 힘들며 공정한 선의의 비판자도 흔치 않다. 작품의 명성은 한 차례의 조사나 심사로 결정되지 않아 흔히 항소심을 거치게 된다.

---

49) 그러므로 오늘날 유행하고 있지만 작품의 명성을 행위로 칭찬하려는 것은 그릇된 생각이며 서투른 아첨이다. 역사 작품은 본디 고귀한 것이다. 행위는 단지 어떤 동기에서 비롯한 행동에 지나지 않는다. 그러므로 그것은 하나하나 사라져 버리며, 또한 세계의 일반적이고 근원적인 요소인 의지에 종속되는 것이다. 그러나 위대하고 아름다운 작품은 보편적인 의미를 갖고 있으므로 영속성이 있으며, 순수한 이 의지의 세계에서 향기롭게 피어오르는 예지로부터 싹튼 것이다.

행위의 명성이 지닌 장점은 금세 폭발적으로 나타나 명성이 대단하면 가끔 유럽 전체에 알려지기도 한다. 그러나 작품의 명성은 서서히 인정된다. 그러므로 처음에는 조용해도 차츰 그 명성이 높아져 100년이 지난 뒤에 정체가 완전히 드러나는 경우도 있다. 그렇게 되면 작품이 존속되는 한, 명성도 오래 지속되어 때로는 몇천 년에 이르기도 한다. 이와 반대로 행위의 명성은 최초의 폭발적인 인기가 사라지면 갈수록 쇠퇴해, 기억하는 사람도 차츰 줄다가 나중에는 다만 역사 속에 유령처럼 남아 있을 뿐이다.

이렇듯 행위에서는 추억만이 후세에, 그것도 그 시대에 전해진 대로 전해지지만, 작품은 이와 달리 그 자체가 후세에까지, 때로는 유실된 일부로 되어 있는 경우도 있으나, 있는 그대로의 모습으로 남아 있다. 그리고 여기에는 자료 왜곡도 없고, 그 작품이 제작된 당시 환경의 불리한 영향도 후세에 와서는 사라져 버린다. 오히려 시간이야말로 차츰 소수나마 참된 자격을 가진 비평가들을 낳는다. 이 비평가들은 그 자신이 이미 뛰어난 인물이고 예외적이며 비범한 인물인 작가를 심판하게 된다. 이런 비평가들이 뒤를 이어 작품에 유력한 투표를 하게 된다.

그래서 때로는 몇백 년 뒤에 가서야 비로소 작품에 정당한 평가를 내리는 경우도 있으며, 이때는 어떤 후세 사람도 뒤집을 수 없이 완벽하게 올바른 판결이 내려지는 것이다.

작품의 명성은 이처럼 확실한 것으로, 아무도 가로막을 수 없다. 그러나 작가가 살아 있는 동안에 얻은 명성은 외부적인 사정과 우연에 따른 것으로, 이런 경향은 작품이 훌륭하고 난해할수록 있을 수 없는 일이다. 이에 대하여 세네카는 《서간집》(79)에서 매우 간결하게 말하고 있다.

공적에 언제나 명성이 따르는 것은 육체에 그림자가 따르는 것과 같다. 그런데 그 그림자도 때로는 앞서기도 하고 때로는 뒤에서 따라오기도 한다.

그는 이렇게 말하고 나서 다음과 같이 덧붙였다.

그대와 같은 시대에 사는 모든 사람들에게 질투가 침묵을 명할 경우에도, 적의를 편견 없이 평가하는 사람이 나타날 것이다.

여기서 아울러 해야 할 추론이 있다. 그것은 비열하고 흉악한 것을 두둔하고 선량한 것을 대중에게 숨기기 위해, 악의에 찬 침묵과 묵살로써 공적을 억압하는 기술이 벌써 세네카 시대의 인간 찌꺼기들 사이에 흔히 사용되어 왔으며, 이것은 마치 우리 시대의 저들과 비슷한 것으로, 양자가 다 질투가 입을 틀어막고 있었던 것으로 생각된다.

흔히 명성이 지속되는 시간이 길수록 더디 나타나는 것은, 마치 우수한 모든 것이 서서히 자라는 것과 비슷하다. 죽은 뒤에 얻으려는 명성은 참나무가 씨앗에서 서서히 자라는 것과 같고, 가볍고 일시적인 명성은 1년생으로 재빨리 자라는 나무와 같으며, 거짓 명성에 이르러서는 금세 우거지는 잡초와 같다고 할 수 있는데, 이 잡초는 베어서 내버려지게 마련이다.

이런 경향은 본디 먼 훗날을 내다볼수록, 다시 말해서 그 사람이 참으로 인류에게 공헌하는 바가 클수록 본인의 당대에는 더욱 인정을 받지 못하는 법이다. 그것은 그가 제작한 것이 그 시대를 위해서가 아니라, 다시 말해 그 작품이 오롯이 당대에 속하는 것이 아니라 인류에게 속한다는 의미에서만 당대에도 속하는 데 지나지 않으며, 그 시대에 국한된 색채로 칠해져 있지도 않기 때문이다.

그러므로 자칫하면 그 시대는 그의 존재를 모르고 지나가 버린다. 아니, 오히려 그 시대는 짧은 기간의 여러 사건이나 어느 순간적인 기분에 영합하는, 따라서 온전히 그 시대에 속하여 당대와 함께 살다가 죽어가는 사람들을 존중하는 경향이 짙다. 그러므로 예술사나 문학사는 모두 인간 정신의 최고 업적들이 흔히 환영받지 못하고, 훨씬 뛰어난 정신의 소유자들이 나타나기까지 오랫동안 불우한 가운데 묻혀 있었다는 사실을 가르쳐 주고 있다.

이들은 그 최고의 업적으로 명성을 얻고, 그 명성에서 얻은 권위로 후세에까지 자기를 지켜 나간다. 이것은 누구나 자기와 동질적인 것만을 이해하고 평가할 뿐이기 때문에 일어나는 현상이다. 즉 평범한 사람에게는 평범한 일이, 저열한 사람에게는 저열한 일이, 그리고 머리가 명석하지 못한 사람에게는 혼돈이, 모자라는 사람에게는 무의미한 일이 저마다 동질적인 것으로 일어난다.

그러므로 각자에게 가장 마음에 드는 것은, 자신이 제작한 것이라는 말이 된다. 바로 그것이 그와 가장 동질적인 것이기 때문이다. 그래서 옛날의 전설적인 인물인 에피카르모스[50]도 이렇게 노래하고 있다.

조금도 놀랄 건 없다. 나는 내 생각을 말하고,
그들은 자기 자신이 제 마음에 들어 의기양양한 것뿐이다.

---

50) 그리스의 희극 시인.

그들은 자기가 실로 훌륭하게 보이는 것이다.
개에게는 개가,
그야말로 가장 아름다운 것……. 짐짓 그렇다, 소에게는 소가,
노새에게는 노새가, 돼지에게는 돼지가.

팔의 힘이 아무리 강해도 흐늘흐늘한 물체를 집어던지게 되면, 멀리 날아가서 심하게 부딪칠 정도의 운동을 일으킬 수 없다. 이것은 이 물체의 질량이 외부의 힘을 받아들이기에 부족하기 때문이다. 그리고 쓸데없이 가까운 곳에 떨어져 버리는 것처럼, 위대한 사상이나 천재의 걸작은 이를 이해할 만한 사람을 만나지 못하고 편협하고 빈약하거나 비틀린 사람들만 대하게 되면 이와 비슷한 비운에 빠져 버린다.

이런 일을 한탄이나 하듯, 모든 시대의 현자들은 이구동성으로 같은 말을 되풀이하고 있다. 예컨대 예수스 시라크는, "어리석은 자와 이야기하는 사람은 잠든 자와 이야기하는 것과 같다. 그가 이야기를 마치면 '뭐라고 했지요?' 하고 반문한다"고 말했다.[51] 그리고 햄릿은, "독설도 어리석은 자의 귓속에서는 잠을 잔다"고 했다. 또한 괴테는 이렇게 말했다.

아무리 현명한 말도 멸시와 조소를 받을 것이다.
그 말을 듣는 자의 귀가 멍들어 있으므로.

그리고 다시,

그대 애쓴 보람도 없이
상대는 아무 반응도 없네.
……바람직한 일 한두 가지 아니거늘!
질퍽한 땅에 돌을 던진들
파문을 그릴 리가 없고…….

---

51) 《위경(僞經)》 2818.

리히텐베르크는 물었다.

"두뇌와 책이 부딪쳐서 동시에 공허한 소리를 내면, 그 소리는 언제나 두뇌에서 나오는 것으로 알면 되지 않을까?"

이어서 그는 말을 이었다.

"그런 저작은 거울이다. 원숭이가 들여다보는데, 사도(使徒)가 나타나 보일 리 없지."

또한 여기에 대한 겔레르트[52]의 아름답고 비통한 한탄은 자주 떠올릴 만한 가치가 있다.

> 자칫 훌륭한 선물이
> 들어 있는 경우가 매우 드물고,
> 거의 모든 사람들은
> 추한 것을 아름답게 본다.
> 이런 폐단은 날마다 볼 수 있으나
> 이 흑사병을 어떻게 막을 수 있으랴?
> 나는 의아하게 생각한다. 이런 재앙이
> 세상에서 없었던 적이 있었던가를.
> 만일 세상에 그 길이 있다고 하더라도
> 그것은 어렵기 한량없으리.
> 어리석은 자들이 모두 지혜로워지기를 바란들
> 그것은 있을 수 없는 일.
> 저들은 사물의 가치를 모르나니
> 눈으로 볼 뿐, 마음으로 보지 못하며
> 저들이 찬양하는 것이 있어도
> 좋고 나쁨을 분간 못하니 어찌하랴.

인간의 이런 지적인 무능 때문에 결국 괴테가 말했듯이 뛰어난 것은 좀처럼

---

52) 1715~1769. 독일의 철학자, 시인 겸 평론가.

알아보지 못하며, 그것을 올바로 인식하거나 평가하는 일은 드물다. 다른 분야에서도 그렇지만 여기서도 이 무능에 다시 인간의 도덕적인 열등함까지 곁들이게 된다. 더욱이 그것은 질투로 나타난다. 어떤 사람은 얻은 명성으로 남들에게 돋보이기 때문이다. 다시 말해 다른 사람들은 그 아래 처지게 되는 것이다. 즉 각각의 뛰어난 공적은 그것을 지니지 않은 사람을 발판으로 해서 명성을 얻는 것이다.

> 우리가 어떤 사람에게 명예를 줄 때
> 스스로 자기 품위가 떨어지게 마련이거늘.
>
> —《서동시집》

이 시구가 말하고자 하는 바는 뛰어난 것이 나타나면 곧 평범한 많은 사람들은 그것을 인정하지 않으려고 하며, 가능하면 그것을 짓밟아 버리려고 단결하고 결탁한다는 것이다. 그들이 몰래 주고받는 말인즉 '공공의 적을 물리쳐라!'이다. 그리고 자기 공적으로 이미 명성을 얻은 사람들도 새로 명성을 얻는 자가 나타나는 것을 반가워하지 않는다. 이 새로운 명성이 가진 눈부신 빛 때문에 그의 명성이 가려지기 때문이다. 괴테는 이렇게 노래했다.

> 사람들이 내가 태어나기를 바랄 때까지
> 내가 머뭇거리고 있었던들
> 아직도 나는 세상의 햇빛을 보지 못했을 것이다.
> 저마다 자기를 돋보이기 위함이니,
> 나를 거부하려는 사람들이
> 나에게 무엇을 하였는지,
> 당신도 자주 보아서 아는 바이니…….

명예는 대부분 공정한 심판자를 발견하므로, 어떤 질투도 이를 위협하지 못한다. 그뿐만 아니라 명예는 모든 사람들에게 미리 신용으로 주어지는 것이지만, 명성은 질투 같은 것은 신경 쓰지 말고 쟁취해야 하며, 호의적이지 않은 심판자들의 법정이 월계관을 씌워주지 않을 수 없게 해야 한다. 명예는 우리가 모든 사람들과 함께 소유할 수 있고, 또 소유하려고 하지만, 명성은 이것을 소유할 수 있는 사람들에 의해서 저마다 삭감을 당하거나 저해되기 때문이다.

저술로 명성을 얻는 어려움은, 독자층의 수에 반비례한다. 그 이유는 곧 알 수 있을 것이다. 그러므로 그 어려움은 오락물 저술에서는 줄어들지만, 교훈을 위주로 하는 저술에서는 한층 늘어난다. 그 가운데에서 가장 어려운 것이 철학적인 저술이다.

철학적인 저술이 제시하는 교훈은 한편으로는 신빙성이 적어 보이고, 한편으로는 물질적인 혜택을 가져오지 못하며, 또 이런 책은 가장 먼저, 잔소리가 많은 경쟁자들로 늘어난 독자층에서 나타나기 때문이다.

앞서 말한 여러 저해 요인에서 분명히 알 수 있는 것은, 명성을 얻는 데 장해가 되는 책을 쓰는 사람들이 책 자체에 대한 애정이나 자기만족에서 펜을 드는 것이 아니라 주로 명성을 얻기 위해 쓴다면, 인류는 불멸의 저술을 거의 갖지 못하거나 전혀 갖지 못할 것이다. 그뿐만 아니라 선과 정의를 북돋고 악을 기피해야 하는 사람은 대중 및 그들과 맞장구를 치는 비판에 항거하고, 그들을 경멸하게 마련이다. 명성은 그것을 구하는 자를 멀리하고 등한시하는 자의 뒤를 쫓는다는 견해, 특히 오조리우[53]가 《명성에 대하여》 속에서 주장한 경고는 정당한데, 그것은 이에 입각한 것이다. 명성을 구하는 사람은 동시대 사람들의 취미에 아첨하기 때문에 도리어 명성을 잃게 되고, 명성을 거들떠보지 않는 사람은 명성에 거역하기 때문에 오히려 참된 명성을 얻게 된다.

명성을 얻기란 매우 어렵지만, 명성을 유지하는 것은 쉽다. 이 점에서도 명성과 명예는 대조적이다. 명예는 신용 때문에 모든 사람에게 주어지며, 이 경우에 이들은 이것을 유지하기만 하면 된다. 그러나 여기에 바로 어려운 문제가 있다. 왜냐하면 명예는 한 번이라도 비루한 행위가 있으면 곧 사라져 버리기 때문이다.

그러나 명성은 반대로 본디 소멸되는 것이 아니다. 왜냐하면 일단 명성을 얻은 행위나 작품은 언제나 그대로 남아 있으며, 그 명성에 새로운 명성이 더해

---

53) 1506~1580. 포르투갈의 철학자.

지지 않더라도 그 행위자 또는 작가에게 밀착되어 있기 때문이다. 그런데 만일 명성이 실제로 소멸되었고 본인이 살아 있을 동안에 사라져버렸다면, 그것은 참된 의미의 명성이 아니다. 다시 말해서 가치 없는 명성이었기에 순간적으로 뒤집어썼다고 할 수 있다. 그것이 헤겔[54]이 지녔던 명성은 아니라고 하더라도, 리히텐베르크가 명예에 부여한 정의와 같은 것이기 때문이다. 그는 다음과 같이 말했다.

편파적인 대학 졸업 사정회의에서 고취되고, 텅 빈 두뇌의 소유자들이 갈채를 보내는 명성은, 후세에 사탕발림으로 세운 건물이나 이미 사라진 유행의 화려하지만 속이 빈 누각이다. 낡아빠진 궤변으로 가득 찬 집 문을 두들겼을 때에, 모든 방이 비어 있는 것을 발견하고, '어서 오십시오!' 하고 자신 있게 말할 수 있는 최소한의 사상도 찾아볼 수 없었다면, 후세 사람들은 얼마나 씁쓸하게 웃을 것인가?

명성은 본디 어떤 사람을 다른 사람들과 비교하는 데서 생기는 것이다. 그러므로 명성은 본질상 상대적이며, 따라서 상대적인 가치를 지녔을 뿐이다. 즉 다른 사람들이 모두 유명해지면, 명성은 결국 사라지게 마련이다. 절대적인 가치를 갖고 있는 것은 어떤 처지에서나 영구불변하는 것, 직접 자신으로서 지니고 있는 실체이다. 그러므로 위대한 마음가짐이나 뛰어난 두뇌의 가치와 행복은 이 절대적인 가치 속에 있다. 즉, 명성이 가치로 충만한 것이 아니라 그것으로써 인간이 명성을 얻는 것이 가치로 충만해 있는 것이다. 이런 가치로 충만한 것이 사물의 실체이며, 명성은 이에 따르는 현상에 지나지 않는다.

그러므로 이 명성은 유명한 사람들에게 주로 외면적 상징으로 작용하며, 사람들은 이것을 자기 자신에게 독특한 높은 가치의 보증이라고 생각한다. 따라서 광선이 어떤 물체에 반사하지 않으면 볼 수 없는 것과 마찬가지로, 모든 뛰어남도 명성으로 비로소 확인할 수 있는 것이다.

그러나 명성이라고 해서 반드시 다 근거가 있다고 할 수는 없다. 세상에는 공

---

54) 1770~1831. 독일의 철학자.

적이 없는 명성도 있고, 명성이 없는 공적도 있다. 그러므로 "몇몇 사람은 유명하고, 다른 사람들은 유명해질 만한 가치가 있다"고 한 레싱의 말은 옳다.

그리고 어떤 사람이 가치가 있고 없음이 그가 남의 눈에 어떻게 보이느냐에 따라서 결정된다면 그야말로 하찮은 일일 것이다. 마찬가지로 비참한 존재가 영웅이나 천재가 만들어지는 생명이었다면, 만일 그들 생명의 가치가 명성에, 즉 타인의 박수갈채 속에 성립된다면 말이다. 그러나 그런 실체는 자신 속에서 자기를 위해 살고 또 존재한다. 그것이 어떤 성질과 형태의 것이든, 참된 자아는 그가 무엇보다 먼저 추구하는 것으로서 이것은 자신을 위하는 길이기도 하다. 만일 그것이 자기에게 그다지 가치 없는 것이라면, 다른 사람에 대해서도 보잘것없는 것이다.

이와 반대로 남의 머릿속에 들어있는 그의 본체의 영상은 이차적인 것, 유도된 것, 그리고 우연에 맡겨진 것으로, 간접적으로만 본체에 다시 작용하는 데에 지나지 않는다. 그리고 대중의 두뇌는 참된 행복이 머물기에는 너무나 빈약한 무대이다. 오히려 거기서는 어떤 환영과 같은 행복이 발견될 뿐이다.

그러나 일반적인 명성의 그 전당에는 얼마나 많은 놈팡이들이 득실거리는 것인가! 장군들과 대신들, 의사, 요술쟁이, 무용가, 백만장자, 유대인들……. 그렇다, 이들의 장점은 정직하게 평가되는 정신적인 장점보다도, 특히 고귀한 종류의 장점보다도 훨씬 많은 '존경'을 찾아볼 수 있다. 그런데 정신적인 고귀한 장점은 대다수 사람들에게서는 '여론에 의한 존경'을 받을 뿐이다. 그러나 행복론적인 관점에서 명성은 우리의 자랑과 허영심을 위해서는 매우 귀중한 음식임에 틀림이 없다.

그런데 자랑이나 허영심은 대부분의 인간이 숨겨놓고 있기는 하지만, 넘칠 정도로 많이 갖고 있다. 그리고 아마도 그것은 명성을 얻을 만한 자격을 갖추고 그 가치를 시험해, 승인을 얻을 수 있는 기회가 찾아올 때까지 대체로 오랜 세월을, 자기 가치에 대하여 불안정한 의식을 가지고 살아가는 사람들의 마음속에 강하게 작용하는 법이다. 그들은 그 시기가 찾아올 때까지는 어떤 은밀한 부정(不正)에 시달리는 듯한 심정을 지니고 있을 것이다.[55]

---

55) 우리의 가장 큰 만족은 칭찬을 받는 데서 얻을 수 있지만, 칭찬하는 자는 모든 이유가 갖춰져 있더라도 좀처럼 남을 칭찬하기를 달가워하지 않는다. 그러므로 뭐니 뭐니 해도 자기 자

그러나 이 장의 처음에서 설명한 대로, 대부분의 경우 인간이 자기에 대한 타인의 견해에 치중한 가치는 전혀 균형이 잡히지 않은 비합리적인 일이다. 홉스[56]는 이에 대하여 어느 정도 정당하게 강조하고 있다.

모든 마음의 즐거움과 쾌락은 사람들이 자기를 타인과 비교해 스스로 위대하다고 생각할 수 있는 데서 비롯된다.[57]

이 말은 사람들이 일반적으로 명성에 두는 높은 가치와, 언젠가는 명성을 얻으려는 소망을 위해 바치는 희생을 설명해 주고 있다.

명성은 마음을 자극해 쾌락을 비웃고
괴로운 나날을 살아 나가게 하는 박차.
(그러나 고귀한 심정의 약점인 것을)

마찬가지로,

기어오르기가 얼마나 어려운가.
저 높은 곳에 자랑스러운 명성이 빛나네…….

끝으로, 이 때문에 모든 국민 가운데서 누구보다 허영을 좋아하는 국민이 언제나 '허영'을 입 밖에 내고, 이것을 주저 없이 위대한 행위나 작품에 대한 주요 요인으로 간주하는 것을 분명히 알 수 있다.

명성은 분명히 이차적인 것이며, 공적의 단순한 반응, 영상, 그림자 또는 상징에 지나지 않는다. 어떤 경우에도 칭찬받는 자는 칭찬 자체와 비교하면 더 많은 가치를 갖고 있을 터이므로, 인간을 참으로 행복하게 하는 것은 명성 속에

신을 정당하게 칭찬하는 데 성공한 사람이야말로 가장 행복한 자이다. 다만 이런 사람도 다른 사람의 견해에 미혹되어서는 안 된다.
56) 1588~1679. 영국의 철학자.
57) 《시민론》 제1권 제5장.

존재할 수 없으며, 명성을 얻게 되는 것, 즉 공적 안에, 좀 더 자세히 말하면 공적이 생길 수 있는 이런저런 능력(이것이 도덕적인 것이건든, 예지적인 것이든) 안에 존재할 수 있다. 인간은 자신을 위해 최선을 다하며, 그 최선의 것이 다른 사람들의 머리에 어떻게 반영되며, 또 그가 다른 사람들의 견해 속에서 어떻게 생각되고 있는가는 이차적인 일로서, 그에게는 단지 거기에 따르는 흥미가 있을 뿐이다.

그러므로 명성을 얻지 않은 채 명성을 얻기에 부족함이 없는 인물이 가장 소중한 것을 소유하고 있는 사람이며, 그에게 어떤 무엇이 결여되어 있더라도 그 소중한 것을 소유하고 있기에 체념할 수 있다. 즉 어떤 사람이 분별 없고 때때로 기만당한 대중으로부터 위대한 인물로 생각되는 것은 부러운 일이 아니며, 그가 참으로 위대한 인물이 되는 것이야말로 그를 부러워할 만한 가치가 있는 인간으로 만든다.

그리고 가장 큰 행복이란 후세 사람들이 그에 대해 이야기하는 것이 아니라, 그의 안에 수천 년을 통해 보존되고, 아직도 생각해 볼 만한 가치가 있는 견해를 얻을 수 있는 그릇을 지니는 것이다. 또한 이 행복은 그들로부터 빼앗을 수 없다. 이것이야말로 '우리를 위한 것'이며, 앞서 서술한 다른 것은 '우리를 위하지 않는 것'이다. 이 말을 뒤집으면, 칭찬 자체가 소중하다면 칭찬받는 것은 그만한 가치가 없다는 것이다.

이 행복은 사상 속에 성립되었던 것이다. 그 사상을 고찰하는 것이 무한한 미래에 걸쳐 가장 고귀한 정신을 소유한 사람들의 사명이며, 또한 즐거움도 된다. 즉, 죽은 뒤의 명성이 지닌 가치는 이 명성에 해당되는 것 속에 있으며, 또한 그 명성에 해당된다는 것 자체가 그에게 가져오는 보상이기도 하다.

그런데 사후에 명성을 얻은 작품이 그렇다면, 때로는 생전에 같은 시대 사람들로부터도 명성을 얻고 있었느냐 하는 것은 우연한 일에 지나지 않으므로 그다지 의미를 갖지 못한다. 아무튼 인간은 대부분 자기의 판단은 갖고 있지 않으며, 특히 고귀하고 난해한 업적에 대해서는 평가할 수 있는 능력이 없다. 따라서 이 경우에 그들은 언제나 타인의 권위를 좇으며, 높은 명성은 100명의 찬미자 가운데 99명까지는 그저 타인의 권위를 따른 결과이다.

그러므로 동시대 사람들의 요란한 칭찬도 생각이 깊은 사람에게는 얼마쯤의 가치를 갖고 있을 뿐이다. 이것은 그들이 큰 갈채 속에서 언제나 몇몇 사람의 목소리만을 듣고 있기 때문이며, 이 소수의 목소리까지도 그 말의 바람결에 크게 좌우되기 때문이다. 청중은 몇몇을 제외하고는 귀머거리이며, 그나마 서로 자기들의 결함을 감추려고 한 사람의 두 손이 움직이자 곧 열심히 박수를 치는 자들만으로 이루어져 있다. 이 사실을 알고 있다면 이런 청중의 갈채가 있었다고 해서 명인이나 대가로 자타가 공인하는 자로서 거기 동조할 수 있겠는가? 더구나 그 박수를 인도한 사람이 서투른 바이올리니스트에게 터무니없는 갈채를 보내려고 미리 매수해 두는 일이 수두룩한 것을 알고 있으면서 말이다. 이것으로써 같은 시대의 명성이 사후의 명성으로 이어지는 일이 드문 이유를 알 수 있을 것이다.

그러므로 달랑베르[58]는 문단에서 얻는 명성을 사원에 비유해 이처럼 아름답게 묘사하고 있다.

사원 안에는 죽은 훌륭한 사람들이 살고 있다. 그러나 그들은 살아 있는 동안에는 들어갈 수 없었다. 그 밖에 산 사람이 두어 명 있기는 한데, 이들은 죽으면 반드시 쫓겨날 것 같다.

조금 다른 이야기일지 모르지만 여기 몇 마디 서술하고 싶은 것은, 어떤 사람을 위해 살아 있을 동안 덕을 기리는 비를 세우는 것은, 그에 대하여 후세에는 믿을 수 없다고 말하는 것과 마찬가지이다. 그러나 어떤 사람이 살아 있는 동안에 사후에 떨치게 되리라고 생각하는 명성을 받게 되더라도, 아직 노령에 이르기 전에 명성을 얻는 것은 드문 일일 것이다. 아마도 이런 관례를 깨뜨리는 일은 예술가나 시인들에게는 있을지 모르지만, 철학자에게는 매우 드물다.

이 관례의 증거가 되는 것으로, 자기 작품으로 유명해진 사람들의 초상화가 있다. 대부분의 경우 이런 초상화는 그들의 이름이 세상에 알려진 뒤에 그린 것으로, 나이 먹은 백발의 모습을 띠는 것이 보통이다. 철학자들은 더욱 그렇다.

---

58) 1717~1783. 프랑스의 수학자이며 철학자.

행복론적으로 생각하면, 이렇게 되는 것은 마땅한 일이다. 젊음과 명성이 한꺼번에 찾아들면, 인간에게는 지나친 복이다. 보통 우리의 생애는 자기의 보물을 여간 알뜰히 꾸려나가지 않으면 유지할 수 없을 만큼 짧다. 젊음은 그 자체가 보물로 가득 차 있으므로, 그로써 족하다. 그러나 늙어서 겨울나무처럼 모든 향락도 기쁨도 사라져 버렸을 때는, 명성의 나무가 겨우 한여름의 상록수처럼 자라는 데 적절한 시기이다. 이것은 또한 여름에 자라서 겨울에만 보는 늦배(冬梨)의 열매와 비교할 수도 있다. 늙으면 젊은 시절에 낼 수 있는 모든 힘의 성과를 여러 작품으로 완성하는 것 이외에 더 아름다운 위로는 있을 수 없다. 그 작품은 함께 나이를 먹는 일이 없다.

그런데 여기서 과학에서 사람들이 명성을 얻는 여러 과정을 좀 상세히 관찰하려고 한다. 먼저 이런 법칙을 세우기로 하자. 즉, 과학으로 얻을 수 있는 명성으로 나타나는 지정적인 우월성은 언제나 자료에서 새로운 체계의 형태로 표시된다.

이 자료에는 여러 가지가 있는데, 그 체계화로 얻어지는 명성은 자료 자체가 일반적으로 알려져 있을수록, 그리고 모든 사람들에게 알기 쉬울수록 더욱 커지고 널리 알려질 것이다. 예컨대 자료가 2, 3의 수 또는 곡선에 관한 것이거나, 어떤 특수한 물리학적·동물학적·식물학적, 그리고 해부학적 사실에 관한 것이거나, 고대 저술가들의 몇몇 잘못된 곳, 또는 반쯤 소멸되었거나 알려지지 않은 문자가 적힌 비명(碑銘)에 관한 것이거나, 역사에 알려지지 않은 여러 가지 잘못이 있었다면, 그 자료를 바로잡는 데서 얻는 명성이 자료 자체를 알고 있는 사람들 그 밖에는 그다지 알려지지 않을 것이다. 그리고 자료를 알고 있는 사람들이란, 얼마 되지 않는 소수로 은퇴했지만, 특히 자기들 전문 분야의 명성을 부러워하는 자들이다.

그러나 이와는 달리 온 인류가 알고 있는 자료, 이를테면 인간의 이해력 또는 정의(情意)의 본질적이고 보편적인 여러 가지 성질, 또는 온갖 자연의 힘으로, 그 작용의 현상이 우리의 눈앞에 있는 것, 또는 누구나 알고 있는 일반 자연의 운행이라면 분명히 요점을 파악해 체계를 세움으로써, 그런 현상을 밝힌 데서 오는 명성은 시간이 흐름에 따라 확대되고, 개화된 거의 모든 인류에게 미칠 것이다. 아무튼 자료가 누구나 알기 쉬운 것이라면, 그 체계화된 것도 대부분은 누구나 알기 쉬운 것이기 때문이다.

그러나 이 경우에 명성은 다만 어려움을 극복한 것에 부합되는 것이리라. 즉, 자료가 일반적으로 알려져 있는 만큼 이것을 새롭고 정당한 방법으로 체계를 세운다는 것은 그만큼 어려운 일이며, 또 이런 일에 대해서는 이미 많은 사람들이 탐구해서 이런 자료들의 온갖 체계화를 잘 이루어 놓았기 때문이다.

그러나 대중에게 알려져 있지 않은 자료로서 힘에 겨운 길을 더듬어야만 한다면, 좀더 새로운 체계를 세울 수 있는 여지가 있다. 이런 것이라면 다만 정직한 이해력과 건전한 판단력, 즉 적당한 정신적 우수성을 갖고 일을 해 나가면 새롭고 올바른 체계를 세울 수 있는 행운을 차지하기는 쉽다.

그러나 이렇게 해서 얻은 명성에는 자료가 알려진 범위와 거의 같은 한계가 있을 것이다. 그리고 이런 종류의 문제 해결은 자료의 지식을 얻는 데도 반드시 많은 연구와 노력이 필요하다. 그런데 앞에서 말한 종류의 자료로 가장 높고 또 넓은 명성을 얻을 수 있는데도, 그 자료는 쉽게 손에 넣을 수 있다. 그러나 이 나중 것은 힘은 덜 들지만, 그만큼 훨씬 많은 재능, 아니 천재성을 필요로 한다. 그리고 가치와 가치 평가에 대해서는 어떠한 노력으로 이룬 작품이나 연구도 재능과 천재와는 비교가 되지 않는다. 앞서 말한 것으로 추론할 수 있는 것은, 자기가 정통한 이해와 올바른 판단을 갖고 있다는 것은 인정하지만, 최고의 정신력을 타고난 것에 대하여 자신이 없는 사람은 많은 연구와 번거로운 노력을 싫어해서는 안 된다는 것이다.

사람은 많은 연구와 끊임없는 노력을 통해서만 배우고 알게 될 뿐만 아니라, 일반 사람들에게 알려진 자료를 갖고 있는 많은 사람들보다 뛰어나게 되기 때문에, 새로 창조할 줄 모르는 노력가들이 다다를 수 있는 지점보다 훨씬 먼 곳까지 깊이 탐구할 수 있다. 이런 영역에서는 경쟁자의 수가 무척 줄어들게 되므로, 조금만 뛰어난 머리를 갖고 있으면 결국 자료의 새로운 체계를 올바로 세울 수 있는 기회를 찾아낼 것이다. 그가 발견한 공적은 입증하기 어려운 것이 될 테지만, 이와 같은 전문지식의 소유자들인 그의 동료들로부터 얻은 명성은 일반 대중에게는 멀리서 바라보일 뿐이다.

그런데 여기서 암시되는 길을 끝까지 더듬어 가려고 생각한다면, 자료를 얻기가 무척 어렵기 때문에, 그 자료를 체계화하지 않더라도 자료만으로도 명성의 기반을 만들 수 있는 지점이 나타난다. 거의 아무도 찾아간 일이 없는 먼 나라들의 여행 같은 것도 이런 이유로 하는 것이다. 즉, 이때 그는 구경한 것만으로도 유명해질 수 있지만, 생각한 적도 없는 그런 것으로는 유명해지기가 어렵다.

이 길의 또 하나의 장점은 생각한 것보다 본 것이 남에게 전하기 쉽고 이해도 쉽게 하게 된다는 것이다. 그러므로 생각한 것보다도 본 것에 대해서는 훨씬 많은 독자를 얻게 될 것이다. 이미 아스무스[59]는 이렇게 말했다.

누구든지 여행을 하면 이야깃거리가 생길 것이다.

그러나 이런 일로 널리 알려진 사람들과 개인적으로 가까워졌을 때, 가끔 생각나는 호라티우스의 말이 있다.

바다를 건너가는 사람은
하늘은 바꾸지만, 마음은 바꾸지 못한다.

—《서한집》

다른 관점에서 보면, 보편과 전체에 관한 위대한, 따라서 매우 어려운 여러 가지 문제를 해결하는 데 그 사람이 아니면 안 되는 그런 고귀한 온갖 능력이 주어진 두뇌를 가진 사람은 시야를 되도록 여러 방면으로 돌려 널리, 그리고 고루 확대해 나가는 것이 좋다. 이런 사람에게는 매우 소수의 사람밖에 모르는 어느 하나의 영역에만 너무 깊이 파고드는 것은 권하고 싶지 않다. 다시 말해서, 어떤 특수한 과학 분야에 깊이 들어가거나 세밀한 학술 연구에 몸담는 일은 시키고 싶지 않다. 왜냐하면 그는 경쟁자들의 혼잡을 피해 손에 넣기 어려운 대상에 얽매일 필요 없이, 오히려 모든 사람의 눈앞에 존재하는 것이 그에게 새롭고 중요한 참된 체계를 이루는 소재가 되므로, 그의 공적은 자료를 잘 이해하는 모든 사람들, 즉 인류 대부분의 사람들로부터 존경을 받을 수 있

---

59) 독일의 시인 마티아스 클라우디우스(1740~1815)의 필명.

기 때문이다. 시인이나 철학자들이 얻은 명성과 물리학자나 화학자, 광물학자, 동물학자, 언어학자, 역사학자들이 얻게 되는 명성의 차이는 여기서 비롯된다.

윤리에 대하여

덕은 천재와 마찬가지로 가르쳐서 되는 성질의 것이 아니며, 우리가 덕에 대해 생각하더라도 실제로 덕을 실천으로 옮기게 되지는 않는다. 예술 기법과 마찬가지로 덕은 도구 역할밖에 하지 못한다. 도덕적 주장이나 윤리학이 덕스러운 인간과 고결한 인간 또는 성스러운 인간을 만들 수 있으리라고 믿는 것은, 미학이 시인이나 조각가, 화가, 음악가를 낳는다고 생각하는 것처럼 어리석은 일이다.

'인간의 행위는 세 가지 기본 바탕 위에서 일어난다. 첫째는 자신의 이익을 바라는 이기심, 둘째로 남의 손실을 바라는 배타심, 셋째는 남의 행복과 이익을 바라는 동정심에서이다. 동정심이 발전하면 고귀하고 너그러운 덕성이 길러진다. 그러므로 인간의 모든 행위는 이 세 가지 원천의 하나 또는 둘로 결론지어 말할 수 있다.'

이기심

인간의 이기심은 참으로 무섭다. 우리는 예의라는 것을 생각해 내어 마치 음부처럼 그 이기심을 숨겨두려고 하지만, 이기심은 언제나 껍질을 뚫고 나와 다른 사람을 새로 사귈 때마다 상대를 이용해 자기의 무수한 계획 가운데 하나라도 이용하려는 본능을 드러낸다. 다른 사람을 대할 때 우리는 먼저 상대가 자기에게 어떤 이득을 줄 수 있는지 생각한다. 만일 이득을 주지 못한다고 생각하면 곧 가치 없는 사람으로 여겨 무시해 버린다. 뿐만 아니라 다른 사람도 이런 생각을 한다고 추측해 다른 사람의 충고나 권고를 듣게 될 때 상대가 자기 이익을 염두에 두고 하는 말이라고 생각되면, 자기를 도구로 삼으려 한다고 단정하여 그의 말을 믿지 않는다. 또 그 말은 순수한 이성의 목소리가 아닌 무슨 꿍꿍이속에서 나온 것이라고 여기게 된다.

이기심은 그 본질상 끝이 없다. 즉 인간은 자기 삶을 유지하고 구차함에서 벗어나려는 절대적 욕구를 가지고 기대할 수 있는 가장 큰 안락을 확보하려 한다. 그리고 쾌락을 염두에 두고, 여러모로 머릿속에 그리며 온갖 향락을 누리려 한다. 만일 이 이기심과 욕구의 대상 사이에 어떤 장애가 생기면 불쾌감을 느끼거나 증오와 분노를 일으켜 그것을 없애려고 한다.

인간은 되도록 모든 일을 즐기고 모든 것을 소유하려고 하며, 만일 불가능하면 적어도 그것을 자기 지배 아래 두려고 한다.

'나에게 모든 것을 다오. 다른 사람은 아무것도 갖지 못해도 상관없다.'

이것이 인간의 표어이다. 인간의 이기심처럼 큰 것이 없다. 우주도 그것을 다 포용하지 못한다. 누구에게나 물어보라.

'만일 우주의 멸망과 당신의 멸망 가운데에서 하나를 택하라면 어느 쪽을 택하겠는가?'

어떤 대답이 돌아올지 듣지 않아도 뻔하다.

인간은 누구를 막론하고 세계의 중심에 자신을 놓고 모든 것을 자기와 연결지어 생각한다. 작은 일에서 큰 일에 이르기까지, 심지어 국가의 파멸까지도 자기와의 이해관계에서 따져 본다. 세상에 이처럼 뚜렷한 대조가 있을까. 누구든지 자기의 이해관계를 먼저 앞세우고 다른 사람의 처지는 돌아보지 않는다. 대다수 사람들은 자기만이 참된 존재이고 다른 사람들은 단지 그림이나 초상 같은 것으로 보고 있으니 얼마나 가소로운 일인가.

나는 거대한 이기심에 대해 과장하려다가 이런 생각을 하게 되었다.

'대다수 사람들은 남을 죽여 그 기름을 짜서 자기 장화를 닦는 일도 사양하지 않는다.'

다만 나는 여기에 의문을 갖고 있다.

이기주의는 지능과 이성의 도움을 받아 이루어진 걸작이다. 그리고 개개인이 지닌 이기주의의 총화가 바로 국가이며, 이 국가는 개인의 권리보다 훨씬 뛰어난 권능의 손에 각 개인의 권리를 맡기고 있다. 국가의 유일한 권능은 개인에게 다른 사람의 권리도 존중하게 한다. 그 결과 거의 모든 개인에게 있는 끝을 모르는 이기주의와 비뚤어진 마음과 일부 인간들의 포악성이 사슬에 매여 겉으로 드러나지 않기 때문에 표면상 거짓에 지나지 않은 평화가 유지된다.

그러나 국가의 이런 보호기능이 힘을 발휘하지 못하게 되면, 이제까지 여러 번 있었던 바와 같이 인간의 그칠 줄 모르는 물욕, 비천한 탐욕, 위선, 불성실, 사악함, 불의, 불신 등이 곧 활개를 치며 나타난다. 우리는 그런 광경에 몸서리치며 비명을 지르고, 마치 처음 보는 괴물에게 습격이라도 당한 것처럼 느낀다. 하지만 만일 법률의 제재가 없고 인간이 서로 체면을 소중히 여길 필요가 없다면 그날그날의 인간생활은 방금 말한 바와 같은 사사로운 욕심의 포로가 되어버릴 것은 당연한 일이다.

인간의 가슴속에는 무엇이 있는가? 인간의 윤리는 얼마쯤 가치가 있는가? 그것을 알려면 유명한 소송사건이나 역사상의 무정부시대에 대해서 쓴 글을 읽는 것으로 충분하다. 우리 눈앞을 오가는 수천수만의 인간들은 평화를 유지하려는 듯이 보이지만 실제로는 호랑이며 늑대다. 다만 입에 두꺼운 마스크를 하고 있어 물어뜯지 않을 따름이다. 사회의 억압이 사라지고 마스크를 벗어버리면 어떻게 되겠는가? 그 순간부터 나타날 무서운 광경에 대해서는 누구나 쉽사리 상상하고도 남을 것이다. 이렇게 볼 때 우리의 종교나 양심이 말하는 선천적인 선이라는 게 어떤 바탕 위에 서 있다 하더라도 여차하면 아무 소용이 없다는 것을 알 수 있다.

이렇게 되면 으레 자기만 내세우려는 이기적이고 비도덕적인 인간의 근성이 뚜렷이 드러나지만, 한편으로는 인간이 지닌 진실한 도덕적 권능도 위력을 드러내어 우리가 무엇을 할 것인가를 지시한다. 이 경우 인간의 도덕적인 성격에는 지력에 차이가 있듯이 많은 개인차가 나타나며, 이 개인차는 윤리학 연구에서 소홀히 볼 수 없는 측면이다.

인간의 양심은 천성으로부터 나오는 것일까? 이는 의심할 여지가 없다. 적어도 여기서 우리는 불순한 양심과 진정한 양심이 엇갈리는 것을 볼 수 있다. 우리가 행한 어떤 행위 때문에 고민하거나 후회하는 것은 오직 그 결과를 두려워하는 데 지나지 않는 경우가 많다.

법률은 때로 전제적이거나 쉽게 제정되기도 했다. 우리는 양심의 가책과 다름없는 심한 불안을 느낄 때가 있다. 그것은 마치 일부 유대인이 토요일에 담뱃불을 붙여 물고, '너희는 안식일에 집에서 어떤 불도 켜지 말라'는 모세의 율법을 어겼다며 괴로워하는 것과 같다.

유럽 사람들 사이에도 어떤 일에 체면(바보와 미치광이가 만든 법도인)을 지키지 못한 데 대해 마음에 무거운 부담을 느끼는 신사나 군인이 많다. 극단의 경우 대수롭지 않은 약속을 지키기 위해, 또는 체면이라는 법도에 어긋나서는 안 된다는 생각에서 권총으로 자신의 목숨을 끊는 사람도 있다(내가 알고 있는 예만도 한두 건이 아니다). 이것은 자기가 한 일에 체면이라는 악마적인 딱지를 공연히 붙이기 때문인데, 이 단순한 인습의 명분만 잊어버리면, 그들은 얼마든지 약속을 어길 것이다.

일반적으로 말해 사람들이 당치 않은 일이나 부주의로 생긴 일, 자기의 뜻이나 계획에 반대되는 일, 관습에 어긋나는 일, 또는 경솔한 일, 치사한 일, 어리석은 일을 하게 되면 나중에 몰래 마음을 깨무는 벌레와 찔러대는 가시가 마음속에 나타나게 된다. 대다수 사람들이 끔찍하게 여기는 양심이 어떤 요소로 이루어져 있는지 안다면, 그들은 매우 놀랄 것이다. 양심의 1/5은 타인에 대한 두려움, 1/5은 종교적 거리낌, 1/5은 선입관에서 오는 공포, 1/5은 허영에서 나오는 꺼림칙함, 1/5은 관습상의 불안에서 비롯된다. 영어의 'I can not afford to keep a conscience'(나는 양심을 지킬 여유가 없다)라는 말도 방금 말한 바와 같은 의미에서 비롯되었다.

추상적 원칙이나 이성은 도덕의 으뜸가는 본원이다. 기초가 되어 있지 않지만, 도덕적으로 살기 위해서는 반드시 필요하다. 즉 원칙이나 이성은 도덕의 원천으로부터 흘러나온 것을 모아둔 저수지라고 할 수 있다. 그러므로 거기서 곧 도덕이 저절로 흘러나올 수는 없으며, 평소에는 저수지로 존재하고 필요에 따라 물을 길어내게 된다. 만일 원칙이 마련되어 있지 않으면, 인간의 부도덕한 본능은 외부에서 좋은 기회를 노려 반발함으로써 큰 힘을 발휘한다. 이 원칙을 잘 지키면 자기에게 다가오는 비도덕적인 동기를 물리칠 수 있다. 그러므로 이 원칙을 따르는 것이 자기를 지키는 길이다.

개인이나 국민의 일반적인 행위는 교리나 관습에 따라 매우 크게 변한다. 그러나 행위는 그 자체로 볼 때 공허한 현상에 지나지 않으며, 거기에는 다만 정신적 경향이 있을 뿐이다. 이 경향이 우리로 하여금 어떤 행위를 하게 하며, 여기에 도덕적 의의를 부여하게 된다. 이 정신적 경향은 누구에게나 동일하게 존속하며, 다만 겉으로 여러 차이가 있을 뿐이다. 이를테면 고약한 마음씨를 가진 두 사람이 있는데, 한 사람은 한길에서 비참하게 쓰러져 죽고 다른 사람은 친척들에게 둘러싸여 고요히 세상을 떠날 수도 있다. 그리고 같은 사악함이 어떤 국민에게는 만행과 살상 및 인육을 먹는 것으로 나타나고, 다른 국민에게는 궁정의 음모며 학대며 간계 등으로 그리 눈에 띄지 않게 나타나는 경우도 있지만, 근본적으로는 두 가지 모두 같은 행위이다.

또 우리는 모든 범죄를 막을 수 있는 안전한 국가나, 사후의 형벌이라는 신앙의 가르침을 생각할 수 있다. 이것은 정치적으로 보면 매우 바람직한 일이지만 도덕적으로는 전혀 기여하는 바가 없다. 이 경우에 의지가 아니라 행위만 사슬에 매여 있으며, 행위는 올바르다고 해도 의지는 사악한 채 그대로 있는 것이다.

동정(同情)

동정은 신비롭고 놀라운 것으로, 이성적인 눈으로 보면 인간과 인간 사이에 엄연히 경계가 있으나 동정의 눈으로 보면 이 경계선이 허물어져 나 아닌 남이 참된 의미의 '나'로 간주되며 자발적인 정의와 순수한 자선은 이 동정을 유일하고 진실한 바탕으로 삼고 있다.

동정은 인간 양심에 속한 부인할 수 없는 사실이며, 고유한 양심의 표현이다. 그러므로 외부로부터 주입된 사상이나 어떤 관념, 종교 교리, 신화나 교육, 수양을 근원으로 삼고 있지 않으며, 인간의 천성으로부터 직접 자발적으로, 또한 한결같이 솟아나 시련을 견디고 어느 시대 어느 나라에나 나타난다.

그러므로 우리는 누구에게나 동정하는 마음이 있음을 확신하고 어디서나 분명한 기대를 갖고 거기에 호소하며 의지하려 한다. 동정의 신(神)에 기댄 자는 일찍이 한 번도 그 신이 이단의 신으로 보인 적이 없었다. 만일 다른 사람을 동정할 줄 모르는 이가 있다면 그는 인간세계에서 멀리 떠나 사는 특별한 생물이다. 세상에서는 인간의 도리라는 말이 가끔 동정과 같은 의미로 쓰인다.

다만 종교적 신념에서 비롯된 선행이라면, 마땅히 자기가 받아야 하는 상벌이라는 생각에서 비롯된 것으로 순수한 도덕적 선행이 아니라고 할 수 있다. 이와 달리 동정이라는 도덕적인 원동력에 대해 생각해 보면 누구나 다음과 같은 사실을 부인할 수 없을 것이다. 어느 시대 어느 국민에게나 인생의 모든 현실, 다시 말해 무정부 상태나 혁명과 전란 속의 크고 작은 모든 사건 속에서 날마다 시시때때로 동정은 놀라운 자비를 베풀어 헤아릴 수 없이 많은 불의와 부정을 미리 막으며, 인간에게 대가를 원하지 않고 여러 가지 선행을 하게 한다. 또 어떤 경우에도 우리는 동정이 다른 의도 없이 그 자체로 나타날 때 감동과 찬사를 아끼지 않으며, 순수한 도덕적 가치를 인식하게 된다.

누구나 선망과 동정이라는 두 가지 정반대되는 심정을 갖고 있다. 이것은 인간이 자기 입장과 다른 사람의 처지를 견주어보는 데서 생긴다. 그리고 비교가 인간의 개성에 어떤 반응을 일으키느냐에 따라 둘 가운데 어느 하나가 기본이 되며, 그것을 바탕으로 행동하게 된다.

선망은 자기와 다른 사람 사이에 놓인 장벽을 높이고 견고히 할 뿐이지만, 동정은 그 장벽을 한층 낮게 만들고 투명하게 할 뿐만 아니라 때로 그것을 뿌리째 뽑아버리기도 한다. 이렇게 되면 나와 다른 사람의 구별이 완전히 사라진다.

우리는 다른 사람과 어울리기 시작하면서 상대의 지능과 덕성을 알려고 할 때, 상대의 마음씨가 고약하고 분별력이 약하며 판단력이 불확실하다는 사실을 알면 언제나 멸시하거나 혐오하게 된다.

그러나 오히려 상대의 고뇌와 불행과 괴로움과 근심 등을 생각해 주어야 한다. 그렇게 되면 우리는 그와 가까워졌음을 느끼고 동정하는 마음이 생겨 그를 미워하고 무시하는 대신 측은히 여기고 사랑하게 된다. 복음서가 우리를 불러들이는 유일한 '사랑의 만찬회'는 이런 마음을 가리킨다.

어떤 사람의 사악함을 보고 분노를 느끼면 곧바로 관점을 돌려 그의 삶이 얼마나 참혹하고 고된지 생각해 보아야 하며, 그들의 참상과 고뇌를 목격하고 두려움을 느끼면 반대로 그의 사악함을 떠올려 보라. 그렇게 되면 둘이 균형을 이루고 있음을 발견하고 거기에서 영원한 정의(情誼)가 이루어져 세상이 스스로 판결내리고 있음을 알게 될 것이다.

우리에게 피해를 입힌 자에 대한 분노가 아무리 정당하더라도 상대가 불행한 인간임을 떠올리면 곧 마음이 부드러워지고 진정될 것이다. 불에는 물, 분노에는 동정을 베풀어야 한다. 어떤 가해자에게 참혹한 보복을 하고 싶으면 먼저 앙갚음을 거두고, 상대가 고뇌에 시달리고 불행과 가난에 허덕이는 모습을 머릿속에 그리면서 '이것이 내가 하려던 보복'이라고 말하는 게 옳다. 그러면 보복의 결과가 너무 참혹함을 깨닫고 실제로 보복할 엄두가 나지 않을 것이며, 뒤늦은 후회를 미리 막을 수 있다. 세상에서 분노의 불길을 끄는 방법은 이것뿐이다.

어딘가 모자란 자식일수록 사랑스럽게 보이는 게 부모 마음이다. 그 자식을 보면 언제나 동정을 금할 수 없기 때문이다.

도덕의 바탕이 되는 이 동정은 짐승에게까지 호의와 자비의 손길을 뻗치게 된다. 나 이외의 다른 유럽 철학자들의 윤리학설을 보면, 동물과 인간의 도덕적인 관계는 찾아보기 어렵다. 동물에게는 전혀 권리가 없다거나 동물에 대한 행동에는 윤리적 의미가 없다거나 인간이 동물에게 어떤 의무를 갖는 것은 있을 수 없다고 하는데, 이런 그릇된 주장은 몰인정하고 야만적인 서양의 태도로, 그 뿌리는 유대교에 있다.

동물에 대해 이런 견해를 가지고 유대화된 서양 사람들에게 떠올리게 하고 싶은 것이 있다. 그들이 젖을 먹고 자랐듯 개도 그 어미의 젖을 먹고 자랐다는 것이다.

동물에게 자비심을 갖는 것은 선량한 성격과 긴밀한 관계가 있다. 동물을 학대하는 인간은 선량한 사람이 아니라고 단정해도 좋다.

모든 생물에 무한한 자비심을 갖는 사람은 선량한 사람임을 보증할 수 있으며, 여기에 양심을 운운할 필요는 전혀 없다. 적어도 이렇게 자비심이 많은 사람은 다른 사람을 해치는 일이 없고, 다른 사람의 권리를 침해하려고 하지 않으며 다른 사람에게 악을 행하지 않고, 누구나 용서하고 사랑하며, 그들을 힘껏 도와 모든 행위에 정당성과 인간애의 날인을 찍게 한다. 예를 들어 이렇게 말해 보라.

"저 사람은 도덕적이지만 동정심이 없다."

"저 사람은 흉악하지만 동정심은 많다."

사실 이 둘은 평행선을 이룬다. 인간은 서로 취미가 다르지만 내가 보기에 인도의 고대극 마지막 장면에 나오는 기도처럼 아름다운 말은 없을 것이다. 그것을 옮기면 이렇다.

"모든 사람들이 괴로움에서 벗어나게 되기를 비노라."

사리(捨離)·금욕·해탈

혼미한 안개가 벗겨지고 자신과 타인을 차별하지 않게 된 사람은 다른 사람의 괴로움에 대해서도 자기의 괴로움과 같은 느낌을 갖게 되어 다른 사람을 온 마음을 다해 돕는다. 그들의 복리를 위해 자신의 희생도 주저하지 않는 경지까지 도달한 사람은 모든 생물 가운데 자신을 다시 인식하고, 뭇 생명체의 괴로움을 자신의 괴로움으로 여기므로, 그에게는 전 세계의 참상과 고뇌가 자기 것이 되어 어떤 사람의 고통도 다른 사람의 일이 될 수 없다. 자기가 목격하면서도 도와줄 힘이 부족해 어떻게도 할 수 없는 괴로움과 등 뒤에서 들려오는 다른 사람들의 슬픔, 자기 가슴속에 떠오르는 모든 번민을 그는 자기 일처럼 여기고 자기가 희생당하듯이 마음 아프게 느낀다.

자신의 운명 속에 계속해서 나타나는 선악과 행복과 불행을 무시하고 모든 이기심에서 벗어난 그에게는 개체로서의 혼미한 안개가 빤히 들여다보인다. 살아서 괴로움을 겪는 사람들은 다 자기 인척이 되고, 사물의 본질, 끊임없는 유전, 헛된 노력, 마음의 불안, 그리고 사라지지 않는 괴로움을 통찰한다. 어디를 둘러보나 고통에 가득 찬 인간과 괴로워하는 동물, 끊임없이 열망하고 사라지는 삼라만상을 목격하고, 이기주의자가 자기에게만 집착하듯이 그는 자신을 세계의 고뇌에 밀착시킨다.

세계를 이렇게 인식한 이상, 그가 어찌 욕심만 부려 자기를 내세우고 모질고 끈덕지게 삶에 집착할 수 있겠는가. 개체의 혼미함에 빠진 자나 이기심의 노예가 된 자는 사물 속에서 자신과 관련되는 면만을 눈여겨본다. 거기서 새로운 욕망의 동기가 생기기 쉬운데, 반대로 사물의 본성을 꿰뚫어 보고 그 전체를 있는 그대로 통찰하는 사람에게는 모든 욕심이 사라진다. 그는 생존의지가 개체의 영속을 꾀하는 쾌락을 두려워해 자신을 이로부터 멀리한다. 이 경지에 다다른 사람은 체념, 사리(捨離), 진리 속의 안주, 생존의지의 단절 등을 몸소 겪어 알게 된다.

악한 자는 생존의지와 욕심이 강하므로 언제나 몸과 마음을 찢는 듯한 깊은 고뇌에 사로잡히게 되어 쾌락의 원천이 바닥나 버리면, 다른 사람의 불행을 보면서 욕심으로 인한 갈등을 면하려고 한다. 이와 반대로 방금 말한 욕구를 절대적으로 사리(포기)할 수 있는 사람은 외관상 아무리 빼앗기고, 또 어떤 기쁨이나 소유물이 없어지더라도 환희 속에서 전혀 다른 안위를 맛볼 수 있다.

그는 이미 어떤 불안과 초조도 느끼지 않고, 또 커다란 기쁨(이런 기쁨은 인간이 생존에 애착을 느끼고 있는 한, 삶에서는 얻을 수 없는 조건이며, 앞서 고민하게 되고 고민으로 그치게 마련이다)도 모르고 살면서 확고한 안식과 내면의 쾌활함을 지닐 수 있다. 이것을 꿰뚫어 보는 사람은 누구든지 위대하고 올바른 유일한 세계로서 동경해 마지않는 최상의 경지, 즉 현자와 지자(知者)로서의 내부의 소리가 인도하는 경지에 있다.

충족된 욕망과 현실의 비참한 고뇌 속에서 쟁취한 행복은 거지가 손에 넣은 푼돈과 같다. 그는 푼돈으로 오늘을 보낼 뿐 내일은 다시 목마름에 시달리게 되는데, 욕구의 단절(사리)은 조상 대대로 전해지는 부동산과 같은 것으로 그 소유자는 영원히 삶의 수고로움으로부터 벗어날 수 있다.

그림을 감상하고 삼매경에 빠지면 모든 탐욕에서 떠나 마치 세상의 무거운 대기 위에 떠 있는 것처럼 느낀다. 그래서 한동안은 우리가 경험할 수 있는 가장 행복한 시간이 이어지는데, 우리도 아름다움의 몰아적인 관조에서처럼 잠시 동안이 아니라 영원히 자기의 생존의지를 진정시킨 사람, 다시 말해서 생존의지가 전혀 발동하지 않고 오직 마지막 희미한 불꽃을 피우며 남은 삶을 유지해 나아가는 데 그치며, 늙어서 죽게 마련인 사람이 안주하고 있는 지상의 복된 경지가 어떤 것인지를 상상할 수 있다.

이런 사람은 헛된 욕심에 반항해 수많은 투쟁을 거쳐서 비로소 세상에서 참된 승리자가 된 것이며, 무엇으로도 흐려질 수 없는 세계의 거울, 즉 참된 눈을 가진 자로서 살게 된다. 그리고 그는 눈에 띄는 허욕의 사슬, 즉 우리를 세상에 붙잡아 매고 욕구와 공포, 질투, 분노의 끊임없는 고통 속에서 죽음으로 모는 허욕의 사슬을 끊었으므로 이미 고민이나 유혹을 느끼지 않는다.

그는 얼굴에 조용히 미소를 띠면서 일찍이 자기를 괴롭히고 혼란에 빠지게 한 세상의 어지러운 환영을 몰아내고, 마치 승부가 끝난 장기판을 바라보듯, 또는 사육제 전날 밤에 기뻐서 미칠 듯 날뛰게 한 카니발의 가면이 이튿날 아침 여기저기에 흩어져 있는 것을 바라보듯 세상에 대해 무심하고 담담한 시선을 던질 따름이다.

눈앞에서는 삼라만상이 마치 번쩍이다가 사라져 버리는 영상이요, 선잠을 잔 자의 가벼운 새벽꿈이요, 진리의 빛을 흡족히 받아 이미 흔들리지 않는 밤의 어둠처럼 흘러간다. 그의 생존 또한 담담한 꿈결처럼 사라져 버리므로 죽음은 삶에서 급격히 옮겨가는 과정일 수 없다.

구원에서 불행과 가난이 얼마나 필요한가를 안다면, 다른 사람의 행복을 부러워할 게 아니라 오히려 그 불행을 부러워해야 할 것이다. 그리고 같은 이유로 운명의 압력을 무시하려는 스토아주의가 영혼에 두꺼운 껍질을 씌워 삶의 괴로움에서 벗어남으로써 현실을 쉽사리 견뎌나가게 할 뿐 참된 영혼의 구제를 위한 길이 아니라는 것을 알 수 있다. 그것은 마음을 견고하게 만들 뿐이므로 이 스토아주의를 믿고 받들어 목석처럼 감응이 없는 사람은 도저히 삶의 고뇌를 물리칠 수 없다. 그리고 웬만한 스토아주의는 드물지 않아서 이는 오히려 허세, 다시 말해 도박에 지고도 억지로 웃는 얼굴을 하는 것이다. 만일 진정한 금욕 생활을 하더라도 그것은 고뇌를 느끼는 데 필요한 감수성과 예리한 감각, 상상력의 부족에서 오는 경우가 많다.

대부분의 자살자 또한 삶을 원하며, 단지 자기에게 주어진 조건에 절망할 뿐이다. 즉 살려는 의지가 아니라 현재의 삶을 단념하는 것은 그가 삶을 원하지 않을 수 없기 때문이며, 이 경우에 자기라는 생명의 한 현상을 단절시켜, 살려는 자기 의지를 드러내는 것이다. 다시 말해 그가 벗어나고자 한 것은 생존 자체가 아니라 고뇌인데, 오히려 이 고뇌는 의지를 설복시켜 그를 사리와 해탈로 이끌어 갔어야 하는 것이다.

그러므로 대부분의 자살자는 고통이 많으나 완쾌될 수 있는 외과수술을 감당하지 못해 병을 키우고 있는 환자와 같다. 만일 그가 용기를 내어 고뇌를 견디었던들 의지를 완전히 없앨 수는 있을지언정 고뇌에서 벗어나기 위해, 즉 의지의 현상인 자기 육체를 멸하려고 하지는 않았을 것이다. 그러므로 살려는 의지 자체는 죽음으로는 조금도 방해받지 않고 존속된다.

세상 사람들은 세계나 인간사회를 깊이 파고 들어갔을 뿐, 개별 원리에서 혼미함을 알아차리는 사람은 매우 드물며, 또 선량하고 박애정신이 충만한 자, 한 걸음 나아가서 세계의 온갖 고뇌를 재인식해 살려는 의지까지도 포기하는 경지에 다다른 사람은 더욱 드물다. 이 가장 높은 경지에 가까이 다가선 사람에게는 자기 한 몸의 안락함이나 그때그때 생존의지에 아부하는 즐거움, 희망의 유혹, 끊임없는 욕정은 사리에 정진하는 것을 방해하는 장애물이요, 또한 생존의지가 던지는 저주스러운 미끼이다. 그러므로 우리를 유혹하는 헤아릴 수 없는 사념과 탐욕은 옛날부터 악마로 의인화되어 왔다.

우리의 생존의지가 스스로 자신을 포기하려면, 그 전에 커다란 고뇌로써 좌절될 필요가 있다. 날이 갈수록 심해지는 온갖 고뇌를 통하여 힘껏 저항을 거듭한 뒤에 드디어 절망의 나락에 이르면, 인간은 갑자기 제정신으로 돌아와 자연히 세계 자체를 인식하게 되며, 영혼은 갑작스럽게 변해서 자기를 초월하고 모든 고뇌로부터 벗어나 일찍이 보지도 듣지도 못한 높은 경지로 드높아지는 것이다.

그는 정화되고 성스러워지고 안식을 얻으며, 확고하게 행복한 삶과 일반 사람들이 다가가지 못할 세계에 이르러 지금까지 자기가 몹시 바라던 것을 버리고 다가오는 죽음도 안정된 마음으로 맞아들이게 된다. 이때 해탈, 즉 생존의지의 포기는 고뇌의 불더미로부터 푸른 벼락불처럼 갑자기 튀어나온다.

죄인이라고 생각되는 사람도 짐짓 괴로움 때문에 새사람이 되는 경우가 있다. 그렇게 되면 그들은 과거의 잘못은 이미 마음의 짐이 되지 않고 얼른 죽어서 그 죄를 보상하려고 하며, 자기라는 하나의 가상체가 이미 자기와는 관계가 없는 것으로 여겨져 자기의 죄와 더불어 소멸되기를 바란다.

괴테는 《파우스트》에서 그레트헨의 입을 빌려 의지가 커다란 불행과 절망을 통하여 자기 단절에 이르는 모습을 묘사하고 있는데, 그 솜씨가 매우 훌륭하다. 그레트헨의 이야기는 사리에 맞는 제2의 도전이라고 할 수 있는, 즉 온 세상의 고뇌를 조금 물러나 바라보고 자신을 많은 사람과 동일시함으로써, 고뇌를 몸에 짊어지는 게 아니라 고뇌를 맛보았기에 해탈에 이르는, 간접적인 길을 제시한 하나의 본보기가 된다.

고뇌와 불행은 우리에게 살려는 의지가 자가당착(자기모순)에 빠져 있음을 깨닫게 하며, 이 의지에서 비롯되는 모든 노력이 헛된 것임을 분명히 보여준다. 국왕이나 영웅, 그 밖에 순탄하지 못한 생애를 보낸 사람들이 강한 정욕을 좇아 파란 많은 세월을 보낸 뒤, 번뇌에서 해탈하고 깨달아 작자나 성직자나 은둔자가 되는 것은 이 때문이다.

그리고 진정한 의미의 심적 전환에 대해 쓴 모든 이야기도 이런 내용을 소재로 삼은 것인데, 예를 들면 '레이먼드 루레'에 관한 이야기가 그러하다. 그는 어느 날 오랫동안 연모해 온 한 아름다운 여인으로부터 처음으로 만나자는 소식을 받고 미칠 듯이 기뻐하며 그녀의 방으로 뛰어들어갔다. 그랬더니 그녀는 웃옷을 벗고 보기 흉한 종양으로 덧난 가슴을 그에게 보여 주었다. 그는 마치 지옥이라도 엿본 듯 곧 마음을 돌려 마조르크 왕궁을 등지고 거친 황야에서 고독과 고행 속에 일생을 보냈다.

랑세가 한층 더 분발할 수 있었던 것도 레이먼드와 비슷하다. 그는 젊었을 때 온갖 향락에 빠졌으며, 나중에는 몽바종 귀부인을 정부로 삼았다. 그런데 하루는 약속된 시간에 그녀를 찾아갔더니 인기척이 없고 어두컴컴한 방 안에는 온갖 물건들이 흩어져 있었다. 그때 난데없이 그의 발길에 채이는 것이 있었다. 그것은 바로 정부의 머리였다. 그녀가 갑자기 죽었으므로 사람들이 시체를 납으로 만든 관 속에 넣으려고 했는데, 들어가지 않자 머리는 베어서 내동댕이 쳤던 것이다. 랑세는 이루 말할 수 없는 괴로움을 겪고 난 1663년 무렵에 트라피스트 교단이 본디 가르침을 완전히 저버리고 있는 것을 통탄하여 개혁에 나섰으며, 드디어 오늘날 우리가 찾아볼 수 있는 철저한 금욕 생활을 실천하게 했다. 이 교단은 현재 의지를 포기하는 실천도장이라고도 할 수 있으며, 거기 입단한 사람은 궁핍한 생활을 감수하며 생존의지를 끊기 위해 바깥 세계에서는 믿을 수 없을 만큼 엄격한 교리와 노동에 종사하고 있다.

그들의 수도원을 찾아갔던 사람은 수도사들이 단식과 추운 밤의 성행(聖行)과 기도, 노동으로 온몸이 여위어 가면서도 속세의 아들이며 죄인인 방문객의 무릎에 엎드려 그들의 복을 빌어주는 순수한 태도에 어떤 경외감까지 느끼게 된다고 전한다.

여러 교단 가운데서도 이 교단만은 많은 풍파를 잘 견디어 오늘에 이르기까지 순결한 모습을 보존하고 있는데, 이러한 지속성은 그 생명이 되는 정신이 심오하고 진실해 2차적인 교의에 매이지 않기 때문이다. 그런데 유의해야 할 것은 이런 교단이 쾌활하고 낙천적이며 유쾌한 국민성을 가진 프랑스인들 속에서 나왔다는 사실이다. 다른 종교는 타락해도 이 교단만은 그 영향을 받지 않고 있다. 그 까닭은 그 뿌리가 어느 기성 교리보다도 한층 더 깊은 인간성에 닿아 있기 때문일 것이다.

우리는 마땅히 자신의 빈약한 성품과 좁은 소견, 그리고 온갖 선입견에서 벗어나 세계를 극복한 사람들, 즉 의지가 자신에 대해 충분한 인식에 도달해 사물 속에서 자기를 재인식하고, 자발적으로 자기를 포기하고 남은 목숨이 붙어 있는 육체가 사라져가기를 기다리는 사람들의 모습을 잘 보아야 한다. 그렇게 되면 우리는 불가항력적인 성욕의 발동과 욕구에서 두려움으로, 즐거움에서 괴로움으로 옮아가며, 무엇으로도 만족을 느끼지 못하고 언제까지나 고개를 드는 욕구 대신 이지(理智)로서 뛰어넘은 평온, 고요한 마음의 바다, 깊은 안식, 흔들리지 않는 확신, 영혼의 숭고한 명랑성 등을 찾아볼 수 있을 것이다.

생존의지에 얽매여 움직이는 사람은 사념과 허욕만을 삶의 보람으로 삼고 있으나, 생존의지의 구속에서 벗어난 사람의 마음은 그 얼굴에도 드러난다. 라파엘로나 코레조가 보여 주고 있는 존엄한 용모는 단지 그것만으로도 우리가 머리를 수그릴 만한 참된 복음이라고 하겠다. 요컨대 그들에게는 인식만 남아 있으며 생존의지는 소멸되어 있다.

수도원 생활이나 그 밖의 고행을 일삼는 생활을 순수하고 진실하게 받아들이는 사람의 내면적인 정신과 의도는 그 장본인이 이 세상에서 살아가고 있는 자기보다 더 고귀한 존재가 될 만한 가치가 있다. 그것은 그것을 감당할 수 있다고 자부하고, 세상의 헛된 쾌락을 무시하고 물리침으로써 그런 확신을 지지하고 강화하려는 데서 온다. 이들은 죽는 날과 시간을 오직 해탈에 이르는 계기로 조용히 맞이하기 위해, 확신을 갖고 모든 의혹이나 유혹을 물리치고, 그날그날 조용히 살아가면서 종말을 기다린다.

조용한 신자의 생활은 첫째로 모든 욕심을 버리고, 둘째 고행, 즉 일정한 방법으로 이기적인 의지를 무너뜨리며, 셋째 자신이 모든 사물 또는 우주의 근원과 같은 존재라는 것을 깨닫는 신비가(神秘家)의 생활이다. 인간의 영혼에 일어나는 이 세 가지 성향은 긴밀한 관련이 있어 누구든지 그 하나를 터득하면 어떤 체험을 통해서나 스스로 특별하고 다른 삶을 꾸려나가게 된다.

오늘날 이 가르침을 가장 놀라운 사실로 역설한 사람들은 시대적으로 매우 거리가 있으나, 국가나 종교를 달리하여도 그 정신에서는 일치하며, 내면적인 체험을 전달하는 말에는 한결같은 확신 가운데에 반석처럼 흔들림 없는 심증(心證)이 나타나 있다.

실제로 '모든 것이 이상적이다'[1]라는 관점에서는 유대교를 바라문교[2]와 불교에 비교해 보면, 그 참된 정신과 도덕적 색채가 기독교와 밀접하게 관련 있는 것은 유대교가 아니라 바라문교와 불교이다. 그런데 종교의 본질은 참된 정신과 도덕적 행위에 있을 뿐, 표면을 휘감고 있는 신화나 교의에 있는 것은 아니다.

구약성경에 나타난 '모든 것이 이상적이다'가 기독교에서 이단적인 세계관임은 의심할 여지가 없다. 즉 신약성경을 통독해 보면 세계는 그 어디나 우리에게 마땅치 못한 곳이며, 우리가 애착을 느낄 수 없는 곳이요, 악마의 지배 아래 있는 곳이다.

---

1) "하느님이 그 지으신 모든 것을 보시니 보시기에 심히 좋았더라"(〈창세기〉 1장 31절).
2) 불교 이전에 인도 바라문족을 중심으로 고대 인도의 경전인 베다 신앙을 근거로 발달한 종교. 우주의 본체 중심으로 희생을 주장하고 고행과 정결을 위주로 함.

세계를 이렇게 보는 것은 고행과 사리(捨離)와 현세 극복의 정신과 일치하며, 이 정신은 이웃을 사랑하고 다른 사람의 부정을 용서하라는 가르침과 더불어 기독교와 바라문교, 불교의 근본 특징이다. 따라서 이 세 종교 사이에는 긴밀한 관련이 있다. 다만 기독교에 대해서는 역사적인 여러 사실을 제외하고 참된 내부 세계를 주시해야 할 것이다.

프로테스탄트는 금욕주의와 독신주의를 폐지한 것으로 기독교 정신에서 벗어났으며, 이런 관점에서 배교적(背敎的)인 태도라고 할 수 있다.

오늘날 신교(新敎)는 평범하고 합리적이고 근대적인 펠라기아니즘[3]에 빠져 있으며, 그 교리를 대강 살펴보면 어떤 착한 할아버지가 세계를 만들어 그것을 보고 스스로 즐긴다는 데 지나지 않는다. 그리고 이 인심 좋은 할아버지는 인간이 자기의 신자가 되어 어떤 조건만 행하면 세상이 끝난 다음 훨씬 더 좋은 세계로 옮겨 주는 모양인데, 그렇다면 거기로 자리를 옮기는 징검다리에 지나지 않는 죽음은 어째서 그토록 두려운가? 이런 가르침은 아내도 두고 문명에 젖어 살아가는, 안일주의에 빠진 신교 목사에게는 편리한 가르침이 될 수 있겠지만, 진정한 기독교는 아니다. 참된 기독교의 가르침은 인간이 세상에 태어났다는 사실만으로도 무거운 죄과를 짊어지고 있다고 주장하며, 인간의 해탈은 쓰라린 희생, 욕심의 포기, 자아의 단절 등, 다시 말해 인간성의 완전한 개조로서만 이루어진다고 가르친다.

낙천주의의 뿌리를 생각해 보면, 세계의 유일한 제1원리인 살려는 의지가 만들어놓은 현상을 거울에 비춰 보고 자기의 모습에 현혹된 나머지 멋대로 떠들어대는 찬사에 지나지 않는다. 그러므로 그것은 허망하기 짝이 없는 주장일 뿐만 아니라 사람의 마음을 타락하게 만든다. 이 낙천주의는 인생을 이상적으로 보고, 인생의 목적은 행복을 누리는 데에 있다고 가르친다. 그래서 인간은 자기의 행복과 환락에 대하여 가장 적합한 청구권을 갖고 있다고 여기며, 대다수의 사람들은 그것을 손에 넣지 못하면 자기는 고약한 운명의 농간 때문에 삶의 목적을 이루지 못할 것이라고 생각한다.

---

3) AD 400년쯤의 영국 신학자 펠라기아너가 원죄설을 부인한 가르침.

참된 인생관에 따르면, 인간의 생존은 노고와 가난, 불행, 고뇌, 그리고 마침내 죽음을 맞이하는 것이 그 참모습이며, 바라문교나 불교, 또 참된 기독교는 다 이렇게 보고 있다. 이런 견해만이 정당하다는 것은 이러한 해악이 살려는 의지를 포기함으로써 우리를 인도한다는 것을 보더라도 알 수 있다. 신약성경에는 이 세상을 '눈물의 골짜기'라고 표현하며, 인생은 '영혼을 정화하는 과정'이라고 하고, 또한 기독교의 상징으로 되어 있는 것은 순교의 도구인 '십자가'이다.

인도인의 윤리는 바라문경과 시편(詩篇)과 처세도와 격언 속에 여러 형태로 주장되어 있는데, 특히 강조하는 것은 '나'를 버리고 이웃을 사랑하는 것, 인간뿐만 아니라 모든 생물을 사랑할 것, 자비를 위해서는 피땀을 흘려 얻은 하루하루의 소득까지도 내던질 것, 자기를 괴롭히는 자에게 끊임없는 온정과 인내를 베풀 것, 다른 사람이 자기를 해치더라도 호의와 사랑으로 대할 것, 다른 사람의 부정을 기꺼이 용서할 것, 모든 육식을 금할 것, 그리고 참되고 거룩한 경지에 이르려는 자는 순결을 지켜 향락을 멀리할 것, 재물을 천시할 것, 집과 소유물은 버릴 것, 깊은 고독에 잠겨 정관(靜觀)과 깨달음과, 의지를 소멸하기 위한 꾸준한 고행으로 밤과 낮을 보내고, 마침내 굶어 죽어 악어 밥이 되거나 히말라야 산정에서 몸을 던지거나, 또는 성행(聖行)을 마친 자로서 자신을 땅속에 생매장하거나 군중들의 환호와 무기를 들고 추는 춤과 찬가 속에 지나가는 거대한 꽃상여에 치어 죽는 것 등이다.

이 가르침은 4천 년이 넘는 역사를 갖고 있는데, 오늘날에도 인도인 사이에는 권위를 갖고 살아남아 있다. 헤아릴 수 없이 많은 사람들 사이에 이처럼 오랫동안 실천해 온 관습과 이와 같이 큰 희생을 강요하는 가르침은 한갓 환상에 사로잡힌 몇몇 사람이 독단적으로 지어낸 것일 수 없으며, 반드시 인류 본성 자체에 깊이 뿌리박고 있지 않으면 안 된다. 그리고 이런 경우도 유의하도록 하자. 즉 인도인 고행자의 전기와 기독교 금욕주의자의 전기를 견주어 보면, 거기에는 아주 공통된 심리상태를 엿볼 수 있어 우리를 놀라게 한다.

그들은 성스러운 행동과 내면 생활의 교의나 습관, 그리고 환경이 다른데도 놀라운 일치점을 보여준다. 그리고 기독교의 신비설과 베다 철학은 완전히 거룩한 경지에 다다른 사람에게는 외부 행동과 신앙 생활이 불필요하다고 보는 점도 서로 일치한다.

모든 면에서 다른 유럽인과 인도인 사이에, 시대적으로 많은 간격이 있음에도 이러한 일치가 이루어지고 있다는 것은, 양쪽의 고행주의와 금욕주의가 결코 평범한 낙천주의자들이 의기양양하게 주장하고 있는 그런 안이한 것이 아니며, 정신과 상식의 착각 때문이 아님을 입증한다. 거기에는 인간 본성이 드러나 있기 때문이다.

이런 성자들과 같은 시대에 태어나 살아서 그 모습을 가까이하기를 바라는 것은 힘든 일이지만, 우리는 그들의 전기를 읽으면서 덕 있고 거룩한 승리자의 삶도 덧없기 그지없다는 암담한 생각을 버려야 할 것이다.

우리는 아이들이 어두운 밤을 두려워하듯이 이 허무를 두려워한다. 그리고 고대 인도인들이 여러 가지 신화나 브라만⁴⁾에의 귀의나 열반 등 무의미한 말을 빌려 이 두려움으로부터 벗어나려고 했는데, 우리가 올바른 인식을 갖고 있다면 다음과 같이 생각해야 할 것이다. 즉 아직도 삶에 대한 의욕이 강한 사람들에게, 살려는 의지가 완전히 단절된 뒤에는 아무것도 존재하지 않는다. 따라서 그것은 허세임에 틀림없으나 의지가 의욕 대상이 되지 않으며, 자신을 버리기에 이른 사람에게는 오히려 실재하고 있는 듯이 그럴듯하게 보이는 세계, 모든 항성과 성운을 포함한 이 우주가 허무인 것이다.

---

4) Brahman. 인도의 바라문교에서 우주의 최고 원리 또는 신.

종교에 대하여

인간이 철학적 사색으로써 형이상학적으로 세계를 해석하려고 한 가장 큰 이유는 삶이 괴로움과 불행에 빠져 있을 뿐만 아니라 인간은 반드시 죽어야 한다는 사실을 인정하지 않을 수 없었기 때문이다. 만일 우리의 삶이 무한하고 괴로움이 없다면, 아무도 무엇 때문에 세계가 존재하며 어찌 이 지경이 되었느냐고 의문을 품지 않았을 것이고 인생의 모든 현상은 스스로 밝혀졌을 것이다. 우리가 철학 학설이나 종교에 많은 관심을 갖는 것도 이 때문이며, 이러한 관심은 주로 죽음 뒤에 어떤 형태로든지 살아남을 수 있다는 가르침에 치우쳐 있다.

따라서 종교는 무엇보다도 신의 존재를 주장하며 그것을 증명하려고 힘쓰고 있다. 그런데 이것도 그 뿌리를 살펴보면, 신의 존재에 인간 불멸의 교리를 결부시켜, 신과 인간 불멸은 서로 떼어놓을 수 없는 긴밀한 관련이 있다고 주장하기 위해서이며, 여기서 특히 강조하려는 것은 인간의 불멸이다. 만일 어떤 다른 방법으로 인간의 영생이 확인된다면, 기성 종교의 신에 대한 뜨거운 신앙은 순식간에 식어버릴 것이다.

반대로 만일 영생이 불가능하다는 사실이 뚜렷이 밝혀지면, 아무도 종교를 거들떠보지 않을 것이다. 그래서 주로 철저히 유물론적이거나 회의적인 세계관은 그 옳고 그름은 어찌되었든 간에 일반인에게 계속해서 감동을 주지 못할 것이다.

어느 시대이든지 가장 아름다운 건축미를 보여주는 사당이나 교회, 사원, 수도원 등은 인간이 형이상학적 욕구를 갖고 있음을 보여주는 증거물이며, 이 욕구는 물질적 욕구에 뒤이어 나타나게 된다. 다만 형이상학적 욕구는 물질적 욕구보다 미약해 어느 정도만 제공되면 만족하게 여긴다고 말해도 무방할 것 같다. 형이상학적 욕구에는 매우 볼품없는 인위적 이야기나 천박한 신화만으로도 만족해하는 경우가 더러 있다. 인간의 정신발달이 어렸을 때부터 그런 조작된 이야기를 들려주면, 곧 자기 생존에 대한 충분한 설명이나 도덕적 생활의 버팀목이 되는 것이다.

예를 들어 코란[1]을 생각해 보자. 그런 유치한 책이 하나의 종교를 낳고, 그 종교가 전 세계에 퍼져 1200년 이래 수천만 명의 형이상학적 욕구를 만족시키고, 이들의 도덕 이념이 되어 죽음도 불사하게 하는 것이다. 그래서 때때로 인간을 피비린내 나는 격전 속으로 몰아넣어 커다란 승리를 얻게 했는데, 사실상 그 경전에도 가장 비속하고 경박한 유신교(有神敎)의 주장이 들어 있을 뿐이다. 우리가 현재 읽고 있는 코란은 여러 번 번역해 개악된 면도 많이 있을 테지만, 나는 그 경전에서 어떤 의미에서나 가치 있다고 느낀 대목을 하나도 찾아볼 수 없었다. 이러한 사실은 인간의 형이상학적 이해력이 그 욕구와 병행하지 않음을 입증하는 것이다.

인간은 세상에서 일어나고 있는 괴로움이나 걱정만으로도 모자라, 수백 가지 미신의 형태로 또 하나의 공상 세계를 이루어 여러모로 심신을 고달프게 만들고 있다. 인간은 현실 세계가 조금이라도 휴식을 제공하면, 그 휴식을 즐기지 못하고 이 공상 세계를 위해 시간의 대부분과 최선의 정력을 소비한다. 이런 일이 어떻게 일어날 수 있는가? 우리는 먼저 고대 인도인 다음에 그리스인과 로마인, 후대의 이탈리아인과 에스파냐인들의 생활 상태를 보면 그 이유를 알 수 있다. 그들은 온화한 기후와 기름진 땅의 혜택을 받아 평안히 살아가면서 현실에서 충분한 휴식을 취할 수 있었다. 그러나 이들은 자신들과 비슷한 모습을 한 악마나 신을 만들어 자기들을 성도(聖徒)로 자부하고, 언제나 거기에 제물을 바치고 기도를 드리며, 사원을 훌륭하게 꾸민 뒤에 자기의 소원을 빌고 문제를 해결하기 위해 엎드려 절했다. 그리하여 성지순례를 하고, 그림을 바치고, 초상을 새기는 등 온갖 일이 생기게 된다.

이런 행동에는 공상과 현실이 혼동되고 전자가 후자를 은폐하여 인생의 모든 일이 신의 조화로 보인다. 신비스러운 신과 만나기 위해 한나절이 소모되며, 언제나 신에 의지해 모든 소망을 걸고, 또 신을 섬김으로써 때때로 미묘한 영

---

1) Koran. 이슬람교 경전. 교조 마호메트가 천사 가브리엘을 통하여 받은 알라의 계시 내용과 계율 따위를 기록한 것으로, 총 30편 114장 6342절로 되어 있음.

상을 일으켜 산사람을 상대하기보다 훨씬 더 즐거움을 누릴 수 있다.

우리가 내면의 불행으로 말미암아 마치 굶주린 듯이 의지할 곳과 도움과 위안을 필요로 한다는 사실이 이를 뒷받침하고 있다. 그리고 문득 예상하지 않은 위험이 닥쳐오면 자기가 믿고 떠받드는 영적 세계를 우러러보고 귀한 시간과 소중한 정신을 부질없이 기도나 제물을 바치는 데 쓰면서, 그것만을 당면한 위안에 대한 응급 대책으로 간주하고 다른 일은 돌아보려고도 하지 않는다. 하긴 여기에는 미신에서 오는 이득도 있으므로 함부로 무시할 수는 없다.

인간의 야수성을 조절해 부정이나 횡포로부터 벗어나게 하려면 무엇이 필요할까? 진리는 소용이 없다. 왜냐하면 사람들이 깨닫지 못하기 때문이다. 그렇다면 혼돈 또는 어떤 꾸며낸 이야기나 비유를 사용할 수밖에 없다. 그래서 이들에게 기성 종교를 믿게 할 필요가 생기는 것이다.

또한 기독교와 얼마쯤 차이는 있지만, 그 밖의 종교가 가르치고 주장하는 숭고한 윤리와 그 신도들이 실제로 하고 있는 행위를 비교해 보라. 그리고 정부나 국가의 권위가 죄악을 막을 수 없다면, 이 윤리만으로 과연 어느 정도의 효과를 거둘 수 있는가를 생각해 보라. 또 만일 단 하루라도 모든 법률이 폐지된다면 얼마나 무서운 일이 벌어지겠는가를 생각해 보라. 그러면 누구나 모든 종교의 도덕적 이념에 대한 감화가 사실상 매우 미약함을 실토하지 않을 수 없을 것이다. 이것은 분명히 신앙의 약점이 아닐 수 없다.

하긴 이론상으로는 신도가 경건한 상념에 잠겨 있는 한, 저마다 깊은 신앙을 갖고 있다고 볼 수 있다. 그러나 모든 신자에 대한 시금석은 행위이다. 그러므로 그가 어떤 일을 실천에 옮겼을 경우에 큰 손실과 어려운 희생 때문에 자기의 신앙을 포기하지 않을 수 없다면, 그 신앙의 미약함을 뚜렷이 밖으로 드러내는 것이다. 어떤 사람이 이러저러한 죄악을 저지르려고 했다면 그는 벌써 온전한 의미에서 덕을 범한 것으로, 이때 그가 그 일을 실천할 수 없었던 것은 무엇보다도 사법권과 경찰권이 버티고 있다는 사실을 생각했기 때문이다. 그런데 그가 이것을 면할 수 있다고 생각해 행동을 개시하려 해도 이번에는 자기 체면이 손상된다는 두 번째 난관에 부딪치게 된다.

그가 만일 이 두 가지 어려움을 무사히 넘길 수 있다면 어떻게 될까? 그들의 종교적 교리에 그 실천을 제지할 만한 힘이 있을까? 없다고 보는 편이 진실에 가까울 것이다. 눈앞에 두려움이 사라졌을 때, 오직 신앙에 의한 두려움이 악에 대한 유혹을 어떻게 물리칠 수 있단 말인가?

그리스 종교에 포함된 윤리는 갈수록 약해져 나중에는 맹세를 시켜야 될 정도로 위축되고 윤리나 교의로 공인된 것은 없어졌다. 그렇다고 해서 대부분의 그리스인들이 기독교 시대의 여러 나라 국민들에 비해 손색이 있었다고 볼 수는 없다.

기독교 윤리는 유럽의 다른 종교 윤리보다 뛰어나지만, 결코 유럽인들의 윤리가 그만큼 향상되었다거나 다른 민족들보다 실제로 우월하다고 볼 수는 없다. 만일 우월하다고 생각하는 사람이 있다면 그것은 잘못이다. 이슬람교나 배화교도(拜火教徒), 인도교도, 불교도 등을 살펴보아도 그들에게는 적어도 기독교 국민들과 같은 정도의 정직함과 성실, 관용, 온유함, 선량함, 자비, 극기 등을 찾아볼 수 있다.

한편 기독교 때문에 일어난 야만적 참극을 늘어놓자면 긴 도표가 될 수 있다. 부정한 십자군은 아메리카 대륙과 아프리카에 침입해 많은 원주민을 학살하고, 부당하게 그들의 정든 고향을 빼앗아 식민지로 만들고, 그들의 재물을 빼앗았으며, 그것도 모자라 그들 일족을 여기저기로 흩어지게 만들어 죄수와 같은 노예 생활을 강요했다. 그리고 이교도에 대한 무자비한 박해, 하늘나라의 죄악인 종교재판소, '상팔레비'의 밤, 알부흐에서 일어난 1만 8천 명의 네덜란드인 처형사건 등 헤아릴 수 없이 많다. 이런 사건으로 미루어 보더라도 기독교가 다른 종교에 비해 훌륭하다고 보기는 어렵다.

가톨릭은 천국에 들어가기가 매우 어려워 그것을 구걸하려는 종교이다. 사제들은 이런 걸인들이 천국에 들어가는 중개 역할을 맡고 있다. 신부 앞에서 고해를 한다는 것은 매우 재미있는 발상이다. 왜냐하면 우리는 누구나 정의를 분명히 구별해 훌륭하고 도덕적인 재판관이 될 수 있기 때문이며, 성자도 선을 사랑하고 악을 미워하는 한, 그런 역할을 할 수 있다. 그런데 여기 한 가지 조건이 있다. 즉 이 재판의 심문은 자신에 대한 것이 아니라 다른 사람에 대한 것이며, 자기는 다만 옳고 그름을 분간할 뿐, 재판 결과는 다른 사람의 부담이 된다는 것이다. 그러므로 지나가는 아무나 붙잡고 시켜도 고해성사를 담당하는 사제로서 신의 대리 역할을 훌륭히 할 수 있다.

종교는 대중에게 많은 혜택을 주는 필수품이다. 그러므로 그것이 진리 인식을 배격해 인류 발전을 가로막는 일이 있더라도 종교에 대한 비난은 되도록 삼가야 한다. 그러나 괴테나 셰익스피어와 같은 위대한 정신의 소유자에게 어떤 종교의 교리를 문자 그대로 믿을 것을 바란다면, 마치 거인에게 난쟁이의 구두를 신으라고 하는 것과 다름이 없다.

모든 기성 종교는 철학의 왕좌를 빼앗으려고 한다. 그래서 철학자는 종교를 하나의 필요악, 대다수 인간의 빈약하고 병적인 정신을 돕기 위한 지팡이로 보며 언제나 적대시하며 싸워야 한다.

근대 철학에서 문제삼는 신은 궁중 감독관의 실권 아래 놓인 미래의 프랑크 왕과 같은 존재이다. 신이라는 말은 교권이나 정부에 매달려 손쉬운 영달을 꿈꾸는 속된 학자들에 의해 신에 대한 관념보다 자기들의 이익과 편의 때문에 보존되고 있다.

Parerga und Paralipomena

고독

나이에 대하여

볼테르는 이렇게 말하고 있다.

    그 나이에 해당하는 재능을 갖지 못한 사람은
    그 나이에 해당하는 불행을 맛보게 된다.

우리는 일생 동안 오로지 '현재'만을 가질 뿐이며, 그 밖에는 아무것도 가질 수 없다. 생애의 초기에는 긴 미래를 내다보고 늘그막에는 긴 과거를 뒤돌아보게 된다. 그런데 인간의 성격은 변하지 않지만 성질은 어느 정도 변화를 가져오므로, 나이의 차이에 따라 '현재'에도 온갖 형태가 있다.

인간은 생애의 처음 4분의 1이 가장 행복한 시기이다. 그러므로 이때를 언제나 그리운 낙원으로 추억한다. 유년기에는 다른 사람과 교제를 거의 하지 않고 사교 욕구도 아주 적으며 의지가 흥분하는 일도 매우 드물다. 따라서 그 본성의 대부분이 인식에 몰두하고 있다.

사람의 두뇌는 일곱 살쯤 되면 상당히 커지며, 지능도 그 무렵부터 발달하기 시작해 외부 세계를 인식하려고 한다. 인식의 대상인 외부 세계는 매우 신선한 느낌을 준다. 모든 것이 생기발랄해 보이기 때문에 유년 시절은 그대로 하나의 아름다운 서사시가 된다. 사실 모든 시와 예술의 본질은 플라톤이 말한 바와 같이 이데아(사물의 실체)를 붙잡는 일, 다시 말해서 개체로써 보편적인 것을 직관하는 일이다.

저마다의 사물은 그 종류 전체를 대표하는 것으로 표현되며, 하나의 경우가 다른 천 가지 예에도 해당된다. 물론 유년 시절에는 언제나 눈앞에 나타나는 개체나 사건이 자기를 즐겁게 해 줄 때에만 관심을 갖지만, 그 바탕에서는 색다르고 중요한 경험을 한다. 그들의 눈에는 인생 자체, 다시 말해 인생이 말년처럼 반복에 의해 인상이 흐려지지 않으며 언제나 새롭고 또렷하게 나타난다. 그래서 겉으로는 어린아이의 생활을 하고 있지만 그 이면에서는 무의식적으로 각각의 사실과 사건을 통하여 본질과 생활의 여러 형태와 현상의 근본 유형을 파악하려고 한다.

스피노자가 말한 바와 같이 우리는 모든 사물과 사람들을 "영원한 모습으로" 보는 것이다. 우리는 젊을수록 자기의 개체가 종족 전체를 대표하는 것으로 여기게 마련이다. 이와 같은 느낌은 나이가 듦에 따라 차츰 줄어든다. 유년기와 노년기에 사물에 대한 인상에 큰 차이가 있는 것은 이 때문이다.

유년기의 경험과 지식은 나중에도 모든 경험·지식의 원형이 되고 기둥과 범주가 되어, 나중에 얻는 모든 경험과 지식을 그 안에 받아들이게 된다. 그러므로 세계관의 기초 및 그 깊이와 무게가 결정되는 것도 유년기이며, 이것은 그 뒤에 계속해서 발달해 완성되어 가지만, 중요한 점에서는 결코 변하지 않는다.

이처럼 아이들이 외부 세계를 객관적으로 관찰하는 것은 그들의 의지가 아직 충분한 힘을 발휘하지 못하기 때문이다. 그들의 삶에는 의지적인 요소보다 인식적인 요소가 훨씬 더 많다. 아이들이 대부분 진지하고 관조적인 눈초리를 하고 있는 것은 이 때문이며, 라파엘로는 이 눈초리를 천사들, 특히 성 시스티나의 마돈나 천사를 통해 잘 묘사하고 있다.

우리가 유년 시절을 즐겁고 아름답게 회상하는 것은 그 시절이 고뇌로 충만한 의지의 생활에서 떠나 있기 때문이다. 전에도 말한 바와 같이 외부의 사물에 대한 직관적 인식에서 비롯되는 유년 시절의 체험은 매우 중요한 의미와 지속적 효과를 갖고 있음에도 불구하고, 교육은 이들에게 추상적 관념을 주입하려고 한다. 그러나 이런 관념으로는 인간의 마음과 정신을 기를 수 없다. 우리에게 가장 중요한 것, 즉 지식의 뿌리가 되고 알맹이가 되는 것은 직관적 인식으로부터 얻어진다. 그런데 이러한 직관적 인식은 오직 우리 자신의 힘으로 얻어지며, 어떤 방법으로도 바깥에서 주입될 수는 없다.

우리의 지적인 가치는 도덕적인 가치와 마찬가지로 결코 외부에서 주어질 성질의 것이 아니다. 그것은 우리 자신의 본성에서 비롯되며, 페스탈로치 교육법으로도 태어날 때부터 백치를 똑똑하게 만들 수는 없다. 따라서 이런 자는 바보로 태어나 바보로 죽을 수밖에 없는 것이다.

또한 유년 시절의 환경과 체험이 언제나 우리의 기억에 생생하게 남아 있는 것은 그 무렵에는 외부 세계가 선명하게 드러나 하나하나의 사물이 대표적으로 보이며, 직관적으로 인식되기 때문이다. 유년 시절에는 환경에 완전히 몰입해 눈앞에 나타나는 사물을 그 종류 가운데서 유익한 실재로 인식한다. 그러나 사람들은 차츰 나이를 먹으면서 인식보다도 의지의 힘에 따라서 움직이므로 외부의 사물은 대부분 고뇌를 안겨 준다. 요컨대 모든 사물은 인식의 눈으로 보면 매우 선량하고 아름답지만, 의지의 눈으로 보면 무척 사나운 것으로 나타난다. 그런데 후자보다는 전자의 편에 속하는 것이 유년 시절의 특징이다.

이 무렵의 인간은 사물의 아름다운 일면만을 알고 두려운 점을 모르며, 우리 자각에 나타나는 모든 사물이 순수한 그 사물 자체, 또는 예술에 그려진 것과 비슷해 매우 선량하고 아름답게 보인다. 그러므로 온 세계가 에덴동산처럼 생각되기 때문에 누구나 한 번쯤은 으레 행운아가 될 수 있다. 그러나 이 시절을 벗어나면 차츰 인식보다 의지가 삶의 중심이 되어 선량함과 아름다움을 의욕의 대상으로 삼는다. 즉, 사물과 의지의 온갖 반작용이 일어나 괴로운 운명에 시달리면서 '삶의 어지러운 움직임' 속에 빠져 들어간다.

그래서 우리는 거기서 사물과 또 다른 한 면, 즉 의욕의 대상으로서 두려움을 알게 되며, 의욕적인 삶에 따르는 모든 장해와 근원을 체험하고 인생에 대한 아름다운 꿈이 깨어진다. 그리고 아름다운 환상을 즐기던 시절은 이미 지나갔다고 한탄해 회한에 잠기게 되는데, 이런 실망은 나이가 들어갈수록 더욱 심해진다. 유년 시절의 삶은 먼 데서 바라본 극장의 장식물과 같지만, 노년기의 삶은 그 장식물을 가까이서 목격하는 것과 같다.

이 밖에 유년 시절에 평온과 축복을 가져오는 것이 한 가지 더 있다. 그것은 마치 봄에는 모든 나무 잎사귀가 초록빛으로 보이듯이 미래의 영웅이나 학자, 농부, 시골사람 할 것 없이 서로 조용히 친밀한 사이가 되어 독특한 사회를 이루고 있다. 그러나 세월이 지남에 따라 개인차가 심해지고, 그 차이는 중심으로부터 멀어져 가는 원의 반지름처럼 점점 더 커져 간다.

우리 생애의 후반기보다 전반기가 더욱 이상적으로 보이고 후반기가 대부분 불쾌하고 불행하게 생각되는 것은, 우리가 생애의 초기에 행복의 실재를 믿고 이를 손에 넣을 것이라는 기대에서 온 힘을 다 기울였지만, 오히려 그것이 실망과 재앙의 근원이 되어 버렸기 때문이다. 다시 말해서 이런 노력의 결과로 갖게 되는 것은 언제나 되풀이되는 실패와 실망, 그리고 이에 따르는 불만이다. 젊은이들에게는 꿈같은 행복의 그림자가 여러모로 눈앞에 어른거리지만 이것은 결코 실제로 존재하지 않으며, 따라서 손에 넣을 수 없는 성질의 것이다.

모든 젊은이들이 자신의 처지나 환경에 불만을 느끼는 것은 결국 인생 자체가 공허하고 비참한 데에 원인이 있다. 젊은이들은 그것을 처지나 환경 탓으로 본다. 그들은 나중에 꿈에서 깨어나야 비로소 인생은 절대로 만족을 얻을 수 있는 것이 못 된다는 사실을 알고 이것을 자기 처지나 관점의 탓으로 돌리지만, 이것은 잘못되었다. 그들이 만일 올바른 교육을 받아 이 세상에서 여러 가지 행복과 만족을 손에 넣을 수 있다는 젊은 시절의 공통된 망상에서 떠날 수 있다면, 얼마나 바람직한 일이겠는가.

그러나 그들은 실제로 이와 정반대의 방향을 더듬게 된다. 이것은 그들이 인생의 참된 모습을 알기 전에 시나 소설에 묘사된 인생과 친숙해졌기 때문이다. 즉, 그들의 눈에는 문학에 그려진 인생이 매우 아름다워 보이기 때문에 자기도 한번 그처럼 실제로 해 보고 싶은 생각이 간절해진다. 그래서 자기 생애를 하나의 소설처럼 실현해 보려고 하는데, 이것은 무지개를 붙잡으려는 것과 마찬가지이므로 결국 꿈에서 깨어나게 된다.

인간의 전반기 특징이 이처럼 행복에 대한 충족될 수 없는 동경이라면, 후반기의 특징은 불행에 대한 두려움이다. 후반기에 오면, 정도의 차이는 있지만 누구나 행복은 하나의 망상이요, 고통만이 실재한다는 사실을 깨닫게 되기 때문이다. 그러므로 적어도 상식이 있고 분별력을 가진 사람이라면 나이가 들어 늙어갈수록 행복보다는 차라리 견디어 나가기 쉬운 상태를 바라며, 근심과 걱정이 없는 처지를 원하게 된다. 나는 젊어서는 대문 소리가 나면, '무슨 좋은 일이 있으려나?' 하고 기뻐했지만, 나이를 먹고 나서부터는 대문 소리가 들리면, '무슨 귀찮은 일이 생기려나?' 하고 불안을 느끼게 된다.

본디 천재적인 사람은 평범한 사람들과는 달리 타고난 자질의 정도에 따라서 고독에 이르게 되지만, 다음과 같은 두 가지 정반대의 감정을 느끼게 된다. 즉, 젊었을 때는 가끔 자신이 '세상 사람들에게서 버림을 받고 있다'고 느끼고, 늙어서는 '세상 사람들과 담을 쌓고 있다'고 느끼게 된다. 전자는 불쾌한 느낌이고 후자는 즐거운 느낌이다. 결국 전자는 인간 세계를 모르는 데서 오는 것이고 후자는 인간 세계가 어떻다는 것을 아는 데서 비롯된다. 그래서 인생의 후반은 악보의 후반처럼 전반에 비하면 애쓴 보람은 얼마쯤 덜 느끼지만, 훨씬 더 침착하고 고요한 자세로 인생을 바라볼 수 있다.

이것은 일반적으로 인간은 젊었을 때에는 이 세상에서 굉장한 행복이나 향락을 누릴 수 있으나 다만 그것을 찾아내기가 어렵다고 생각한다. 그러나 늙으면 인생에서는 아무것도 얻을 수 없음을 알기에 이를 완전히 단념하고 그럭저럭 참을 만한 현재를 즐기면서 작은 일에도 기쁨을 느끼게 된다.

성년에 이른 사람이 세상을 살아가는 동안 몸소 겪은 체험에서 얻은 것은, 첫째로 편견이 없다는 것이다. 그는 처음부터 사물을 단순히 보이는 그대로 받아들인다. 그런데 유년 시절이나 젊은 시절에는 자기가 지어낸 망상이나, 다른 데서 받은 편견이나 공상 등에 의해 이루어진 환영으로 세계의 참된 모습을 뒤덮거나 일그러뜨린다. 어쨌든 경험이 첫 과제로서 해야 할 일은, 젊은 시절을 거치는 동안 몸에 배인 망상이나 그릇된 개념으로부터 우리를 자유롭게 하는 일이다. 젊은이가 이런 망상이나 착각에 빠지지 않도록 경계하는 것은 소극적인 일 같지만 이것이야말로 가장 좋은 교육이 아니겠는가?

우리는 이를 위해 아이들의 시야를 처음에는 좁히고 되도록 제한해, 이 범위 안에서 주로 명백하고 정확한 여러 개념만을 가르쳐 주어야 한다. 그래서 아이가 그 개념에 포함된 의미를 정확히 안 다음 조심스럽게 그 시야를 넓혀가되, 모호하거나 설익었거나 또는 그릇되게 해석하는 일이 없도록 유의해야 한다. 이렇게 하면 사물이나 인간과의 관계에 대해 그들이 가진 개념은 여전히 제한되어 단순하지만 그 대신 명백하고 정확할 것이며, 그 개념은 언제나 확대될 뿐 시정할 필요는 없게 된다. 이처럼 젊은 시절까지 줄곧 나아갈 일이다. 그 방법으로는 특히 소설 따위를 읽지 못하게 하고 적당한 전기물을 읽히는 것이 바람직하다. 예를 들면, 《프랭클린 전기》라든가 칼 필립 모리츠[1]의 《안톤 라이저》와 같은 것이 알맞다.

젊었을 때에는 인생에서 중요한 사건이나 큰 공로를 세운 인물은 북을 치고

---

1) 1757~1793. 독일의 저술가. 《안톤 라이저》는 소설 형식을 취한 저자의 자서전이다.

나팔을 불며 화려하게 등장할 것이라고 생각하지만, 늙어서 돌이켜 관찰해 보면 그러한 것은 모두가 조용히 뒷문으로 몰래 나타난다는 것을 알 수 있다.

인생이란 수를 놓은 옷감에 비유할 수 있다. 생애의 전반기에는 누구나 그 표면을 보고 후반기에는 그 이면을 보게 마련이다. 이면은 표면보다 아름답지는 못하지만 배우는 바가 매우 많다. 이면을 봄으로써 바느질 자국과 꿰맨 흔적 같은 것을 뚜렷이 알 수 있기 때문이다.

정신적으로 뛰어난 사람이 능력을 충분히 인정받으려면 가장 높은 단계에 다다른 사람이라도 40세를 넘어야만 한다. 하긴 정신적인 우월성이 때때로 나이의 성숙과 경험의 결실을 뛰어넘는 일이 있지만, 결코 이런 것들의 대용이 될 수는 없기 때문이다. 따라서 보통 사람도 능히 나이에서 오는 이런 자연적인 우월성으로 말미암아 젊은 청년들을 눈 아래 내려다볼 수 있다. 그러나 이것은 어디까지나 단지 인물에 대해서이며 작품에 대해서 하는 말은 아니다.

어느 면에서나 뛰어난 자는 자연으로부터 약속받은 것밖에 지니지 못한 인류의 6분의 5의 부류에는 속하지 않는 사람으로, 나이가 40세를 넘으면 얼마쯤 인간에 대한 혐오를 느끼지 않을 수 없다. 그는 자기를 표준으로 하여 다른 사람들을 헤아려 보고는 가끔 기대에 어긋나는 것을 경험한다. 그리고 다른 사람들이 두뇌나 감수성 면이나 그 밖의 어느 면으로 보더라도 자기보다는 뒤떨어져 있으며, 자기와는 비교도 되지 않는다는 것을 알아차리고 다른 사람들과의 교제를 회피한다. 누구나 자기의 내적인 가치 정도에 따라 고독, 즉 자기 자신과의 교류를 사랑하기도 싫어하기도 하는데, 이러한 인간 혐오에 대해서는 칸트도 《판단력 비판》 제1부 29장에 대한 일반적인 주석에서 다루고 있다.

어떤 젊은이가 매우 조숙하여 곧 인간의 행위나 활동 요령을 알아차리고 기다렸다는 듯이 활개를 치고 돌아다닌다면, 그것은 지성으로 볼 때나 도덕상으로 볼 때나 상서롭지 않은 징후로 잔재주의 표현이다. 이와 반대로 처세 방면에 서투르고 둔하고 졸렬하여 번번이 실수만 저지르는 사람은 오히려 한층 더 고귀한 천성을 지니고 있다고 인정해도 무방하다.

젊은 시절에 쾌활하고 원기 왕성한 것은 아직 산을 오르는 중이기 때문이며, 산 저쪽 기슭에 있는 죽음이 눈에 보이지 않는 데서 오는 것이다. 그러나 산 꼭대기를 넘어서면 그때 비로소 그저 말로만 들어서 알고 있던 죽음을 실제로 바라보게 된다. 동시에 생활력이 줄어들기 시작하므로 원기도 사그라진다. 이렇게 되면 벌써 어떤 엄숙한 비애가 젊은이다운 객기를 물리치고 얼굴에도 그 그림자를 드리운다. 젊은이는 누가 뭐라고 하더라도 생명이 무한하기라도 한 듯이 여기며 살아가지만, 나이가 들면서 차츰 시간을 아끼게 된다. 왜냐하면 만년에 이르면 하루하루가 마치 교수대로 향하는 사형수와 비슷한 느낌이 들기 때문이다.

젊은이의 처지에서 보면 인생이란 하나의 끝없이 긴 미래로 보이며, 노인의 처지에서 보면 몹시 짧은 과거에 지나지 않는다. 인생이 대단히 짧다는 것을 알려면 장수한 노인이 되어 보아야 한다. 인생의 모든 사물은 나이가 들수록 점점 작아 보인다. 젊은 시절에는 그처럼 크게 보이던 인생이 꿈과 같이 덧없고, 오직 재빨리 지나가는 현상들의 무의미한 교체로 생각되어 허무와 무상들이 뚜렷이 들여다보이며 마음 깊이 스며든다.

젊은 시절에는 시간이 가는 것이 무척 더디다. 그러므로 일생의 4분의 1은 행복한 시기이고 또 가장 길게 생각되는 부분이며, 그동안에 기억하는 일들은 어느 시기의 기억보다 훨씬 많다. 자기의 생애를 이야기할 때 누구나 그 4분의 1에 해당하는 부분에 대해서는 그 밖의 4분 3을 합친 것보다 더 많은 이야기를 할 수 있다. 이 기간은 계절에서 봄과 마찬가지로, 인생에서도 해가 너무 길어 지루하게 여겨질 정도이지만, 인생의 가을에 접어들면 낮이 무척 짧아지는 대신에 맑은 날씨가 계속된다.

노년기에는 왜 지나간 생애가 그처럼 짧게 보이는 것일까? 그것은 조금도 소중할 것 없는 대부분의 불쾌한 일들이 기억에서 사라지고, 매우 작은 부분만 남아 있기 때문에 그 내용이 빈약해지고 길이도 짧아지는 데서 오는 것이다.

인간의 지능이 완전하지 못하듯이 기억도 불완전하여 일단 배우고 익힌 것도 거듭 연습하지 않거나 과거의 일도 몇 번씩 떠올려 보지 않으면 어느새 망각의 연못에 잠겨버린다. 그러나 그다지 중요하지 않은 일, 특히 불쾌한 일은 되도록 다시 생각하지 않는 것이 인간의 보편적인 행동이므로 이것들을 기억에 남겨 두지 않게 되며, 나이를 먹을수록 '소중하지 않은 일'은 더욱 많아지게 된다. 다시 말해서 젊었을 때 소중하게 생각되던 온갖 일들이 자주 반복되면 나중에는 '소중하지 않은 일'이 되어 버리므로, 우리는 젊었을 때의 일을 장년 이후의 일보다 더 뚜렷이 떠올릴 수 있다.

이처럼 나이를 먹을수록 중요한 일이 적어지므로 좀처럼 추억거리가 생기지 않는다. 앞에서도 말했지만, 반복해서 생각하는 것이 기억을 새롭게 하는 유일한 방법인데, 늙으면 웬만한 일은 다 잊어버려 흔적도 없이 사라지게 된다. 또한 우리는 불쾌한 일은 되도록 덮어두려고 하며, 그것이 자기 자존심이나 허영심을 손상할 경우에는 더욱 그렇다. 이것은 불행이나 고뇌는 얼마쯤 우리 자신의 불찰임을 입증하는 것이다.

이렇게 해서 불쾌한 일은 거의 잊어버리게 되며, 거기에 그다지 소중하지 않은 일까지 제외되면 기억은 매우 빈약해진다. 다시 말하면, 경험을 쌓을수록 기억은 오히려 짧아진다. 마치 항구를 떠난 배 위에서 바라보면 바다 위에 있는 모든 사물이 차츰 작아지면서 나중에는 분간하지 못하게 되듯이, 우리의 생애에 일어났다가 사라진 모든 행위와 사건도 나이를 먹어감에 따라 조금씩 희미하게 된다.

노인이 되면 과거가 꿈결처럼 느껴지는 경우가 있다. 그것은 우리가 언제나 동일한 현재, 영원히 지속되는 '지금'이라는 시간의 한순간만을 갖고 있기 때문이다. 또한 우리 자신의 실체인 참된 자아는 결코 시간 속에 있지 않고 현재만이 자기가 외부 세계와 접촉하는 유일한 구체적인 현실이기 때문이다.

이와는 달리 우리는 젊었을 때 눈앞에 놓인 생애를 거의 무한히 긴 것으로 착각한다. 이것은 우리가 그 실현을 위해서는 아무리 장수를 누린다고 해도 부족할 정도로 이런저런 희망을 갖고 있기 때문이며, 또한 장래의 생활 척도로서 자기가 지내온 추억의 소재가 언제나 풍부하여 길게 생각되는 그 짧은 세월을 염두에 두고 있기 때문이다. 그리고 이 무렵에는 새롭다는 것이 모든 것을 의미 깊게 생각하게 하므로, 그것은 나중에까지 추억으로 살아남아 있기에 짧은 세월이라도 길게 생각되는 것이다.

어느 과거로 한 번 다시 돌아갔으면 하고 생각하는 때가 때때로 있지만 이것은 오직 그 무렵의 시간으로 되돌아가려고 하는 것으로, 시간이 공간의 가면을 쓰고 우리를 속이는 것이다. 다시 그 고장을 찾아가 본들 젊은 시절과 같은 인상은 받을 수 없고, 오직 '시간의 속임수'를 깨닫게 될 뿐이다.

건강한 사람으로 오래 살려면 두 가지 길이 있다. 이것은 두 개의 램프로 비유해 설명할 수가 있다. 기름은 적지만 심지가 가늘어 오래 탈 수 있는 경우와, 심지가 굵지만 기름이 많이 들어 있어 오래 탈 수 있는 경우가 그것이다. 이 경우에 기름은 생명력이며 심지는 생명력을 소모하는 것으로, 그 방법에는 여러 가지가 있다.

생명력, 즉 체력으로 말하자면 우리는 36세까지는 그 이자로 살아가는 사람과 같아서 오늘 쓴 체력은 내일이면 회복된다. 그러나 이 무렵을 고비로 그 뒤로는 자기 자본을 갉아먹기 시작하는 자본가가 된다. 처음에는 사태의 변화가 거의 눈에 뜨이지 않아 지출의 대부분은 자연히 원상복구가 되어 이 무렵의 손실은 대수롭게 여겨지지 않는다. 그러나 이 손실이 차츰 늘어 가면 눈에 띄게 된다. 그것은 날마다 팽창해 점점 뿌리를 깊이 박고, 오늘이라는 하루가 돌아올 때마다 어제보다 가난해진다. 그동안에 그 감퇴는 물체의 낙하처럼 더욱 속도를 내고 나중에는 아무것도 남지 않게 된다. 이처럼 생명력과 재산이 날로 줄어든다면 그보다 더 딱한 일은 없을 것이다. 나이가 들수록 소유에 대하여 애착을 가지는 것은 이 때문이다.

그런데 우리가 성년에 이르고 나서 몇 해까지는 생명력에 대해 말하자면 이자 가운데에서 얼마간은 자본에 보태는 사람과 같다. 그렇게 하면 지출한 금액이 다시 자연히 충당될뿐더러 자본도 늘어간다. 오, 행복한 젊음! 오, 서글픈 늙은이……. 어쨌든 인간은 젊음의 힘을 소중히 간수해야 한다.

아리스토텔레스는 올림픽 경기에서 우승한 자들 가운데, 젊어서 한 번 우승하고, 장년이 되어서도 다시 우승한 사람은 고작 두어 사람이라고 지적하고 있다.[2] 이는 준비 훈련을 하느라고 체력을 미리 혹사했기 때문에 장년기에는 체력이 부족하게 된 것이다.

이것은 육체의 힘보다 정신력에 더 해당된다. 그러므로 조숙한 천재나 신동은 아이로서는 놀라운 일이지만, 나중에는 매우 평범한 두뇌의 소유자가 되어버리는 것이다. 많은 학자들이 만년에 정신이 위축되어 무능력하게 되어 버리는 것도 대부분 그리스어나 라틴어를 배우느라고 어렸을 때부터 머리를 너무 혹사했기 때문이다.

---

2) 《정치론》의 종편(終篇).

사람들은 노년기에 접어들면서 여러 경험을 하게 되어 깨닫는 바도 많고, 나이에 따라 단련을 쌓게 되므로 성격은 원만해지고 언행은 한결 부드러워질 수 있다. 특히 프랑스 사람들이 그렇다. 그것은 성격 자체에서 찾아볼 수 있는 젊은이다운 면, 장년다운 면, 노인다운 면이 각각 연령의 시기와 보조를 맞추어 영향을 주기 때문이다.

　우리가 배를 탔을 때 기슭에 있는 물체가 점점 뒤로 나아가 작아지는 것으로 배가 바다를 가르며 나아가고 있음을 알 수 있듯이, 자기가 나이를 먹어가는 것은 자기보다 어리게 생각되는 사람들의 나이가 점점 많아지는 것으로 알 수 있다.

　인간의 모든 관찰과 행위와 체험 등이 정신에 미치는 영향은 나이를 먹을수록 점차로 희박해진다. 따라서 우리가 충분한 자의식을 가지고 살아가는 것은 젊은 시절뿐이며, 노년기가 되면 의식적인 생활의 절반은 잃어버린다고 볼 수 있다. 즉, 인간의 생존의식은 나이를 먹을수록 희미해진다. 마치 아무리 훌륭한 미술품이라도 몇천 번이나 보는 동안에 감흥이 점점 없어지는 것과 같다. 따라서 나이가 들수록 모든 사물은 차츰 의식의 표면을 스쳐갈 뿐 별로 이렇다 할 인상을 남기지 않는다. 다만 눈앞에 맞닥뜨린 필요에 따라 움직일 뿐 나중에는 자기가 무슨 일을 했는지도 잘 모르게 된다. 그래서 의식이 줄어듦에 따라 세월도 빨리 흘러가게 된다.

　그러나 유년 시절에는 그렇지 않다. 모든 사물과 사건이 신기하기만 하여 모조리 의식 속에 떠오르므로, 하루가 매우 길게 여겨진다. 이와 비슷한 일을 여행에서도 체험할 수 있다. 여행을 떠난 뒤 한 달 동안은 가정생활의 넉 달 동안보다 더 길게 생각되지만, 같은 사물을 몇 번씩 자주 대하는 동안 차츰 지적인 능력이 둔해지므로 모든 사물들이 머릿속에 별로 인상을 남기지 않고 흘러가며, 생활도 점점 무의미하게 되고 시간이 무척 짧게 느껴진다. 흔히 노인들의 하루가 아이들의 한 시간보다도 더 짧게 생각되는 것은 이 때문이다.

　이처럼 일생 동안 흘러가는 시간은 마치 아래로 떨어지는 공과 같이 가속도 운동을 한다. 또 회전하는 원판은 중심으로부터 먼 거리에 있을수록 속도가 빨라지는 것처럼 우리는 나이가 들수록 시간이 빨리 지나가는 것을 느낀다. 그래서 실제로 체감하는 1년의 길이는 1년을 분자로 하고, 자기의 나이를 분모로 했을 경우의 숫자와 정비례한다. 예컨대 5분의 1(다섯 살의 경우)로 된 1년이 50분의 1(쉰 살의 경우)에 해당하는 1년보다 10배나 길게 생각되는 것이다. 이런 차이는 때로는 생애의 모든 면에 중대한 영향을 끼치며, 유년 시절은 연수가 짧지만 생애의 가장 긴 시기이며, 경험과 기억이 가장 풍부하다.

한편 인간이 일생 동안에 느끼는 권태는 나이에 반비례한다. 아이들은 언제나 유희와 놀이 등으로 시간을 충당할 필요가 있으므로, 한가해지면 곧 심한 권태를 느끼게 마련이다. 젊은시절에도 권태에 곧잘 빠져 아무것도 하지 않는 상태를 싫어하지만, 장년기에 이르면 차츰 권태를 덜 느끼다가 늘그막에 접어들면 세월에 가속도가 붙어 빨리 사라지므로 권태를 거의 느끼지 않는다.

노년기에 나타나는 하나의 특징은 정욕의 감퇴이다. 이때가 되면 사람들은 정욕으로 말미암아 번뇌와 고통을 느끼지는 않는다. 건강만 유지되면 삶의 무거운 짐은 한결 적어지고 또 가벼워진다. 아주 늙어 버리기 전 몇 해 동안이 생애의 가장 좋은 때라고 하는 것은 이 때문이며, 몸과 마음의 안정을 얻고 있다는 점에서는 사실 그렇게 말할 수도 있다.

그러나 생애의 초기는 외부의 모든 사물이 강한 인상을 주며 의식 속에 또렷이 떠오르므로 수확이 가장 많은 시절이다. 인간의 가장 근본적인 지식은 오직 직관에 의한 의식에서 얻을 수 있는 것이지 추리나 사유로써 얻을 수 있는 것은 아니다. 그것은 논리를 거쳐서가 아니라 실제 인상에서 비롯되어야 한다. 그러므로 외부로부터 받아들이는 인상이 강하고 선명하면 사물의 이치를 스스로 알 수 있다. 젊은 시절을 잘 활용하면 큰 효과를 거둘 수 있는 것은 이 때문이다. 이 시기가 지나 나이가 들면 인간은 벌써 하나의 원숙한 존재로서 외부 세계에 좌우되기보다 그 외부 세계와 다른 사람에게 직접 어떠한 작용을 하게 된다. 따라서 장년기 이후는 활동과 실천의 시기라면, 젊은 시절은 그 바탕이 되는 관찰과 인식에 적합한 시기이다.

젊은 시절에는 직관이 중심이 되고 노년기에는 사색이 중심이 된다. 그러므로 젊은 시절은 시를 쓰는 데 알맞은 시기요, 노년시절은 철학을 하기에 적합한 시기이다. 실천에서도 청년시절에는 직관한 것과 그 인상에 의해 결심을 하지만, 노년기에는 주로 사색에 의해 결심을 한다. 노년기에는 여러모로 식견이 풍부하여 이것이 여러 개념으로 받아들여짐으로써 직접적인 관찰보다 개념이 권위와 가치를 갖게 되지만, 감각적인 인상은 자주 되풀이되기에 예전처럼 큰 영향을 주지 못한다. 그러나 젊은 시절에는, 특히 감정이 풍부하고 상상력이 뛰어난 두뇌를 가진 자는 사물의 겉모습과 그 인상에 좌우되는 경우가 많으므로 인생 자체도 흔히 표면적인 그림으로 보인다. 그래서 그들은 자기의 참된 의사를 따르기보다 세상 사람들이 자기를 어떻게 보느냐 하는 데 관심이 크다. 그들이 용모나 옷차림에 매우 신경을 쓰는 것은 이 때문이다.

인간의 정신력이 최고도에 이르는 것은 젊은 시절에서 늦어도 35세 전후까지이며, 그 뒤부터는 차츰 줄어든다. 그 대신 장년기나 노년기의 정신생활에는 다른 특징이 따른다. 이 무렵에는 경험과 지식이 풍부하여 모든 사물을 여러모로 살피고 탐구해서 상호 연관성을 찾아내고, 이에 대한 종합적인 정확한 지식에 따라서 그 진상을 알아낸다. 그리고 모든 개념이 경험으로써 밑받침되었으므로 그 지식이 더욱 확고해지고, 젊은 시절의 이런저런 수확이 늘어나 진정한 의미에서 소유하게 된다. 그리고 모든 지식이 원숙해지고 정밀하게 된다.

이와는 달리 젊은 시절의 지식은 단편적이고 미숙하다. 인생에서 성숙하고 정확한 개념은 오직 노년에 이른 자에게만 주어지는 특전으로, 그들은 능히 인생의 참된 모습을 달관할 수 있다. 그들은 젊은이들처럼 인생을 그 입구에서 멀리 바라보지 않고 출구에서 오랜 체험을 통해 한눈으로 바라본 다음 허망함을 깨닫게 된다. 그러나 젊은이들은 언제나 세상에 어떤 멋진 일이 기다리고 있으리라는 망상에 사로잡힌다.

한편 청년기에는 구체성이 뛰어나므로 자기가 알고 있는 조그마한 지식으로도 많은 것을 창조해 낼 수 있다. 그러나 노년기에는 사물을 분별하고 해명하여 그 진상의 뿌리를 캐내는 데 특기가 있다.

그리고 정신력이 뛰어난 천재가 후세에 공헌할 수 있는 독창적인 지식과 아이디어를 제시하는 것은 젊은 시절의 일이며, 이것을 자유로이 구사해 작품으로 완성하는 것은 50세 전후의 일이다. 요컨대 젊은 시절은 인간이 한평생 소유하게 될 모든 지식의 뿌리가 되고, 장년기 이후는 그 가지와 잎사귀가 되어 열매를 맺는다.

가장 빈약한 시대도 바로 그 전 시대나 그 이전의 여러 시대보다는 훨씬 현명하다고 생각되는 것처럼, 인간 생애에서 각각의 세대도 마찬가지로 생각되지만 이것은 잘못된 생각이다. 육체적으로 성장해 나갈 무렵에는 정신력이나 지능이 날로 증가하므로, '오늘'은 언제나 경멸하는 눈초리로 '어제'를 내려다보는 버릇이 있다. 이 버릇이 습관이 되면 정신력이 떨어져 '오늘'은 오히려 존경심을 갖고 '어제'를 바라보아야 할 시기에도 우리는 자칫하면 자기의 젊은 날 업적과 식견을 과소평가하는 경향이 있다.

인간의 정신력을 성격이나 덕성처럼 타고난 것이라고 할 수는 없으며, 적어도 전자가 후자처럼 고정되어 있지 않고 많은 변화를 일으키는 것은 사실이다. 이런 변화는 대부분 규칙적으로 일어나는데, 이것은 정신력이 하나의 생리적인 소질이며, 또한 경험으로부터 오는 소득이기 때문이다. 정신력은 차츰 발달해 절정에 이르면 점차로 줄어들다가 나중에는 전혀 활동을 하지 못하게 된다. 그리고 그 바탕이 되는 사고와 인식의 내용이나 경험과 지식 및 여러 가지 판단 같은 것도 정신력이 왕성해 절정에 도달하면, 그 뒤부터는 서서히 감퇴되다가 결정적인 시기에 이르면 그 기능을 거의 잃어버리게 된다. 인간은 이처럼 변화하지 않는 성격과 변화하는 정신력의 두 가지 면으로 되어 있으므로, 나이를 먹어감에 따라 안팎으로 이런저런 변화를 일으키는 것이다. 결국 생애의 전반기 40년은 본문이고, 나중 40년은 이에 대한 주석이라고 비유해 말할 수 있다. 우리는 이 주석으로 본문의 진정한 의미와 관련성 및 전반적인 대의를 분명히 알 수 있다.

인생의 마지막에 이르면 마치 가장무도회의 끝 장면을 보는 것처럼 인물이나 사물, 그 밖의 모든 것이 정체를 드러내므로 자기가 지금까지 접촉해 온 많은 사람들의 참모습과 성격도 분명히 알게 된다. 누구나 그 행위는 결과에 따라 헤아리게 되며, 모든 사업과 작품은 시일이 지나감에 따라 정당한 평가를 받게 되어 온갖 환영은 무너져 버린다.

이렇게 되기 위해 시간이 필요하다. 신기한 점은 인간이 자기 자신이나 그 목표, 또는 세상의 다른 사람들과 자기의 관계에 대하여 생애가 끝날 무렵에야 겨우 올바로 인식하고 이해도 한다는 것이다. 우리는 자기 자신에 대하여 예전에 생각했던 것과는 달리 한결 열등시하는 경우도 있고, 반대로 높이 평가하기도 한다. 이것은 사람들이 세상을 잘 모르고 인식의 목표를 지나치게 높은 데 두고, 인생이 저열하다는 데 대하여 지금까지 뚜렷한 인식을 갖고 있지 못한

데서 비롯된다. 즉, 인간은 자기 수준에서 사물을 경험하는 것이다.

우리는 흔히 청년기를 인생의 행복한 시절이라고 말하고, 노년기를 불행한 시기라고 생각한다. 이것은 온갖 열정이 인간을 행복하게 만드는 것이라면 타당한 견해라고 하겠다. 그러나 젊은이는 열정으로 말미암아 약간의 기쁨과 많은 괴로움을 겪게 마련이다. 그러다가 노년에 이르면 열정이 가라앉고 사물을 관조하는 경향을 띠는데, 이것은 지식이 의지에서 떠나 권위를 갖게 되기 때문이다. 이러한 순수한 지식에는 고뇌가 조금도 따르지 않으므로 이 지식이 인간 내면생활의 중심이 되면 더 큰 행복을 얻을 수 있다. 더구나 모든 쾌락은 소극적인 반면에 고통은 적극적인 것이라는 사실을 생각하면 정욕은 결코 우리를 행복하게 할 수 없는 것으로, 늘그막에 이르러 많은 쾌락을 잃어버리게 되었다고 해서 한탄하는 것은 부당한 일이다.

인간의 모든 쾌락은 욕망이라는 정신의 결함을 보충해 줄 뿐이다. 그러므로 이 욕망이 없어지면 동시에 쾌락도 자취를 감추지만, 이것은 마치 식사를 마친 직후에는 식욕이 나지 않고 잠을 자면 졸리지 않는 것처럼 조금도 비관할 일이 아니다. 플라톤이 《국가론》의 서론에서 "노년기는 우리를 언제나 들뜨게 만든 성욕으로부터 마침내 벗어날 수 있다는 사실만으로도 행복할 수 있다"고 말한 것은 옳다. 성욕이 빚어내는 온갖 공상과 감정의 격동에 시달리게 되면 누구라도 광적인 추태를 부리기 쉽다. 그러므로 우리가 참으로 이성을 가진 인간이 되는 것은 성욕을 느끼지 않는 상태로 들어간 뒤의 일이다. 젊은 시절에는 일종의 우울과 비애를 느끼게 마련이지만, 노년기에 이르면 깨끗하고 산뜻한 취미가 따르게 된다. 젊은 시절에는 악마와 같은 성욕의 노예가 되어 대가 없는 고역에 종사하게 마련이다. 따라서 이 성욕은 인간을 언제나 들볶으며 한시도 자유를 주지 않고 해악과 불행을 가져오는 직·간접적인 중요한 원인이 된다. 그러나 노년기에 이르면 오래 묶여 있던 사슬에서 풀려나 자유롭게 거닐 수 있는 사람처럼 큰 해방의 기쁨을 맛볼 수 있다.

한편 성욕이 끊어지면 생명의 핵심을 잃어 형체만 남게 되는 결과를 가져온다. 그것은 일종의 희극(처음에는 인간이 등장했다가 나중에는 같은 옷을 입은 자동인형이 나타나는 미치광이 연극)과 같다. 어쨌든 청년기는 불안한 시기요, 노년기는 편안한 시기이다. 어느 쪽이 더 행복한지 이로써 구분할 수 있다.

어린아이가 눈앞에 보이는 물건들을 잡으려고 손을 한사코 내미는 것은 그런 물건들이 여러 모양으로 어린아이의 감각을 자극해 욕심을 불러일으키기 때문이다. 그런데 젊은이는 이런 의욕적인 충동을 어린아이보다 강하게 느끼기 때문에 외부 세계의 다양한 모습에 이끌려 실제 이상의 가치를 부여한다. 그리고 이를 손에 넣기 위해 헛된 동경을 품지만, 이와 같은 동경은 마음의 평안을 앗아가므로 행복이란 있을 수 없다.

노년기에 이르면 이와는 달리 마음이 진정된다. 이것은 한편으로는 핏줄이 한결 싸늘해지고 감각의 자극이 줄어들었기 때문이며, 또 한편으로는 경험이 사물의 가치와 향락의 내막을 알아차렸기 때문이다. 그래서 이전에 사물에 대한 진정한 견해를 뒤엎거나 뒤틀던 환각이나 망상, 또는 편견으로부터 점차 벗어나게 된다. 이제는 모든 것을 한결 올바르게, 그리고 뚜렷하게 인식하고 모든 것을 사실 그대로 해석하며, 이 세상 모든 사물의 공허함을 통찰하고 있다. 이것이야말로 노인에게, 심지어 평범한 능력의 소유자에게까지 얼마쯤 현명한 태도를 지니게 하며, 이것이 젊은이와 다른 특징을 이룬다.

그리하여 노인은 마음의 평정을 얻게 되며, 이 평정이야말로 행복의 중심을 이루는 것이다. 젊은이들은 세상에 놀라운 이득이 많아서 그것을 손에 넣을 수 있다고 생각하지만, 노인은 〈전도서〉의 "헛되고 헛되도다. 모두가 헛되도다"는 말을 굳게 믿기에, 모든 호두가 언뜻 보면 금빛으로 번쩍거려도 속은 비어 있음을 알아차린다. 인간은 만년에 와서야 비로소 "무슨 일에나 놀라지 않는다"는 호라티우스의 경지에 도달하게 된다. 다시 말하면 모든 사물이 공허하며 겉보기에 아무리 화려해도 속은 비어 있다는 확신에 도달하므로 망상은 사라지게 된다. 그는 벌써 궁궐이나 오두막이나, 그 어디라도 행복이 깃들어 있다고는 꿈에도 생각하지 않는다. 그래서 정신적으로나 육체적으로 그다지 큰 걱정이 없는 사람이 행복하다는 것을 깨닫는 동시에, 부자든 가난뱅이든, 고귀한 자와 천한 자를 가리지 않고 차별하지 않으며, 마음의 평안을 얻어 세상의 모든 꿈결 같은 일에 대해 냉정한 미소를 머금고 내려다보게 된다.

그리고 혼돈 속에서 깨어나, 인간이 아무리 장식하고 분장해도 그 표면적인 찬란한 빛을 통해 인생의 보잘것없는 모습이 들여다보인다. 또, 본바탕에는 차이가 없으며, 그 참된 가치는 오직 고통이 없다는 것으로 측정해야 한다. 그리고 쾌락이나 영화나 사치가 있고 없음에 따라 결정할 것이 아니라 다만 고통이 없는 것으로 인생이 평가되어야 함을 깨닫게 된다.

노인들의 특징은 망상에서 깨어난다는 것이다. 지금까지 삶에 매력을 주고 행위에 자극을 주던 환영은 사라지고, 세상에서 겉보기의 공허함을 깨닫게 된다. 그래서 바라던 사물이나 탐내던 향락의 배후에는 아주 보잘것없는 것밖에 있지 않음을 경험하고, 우리의 존재가 커다란 빈곤과 공허에 지나지 않았다는 견해를 갖게 된다. 70세가 되어 비로소 인간은 〈전도서〉의 첫머리에 나오는 구절을 이해하게 된다. 그러나 이것도 노인들에게 얼마쯤 불쾌감을 주는 것이다.

사람들은 흔히 노인의 운명은 병과 권태라고 한다. 병은 노인에게 결코 본질적인 것이 아니며, 특히 그 사람이 장수하게끔 건장한 몸으로 태어나면 병은 그다지 걸리지 않는다. 권태에 대해서는 이미 왜 노년기가 청년기보다 권태에 사로잡히지 않는가에 대해 그 이유를 말해 두었다. 나이를 먹으면 틀림없이 고독에 잠기기 쉽지만, 그렇다고 고독에 반드시 권태가 따른다고 할 수는 없다. 권태는 단지 감성적, 사교적 향락밖에는 알지 못하고, 자기 정신을 풍부하게 할 줄도 모르며, 그 힘을 발전시키는 것을 게을리하는 사람들만 말할 수 있는 일이다. 물론 늙으면 정신력도 감퇴되지만, 힘이 아직 많이 남아 있으면 권태를 이겨내기에 부족함이 없을 것이다.

그리고 이것도 앞에서 말했지만, 경험이나 지식·수련·성찰 등에 의해 올바른 식견이 증가되며, 판단은 날카로워지고, 사리가 뚜렷해지며, 모든 사물에 대하여 총괄적으로 객관화하게 된다. 그렇게 되면 축적된 온갖 인식을 언제나 새롭게 종합해 이 인식을 증가시킴으로써, 내면의 교양은 모든 점에서 여전히 성장하고 정신을 활동시키며, 이를 만끽할 수 있다.

그리고 이미 말한 바와 같이, 늙으면 시간이 빨리 지나가므로 이것이 권태를 막아 준다. 체력은 이득을 위해 사용하지 않으면, 감퇴하더라도 그다지 곤란을 느끼지 않는다.

노년에 이르러 가난한 것은 큰 불행이다. 가난이 해결되고 건강이 남으면 노년은 일생 가운데 가장 견디기 쉬운 시기가 될 것이다. 마음 편하고 안정적인 삶을 추구하므로 노인은 전보다도 돈을 아끼게 되는데, 이는 감퇴되어 가는 힘을 돈이 보상해 주기 때문이다. 사랑의 신으로부터 추방되면 바쿠스[3]의 곁에서 화풀이라도 하고 싶을 것이다. 또한 노년에 이르면 구경을 하거나 여행을 해서 배우려는 욕구 대신에 가르치거나 이야기하려는 욕구가 생긴다.

노인에게 연구나 음악·연극 등에 대한 취미는 일반적으로 외부 세계에 대하여 얼마쯤 감수성이 남아 있으면 이것도 하나의 행복이며, 몇몇 사람들에게는 고령에 이르기까지 지속된다. 자아는 노년기에 가장 유용하다. 물론 어리석은 대부분의 사람들은 웬만큼 나이를 먹으면 차츰 자동인형이 되어 외부에서 어떤 자극을 주어도 전혀 새로운 인상을 받지 못한다. 이런 노인과 이야기를 나누는 것은 모래 위에 글자를 쓰는 것과 같은 것으로, 주어진 인상은 곧 사라져 버린다. 이런 노인은 그야말로 산송장에 지나지 않는다. 고령에서 맞이하는 제2의 유아기의 도래를 자연은 이때 생기는 '제3의 이빨'로 상징하려고 하는 듯이 보인다.

나이가 많이 들어 모든 힘이 서서히 사라져 버리는 것은 틀림없이 서글픈 일이지만, 그것은 피할 수 없다. 만일 힘이 서서히 사라져 버리지 않는다면 죽는 것이 몹시 괴로울 테니 이것은 죽음을 맞이하는 준비라고 말할 수 있다. 그러므로 고령자에게 주는 가장 큰 선물은 잠자는 듯한 죽음이다. 병에 의해서가 아니고, 경련도 일으키지 않고, 아무 감각도 느끼지 않는 평안한 죽음으로, 이 부분에 대해서는 나의 주저 제2권에 말해 두었다.

베다의 《우파니샤드》에는 자연적인 수명을 100세로 정했는데, 마땅하다고 생각한다. 나는 90세를 지난 사람만이 잠자는 듯한 죽음을 맞이할 수 있다고 생각한다. 앓지도 않고 졸도나 경련, 기침 소리 같은 것도 내지 않고, 얼굴빛이 창백해지는 일도 없이 조용히 앉아서 식사를 마치고 죽을 수 있다. 아니, 죽는 것이 아니라 오직 사는 것을 그만두게 되는 것이다. 그 이전의 나이면 병으로, 즉 앞질러 죽는 것이다.

인간의 일생은 본디 길지도 짧지도 않다. 길다거나 짧다고 말하는 것은 다른 시간을 측정하는 기준에서 하는 말이다.

젊은이와 노인의 차이는 젊은이는 언제나 삶을 바라보고, 노인은 죽음을 바

---

3) 그리스 신화에 나오는 술의 신.

라보는 데에 있다. 즉, 젊은이가 짧은 과거와 긴 미래를 갖고 있는 데 비해 노인은 그 반대라는 데에 있다. 늙으면 오직 죽음을 기다릴 뿐이지만, 젊었을 때에는 인생을 기다리고 있다. 그런데 이 둘 가운데 어느 쪽이 더 위태로울까? 전체적으로 볼 때 인생은 이제부터 시작하기보다 끝내버린 쪽이 낫지 않을까? 이것은 의문이 아닐 수 없다. 어쨌든 너무 오래 살려고 하는 것은 터무니없는 소원이다. 스페인에는 '목숨이 길면 재앙도 많다'는 속담이 있을 정도다.

인간의 일생이 점성술에서 말하듯이 각자의 별에 의해 예견되는 것은 아니겠지만, 연령층에 따라 유성이 짝을 이루어 그 일생을 지배한다면, 10대는 수성이 지배한다. 이 시기에는 수성처럼 가장 비좁은 권내에서 재빠르고 경쾌하게 움직인다. 그는 사소한 일에 얽매이지만 이 민첩하고 떠들썩한 신의 지배로 많은 학문을 손쉽게 해치운다. 20대가 되면 금성이 지배하게 되어 연애와 여자들이 그를 차지해 버린다. 30대에는 화성이 지배해 인간은 사납고 억세고 대담하고 호전적이며 집념이 강해진다. 40대는 네 개의 작은 유성이 지배하므로 그의 생활은 폭이 넓어지고 의리를 지키게 된다. 즉, 케레스[4]의 힘으로 유리하고 유용한 것의 지배를 받는다. 그는 또한 베스타[5]의 힘으로 한 세대를 갖고, 팔라스[6]의 힘으로 그가 알아야 하는 것을 배우게 된다. 그리고 그의 아내 유노[7]는 가정의 여주인으로 지배한다.

50대가 되면 목성이 지배한다. 그는 벌써 꽤 오래 산 것이므로 자기 세대에 대해 우월감을 느낀다. 그는 자기의 역량을 충분히 즐기면서, 경험이나 지식이 풍부하므로 그를 에워싼 모든 사람에 대하여 권위를 갖는다. 그러므로 그는 벌써 명령받기를 바라지 않고 스스로 명령하려고 한다. 지금 그는 자기 영역의 지도자 또는 지배자로서 가장 알맞다. 이는 목성이 자오선의 정점에 도달하는 것과 같다.

60대가 되면 토성이 지배해 그 몸가짐에 무게가 있고, 느리고 둔하여 강인해

---

4) 그리스 신화에 나오는 대지(大地)의 여신. 곡물의 성장과 농업을 관장. 화성과 목성 사이에 있는 작은 유성의 하나이다.
5) 로마 신화에 나오는 난로·불의 여신.
6) 제2소행성의 이름. 그리스 신화에서 미네르바의 별명.
7) 제3소행성의 이름. 로마 신화에서 유피테르의 아내.

진다.

아, 노인은 죽은 자처럼 느릿느릿 답답하고 창백하고 둔중하다.
—셰익스피어 《로미오와 줄리엣》 제2막 5장

마지막으로 천왕성이 지배하며 이 별에 이끌려 하늘나라로 올라간다. 나는 여기에 해왕성은 넣지 않기로 한다. 나는 이 별을 본디 이름대로 에로스(사랑)라고 부를 수 없으니 말이다. 사랑과 죽음 사이에는 일종의 신비스러운 관계가 있듯 인생의 종말은 출발점에 연결되어야 할 것이다. 죽음은 삶의 커다란 근원이며, 이집트의 아몬[8]도 빼앗는 자인 동시에 주는 자로 되어 있다. 모든 사람들은 죽음의 나라에서 파견되고, 살아 있는 모든 것들은 그곳이 고향이다. 우리가 여기서 이 모든 일이 일어나는 비밀을 꿰뚫는 능력을 갖고 있기만 하면, 모든 것은 뚜렷이 드러날 것이다.

---

8) 이집트의 신. 신들의 왕자, 우주 창조주. '아멘'이라고도 함.

자아에 대하여

인간의 자아가 재물이나 명예보다도 행복에 훨씬 더 기여한다는 것은 이미 살펴봤다. 언제나 가장 소중한 것은 자아다. 인간의 개성은 시간과 장소를 가리지 않고 그 사람에게 따라다니며, 그가 체험하는 것은 모두 개성에 따라 채색된다. 즉 모든 사물 속에, 그리고 모든 일에서 인간은 자신만을 향락하게 된다.

이는 육체적 향락뿐만 아니라 정신적 향락도 해당된다. 그러므로 영어로 '자기 자신을 즐긴다(to enjoy oneself)'는 말은 매우 적절한 표현이며, 이 표현대로 하자면 '그는 파리에서 즐긴다'(He enjoys himself at Paris)라고 말한다. 즉, '그는 파리를 즐긴다'고 말하지 않고, '그는 파리에서 즐긴다'고 말하는 것이다. 그런데 개성의 소질이 뒤떨어지면 모든 향락은 담즙을 바른 입 속의 값진 포도주처럼 제맛이 안 난다.

그러므로 아주 큰 불행은 예외로 하고, 좋든 언짢든 인간이 살아가는 동안에 만나게 되는 사건 자체보다도 그 사람이 그것을 어떻게 받아들이는가, 즉 어떻게 생각하느냐에 따른 그의 감수성의 종류와 정도가 더욱 중요하다.

인간의 자아, 즉 인격과 그 가치는 그 사람의 행복과 안녕에 직접 영향을 주는 유일한 것이며, 그 밖의 영향은 간접적인 것에 지나지 않는다.

간접적인 것의 작용이 무효가 되는 수는 있어도 인격의 작용은 그렇지 않다. 그 때문에 인격상의 우월함을 질투하는 것은, 그것이 아무리 조심스럽게 숨겨져 있더라도 극복하기 어렵다. 그리고 의식의 성질이나 상태는 변화 없이 늘 그대로 있으며, 개성은 끊임없이 멈추지 않고 어느 순간에도 조금씩 작용한다. 다른 것은 이와 반대로 언제나 단지 한때에 우연히 지나가듯이 작용하고, 어떤 변화에도 영향을 받는다.

그래서 아리스토텔레스는 《에우데모스 윤리학》 제7권 2장에서, "자연(천성)은 신뢰할 수 있지만, 이 세상의 복되고 영화로운 삶은 미덥지 못하다"라고 했다. 우리가 스스로 불러온 불행보다도 바깥에서 비롯된 불행을 훨씬 침착하게 감당하는 것은 이 때문이다. 즉, 운명이 변하는 일은 있어도 우리의 성질에는 변함이 없다.

그러므로 고귀한 성격이나 뛰어난 두뇌, 행복한 기질, 발랄한 관능 및 건강한 육체와 같은 주관적 보물은 일반적으로 "건전한 신체에 깃드는 건전한 정신"[1]이라고 말하듯이 행복에 첫째가는 중요한 보물이다. 따라서 우리는 외적인 보물이나 세상의 명예를 얻는 것보다 이것들을 강화하고 유지하는 데 더욱 마음을 기울여야 한다.

그런데 이것들 가운데에서 우리를 가장 행복하게 하는 것은 관능의 쾌활이며, 짐짓 이 선량한 특질은 그 자체로 보람을 얻게 된다. 언제나 명랑한 얼굴을 하고 있는 사람에게는 으레 그만한 이유가 있다. 즉, 그는 보이는 그대로 쾌활한 것이다.

이 특질은 다른 무엇으로도 바꿀 수 없으며, 이 특질만 있으면 다른 보물은 없어도 얼마든지 잘 살 수 있다. 만일 아름답고 부유하고 존경을 받는 경우, 본인이 행복한가의 여부는 오직 그 사람이 얼마나 쾌활한가에 달려 있으며, 반대로 사람이 쾌활하기만 하면, 늙음과 젊음을 떠나서 그가 날씬하거나 곱상하거나 가난뱅이이거나 부자이거나 관계없이 행복한 것이다.

나는 젊은 시절에 어느 옛글에서 "많이 웃는 사람은 행복하고, 많이 우는 사람은 불행하다"는 글을 읽은 적이 있다. 매우 소박한 이 말을 나는—그것이 단순한 진리이므로—잊을 수 없었다. 이것이야말로 분명한 진리라고 하겠다. 즉, 우리는 쾌활함이 찾아들 때에는 언제나 문과 창을 활짝 열고 맞아들여야 한다. 그 방문이 언짢을 때란 없다.

쾌락을 불러들이기 위해 여러 가지 만족할 만한 이유를 따지거나, 진지한 사색이나 소중한 관심사가 방해받지나 않을까 해서 이것저것 염려할 필요는 없다. 여러모로 궁리한다고 해서 사정이 나아지리라고 단정할 수 없는 반면, 쾌락은 곧 이득을 준다. 쾌활함이야말로 행복에 치러지는 변함없는 보물이며 그저 은행의 수표와 같은 것은 아니다.

---

1) 유베날리스 《풍자시》 제10편 356.

이것은 내면의 쾌활함만이 직접 현 시점에서 인간을 행복하게 하기 때문이며, 그러므로 끝없는 두 시간, 즉 과거와 미래의 중간에 나눌 수 없는 현재의 형태를 갖추고 있는 진실한 본체(인간)에게는 쾌활함이 으뜸가는 보물이다. 따라서 우리는 다른 어떤 것을 얻으려는 노력보다 보물을 손에 넣어 가꾸는 것을 더욱 존중해야 한다. 그리고 쾌활함이 우리에게 이바지하는 바는 재물보다 적지 않으며, 건강보다 많지 않다는 것도 의심할 여지가 없다.

비천한 노동에 몸담은 사람들, 특히 땅을 일구는 농민들 속에서는 쾌활한 얼굴을 많이 볼 수 있지만, 부자나 높은 사람들은 곧잘 얼굴을 찌푸린다. 그러므로 우리는 무엇보다도 쾌활함이 꽃을 피울 수 있게 완전한 건강을 유지하도록 노력해야 한다.

그러기 위해서는 무절제와 방탕을 피하고, 불쾌한 감정이 흥분으로 일어나는 일을 삼가야 하며, 정신의 긴장이 지나치게 지속되지 않도록 날마다, 적어도 두 시간은 신선한 대기 속에서 경쾌한 운동을 하고, 때때로 냉수욕을 하며, 그밖에 이런저런 건강법을 지켜야 한다. 날마다 적당한 운동을 하지 않고 건강을 유지할 수는 없다. 모든 생활 기능을 알맞게 완수하기 위해서는 그런 생활 기능과 정신의 운동이 필요하다.

그러므로 아리스토텔레스가 "생명은 움직임 가운데 있다"고 말한 것은 마땅한 일이다. 생명은 움직임 속에 이루어지며, 그 본체를 움직임 속에 갖고 있다. 유기체(인간)의 내부에서는 곳곳에서 끊임없이 경쾌한 움직임을 이어가고 있다. 심장은 복잡한 수축과 확장을 하면서 피로한 줄도 모르고 힘차게 고동치며, 그 28회의 맥박의 고동으로 모든 혈액을 크고 작은 순환기관에 흐르게 한다. 폐는 증기기관처럼 끊임없이 펌프 운동을 계속하며, 위장은 늘 꿈틀거린다. 인체의 모든 선(腺)은 흡수와 분비작용을 그치지 않는다. 심지어 뇌수까지도 맥박과 호흡에 따르는 일종의 운동을 하고 있다.

그러므로 언제나 방 안에 앉아서 살아가는 사람들에게 흔히 찾아볼 수 있듯이, 집 밖에서 하는 운동을 거의 하지 않으면 외부의 정지와 내부의 운동 사이에 파멸적인 심한 부조화가 일어나게 된다. 이것은 아무래도 지속적인 내부의 운동이 외부의 운동으로 얼마쯤 지탱되기 때문일 것이다.

이 신체의 부조화는 우리가 어떤 격정에 사로잡혀 마음이 파도치고 있는데,

이것을 조금도 밖으로 드러내지 않으려고 할 때에 일어나는 정서의 부조화와 비슷하다. 나무도 성장하기 위해서는 바람에 흔들릴 필요가 있다. 여기에 해당하는 법칙이 "모든 운동은 빨라질수록 더욱 굉장한 힘을 지니게 된다"라는 간결한 라틴어로 표현되어 있다.

우리의 행복이 쾌활한 기분에 얼마나 크게 좌우되고, 쾌활한 기분이 건강 상태에 달려 있는 경우가 얼마나 많은가는, 똑같은 외적 상황 또는 사건이 우리가 건강하고 튼튼한 날에 주는 인상과, 병 때문에 불안한 기분으로 있을 때 주는 인상을 비교해 보면 잘 알 수 있다.

우리를 행복하게 하거나 불행하게 하는 것은 그 일의 객관적인 진실 자체가 아니라, 그 일이 우리에게 무엇인가, 즉 사물에 대해 우리가 하는 해석을 관장하는 주관적 진실이다. 이것을 에픽테토스[2]는 "인간을 움직이는 것은 사물이 아니라 사물에 대한 관점이다"라고 말했다.

요컨대 우리 행복의 10분의 9까지는 건강에 의존한다. 건강해야만 모든 일이 향락의 원천이 될 수 있다. 건강하지 못하면 외부에 어떤 보물이 쌓여 있더라도 이것을 누릴 수 없다. 그리고 다른 주관적 보물, 즉 정신·기질·취미의 특질은 병으로 말미암아 부실해지거나 크게 손상된다. 사람들이 만나면 먼저 서로 건강 상태에 대하여 묻고, 또 무사태평하기를 비는 것도 마땅하며 근거 없는 일이 아니다. 건강 상태는 이처럼 인간의 행복에 소중한 것이다. 그러므로 건강을 희생시키는 것은(아무리 돈벌이, 승진, 지식, 명성을 얻는 일이 중요한 일이라도, 더구나 성적 쾌락이나 한때의 향락을 위한 것은 말할 것도 없고) 가장 어리석은 일이다. 모든 것은 건강이 있은 다음의 일이다.

우리의 행복에서 이처럼 본질적인 쾌활함에 건강이 기여하는 바가 매우 크지만, 쾌활함은 건강에서만 오는 것은 아니다. 아주 건강한 사람에게도 우울한 기질이나 때로는 흐려진 기분이 따르는 경우가 있다.

결국 이것은 그 사람의 타고난 육체, 그러므로 바꿀 수 없는 됨됨이와 특히 지력과 의지력 및 체력 사이에 불균형이 일어나는 데서 오는 것임이 틀림없다. 감수성이 크게 발달하면 기분이 변덕스러워, 주기적으로 지나치게 쾌활하거나

---

2) 50?~138?. 로마의 노예 출신 스토아 철학자. 《어록》 4권이 남아 있음.

지속적으로 우울함이 일어나기 쉽다. 그런데 천재도 지나친 신경의 힘, 즉 과민성을 지녔기 때문에 아리스토텔레스가 "뛰어난 모든 인물은 우울하다"고 주의를 환기시키고 있는 것은 타당한 일이며, "철학에서든, 또는 정치, 예술, 기술에서든, 어쨌든 남보다 뛰어난 사람들은 모두가 우울해 보인다"고 말하고 있다.

그리고 키케로[3]는 이 아리스토텔레스의 말에 유의하여, 인용 문구가 많은 그의 《투스쿨라눔 담론》제1권 33장에서 "아리스토텔레스는 모든 천재는 우울한 성격의 소유자들이라고 했다"라고 서술했던 것이다. 근본적인 기분의 이런 타고난 차이를 주제로 하여 셰익스피어는 다음과 같이 교묘하게 묘사했다.

> 자연은 기이한 자들을 만들어냈다. 옛날부터 어떤 자는 눈동자를
> 굴리며 대수롭지 않은 일에도 앵무새처럼 곧잘 웃는다.
> 그런가 하면, 얼굴을 찌푸린 자들은 공연히 새침해서 웃기는커녕
> 흰 이빨도 보이지 않는다. 네스토르 왕[4]이 싱글벙글하여도.
>
> —《베니스의 상인》제1막 제1장

이 차이는 플라톤이 음기와 양기로 표현한 것에 해당한다. 이것은 사람마다 유쾌함과 불쾌함이 지닌 온갖 인상에 대해 저마다 다른 감수성을 가지고 있기 때문이며, 이 때문에 어떤 사람은 거의 실신할 정도의 사건도 다른 사람은 웃어넘길 수 있다. 특히 불쾌한 인상에 대한 감수성이 강할수록 유쾌한 인상에 대한 감수성이 약해지는 일이 흔히 있으며, 그 반대의 경우도 있다.

하나의 사건이 행복을 가져오느냐, 불행을 가져오느냐 하는 것은, 그러한 가능성이 비슷해 예측할 수 없을 경우에 우울한 성격을 타고난 사람은 불행한 결과를 예상하고 화를 내거나 실망하면서 행복으로 끝나리라고는 생각도 하지 않는다. 그러나 명랑한 성격을 타고난 사람은 반대로 행복한 결과만을 예상하고 미리 기뻐하며, 불행한 결과가 오리라고는 생각지도 않는다. 이른바 음기를 지닌 사람은 열 가지 계획을 세워 아홉 가지의 성공을 거둬도, 이 아홉 개의 성공은 기뻐하지 않고 한 가지 실패만을 안타까워한다. 그러나 양기를 지닌 사람

---

3) BC 106~43. 로마의 웅변가, 정치가.
4) 그리스 신화에 나오는 피로스 왕. 지략이 풍부하고 근엄한 영웅.

은 열 가지 계획을 세워 아홉 가지가 실패로 돌아가도, 한 가지의 성공을 기뻐하며 스스로 위로를 하고 명랑한 얼굴이 된다. 사실 어떤 재앙도 가치가 전혀 없지는 않다. 우울한 성격을 가진 사람은 명랑한 성격을 가진 사람보다 가상적인, 있을 수 없는 불운이나 고뇌를 많이 느끼지만 대신 사실상 불운이 훨씬 적은 경우도 있다. 왜냐하면 모든 것을 검게 보고 언제나 가장 나쁜 사태를 염려해서 예방 수단을 마련해 두려고 하기 때문에, 언제나 사물을 밝게 생각하고 쉽게 생각하는 사람이 가끔씩 하는 잘못을 저지르지 않게 되는 것이다.

그러나 신경 계통이나 소화기관의 질병이 타고난 어두운 성격을 만들 경우에는 이러한 우울은 한결 심해지고, 끊임없이 이어지는 불쾌감이 삶의 권태를 불러들여 마침내 자살에 이르는 경향도 나타난다.

이처럼 사소한 불쾌감도 스스로 목숨을 끊는 하나의 계기가 된다. 게다가 우울의 정도가 최고조에 이르면 불쾌한 일은커녕 기분이 언짢기만 해도 냉정히 생각하며 굳은 결심을 하고 자살을 한다.

그러므로 이미 감시를 받고 있는 병자는 주저하거나 번민하거나 두려워할 것 없이 현재의 자기에게 가장 자연스럽고 바람직하게 생각되는 진정한 수단(자살)을 취하려고 언제나 생각하고 있다가 감시의 눈을 피해 이를 감행하고야 만다.

이런 증상은 에스퀴롤[5]이 쓴 《정신 질환에 대하여》에 상세히 서술되어 있다. 경우에 따라서는 건강한 사람이나 쾌활한 사람도, 피할 수 없는 고뇌나 닥쳐오는 불행한 죽음에 대한 두려움에 압도당하면 스스로 목숨을 끊으려는 일도 있을 것이다. 다만 그 차이는 자살에 이르게 하는 원인이 크고 작은 데 있으며, 우울한 성질에 반비례한다. 우울한 성질이 작을수록 그 원인은 작아지며, 제로가 되기도 한다.

이와 반대로 명랑한 성질과 이를 뒷받침하는 건강이 좋을수록 그 원인 속에 훨씬 많은 것이 포함되어 있다. 그러므로 자살의 두 수단, 즉 타고난 우울한 성질이 병적으로 커져가는 데서 비롯되는 자살과 객관적인 이유에서 비롯되는 건강하고 명랑한 사람의 자살 사이에는 저마다의 경우에 따라 무수한 단계가

---

5) 1772~1840. 프랑스의 정신과 의사.

있다.

건강과 얼마쯤 비슷한 것은 미모이다. 미모의 장점은 본디 우리가 행복해지는 데에 직접 기여하는 것이 아니라, 간접적으로 타인에 대한 인상에 도움이 될 뿐이지만, 그래도 남성들에게도 매우 중요하다. 미모는 우리에게 있어서 먼저 사람의 환심을 사는 일종의 공개 추천장이 된다. 이것을 적절히 찬양한 것으로 다음과 같은 호메로스의 시가 있다.

신들의 이렇듯 푸짐한 선물을 가볍게 생각할 것이 아니다.
그것을 주는 것은 신들의 손길, 아무나 마음대로 잡을 수 없나니.
—《일리아스》3의 65

주로 인간의 행복을 위협하는 적은 고통과 권태라는 두 가지이다. 그리고 이 둘 가운데 어느 하나로부터 적당히 멀어지게 되면 그만큼 다른 하나가 가까이 다가온다. 또한 그 반대의 경우도 있어 우리의 일생은 거의 이 둘의 중간에서 때로는 강하게 진동하고, 때로는 약하게 진동하는 격이라는 것은 주목할 만하다.

이것은 이 둘의 중복된 상반 관계, 즉 외적 또는 객관적 상반 관계와 내적 또는 주관적 상반 관계에서 이루어지는 데서 비롯된다. 왜냐하면 외적으로는 가난과 결핍이 고통을 주고, 반대로 안전과 과잉은 권태를 주기 때문이다.

그러므로 우리는 하층민이 가난, 즉 끊임없는 고통에 시달리고, 부유층은 반대로 권태로움에 빠져 있는 것을 목격하게 된다. 문명의 가장 낮은 단계를 보여 준 유목생활은 가난에서 시작되었지만, 여행은 권태에서 비롯되었다.

이 둘의 내적 또는 주관적 상반 관계는 개인에게 한쪽에 대한 감수성이 다른 쪽에 대한 감수성과 정반대되는 데서 오는 것으로, 이것은 감수성이 그 사람의 정신력을 기준으로 정해졌기 때문이다. 정신력이 발달하지 못한 것은 대부분 감각의 둔함이나 피자극성의 결핍과 결합되어 있으며, 이런 결합에서 오는 성질은 어지간한 고통과 우울은 그다지 느끼지 않게 한다.

이처럼 정신적으로 성장하지 못했기 때문에 저 수없이 많은 사람들의 표정에 내적인 공허가 뚜렷이 드러난다. 이 공허는 외부 세계의 크고 작은 모든 일에 대해 주의하는 데서 오는 것이다. 이 공허함이 권태로움의 근본 이유이며, 이것이 정신과 기분을 움직일 만한 것이 없나 하고 언제나 외부의 자극을 갈망한다.

그러므로 이 외부의 자극을 선택할 때 내부의 공허는 수단과 방법을 가리지 않는다. 이것은 그들의 위안이나 오락이 얼마나 헛되고 빈약한 것인가를 생각해 보아도 짐작할 수 있으며, 또한 그들의 사교나 대화의 성질과 내용을 살펴보거나, 또는 그들이 언제나 창문에서 바깥을 엿보는 것으로도 알 수 있다.

이 내부의 공허로부터 사교나 심심풀이 놀이, 오락 및 사치에 대한 욕구가 생기며, 이 욕구가 사람들을 낭비하게 하고 서서히 역경으로 이끌어간다. 이 역경에 대하여 내적 재산, 즉 풍요한 정신만큼 우리를 확실하게 보호해 주는 것은 없다. 이 내적 재산이 풍부할수록 권태를 적게 느끼기 때문이다.

사유의 끊임없는 활동과 안팎에 일어나는 온갖 현상에 따라 언제나 새로워지는 작용, 사유의 결합을 끊임없이 이동시키는 힘과 충동이(휴식의 순간은 별도로 하고) 뛰어난 두뇌를 권태의 영역 밖에 두기 때문이다.

그러나 한편 높은 지성은 고도의 감수성을 갖고 그 밑바탕에는 의지, 곧 커다란 열정을 지니게 된다. 그럼으로써 이 지성과 감수성, 의지의 결합에서 정서가 고양되고, 정신적인 고통, 나아가서는 육체적인 고통에 대해서도 예리해진 감수성과, 또 모든 장해에 대하여 더욱 초조해져서 이 모든 것을 높이기 위해 온갖 표상의 활동이 커다란 상상력으로부터 생겨나 크게 도움이 되는 것이다.

앞서 한 말은 매우 둔한 바보에서 비범한 천재에 이르기까지 넓은 간격을 메우고 있는 중간단계의 사람들에게 꽤 타당하다. 그래서 각자는 객관적으로나 주관적으로도 인생의 고뇌 한쪽에서 멀어질수록 다른 쪽에 가까워진다. 그러므로 그 사람의 자연적인 성향은 이 점에서 객관적인 것을 주관적인 것이 되게끔 적응하도록, 즉 그가 더 큰 감수성을 갖는 쪽의 고뇌에 대하여 더욱 효과적인 방어 수단을 찾도록 힘쓰게 하는 것이다.

정신력이 풍부한 사람은 무엇보다도 고통이 없고 번민이 없으며, 마음이 안정되기를 힘쓴다. 그러므로 조용하고 호젓하며 되도록 방해받지 않는 생활을 위하여 남들과 안면이나 익히고 은퇴하는 편을 택할 것이며, 위대한 정신을 가진 사람은 고독까지 바랄 것이다. 아무튼 인간은 자아가 풍부할수록 외부 세계에서 요구하는 것은 더 적어도 된다. 그리고 타인은 그에게 있어도 좋고 없어도 좋은 존재이다. 위대한 정신을 지닌 사람이 사교를 싫어하는 것은 이 때문이다.

사교의 질이 양에 따라서 바뀐다면 넓은 세계에서도 살아갈 노력을 할 만하다. 그러나 유감스럽게도 100명의 바보를 한데 묶어도 존경할 만한 사람 하나의 몫을 할 수 없다. 또한 다른 극단에 속하는 사람은 이와 반대로 다급한 일이 사라지면 곧 오락이나 사교에서 쉽사리 만족을 느끼는데, 어찌 자신으로 부터 이처럼 도피하고 싶어할까? 그것은 사람들을 자기 자신으로 돌아가게 하는 고독 속에서는 자기의 정체가 드러나기 때문이다.

고독 속에서 주홍빛 화려한 옷을 걸친 바보가, 자기의 가련한 개성에서 벗어날 수 없는 무거운 짐에 눌려 한숨을 내쉬고 있다. 그러나 타고난 성품이 풍부한 사람은 거친 환경도 자기의 사유로 화려하게 단장하거나 활기차게 만들어 버린다. 그러므로 세네카[6]가, "어리석은 사람은 생각의 권태로움에 시달린다."[7] 라고 말한 것은, 예수스 시라크[8]의 "어리석은 자의 생활은 죽음보다 못하다"는 격언과 함께 훌륭한 진리이다.

이것으로 사람들은 정신적인 빈곤과 비속한 정도에 비례해 사교적이라는 것을 알 수 있다. 즉, 인간은 이 세상에서 고독과 비속 가운데에서 어느 하나를 고를 수밖에 없다. 인간 중에서 가장 사교적인 인종은 흑인이라고 하는데, 이것은 흑인이 지적으로 분명히 뒤떨어져 있기 때문이다. 프랑스 신문 〈르 코메르스〉[9]의 북아프리카 통신에 따르면, 흑인들은 자유민이든 노예이든, 코가 납작한 자신들의 검은 얼굴을 싫증도 느끼지 않고 바라보면서 좁은 방에 갇혀 있다는 것이다.

인간의 두뇌는 힘써 일하는 인간의 다른 육체에 비하면 식객이 아니면 불로소득자와 같은 존재이지만, 그 사람이 노동의 결과로 자유로운 시간을 얻게 되면 자기 개성을 즐길 수 있게 해 준다.

---

6) BC 4?~AD 65. 로마의 스토아 철학자.
7) 《도덕서한》.
8) BC 200년쯤의 유대인. 금언집 《위경(僞經)》을 씀.
9) 1837년 10월 19일 게재.

그런데 대다수의 인간이 자유로운 시간에 얻는 것은 대체 무엇인가? 한가한 시간을 관능적인 향락이나 그 밖의 어리석은 일에 헛되이 쓰다가, 나머지 시간은 우두커니 권태에 사로잡힌다. 그래서 그들은 소중한 시간을 심심풀이로 무의미하게 보내는 것이다. 이것이야말로 아리오스토[10]가 "무지한 자들의 권태"라고 부른 것이리라.

일반 사람들은 어떻게 하면 '시간'을 보낼 것인가 하는 것만 생각하는 듯하지만, 재능이 있는 사람이라면 이것을 이용할 줄 안다. 권태로운 두뇌가 이처럼 지독한 권태에 사로잡혀 시달림을 받는 것은, 그들의 지성이 자기 의지에 대한 동기의 매개자가 되어 있음에도 그 이상의 힘을 쓰지 못하기 때문이다.

그래서 당장 동기가 눈에 들어오지 않으면 의지는 멈추고, 지성은 활동을 멈춘다. 지성도 의지도 스스로 활동하지 않기 때문이다.

그 결과가 인간에게 두려운 정체상태, 곧 권태이다. 그래서 이 권태에 맞서기 위해 인간은 의지를 흥분시켜, 동기를 유발하는 역할을 하는 지성까지 움직이기 위해 작은 동기를 마음대로 의지 앞에 내던진다. 그러므로 이와 같은 동기가 참된 자연적 동기에 대해 갖는 관계는 지폐와 은화의 관계와 같다. 이런 동기의 가치는 마음대로 정해진 것이기 때문이다. 예컨대 트럼프 같은 것은 지금 말한 것과 같은 목적으로 만들어졌으며, 이런 것이 없으면 모자라는 인간들은 무엇이든 닥치는 대로 심심풀이로 손으로 매만지거나 두드리거나 한다. 모든 나라에서, 여러 친구들과의 교제에서 주요 행사는 트럼프 놀이라고 할 수 있다. 담배도 그들에게는 사유를 대신하는 좋은 대용품이다. 그리고 이런 것이야말로 그들의 가치척도요, 모든 사상을 등지고 있다는 파산 선고이다. 즉, 그들은 서로 나눌 만한 아무 사상도 갖고 있지 않기 때문에 트럼프나 교환하면서 돈내기를 하는 것이다.

아, 한심한 족속이여! 그러나 여기서도 불평하지 않도록, 나는 일반적으로 트럼프 놀이에서 하는 승부 겨루기를 옹호하기 위해 인용한 언론을 압박할 생각은 없다. 그 변론은 사람들이 트럼프의 승부에 따라 우연히 제공한 어떤 일에도 적절한 조치를 취할 수 있도록, 이 목적을 위해서는 승부를 겨룰 때에도 명

10) 1474~1533. 이탈리아의 시인.

랑한 얼굴을 하고, 태연한 태도를 취하는 습관을 갖고 있다. 이것을 교묘하게 이용하는 법을 배우는 이상, 트럼프 놀이는 세속적이고 직업적인 생활에 대한 하나의 예습으로 생각해도 무방하다.

그러나 이 때문에 트럼프 놀이는 한편 덕성을 파괴하는 데 영향을 준다. 이 승부의 정신은 온갖 방법, 이런저런 수법과 책략을 사용해서 남의 소유물을 빼앗는다. 승부를 내려는 이러한 습성이 버릇이 되어 마침내 실생활에도 영향을 주어 자기와 상대방 사이에서도 차츰 이와 같이 행동하게 된다. 즉 그것이 법적으로 허용되어 있을 경우에는 타인이 손에 넣은 이득을 빼앗아가도 무방하다는 생각을 갖게 된다. 이에 대한 예증은 날마다의 시민생활이 우리에게 보여 주고 있다.

그것은 그렇고, 앞에서도 말한 바와 같이 자유로운 시간은 모든 사람들에게 자기의 참된 자아를 갖게 해 주었으므로, 생존의 꽃이요, 열매이기도 하며, 자아가 풍부한 사람은 이 경우에 행복하다고 할 수 있다.

자유로운 시간이 있기에 많은 사람들은 주체할 수 없이 권태로운 자신이 짐이 되는 인간이 될 수밖에 없다. 그래서 우리는 〈갈라디아서〉 4장 31절의 "그러므로 형제들이여, 우리는 계집종의 자녀가 아니라 자유로운 여자의 자녀너라"라고 말할 수 있는 것을 기쁘게 생각한다.

그리고 거의 요구하지 않거나 또는 전혀 수입품을 요구하지 않는 나라가 가장 행복한 것처럼, 자기 내면의 재물을 넉넉히 갖고 있어 자기 생활을 유지하기 위해 외부 세계로부터는 매우 적은 것만을 필요로 하거나, 또는 아무것도 필요로 하지 않는 사람이 가장 행복하다. 뭐니 뭐니 해도 거의 모든 수입품은 값이 비싸고 거기에 의존하도록 부추기며, 위험을 가져오고, 성가신 원인이 되어 결국은 국산품의 나쁜 대용품에 지나지 않기 때문이다.

아마도 다른 사람들에게서는, 일반적으로 외부로부터 어떤 점으로나 많은 것을 기대할 수는 없다. 인간이 다른 사람에게 허용하는 부분은 좁은 범위에 국한되기에 결국 인간은 혼자일 수밖에 없다.

그렇다면 어떤 사람이 지금 홀로 있을 수 있느냐가 문제이다. 여기에 대해서 괴테는 《시와 진실》 제3권 474쪽에 "모든 사태에 맞닥뜨려 사람들은 결국 자기 자신으로 돌아가게 되어 있다"라고 말하고 있는데, 이것은 대부분 타당한 말이다. 또한 올리버 골드스미스[11]가 다음과 같이 말한 것도 옳다.

> 만들어 나아가야 한다. 그리고 발견할 일이다, 행복은 여전히
> 자기 자신에게 달려 있다. 우리가 어디에 있든지.
> ─《나그네》431행 이하

그러므로 모든 사람은 자신에 대하여 가장 훌륭한 존재여야만 한다. 이렇게 될수록, 즉 인간이 향락을 자기 안에서 발견하는 일이 많을수록 그는 점점 행복하게 될 것이다. 아리스토텔레스는《에우데모스 윤리학》제7권 2장에서 "행복은 자기만족 가운데 있다"고 말했는데, 이것을 독일어로 옮기면, '행복은 자기 자신에게 만족하는 사람에게 속한다'라고 할까. 이것이야말로 최고의 경구이다. 즉, 행복과 향락의 외적인 원천은 그 성질상 매우 불안정하며, 종잡을 수 없고, 덧없으며, 또한 우연에 지배되므로 유리한 처지에서도 자칫 중단될 우려가 있다. 사실상 이런 일은 이 원천이 언제나 가까이 있는 것이 아닌 이상, 아무래도 피할 수 없는 일이다.

그리고 노인이 되면 이런 원천은 거의 필연적으로 바닥을 드러낸다. 짐짓 늙으면 연애·해학·여행이나 승마의 재미, 사교에 대한 취미가 사라지며, 뿐만 아니라 친구들이나 친척들도 함께 늙고 병들어가므로 자아를 전보다 훨씬 소중히 생각하게 된다. 왜냐하면 자아야말로 가장 오래 남는 것이기 때문이다.

어쨌든 어떠한 연령층에서나 자아야말로 행복에 유일하고 오래도록 지속되는 원천이며, 또 변하지 않는 것이다. 왜냐하면 이 세상 어디를 가도 굉장한 것은 손에 넣을 수 없고, 가득 찬 것은 가난과 고통뿐이며, 여기서 겨우 벗어난 사람은 권태가 곳곳에서 기다리고 있기 때문이다. 그리고 언제나 악이 지배권을 차지하고, 어리석음이 큰 발언권을 갖고 있다. 운명은 참혹하고, 인간은 가련한 존재이기 때문이다.

이런 세상에서 자아가 풍부한 사람은 12월의 싸늘한 밤, 눈과 얼음 속에서 즐거운 크리스마스를 맞이하며 방 안에 있는 사람과 비슷하다. 그러므로 뛰어

---

11) 1728~1774. 영국 시인, 소설가, 극작가.

난 개성과 풍부한 천성, 특히 고매한 정신을 소유하고 있다는 것은 지상에서 가장 행복한 운명이라고 하겠다. 그런데 그것이 어떤 사정에 따라 가장 빛나는 운명에는 어울리지 않을 수도 있다. 이에 대해서는, 스웨덴의 겨우 19세인 크리스티나 여왕[12]이 한 지혜로운 말이 있다.

그즈음에 데카르트[13]는 20년 전부터 네덜란드에서 고독하게 살고 있었으며, 여왕에게는 다만 한 편의 논문과 구술에 의한 보고로 알려져 있었을 뿐이다. 바이에가 쓴 《데카르트전》 제7권 10장에 보면, 여왕은 "데카르트는 모든 사람들 가운데 가장 행복한 사람으로, 그의 처지는 내가 부러울 만큼 가치 있게 생각된다"라고 말했다고 씌어 있다.

데카르트의 경우에도 분명히 그랬지만, 외적인 상황은 인간이 자신을 지탱하고 자신을 즐길 수 있는 정도는 되어야 한다.

〈전도서〉 7장 11절에는 "지혜는 유업(遺業)같이 아름답고, 햇빛을 보는 자에게 유익하도다"라고 가르치고 있다. 그래서 타고난 품성과 운명의 은총으로 이러한 행운을 갖게 된 자는 그 행복 내부의 원천이 언제까지나 메마르지 않도록 면밀하게 주의해야 한다.

이를 위해서는 독립적인 삶과 시간 여유를 가져야 한다. 그는 이것들을 기꺼이 절제와 검약으로 손에 넣을 것이며, 다른 사람들과는 달리 향락에서 외적 원천에 의존하지 않도록 정해져 있는 만큼 더욱 그렇게 할 것이다. 그러므로 그는 관직이나 돈, 또는 세상의 인기나 갈채를 바라지 않고, 세상 사람들의 한결같은 견해나 취미에 맞추기 위해 자신을 모독하는 일은 하지 않을 것이다.

그 경우에 그는 호라티우스가 마에케나스[14]에게 보낸 편지 속에서 말한 것처럼 할 것이다.[15] 외부로부터 얻으려고 하다가 내부의 것을 잃는 것, 다시 말해서 영광, 지위, 호사, 칭호, 명예 대신에 마음의 안정, 한가한 시간, 독립적인 삶의 전부나 그 대부분을 버리는 것은 어리석은 일이다. 그런데 괴테는 그렇게

---

12) 1626~1689. 구스타프 2세의 딸, 6세에 즉위. 문학과 미술을 아끼고 사랑하여 많은 문학자, 철학자를 가까이했음.
13) 1596~1650. 프랑스의 철학자.
14) BC 74~8. 로마 황제 아우구스투스의 심복. 문예를 장려함.
15) 《서간집》 제1권 제7장.

해버렸다. 그러나 나의 수호신은 분명히 나를 다른 방향으로 이끌어 주었다.

여기서 탐구된 진리, 즉 행복의 주요한 원천은 자기 내부에서 솟아난다는 것은 아리스토텔레스가 《니코마코스 윤리학》 제1권 7장과 제7권 13~14장에 서술한 "모든 향락은 하나의 능동성, 즉 어떤 힘을 사용한다는 것을 전제로 하며, 그렇지 않으면 향락은 성립되지 않는다"고 한 것에서 입증할 수 있는 옳은 주장이다.

"인간의 행복은 자기의 뛰어난 능력을 거리낌 없이 행사할 수 있는 데서 이루어진다"는 아리스토텔레스의 가르침을 스토바에오스[16]는 소요학파[17]의 윤리학에 대한 그의 해설[18] 속에 되풀이하여 서술하고 있다.

그리고 "가장 큰 행복은 소망을 이룬 행위로 실력에서 나오는 작용이다" 또는 "모든 능숙함은 덕이다"라는 설명도 덧붙이고 있다. 그런데 자연이 인간에게 준 힘이 갖는 임무는, 모든 방면으로부터 인간을 압박하는 고난에 대한 투쟁이다.

그러나 일단 이 투쟁이 진정되면 할 일이 없게 된 힘은 인간에게 무거운 짐이 된다. 그렇게 되면 인간은 할 일 없는 힘을 상대로 놀아 주어야 한다. 다시 말해서 힘을 아무 목적도 없이 써야 한다. 그렇지 않으면 그는 곧 인간 고뇌의 또 다른 원천인 권태에 사로잡힌다. 그러므로 누구보다도 먼저 훌륭한 인간이나 부유한 사람들이 이 권태에 시달리게 된다. 그리고 그들의 비참한 모습은 이미 루크레티우스[19]가 다음과 같이 노래했으며, 그 예를 오늘날 흔히 모든 도시에서 찾아볼 수 있다.

그는 때때로 저택을 버리고 바깥으로 나간다.
집 안에 앉아 있기가 싫어서. 그러나 곧 되돌아온다.
밖에 나가도 기분이 개운치 않아서

---

16) AD 500년 무렵의 그리스 저술가.
17) 아리스토텔레스가 학원에서 제자들과 산책길(Peripatos)에서 강의한 데서 나온 명칭으로, 페리파토스(소요)학파라고 함.
18) 《윤리학 선집》 제2권 7장 268~278쪽.
19) BC 95~51. 로마의 시인. 발광하여 자살함.

말을 달려 재빨리 별장으로 간다.
불난 집에 불을 끄러 달려가듯이.
그러나 문지방을 들어서자 권태로운 하품을 한다.
때로는 깊은 잠에 빠져 자기를 잊으려고 하고
때로는 다시 도시로 급히 돌아간다.

—《자연에 대하여》제3권 1073

이 주인공도 젊은 시절에는 육신의 힘이나 정욕으로 시달렸을 것이다. 그러나 늘그막에는 정신력만이 남아 있다. 그리고 그때가 되어야 이 힘도 없어지고, 이 힘이 없어지면 신음소리가 크게 들리게 마련이다.

그런데 의지는 소모되어 없어지지 않는 힘이기 때문에 그것은 이제 마음을 들쑤시는 것, 예컨대 사람들을 타락으로 이끄는 악덕이기도 한 많은 돈을 거는 도박 등으로 자극을 받는다. 그러나 대부분 한가한 사람들은 주장하는 힘의 종류에 따라 움직이기 때문에 어떤 오락, 이를테면 마작, 장기, 사냥 또는 그림, 경마 또는 트럼프, 또는 시, 철학 등을 택할 것이다.

우리는 인간의 모든 힘이 나타나는 근원, 즉 세 가지 생리적인 기초가 되는 힘으로 거슬러 올라감으로써 이것을 조직적으로 살펴볼 수 있다. 그러므로 여기서는 이 힘을 이러한 무의미한 오락에서 관찰해 보면 곧 알 수 있다.

이런 오락에서 이 세 힘은 세 가지 가능한 향락의 원천으로 나타나지만, 이 원천 속에서 사람들은 이 힘의 어느 것이 그의 내부에서 주관하고 있는가에 따라 자기에게 맞는 향락을 택할 것이다.

첫째는 재생산력을 기르기 위한 향락으로, 이것은 먹고 마시며 소화하고, 쉬고 자는 일이다. 이 향락은 살아가기 위한 것으로, 모든 민족에게는 저마다 다른 국민적인 기호가 있다.

둘째는 체력의 자극을 얻기 위한 향락으로, 이것은 산책, 여행, 달리기, 씨름, 무도, 검도, 승마, 사냥 및 투쟁과 전쟁 등이다.

셋째는 정신의 감수성에 관한 향락으로, 이것은 관찰, 사색, 감상, 묘사, 연주, 학습, 독서, 연구, 명상(철학) 등이다.

이처럼 온갖 향락이 갖는 가치와 지속성에 대해서는 여러 관찰을 할 수 있다. 하지만 그것은 독자에게 맡기고자 한다.

그러나 언제나 자기 힘을 사용하는 것이 조건이 되어 있는 우리의 향락은, 몇 번이고 거듭하는 동안 이루어지는 행복이 향락을 제약하는 힘의 종류가 고상하면 할수록 더욱 커짐을 알 수 있다. 동시에 이러한 정신적인 감수성이 뛰어나다는 것은 인간을 다른 동물과 뚜렷이 구별하는 점이다. 이 정신적인 감수성이 이 점에서 다른 두 가지 생리적인 기초가 되는 힘(같은 정도로, 또는 더 많이 여러 동물들 속에 있다)보다 더 우위에 있음을 누구도 부정하지 못할 것이다.

우리의 인식 능력은 정신적인 감수성에 속하는 것이라는 점에서 뛰어나며 인식 가운데 이루어지는 향락, 이른바 정신적인 향락을 받아들이는 능력이 뒤따른다. 또한 그것이 훌륭할수록 더욱 큰 향락을 누릴 자격이 있다.

보통 평범한 사람에게 어떤 사물은 오직 그의 의욕을 북돋아 줄 뿐, 즉 그에 대하여 개인적인 이해관계가 있기 때문에 관심을 갖는 데 지나지 않는다. 그리고 저마다 의욕으로 지속적인 흥분을 느끼는 것은 적어도 혼합된 것, 즉 고통과 연관된 것이다. 이런 의욕을 일부러 흥분시키는 수단(그것도 다만 순간적이고 가벼우며 뒤를 남기지 않는, 고통을 일으키다 그칠 정도의 작은 관심만 필요할 뿐이다), 따라서 의욕을 단지 자극하는 데 지나지 않는 수단이 트럼프다. 이것이 곳곳의 '상류사회'에 유행하고 있다.

뛰어난 정신력을 지닌 사람은 이와 반대로 의지를 조금도 섞지 않고 단지 인식만으로 큰 관심을 갖는 능력을 가지고 있으며, 또한 이런 관심도 가질 필요가 있다. 그리고 이와 같은 관심은 고통과는 근본적으로 관계 없는 영역, 이를테면 '마음 편히 살아가는 신들'[20]의 분위기 속에 있다.

그러나 그 밖의 사람들이 힘을 기울이고 있는 것은 오직 개인의 안락함을 위한 사소한 이해관계와 여기서 비롯되는 보잘것없는 일이다. 그러므로 그와 같은 일이 중단되어 본디 모습으로 돌아오면, 곧 감당할 수 없는 권태에 사로잡힌다. 꺼져 있는 듯한 열정의 불길이 아니고서는 이 권태를 막지 못한다. 이와 반대로 뛰어난 정신력을 지닌 사람은 사상이 풍부하여 언제나 새롭고 뜻있

---

20) 《오디세이아》.

는 생활을 해 나간다. 그러므로 가치 있고 흥미 있는 온갖 대상이 있으며, 이에 몰두하게 되면 그는 일을 슬기롭게 추진해 자신 속에 고귀한 향락의 한 원천을 갖게 된다.

그에 대한 외부 세계의 자극으로서는 자연의 창작과 인간의 행동을 주시하는 일, 모든 시대와 나라를 통해 타고난 기품이 고귀한 사람들이 쌓아온 참으로 다채롭고 눈부신 업적이지만, 이런 것들은 그에게만 잘 이해되고 본디 그에게만 향락의 대상이 된다. 이처럼 타고난 기품이 높은 사람들은 참으로 자기를 위해 살았으며, 자신을 진정으로 자기에게 바쳐 왔다. 다른 사람들은 다만 우연한 손님처럼 한두 가지 일을 반쯤 정도만 아는 것이 고작이다.

그런데 그는 이 모든 일에 따라 다른 사람들보다 훨씬 많은 욕구를 갖는다. 즉 배우고, 보고, 연구하고, 관찰하고, 연마하는 욕구이다. 따라서 그들은 자유로운 시간 여유를 가지려는 욕구를 갖는다. 그러나 마치 볼테르가 "참된 욕구가 없으면 참된 만족도 없다"라고 했듯이 참된 욕구를 갖는 것을 조건으로 하고, 다른 사람들(자연미와 예술미 및 모든 종류의 정신적인 창작이 주위에 쌓여 있어도, 그들에게는 다만 헤타이라[21]에게 에워싸인 한 노인과 같은)에 대해서는 문이 닫혀 있는 여러 향락도 그에게는 열려 있다.

그는 자신의 개인적인 생활 외에 또다른 예지의 생활을 보내게 된다. 즉, 그에게는 점차 이것이 참된 목적이 되며, 다른 사람들에게는 기본적인 생활에서 오는 낡고 공허하고 때묻은 생존 자체가 목적이지만, 그에게는 수단에 지나지 않은 것으로 간주된다. 그러므로 예지의 생활은 그를 자유롭게 움직이게 하며, 결국 견해와 인식에 따라 계속 커져 마치 제작 중에 있는 예술작품처럼 합해지고 끊임없이 상승되어 점차 원숙하게 되면서 완성된다.

이와 반대로 다른 사람들의 실생활은 오로지 개인적인 쾌락만을 좇아 깊이가 없다. 이런 생활은 참으로 가엾은 일이지만, 사람들은 그것을 자기의 독특한 목적으로 보고 있는데, 이것은 앞에서도 말한 바와 같이 예지가 있는 사람으로서는 단지 수단에 지나지 않는다.

우리의 현실생활은 여러 정욕이 앞서지 않으면 권태롭고 무미건조한 것이지

---

21) 그리스의 여배우.

만, 정욕이 앞서면 그것이 곧 고통을 준다. 그러므로 우리의 분별력이 의지의 종이 될 때는 행복하기는커녕 언제나 고뇌가 따르게 되므로, 행복을 얻기 위해서는 반드시 보통을 넘는 지력을 갖고 있어야 한다. 그렇게 되면 현실생활을 벗어난 지적인 생활이 시작되며, 전자의 경우처럼 고뇌가 따르지 않고 언제나 색다른 흥미와 즐거움으로 가득 차게 된다.

이런 생활을 하기 위해서는 한가하여 지력이 잠시도 의지의 손에서 떠나서는 안 되며, 반드시 풍부한 지력이 필요하다. 이런 변함없는 독립된 힘이 있어야만 의지를 떠나 순수한 정신을 활용할 수가 있다. 분명히 "지력 없이 주어진 시간 여유는 죽음이며, 살아 있는 인간의 무덤이다."[22]

그러나 여유가 많고 적음에 따라 현실생활과 동시에 누리게 되는 지적 생활에도 헤아릴 수 없이 많은 단계가 있는데, 그것은 단순한 곤충이나 조류, 광물, 화폐 수집이나 시 창작과 철학의 가장 고귀한 작업에 이르기까지 다양하다. 이와 같은 지적 생활은, 권태에 대해서뿐만 아니라 그것이 타락시키는 결과에 대해서도 그 당사자를 보호하게 된다. 즉, 불량한 친구와의 교제에 대한 방파제가 되고, 또 그 사람이 자기의 행복을 오직 현실 생활 속에서 구한다면 빠지기 쉬운 많은 위험과 불행 및 손실과 낭비도 막아준다.

예컨대, 나의 철학은 나에게 아무 이익도 가져다주지 않았지만, 많은 손실을 막아주는 역할을 했다.

일반 사람은 이와 반대로, 생활의 향락에 관해서 자기 이외의 사물, 즉 소유물, 신분, 아내와 자녀, 친구, 교제 등에 의지하도록 정해져 있어 그의 삶의 행복은 이런 것들로 유지된다. 그러므로 이것들을 잃거나 이것들에 기만이라도 당하면 그의 삶의 행복도 뒤집어지고 만다.

그의 중심이 자기 이외의 사물에 있기 때문에 그는 언제나 변화를 찾아, 여유가 되면 별장을 사거나 말을 사들이거나, 연회를 베풀거나, 여행을 하는 등 사치를 부리려고 할 것이다.

그는 정력이 소모된 사람이 진한 수프나 약품으로 건강과 양기를 기르려고 하듯이 외부 세계에서 만족을 구하지만, 참된 원천은 자기의 생활력에 있다.

---

22) 세네카 《서간집》 82.

우리는 이야기를 극한으로 끌고 가는 폐단을 없애기 위해, 이들 곁에, 특히 뛰어난 소양을 지닌 것은 아니지만, 일반 사람의 기준보다는 나은 정신력을 가진 인물을 생각하지 않을 수 없다. 그 사람은 아마추어로서 미술을 공부하거나, 식물학, 광물학, 물리학, 천문학, 역사 등을 연구하면서 아무리 외적인 행복의 원천이 바닥나거나, 그를 재빨리 만족시켜 주지 않더라도 이런 것들로 기운을 회복하며, 여기에서 향락의 주요 요소를 찾아내게 된다. 따라서 우리는 그의 중심이 이미 부분적으로 그 자신 속에 있게 되었다고 할 수 있다.

그러나 예술에서 아마추어는 참된 창작을 하기에는 아직 거리가 멀고, 또한 실용적인 과학은 겉으로 나타나는 현재의 일에 치중하므로 그것만으로는 인간이 온전히 그 속에 몰입할 수 없다. 또 그의 존재가 남김없이 그런 것에서 충족될 수 있어 마침내 그의 생존 자체가 다른 것에 대한 모든 미련까지 없앨 정도로 그것들과 친밀해질 수는 없다.

이런 일은 고귀한 정신의 절정에 있는 사람에게만 허용되어 있으므로, 이런 사람을 우리는 대개 천재라고 부른다. 요컨대 이 절정에 있는 사람만이 사물의 존재와 본질을 전체적으로, 또 절대적으로 자기의 주제로 삼는다. 그러므로 그는 이 존재와 본질을 자기의 개성적인 신념으로 깊이 파악해 예술이나 시, 철학으로써 표현하려고 힘쓸 것이다. 따라서 이와 같은 종류의 인간만이 자신, 즉 그의 사유와 작품을 상대로 타자로부터 방해받지 않고 일하는 것을 절실히 요구하며, 고독을 기꺼이 받아들이고, 자유로운 시간을 최고의 보물로 하며, 다른 것은 없어도 된다. 아니, 있어도 대부분 거추장스러울 뿐이다.

그러므로 이런 사람에 대해서만 우리는 그의 중심이 자신 속에 있다고 할 수 있다. 이런 보기 드문 사람들이 뛰어난 성격을 갖고 있으면서도, 흔히 그렇듯이 친구나 가족이나 공동체 등에 대하여 세상에서 자주 볼 수 있는 친밀하고 깊은 관심을 보이지 않는 이유를 잘 알 수 있다. 그는 자신만 제대로 인식하면 모든 것을 체념할 수 있기 때문이다.

이런 사람들의 내부에는 자기를 고립시키는 요소가 다른 사람들보다 많으며, 다른 사람들에게서 결코 참된 만족을 느낄 수 없을 만큼 고립된 요소가 크게 작용한다. 그리고 그는 자기와 같은 것을 다른 사람들 속에서 찾아볼 수 없으며, 언제나 그는 이질적인 것을 사물과 사람들에게서 느낀다. 그렇기 때문에 사람들 사이에서 이방인 행세를 하고, 이들을 생각할 때에도 제1인칭 복수(우리들)가 아니라 제3인칭 복수(그들)를 사용하는 데 익숙해 자기를 더욱 고립시킨다.

이런 관점에서 보면, 자연이 지성을 풍부히 준 사람은 가장 행복하게 보인다. 뭐니 뭐니 해도 분명히 우리에게 주관적인 것은 객관적인 것보다 친밀하며, 객관적인 것의 작용은 그것이 어떤 종류의 것이건 간에 언제나 먼저 주관적인 것에 의해 매개된다. 객관적인 것은 단지 부차적인 것에 지나지 않기 때문이다. 이것을 입증한 아름다운 시가 있다.

참된 보물은 마음속에 들어 있고,
그 밖의 것은 모두 노고의 씨앗으로 무익하다.

—루키아노스[23]

이처럼 내면이 풍부한 사람은 외부로부터 소극적인 선물, 즉 자유로운 시간 그 밖의 것은 원하지 않는다. 자유로운 시간은 정신적인 온갖 능력을 만들고 성장시켜 자기의 내면적인 보물을 즐길 수 있기 때문이다. 다시 말하면, 그의 일생을 통하여 맞닥뜨리게 되는 순간순간들이 자신의 것이 되기만을 바라는 것이다.

어떤 사람이 그 정신의 흔적을 인류에게 남기도록 되어 있다면, 그에게는 자기의 타고난 재능을 완전히 계발해 자기 작품을 완성할 수 있느냐, 또는 그것이 방해받느냐 하는 단 하나의 행복과 불행이 있을 뿐이고, 그 밖의 것은 그에게 사소한 일이다. 우리는 모든 시대의 위대한 사상가들이 자유로운 시간에 더 없이 높은 가치를 두고 있는 것을 보게 된다. 모든 사람들의 자유로운 시간은 그 본인과 같은 가치를 갖게 되기 때문이다.

아리스토텔레스는《니코마코스 윤리학》제10권 7장에서 "행복은 여유 있는 시간 속에 있다"라고 말하고, 디오게네스 라에르티오스[24]도 "소크라테스는 여유 있는 시간을 우리가 소유하는 것 가운데에서 가장 숭고한 것이라고 찬양했

---

23) AD 125~180. 그리스 시인.
24) BC 3세기 무렵의 에피쿠로스학파의 철학자.

다"[25]라고 말했다. 이것은 아리스토텔레스가, "철학적으로 사색하는 생활은 가장 행복한 생활이다"라고 《니코마코스 윤리학》 제10권 7~9장에서 단언한 것을 뒷받침하고 있다. 또한 그는 《정치학》 제4권 2장에서 "행복한 생활이란 활동에 방해를 받지 않고 일할 수 있는 생활이다"라고 말하고 있는데, 이것을 풀어서 번역하면 '어떤 종류의 것이든 자기의 뛰어난 소질을 마음껏 발휘하는 것이 참된 행복이다'라는 이야기가 된다.

그러므로 이것은 괴테가 《빌헬름 마이스터의 수업시대》에서, "뛰어난 재능을 갖고 태어난 사람은 그 재능 속에서 자기의 가장 아름다운 존재를 찾아낸다"라고 한 말과 같다. 그러나 여유 있는 시간을 갖는다는 것은 보통 사람에게는 허용되지 않을뿐더러, 평범한 성품을 타고난 사람과도 인연이 먼 것이다. 왜냐하면 그의 시간은 자기와 가족이 살아가는 데 필요한 것을 마련하는 데 쓰도록 자연에 따라 정해져 있기 때문이다.

그는 '가난'의 아들이지, 자유로운 예지의 아들이 아니다. 그러나 그에게는 여유 있는 시간이 여러모로 생겨난 목적, 즉 놀이나 심심풀이를 위한 오락이나 그 밖의 재미나 취미로 그 시간을 메울 만한 재력이 없으면, 그것이 오히려 무거운 짐이 되고 마침내는 비명을 지르게 될지도 모른다. 그리고 여유 있는 시간은 같은 이유로 그에게 위험하다. "여유 있는 시간에 평온한 마음을 갖기는 어려운 일이다"라는 격언은 당연한 말이다.

한편 견해를 달리해 보면, 보통을 웃도는 뛰어난 지능은 부자연스러운 것이지만, 일단 그 지능을 소유한 사람의 행복을 위해서는 다른 사람에게는 거추장스럽고 때로 타락으로 이끌기도 하는 여유 있는 시간이 있어야 한다. 이것이 없으면 그는 멍에에 매인 천마(天馬)이며, 따라서 불행을 면하지 못할 것이다. 그러나 외적으로 여유 있는 시간과 내적인 지능이라는 양자가 손을 잡게 되면 커다란 행복을 가져온다. 그것은 어느 경우에나, 이처럼 우대를 받는 사람은 좀 더 풍족한 생활, 즉 인생의 고뇌가 비롯되는 가난과 권태라는 대조적인 원천, 더 상세히 말하자면 생존을 위해 불안한 일에 얽매이는 것과 아무것도 하지 않는 여유 있는 시간(이것이야말로 자유로운 생존 그 자체인)을 감당할 만한 능

---

25) 《철학사》 제2권, 5-21.

력이 있기 때문이다. 그래서 가난과 권태에서 벗어나지 못한 인간은 이 두 가지 재앙이 서로 조화를 이루고 상쇄되는 데서 도피해야만 된다.

그러나 이 모든 일에 대하여 다른 방면에서 살펴보면, 위대한 정신은 신경의 작용을 많이 받기 때문에 온갖 고통에 강한 감수성을 발휘한다. 그리고 그 근원인 동시에 반사작용이기도 한 열광적인 성질과 명석한 인식능력은 이로써 일어나게 된 모든 감정을 날카롭게 한다.

그런데 본디 인간은 쾌감보다는 불쾌감을 더 느끼게 마련이므로, 감정의 동요가 심할수록 불쾌감이 커진다. 그래서 천재는 그 소질이 뛰어날수록 자기 이외의 주위에서 찾아볼 수 있는 것은 적고, 보통 사람들에게 큰 즐거움을 주는 것일지라도 그에게는 시시해서 그들에게서 떠나 고독에 잠기게 된다. 그는 보통 사람들이 상상도 못할 행복과 쾌락을 느끼는 동시에, 한편 고독에서 오는 적막과 비애를 느끼게 된다. 이 경우에도 일반적으로 곳곳에서 통하고 있는 '상쇄의 법칙'이 힘을 지닌 것으로 보인다. 왜냐하면 정신적으로 가장 어리석은 자가 결국은 누구보다 행복하다는 것을 되풀이해서(허세가 없는 것도 아니지만) 주장하게 되니 말이다.

그러나 아무도 그런 사람의 그와 같은 행복을 부러워하지는 않는다. 이에 대해 정확한 구별을 하려고 할 때, 소포클레스[26] 또한 정반대되는 말을 하고 있다. 그래서 나는 독자들에게 최종 결정을 맡기려고 한다.

행복의 첫째 조건은 역시 지혜이다.

—〈안티고네〉 1328

아무 생각 없이 사는 것이 가장 행복한 생활이다.

—〈아이아스〉 550

또한 구약성서의 철학자들은 견해가 일치하지 않는다.

---

26) BC 496~406. 그리스의 시인. 〈안티고네〉 〈아이아스〉 등 7편의 시가 남아 있다.

어리석은 자의 삶은 죽음보다 더 비참하다.

—〈잠언〉 22장 12절

지혜가 많으면 고뇌가 많고, 지식이 더하면 우환이 많다.

—〈전도서〉 1장 18절

이 경우에 아무래도 덧붙이지 않을 수 없는 것은, 지력이 보통 수준으로 아무런 정신적인 욕구도 갖고 있지 않은 사람은 본디 독일어에만 있는 고유한 표현으로 '필리스터'[27]라 불린다. 이러한 표현은 대학생활에서 비롯되었다. 대학생은 자기를 무젠[28]의 아들이라고 부르고, 그것은 나중에 좀 더 숭고한 의미를 지니게 되었으나 옛날부터 사용해 오던 것과 비슷한 의미에서 시인을 '무젠존'이라고 부르게 되었으며, 이와 대립되는 의미에서 대학교육을 받지 않은 사람, 또는 시인이 아닌 사람을 이와 같이 '필리스터'라고 부른다. 왜냐하면 이런 사람은 세련되지 않은 사람이기 때문이다.

우리는 '필리스터'의 정의를, '실재 아닌 실재를 대상으로 언제나 열심히 일하는 사람'이라고 말해도 좋을 것이다. 그러나 이런 초경험적 정의는 이 논문에서 규정한 통속적인 견해에는 적용되지 않을 것이며, 아마 독자들에게도 충분히 이해되지 않을 것이다. 이와 반대로 처음에 내린 '정신적인 욕구를 전혀 갖고 있지 않은 사람'이라는 정의는 상세한 이야기를 할 때 한결 편리할 것이며, 또 사물의 본질, 즉 필리스터의 특징을 나타내는 모든 성질의 핵심을 잘 보여준다.

다시 말하면 '필리스터'는 정신적인 욕구가 없는 인간이다. 여기서 여러 문제가 제기된다. 첫째는 그 사람 자신에 관한 일이며, 앞에서 지적한 '참된 욕구가 없으면 진정한 만족은 없다'는 원칙에 따라 그 사람은 정신적인 즐거움이 무엇인지 모른다고 할 수 있다. 이런 사람의 생활은 지식이나 지혜를 간절히 바라는 데서 고무되는 일이 없으며, 더구나 이 갈망과 비슷한 미적인 갈망으로 활기를 얻게 되는 것도 아니다.

그러나 이런 종류의 향락이 세상에 성행하거나 권력으로 강요당하면 어떤

---

27) philister. 속물.
28) 뮤즈. 학예의 신.

현상이 일어날까? 이것을 강압적인 고역으로 보고 되도록 재빨리 없애려고 할 것이다. 그들에게 실제의 향락은 관능적인 것뿐이며, 이것으로 그들은 그럭저럭 지탱해 나아가고 있다. 그러므로 굴 조개를 먹거나 샴페인을 마시는 것이 그들에게는 최고의 생활이며, 육체적인 쾌락에 도움이 되는 것을 손에 넣는 것이 그들이 사는 목적이다. 이 목적을 위해 부지런히 돌아다니며 그것으로 충분히 행복할 수 있는 것이다. 그러나 그런 것이 미리 주어지면 그들은 필연적으로 권태에 빠진다. 그래서 이 권태에 맞서 온갖 궁리를 한다. 무도회, 극장, 사교, 트럼프, 도박, 승마, 여색, 음주, 여행 등.

그러나 이 모든 것도 정신적인 욕구의 결핍이 정신적인 향락을 불가능하게 만들어 버릴 경우에는 권태에 충분히 대항할 수 없게 된다. 그러므로 필리스터에게는 동물의 고지식하고 아둔하고 무미건조하며 일종의 참고 견디어 나가는 진지함이 특징이 된다. 그 무엇도 그를 기쁘게 해주지 않으며, 아무것도 그를 흥분시켜 주지 않고, 그 무엇도 그의 관심을 불러일으키지 않는다. 요컨대 관능적인 향락은 곧 다 없어지게 마련이므로, 이런 세속적인 사람들로만 이루어진 친구들과의 교제는 마침내 권태에 사로잡히게 만들어 나중에는 트럼프에조차 싫증이 나게 된다.

그래서 결국 그들에게는 나름의 허영심을 자극하는 향락만이 남게 된다. 이 향락은 재물이나 지위 또는 권력으로 남을 능가해 남들보다 존경받는 데서 이루어진다. 그렇지 않으면 적어도 같은 의미에서 뛰어난 사람들과 교제하여, 그들이 내뿜는 아름다운 빛 속에서 낮잠을 자는 데서 이루어진다(이것을 영어로 'a snob'이라고 한다. 윗사람에게 아첨하고 아랫사람에게 으스대는 속인을 가리킨다).

앞서 말한 속인들의 특성에서, 타인에 관한 그들의 태도를 살펴보기로 하자. 그들은 정신적인 욕구를 갖고 있지 않고 다만 물질적인 욕구를 갖고 있을 뿐이므로, 전자가 아니라 후자를 충족시켜 주는 지위에 있는 사람을 구하고 있다. 다른 사람들에서 정신적인 것은 그다지 요구하지 않는다. 오히려 정신적인 능력을 대하게 되면, 그것은 그들의 반항 의지라기보다 증오심을 자극할 것이다.

그들은 그때 열등의식에 사로잡힐뿐더러, 정신적인 능력에 대해 보이지 않는 질투를 하게 된다. 그리고 이 질투를 교묘히 숨기려고 하기 때문에 때때로 이런 심정이 마침내 마음속에서 분노를 키우기도 한다.

그렇게 되면 벌써 정신적인 면에서 상대를 평가해 경의를 표시하지 않고, 오히려 그를 평가하면서 주로 지위나 재물 또는 권력을 얻으려고 한다. 이런 것들이 그의 눈에는 유일한 참된 장점이며, 이 장점으로 우월감을 느끼기를 바란다. 왜냐하면 그가 정신적인 욕구를 갖고 있지 않은 인간이기 때문이다.

모든 세속적인 사람들의 고뇌는, 관념적인 그에게는 아무 위안도 주지 않는데, 권태에서 벗어나기 위해 언제나 현실에 있는 사물을 원하지 않을 수 없게 하는 데 있다. 현실적인 것은 한편으로는 곧 다 사라져 즐거움 대신에 피로를 가져다주며, 또 한편으로는 온갖 재앙을 불러온다. 관념적·이상적인 것은 이와 반대로 무궁무진할 뿐만 아니라, 그 자체에 죄도 해도 없다.

우리의 행복에 기여하는 개인적인 성질에 관한 관찰에서, 나는 먼저 형이하학의 성질을 검토해 보았다. 그러나 거기서 도덕적인 우위가 어떻게 직접적으로 행복에 기여하는가에 대해서는, 전에 내가 쓴 도덕의 기초에 관한 현상 논문의 제22절 275쪽에 서술해 두었으니 참고하기 바란다.

죽음에 대하여

죽음은 영감을 받아들이는 정령(精靈), 철학을 주재하는 신……. 인간에게
죽음이 없었던들 철학적 사색을 하는 일은 없었을 것이다. 삶과 죽음은 모두
생존에 속한다. 삶과 죽음은 서로 의지해 하나가 다른 하나의 조건이 되어 인
생의 모든 현상에 두 극단을 이룬다. 인도의 한 신화에서 이러한 사실을 상징
적으로 표현했는데, 죽은 자들의 해골을 목에 걸고 있는 파괴의 신 시바[1]는 또
한 생식(生殖)을 나타내는 영감을 지니고 있다. 사랑은 죽음을 보충하며 그 둘
은 서로 중화하고 또 상극을 이룬다는 의미이다.

그리스인과 로마인은 죽은 자를 위해 값진 돌관을 마련하고 그 조각에 술자
리, 무도(舞蹈), 혼례, 사냥, 짐승들의 싸움이며 바쿠스 축제[2]의 소란 등 한마디
로 말해 즐거움으로 넘치고 활동적이며 긴장된 삶의 이모저모를 표현했다. 때
로는 많은 남녀가 성적 쾌락에 빠진 장면이며 자타르 신이 양(羊)과 교미하는
모습도 그리고 있다. 그들은 비통한 심정으로 매장하는 개인의 죽음과 자연의
영원불멸한 생명을 대조해 효과적으로 살아남은 자들을 위안하려고 했다.

죽음은 성적 쾌락을 즐기는 성교를 통하여 결합된 매듭이 처참하게 풀리고,
인간의 생존에 따르는 근본적인 미궁이 송두리째 파괴되는 커다란 환멸이다.

대다수 사람들이 지닌 개성은 의의와 가치가 그리 크지 않고 측은하기 짝이
없어 죽음으로 말미암아 잃어버릴 것은 없다. 그들에게 어떤 참된 가치가 있다
면, 그것은 공통된 인류의 특질이며, 이 특질은 개인의 죽음으로써 침해되는

---

1) Siva. 인도 신화의 파괴의 신이며, 또한 생식의 신이라고도 한다. 과거·현재·미래를 투시하는
   세 눈을 가졌다고 함. 불교에서는 대자재천(大自在天)으로 불림.
2) 바쿠스 신을 모시는 제사. 바쿠스는 로마 신화에서 술의 신.

일이 없다. 영원한 생존은 인류가 분명 염원하는 것으로, 결코 개인에게 기대되지 않는다. 개체로서의 인간에게 영원한 생존이 주어지더라도 성질이 불변하고 지력이 높지 않아 이런 개체로 살아가는 것은 오히려 적막하고 단조로워, 삶에 염증을 느끼고 차라리 거기에서 벗어나기 위해 스스로 목숨을 끊고 허무를 택하게 될 것이다.

개체의 불멸을 바라는 것은 혼미를 영원히 지속하려는 것과 마찬가지이다. 그 이유는 개성은 또 다른 특수한 혼미와 과오, 다시 말해 존재해서는 안 되는 것으로, 삶의 참된 목적은 우리가 거기서 해탈하는 데에 있기 때문이다.

이에 대한 충분한 실증으로 대부분의 인간, 아니 모든 인간은 자기가 꿈꾸는 어떤 세계에 옮겨 살게 되더라도 절대로 행복할 수 없게 되어 있다는 것이다. 만일 그것이 불행과 고난이 없는 세계라면 권태의 포로가 될 것이며, 이 권태에서 벗어날 수 있다면 그 정도에 따라 불행이나 고민에 빠지게 된다.

그러므로 인간이 행복을 누리게 하려면 더 좋은 세계로 그들을 옮기는 것으로는 충분하지 못하며, 반드시 그들을 송두리째 바꿔 지금의 인간이 아닌 전혀 다른 존재가 되어야 한다. 그렇게 되면 인간은 필연적으로 오늘날 살고 있는 모습과 다를 것이다. 또 죽음은 예비 단계가 될 것이므로, 이런 관점에서 보면 죽음은 도덕적인 필요성이 있다고 해야 한다. 또한 인간이 다른 세계로 옮겨진다는 것과 자신을 완전히 개조한다는 것은 근본적으로 같다.

죽음이란 개인 의식에 종말을 가져오는 것을 뜻한다. 그러므로 이 의식이 죽은 뒤에도 다시 점화되어 끝없이 존속되리라는 소망은 부당하다. 비록 그렇게 되더라도 영원히 지속되는 의식 내용은 무엇이겠는가? 빈약하고 하찮고 비속한 사고와 걱정 말고는 없을 것이다. 그러므로 개체의 의식은 죽음으로 일단락되어 영원히 끝을 보아야 한다. 모든 생활 기능의 움직임이 그치는 것은 그것을 유지해 나가고 있는 힘도 분명 부담을 덜어주는 것이라고 생각한다. 이렇게 생각할 때 비로소 죽은 자들의 얼굴에 깊은 안식이 깃들어 있는 까닭을 이해할 수 있을 것이다.

인간의 한 토막 꿈 같은 생애에 비하면, 그 앞뒤에 놓인 무수한 시간의 기나긴 밤은 얼마나 끝없는 것일까? 가을에 곤충 세계를 살펴보면, 어떤 것은 오랜 동면을 대비해 잠자리를 마련하고, 어떤 것은 그냥 한겨울을 지내고 봄이 돌아오면 먼저대로 재생되기 위해 껍질을 만든다. 그러나 대부분의 곤충은 죽음의 팔에 안겨 영원히 잠들기 위해 적당한 곳에 알을 낳는 것으로 만족하고, 이 알로 말미암아 다시 새로운 개체로 태어나려고 한다.

이것은 모두 자연이 주는 불멸의 가르침이 아니겠는가. 자연은 이렇게 해서 삶과 죽음 사이에 본질적으로 차이가 없다는 것, 그 어느 한쪽만이 삶을 위태롭게 하는 게 아님을 보여준다. 곤충이 애써 둥지나 알집, 구멍이나 굴을 만들어 봄이 되면 태어날 애벌레를 위해 먹이를 준비하고 안심하고 죽어가는 것은, 인간이 밤이 되면 다음 날을 위해 옷과 아침식사를 준비해 놓고 편히 잠드는 것과 비슷하다.

만일 곤충이 본성에 따라 늦가을에 사멸하는 것이, 잠자리에 드는 인간과 눈뜬 인간이 동일하듯, 봄이 되어 태어나는 애벌레와 같다면, 이런 죽음 뒤의 준비는 하지 않을 것이다.

여러분이 기르는 개를 보라. 얼마나 태연하게 살아가고 있는가. 그 개가 세상에 나오기 전 몇천만 마리의 개가 죽어갔지만 이 사실은 개에 대한 관념을 조금도 손상할 수 없고, 전혀 근심스럽게 만들지 않는다. 당신들의 개는 그처럼 무심히, 오늘이 개로서는 마지막 날인 듯 활기 있게 살아간다. 눈에는 그 개의 영원한 본체가 빛나고 있다.

그렇다면 몇천 년 동안에 걸쳐 죽음이 멸망시킨 것은 무엇이겠는가? 그것은 분명 개가 아니다. 개는 아무 손상도 입지 않고 당신 눈앞에 앉아 있지 않은가? 다시 말해 죽음의 손에 멸망된 것은 형상뿐이다. 그리고 우리의 한정되고 빈약한 인식능력은 시간 속에서 그 그림자와 형상을 의식하고 있을 따름이다.

자기가 죽은 다음의 일에 대해 형이상학적인 위안을 받을 수 없는 사람도 물질이 연속한다는 사실을 생각해 보면, 그로써 얼마쯤 위안을 느낄 수 있다. 그러나 사람들은 이렇게 중얼거릴지도 모른다.

"뭐라고? 한낱 티끌이나 물질 따위가 영속한다고? 인간의 영생이란 고작 이런 거란 말인가?"

"잠깐만, 당신들은 그 티끌에 대해 얼마나 알고 있는가? 티끌이 무엇인가? 그리고 티끌이 무엇을 할 수 있다고 보는가? 티끌을 무시하기 전에 티끌이 무엇인지 알아야 한다. 티끌이나 재 따위는 얼마 뒤 물에 녹아 결정(結晶)이 되기도 하고, 금속과 섞여 빛을 내기도 하며, 번갯불을 비추기도 하고, 자력(磁力)으로 위력을 나타내기도 하며…… 또는 식물이나 동물도 되고 나중에는 불가사의한 품 안에서 당신의 편협한 정신이 두려워하고 고민하는 인간의 생명까지도 탄생시킨다. 이러한 물질의 존속은 과연 아무 의미도 없는 것일까?"

죽음과 삶이라는 유희보다 더 큰 승부가 어디 있겠는가? 우리 눈에는 모든 게 생사에 관련되어 있는 듯이 보이므로 몹시 긴장하여 불안한 마음으로 이 개개의 승부를 주시한다.

그러나 이와 반대로 결코 에누리가 없고 언제나 솔직하게 열려 있는 자연은 여기에 대해 전혀 다른 의미를 가르쳐준다. 다시 말해 자연은 개체의 삶과 죽음이 자기에게 조금도 관심이 없다는 것을 분명히 한다. 그 증거로 동물이나 인간의 생명을 사소한 우연의 농락에 맡겨 죽어가도 거들떠보지 않는다. 당신이 걷고 있는 길바닥을 기어가는 벌레를 보라. 당신의 발길이 무심히 한 발자국만 어긋나면 그 벌레의 삶과 죽음이 결정된다. 또 나뭇가지에 느릿느릿 기어가는 달팽이를 보라. 재빨리 도망칠 수도, 몸을 막을 수도, 거처를 속일 수도, 숨을 사이도 없이 강적의 희생물이 된다. 그런가 하면 물고기는 우리가 손으로 움켜잡을 수 있는 개울에서 유유히 꼬리치며 헤엄치고 있지 않은가. 몸집이 둔해 도망칠 수도 피할 수도 없는 두꺼비며, 높은 하늘에서 솔개가 노리는 것도 모르는 어린 새와 숲속에서 늑대에게 발각된 산양…… 이들 희생물은 연약하고 방어력도 없이 시시각각으로 닥쳐오는 위험을 눈앞에 두고도 무심히 다니는 것이다.

이처럼 자연은 정교한 피조물인 유기체로 하여금 대항할 힘이 없는 알몸인 채 버려두고 더 강한 자의 밥이 되게 할 뿐만 아니라, 맹목적인 뜻밖의 사건, 다시 말해 길을 지나가는 바보나 아이들의 희롱에 맡겨두고 있다. 거기서 자연은 이 생물들이 죽어 없어져도 자기는 아무런 영향을 받지 않으며, 그 죽음은 자기에게 의미가 없을뿐더러 삶이라는 원인도 죽음이라는 결과도 아랑곳하지 않는다고 분명히 태도를 밝히고 있다.

이처럼 자연이라는 우주의 어머니는 아무 생각 없이 자기가 낳은 자식을 헤아릴 수 없이 많은 위험과 고난 앞에 놓이게 하는데, 그것은 결국 그들이 죽더라도 자기 품으로 돌아올 뿐이며, 그 죽음은 처음에 태어난 곳으로 돌아가는 유희, 다시 말해 조그마한 손장난에 지나지 않음을 알고 있기 때문이다.

그런데 지금 여기서 동물에 대하여 말한 것은 인간에게도 고스란히 해당된다. 즉 자연의 위엄이 우리들 인간에게 미치고 있어 삶과 죽음은 자연에게 전혀 영향을 주지 않는다. 그러므로 우리도 그 때문에 상심할 필요는 없다. 우리도 자연의 일부이므로.

개체의 죽음을 고찰했으니 이번에는 인류라는 종족에게로 눈을 돌려보자. 우리 앞에 가로놓인 아득한 미래를 바라보고 앞으로 나타날 많은 세대 속에 우리와는 풍속이며 습관이 다른 무수한 개인이 나타날 것을 생각해 보면, 자연스럽게 다음과 같은 의문을 품게 된다.

"그들은 대체 어디서 오는가? 그리고 그들은 지금 어디에 있는가? 세계를 잉태하고 미래의 여러 세대를 숨겨두고 있는 허무의 태반(胎盤)······. 그 풍요로운 원천은 어디 있는가?"

이 질문에 다만 웃으며 이렇게 대답하면 된다.

"그것은 오직 실재가 있던 곳, 그리고 있을 수 있는 곳, 현재 속, 즉 현재가 거느리고 있는 사물 속이다. 그러니까 당신 속, 바보 같은 질문을 던지고 있는 당신 자신 속이기도 한 게 아니겠는가. 다만 당신은 자신의 본성을 잊어버리고 마치 가을에 나뭇잎이 말라 땅에 떨어지는 것을 보고 슬퍼하며, 봄이 되어 나무가 초록빛 새단장하는 것을 생각하면서 위로받는 대신 '그 나뭇잎은 내 것이 아니다. 내 것과는 다른 것이다' 하며 서글퍼하는 것과 다름없다."

아, 미련한 나뭇잎이여! 너는 어디로 가느냐? 그리고 다른 잎사귀들은 어디서 오는가? 네가 두려워하는 허무의 심연은 어디 있는가? 너는 차라리 자신이 나무 속에 숨어 끊임없이 작용하고 활동하는 힘 속에 깃들어 있음을 인식하고, 이 힘은 나뭇잎이 계절에 따라 순환하듯 삶과 죽음에 얽매이지 않음을 깨달아야 할 것이다. 인간의 세대에 대해서도 똑같은 말을 할 수 있지 않을까?

자살에 대하여

　종교를 믿는 신자가 자살하는 것을 범죄로 보는 종교는 내가 알기로 유일신 종교, 즉 유대 종교밖에 없다. 이러한 점은 구약 성경이나 신약 성경에서 자살에 대한 어떠한 금지나 결정적인 비난을 찾아볼 수 없는 사실을 고려할 때 매우 눈여겨볼 점이다. 따라서 신학자들은 그들 자신의 철학적 근거를 바탕으로 자살을 엄격히 금지하는 것을 지지하지 않을 수 없었다. 그러나 그 근거가 너무 부족하므로, 그들은 논거의 강도가 결여되는 현상에 혐오감을 드러내는 표현을 강화해, 즉 모욕을 통해 논거를 대신하려고 했다. 그래서 우리는 자살이란 가장 비겁한 행위이고 어리석은 상태에서만 가능하다는 말과 함께 자살은 '옳지 않다'는 전혀 의미 없는 상투어를 들어야만 한다.

　사람들은 누구든 자신의 개성이나 목숨에 대해서만큼은 세상의 다른 무엇보다 확실한 권리를 갖고 있는 게 분명하다. 뿐만 아니라 앞서 말했듯이, 자살은 범죄에 포함되고 연관된다. 특히 야비하게 경건한 척하는 신자가 많은 영국에서는 자살한 사람을 위해 모욕적인 장례를 치르고 그의 유산마저 모조리 빼앗아 버린다. 그리고 배심 재판소는 자살을 거의 언제나 광기 때문이라고 판단한다. 이 문제에 대해서는 무엇보다 먼저 도덕적 감정으로써 판단을 내리도록 해야 한다.

　그리고 어떤 지인이 범죄, 이를테면 살해, 잔혹한 짓, 사기, 도둑질을 저질렀다는 소식을 들었을 때와 그가 스스로 죽음을 선택했다는 소식을 들었을 때, 우리가 받는 인상을 비교해 보는 게 좋을 것이다. 앞의 사실이 매우 심한 분개나 가장 높은 불쾌감, 처벌이나 복수에 대한 촉구를 일으키는 반면, 자살은 슬픔이나 동정심을 느끼게 할 것이다. 이러한 슬픔이나 동정심에는 아마 자살한 자의 용기에 조금 놀라는 감정이 이따금 섞여 있지만, 범죄를 저지른 자에 대해서는 도덕적 비난의 감정이 섞여 있을 것이다. 스스로 죽음을 선택한 지인,

친구, 친척이 없는 사람이 누가 있겠는가? 그렇다면 저마다 범죄자를 혐오하듯이 사람을 똑같이 혐오해야 한단 말인가? 나는 결코 그렇지 않다고 생각한다. 오히려 나는 성경의 권위를 입증하지 않고 어떤 설득력 있는 철학적 논거라도 갖고 있는지 성직자에게 직접 말하도록 요구해야 한다고 생각한다. 그들은 어떤 권능으로 설교단이나 글에서 우리의 존경과 사랑을 받는 많은 사람들이 저지른 행위를 범죄라고 낙인찍고, 자발적으로 생을 마친 사람들의 소박한 장례식을 거부하는 것인지 그것에 대해서 말이다. 하지만 확실한 것은 근거를 제시해야지, 헛된 말장난이나 욕설로 대신해서는 안 된다. 형법에서 자살을 엄격히 금지한다고 해서 그것이 교회에서도 유효한 근거가 될 수는 없다. 게다가 이것은 매우 우스꽝스러운 일이다. 어떤 처벌이 자살하려는 자를 겁먹게 하겠는가? 만일 자살 시도를 처벌한다면 그것은 자살에 성공하지 못한 서투름을 처벌하는 것이다.

옛날 사람들도 이 문제를 성직자와 같은 관점에서 바라보지 않았다. 플리니우스는 이렇게 말한다.

우리는 사람들이 어떤 방법으로든 생명을 연장할 만큼 생을 사랑할 필요가 없다는 견해이다. 그대가 아무리 생을 바라는 자라 해도 그대가 (선을 행하거나) 악덕을 행하며 살았든 범죄를 저지르며 살았든, 그대는 마찬가지로 죽을 것이다. 그 때문에 저마다 자연이 인간에게 선사한 온갖 자산 가운데 일찍 죽는 것보다 더 나은 것이 없다는 사실을 자기 영혼의 치유방법으로 이해하는 것인지도 모른다. 그리고 누구나 스스로 치유를 할 수 있다는 것은 가장 좋은 행위이다.

—《박물지》, 제28권 1장

그는 또한 이런 말을 하기도 한다.

신이라고 해서 뭐든지 할 수 있는 것은 아니다. 신이 아무리 바란다 해도 자신에 대한 죽음을 결정할 수는 없기 때문이다. 그렇지만 신은 인간이 살아가면서 수많은 고통을 겪을 때 가장 큰 선물로서 인간에게 죽음을 결정할 수 있는 능력을 부여했다.

—《박물지》, 제2권 7장

마실리아와 케오스섬에서는 삶을 떠날 만한 적절한 근거를 제시할 수 있는 자에게 공개적으로 독배를 건네주었다(발레리우스 막시무스, 《기억할 만한 공적과 격언에 관한 책》 제2편 6장 7절, 8절). 고대의 얼마나 많은 영웅들과 현인들이 자발적 죽음으로써 자신의 삶을 마감했던가! 사실 아리스토텔레스는 자살이 개인에게는 부당한 행위가 아닐지라도 국가에 대해서는 부당한 행위라고 말한다(《니코마코스 윤리학》 제5권 5장). 그렇지만 스토바이오스는 소요학파의 윤리학(《윤리학 발췌》 제2권 제7장)을 서술하면서 "너무 커다란 불행을 겪는 좋은 사람들이나, 지나치게 큰 행복을 겪는 나쁜 사람들은 삶을 포기해야 한다"는 명제를 인용하고 있다. 비슷한 방식대로 "또한 사람들은 결혼해서 자식을 낳고 국가의 일에 헌신해야 한다. 그리고 일반적으로 자신의 능력을 키우면서 생명을 보전하고, 때로는 피할 수 없는 강요에 따른 삶과 작별해야 한다"는 구절도 있다.

그런데 스토아학파가 쓴 기록으로부터 우리는 그들이 자살을 일종의 고귀한 영웅적 행위라고 찬미하는 것을 알 수 있다. 그 증거로 내세울 수 있는 대목 가운데에서도 세네카의 글이 가장 그럴듯한 증거가 된다.

힌두교에서는 알다시피 자살을 종교적 행위로 여긴다. 예를 들면 과부 순장(殉葬), 야거나우트 신의 수레바퀴 밑에 몸을 던져 죽는 희생, 갠지스강이나 성스러운 사원의 연못에 사는 악어에게 자신의 몸을 바치는 행위 말고도 여러 가지가 있다. 또한 인생을 보여 주는 거울인 연극에서도 그와 같은 것을 볼 수 있다. 예컨대 중국의 유명한 작품 《중국의 고아》(생 쥘리앵의 번역본, 1834)에서도 고귀한 성품을 가진 인물이 자살로 인생을 끝맺는다.

그러나 그들이 범죄를 저질렀다고 암시된 것은 연극의 어디에도 없었고, 관람객에게도 그런 생각이 전혀 들지 않았다. 우리 유럽의 연극 작품도 기본적으로 이와 다르지 않다. 예컨대 《마호메트》의 팔미라, 실러의 《마리아 스튜아르트》의 모티머, 셰익스피어의 《오셀로》의 주인공이나 실러의 《발렌슈타인》에 나오는 테르츠키 백작 부인이 모두 그러하다. 그리고 에우리피데스도 마찬가지이다.

> 내가 직접 원한다면 신은 내게 자유를 줄 것이다.
> ─《바쿠스의 시녀들》 498행

　햄릿의 독백(제3막 제1장)을 범죄와도 같은 묵상이라고 할 수 있겠는가? 우리가 죽음으로써 절대적으로 없어지는 것을 확신한다면, 햄릿은 세계의 속성을 살펴보고 무조건 선택을 해야 할 것이라고 말할 따름이다("그러나 여기에는 어려움이 있다"). 어쨌든 일신교, 즉 유대 종교들의 모든 성직자와 이들에게 순응하는 철학자들이 내세운 자살에 반대하는 근거들은 쉽게 반박될 수 있다(나의 논문《도덕의 기초에 대하여》5절 참조). 흄은 그의《자살에 관한 에세이》에서 사제들의 궤변에 매우 철저히 반박했다. 그가 죽은 뒤에야 발간된 이 책은 영국의 야비한 맹신자들과 터무니없는 사제 전체에 의해 곧바로 핍박받았다. 그 때문에 매우 적은 권수의 책이 비밀리에, 아주 비싼 값으로 판매되었다. 위대한 철학자가 쓴 이 논문과 또 다른 논문을 우리가 소유한 것은 바젤의 복제본 덕택이다. 그것은《데이비드 흄의 자살과 영혼의 불멸에 대한 에세이들》(바젤, 1799, 제임스 데커 간행)이다. 영국의 일류사상가이자 저술가 가운데 한 사람이 그즈음 유행하던 자살반대론에 대해 냉철한 이성을 가지고 반박한 순수 철학 논문은, 그의 조국에서 마치 비열한 행위라도 되는 것처럼 외국으로 반출되어 보호받을 때까지 은밀히 다뤄졌다. 이러한 사실은 영국 국민에게 커다란 치욕을 가져다주었다.

　동시에 교회가 지닌 좋은 양심이 어떤 종류의 것인지 알 수 있다. 나는 자살에 반대하는 유일하고 알맞은 도덕적 근거를 나의 저서에 설명해 두었다(《의지와 표상으로서의 세계》제1권 67장). 그 근거는 자살이란, 비참한 이 세상으로부터 실제적인 구원이 아닌 오로지 표면상의 구원이며, 가장 높은 도덕적 목표에 도달하는 것과 대립한다는 점이다. 그러나 여기서 내가 자살을 도덕적 의미의 잘못이라고 해서 반대하는 것과, 기독교 사제가 그것을 범죄라고 낙인찍으려는 것 사이에는 큰 차이가 있다.

　기독교는 가장 깊은 내면에 고난(십자가)이 삶의 본디 목적이라는 진리를 담고 있다. 그 때문에 자살은 고난에 대립한다고 비난받는 것이다. 그러나 고대인은 좀 더 낮은 관점에서 자살을 시인하고 존중하기까지 했다. 그렇지만 기독교가 자살에 반대한다[1]는 근거는 훨씬 더 금욕적인 근거가 되므로, 유럽의 도덕철학자들이 한때 취했던 관점보다 훨씬 높은 윤리적 관점에서 적용된다. 그러나 우리가 그런 윤리적 관점에서 내려온다면 자살을 비난할 아무런 타당한 도덕적 근거도 더는 존재하지 않는다. 그러므로 성경을 통해서도, 설득력 있는 근거를 통해서도 뒷받침을 받지 못하면서 유일신 종교들의 사제들이 열의를 보이며 자살에 반대하는 까닭은 어떤 감추어진 근거 때문이라고 볼 수 있다. 그 근거란 생을 스스로 포기하는 것은 "모든 것이 보기에 좋았더라"라고 말한 신에 대한 나쁜 겉치레이기 때문이 아닐까? 그렇다면, 달리 생각해 보면 유대 종교들이 자살을 비난하는 의무와도 같은 낙관주의는 자살로써 그들의 종교가 비난받지 않기 위해서일지도 모른다.

일반적으로 우리는 삶의 공포가 죽음의 공포를 압도하는 단계에 이르면, 인간이 자신의 삶에 마침표를 찍는 것을 볼 수 있다. 그렇지만 죽음의 공포가 지니는 저항력도 의미심장하다. 죽음의 공포는 즉 문을 지키고 서 있는 문지기와 같다. 삶의 종말은 순전히 어떤 소극적인 것, 다시 말해 생명이 갑자기 멈추는 것이라면, 인간은 누구나 이미 자기의 삶에 마침표를 찍고 말 것이므로, 아마 살고자 하는 사람은 아무도 없을 것이다. 그러나 종말에는 무언가 적극적인 측면이 있다. 바로 신체의 파멸이다. 신체는 삶을 위한 의지의 현상이기 때문에, 사람을 위협해 물러가게 만드는 것이다.

그런데 대체로 문지기와의 싸움은 멀리서 우리에게 보이는 것만큼 어려운 일이 아니다. 더구나 정신 고통과 육체 고통 사이의 갈등 때문이다. 예컨대 우리가 육체 고통을 매우 심하게 또는 계속해서 겪고 있을 때는, 온갖 다른 근심에 대해서는 무관심하다. 건강의 회복만을 마음에 두기 때문이다. 이와 마찬가

---

[1] 이에 대해서는 모두의 견해가 일치하고 있다. 루소 《작품들》에 따르면 아우구스티누스와 락탄츠는 일단 자살을 죄악이라고 선언했지만, 그 논거를 플라톤의 《파이돈》에서 취했다. 다시 말해 그것은 그 이후로는 전혀 근거가 없을 뿐만 아니라 매우 낡은 논거로, 우리가 문지기를 서는 입장이라거나 신들의 노예라는 입장이다.

지로 정신이 매우 심한 고통을 겪을 때는 육체 고통을 느끼지 못한다. 우리가 육체적 고통을 무시하는 것이다. 이를테면 육체 고통이 크더라도 기분 좋게 고통이 흩어져 정신 고통이 잠시 멈추기도 한다. 바로 이런 사실 때문에 쉽게 자살할 수 있는 것이다. 심한 정신적 고통에 시달리는 사람들의 눈에는 자살에 따르는 육체 고통이 중요하지 않기 때문이다. 순전히 병적인 우울증에 사로잡혀 자살을 저지르는 사람들에게 자주 볼 수 있는 현상이다. 우울증에 걸린 사람은 자살을 결행할 때 아무런 극기도 필요하지 않으며, 자살을 하기 위한 도움닫기도 전혀 필요없다. 그래서 옆에서 간호하는 사람이 단 2분만 홀로 남겨두어도 서둘러 삶에 마침표를 찍는 것이다.

답답하고 끔찍한 꿈속에서 몹시 불안할 때, 그 불안으로 말미암아 우리가 눈을 뜨고 일어나면 이제까지 우리를 괴롭혔던 꿈속의 온갖 괴물은 순식간에 사라져 버리고 만다. 이러한 일은 인생의 꿈에서도 일어난다. 마찬가지로 우리의 불안이 가장 극심해졌을 때, 우리는 그 인생의 꿈에서 깨어나 버리는 것이다.

자살은 인간이 자연에게 그에 대한 답변을 강요하려는 하나의 실험이자 물음으로 볼 수도 있다. 다시 말해, 죽음으로써 인간의 생존과 인식이 어떤 변화를 겪는지 알고자 하는 실험 말이다. 그러나 그것은 어리석은 실험이다. 왜냐하면 이 실험은 물음을 던지고 대답을 귀기울여 들어야 할 의식의 정체성마저 없애 버리기 때문이다.

혼자만의 사고

도서관에 아무리 책이 많더라도 잘 정리되어 있지 않으면 아무리 책이 적어도 정리가 잘된 도서관보다 별 쓸모가 없다. 지식도 마찬가지이다. 아무리 많은 지식을 가지고 있더라도 자신의 사고로 철저히 정리된 지식이 아니라면 양은 많지 않더라도 다양하게 생각한 지식보다 가치가 떨어진다. 자기 지식을 여러모로 정리해 그 진리를 다른 진리와 비교해서 비로소 완전히 자기 것으로 해야만 그 지식을 자기 마음대로 할 수 있다. 자신이 알아야 깊게 생각할 수 있는 것이다. 따라서 우리는 무언가를 배워야 한다. 그러려면 깊고 넓게 생각함으로써 정말로 안다고 할 수 있다.

우리는 자기 의지대로 읽기와 배움에 힘쓸 수 있지만, 생각처럼 쉽게 뜻대로 되지는 않는다. 다시 말해 불을 피울 때 바람을 불어서 지펴 주어야 하듯이 생각도 부추겨 주어야 하며, 사고의 대상에 대한 관심을 일으켜 유지해 주어야 한다. 이러한 관심은 객관적일 수도 있고, 주관적일 수도 있다. 주관적 관심은 우리가 개인적인 문제에 부딪혔을 때 일어나지만, 객관적 관심은 오로지 날 때부터 사고하는 두뇌를 지닌 사람에게만 일어난다. 그들에게는 생각하는 것이 숨쉬는 것만큼이나 자연스러운 일이다. 그러나 이런 두뇌를 지닌 사람은 매우 드물다. 그래서 학자들 가운데에서도 사고 능력이 있는 학자는 극소수에 지나지 않는다.

혼자만의 사고가 정신에 미치는 영향과 책 읽기가 정신에 미치는 영향 사이에는 매우 큰 차이가 있다. 즉 사람마다 본디 두뇌의 차이가 있어서, 어떤 사람은 혼자만의 사고에, 또 어떤 사람은 책 읽기에 끌리는데, 그 차이 때문에 두 가지가 정신에 미치는 영향은 끊임없이 커진다. 다시 말해 독서는 우리가 순간적으로 갖고 있는 정신의 방향이나 기분과는 너무나 낯설거나 다른 생각을 마치 도장을 찍듯이 정신에 주입한다. 이때 정신은 도무지 기분이 나지 않아도 때로는 이것을, 때로는 저것을 생각하도록 외부로부터 심한 강요를 받는다. 그러나 혼자만의 사고를 할 때에는, 정신은 순간적으로 외부의 환경이나 어떤 기억에 좌우될지라도 자기 자신의 충동에 따른다. 다시 말해 구체적인 환경은 독서와 달리 어떤 특정한 사고를 정신에 강요하는 것이 아니라, 단순히 자신의 천성과 그때의 기분에 맞는 것을 생각하도록 소재와 계기를 제공해 주는 것이다. 따라서 용수철에 무거운 짐을 계속 놓아두면 탄력성을 잃듯이, 지나치게 책을 읽으면 오히려 정신의 탄력성을 몽땅 빼앗긴다. 그러므로 시간이 날 때마다 아무 책이나 덥석 손에 쥐는 것은 어떤 고유의 사고를 가로막는 가장 확실한 방법이다. 학식을 쌓을수록 대부분의 사람들은 본디의 자신보다 더욱 어리석고 단조로워지며, 그들이 쓴 책이 실패로 끝나는 것도 이러한 독서 습관 때문이다. 그들은 이미 포프가 말한 상태에 놓여 있는 것이다.

모두의 머릿속에 산더미 같은 책이 담겨 있어 끊임없이 읽고 있지만 도무지 읽히지 않는다.
—알렉산더 포프, 《우인열전(愚人列傳)》

학자란 책을 많이 읽은 사람들이다. 사상가, 천재, 세상 사람들을 깨우쳐 주는 자, 인류의 후원자는 세상이라는 책을 직접 읽은 사람을 말한다.

근본적으로 자기 고유의 기본 사상만이 진리와 생명을 지닌다. 왜냐하면 우리는 그것만을 올바르게 실제로 이해하기 때문이다. 읽어서 얻은 낯선 생각은 음식의 찌꺼기나 이방인이 버린 옷에 지나지 않는다.
우리 안에서 일어나는 자신의 생각과 읽어서 얻은 낯선 생각의 관계는 마치 봄에 피는 식물과 돌멩이 속에 있는 태곳적 식물의 각인과 같은 관계이다.

독서는 혼자만의 사고의 단순한 대용품에 지나지 않는다. 또한 독서는 자신의 생각을 남의 생각에 끌려다니게 한다. 게다가 만일 책이 우리를 이끌어가게 한다면 많은 책들은 얼마나 많은 미로가 있는지, 또 얼마나 고약한 결과에 이를 수 있는지를 보여 주는 데 알맞을 뿐이다. 그러나 수호신이 인도하는 사람, 즉 혼자만의 생각을 하고, 자유의지로 생각하고, 올바로 생각하는 사람은 참된 길을 발견하는 나침반을 갖고 있다. 그러므로 독서는 자신의 사고의 샘이 멎었을 때만 해야 한다. 좋은 두뇌를 지닌 사람이라도 이따금 그런 경우가 충분히 생길 수 있다. 반대로 책을 읽기 위해 자신의 근원의 힘을 지닌 생각을 쫓아 버리는 것은 성령에 어긋나는 죄를 짓는 일이다. 그런 사람은 말린 식물 표본이나 동판화 속의 아름다운 경치를 보려고 자연으로부터 도망치는 사람과 다름없다.

때때로 우리는 고유의 생각과 조합을 통해 수고스럽게 천천히 알아낸 진리나 통찰이 어떤 책에 편리하게 쓰여 있는 것을 손쉽게 발견할 수도 있다. 하지만 고유의 생각을 해서 알아낸 진리나 통찰은 그보다 100배나 더 가치가 있다. 왜냐하면 그 진리는 통합시키는 부분이자 살아 있는 구성 요소로서, 우리 사고의 전체 체계 속에서 완전하고 확고한 연관성을 맺기 때문이다. 그 근거와 결론은 모두 이해되어 우리의 전체 사고방식의 색깔, 색조, 특징을 지닌다. 또한 그 진리는 꼭 필요하다고 생각될 때 바로 때맞추어 나타나 확고한 위치를 차지하므로 다시 없어져 버리는 일이 없다. 따라서 다음과 같은 괴테의 시구는 이런 사실을 가장 완벽하게 응용하여 설명하고 있다.

조상으로부터 물려받은 것을
소유하기 위해 구하여라.

—괴테, 《파우스트》 682행

다시 말해 혼자만의 사고를 하는 사람은 자신의 견해가 지닌 권위를 나중에야 알게 되는데, 그때 그 권위는 오로지 자신의 견해에 힘을 실어 주고 자신을 강화하는 데만 도움이 될 뿐이다. 이와 달리 책에 의존하는 철학자는 낯선 사람들에게서 주워 모은 견해들을 가지고 하나의 전체를 만드니, 결국 그 견해들에서 출발하는 셈이다. 그렇게 되면 그 체계는 낯선 재료들을 하나로 합친 자동 판매기로 비유되는 반면, 혼자만의 사고를 해서 만든 체계는 갓 태어난 살아 있는 인간과 같다. 전체 체계가 생겨나는 방식은 인간이 태어나는 방식과 비숫하기 때문이다. 다시 말해, 외부 세계가 사고하는 정신을 싹트게 한 뒤 그 정신이 전체를 조정하다가 낳은 것이다.

단순히 익힌 진리는 마치 덧붙인 팔다리, 의치, 밀랍으로 만든 코나 다른 사람의 살로 성형수술한 코처럼 단순히 붙어 있기만 할 뿐이지만, 혼자만의 사고로 얻은 진리는 자연스러운 손발에 비교된다. 그것만이 정말로 우리에게 속한다. 사상가와 단순한 학자의 차이도 여기에서 비롯한다. 따라서 혼자만의 사고를 하는 사람의 정신적 획득물은 적절한 빛과 그림자의 배합, 알맞은 색조, 색채의 완전한 조화와 함께 생동감 있게 드러나는 한 편의 빼어난 아름다운 그림처럼 보인다. 그러나 단순한 학자의 정신적 수확은 알록달록한 색으로 가득하고, 체계적으로 정돈된 팔레트와 같지만 조화와 연관성, 그리고 의미가 부족하다.

독서란 고유의 생각 대신 다른 사람의 머리로 생각하는 것을 말한다. 그런데 자신의 생각으로 엄밀히 완결된 체계는 아니더라도 언제나 연관성 있는 전체를 발전시키려고 할 때, 끊임없는 독서로 말미암아 다른 사람의 생각이 자신에게로 강하게 흘러 들어오게 하는 것만큼 고유의 생각에 불리한 작용을 하는 것은 없다. 다른 사람의 생각은 모두가 다른 정신에서 싹튼 것이며, 다른 체계와 색채를 지녀 사고와 지식, 통찰과 확신의 전체에 결코 저절로는 합류하지 못한다. 오히려 머리에 가벼운 바빌론과 같은 언어혼란을 일으켜 그 혼란으로 채워진 정신에서 이제 모든 명확한 통찰력을 빼앗아 버려 정신을 거의 해체해 버리기 때문이다.

이러한 상태는 많은 학자에게서 볼 수 있는데, 그들은 건강한 사고력, 올바른 판단, 실제적인 배려 면에서 배우지 못한 많은 사람보다 훨씬 뒤처진다. 이런 사람들은 외부로부터 경험이나 대화, 적은 독서로 보잘것없는 지식을 언제나 자신의 생각 아래 두고 하나로 만든다. 그런데 이제 학문적 사상가도 좀더 큰 규모에 따라 이와 같은 일을 하고 있다. 그런 사람은 많은 지식을 필요로 하고 그 때문에 책을 많이 읽어야 하겠지만, 그의 정신은 이 모든 일을 극복해 동화시키고 자신의 생각체계를 일체화해, 끊임없이 성장하는 통찰력에 유기적으로 이어져 전체에 귀속될 만큼 충분히 강한 것이다. 이때 사상가의 생각은 파이프 오르간의 기초 저음처럼 늘 모든 음을 지배하며 결코 낯선 울림에 압도당하지 않는다. 그러나 이와 반대로 단순히 박식하기만 한 사람들에게는 온갖 음조로 이루어진 파편 음이 얽혀 기본음을 더는 찾을 수 없게 된다.

독서로 그들의 삶을 보내며 책에서 지혜를 받는 사람은 여행 안내서를 잔뜩 읽고 그 나라에 대한 정확한 지식을 얻은 사람과 같다. 이들은 많은 정보를 줄 수는 있지만, 대부분 그 나라의 사정에 대해 분명하며 근본적인 지식을 갖고 있지는 못하다. 이와 반대로 일생을 생각하며 보낸 사람은, 직접 그 나라에 살았던 사람과 같다. 이런 사람만이 무엇에 대해 말하는지 실제로 알고 있고, 사물을 상관성 속에 알고 있으며, 진정으로 그곳에서 집에서처럼 지낸다.

책에만 의존하는 평범한 철학자와 혼자만의 사고를 하는 사람과의 관계는 역사 연구가와 목격자의 관계와 그리 다르지 않다. 혼자만의 사고를 하는 사람은 사물에 대해 자신이 몸소 파악한 것을 말한다. 따라서 혼자만의 사고를 하는 자들은 모두 근본적으로 일치하는 점이 있다. 그들의 차이는 단지 관점 차이에서 생겨날 뿐이다. 그러나 관점이 바뀌지 않을 경우, 그들은 모두 똑같은 말을 한다. 왜냐하면 그들은 자신들이 객관적으로 파악한 것만 말하기 때문이다. 나는 여러 명제가 역설적인 듯이 여겨져 대중에게 알리기를 망설이기도 했는데, 나중에 위대한 사람들의 옛 저서에 그런 명제가 언급되어 있는 것을 발견하고 기쁘고, 놀랐던 적이 있다. 그러나 책에만 의존하는 철학자는 이 사람이 말하고 저 사람이 생각한 것이나, 그에 대해 다른 사람이 이의를 제기한 것 등을 보고한다. 그는 그런 것을 비교하고 고려하고 비판해 사물의 진리를 찾아내는 것을 좋는다. 이 점에서 그는 비판적 역사 연구가와 매우 비슷하다. 그래서 그는 예컨대 라이프니츠가 한때 잠시나마 스피노자주의자였던 적이 혹시 있었는지 등의 연구를 한다. 호기심 많은 애호가를 위해 여기서 말한 종류의 사람에 드는 명백한 실례로 헤르바르트의 《도덕과 자연법의 분석적 관찰》과 그의 《자유에 대한 편지》를 들 수 있다. 우리는 이 사람의 많은 노력에 놀랄지도 모른다. 우리 생각에 그가 사물 자체만 주시하려고 했다면 스스로 어느 정도만 생각하면 곧바로 목표에 이르렀을 것 같았기 때문이다. 그러나 우리의 의

지대로 그냥 혼자만의 사고를 할 수 있는 것이 아니므로 그 문제에는 번거로움이 조금 있다. 언제든지 책상에 앉아 책을 읽을 수는 있지만, 생각은 그렇게 할 수 없다. 다시 말해 생각을 언제든지 마음대로 불러낼 수 있는 것이 아니라, 그것들이 오기를 기다려야 한다. 다행히도 외적 동기가 내적 기분이나 긴장과 조화를 이루어 잘 어우러지면, 어떤 대상에 대해 저절로 생각할 수밖에 없다. 그런데 위의 사람들에게는 그것이 좀처럼 되지 않는다.

우리에게 걸려 있는 문제를 생각해 보면 그런 사실이 설명된다. 우리가 그와 같은 사건에 대해 결심해야 할 때 마음대로 택한 시점의 자리에 앉아서 여러 근거를 깊이 생각한다고 결정을 내릴 수 있는 것은 아니다. 그럴 경우 우리의 생각이 바로 그 문제에 고정되지 않고 다른 쪽으로 빗나가 버리기 때문이다. 그 문제에 반감이 생겨서 그렇게 되기도 한다. 그럴 때는 억지로 생각을 강요할 것이 아니라 저절로 그럴 기분이 들 때까지 기다려야만 한다. 뜻하지 않게 자꾸 그러고 싶은 기분이 들기도 하는 법이다. 그리고 다른 시기에 다른 기분으로 생각하면 사안을 다르게 볼 수도 있다. 이러한 느린 과정은 결단할 시기에 이르렀을 때 이해된다. 왜냐하면 힘든 과제는 나누어 처리해야 하기 때문이다. 그럼으로써 전에 보지 못하고 지나친 것이 새삼스레 생각나기도 한다. 또한 명확하게 주시하면 문제가 대부분 훨씬 견딜 만한 것으로 여겨져 반감도 사라질 것이다.

그런데 이론적인 문제에서도 이와 마찬가지로 좋은 때가 오기를 기다려야만 한다. 아무리 뛰어난 두뇌의 소유자라 해도 언제나 혼자만의 사고를 감당할 능력이 있는 것은 아니기 때문이다. 그러니 앞에서 말했듯이, 혼자만의 사고의 대용품이며 정신에 소재를 제공해 주는 독서에는 남는 시간을 이용하는 것이 이롭다. 책을 읽으면 다른 사람이 우리 대신 생각을 해 주는 것이다. 바로 이런 이유 때문에 지나치게 많은 독서를 하지 않는 것이 좋다. 정신이 대용품에 길들여져서 생각하는 것 자체를 잊어버리지 않도록 하기 위해서이다. 또한 정신이 이미 남이 지나간 길에 익숙해지지 않도록 하기 위해서, 그리고 낯선 사람의 사고 과정을 따라 자신의 사고 과정이 생소해지지 않도록 하기 위해서이다. 책을 읽을 때보다 현실 세계를 바라볼 때 혼자만의 사고를 할 계기와 그런 기분이 훨씬 자주 들게 되므로, 독서로 현실 세계의 모습을 완전히 외면하지 않도록 해야 한다. 근원성과 힘을 지닌 구체적인 것과 현실적인 것은 사고하는 정신의 자연스러운 주제라서, 아주 쉽게 정신을 깊이 고양시킬 수 있기 때문이다.

이러한 고찰에 따르면, 혼자만의 사고를 하는 사람과 책에만 매달리는 철학자는 강연에서 쉽게 구분할 수 있다고 해도 놀랄 일이 아닐 것이다. 다시 말해 혼자만의 사고를 하는 사람은 진지하고 직접적이며 근원적인 특징이 있고, 모든 사고나 표현에도 독창성이 있다. 그러나 책에만 매달리는 철학자는 모두 다른 사람의 손을 거쳐 개념도 남의 것을 받아들인 것이기에 잡동사니를 잔뜩 모아 놓은 것과 같아 복제품을 다시 복제한 것처럼 무감각하고 둔하다. 그리고 관습적인 평범한 상투어와 흔히 말하는 유행어로 이루어진 문체는 직접 화폐를 만들지 않아서 순전히 외국 동전만 유통되는 작은 나라와 다르지 않다.

단순한 경험 또한 독서처럼 자신의 생각을 대신할 수 없다. 순수한 경험적 지식과 사고의 관계는 먹는 것의 소화와 동화 작용에 대한 관계와 같다. 만약 순수한 경험이 자신의 발견한 것을 통해 인간의 지식이 더해졌다고 자랑한다면, 마치 오로지 입이 자신의 활동으로써만 신체가 유지된다고 자랑하려는 것과 마찬가지이다.

진실로 유능한 모든 사람의 작품들은 단호함과 확실함, 그리고 그것이 원인이 되는 분명함과 명확함의 성격에 따라서 다른 작품과 구분된다. 그들은 그런 사람들이 표현하고 싶어하는 것이 무엇인지 언제나 확실하고도 뚜렷이 알고 있기 때문이다. 그것은 산문이나 시, 또는 음악의 경우도 마찬가지일지 모른다. 나머지에게는 바로 이 단호함과 명확함이 부족해 이를 통해 곧바로 그들을 분별할 수 있다.

첫 번째 순위의 정신을 지닌 사람들의 특징은 모두 직접 판단을 내린다는 점이다. 그들이 내놓는 의견은 모두 그들 자신이 생각한 결과이며, 어디서나 강연을 통해 그런 사실을 알린다. 따라서 그들은 독일 제국에 직속된 영주들처럼 정신의 제국에 직속되어 있다. 그리고 나머지 사람들은 모두 영주에 예속되어 있다. 이런 사실은 고유의 특색 없는 그들의 문체로도 알 수 있다.

그러므로 진실되게 혼자만의 사고를 하는 사람은 이런 점에서 주권자와 같다. 그는 자신이 모든 일을 직접 결정하며, 자신을 넘어서는 사람은 아무도 인정하지 않는다. 그의 판단은 주권자의 결정처럼 자신의 절대적 권력에서 유래하며 자기 자신에게서 직접 출발한다. 왜냐하면 주권자가 다른 사람의 명령을 인정하지 않듯이 혼자만의 사고를 하는 자는 권위를 인정하지 않으며, 그 자신이 직접 확인한 것 말고는 다른 것은 아무것도 인정하지 않기 때문이다. 이와 달리 갖가지 유효한 견해, 권위, 편견에 사로잡힌 민중의 두뇌들은 법이나 명령에 묵묵히 따르는 백성과 다름없다.

권위 있는 자의 말을 인용해서 어려운 문제에 대한 판단을 매우 서두르는 사람들은, 본디 자신들에게 부족한 고유의 이성이나 통찰력 대신, 낯선 것들을 영역에다 둘 때, 참으로 기뻐한다. 그 수는 무리수이다. 세네카가 말했듯이 "누구나 판단하기보다 차라리 믿으려 하기" 때문이다. 따라서 그들이 논쟁할 때 공통으로 선택한 무기는 권위이다. 그들은 이 무기를 가지고 싸움을 시작한다. 그리고 여기에 빠져든 사람이 이유와 논거를 들어 제지하고자 하는 것은 지혜롭지 않다. 이 무기에 맞서는 그들은 생각하고 판단하는 데 무능력한, 홍수에 몸을 빠뜨린, 뿔을 단 지크프리트와 같기 때문이다. 따라서 그들은 '경외로부터의 논거'로서 권위를 내세우고 '승리'의 함성을 내지를 것이다.

현실의 왕국에서 아무리 아름답고 행복하며 우아하다 해도, 우리는 늘 고난의 영향을 받으며 움직이므로, 이러한 상황을 쉬지 않고 극복해 나아가야 한다. 반대로 생각의 왕국에서 우리는 고난도 곤경도 없는, 실체 없는 정신이다. 따라서 지상에서는, 더욱 아름답고 풍부하게 결실을 맺는 정신이 행복한 순간을 자기 안에서 발견하는 행복 말고는 어떠한 행복도 오지 않는다.

현재의 생각을 가지고 있다는 것은 현재 애인이 있다는 것과 다름없다. 생각을 결코 잊지 않는 것은, 이 애인에게 결코 흥미를 잃을 수 없다는 말이다. 그러나 눈에서 멀어지면 마음에서도 멀어지는 법이다! 아무리 멋진 생각이라도 적어 두지 않으면 돌이킬 수 없이 잊힐 수 있고, 애인도 짝이 되지 않으면 도망갈 위험이 있다.

생각하는 사람을 위한 가치 있는 생각들은 많다. 그러나 독자의 반향이나 성찰로써 영향을 미칠 힘을 소유한, 다시 말해 글로 기록된 뒤에는 독자에게 관심을 갖게 하는 생각은 일부에 지나지 않는다.

자기 자신을 위해 생각하는 것만 참된 가치가 있다. 일반적으로 사상가는 무엇보다 자신을 위해 사고하는 사람과, 남을 위해 사고하는 사람으로 나눌 수 있다. 자기 자신을 위해 생각하는 사람들이 참된 사상가이며, 단어의 이중적 의미에서 혼자만의 사고를 하는 사람이다. 그들이야말로 실재 철학자이다. 그들에게는 오로지 사물은 진지함이다. 왜냐하면 그들 존재의 즐거움과 행복은 바로 생각 속에 있기 때문이다. 이와 달리 다른 사람들을 위해 사고하는 사람들은 소피스트들이다. 그들은 그럴듯하게 드러내 보이기를 바라고, 세상 사람으로부터 얻을 수 있다는 기대 속에 행복을 찾는다. 여기엔 그들의 진지함이 있다. 어떤 사람이 두 가지 종류 가운데 어디에 속하는지는 그들의 모든 행동 방식을 보면 곧 알 수 있다. 리히텐베르크는 첫 번째에 속하는 전형적인 인물이며, 헤르더는 두 번째 유형에 속한다.

이중적이고 괴로우며 덧없고 꿈과도 같은 생존의 문제는 얼마나 크고 뚜렷한지 그 문제를 알아보니, 다른 모든 문제와 목적은 그 그림자에 덮이고 감춰질 정도이다. 몇몇 드문 경우를 제외한 많은 사람들은 이런 문제를 분명히 의식하지 않으며, 심지어 전혀 깨닫지 못하는 듯하다. 그들은 오히려 생존과 전혀 다른 문제를 걱정하며, 오로지 오늘 일이나 자신의 머지않은 미래 일만 생각하며 하루하루를 살아간다. 그러면서 그들은 이 문제를 단호히 피하거나 그 문제와 관련해서 어떤 형이상학 체계를 기꺼이 받아들여 그것으로 그럭저럭 만족하는 것이다. 이 점을 잘 고려해 보면 우리는 인간이란 매우 넓은 의미에서 사고하는 존재로 일컬을 수 있다는 견해를 갖게 될지도 모른다. 깊은 생각이 없고 단순한 특성이 나타나도 그다지 놀라지 않을 것이며, 오히려 보통 인간의 지적 지평선이 동물의 그것을(미래도 과거도 의식하지 못하는 동물의 전체 생존은 오로지 현재에만 국한된다) 넘어선다 해도 흔히 생각하듯이 도저히 예측할 수 없을 만큼 먼 것은 아님을 알게 될 것이다.

따라서 심지어 대화를 할 때도 대부분 인간의 생각은 마치 잘게 썬 여물처럼 짧게 끊어지므로 더 길게 이어지지 못한다.

또한 만일 이 세계에 진정으로 사고하는 존재가 자리잡고 산다면 온갖 종류의 소음이 끝없이 허용될 것이므로, 목적 없는 두려운 소음이 일어날 수는 없을 것이다. 그런데 자연이 인간을 이미 생각하도록 정해 놓았다면 자연은 인간에게 귀를 주지 않았거나, 최소한 내가 부러워하는 박쥐의 경우처럼 공기가 통하지 않는 밀폐용 덮개를 갖추게 했을 것이다. 그러나 인간은 다른 동물과 마찬가지로 불쌍하며 자신의 생존을 유지할 정도라서, 밤에도 낮처럼 추격자가 다가오고 있음을 알리는 늘 열린 귀가 필요하다.

심리학적 메모

　모든 동물, 특히 인간은 이 세상에 생존해서 살아가기 위해서는 의지와 지력 사이에서 얼마쯤 적정한 균형을 유지할 필요가 있다. 이 균형이 자연의 혜택으로 말미암아 적당히 유지되는 정도가 높으면 높을수록 그만큼 쉽게, 또 확실하고 쾌적하게 인간은 이 세상을 살아갈 수 있는 것이다. 그 균형의 타당한 점에 가까워지는 것만으로도 파멸을 피하기에는 충분하다. 따라서 앞서 말한 균형이 적정해지는 정도에는 상당한 폭이 있다. 그 경우 적용되는 기준은 다음과 같다. 지성의 역할은 의지의 걸음의 등불이 되고 안내자가 되게 되므로, 의지의 내적 충동이 사납고 거세며 열정적이면 그럴수록 여기에 따르는 지성은 그만큼 완전하고 명석하지 않으면 안 된다. 그것은 격렬한 의욕이나 야심, 열정의 불꽃, 거센 격정에 미혹되거나, 거기에 이끌려 오류와 파멸로 떨어지지 않기 위해서이다. 의지가 매우 강렬한데 지성이 몹시 약한 경우에는 이러한 일을 모두 피하기 어렵다.

　반면 점액질의 성격은, 즉 의지가 미약한 경우에는 아주 적은 지성으로도 충분하며, 이것과 양립할 수 있다. 의지가 보통 정도면 지성 또한 그쯤이면 된다. 일반적으로 의지와 여기에 따르는 지성의 불균형, 즉 앞에서 말한 기준에서 나오는 균형에서 벗어나는 것은 인간을 불행하게 만드는 경향이 있다. 그 불균형이 반대일 경우에도 마찬가지이다. 즉 지성이 매우 강렬하고 과도하게 발달하고, 그 때문에 완전히 균형을 잃을 만큼 지성이 의지를 압도해 버리는 것은, 이것이야말로 진짜 천재의 본질을 이루는 점이기는 하지만, 인생의 필요와 목적을 위해서는 아무짝에도 쓸모가 없을 뿐만 아니라 도리어 이것을 방해하게 된다. 또 젊은 시절에는 경험이라 할 경험도 없고 상상력만 쓸데없이 넘치고 객관적 세계를 포착하는 데 지나친 에너지를 쏟는 탓에, 부풀려진 온갖 개념이나 더 나아가 기괴한 망상까지 받아들여, 젊은 머리는 아무튼 그런 것들로 가득 차게 된다. 거기에서 기괴하고 기발한, 그뿐만 아니라 공상적인 성격도 탄생한다. 그런데 이런 것은 나이를 먹어 경험을 통해서 배우면 사라지기는 하지만, 천재는 보통사람처럼 비속한 외부세계나 시민생활에 익숙하지 못하고, 무엇이 가장 중요한지를 알아 그것을 하거나 쉽게 해치우지 못하고, 오히려 가끔 기묘한 실착을 저지르게 될 것이다. 범인(凡人)이란 그 개념과 파악의 좁은 범위 안에서는 누구도 감히 간섭하지 못할 만큼 완벽하게 사정을 꿰뚫고 있고, 그 인식은 언제든 의지를 섬긴다는 그 본디 목적에 충실해 주제넘는 짓은 절대로 하지 않으면서 끊임없이 이 목적에 전념하기 때문이다. 이와 달리 천재란, 내가 앞에서 말했듯이, 결국은 '과잉에 따른 괴물'인 것이다. 이와 반대의 경우, 즉 오성이 결여되어 있고 열정에 좌우되는 과격한 인간, 두뇌 없는 난폭자가 '결함에 따른 괴물'이듯이.

모든 생물의 가장 내면의 핵을 이루는 살고자 하는 의지가 감춰지지 않고 뚜렷이 드러나고, 따라서 그 본질이 매우 명료하게 관찰되는 것은 가장 고등한 동물, 즉 가장 영리한 동물들의 경우이다. 이 단계 아래의 동물에서는 의지는 아직 그만큼 뚜렷이 드러나 있지 않고 그 객체화 정도가 낮으며, 그렇다고 해서 이 단계를 넘으면, 즉 인간이 되면 이성과 함께 사려가 나타나고 사려와 함께 이른바 능력도 생겨서 살고자 하는 의지에 베일을 씌워 버리기 때문이다. 그러므로 인간의 경우, 그것이 감춰지지 않고 드러나는 것은 흥분이나 열정이 폭발했을 때에 한한다. 그렇기 때문에 열정이 발휘되면 어떤 열정이든지 거짓되지 않은 것으로서 온전히 받아들여질 수 있으며, 또 그것이 마땅하다. 열정이 시인의 주제가 되고 배우의 공연이 되는 것도 같은 이유에서이다. 우리가 개, 원숭이, 고양이 따위를 보고 즐거운 기분이 드는 것은 최초에 설명한 이유에 의해서인데, 이러한 영리한 동물들의 몸짓이 모두 나무랄 데 없이 순진하다는 사실이 우리를 매우 즐겁게 해 주는 것이다.

모든 자유로운 동물이 자유롭게 자신의 특색을 발휘하고, 음식을 구하거나 새끼를 기르거나, 동료들과 무리를 이루고 있는 광경을 바라보는 것은 얼마나 독특한 즐거움을 주는가! 이럴 때의 동물의 모습은 완전한 자연에 가깝다. 비록 그것이 한 마리 작은 새라 할지라도, 나는 아무리 봐도 질리지가 않는다. 그것이 갯첨서[1]든 개구리든 마찬가지이며, 고슴도치, 족제비, 사슴이라면 더더욱 그렇다! 동물들의 모습에 우리가 이토록 흥미를 느끼는 주된 이유는 바로 우리 자신의 본질이 그렇게 단순화되어 눈앞에 있다는 것에 대해 기쁨을 느끼기 때문이다.

지상에는 거짓말하는 생물이 한 종밖에 없다, 그것은 인간이다. 그 밖의 모든 생물은 있는 그대로의 모습을 드러내고, 느낀 그대로를 겉으로도 드러내는 정직함과 진실함을 지니고 있다. 그 근본 차이의 외면적 표시, 또는 비유적 표현은 인간 이외의 모든 동물이 자연 그대로의 모습으로 돌아다니고 있다는 것이다. 우리가 그들의 모습을 보고 즐겁게 여기는 것도 그 때문이고, 야생동물의 경우는 특히 더 그러한데, 나는 언제나 그들을 바라보면 마음이 편안해진다. 그러나 인간은 옷을 걸침으로써 왜곡된 존재가 되고, 하나의 괴물이 되어 버렸다. 그것은 보는 것만으로도 구역질이 나는 존재이고, 게다가 자연스럽지 않은 하얀 피부나 자연에 육식, 알코올음료, 담배, 방탕, 질병 등을 가져옴으로써 그 역겨움이란 두세 배는 더 증가하게 되는 것이다. 인간은 자연계 안에서 하나의 오점으로서 존재하고 있다! 그리스인들은 이것을 느꼈기에 옷을 최대한 제한했던 것이다.

마음에 근심이 있으면 심장이 두근대고, 심장이 두근대면 마음이 심란해진다. 비통이나 걱정이나 심란함은 생활기능을 방해하고 유기체의 활동을 떨어뜨리는 작용을 지니고 있다. 혈액 순환, 또는 각종 분비, 또는 소화를 어렵게 만드는 것이다. 또 반대로 신체 기능이 심장이든 위장이든 문맥이든 정낭이든 그밖에 어디에서든지, 육체적 원인으로 저해받거나 정체되거나 혹은 어떤 난조를 보이면, 대상도 없는데 마음이 어지러워지고 걱정과 우울, 근심이 생긴다. 즉 심기증이라고 부르는 상태가 발생하는 것이다. 또 우리는 분노에 휩싸여 고함을 치거나 잔뜩 경계하며 격렬한 몸짓을 보이거나 하는데, 다름 아닌 이런 육체적 표현에 의해서 분노는 더욱 커지고 사소한 계기로도 부채질된다. 이런 것이 의지와 신체가 하나라는 나의 주장을 강력히 뒷받침해 주는 것임은 새삼 말할

---

1) 쥐와 닮았으나, 두더지나 고슴도치에 가까운 포식동물. 주로 물가에서 생활함.

필요도 없다. 즉 내 생각에, 신체는 두뇌의 공간적 직관 속에 나타나는 의지 그 자체이다.

습관의 힘으로 귀결되는 참으로 많은 것들은 오히려 타고난 천성이 일정불변하다는 사실에 근거한다. 우리는 그 성격이 불변인 결과로 같은 사정 아래에서는 늘 같은 행동을 하는데, 그것은 첫 번째도 백 번째도 똑같은 필연성에서 일어난다. 그러나 습관의 진정한 힘은 타성에 근거한다. 타성이란 새로 선택하는 노력, 곤란, 또 위험을 지력 및 의지에 대항하여 피하게 하려는 작용이다. 이 작용 때문에 우리는 어제도 했던 것을, 게다가 백 번은 해야 목적이 이루어진다는 것을 알면서도 오늘도 하는 것이다.

그러나 이 문제의 진리는 좀 더 깊은 곳에 있다. 이 문제는 언뜻 보기에 그렇게 생각되기보다는 본디 의미에서 이해되지 않으면 안 되기 때문이다. 즉 단순히 기계적 원인으로 움직이는 물체의 경우에 타성의 힘이라고 일컫는 것, 바로 거기에 해당하는 것이 동기로 움직이는 경우의 습관의 힘이기 때문이다. 우리가 단순히 습관에서 하는 행위는 본디 개개의 개인적 동기, 특별히 그 경우에 작용하는 동기 없이 이루어진다. 그래서 그 경우, 우리는 특별히 그 행위를 생각하지 않는 것이다. 습관이 된 모든 행위는 처음에는 동기가 있었지만, 그 동기가 나중에까지 영향을 미쳐 2차적으로 작용하는 것이 현재의 습관이며, 최초의 행위를 반복시킬 만한 힘을 갖고 있다. 그것은 마치 충격으로 말미암아 움직이는 물체가 그 운동을 계속하려면 그 이상의 새로운 충격을 필요로 하지 않고, 방해만 없으면 언제든 움직이는 것과 같다. 이는 동물에게도 해당한다. 동물 훈련은 강제된 습관이기 때문이다. 말은 그다지 달리고 싶지 않아도 느릿느릿 마차를 끌고 간다. 이 동물은 처음에 채찍을 맞고 달렸던 그 작용이 여전히 작용하는 것이고, 타성의 법칙에 따라서 그 작용이 습관으로 영구화된 것이다. 이런 것들은 모두 단순한 비유를 넘어선다. 의지의 객체화 정도가 서로 다름에 따라서 같은 운동법칙이 이렇게 다른 형태를 취한다는 이야기일 뿐, 결국은 어떤 단계에서도 의지가 같다는 것을 보여 주기 때문이다.

'Viva muchos anos!(오래 사세요!)'라는 것이 스페인어의 보통 인사이고, 장수를 기원하는 것은 전 세계 어디에서나 매우 흔한 일이다. 이는 생명이 무엇인지를 알아도 설명되지 않으며, 인간의 본질, 즉 살고자 하는 의지 그 자체로부터 설명된다. 자신이 죽은 뒤에도 자신을 떠올려 주는 사람이 있었으면 하는 누구나 지닌 소망은 높은 목표를 향해 노력하는 사람들의 경우에는 점점 심해져 사후의 명성까지 구하는 소원이 되는데, 이런 소원은 생명에 대한 집착에서 나오는 것이라고 볼 수 있다. 즉 현실적으로 이 세상에서 생존할 수 있는 가능성이 전혀 없다는 것을 알면, 비록 관념적이기는 하나, 남은 유일한 생존, 즉 그림자를 붙잡으려 하는 것이다.

우리는 그 모든 영위에서 많든 적든 끝이 다가오기를 바라고, 빨리 끝내려고 서두르고, 끝나면 기뻐한다. 다만 전반적 끝, 모든 끝의 끝만큼은 최대한 멀리 있기를 바라는 것이 보통이다.

모든 이별은 죽음의 맛을 우리에게 미리 맛보게 한다. 그리고 모든 재회에서는 부활의 맛이 난다. 그래서 서로 냉담했던 사람들도 20년, 30년의 세월이 지나 재회하면 그토록 환호성을 지르는 것이다.

가깝게 지내던 사람이 죽었을 때 느껴지는 깊은 비통함은 어떤 객체에게든지 말로는 도저히 표현할 수 없는 정취, 그 사람만 갖고 있는 고유의 것, 절대로 다시는 돌이킬 수 없는 것이 있다는 느낌에서 온다. "모든 개인 저마다가 느끼는 슬픔은 이루 말할 수 없는 것이다." 동물도 여기에 해당한다. 귀여워하던 동물이 어쩌다 세상을 떠나게 되어 그 이별의 눈빛을 보게 된 사람은 가슴이 쥐어뜯기는 듯한 비통함에 빠져 이런 기분을 생생하게 느낄 것이다.

우리의 적이나 반대자가 죽으면 곧 거의 친구의 죽음을 애도하는 정도의 기분이 될 때가 찾아오지 말란 법도 없다. 즉 자신의 눈부신 성공의 증인이 없어졌음을 유감스럽게 여기는 때이다.

커다란 행운이 예고도 없이 불쑥 찾아오면 자칫 목숨을 앗아가는 이유는 다음과 같다. 우리의 행복감, 또는 불행감이라 하는 것은 우리의 요구와 실제로 주어지는 것과의 비례치에 지나지 않는다. 행복감은 고통을 없애주는 작용을 할 뿐이며, 이와 달리 고통 또는 과오는 본디 적극적이고 직접 느껴지는 것이다. 우리가 뭔가를 소유하거나 소유할 수 있을 것 같은 확신이 서면 곧바로 우리의 요구는 높아지고, 그 이상의 재산, 그 이상의 기대를 받아들이는 우리의 수용력은 늘어난다. 그러나 불행이 이어져 마음도 위축되고 요구도 가장 낮게 억제되는 경우에는 불쑥 찾아온 행운을 받아들일 능력을 어디에서도 찾을 수가 없다. 즉 아주 오래전부터 바라던 요구이기라도 하다면 행운의 위력도 중화되어 한결 누그러지겠지만, 그런 것도 아니라면 그것은 있는 힘껏 위력을 발휘하고, 언뜻 도움이 되는 작용을 하는 듯이 보이면서 실제로는 불이익이 되어 그 사람의 마음을 어지럽히고 목숨을 앗아갈지도 모르는 것이다. 따라서 뭔가 행복을 예고할 수 있는 경우에는 먼저 희망을 주고, 예감을 주고, 그런 다음에 천천히 꺼내어 익숙하게 하는 신중한 배려가 이루어진다는 것은 모두가 아는 바대로이다.

이런 식으로 조금씩 꺼내면 언제든 요구가 앞서게 되므로, 앞에서 말한 행복의 위력도 꺾이고, 게다가 그 이상의 것까지 받아들일 여유도 생긴다. 요컨대 결론적으로 "행복에 대한 우리의 위(胃)는 과연 끝이 없긴 하지만, 그 입구는 몹시 좁다"고 할 수 있을 것이다. 갑자기 찾아온 불운에 대해서는 앞서 말한 것이 적용되지 않는다. 어떤 불운을 만나더라도 희망이 이것에 저항하기 때문에, 그것이 목숨을 앗아가는 일은 훨씬 드물다. 행운이 찾아왔을 때 공포가 똑같은 역할을 하지 않는 것은 우리가 걱정보다는 희망 쪽으로 본능적으로 더 기울도록 만들어진 탓이다. 그것은 우리의 눈이 자연스럽게 빛을 향하지, 어둠을 향하지는 않는 것과 마찬가지이다.

희망이란 어떤 사건에 대한 소망과 그것이 일어날 것 같은 가능성을 혼동하는 것이다. 인간의 마음의 어리석음은 개연성에 대한 지성의 올바른 평가를 몹시 어지럽혀 천 분의 1의 확률이라도 간단히 가능해 보이도록 만드는데, 어쩌면 이런 어리석음을 피할 수 있는 사람은 한 명도 없을지 모른다. 그건 그렇고, 절망적인 불운이 치명적인 일격에 비유된다면, 망가지면서도 왕성해지는 희망

이란 것은 조금씩 조금씩 고문으로 죽이는 방식과 닮았다.[2]

희망에 버림받고 그 김에 공포에도 버림받은 것이 절망적이라는 표현의 뜻이다. 자신이 바라는 것을 믿고, 원하기 때문에 그것을 믿는다는 것은 인간에게 자연스러운 일이다. 그런데 인간의 천성에 들어 있는 이 고마운 중화의 특질이 운명의 거듭되는 가혹한 타격에 뿌리째 뽑혀 버려 당사자가 거꾸로 자신이 바라지 않는 일이 일어날 것이 틀림없다고 굳게 믿고, 바라는 일은 자신이 바라고 있기 때문에 절대로 일어나지 않을 거라고 굳게 믿기에까지 이르면, 이것이야말로 바로 '절망'이라고 불리는 상태이다.

우리가 때때로 타인을 잘못 보는 것은 꼭 우리의 판단력 때문만은 아니고, 프랜시스 베이컨의 말을 빌리자면 "지성은 기름 없이 타는 등불이 아니라, 의지와 열정으로부터 보급을 받고 있는"[3] 사태로부터 대부분 일어나는 것이다. 우리는 그것을 자각하지 않고, 처음부터 별것 아닌 자잘한 일이 선입견을 만들어 그 사람의 편이 되기도 하고 적이 되기도 하기 때문이다. 또한 잘못된 판단을 저지르는 것은 실제로 상대에게서 보이는 성질로부터 우리가 일탈해, 그런 성질이 있으면 반드시 다른 성질이 얽혀 있으리라고 생각하거나, 다른 성질은 그것과 어떻게 해도 연결되지 않는다고 생각하는 탓이다. 예를 들면, 남에게 잘 퍼주는 성질이 있으면 공정이라는 성질도 있다고 추정하거나, 신앙심이 깊으면 정직하다고 생각하거나, 거짓말을 잘하면 사기도 친다고 생각하고, 사기를 칠 정도라면 도둑질도 할 거라고 단정짓는 식이다. 그리하여 온갖 착각의 문을 열게 되는데, 이것은 일부는 인간의 성격이 하나로는 설명할 수 없는 기묘한 것인 탓인 동시에, 일부는 우리의 관점이 일면적이기 때문이다. 과연 성격이란 어디까지나 일관되게 관련성을 갖고 있는 것이긴 하지만, 그것을 이루는 성질 전

---

2) 희망은 우리의 본질 전체가 여기에 참여해 의지와 지성이 팽팽하게 대립하는 상태이다. 즉 의지는 희망의 대상을 소망하고 있고, 지성은 그것이 있을 수 있다고 계산하는 것이다. 의지가 참여하고 있는 부분이 적고 지성이 참여하는 부분이 크면 클수록, 그만큼 희망에도 가능성이 있는 셈이고, 반대 경우는 가능성이 적은 셈이다.

3) 《노붐 오르가눔(Novum Organum)》 1 : 49.

체의 뿌리는 매우 깊은 곳에 있어서 주어진 경우에 어떤 성질이 양립하고 그렇지 않고를 개개의 자료로부터 결정하고 싶어 하는 것이다.

개인을 나타내는 유럽의 모든 말 가운데 'person'이라는 말이 쓰이는 것은 공교롭게도 정확하다. 라틴어의 'persona'는 본디 배우의 가면이라는 뜻으로, 누구든 있는 그대로의 모습을 보이지 않고 가면을 쓰고 어떤 역할을 연기하고 있기 때문이다. 일반적으로 사회생활 전체는 끊임없이 희극을 연기하고 있는 것이다. 평범한 사람들은 그것에 아주 열심이지만, 내용이 있는 사람들은 그것 때문에 사회생활이 시시해진다.

어쩌면 자신의 신변에 위해를 끼칠지도 모르는 일을 우쭐해서 발설해 버리는 일은 흔하지만, 자신이 웃음거리가 될지도 모르는 일에 대해서는 우리는 끝까지 침묵을 지킨다. 후자의 경우는 웃음거리가 된다는 결과가 원인에 곧바로 이어서 일어나기 때문이다.

부정을 당하면 자연스러운 사람의 마음에 복수에 대한 뜨거운 갈망이 불타오른다. 그리고 "복수는 감미롭다"라는 말은 때때로 일컬어져 왔다. 그로써 어떤 손해를 메우려고 의도하는 게 아니라, 오직 복수의 달콤함을 맛보기 위해서 수많은 희생이 바쳐져 왔다는 사실이 이를 증명한다. 반인반수인 네소스[4]의 딱한 죽음을 감미롭게 만든 것도 그가 마지막 순간을 이용해서 아주 교묘하게 꾀한 복수가 성공한다는 확실한 전망이었다. 또 베르톨로티의 작품으로 3개 국어로 번역된 단편 《두 자매》는 근대적이고 사실적인 서술이지만, 이와 같은 사상을 담고 있다. 지금 화제로 삼고 있는 인간의 기호(嗜好)를 월터 스콧은 "복수는 지옥에서 요리된 음식 가운데 가장 달콤한 음식이다"라고 정당하고도 힘차게 표현했다. 그래서 나는 복수의 심리학적 규명을 시도하고자 하는 것이다.

우리는 자연, 우연, 운명 등에 의해서 고뇌를 얻어도 다른 사정에 변함이 없다면 타인의 변덕으로 받은 고통만큼은 고통을 느끼지 않는 법이다. 이것은 우

---

4) 헤라클레스의 아내를 납치하려다 헤라클레스에게 사살당한 네소스는 죽을 때 자신의 피를 그녀에게 주었는데, 뒷날 독이 든 그 피가 발라진 옷 때문에 헤라클레스도 죽었다.

리가 자연이나 우연을 이 세상의 근원적 지배자라고 보고 있고, 그런 존재 때문에 자신에게 일어나는 일은 마찬가지로 다른 사람들에게도 일어나는 일이라고 체념하기 때문이다. 그래서 자연이나 우연으로부터 고뇌가 내려와도 우리는 자신의 운명을 한탄하는 이상으로 인류 공통의 운명을 안타까워할 뿐이다. 그러나 타인의 변덕으로 고통당할 때는 그로 말미암은 고통이나 손해 자체에 완전히 특유한 씁쓸함이 더해진다. 즉, 자신은 무력한 데 반해서, 폭력에 의해서든 간계에 의해서든, 상대는 우월하다는 의식이 더해지는 것이다. 입은 손해를 메울 수 없는 것은 아니지만, 저 씁쓸함, "당신한테 그런 일을 당해도 나는 감수할 수밖에 없다"고 하는 생각은 손해 그 자체보다도 이따금 고통이 되고, 복수로서만 중화된다. 폭력이나 간계로 가해자에게 복수함으로써 가해자에 대한 자신의 우월성을 보여 주고, 먼저 상대에게 패했던 그 증명을 지울 수 있기 때문이다. 그리하여 갈망하던 만족이 우리의 마음에 주어진다. 따라서 자존심이나 허영심이 클수록 그만큼 복수심도 커질 것이다. 그러나 어떤 소망이든 그것이 채워지면 많든 적든 미혹이었음을 알 수 있듯이, 복수하겠다는 마음도 마찬가지여서, 대부분은 복수에 대해서 기대했던 즐거움도 상대에 대한 동정에 의해서 씁쓸함으로 바뀌고, 더 나아가 복수를 함으로써 나중에 가서 비통한 마음이 들고 양심의 가책에 시달리는 경우도 때때로 일어날 것이다. 왜냐하면 지금은 복수하고자 하는 동기는 없어지고 우리의 눈앞에 남아 있는 것은 자신의 악의에 대한 증명뿐이기 때문이다.

충족되지 않는 소망에 따른 고통은 후회의 고통에 비하면 작은 것이다. 왜냐하면 전자는 늘 끝까지 내다볼 수도 없을 만큼 활짝 펼쳐진 미래의 앞에 서 있고, 후자는 완결되어 돌이킬 수 없는 과거와 마주하고 있기 때문이다.

인내가 라틴어로 'patientia'라고 불리고, 특히 스페인어로 'sufrimiento'라고 불리는 것은 "받아서 괴롭다"라는 의미에서 왔는데, 낱말 자체가 보여 주다시피 인내는 정신의 능동성의 반대인 수동성을 나타내고 있으며, 정신의 활동이 매우 큰 경우 양자는 일치하기 어렵다. 인내는 점액질의 사람들과 정신적으로 게으른 사람, 또는 정신이 가난한 사람, 그리고 여성들이 타고날 때부터 갖추고 있는 덕이다. 그럼에도 이 덕이 대단히 유익하고 필요하다는 것은 이 세계의 서글픈 하나의 성질을 보여주는 것이다.

금전은 인간의 추상적인 행복이다. 그래서 구체적으로 행복을 누릴 능력이 없어진 사람은 그 마음을 완전히 금전에 거는 것이다.

모든 어리광은 의지가 인식의 자리를 빼앗은 데서 비롯한다.

불쾌와 우울(멜랑콜리)은 꽤 거리가 멀다. 즉 쾌활이 우울로 변하기는 쉽지만, 불쾌가 우울이 되기까지는 상당한 여정이 걸린다.
멜랑콜리는 인간을 잡아끌지만, 불쾌는 인간을 내친다.
심기증(히포콘드리아)은 계기도 없는데 현재의 일에 불만과 분노를 품고, 억지로 생각해 낸 미래의 불행에 대하여 불안한 마음을 품고 우리를 괴롭힐 뿐만 아니라, 과거에 했던 자신의 행위를 부당하게 비난함으로써도 우리를 탓하고 괴롭힌다.
히포콘드리아의 가장 직접적인 작용은 화를 내거나 걱정할 거리가 어디 없는지 끊임없이 찾아다니거나 애써 생각하는 것이다. 그 원인은 내부의 병적인 노여움으로, 때로는 거기에 기질에서 오는 내적 불안이 더해지는데, 이 두 가지가 최고도에 이르면 자살로 치닫는다.

화를 내는 데는 어떤 작은 계기라도 충분하다.

유베날리스[5]의 이 시구를 좀 더 심도 있게 설명하는 데는 다음과 같은 내용이 도움이 될 것이다.
화가 나면 우리는 어느새 분별력이 없어져서 그 계기를 부풀려 왜곡한다. 그러면 점점 더 화가 나고, 그 때문에 갈수록 더 분별력이 없어진다. 이런 식으로 서로 원인이 되고 결과가 되다가 마침내 분노가 폭발하는 것이다.

---

5) 2세기 로마의 시인. 출전은 《풍자시》 13 : 183.

혈기왕성한 사람들이 이렇게 되는 것을 막으려면, 화가 나면 즉시, 먼저 그 사건을 머리에서 쫓아내도록, 자신을 억누르려고 노력해야 한다. 한 시간쯤 지나서 그 사건을 돌이켜 보면 그것은 더는 분노거리가 아니게 되고, 곧 하찮은 일로 여겨지기 때문이다.

증오는 감정의 문제지만, 경멸은 오성(지성 및 사고 능력)의 문제이다. 우리의 자아는 그 어느 쪽도 억누를 수 없다. 감정의 자리인 마음은 바뀌지 않는 것이고 동기로써 움직이며, 오성의 자리인 머리는 불변의 법칙과 객관적 자료에 따라서 판단을 내리기 때문이다. 자아는 단순히 이 마음과 머리를 이어 주는 것, 이른바 '연결쇠' 역할을 할 뿐이다.

증오와 경멸은 결정적인 적대관계에 있으며, 서로를 배제한다. 그뿐만 아니라 서로의 증오는 다른 사람의 장점을 싫어도 존경하지 않으면 안 되는 데서 온다. 그러나 하찮은 졸병들을 하나하나 미워하는 마음이 든다면 그것이야말로 바닷가의 잔모래로, 한도 끝도 없을 것이다. 이런 자들은 싸잡아서 경멸하는 것이 가장 편한 방법이다. 본디 순정, 진실한 긍지와 등을 맞대고 있는 순수한 진짜 경멸은 가슴 하나에 묻어 두는 것, 상대에게 털끝만큼도 눈치채게 해서는 안 되는 것이다. 경멸을 겉으로 드러내는 사람은 상대를 어떻게 평가하고 있는지를 상대에게 알리게 되기 때문에, 이미 그것만으로도 얼마쯤 그 사람을 안중에 두고 있다는 것을 증명하게 된다. 즉 경멸을 가장하는 것만으로도 실은 경멸과는 전혀 이질적인, 감정에 사로잡힌 증오를 품고 있다는 것을 폭로하게 되기 때문이다. 그러나 진짜 경멸이란 상대가 무가치하다는 순수한 확신으로, 너그럽게 봐주겠다는 마음과 결부되는 것이다. 또 어떤 위해가 가해지지 않으리란 법도 없으므로, 경멸하는 측도 자신의 평정과 안전을 위해서 이런 관용에 따라서 상대를 자극하는 것을 피하는 것이다. 그러나 이런 순수하고 숨김없고 차가운 경멸이 한번 겉으로 나오는 날에는, 그것이야말로 피비린내 나는 증오로써 대가를 치르게 된다. 경멸당한 상대가 같은 경멸로 되받아치는 것은 그 사람의 역량으로는 어떻게 할 수 없기 때문이다.

뭔가 불쾌한 마음이 들게 하는 사건은 아무리 그것이 하찮은 것이라 할지라도 불쾌한 뒷맛을 우리의 정신에 남기는데, 그것이 이어지는 동안에는 사물이나 상황을 또렷하고 객관적으로 파악하는 것을 방해하고, 더 나아가 우리의 사상 전체를 그런 색으로 물들여 버린다. 그것은 마치 아무리 작은 물체라도 바로 눈앞에 놓이면 우리의 시야를 제한해 그것을 왜곡하게 되는 것과 같다.

사람의 마음을 무정하게 만드는 것은 누구든 저마다 자신의 힘든 일로 머릿속이 꽉 차 있는 것, 또는 그렇게 생각하고 있는 탓이다. 그래서 불행한 처지에서 행복해진 사람은 대부분 인정 많고 친절해지는 것이다. 그러나 행복한 처지가 계속 이어져 익숙해져 버리면 때때로 도리어 반대 작용을 한다. 즉 고뇌에 둔해져서 타인의 불행을 동정하지 못하게 되는 것이다. 그래서 때로는 가난뱅이가 부자보다 남들을 더 잘 돕는 것이다.

그러나 타인의 행동을 훔쳐보거나 탐색하는 데에서 보이는 왕성한 호기심은 고뇌와는 정반대의 인생의 대극, 지루함의 탓이다. 때때로 거기에 질투도 작용하기는 하지만.

어떤 인물에 대하여 자신이 어떤 의향을 갖고 있는지 정말로 알고 싶은 사람은 그 인물로부터 뜻하지 않게 우편으로 편지가 도착했을 때 그것을 보고 가장 먼저 무슨 인상을 받았는지에 유의하라.

종종 우리는 어떤 것을 바라는 동시에 바라지 않고, 따라서 같은 사건에 대해서도 기뻐하는 동시에 우울해지는 듯하다. 이를테면 어떤 방식으로, 혹은 어떤 사건으로 중요한 시험을 통과해야 한다고 치자. 그것을 통과하는 것은, 그것이 우리에게 커다란 가치가 있을 경우, 우리는 그 시험의 시기가 오기를 바라면서도 두려워하는 것이다. 그런데 그것을 대비하고 기다리는 와중에 이번에는 미뤄졌다는 소식이 전해지면, 이것은 우리를 기쁘게 하는 동시에 슬프게도 할 것이다. 미뤄진 것은 우리의 의도에 어긋나기 때문이지만, 그래도 한때나마 안도는 얻을 수 있기 때문이다. 이런 마음은 뭔가 중요한 결정적인 편지를 기다리고 있는데 그것이 오지 않을 때와 같다.

이런 경우에는 본디 두 개의 다른 동기가 우리에게 작용한다. 강한, 그러나 멀리 있는 동기는 시험에 통과해서 결정을 받고 싶다는 소망이고, 약한, 그러나 가까이에 있는 동기는 당장은 골치 아픈 일 없이 평온하게 있고 싶고, 이때 불확실하지만 희망을 가질 수 있는 상태가, 있을 수 있는 불행한 결말보다는 적어도 유리하므로 당장 이 이점을 누리고 싶다는 소망인 것이다. 그리하여 지금 정신면에서 일어나고 있는 일은 물체의 세계에서도 일어나는 일, 즉 우리의 시야에서 적어도 가까이에 있는 대상이 크지만 멀리 있는 물체를 완전히 가려버리는 것과 같다.

이성은 예언자라 불릴 만하다. 왜냐하면 이성은 미래의 모습을 우리에게 들이밀지 않는가. 즉 현재 우리가 하고 있는 일이 앞으로 어떤 결과를 가져오고 어떤 작용을 일으킬 것인가 하는 것을 보여 주기 때문이다. 그렇기 때문에 이성은 우리가 쾌락의 욕망이나 분노의 폭발이나 물욕의 즐거움에 빠져 길을 잘못 들고, 나중에 틀림없이 후회하게 될 일을 할 때 우리를 제어하기에 적합한 것이다.

우리의 개인적 생애의 경과와 사건은 이 진정한 의미와 관련성이라는 면에서는 커다란 조각으로 된 모자이크 작품에 비유할 수 있다. 이런 작품 앞으로 지나치게 가까이 다가가면 그 모자이크가 무엇을 묘사한 것인지 전혀 알 수 없게 되고, 그 중요성도 아름다움도 볼 수 없다. 조금 떨어져서 봐야 이해가 된다. 이와 마찬가지로, 자기 생애의 중요 사건의 진짜 관련성도 그 사건이 일어나고 있는 동안이나 바로 뒤에는 이해되지 않고, 꽤 오랜 시간을 두고서야 비로소 이해되는 것이다.[6]

이렇게 되는 것도 우리에게 상상이라는 확대경이 필요하기 때문일까? 아니면 멀리 떨어져야만 비로소 전체를 한눈에 볼 수 있게 되기 때문일까? 또는, 그렇게 되기 위해서는 열정이 식어 버릴 필요가 있기 때문일까? 또한 경험이라는 학교에 의해서만 우리의 판단력이 성숙하기 때문일까? 아마 이 모든 것이 합쳐

---

[6] 현재의 사건이나 인물이 얼마나 중요한 의미를 지니고 있는가를 인식하는 것은 쉬운 일이 아니다. 사건이나 인물이 과거의 것이 되어야 비로소 기억이나 이야기나 서술에 의해서 들먹여지고, 그 중요성이 부각되는 법이다.

져서 그렇게 될 것이다. 그러나 확실한 것은 타인의 행동에 대해서, 때로는 자기 자신의 행동에 대해서조차도, 얼마쯤의 세월을 두고서야 비로소 정당한 빛이 비쳐 들어와 진실을 알게 된다는 것이다. 그리고 이런 것은 자신의 생애의 경우와 마찬가지로, 역사의 경우에도 들어맞는다.

인간의 행복한 처지라는 것은 대부분 일종의 나무숲과 같다. 멀리서 보고 있으면 훌륭하지만 가까이 안으로 들어가고 나면 그 아름다움은 흔적도 찾아볼 수 없다. 어디에 그런 아름다움이 있었는지조차 알 수 없어지고, 게다가 자신은 나무들 사이에 서 있는 것이다. 때때로 우리가 타인의 처지를 부러워하는 것도 이런 사정에 근거한다.

거울이 있는데도 우리가 자신의 모습을 정말로 알지 못하고, 따라서 지인 누구누구 하는 식으로 자신이란 존재를 마음속으로 그리지 못하는 것은 왜일까? 그것은 그 첫걸음부터 "너 자신을 알라"라는 명제에 대립하는 난점 가운데 하나이다.

의심할 바 없이, 이것은 얼마쯤은 다음과 같은 탓이다. 즉 거울을 마주할 때 눈을 똑바로 고정시킨 채 시선을 움직이지 않는 탓에 눈의 매우 의미심장한 움직임이 상실되고, 그와 동시에 눈빛의 실로 특징적인 점이 거의 전부 없어져 버리기 때문이다.

그러나 거울을 볼 때 눈을 움직이지 않는다는 이 신체적 조건 말고, 이와 비슷한, 자신을 직시할 수 없다는 정신적 조건도 작용하는 것 같다. 즉 우리는 거울에 비친 자신의 영상에 대해서는 그것을 객관적으로 파악하기 위한 조건인 소외의 눈빛을 향하지 못하는 것이다. 이 소외의 눈빛은 궁극적으로 도덕적 이기주의, 또 그 심층부에서 느껴지는 비아(非我)라는 관념에 근거하는 것으로《윤리학의 두 가지 근본문제》제2판 참조), 온갖 결함을 취사(取捨)하지 않고 순객관적으로 보기 위해서는 필요한 관점인데, 이 절차에 따라서만 비로소 영상은 충실하고도 진정한 모습으로서 나타나는 것이다. 그러나 거울에서 자신의 모습을 볼 때는 이 절차가 취해지지 않고, 바로 저 이기주의가 자꾸만 우리에게 "이것은 자아다, 비아와는 다른 존재다" 하는 예방적인 말을 속삭인다.

그것이 일종의 "나를 붙들지 말라"[7]의 작용을 해 순객관적 파악을 방해하는 것이다. 즉 심술이라는 효모가 조금 없으면 순객관적 파악은 성립되지 못하는 듯하다.

누구든지 자신의 안에 고뇌를 견디는 힘이 얼마나 있는지, 또 행동하는 힘이 얼마나 있는지는 어떤 계기로 그것이 작동하게 될 때까지는 알지 못하는 법이다. 그것은 마치 매끈한 거울처럼 잔잔한 연못의 물을 보는 것만으로는 그것이 폭포가 되어 사납게 날뛰면서 바위에서 떨어질지, 또는 분수가 되어 얼마나 높이 솟아오를지 모르고, 또는 얼음처럼 차가운 물속에 잠열이 있다고 생각되지 않는 것과 마찬가지이다.

자신이 의식을 갖추고 있어야만 비로소 직접 실재하고 있다고 할 수 있고, 의식이 없는 존재는 다른 생물의 의식 속에 나타날 뿐인 간접적 실재성밖에 없다. 그러므로 인간 개인의 현실적 존재도 결국 그 의식에 있다. 그런데 의식은 본성으로 볼 때 필연적으로 표상하는 의식이고, 따라서 지성을 전제로 하며, 지적 활동의 범위와 소재에 따라서 제약받는다. 그러므로 의식이나 분별의 명석함의 정도는 생존의 현실성의 정도라고도 볼 수 있다. 그런데 인간종족 그 자체에 이 분별의 정도, 나와 타인의 존재를 명료하게 의식하는 정도에는 타고난 정신력의 정도, 그 완성의 정도, 생각할 여유의 정도 같은 것에 따라서 참으로 다양한 단계가 있다.

정신력에 근본적으로 얼마만큼의 차이가 있는가는 개설(概說)의 영역에 머물면서 개인차를 보지 않는 한, 비교가 어렵다. 그것은 저마다 매우 차이가 크기 때문에 전체를 볼 수 없고, 교양이나 여가나 일의 차이 등 외부만 봐서는 간단히 알 수 없기 때문이다. 그러나 교양, 여가, 일의 차이를 기준으로 삼는 것만으로도 사람에 따라서는 다른 사람들보다 적어도 열 배는 높은 존재도를 갖고 있다는 것—열 번이나 존재하고 있다고 할 수 있음은 인정하지 않을 수 없다.

나는 여기서 야만인을 화제로 삼을 생각은 없다. 그들의 삶은 이따금 나무

7) 〈요한복음〉 20 : 17.

위의 원숭이보다 겨우 한 단계 위에 있을 뿐이다. 미개인이 아니라, 이를테면 나폴리나 베네치아의 하역 인부를 관찰하고, 그 생애의 발단에서부터 끝까지를 전망하고 싶은 것이다(북쪽에서는 겨울을 걱정해야 하기 때문에 그것만으로도 사람들은 생각이 깊고 신중해진다). 그들 인부들의 일생은 가난에 쫓기고, 자신의 힘에 의지하고, 노동으로써 날마다의, 아니 시시각각의 필요를 땜질해 가는 것이다. 그것은 노고와 노력의 연속이며, 끊임없이 소란스럽고, 내일은 생각하지 않는 그날 벌어 그날 먹고사는 삶이고, 지치면 벌렁 드러누워 쉬고, 툭하면 시비조로 말하고, 단 한 순간도 생각이란 걸 하지 않고, 온화한 기후와 어떻게든 견딜 정도의 식사로 감각적으로는 쾌적하고, 최후에 형이상학적 요소로서는 교회에서 벗어난 지독한 미신을 믿는 식인데, 즉 전체적으로 흐릿한 의식의 영위, 아니 차라리 아무 생각 없이 이리저리 휘둘려 다닐 뿐인 일생인 것이다. 이런 불안정하고 혼란스러운 꿈이 수백만 명의 일생을 이룬다. 그들이 인식하는 것은 오로지 눈앞에 닥친 의욕을 위한 것에만 한하며, 그들의 생존의 연관성에 대해서 고민하는 일도, 하물며 생존 그 자체의 연관성에 대해서 깊이 생각하는 일도 없다. 이른바 그들은 정체도 모른 채 이 세상에 살아 있는 것이다. 따라서 아무 생각 없이 살고 있는 프롤레타리아나 노예의 삶은 우리의 삶과 다르게 100% 현재에 국한된 동물의 생존에 뚜렷이 가까우며, 그런 만큼 고통도 비교적 적다. 실제로 모든 향락은 그 본성으로 보아 소극적이고, 곤궁 또는 고통을 피하고 있을 뿐이다. 그러므로 이러한 무산자의 노동에서 늘 보이듯이, 맞닥뜨린 고민과 그 해결이 끊임없이 빠르게 교대하는 것은 향락의 부단한 원천이며, 한바탕 일을 마치고 쉬면서 그 욕구를 채울 수 있으면 두드러진 즐거움이 되는 것이다. 이런 즐거움의 원천의 효과는 부자들보다는 가난뱅이들의 얼굴이 훨씬 더 명랑하다는 것으로 확실히 증명되고 있다.

다음으로, 이성적으로 신중한 상인을 관찰하라. 그들은 자본을 운용하면서 평생을 보내며, 치밀한 계획을 조심스럽게 실행하고, 가문을 부흥시키고, 아내와 자식과 손주들을 보살필 뿐만 아니라, 공공의 일에도 활동적으로 참가한다. 상인들이 일용노동자들보다 자각을 갖고 생활하고 있다는 것은 틀림없다. 즉, 상인의 삶이 한결 고도의 현실성을 갖추고 있는 것이다.

다음으로, 이를테면 과거의 역사를 연구하는 학자를 보라. 이런 학자들은 자기 한 몸의 안위는 안중에 없고, 자신의 시대를 뛰어넘어 이미 생존 전체를 의식하고 있다. 즉 세상 돌아가는 모습을 넓게 보면서 사색하는 것이다.

마지막으로 시인, 또는 철학자를 보라. 그들의 사려가 어느 정도 수준에 이르렀는가 하면, 생존의 어떤 특별한 현상을 연구하는 일 따위에는 기를 쓰지 않고, 위대한 스핑크스인 생존 그 자체 앞에 놀라운 마음을 품고 우뚝 서서 그것을 자신의 문제로 삼을 정도인 것이다. 그들의 의식은 명확한 정도를 높이고 세계의식으로 화했다. 그 때문에 그들의 표상은 자신의 의지를 섬기는 관계에서 완전히 빠져나와 버렸고, 세상사에 참가하는 게 아니라 오히려 탐구와 고찰이 촉구되는 세계에 맞닥뜨려 있는 것이다. 의식의 정도가 실재성의 정도인 이상, 철학자를 "가장 실재적인 존재"라 부르더라도 이 말에는 의미가 있을 것이다.

여기서 그린 양극단 및 그 중간점의 어딘가에, 어떤 사람에 대해서든 저마다의 위치를 지시할 수 있을 것이다.

동물들은 몸을 구부려 대지로 얼굴을 향하고 있는데—[8]

오비디우스의 이 시구는 본디 신체적 의미에서는 동물에만 해당하는 말이지만, 비유와 정신적 의미에서는 유감스럽게도 대부분의 인간에게도 통용된다. 그들이 생각하는 것, 사고하는 것, 지향하는 것은 오로지 신체적 향락과 쾌적함의 추구뿐이고, 또는 개인적 이해관계에 빠져 버리는 것이다. 그 이해의 범위에는 여러 가지가 포함되지만, 결국은 모두 향락으로 이어져야만 중요해지는 것이고, 그 이상은 벗어나지 않는다. 그들의 삶의 방식이나 대화가 그것을 증명해 줄 뿐만 아니라, 그들의 외모와 인상, 표정, 걸음걸이나 몸짓도 그것을 보여준다. 그들의 어떤 점도 모두 "대지에 굽혀라!"[9]라고 외치고 있는 것이다.—따라서 이런 자들에게는 모두의 시구에 이어지는 다음의 2행이 해당되지 않는다. 다만 인류에서 예외적으로 출현하는 한결 고귀하고 천부적인 사람들, 사색하고 진실로 자신의 주위를 둘러보는 사람들에게만 해당하는 것이다.

---

8) 《변신이야기》 1 : 84~86.
9) 살루스티우스 《카틸리나 전쟁》 제1장.

신은 인간에게만 고귀한 그림자를 주시고,
눈을 들어 하늘의 별을 바라보라고 명령하셨다.[10]

gemein(공통의, 비속한)이라는 말은 어째서 경멸의 표현이고, ungemein(비범한), außerordentlich(유별난), ausgezeichnet(눈에 띄는)과 같은 말은 왜 칭찬의 의미가 되는가? 왜 공통의 것은 모두 경멸스러운 것인가?

'게마인'이라는 말의 본디 의미는 모든 사람에게 공통되는 것, 즉 그 종 전체에 고유하고, 그 종과 동시에 이미 정해져 있는 것을 말한다. 인간종족 일반이 갖고 있는 특성 이상의 어떤 특성도 없는 사람은 따라서 '평범하고 속된 인간' gemeiner Mensch이다. '보통의 인간' gewohnlicher Mensch라는 표현은 훨씬 부드러운 표현으로 지적인 면을 겨냥하지만, '평범하고 속된 인간'이라는 것은 오히려 도덕면과 관계있다.

도대체 수백만의 동류와 조금도 다르지 않은 존재에게 무슨 가치가 있으랴? 수백만은커녕 무한이다. 자연이 끝없는 원천으로부터 세기에서 세기에 걸쳐 끊임없이 뿜어내는 헤아릴 수 없이 많은 존재, 대장장이가 튀기는 쇳조각처럼 자연이 넉넉히 밖으로 내보내는 유상무상에 무슨 가치가 있으랴?

종의 성질 그 밖에 어떤 특성도 없는 존재는 마땅히 다른 존재에 대하여 아무것도 요구할 권리가 없다는 것은 직감적으로 알 수 있는 일이다.

내가 때때로 논했다시피(이를테면 《윤리학의 두 가지 근본문제》 50페이지, 제2판 48페이지, 《의지와 표상으로서의 세계》 정편 338페이지, 제3판 353페이지), 동물에게는 종속(種屬)의 성격이 있을 뿐, 실로 개성적인 성격을 갖고 있는 것은 인간뿐이다. 그렇기는 하나, 대부분의 사람은 참으로 개성적인 것이 빠져 있고, 거의 완전히 종류에 따라 구별되며, 요컨대 그 표본인 셈이다. 그들이 원하는 것, 생각하는 것도 그 얼굴 생김새와 마찬가지로 종 전체의 의욕과 사고이고, 그들이 속한 인간종속의 그것이며, 따라서 진부하고 평범하고 비속하며 흔해빠진 부류이다. 게다가 그들의 말과 행동은 상당히 정확하게 미리 예측할 수가 있다. 그들에게는 고유한 특징은 없고, 공업제품과 다르지 않다.

---

10) 《변신이야기》 1 : 84~86.

그들의 본질과 마찬가지로 그들의 생존도 종의 그것에 빠져 버리는 게 아닐까? 종의 본질과 생존만이 보인다는 점에서 이 '평범하고 속됨'의 저주는 인간을 동물과 가깝게 만든다.

모든 고상하고 위대한 것, 고귀한 것이 본성상 이 세상에서 고립된다는 것은 자명한 일이다. 이 세상에서는 저열하고 비난받아 마땅한 것을 나타내는 데, 흔히 존재하는 것을 나타내는 '게마인'이라는 표현보다 나은 단어를 찾아볼 수가 없다.

의지는 그 자체로서 모든 생물에 공통된 소재이고, 모든 사물의 보편적인 요소이다. 따라서 우리는 이 의지를 모든 사람과 함께 공유하고 있고, 그뿐만 아니라 모든 동물, 더 나아가서는 더 거슬러 올라간 것들과도 공통으로 소유하고 있다. 모든 것이 의지로 가득 차고 의지로 충만한 한, 의지라는 점에서 우리는 어떤 존재와도 동등한 것이다. 그러나 생물을 생물 이상으로 높여 주고, 인간을 인간 이상으로 높여 주는 것은 인식이다. 그러므로 우리의 표출은 최대한 인식에 한정해야 하며, 인식만이 나타나도록 하지 않으면 안 될 것이다. 왜냐하면 대부분 공통된 것으로서의 의지는 바로 비속한 것 'das Gemeine'이기 때문이다. 즉 의지의 격렬한 표출은 모두 비속하다. 즉 그것은 우리를 종속(種屬)의 단순한 실례이자 표본으로 끌어내리는 것이다. 왜냐하면 우리는 그런 경우에 종속의 성격을 보여 주는 데 그치기 때문이다. 따라서 모든 분노, 절도 없는 희열, 증오나 공포, 요컨대 모든 격정, 의지의 온갖 작용은 비속하다. 즉 의지의 작용이 강렬해져 의식 속에서 인식을 압도하고, 인식하는 존재로서가 아니라 의욕하는 존재로서의 인간을 고스란히 드러내는 경우에는 그것은 비속해진다. 이런 격정에 몸을 내맡기는 경우에는 그 어떤 위대한 천재라도 가장 비속한 인간과 똑같아진다. 오로지 비범하고 위대하고자 하는 사람이라면 어떻게 유혹당하더라도 의지의 압도적인 작용에 의식을 점령당하는 것을 허락해선 안 된다. 예를 들면, 다른 사람이 자신을 미워한다는 것을 알게 되었어도, 그렇다고 그 사람을 미워하는 마음을 가지면 안 되는 것이다. 중상모략이나 모욕의 말을 묵살하는 것보다 더 위대함을 보여 주는 확실한 증거는 없다. 즉 그런 경우, 다른 헤아릴 수 없이 많은 오해와 마찬가지로, 그런 말을 하는 것은 그 사람 자신의 머리가 약하기 때문이라고 단정짓고서, 아무리 그런 말이 들려와도 전혀 타격을 입지 않기 때문이다. "뭐야, 그도 결국 인간일 뿐인가, 하고 여겨지는 것보다 더 큰 인물에게 어울리는 것은 없다"고 그라시안이 말한 것도 이러한 내용으로 이해할 수 있다.

앞에서 말한 것과 같은 이유에서, 우리가 타인에게 보여 주는 것은 얼굴뿐이고 생식기는 감추는 것과 같이, 인식만 보여 주고 의지는 감춰야 한다. 의지도 생식기도 모두 우리 존재의 뿌리이긴 하지만, 겉으로 드러내면 안 되는 것이다. 이를 어기면 비속해지는 죄를 피할 수 없다.

열정이나 흥분과 같은 것도, 그것을 주제로 하는 희곡에서조차도, 아무튼 비속해지기 쉽다. 특히 이것은 프랑스의 비극작가들에게서 엿볼 수 있다. 그들은 열정을 묘사할 뿐이고 딱히 그것을 넘어서는 높은 목표는 내걸고 있지 않기 때문에, 비속함을 가릴 연막으로서 과장되고 역겨운 몸짓을 쓰기도 하고, 경구 같은 대사를 쓰기도 하는 것이다. 프랑스의 유명 여배우 라셸[11]은, 그야 물론 훌륭하게 마리아 슈트아르트[12]의 역할을 연기해 보이긴 해 주었지만, 그래도 엘리자베트에게 덤벼드는 장면에서는 어딘지 모르게 상스러운 욕지거리를 내뱉는 생선장수를 떠올리게 하는 구석이 있었다. 그리고 마지막 결별 장면에서도 그녀의 연기에서는 숭고한 분위기, 즉 정말로 비극적인 요소는 완전히 자취를 감추고 있었다. 대부분 프랑스인들은 이런 분위기를 벗지 못한 민족이다. 같은 역할을 이탈리아의 여배우 리스토리[13]는 비교도 되지 않을 만큼 훌륭히 연기했었다. 실제로 이탈리아인과 독일인은 여러 면에서 크게 다르지만, 예술의 엄숙하고 진실한 분위기, 절실한 아름다움을 느낄 수 있다는 점에서는 서로 일치하며, 그런 감정이 전혀 없는 프랑스인과는 대조적이다. 이는 연극에만 국한되지 않고 모든 분야에서 나타난다.

희곡이 비속한 쪽으로 흘러가지 않고 고귀하고 숭고한 분위기를 띠는 것은 의욕에 대립하는 인식의 작용에 따른다. 즉 인식은 열정이나 흥분과 같은 의지의 모든 작용에 초연하며, 이것을 관찰의 소재로까지 삼는 것이다. 이것은 대부

---

11) 라신 작품의 여주인공역으로 당대 으뜸이라고 불렸던 19세기 초엽의 유명배우.
12) 실러의 동명의 희곡.
13) 지적인 연기로 세계적인 명성을 얻었던 19세기의 여배우.

분 셰익스피어의 수법인데, 특히 《햄릿》에서 찾아볼 수 있다. 인식의 힘이 높아져 모든 의욕과 야심의 공허함이 드러나고, 그 결과로서 의지 자체가 지양되는 지점에까지 이르면, 희곡은 거기서 비로소 진실로 비극이 되고, 진실로 숭고해지며, 그 가장 높은 목표에 이르는 것이다.

지성의 에너지가 팽팽할 경우와 느슨할 경우는 인생을 보는 눈이 달라진다. 달관하면 인생은 그야말로 짧고, 작고, 한때이며, 거기에 있는 것 가운데 우리의 마음을 움직이기에 충분한 것은 하나도 없고, 향락도 부도 명성도 모두 하찮은 것, 무엇을 놓치더라도 아주 큰 손실은 아닌 것처럼 보이게 된다. 또는 반대로, 인생은 그야말로 길고 중요하며, 하나에서부터 열까지 내용이 풍부하고 꽤 귀찮은 점도 있기 때문에, 그 재보를 누리고 상을 받고 우리의 계획을 이루기 위해서는 온 영혼을 바쳐 인생에 부딪쳐가야만 하는 것처럼 생각되기도 한다. 뒤에서 든 인생관은 내재적인 관점으로, 그라시안이 "진지하게 인생을 받아들인다"는 말로 의미했던 것이다. 이와 달리 앞에서 든 인생관은 초월적인 관점으로, 이를 잘 나타내는 것은 오비디우스의 "그렇게 중요하지 않다"[14]는 표현이지만, 플라톤이 "인간의 영위에 대해서는, 어느 것도 너무 열심히 할 가치는 없다"[15]고 말하고 있는 것은 더 정확한 표현이다.

최초로 말한 인생달관의 마음이 어디에서 일어나는가 하면, 의식의 안에서 인식이 우위를 점하고, 의지를 섬길 만한 관점으로부터 해방된 지성이 인생이라는 현상을 객관적으로 파악하고, 그 헛됨과 하찮음을 분명히 꿰뚫어 더는 오류를 저지르는 일이 없게 되는 데서 오는 것이다. 반면 두 번째 경지에서는 의욕이 활개를 치고, 인식은 단지 이 의욕의 대상을 비추고 그 대상에 이르는 길을 밝혀 주기 위해서 존재하는 데 지나지 않는다. 이 두 가지 인생관 가운데 어느 쪽이 우위를 차지하느냐에 따라서 인간은 커지기도 하고 작아지기도 한다.

누구든 자신의 시야가 닿는 지점이 세계의 끝이라고 생각한다. 지적 분야에서 이런 생각을 피할 수 없는 것은, 육안으로 보는 경우에 마치 하늘과 땅이 지

14) 《변신이야기》 6 : 386.
15) 《국가》 제10장.

평선에서 맞닿아 있는 것처럼 보이는 것을 피하기 어려운 것과 마찬가지이다. 같은 이유에서, 저마다가 자기의 기준으로—게다가 대부분 그것은 재봉사 따위의 척도에 지나지 않는다—우리를 재고 우리가 그것을 감수하지 않으면 안 되는 경우나, 각자가 자신의 인색함을 우리에게 강요하고 그런 날조가 나름대로 버젓이 세상에 인정받는 경우도, 앞에서 말한 관계에 근거하는 것이다.

세상에는 누구의 머리에도 또렷하게 떠오르지 않았고, 그것을 대신할 이름이 있다는 것만으로도 겨우 명맥을 유지하고 있다가 그 이름이 없어지면 완전히 사라져 버리는 개념들이 몇 개 있다. 이를테면 지혜라는 개념이 그렇다. 거의 모든 사람에게 이것은 얼마나 막연한 개념인가! 철학자들의 설명을 보자.

'지혜'라는 것은 단순히 이론면뿐만 아니라 실천면에서도 완전하다는 것을 나타내는 말이라고 우리는 생각한다. 나라면 이것을 다음처럼 정의할 것이다. 즉 지혜란 사물 전반에 걸친 완성된 올바른 인식으로, 그 어떤 경우에도 그 사람의 행동을 이끌기 때문에 그 행동면에도 드러날 만큼 완전히 그 사람에게 스며든 인식이라고.

인간의 모든 근원적인 것, 따라서 모든 진정한 것은 본성상 자연의 여러 힘들처럼 무의식적으로 작용한다. 의식을 통과한 것은 바로 그것으로써 일종의 표상이 된다. 따라서 그 발현은 이른바 표상의 전달에 지나지 않는다. 그래서 성격이나 정신의 진정함과 견실한 특성은 모두 본디 무의식적인 것이고, 무의식적이기에 깊은 감명을 주는 것이다. 이와 달리 모든 의식적인 작법은 이미 교정을 받은 것으로, 의도를 품고 있다. 즉 겉보기이며, 분명히 말하면 기만이다. 인간이 무의식적으로 해내는 일은 그리 노고가 들지 않는다. 그러나 노고가 들었다고 해서 그것을 매울 수 있는 것도 다른 대체할 것이 있는 것도 아니다. 모든 가치 있는 일의 바탕에는 근원적 구상이 있고 이것이 그 일의 핵심을 이루는데, 이런 구상도 무의식적이다. 틀림없이 타고난 확실한 것이다. 버젓한 일을 하고자 하는 사람은 어떤 문제에서든지 그 하는 것과 쓰는 것, 만드는 것에서 규칙을 모르면서 규칙에 따르는 식이지 않으면 안 된다.

기분 좋은 미소로 사람의 마음을 사로잡았다는 그 한 가지 이유로 인생의 행복을 거머쥔 사람이 적지 않다는 것은 틀림없다. 그러나 우리로서는 조심해야 한다. 그리고 햄릿의 기억의 수첩으로부터 "얼굴에 미소를 짓고 있으면서도, 그렇다, 생글생글 웃으면서도 대악당이 될 수 있다"[16]는 것을 명심해 두는 게 좋다.

눈부시고 위대한 성질을 지닌 사람들은 자신의 결점이나 약점을 스스로도 당연한 듯 인정하고, 또 이것을 다른 사람에게 보여 주는 것을 아무렇지도 않게 생각한다. 그들은 그런 단점은 자신의 장점으로 상쇄된다고 보는 것이다. 또는 더 나아가, 그런 단점이 있다는 것은 창피한 일이 아니며, 오히려 이쪽으로부터 그런 단점에 체면을 세워주게 된다고까지 생각하는 것이다. 특히 그렇게 되는 것은 이런 결점이 다름 아닌 그들의 위대한 특성과 결부되어 있을 경우이다. 즉 단점이 장점의 불가결적 조건이 된 경우로, 이미 앞에서도[17] 인용했던 조르주 상드가 "누구든 자신의 덕에 어울리는 결점을 갖추고 있는 법이다"라고 말한 대로이다.

그러나 성격도 두뇌도 나무랄 데 없는 사람이면서 자신의 아주 미미한 약점을 인정하려 들지 않고 오히려 주의 깊게 그것을 숨기고, 적어도 그것이 드러나게 될 것 같으면 아주 민감하게 받아들이는 사람들이 있다. 이는 그들의 장점이 결점이나 과실이 없다는 점에 있을 뿐이기 때문으로, 결점이 하나라도 드러나면 그만큼 장점도 줄어들게 되기 때문이다.

얼간이들이 겸손한 것은 단순한 정직에 지나지 않지만, 커다란 재능을 가진 사람이 자신을 낮춘다면 이것은 위선이다. 재능 있는 사람이 당당히 자신감을 보이고 비범한 능력에 대한 자각을 숨기지 않고 드러내는 것이야말로 예절 바른 태도이며, 그것은 마치 평범한 사람에게는 그 나름의 겸손이 마땅한 것과 다르지 않다. 발레리우스 막시무스[18]는 〈자신감에 관하여〉라는 장에서 이 문

---

16) 제1막 제5장.
17) 《여록과 보유》 제2권 제103절.
18) 1세기 초엽 로마의 통속사가.

제에 대해 매우 적절한 예를 들고 있다.

훈련을 받는 능력이라는 점에서도 인간은 모든 동물을 능가한다. 회교도들은 하루에 다섯 번 얼굴을 메카 쪽으로 향해 기도하라고 배우면 이것을 절대로 어기지 않고 실행한다. 그리스도교도들은 일정한 경우에 성호를 긋고 고개를 숙이라고 배운다. 대부분 종교는 훈련의 걸작이다. 즉 종교는 사고능력에 훈련을 더하는 것이다. 그렇기 때문에 이 훈련은, 잘 알려졌다시피, 아무리빨리 시작해도 너무 이르지 않은 것이다. 아무리 명백한 부조리라도 6세가 되기 전부터 훈련을 시작하고 끊임없이, 엄숙하게, 진지하게 들려주어 머리에 새겨 버리면 모든 인간의 머리에 단단히 새겨지지 않는 것은 없다. 동물의 훈련과 같아서, 인간의 훈련도 완전히 성공하는 것은 유년기 초기에 국한되기 때문이다.

귀족들이 받은 훈련은 자신의 명예에 걸고 맹세한 말을 신성하게 지키고, 기사도덕의 기괴한 법전을 아주 성실하게 한 치의 어긋남도 없이 받들고, 어쩔 수 없는 경우에는 죽음으로써 이 법전을 지키고, 국왕을 실제로 한층 높은 존재로 보는 것이었다. 우리의 의례나 인사, 특히 숙녀에 대해서 조심스럽게 주의를 기울이는 것도 훈련 때문이고, 출생이나 신분, 칭호 등에 존경을 표하는 것도 마찬가지이다. 또 그 반대로, 우리를 공격하는 말에 대하여 불쾌감을 느끼는 데에서도 저마다 단계와 차등이 보이는 것도 훈련에서 비롯한다. 이를테면 영국인들은 신사가 아니라고 비난받는 것, 그리고 거짓말쟁이라는 말을 듣는 것을 사형받아 마땅한 죄와 똑같이 여기도록 배우며, 프랑스인들은 비겁(lâche)하다는 말을 듣는 것을, 독일인들은 바보(dumm)라는 말을 듣는 것을 가장 큰 모욕으로 여기도록 배우는 것이다. 많은 사람들은 절대로 정직을 지켜야 하는 것은 오직 하나의 경우로서 나머지는 그 정도는 아니라는 식으로 배운다. 그래서 돈은 훔치지 않지만 직접 누릴 수 있는 것은 무엇이든지 훔치는 자들이 적지 않은 것이고, 또 상인들도 도둑질은 절대로 하지 않지만 거짓말은 아무렇지도 않게 하는 것이다.

의사는 인간의 허약한 점만을 보고, 법률가는 인간의 악한 점만을, 신학자는 인간의 멍청한 점만을 본다.

나의 머릿속에서는 일종의 만년 야당이 열심히 활동하고 있어서, 내가 아무리 오랜 생각 끝에 행동하거나 결정하더라도 사사건건 나중에 시비를 걸어온다. 게다가 반드시 옳은 말을 하는 것도 아니다. 이 만년 야당은 아마도 간섭하기 좋아하는 비평가의 하나일 것인데, 때로는 부당한 비난을 나에게 던진다. 다른 사람들도 대부분 그럴 거라고 나는 추측한다. 왜냐하면 누구든 다음과 같이 자신에게 말하지 않을 수 없기 때문이다.

시험과 소망의 성취에서 후회하지 않을 만큼
너는 충분히 시작한 적이 있느냐?[19]

생생하게 생각을 그리는 뇌의 작용이 보거나 듣거나 하는 감관의 자극 없이도 움직일 만큼 강렬한 사람은 왕성한 상상력의 소유자이다.

이런 점에 들어맞아, 외부세계의 직관이 감각을 통해 들어오는 일이 적어지면 적어질수록 그만큼 한결 상상력의 활동은 활발해진다. 감옥이나 병실에서의 오랜 기간에 걸친 고독, 고요, 어스름, 암흑 등은 상상력의 활동을 자극하고, 이러한 것들 아래에서 상상력은 저절로 활발해진다. 반대로 직관에 대하여 외부로부터 현실적 재료가 많이 주어지는 경우, 이를테면 여행 중이라든가 복잡한 골목에서 길을 잃었을 때라든가 환한 낮에는 상상력은 일을 쉬고, 아무리 꼬드겨 보아도 움직이지 않는다. 자신이 나설 때가 아니라는 것을 상상력은 알고 있는 것이다.

그렇지만 재료가 떨어지지 않도록 하기 위해서 상상력은 많은 소재를 외부세계로부터 받아들일 필요가 있다. 왜냐하면 그 저장실을 채워 주는 것은 외부세계뿐이기 때문이다. 그러나 상상력의 영양분은 육체의 영양분의 경우와 같다. 육체에 많은 영양분이 밖으로부터 들어오면 육체는 이것을 소화해야만 하고, 그 때문에 모든 일에 가장 부적절한 상태가 되어 쉬고 싶어 한다. 그러

<hr>

19) 유베날리스의 《풍자시》 10 : 5.

나 나중에 시간이 지나 발휘되는 모든 힘은 다름 아닌 이 영양분의 덕분인 것이다.

여론은 진자의 운동법칙을 따른다. 한쪽에서 중심을 지나 진행한 만큼 반대쪽에서도 진행하도록 되어 있다. 시간이 지나야만 적당한 정지점이 발견되고, 거기서 움직이지 않게 된다.

거리를 두고 보면 무엇이든지 왜소하고 작게 보이며, 그 때문에 불리한 점이나 볼품없는 부분이 가려져 버린다. 그래서 오목거울이나 어둠상자(Camera Obscure)로 보면 어떤 것이든지 실제보다 훨씬 아름답게 보이는 것이다. 이것은 공간에서 거리가 하는 역할인데, 시간 속에서 같은 작용을 하는 것이 과거이다. 과거를 추억하다 보면 모든 비본질적인 점이나 걸리적거리는 측면은 떨어져나가고, 훨씬 옛날 일이 되어 버린 광경이나 사건, 거기에 나왔던 인물 등도 그리운 존재로만 등장한다. 현재란 이런 유리한 조건이 결여되어 있어서 언제든 결함뿐인 모습을 드러내는 것이다.

그리고 작은 대상도 가까이에 있으면 크게 비치고, 아주 가까이 접근하면 우리의 시야 전체를 온통 차지하기까지 하는데, 조금 떨어지면 그것도 작고 보잘것없는 것이 되어 버린다. 이는 공간에서의 일이지만, 시간의 경우도 마찬가지이다. 우리의 일상생활이나 영위 속에서 일어나는 하찮은 사건이나 뜻밖의 일이나 사건은 현재의 일로서 우리의 눈앞에 있는 동안에는 자못 중대하게 보이고, 따라서 우리의 정서와 걱정, 울분과 격정을 자극하지만, 지칠 줄 모르는 시간의 흐름에서 아주 조금이라도 멀어지면 별것 아닌 일, 한번 생각해 볼 가치조차 없는 일이 되었다가 이윽고 잊힌다. 그런 사건이 이제까지 크게 보였던 것은 단지 가까이에 있었던 탓이기 때문이다.

기쁨이나 슬픔은 표상이 아니라 의지의 흥분이라 기억의 범위에 있지 않다. 그래서 예전에 경험했던 기쁨이나 슬픔을 그대로 떠올려서 새로이 맛보는 일은 불가능하며, 다만 희로애락을 따르고 있었던 표상을 다시 불러내는 일이 가능할 뿐이다. 특히 지난날 희로애락이 발했던 말이나 표출은 떠올려 볼 수 있으며, 그럼으로써 그 실체를 짐작해 볼 수는 있다. 이렇듯 기쁨이나 슬픔에 대한 우리의 기억은 언제나 불완전하며, 그때만 지나가면 곧 잊히는 것이다. 그래서 과거의 즐거움이나 고통을 다시 떠올려 보려고 노력해 봤자 헛수고로 끝난다. 고락의 본질은 의지에 있고, 의지는 본성상 기억을 갖고 있지 않기 때문이다. 그런데 기억은 지성의 한 기능이고, 지성은 그 본성으로 볼 때 단순한 표상 이상의 그 어떤 것도 제공하거나 간직하지 않는다. 그리고 지금의 경우, 표상은 문제가 아니다. 불행할 때는 우리가 과거의 행복했던 나날을 또렷하게 떠올릴 수 있는데, 행복할 때는 불행했던 시기를 매우 불완전하게, 냉담하게밖에 떠올리지 못한다는 것은 참으로 기묘한 일이다.

기억에서 마음에 걸리는 것은 기억해낸 것이 뒤죽박죽이 되어 마구 뒤얽히는 것인데, 머릿속을 지나치게 꽉꽉 채운 것은 아닌지 하고 걱정할 필요는 없다. 여러 가지를 기억했다고 해서 기억력이 그 때문에 줄어들지는 않는다는 것은 마치 계속해서 쉬지 않고 모래를 여러 가지 모양으로 빚어내도 새로운 모양을 만드는 모래의 힘이 전혀 줄어들지 않는 것과 같다. 이런 의미에서 기억은 끝이 없는 것이다. 그러나 어떤 사람이 기억한 지식이 차츰 늘어나고 또 여러 분야에 걸치게 되면, 순간적으로 필요한 것을 기억 속에서 찾아내는 데 점점 더 시간이 걸리게 된다. 그 사람은 온갖 것을 저장해 놓은 커다란 창고에서 지금 누군가가 요구한 상품을 찾아내야 하는 상인과 똑같아지기 때문이다. 또는 그런 비유적인 표현은 관두고 직접적으로 말하자면, 그 사람은 자신이 취할 수 있는 많은 사고과정 가운데에서, 전에 연습을 거듭한 결과로서, 요구되는 점으로 자신을 데려다줄 바로 그 길을 불러내지 않으면 안 되기 때문이다. 왜냐하면 기억은 보관용기가 아니라, 정신력을 갈고닦는 일종의 힘에 지나지 않기 때문이다. 즉 우리의 머리는 결코 모든 지식을 실제로 소유하고 있는 게 아니라, 늘 단지 잠재력으로서 소유하고 있는 데 머물기 때문이다. 이에 대해서는 《근거율의 네 겹의 뿌리에 관하여》라는 나의 논문 제2판 제45절을 지시해 둔다.

외국어의 단어나 사물의 명칭이나 또는 술어 등에서 잘 알고 있는데 아무리 해도 기억나지 않을 때가 이따금 있다. 그럴 때는 아무리 애를 써도 안 된다는 것을 깨달으면, 나는 깨끗이 포기해 버린다. 그러나 한두 시간도 채 지나지 않아, 드물게는 더 시간이 지나서, 4주 또는 6주까지 걸리는 경우도 심심치 않게 있는데, 전혀 다른 것을 생각하는 와중에 찾던 단어가 불쑥 튀어나오는 것이 보통이다. 그것은 마치 다른 누군가의 목소리가 나에게 속삭여 주는 것만 같다(이럴 때는 기억술 같은 방법을 써서 외우기 쉬운 포인트를 꽉 잡아 그 단어를 일단 붙들어 두고 머리에 단단히 새겨 버리는 것이 좋다). 아주 오래전부터 나는 이런 현상을 때때로 겪었는데, 스스로도 이상하게 여겼지만, 지금은 다음과 같은 설명이 열에 아홉은 들어맞는 것 같은 생각이 든다. 즉, 나의 의지는 힘든 탐색이 헛수고로 돌아간 뒤에도 그 단어에 대한 집념을 간직하면서 지성 속에서 파수를 보는 것이다. 그 뒤 나의 사상이 여러모로 움직이는 동안에 그 단어와 첫 음절이 같다든가 그 밖에 비슷한 절을 가진 단어를 우연히 만나게 되면, 이 파수꾼은 곧바로 달려들어 비어 있는 부분을 메운다. 이렇게 해서 찾고 있던 단어가 완성되면 이 파수꾼은 그것을 꽉 붙잡고 의기양양하게 나에게로 끌고 온다. 단, 나는 어디서 어떻게 파수꾼이 그 단어를 붙잡았는지 모르기 때문에, 마치 외부에서 나에게 속삭인 것처럼 여겨지는 것이다. 그것은 마치 어떤 단어가 입 밖으로 나올 듯 말 듯하는데 끝내 말하지 못하는 아이에게 선생님이 보다 못해 첫 철자를 한둘 몰래 속삭여 주면, 그 단어가 아이의 입에서 튀어나오는 것과 같다. 이런 식으로 되지 않는 경우에는 어쩔 수 없이 알파벳순으로 이 잡듯이 그 단어를 찾는 수밖에 없다.

단순한 개념보다는 구상적인 것이 더 기억에 잘 새겨진다. 그래서 상상력이 풍부한 사람이 여러 가지 외국어를 쉽게 기억한다. 즉 다른 사람들은 단지 자신의 국어에 있는 같은 의미의 단어와 연결지어 외울 뿐인데, 그들은 그 새로운 외국어를 곧바로 구상적인 것과 결부시킬 수가 있기 때문이다.

기억하고 싶은 것이 있거든 말의 매체를 거치지 말고 그것에 직접, 또는 그 실례나 비유로서든, 아무튼 가능한 한 구상적인 것으로 바꾸어 생각하도록 하는 것이 좋다. 모든 구상적인 것은 단지 추상적으로 생각한 것 또는 말 이상으로 확실히 기억에 남기 때문이다. 그래서 우리는 읽은 것보다 체험한 것을 훨씬 더 잘 기억하는 것이다.

직접 기억하는 대신에 기지로 간접적으로 기억하는 기술 등을 '기억술'이라고 부르는 것은 옳지 않다. 오히려 이 명칭은 기억의 체계적 이론에 어울린다. 즉 기억의 모든 특성을 밝히는 논리, 그 본질적 성상(性狀)으로부터, 또 그 서로의 관계로부터 기억의 특성을 도출하는 이론에 딱 맞는 명칭이다.

우리는 가끔 공부해서 외우지만, 자주 잊어버린다.

이 경우, 우리의 기억은 체에 비유할 수 있다. 체는 시간이 지나고 오래 쓰면 점점 눈이 성겨져 남는 것이 적어지기 때문이다. 우리는 나이를 먹을수록 건망 증의 속도는 점점 더 빨라지고, 방금 기억에 맡긴 것도 곧 기억에서 사라진다. 그러나 젊은 시절에 확실히 머릿속에 넣어 둔 것은 언제까지나 남아 있다. 그래서 노인의 기억은 과거로 거슬러 올라가면 올라갈수록 또렷해지고, 현재에 가까워질수록 차츰 흐릿해진다. 결국, 눈과 마찬가지로, 기억도 원시가 되어 버리는 것이다(그리스어로 말하자면 πρεσβυς 즉 '노화'하는 것이다).

우리의 일생에는 잊기 어려운 순간이 몇 개쯤 있기 마련이다. 그럴 때는 특별한 외적 요인도 없는데 오히려 안에서, 또는 생리학적으로만 설명되는 감수성의 고조가 생겨서 주위 상황이나 그 시점의 감각적 파악이 이상할 만큼 한층 높은 명석함에 다다른다. 그리고 이러한 순간은 나중에 가서도 지워지지 않을 정도로 기억에 깊이 각인되고, 그 개성적인 모습 전체가 고스란히 그대로 보존되는 것이다. 그러나 이와 비슷한 순간이 수천은 되는데 어째서, 왜 이런 순간 만이 그렇게 되는지 우리는 여전히 알지 못한다. 오히려 이것은 완전히 우연으로, 이를테면 이제는 멸종한 동물이 암석층 사이에 보존되어 있다거나 책을 덮은 순간 우연히 짜부라져 남아 버린 곤충과 같은 것이리라. 그러나 이런 종류의 기억은 언제든 반갑고 기분 좋은 것이다.

우리의 지나간 생애의 몇몇 장면이나 사건은 그때에는 특별히 존중하지도 않고 지나가 버렸는데, 기억 속에서는 얼마나 아름답고 중요한 의미를 띤 채 등장하는지! 존중하든 그렇지 않든, 어찌 되었든 그것은 싫어도 지나가 버려야만 했던 것이다. 그것은 우리 생애의 기억의 상(像)을 만들어내고 있는 모자이크 돌이다.

아주 옛날에 지나간 장면이 얼핏 아무 계기도 없는 듯한데 느닷없이 이런저런 기억으로 되살아나는 일이 이따금 있는데, 이는 많은 경우, 거의 명료한 의식으로 올라가지 못할 만큼 경미한 냄새가 그 장면의 시간과 동일하게 느껴지는 데서 비롯할 것이다. 잘 알려졌다시피, 냄새는 특히 기억을 불러일으키기 쉬운 것으로, 일반적으로 '연상'은 아주 작은 자극밖에 필요로 하지 않기 때문이다. 참고로 말하면, 《근거율의 네 겹의 뿌리에 관하여》 제21절에서 말했듯이) 눈은 오성의 감관이고, (앞의 188페이지 이하에서 지적했듯이) 눈은 이성의 감관이다. 그리고 후각은 여기서 살펴보았듯이 기억의 감관이다. 촉각과 미각은 접촉에 얽매여 있는 현실주의자로, 이상적 측면이 결여되어 있다.

기억의 특성으로 넣어도 좋은 것으로는 다음의 것이 있다. 즉, 가벼운 취기는 지나간 시간과 장면에 대한 기억을 크게 높여주는 것으로, 맨 정신인 상태에서는 도저히 불가능할 정도로 그때의 온갖 상황을 완벽하게 불러내 준다. 그러나 만취한 상태에서 한 말이나 행동은 맨 정신일 때보다 훨씬 더 불완전하게밖에 기억나지 않고, 심하게 취한 다음에는 기억은 완전히 사라진다. 즉 만취는 기억을 높여주지만, 이것에 재료를 제공하지는 않는 것이다.

헛소리를 할 때와 같은 착란상태는 직관을 왜곡한다. 광기는 사상을 왜곡한다.

모든 정신활동 가운데 산술이 가장 낮은 것임은 그것이 기계로도 할 수 있는 유일한 정신활동이라는 것으로 증명된다. 실제 영국 등지에서는 이런 종류의 계산기가 편리함 때문에 이미 흔하게 사용되고 있다. 그런데 '유한 및 무한한 세계의 해결'이라고 어렵게 말하지만, 솔직히 말해서, 사칙연산으로 귀결되는 것이다. 이른바 '수학의 심오함'도 이 기준으로 재야 한다. 이미 리히텐베르크도 다음과 같은 말로 이를 비꼬았다. "모든 수학전문가들은 다른 사람들이 모자란 덕분에 심오라는 신용을 얻고 있지만, 이 신용은 신학자들이 독점하고 있는 신성성의 신용과 매우 닮았다."

아주 위대한 능력을 가진 사람들은 평범한 이들과 잘 지내기보다는 극단적으로 어리석은 이들과 죽이 잘 맞는 것이 보통이다. 이것은 폭군과 천민, 조부모와 손주들이 자연스러운 동맹자인 것과 같은 이유에서이다.

내면의 활동이 없는 사람들은 외부를 향하는 활동이 필요하다. 내면의 활동이 이루어지고 있을 경우 외부 활동은 오히려 매우 성가시고 이따금 저주스러울 만큼 방해가 되고 걸리적거리며, 외부에 방해받지 않고 조용히 평온하게 여유를 즐기고 싶다는 것이 주된 소망이 된다. 일이 없는 한가로운 사람일수록 분주하고 부산스러우며 목적도 없는데 여행하고 싶어 하는 것은 외부 활동의 욕구로 설명된다. 그들을 그렇게 곳곳의 나라로 내모는 것은 곁에서 봐도 우스꽝스러울 정도로 그들을 국내에서도 서로 옥신각신하게 만드는 것, 즉 지루함이다.[20]

이것이 진리라고 도장을 쾅 찍어 준 것은 내가 처음으로 만난 50세의 남자인데, 그는 멀리 있는 나라들과 미지의 대륙으로 2년 동안 유랑여행을 했던 이야기를 나에게 들려주었다. 내가 "정말 엄청난 고생과 결핍과 위험을 헤쳐오셨겠군요"라고 말하자마자 그는 그야말로 틈을 주지도 않고 곧바로, 생략3단논법의 수법으로, 서론이고 뭐고도 없이, 아주 소박한 대답을 했다. "저는 단 한순간도 지루하지 않았답니다."

사람들이 혼자 있을 때 지루함을 느낀다는 것이 나는 이상하지 않다. 그들은 혼자서는 웃지도 못하는 인종이고, 그들은 그런 것을 바보 같다고 생각한다. 도대체 웃음은 말처럼 단지 타인에 대한 신호이고, 단순한 부호일까? 그들이 혼자 있을 때 웃지 못하는 것은 상상력이 없는 탓이고, 정신 일반에 활발함이 부족하기 때문인 것이다. (영어로 말하면 dullness(둔감), 테오프라스토스 《성격론》 제27장의 말로 말하면 "정신의 무감수성과 지둔함.") 동물은 홀로 있으나 무리를 이루고 있으나 웃지 않는다.

인간을 혐오하는 뮈송이 혼자서 웃고 있다가 어떤 남자에게 뜻밖의 공격을 받았다. "어째서 혼자 있는데 웃고 있소?"라고 이 남자가 묻자, "그러니까 웃고

---

20) 게다가 지루함은 중대한 과오의 원천이다. 도박, 과음, 낭비, 음모 등등의 재앙은 그 뿌리를 파고들어 보면 지루함에서 나오는 것이다.

있는 것이오"라는 대답이 돌아왔다.

　그건 그렇고, 점액질의 불활발한 기질의 경우에는 단순한 '바보'로 끝이 나며, 성급하고 다혈질의 기질의 경우에는 '아첨꾼', '광대'가 될 것이다.

　연극을 보러 가지 않는 사람은 거울을 쓰지 않고 화장하는 사람과 닮았다. 더 다루기 어려운 것은 친구와 의논도 하지 않고 자신의 일을 결정하는 사람이다. 모든 일에 아주 올바르고 적절한 판단을 내리는 사람이라도 자기 자신의 일에는 그렇지 못하기 때문이다. 왜냐하면, 이 경우, 의지가 순식간에 지성을 혼란에 빠뜨려 버리기 때문이다. 그러므로 자신의 일에 대해서는 타인과 의논해야 한다. 의사가 누구든지 고칠 수 있지만 자기 자신만큼은 그러지 못해 동료 의사를 부르는 것과 같은 이유에서이다.

　무릇 활발한 대화에 따르기 마련인 식상하고 자연스러운 몸짓·손짓은 하나의 독특한 언어이고, 게다가 말에 의한 언어 이상으로 보편적인 언어이다. 즉 이것은 말과는 무관한, 모든 국민에게 똑같이 통용되는 같은 언어인 것이다. 그렇기는 하나 각각의 국민은 활발함의 정도에 따라서 몸짓을 쓰는데, 몇몇 국민, 이를테면 이탈리아인 등은 자연스러운 몸짓에 관습적인 몸짓을 조금 더하며, 따라서 이런 몸짓은 그 지방에서만 통용되는 데 그친다. 몸짓의 보편성은 논리나 문법의 보편성과 닮았다. 몸짓은 그때그때의 담화의 형식적 방면만을 표현하고, 실질적인 것과는 관계하지 않기 때문이다. 그러나 몸짓이 논리나 문법과 다른 점은 그것이 지적인 면과 관계할 뿐만 아니라 도덕적인 면, 즉 의지의 움직임과도 관계한다는 것이다. 그리하여 몸짓은 선율에 맞춰 바르게 운용되는 기초저음처럼 담화를 따라다니며 그 효과를 높여 주는 데 도움이 된다. 여기서 가장 흥미로운 점은 담화의 내용, 즉 화제, 그때그때의 사건이 아무리 이질적이더라도 담화의 형식면이 같으면 언제든 그 몸짓은 완전히 같다는 것이다. 그래서 우리는 생생한 대화를 창 너머로 보면서 한 마디도 들리지 않더라도 그 보편적인 의미, 즉 단순히 형식적·전형적인 의미라면 충분히 이해할 수 있다. 그것은 몸짓에 의해서 우리가 틀림없이 그 이야기의 유형을 알 수 있기 때문이다.

즉 화자는 지금 논의하고 있으며, 여러 근거를 든 다음 그것을 한정해 이번에는 역설하고 의기양양하게 결단을 내렸다, 또는 화자는 심판을 내리고 있으며, 이를테면 자신에게 가해진 부정을 뚜렷하게 설명하고 상대가 고집스럽고 어리석고 구제불능이라는 것을 열심히 규탄하듯이 설명했다. 또는 멋들어진 계획을 입안하고 실시하게 된 경위를 이야기한 다음 자랑스럽게 그 성공을 설명하고 있다, 눈앞에 닥친 문제에서 어쩔 줄 몰라 하고 있다는 것을 고백하다, 타인의 간책을 때마침 알아차리고 자신의 권리를 주장함으로써, 또는 그 힘을 씀으로써 그 간책을 실패로 돌리고 그 주모자를 응징하게 된 경위를 이야기하고 있다―등등의 일들을 몸짓을 보고 분간할 수 있는 것이다. 그러나 본디 단순한 몸짓과 손짓이 나에게 던져 주는 것은 그 담화 전체의 도덕적 또는 지적으로 본질적인 내용이 추상화된 것, 즉 그 이야기의 정수, 진짜 실체로, 이것은 그 인연이 아무리 다르더라도, 따라서 그 화제가 천차만별일지라도 늘 같으며, 그 화제와의 관계는 마치 개념과 그것에 포섭된 개개의 것들과의 관계와 같다. 몸짓의 문제에서 가장 흥미롭고 재미있는 점은, 앞에서 말한 대로, 동일한 사정을 나타내는 데 있어 그것을 쓰는 사람이 아무리 달라도 몸짓은 완전히 동일하고 고정되어 있다는 것으로, 어떤 국어의 단어가 발음의 작은 차이나 교육의 차이로 조금은 다를지언정 누구의 입에서 나오더라도 다르지 않다는 것, 완전히 똑같다는 것이다. 게다가 이렇게 안정된, 일반적으로 고수되는 몸짓과 손짓의 형식은 반드시 합의에 근거하는 것이 아니라 자연발생적인 것으로, 예컨대 모방과 습관으로 고정화되었다고는 하나 참으로 자연스러운 말이다. 몸짓을 정확하게 연구하는 것은 배우에게는 필요한 일이며, 범위는 좀 더 좁지만, 공개 석상에서 연설하는 사람들에게도 중요하다. 그러나 그 연구의 주안점은 관찰과 모방에 두지 않을 수 없다. 왜냐하면 몸짓의 문제는 추상적 규칙으로 환원할 수 없기 때문이다. 물론 완전히 일반적인 지도원리가 아예 없는 것은 아니다. 예를 들면, 몸짓은 말의 뒤에 따라가야 하는 것이 아니라, 미리 알리면서, 또 그로써 주의를 환기하면서 말의 바로 앞을 가야 한다는 것 등이다.

몸짓에 일종의 독특한 경멸심을 갖고 있는 영국인들은 이것을 천박하고 상스러운 것으로 여기지만, 나는 그것이야말로 영국식 잘난 척의 어리석은 편견 가운데 하나에 지나지 않는다고 생각한다. 왜냐하면 몸짓은 자연이 모든 사람에게 부여했고 또 모든 사람이 이해할 수 있는 언어이기 때문으로, 이것을 잘 난 신사도를 위해서라며 그렇게 쉽게 외면해 버리거나 억압하는 것은 한번 생각해 봐야 할 일일 것이다.

소음과 잡음에 대하여

칸트는 활력[1]에 대해서 한 편의 논문[2]을 썼지만, 나는 활력에 대해서 하나의 상여가·애도가를 쓰려고 한다. 둥둥 치거나 망치로 때리거나 덜그럭덜그럭 흔드는 등 활력이 끊임없이 사용되는 바람에, 나는 일평생 그 소음에 날마다 시달려 왔기 때문이다. 물론 이런 말을 하면 미소를 짓는 자들도 있을 것이다. 그것도 떼거지로 있을 것이다. 그것은 그들이 소음에 무감각하기 때문이다. 그러나 다름 아닌 이들이야말로 논증이나 사상을 비롯해 시나 예술품에 대해서, 요컨대 온갖 종류의 정신적 감명에 무감각한 자들이다. 그것은 그들의 두뇌가 완고하고 고집스럽게 만들어져 있는 탓이다. 이와 달리 나는 소음이 사색하는 사람들에게 주는 고통에 대한 괴로움을 거의 모든 위대한 저작가의 전기나 그 밖의 개인적 보고문에서 발견하는 것이다. 예를 들어서 칸트, 괴테, 리히텐베르크, 장 파울 등이 고충을 토로하고 있는데, 만일 누군가 어떤 저작가에게서는 그런 불만을 찾아볼 수 없는 경우라도, 그것은 단지 붓놀림이 거기까지 가지 않았기 때문인 것이다. 나는 이 문제를 다음과 같이 설명한다. 하나의 커다란 다이아몬드라도 조각조각 내 버리면 작은 조각의 값어치밖에 나가지 않듯이, 또 군대가 흩어져 작은 부대로 나뉘어져 버리면 위력을 발휘하지 못하게 되듯이, 위대한 정신도 자꾸만 방해가 끼어들고 중단되고 주의가 흐트러진 데서는 보통의 정신을 넘어서는 일을 하지 못하게 된다. 왜냐하면 그들이 뛰어난 것은 그 힘의 전부를 마치 오목거울이 모든 광선을 집중시키듯이, 단 하나의 점, 단 하나의 대상에 몰두하기 때문인데, 소음에 따른 중단은 바로 이것을 방

---

1) 정지해 있는 물체에 작용하는 힘을 '사력(死力)' vis mortus이라고 부르는 데 비해서, 운동하고 있는 물체에 작용하는 힘을 '활력' vis vita라고 부른다.
2) 《살아 있는 힘의 참된 측정에 대한 고찰》(1747년)이라는 제목으로 칸트가 22세 때 쓴 첫 작품이며 그의 졸업 논문.

해하기 때문이다. 그래서 훌륭한 정신은 늘 모든 방해·중단·정신산란을 싫어하는 것이고, 보통 사람은 그다지 신경쓰지 않지만, 특히 소음 때문에 그렇게 되어 버리는 상황은 매우 싫어하는 것이다. 유럽의 국민들 가운데 가장 이해력이 높고 재기 넘치는 국민은 "never interrupt—방해하지 말라"라는 원칙을 제11계명[3]이라고 부를 정도다. 그런데 소음은 우리의 사색을 중단시키기는커녕 파괴하므로, 모든 방해 가운데에서 가장 후안무치한 것이다. 그러나 중단시킬 대상이 전혀 없는 경우는 소음도 물론 특별히 느껴지지 않을 것이다.—때때로 우리는 낮지만 언제나 들려오는 소음에 얼마 동안 시달리고 방해받는다. 그 정체가 밝혀질 때까지 나는 다리에 돌덩어리라도 얹은 듯이, 사색이 어려워지는 것을 느낀다.—

개론에서 각론으로 옮겨서, 나는 가장 무책임하고도 파렴치한 잡음으로서 교회의 좁은 골목에서 울리는 그야말로 지옥의 소음, 채찍소리를 고발하지 않을 수 없다. 이것은 인생으로부터 온갖 정숙과 사려를 앗아가는 소음이다. 채찍소리를 내는 것이 보란 듯이 허락된 일이라는 것만큼 인류의 어리석음과 무사려에 대한 명확한 개념을 나에게 주는 것은 없다. 이 찰싹하는 소음은 느닷없이 날카롭게 울려 두뇌를 마비시키고, 모든 사려를 무참히 토막 내고, 사상을 죽인다. 그래서 이 소리에는 사상까지는 아니더라도 어떤 생각에 잠겨 있는 사람이라면 누구든 고통을 느끼게 마련이고, 예컨대 그것이 아무리 저급한 종류의 것일지라도 수백 명의 정신활동을 반드시 흐트러트리는 것이다. 하물며 사상가의 명상을 중단시킨다는 것은 마치 참수의 칼이 머리와 몸통을 분리하듯이 치명적이다. 어떤 소리라도 이 역겨운 채찍소리만큼 날카롭게 두뇌를 절단하는 것은 없다. 우리는 그야말로 채찍에 달려 있는 가죽 끈의 끄트머리를 머릿속에서 느끼는 것인데, 그것이 두뇌에 미치는 작용은 접촉이 함수초에 미치는 작용과 다르지 않으며, 그것이 지속된다는 점에서도 같다. 나는 실제생활에 도움이 된다는 신성한 유효성은 크게 존경하지만, 기껏해야 수레 하나 분의 모래나 비료를 치울 뿐인 남자가(30분 동안 교회 앞길을 채찍을 울리면서 지나감으로써) 지붕을 맞대고 사는 1만 명의 뇌리에 떠오르는 사상을 싹부터 질식시

---

3) 모세의 십계명에 빗댄 것.

켜 버리는 특권을 얻어도 과연 좋은 것인지, 그 까닭을 아무래도 모르겠다. 망치소리나 개가 짖는 소리나 아이들의 고함 따위도 소름 끼치기는 하지만, 진실로 사상을 죽여버리는 소음은 채찍을 휘두르는 소리에 한정된다. 이 소음의 사명은, 이곳저곳의 누군가가 모처럼 얻은 상념에 잠기는 좋은 순간을 철저히 망가뜨리는 데에 있다. 말을 몰고 가기 위해 온갖 음향 가운데 가장 듣기 싫은 이 채찍소리 이외에 아무 수단도 없는 경우에만, 그것도 일리 있는 말로 변명할 수 있을 것이다. 그러나 사실은 정반대로, 이 저주스러운 채찍소리는 오직 불필요할 뿐만 아니라 무익하기까지 한 것이다. 채찍을 휘둘러 말에게 심리적 박차를 가하겠다는 목표는 끊임없이 이 소리를 마구 쓰는 습관 때문에 완전히 무뎌져 버려서 그 목적을 전혀 다하지 못하는 것이다. 말은 채찍소리를 들어도 속도를 높이지 않는 것이다. 이는 특히 승객을 찾으면서 천천히 달리는 빈 삯마차까지 끊임없이 채찍을 휘두르고 있는 것을 봐도 알 수 있다. 채찍으로 가볍게 말을 찰싹 때리는 것이 좀 더 효과가 있다. 만일 이 소리로 채찍의 존재를 끊임없이 말에게 상기시켜 주는 것이 아무래도 필요하다고 해도, 그 정도 목적이라면 지금 소리의 100분의 1쯤 소리면 충분할 것이다. 잘 알려졌다시피 동물들은 청각이든 시각이든 아주 작은, 거의 우리가 깨닫지 못할 정도의 신호도 알아차리기 때문으로, 훈련을 받은 개나 카나리아가 이것의 놀라운 예를 보여준다. 따라서 채찍을 휘두르는 것은 순전히 변덕이며, 더 나아가 팔을 써서 일하는 사회 구성원이 두뇌노동을 하는 사람들에게 가하는 뻔뻔스러운 조롱이라고 여겨지는 것이다. 이런 부끄러운 일이 도시에서 묵인되고 있다는 것은 너무나 야만적이고 부정하다. 특히 이것은 경찰이 가죽 끈의 끝에 매듭을 만들라고 지시하면 간단히 제거되는 문제라 더 그렇다. 프롤레타리아에게 그들의 위에 서 있는 계급의 두뇌노동에 주의를 기울이도록 재촉하는 것은 조금도 나쁜 일이 아닐 것이다. 왜냐하면 그들 프롤레타리아는 온갖 두뇌노동에 매우 심한 두려움을 갖고 있기 때문이다. 그런데 우편마차의 비번인 말을 끌고 오거나, 짐수레를 끌고 있지 않은 말에 타거나 해서 인구가 조밀한 도시의 좁은 골목을 있는 힘껏, 줄기차게 긴 채찍을 휘두르면서 가는 작자는 그 즉시 끌어내려서 에누리 없이 몽둥이로 다섯 대쯤 두들겨 주는 게 낫다. 모든 체벌을 정당한 이유에서 폐지하려 하는 합법적 단체와 함께 온 세계의 박애주의자들이 한꺼번에 달려

들어 그건 너무 심하다고 나에게 따지고 든다 해도 나를 설득할 수는 없다. 그러나 더 심한 경우도 얼마든지 있다. 그것은 말도 없이 홀로 거리를 가는 마부가 끊임없이 채찍을 휘두르는 것이다. 무책임한 묵인 덕분에 이 남자에게는 채찍을 휘두르는 것이 그렇게 지독한 습관이 되어 버린 것이다. 육체와 그 만족을 위해서는 일반적으로 대단히 인정미 넘치는 대우가 행해지고 있음에도, 사색하는 정신이 존경은 둘째 치더라도 최소한의 배려도 보호도 받지 않는 유일한 것이어도 좋은가? 짐마차의 마부나 짐꾼이나 날품팔이들은 인간사회의 '짐 나르는 동물(pack animal)'이다. 물론 그들에 대한 대우를 인간 수준으로 해 주는 것, 정의·공정·관대·배려로써 대해야 하는 것은 마땅하지만, 내키는 대로 잡음을 내서 인류의 고급 노력을 방해하는 것은 절대로 용서해서는 안 될 일이다. 이 채찍소리가 아름답고 위대한 사상을 얼마나 많이 세상에서 내쫓아 버렸는지 나는 모른다. 만일 나에게 명령할 권리가 있다면, 마부들의 머릿속에 채찍을 휘두르는 것과 태형 사이에는 떼려야 뗄 수 없는 관계가 있다는 관념을 심어 줄 것이다. 독일인들보다 지능도 높고 감각도 예민한 국민들이 이 점에서 선수를 치고, 독일인들도 그것을 모방해서 쓸데없는 소음방지에 나서게 되기를 나는 바란다.[4] 그건 그렇고, 이 독일인들에 대해서 토마스 후드[5]는 "그들은 내가 만난 음악을 사랑하는 민족들 가운데 가장 시끄러운 민족이다"라고 말했다. 이렇게 되는 것도 딱히 독일인들이 다른 민족보다 시끄러운 것을 좋아하기 때문이 아니라, 소음을 들어도 아무런 사색도 독서도 방해받지 않는 자들의 둔감과 무감각이 원인인 것이다. 그도 그럴 것이 이들은 생각 따위는 전혀 하지 않고, 사색의 대용으로서 담배만 피워대기 때문이다. 예를 들어 문을 예의 없고 품위 없게 큰 소리를 내며 닫는 것과 같은 불필요한 소음에 사람들이 너그럽다는 것은 바로 그들의 두뇌가 텅 비고 둔감하다는 증거이다. 독일에서는 소음 때문에 누구도 제대로 생각할 수 없도록 일부러 꾸며져 있는 듯하다. 예를 들어 의미도 없는데 북을 둥둥 치는 것 등이다.

마지막으로 이 장에서 논한 문제의 문헌으로서 나는 한 권의 책만을, 그것

---

4) 《뮌헨 동물애호협회보》 1858년 12월호에 따르면, 뉘른베르크에서는 쓸데없이 채찍소리를 내거나 쓸데없는 굉음을 내는 행위가 엄격히 금지되어 있다.
5) 18세기 영국의 해학시인.

도 훌륭한 작품을 추천하려고 한다. 즉 유명한 화가 브론치노[6]의 3행연구로 된 서간체의 작품으로, 제목은 《소음과 관련해서 루카 마르티니에게 (불만을) 바치다》이다. 여기에는 이탈리아 어느 도시의 잡다한 소음들 때문에 사람들이 참지 않으면 안 되는 고통이 희비극식으로, 상세히, 그리고 아주 익살스럽게 그려진다. 이 서간체 시는 1881년 위트레흐트에서 간행되기로 한 《베르니의 골계극집, 알레티노 외》 제2권에 실려 있다.

---

6) 16세기 이탈리아의 화가.

세계의 고뇌에 대하여

만일 고뇌가 우리 인생의 가장 가깝고 직접적인 목적이 아니라면 이 세상에 우리의 현존재만큼 목적에 어긋나는 것도 없을 것이다. 인생의 본질적인 곤궁으로부터 솟아나오는 끊임없는 고통—세계는 곳곳이 이 고통으로 가득 차 있다—이 목적 없는 순수하게 우연적인 것이라고 생각하는 것은 참으로 어리석은 일이기 때문이다. 저마다 개개의 불행은 과연 예외처럼 생각된다. 그러나 보통의 불행은 본래적인 것이다.

마치 시냇물이 장해물을 만나지 않으면 소용돌이를 일으키지 않듯이, 자신의 의지대로 움직이고 있는 모든 것은 그다지 신경 쓰지 않고 주의도 하지 않는 것이 인간 및 동물의 본디 모습이다. 만일 우리가 어떤 것에 주목한다면 그것은 곧 그 일이 우리의 의지대로 흐르고 있지 않다는 증거로, 어떤 장해물을 만난 것이 틀림없다.—그러나 우리의 의지를 거슬러 그것을 방해하고 그것에 맞서는 모든 것, 즉 불쾌하고 고통을 주는 모든 것은 직접 그 자리에서, 그리고 아주 또렷이 느낀다. 마치 우리가 신체 전체의 건강은 느끼지 못하고 구두에 쓸려서 까진 부분은 신경 쓰이듯이, 우리는 완전히 잘 되고 있는 일 전체는 생각하지 않고 우리를 불쾌하게 만드는 어떤 작은 일에 신경 쓴다.—내가 때때로 고통의 적극성에 대립하는 안락과 행복의 소극성을 역설해 온 까닭도 여기에 있다.

그래서 나는 대부분의 형이상학적인 체계가 악을 어떤 소극적인 것이라고 설명하는 것보다 더 바보 같은 일은 없으리라고 생각한다. 주로 악이야말로 적극적인 것으로서 즉 뼈저리게 느껴지지 않는가? 이 점에서 라이프니츠는 누구보다 막무가내인데, 그는 뻔하고 가련한 궤변으로 악이 소극적인 까닭을 증명하려고 발악하고 있다(《변신론》 153절). 그러나 선은, 즉 모든 행복과 모든 만족은 소극적이다. 바꿔 말하면, 그것은 단순히 욕구가 가라앉고 고통이 가셨다는 것에 지나지 않는다.

보통 우리는, 기쁨은 우리의 기대에 훨씬 못 미치는 것처럼, 또한 고통은 우리의 예상을 훨씬 뛰어넘는 것처럼 느끼기 마련인데, 이 부분도 앞서 이야기한 내용과 맞아떨어진다.

이 세계에서 쾌락은 고통보다 많다든가 또는 이 둘은 적어도 서로 평균을 유지하고 있다든가 하는 주장을 쉽게 음미하려 한다면, 어떤 다른 동물을 잡아먹고 있는 동물의 감각과 잡아먹히고 있는 동물의 감각을 비교해 보는 것이 좋다.

어떤 불행한 순간에도, 또 어떤 고뇌 속에서도 무엇보다도 힘찬 위로는 자신보다 좀 더 불행한 다른 사람들을 봄으로써 얻어진다, 이는 누구나 할 수 있는 일이다. 그런데 그렇다고 해서 전체는 어떻게 된다는 것인가?

우리는 목장에서 뛰노는 양떼와 닮았다. 그동안에도 도살자는 이미 그 가운데 어떤 놈을 잡을지 눈으로 고르고 있는 것이다. 과연 우리는 우리의 행복한 날에 운명이 어떤 재앙을 바로 그 순간 우리에게 마련해 놓았는지—질병·박해·영락·부상·실명·발광·죽음 등등—알고 있는가?

역사는 우리에게 여러 민족의 생활을 보여 준다. 그 역사는 전쟁과 반란 말고는 어떤 이야깃거리도 없다. 평화로운 세월이란 가끔씩 찾아오는 작은 쉼, 막간이라고밖에 여겨지지 않는다. 바로 그처럼 개인의 삶도 끊임없는 전투이다. 그렇기는 하나 그것은 말하자면 단순히 비유적으로 곤궁이나 지루함을 상대로 하는 전투만이 아니고, 현실적으로 타인과의 전투인 것이다. 그는 곳곳에서 적을 만난다. 그는 끊임없는 전투의 삶을 살다가 무기를 손에 든 채로 죽어가는 것이다.

시간이 끊임없이 우리를 재촉하고, 마치 채찍을 든 간수처럼 숨쉴 틈도 주지 않고 우리 모두를 쫓아오고 있다는 상황이 적어도 우리 현존재의 어려움을 심각한 것으로 만들고 있다. 단, 시간으로 말미암아 지루함의 손에 넘겨진 인간만은 쫓기지 않는다.

만일 대기의 압력이 우리의 육체로부터 제거되면 우리의 육체는 파열되고 말 것이 틀림없듯이, 만일 곤궁이나 어려운 일이나 재난이나 노력의 좌절 같은 압력이 인간의 삶에서 없어진다면 인간의 오만은 부풀어 올라서 예컨대 파열까지는 하지 않더라도 제멋대로 미쳐 날뛰는 현상, 아니 광란의 현상까지 보이게 될 것이다. 누구나가 곧장 똑바로 나아갈 수 있기 위해서는 마치 배가 바닥 짐을 필요로 하듯이 어느 정도의 수고 또는 고통 또는 곤궁이 필요하다.

노동과 수고로움과 어려운 형편, 곤궁은 분명 평생 동안 거의 모든 인간의 운명이다. 그렇지만 만일 모든 소망은 그것이 생기자마자 곧 충족되어 버리는 것이라면, 그 경우 인간의 삶은 과연 무엇으로 메워지고 시간은 무엇으로 소비될 것인가? 한번 인간이라는 이 종족을 극락도에라도 옮겨 보라. 그곳에서는 만물은 스스로 탄생하고, 비둘기떼는 구운 고기가 되어 날아다니고 있다. 또 누구도 자신의 애인을 쉽게 발견하고, 아무런 고생도 없이 그녀와 살아갈 수 있다. 그러나 그렇게 되면 어떤 사람은 지루한 나머지 죽거나 목을 매달 것이고, 또 어떤 자는 서로 공격하거나 목을 조르거나 죽이거나 해서 마침내 오늘날 자연이 인간에게 부과하고 있는 것을 넘어서는 고뇌를 인간이 스스로 불러오게 될 것이다. 그러고 보면 이런 종족에게는 짐짓 지금과 같은 무대, 지금과 같은 현존재가 가장 격에 맞는 것이다.

고통의 적극성에 대조되는 안락과 행복의 소극성을 앞에서 잠깐 언급했는데, 만일 그런 것이라면 어떤 주어진 생애의 행복은 그 생애에서의 환희와 열락으로 옳고 그름을 가려야 할 것이 아니라 적극적인 것으로서의 고뇌의 결여라는 것으로 결정하지 않으면 안 되게 될 것이다. 그러나 만일 그렇다면 동물의 운명이 인간의 그것보다 그나마 견디기 쉬운 것처럼 보인다. 우리는 이 둘을 좀 더 자세히 고찰해 보도록 하자.

인간의 행복과 불행은 추구 또는 도피로 인간을 내몰지만, 인간의 이러한 행복과 불행이 그 밑에서 펼쳐지는 그 형태가 예컨대 아무리 다양하다 하더라도, 이 모든 것의 물질적 기반은 육체적인 쾌락이나 고통이다. 이 기반은 매우 폭이 좁다,—즉 그것은 건강을 유지하고, 영양을 섭취하고, 습기와 추위를 막고, 성욕을 만족시키는 것, 또는 반대로 이런 것들에 결핍되어 있는 것이다. 따라서 실제의 물질적 쾌락이라는 점에 한해서는 인간은 동물 이상의 것을 갖고 있지 않다. 물론 인간의 경우, 고도로 발달된 신경조직 덕분에 모든 쾌락에 대한 감각이 고조되어 있다는 정도의 차이는 있지만, 그 대신 모든 고통에 감각 또한 고조되어 있는 것이다. 그러나 인간의 안에서 일깨워질 수 있는 감정이라고 하면, 이것은 또한 동물의 그것에 비해서 얼마나 강렬한가! 인간의 감정은 동물과는 비교도 되지 않을 만큼 깊고 격렬하게 요동치는 것이다! 그건 그렇다 치고, 도달하는 결과는 결국 같은 것이다,—건강·영양·피복 등등.

이와 같은 사태가 생기는 것은 무엇보다도 인간의 경우 비현재적인 것이나 미래적인 것에까지 사고가 미치는 결과로 모든 것이 강력하게 고양된다는 점에 따른 것이다. 즉 이러한 사고의 결과, 우려나 공포와 희망과 같은 것이 처음으로 본래적으로 등장하는데, 이런 것들은 쾌락이나 고뇌의 현재적인 실재성—동물은 이것하고만 상관이 있다—이 하는 것보다 훨씬 강력한 작용을 인간에게 미치게 된다. 대부분 반성이란 것을 모르는 동물에게는 환희나 고뇌의 축적장치가 결여되어 있기에, 회상이나 예견에 의지하는 인간의 경우와 다르게 환희나 고뇌가 쌓이는 일이 있을 수 없다. 동물에게는 현재의 고뇌는 어디까지나 현재의 고뇌로, 만일 그것이 수백 차례 잇달아 반복되더라도 여전히 그것은 최초의 경우와 전혀 다르지 않기 때문에, 그것이 쌓이는 일도 있을 수 없는 것이다. 부러워할 만한 동물의 느긋하고 속편한 상태는 여기에서 비롯한다. 그러나 인간의 경우에는 반성이나 그 밖에 그것과 관련된 것을 매개로 해서 인간이 동물과 공통으로 갖고 있는 저 동일한 요소 안에서 자신의 행복과 불행에 대한 감각의 일종의 고양이 전개되어 나온다. 그리고 이 고양은 이따금 순간적인 도취나 또는 절망적인 자살로까지 인간을 끌고 가기도 한다. 더 자세히 고찰하면, 이때의 상황의 경과는 다음과 같은 것일 것이다. 인간의 온갖 욕구는 본디 이것을 만족시키는 데 동물의 그것에 비해서 아무런 어려움도 없지만, 인간은 쾌락을 더 높이기 위해서 의식적으로 그 욕구들을 고조시킨다. 이것으로부터 사치·미식·담배·아편·알코올음료·허식, 그 밖에 그에 준하는 모든 것이 나온다. 또 거기에, 마찬가지로 이것도 반성으로부터의 결과인데, 인간으로부터만 흘러나오는 쾌락의 원천, 따라서 또한 고통의 원천이 더해진다. 이 원천이야말로 한없이 바쁘게, 그렇다, 거의 다른 모든 것을 다 합친 것보다도 바뻘 정도로 인간을 이리저리 끌고 다니는 것으로, 야심, 그리고 명예와 치욕에 관한 감정이 곧 그것이다. 이런 것들은, 이것을 산문적으로 말하면, 자신을 바라보는 타인의 관점에 대한 자신의 의견이라고 할 수 있다. 이 야심이 매우 다양한, 또 이따금 매우 기묘한 모습을 취하면서, 육체적 쾌락 또는 고통 이상의 것을 노리는 인간의 거의 모든 노력의 목표를 이루고 있다. 물론 인간은 순수하게 지적인 향락—이것은 매우 천진난만한 놀이 또는 일상의 대화에서부터 최고의 정신적 노작에 이르는 실로 많은 단계를 포함한다—이라는 점에서 동물보다 뛰어난 것은 확실하다. 그렇지만 고뇌에, 그것에 대한 대가로서 인간에게는 지루함이 나타난다. 동물은 적어도 자연적 상태에서는 지루함을 모른다. 단, 가축 가운데 뛰어나고 총명한 것만이 가벼운 지루함의 발작을 겪는 정도이다. 그러나 인간에게 지루함은 완전히 회초리이다. 특히 이것은 저 불쌍한 무리에서 두드러지게 볼 수 있지 않은가? 그들은 자신들의 머리를 채울 생각은 절대 하지 않고 오로지 늘 자신들의 지갑을 채울 궁리만 하는데, 그 부유함이란 것은 그들을 지루함이라는 고문의 손에 넘겨 버리기 때문에 그들의 부유는 그대로 그들에 대한 형벌로 나타나는 것이다. 이 지루함에서 벗어나기 위해서 그들은 사냥을 시도하기도 하고, 살금살금 걷기도 하고, 나아가서는 여행을 떠나기도 한다. 그리고 어디에든 도착하자마자, 마치 가난한 자가 그 토지의 자선단체에 대해서 묻는 것처럼, 그 토지의 무도회의 모습을 조심스럽게 물어보는 것이다. 말할 것도 없이, 곤궁과 지루함은 인간생활의 양극이다.[1] 마지막으로 덧붙이고 싶은 것은, 인간은 그 성욕을 만족시킬 때 인간 특유의 꽤 까다로운 선택을 한다는 것. 이 선택은 때때로 많든 적든 열정적인 연애로까지 고양되는데, 이에 대해서 나는 나의 주저 제2권에서, 특히 1장에서 자세히 논해 두었다. 이렇게 해서 저 열정적인 연애는 인간에게 오랜 고뇌와 찰나의 환희의 원천이 된다.

그건 그렇고, 참으로 이상한 일이 아닌가? —동물에게는 없는 사고가 인간에게 부가됨으로써 동물도 갖고 있는 고뇌와 환희의 동일한 좁은 지반 위에 인

---

1) 문명의 최저단계를 보이고 있는 유목생활은 문명의 최고단계에서 보편화된 만유의 생활이 되어 다시 나타난다. 전자는 곤궁으로부터, 후자는 지루함으로부터 나온 것이다.

간적 행복과 불행의 이토록 드넓은 고층건물이 우뚝 들어서게 되었다. 그리고 그것과의 관련선상에서 인간의 심정은 그토록 강렬한 격정과 열정과 감동으로 드러나고, 그것들의 흔적은 씻을 수 없는 각인이 되어 인간의 얼굴에 새겨져 누구나 읽을 수 있는 것이 되었다. 그러나 결국 그 실질은 동물이 인간과는 비교도 되지 않을 만큼 소량의 격정과 고뇌를 써서 얻은 것과 완전히 똑같은 내용을 다루고 있는 데 지나지 않은 것이다. 그런데 이런 모든 것의 결과로서 인간에게는 고통의 양이 쾌락의 양을 훨씬 웃돌게 되었다. 또 이 고통의 양은 인간이 현실에서 죽음을 알고 있다는 특수한 사정에 따라서 뚜렷하게 증대되었다. 그러나 동물은 단순히 본능적으로 죽음을 피할 뿐이며, 진짜 의미에서는 죽음을 알지 못한다. 따라서 동물은 이제껏 인간처럼 죽음을 현실에서 응시하는 일도 없었다. 인간은 끊임없이 죽음을 눈앞에서 보고 있는 것이다. 그래서 예컨대 자연스러운 죽음을 맞이하는 것은 아주 소수의 동물뿐이며, 대부분의 동물은 자신의 종속을 번식하는 데 필요한 꼭 그만큼의 시간을 부여받을 뿐이고, 그것이 끝나면—만일 그 이전이 아니라면—어떤 다른 동물의 먹이가 되어 버린다 하더라도, 또 이와 달리 인간만이 자신의 종속에서 이른바 자연사가 원칙이 될 정도로까지 진전할 수 있었다—물론 예외도 꽤 있지만—하더라도 여전히 앞서 이야기한 이유에서 동물이 더 많은 은혜를 입고 있는 것이다. 게다가 인간이 자기 생명의 진정 자연스러운 종말에까지 다다르는 일은 동물과 동일한 정도로 드물다. 인간의 반자연적인 생활양식이나 인간의 다양한 염려와 격정, 그리고 이 모든 것의 결과로서 나타난 인류의 타락 등으로 말미암아 인간은 좀처럼 자연의 결말에까지 이를 수 없게 되어 버렸기 때문이다.

동물이 우리보다 훨씬 많이 단순한 현존재 속에서 만족을 찾고 있다. 식물은 더욱 그렇다. 인간의 경우는 그 어리석은 정도에 따라서 그렇다. 따라서 동물의 삶에는 인간의 그것에 비해서 고뇌도 크지 않지만, 동시에 환희도 적다. 이는 먼저 다음의 사정에 따른 것이다. 동물은 어떤 면에서는 걱정과 불안, 그리고 그것에 따르는 고뇌로부터 벗어나 있지만, 다른 한편으로 그것은 또한 진정한 의미에서의 희망을 갖고 있지 않다. 따라서 그것은 저 사고에 의한 즐거운 미래에 대한 기대, 그리고 이러한 기대에 따르는 행복한 망상—이것은 상상력으로 덧붙여지는 것으로, 우리의 가장 크고도 높은 환희와 쾌락의 원천이다—

도 누리지 못하며, 동물은 이런 의미에서 희망이 없는 것이다. 그런데 이런 두 측면은 동물의 의식이 직관적인 것에, 따라서 현재에 한정되어 있는 데서 비롯한다. 동물은 육체화된 현재이다. 그래서 동물은 단지 현재 안에 이미 직관적으로 현존하는 대상하고만 상관하며, 따라서 공포와 희망의 극단적으로 짧은 감정밖에 모른다.

그런데 인간은 온 생애를 포괄하는, 아니 그것들까지 뛰어넘는 시야를 갖고 있다. 그런데 바로 이것으로부터의 귀결인데, 동물은 어떤 한 점에서는, 즉 현재를 평정하고 우울하지 않게 누린다는 점에서는 우리와 견주어서 정말로 총명해 보인다. 그것으로부터 나오는 누구에게나 명백한 동물의 속편한 상태는 사고와 걱정으로 흐트러지기 쉬운, 또 불만에 차기 쉬운 우리의 상태를 이따금 부끄럽게 만든다. 게다가 또 지금 말한 희망과 기대의 기쁨도 우리는 대가 없이 맛보는 것이 아니다. 즉 우리가 어떤 만족을 희망하고 기대하는 것으로서 이미 향락하고 있는 부분은 그 만족의 현실적 향락으로부터 선취된 것으로서 나중에 그 현실적 향락 때 그만큼 빠지기 때문에, 그것 자체가 주는 만족은 그만큼 적어진다. 그러나 동물은 그 반대로 향락의 선취로부터도, 따라서 향락의 이러한 공제로부터도 벗어나 있기에 현실적인 현재 그 자신을 고스란히 남김없이 누리고 있다. 우리의 경우에는 공포와 예견, 즉 이른바 재앙에 대한 예견 때문에 이 무게가 때때로 10배 정도로 느껴지는 것이다.

동물에게 특유한 현재에 대한 완전한 몰입이라는 바로 이것이 우리가 우리의 가축으로부터 얻는 기쁨의 꽤 커다란 부분을 형성하고 있다. 동물은 현재의 화신이다. 그리고 그것은 우리에게 번뇌로부터 해방된 맑은 시간이라는 것의 가치를 어느 정도까지 느끼게 해 준다, 우리 대부분은 자신의 사고 때문에 이런 시간을 그냥 지나치고 소홀히 하고 있지만. 그러나 동물이 우리 이상으로 단순한 현존재 속에서 만족을 찾고 있다는 앞서 말한 특성이 이기적이고 냉혈한 인간에 의해서 함부로 쓰여, 때때로 동물에게는 단지 공허한 현존재 말고는 아무것도, 철두철미하게 아무것도 주지 않는다는 정도로까지 쥐어짜내지고 있다. 즉 인간은 지구의 절반까지 날아다닐 수 있는 능력을 가진 새를 1평방피트의 공간 안에 가둬 두는 것이다. 그 안에서 새는 동경하고 부르짖으면서 서서히 죽음에 가까워간다. "새장 안의 새가 노래하는 것은 즐거워서가 아니라 분노 때문이다."[2] 뿐만 아니라 인간은 인간의 가장 충실한 친구인 저 매우 영리한 개를 줄에 매 놓는다! 그런 개를 봤을 때, 여태껏 나는 개에 대한 진심어린 동정과 그 주인에 대한 깊은 분노를 느끼지 않았던 적이 없다. 그렇기 때문에 나는 몇 년 전에 〈타임스〉에 보도되었던 그 사건을 떠올릴 때마다 참으로 만족스러운 기분이 드는 것이다. 커다란 개 한 마리를 줄에 묶어서 기르던 한 귀족이 어느 날 정원을 지나가다가 문득 생각나 개를 쓰다듬으려 했다. 그러나 그 개는 곧 달려들어 귀족의 팔을 위에서부터 아래까지 살을 물어뜯어 버린 것이다. 정말이지 그래도 싸다! 개의 입장에서는 이렇게 말하고 싶었을 것이다. "너는 내 주인이 아니다. 너는 나의 짧은 생애를 지옥으로 바꿔 버린 악마다." 누구든 개를 줄에 묶어 두는 모든 사람에게 바라건대 이런 운명이 찾아가기를!

이런 점으로 보아, 인간의 삶을 동물의 그것보다 고통스럽게 만드는 것은 고조된 인식력이라는 것이 우리에게 명백해졌다. 따라서 나는 이것을 한결 더 보편적인 원리로까지 환원함으로써 훨씬 넓은 전망을 획득할 수 있을 것이다.

인식은 그 자체로는 늘 고통을 떠난 것이다. 고통은 의지하고만 상관하며 의지가 억압받거나 방해받거나 차단되는 곳에 고통이 성립한다. 단, 고통이 느껴지기 위해서는 이러한 억압에 인식이 수반될 필요가 있다. 그것은 마치 빛은 그것을 비추는 물체가 공간 안에 존재하는 경우에만 공간을 비출 수 있는 것과 같다. 마찬가지로 음성은 반향을 필요로 한다. 일반적으로 음향은 진동하는 공기의 파동이 딱딱한 물체에 부딪쳐서 부서짐으로써만 멀리까지 들리게 된다. 고립되어 있는 산의 정상에서는 음향이 뚜렷하게 약해지는 것도 그 때문이고, 쉽게 말해서 문밖의 창가는 약한 인상밖에 주지 못한다. 바로 그처럼 의지의 억압도 고통으로 느껴지기 위해서는 인식에 그것을 수반할 필요가 있는 것이다. 단, 이 인식은 그 자체로는 모든 고통과 무관하다.

그런 까닭으로 육체적 고통부터가 신경 및 신경과 뇌의 연락을 조건으로 하

---

2) 새를 새장 안에 가둬두는 것도 동물학대이다. 엄청난 속도로 하늘을 날아다니는 은총을 자연으로부터 받은 이 생물을 1평방피트의 공간에 가둬 놓고 그 비명을 들으면서 자신의 귀를 즐겁게 하다니!

고 있다. 그렇기 때문에 손발의 일부가 손상되어도 거기서부터 뇌로 통하는 신경이 절단되어 있거나 또는 뇌 그 자체가 클로로포름으로 마비된 경우에는 그 손상이 느껴지지 않는 것이다. 또 그것과 완전히 같은 이유에서, 임종 때 의식이 사라지자마자 바로 거기에 이어서 일어나는 모든 경련은 고통 없는 것이라고 간주되는 것이다. 정신적인 고통이 인식을 조건으로 하는 것은 자명하다. 또 그 고통이 인식의 정도에 따라 증대해 가는 것도 쉽게 알 수 있다. 이는 앞서 말해 두었고, 또 나의 주저에서도(제1권, 56절) 증명해 놓았다. 따라서 우리는 이 모든 관계를 비유적으로 다음과 같이 표현할 수 있다. 의지는 현이고, 의지의 차단 또는 장해물은 그 현의 진동이며, 인식은 공명기이고, 고통은 소리이다.

위와 같은 점으로 보아, 단지 비유적인 것만이 아니라 식물 또한 어떤 고통도 느끼지 않는다—예컨대 의지가 이 둘 속에서 얼마나 많은 억압을 받고 있더라도—는 것은 자명하다. 반면 동물은 모두, 적충조차도, 고통에 대한 감수성을 갖고 있다. 왜냐하면 인식—예컨대 그것이 아무리 불완전한 것일지라도—이란 동물이 지닌 참된 성격이기 때문이다. 동물의 단계에 따라 인식이 고조될수록 그만큼 고통도 늘어간다. 따라서 이 고통은 가장 낮은 동물에서는 매우 경미하다. 그래서 이를테면 곤충이 모두 찢어져 겨우 내장만 붙어 있는 복부를 질질 끌면서도 먹이를 먹는 일도 일어날 수 있는 것이다. 그러나 가장 높은 단계의 동물의 경우에도 개념과 사고가 결여되어 있는 이상, 그 고통은 인간의 그것에 훨씬 미치지 못한다. 게다가 고통에 대한 감수성은 이성과 그 숙려의 힘에 따라서, 동시에 또 의지 부정의 가능성이 나타나게 되면서 비로소 그 정점에 다다를 수 있는 것이다. 만일 그런 가능성이 없다면 고통에 대한 이러한 감수성은 목적 없는 잔혹함이라는 이야기가 될 것이기 때문이다.

소년시절에 우리는 마치 연극의 막을 마주한 아이들처럼 무엇이 나올까 하는 즐거운 긴장된 기대감을 가지고 우리의 눈앞에 펼쳐진 생애의 앞에 서 있다. 무엇이 정말로 나올지를 모른다는 것은 일종의 행복이다. 그것을 알고 있는 사람은 가끔 그 아이들이 마치 무고한 범인이 사형선고 대신 그 반대인 생을 선고받았지만 그 판결이 과연 무엇을 뜻하는지 전혀 이해하지 못하는 것처럼 느껴질 것이다. 그럼에도 누구나가 고령에 이르기를 바라고 있다, 바꿔 말하면 다음과 같은 내용의 상태가 되기를 바라는 것이다.

"오늘은 몸 상태가 나빠, 앞으로는 날마다 상태가 나빠질 테지, 그리고 마지막으로 최악의 상태가 오는 거야."

태양이 그 운행 아래 비추는 모든 종류의 곤궁·고통·고뇌의 총계를 만일 우리가 어떻게든 우리에게 가능한 한에서 머릿속에 떠올린다면 아마 누군가가 이런 식으로 생각할 것이다. 차라리 태양이 지구상에도 달의 경우처럼 생명의 현상을 불러일으키지 못해서 지구의 표면도 달 표면처럼 지금도 동결상태에 있다면, 그 편이 얼마나 좋았을까 하고.

우리는 또한 우리의 인생을 무(無)라는 지복(至福)의 안정을 무의미하게 자극하는 일화라는 식으로 해석할 수도 있을 것이다. 그건 그렇다 쳐도, 그중 꽤 나은 삶을 산 사람이라도 오래 살면 산 만큼 더욱더 명료하게 다음의 것을 깨달을 것이다. 인생은 전체적으로 실망 아니 속임수라는 것, 또는 사기까지는 아니지만 일종의 대대적인 혼란의 성격을 띠고 있다는 것. 만일 두 명의 죽마고우가 평생에 걸친 이별 뒤에 서로 노인이 되어 재회한다면 지난날의 추억이 어려 있는 저마다의 얼굴을 바라보고 서로의 가슴속에서 솟아나는 가장 큰 감정은 인생 전체에 대한 완전한 실망의 감정일 것이다. 이 인생은 일찍이 소년시절의 장밋빛 서광 속에서 그토록 아름답게 그들의 앞에 펼쳐져 있었고 그토록 많은 것을 약속했는데, 그것이 가져다준 것은 얼마나 초라한가! 두 사람의 재회의 순간, 이런 감정이 너무나도 강하게 그들의 가슴을 사로잡아 그들은 그것을 입 밖으로 내어 말할 생각조차 하지 못한다. 두 사람은 그것을 서로 암묵리에 이해하고 있고, 그런 전제 아래 대화를 이어가는 것이다.

2대 또는 3대에나 걸친 인간의 세대를 살아온 사람이라면 마치 축제날 천막 안에 죽치고 앉아 온갖 종류의 마술사의 연기를, 그것도 그 연기가 두 번이고 세 번이고 잇달아 펼쳐지는 것을 보았던 사람과 같은 기분이 들 것이다. 즉 마술은 딱 한 번만 보도록 설계되어 있는 것으로, 장치를 알게 되어 신기함이 사라져 버리면 그것은 더는 아무런 인상도 주지 못하는 것임을 그는 깨닫는 것이다.

만일 인간이 무한한 공간 안에서 셀 수 없이 많이 빛나고 있는 항성의 무리를 바라보면서 요컨대 이 한없이 큰 장치도 곤궁과 비애의 무대요, 최상의 경우에도 지루함 그 밖의 아무것도 주지 않는 세계─적어도 우리에게 알려져 있는 표본으로 판단하는 한에서는 그렇다─를 비추기 위해서만 존재하는 것이라고 생각한다면 아마 미칠 것만 같은 생각이 들 것이다.

크게 부러워할 만한 사람은 아무도 없다, 크게 연민할 만한 사람은 수도 없이 많다.

인생은 힘들게 수행해야 할 과역이다. 이런 의미에서 defunctus(고인을 수식하는 말로, 과역을 다한 사람, 죽은 자라는 뜻)라는 것은 훌륭한 표현이다.

한번 생각해 보라. 만일 생식행위가 욕정에 수반된 요구가 아니라 순수한 이성적 고려의 일이라면 인류는 과연 그래도 계속 존속할 수 있을까? 오히려 누구나가 다가올 세대에게 깊은 동정을 느끼고 되도록 그들에게는 현존재의 짐을 지우고 싶지 않다고 생각하거나, 적어도 자신은 그런 짐을 무정하게 그들에게 지우는 짓은 하고 싶지 않다고 생각하지는 않을까?

세계는 그야말로 지옥이다. 그리고 인간은 한편으로는 그 속에서 고통당하는 망자이고, 다른 한편으로는 지옥의 귀신이다.

또한 나는 "너의 철학에는 위로가 없다"라는 목소리를 듣지 않으면 안 되는 것일까? ─나는 진리에 따라서 말하고 있는데 사람들은 주 하느님이 만물을 훌륭하게 빚으셨다는 이야기를 듣고 싶어 하기 때문이다. 그렇다면 교회에 가고, 철학자는 가만 놔두었으면 좋겠다. 적어도 철학자에게 그 교리를 여러분의 양식에 따라 재단해 달라는 요구는 삼가기 바란다.─물론 룸펜들, 사이비 철학자들이라면 그렇게 해 준다. 그들한테는 바라는 대로 교리를 주문할 수도 있을 것이다.[3]

범천(브라흐마)은 일종의 타죄 또는 타락에 의해서 세계를 창조했다. 그 때문에 그것을 보상하기 위해 그는 스스로 세계 안에 머물면서 세계로부터 구원될 날을 기다리고 있다고 한다.─훌륭한 일이다! ─불교에서는 참회를 통해 다다른 열반(니르바나)이라는 지복 상태의 창공 같은 맑음 속에서, 긴 고요함 뒤

---

3) 철학교수들의 낙관주의는 그 분야의 눈치를 봐서 생긴 것이어서, 이를 뒤집는 일은 쉽기도 하고 즐거움이기도 하다.

에, 불가해한 혼탁이 섞여 들어온 결과로서 세계가 발생했다고 본다. 즉 세계의 발생은 일종의 숙명에 따른 것이지만, 이것은 결국 윤리적으로 이해되어야 하는 것이다. 물론 이러한 이야기는 자연계 가운데에서도 이른바 원시성운—이것으로부터 태양이 형성된—의 불가해한 발생이라는 점에서 그것과 엄밀히 대응하는 형상과 유사성을 갖고는 있다. 그런데 세계는 그 뒤 윤리적 타락의 결과로 물질적으로도 차츰 악화일로를 걸었고, 마침내 그것은 현재의 슬픈 모습을 취하게 되었다고 한다. 훌륭하지 않은가! 그리스인들에게는 세계와 신들은 어떤 헤아릴 수 없는 필연성의 창작이다, —이런 사상도 현재의 요구를 충족시키는 임시방편으로서는 참을 수 있을 것이다. 오르마즈드(선한 신)는 아리만(악한 신)과의 끊임없는 전투 속에서 살고 있다. 이것도 한번 생각해 볼 가치가 있다. 그러나 여호와라는 신이 자신의 마음을 즐겁게 하기 위해서 곤궁과 비참의 이 세계를 창조해 놓고 "모든 것이 심히 좋았더라"[4] 하면서 혼자 박수갈채했다는 데는 참을 수가 없다. 이런 점으로 보아 유대교라는 것은 문명국민의 여러 종교 가운데 가장 낮은 위치를 차지하고 있다는 것을 알 수 있지만, 종교 가운데 영혼불멸의 교리를 전혀 갖고 있지 않은, 아니 그것의 어떤 흔적조차도 담고 있지 않은 유일한 종교가 이 유대교라는 것도 최하위의 종교로 치부되기에 마땅하다.

모든 가능한 세계 가운데 이 세계가 뭐니 뭐니 해도 최상의 세계라는 라이프니츠의 증명이 만일 옳다고 해도, 그것만으로는 아무런 변신론도 되지 못한다. 창조자가 단순히 세계만이 아니라 동시에 가능성 그 자체도 만든 이상, 가장 선한 세계가 가능해지도록 그 가능성을 만들었어야 하기 때문이다.

그런데 이 세계가 전지전능하고 대자대비하신 신의 걸작이라는 견해에 대해서는 한편으로는 이 세계에 가득한 비참이, 또 다른 한편으로는 누구의 눈에도 뚜렷한 불완전성이, 특히 세계의 제현상 가운데 완벽해야 할 인간의 우스꽝스러울 만큼의 추악한 상태가 한결같이 목소리 높여 반박의 외침을 부르짖고 있다. 여기에는 해소되지 않는 불협화가 있다. 그런데 우리는 이 세계를 우리 자신의 허물의 산물로서, 따라서 차라리 없는 편이 나은 것으로서 해석하

---

4) 《창세기》 1 : 31.

기 때문에, 지금 말한 사례는 이런 견해에라면 잘 들어맞고, 또 그것의 증명으로서 도움이 된다. 그런데 저 최초의 가정 아래에서는 그러한 사례는 창조자에 대한 엄격한 고발이 될 것이고 또 비웃음의 재료를 제공하는 것이지만, 우리의 나중의 가정 아래에서는 그러한 사례는 우리 자신의 본질과 의지에 대한 고발로서 나타나며, 우리를 겸손하게 만드는 역할을 하는 것이다. 그것들은 우리를 다음과 같은 동굴로 데리고 간다. 우리는 마치 난봉꾼의 자식 같은 존재로 이미 빚을 진 채로 이 세상에 태어났으며, 평생 이 빚을 힘들게 계속 갚지 않으면 안 된다는 바로 그 이유에서 우리의 현존재는 이토록 비참하고, 그 끝에는 죽음을 갖고 있다는 것. 일반적으로 볼 때 이렇게 많은 심각한 세계의 고뇌를 끌어내온 것은 세계의 무거운 죄업이라는 것만큼 확실한 것도 없다. 단, 이 경우 생각할 수 있는 것은 자연적인 경험적 연관성이 아니라 형이상학적 연관성이다. 이런 견해에서 보면, 오직 죄에 빠지는 이야기만이 나를 구약성서와 화해시켜 준다. 나에게 말하라고 한다면, 이 이야기야말로 구약성서 안에 들어 있는 유일한 형이상학적 진리—우화의 옷을 입고 등장하고는 있지만—이다. 주로 우리의 현존재는 다른 무엇보다도 어떤 실책 또는 형벌을 받을 만한 어떤 정욕의 소산과 매우 닮지 않았는가? 나는 사색적인 독자들에게 이 문제에 대한 클라우디우스[5]의 통속적이지만 뛰어나고 성실한 고찰을 추천하지 않을 수 없다. 이 고찰은 그리스도교의 본질적으로 염세적인 정신을 온 세상에 드러낸 것으로, "흙은 너 때문에 저주받을지어다"라는 제목 아래 《반즈베크의 전령》 제4부에 수록되어 있다.

인생의 지침이어야 할 확실한 자석을 늘 손에 쥐고 있고자 한다면, 또 절대로 헤매지 않고 인생을 늘 올바른 빛 아래 응시하고자 한다면, 그것을 위해 무엇보다도 도움이 되는 것은 이 세상을 속죄의 장소라고, 따라서 말하자면 하나의 형무소, 유형지라고 보는 습관을 길러야 한다. 이미 가장 오래된 철학자들이 이 세상을 힘든 일을 하는 곳이라고 불렀고,[6] 그리스도교의 교부들 사이에서는 오리게네스가 같은 말을 칭찬할 만한 대담함으로 주장했다.[7] 이런 사

---

5) 1740~1815. 독일의 시인.
6) 알렉산드리아의 클레멘스 《융단》(《잡록》), 제3권, 제3장.
7) 아우구스티누스 《신의 나라》, 제11권, 제23장.

람들의 이러한 견해는 참으로 그 이론적·객관적 보증을 단지 나의 철학뿐만 아니라 모든 시대의 철학에서, 즉 바라문교나 불교, 나아가서는 엠페도클레스나 피타고라스에서도 발견하고 있는 것이다. 또 키케로의 인용에 따르면,[8] 고대 현자들에 의해서, 그리고 밀의에 입문할 때, "우리는 전생에 저지른 저마다의 죄 때문에 벌을 받기 위해 이 세상에 태어난 것이다"라고 가르쳐졌었다. 가장 강하게 이를 말하는 것이 바니니[9]인데—이 사나이를 반박하기보다는 화형에 처하는 편이 빨랐을 것이다—, 그는 이렇게 말했다.

"인간은 너무나도 많고 심난한 고난으로 충만해 있어서, 만일 그리스도교에 반하는 것이 아니라면 과감히 나는 이렇게 주장하고 싶을 정도이다, —만일 악마라는 것이 존재한다면, 분명 그것은 인간의 몸 안으로 들어가서 자신의 죄 때문에 벌을 받고 있는 자들이 그것일 것이다."[10]

그러나 그리스도교에서도, 즉 올바른 의미에서의 순수한 그리스도교에서는 우리의 현존재는 어떤 죄의, 어떤 타락의 결과로서 해석되고 있는 것이다. 인간이 만일 지금 말한 습관을 들인다면 그는 인생에 대한 온갖 기대를 인생의 진상에 맞도록 갖게 될 것이다. 따라서 그는 인생의 여러 가지 재앙·고뇌·노고·곤궁을 그 크고 작음을 가리지 않고 이제 어떠한 변칙적이고 예상치 못했던 것으로 간주하지 않고 매우 마땅한 것이라고 생각하게 될 것이다. 생각건대 그는 이 지상에서는 사람마다 각양각색의 방식으로 자신의 현존재 때문에 벌받고 있다는 것을 알고 있기 때문이다. 인간이 이 세상에서 발견하는 사교생활도 이 형무소에서의 괴로움 가운데 하나이다. 이곳에서의 사교생활이 어떠한 것인지는, 어떤 의미에서 좀더 좋은 사회에 어울리는 사람이라면 내가 말하지 않더라도 알고 있을 것이다. 그중에서 특히 아름다운 영혼이라든가 천재 등은 때때로 이런 사회 속에서는 마치 죄수들이 탄 배 안에서 일반 범죄자들과 섞여 있는 고결한 국사범 같은 기분이 들 것이다. 그래서 그들은 마치 이 국사범처럼 고독을 구하는 것이다. 어쨌거나 이와 같은 견해를 취함으로써 일반적으로 우리는 흔히 말하는 이런저런 불완전, 즉 대부분의 인간의 윤리적으로나 지성적

---

8) 《철학단편》, 제12권, 316쪽, 비폰티움판.
9) 루칠리오 바니니(1585~1619). 이탈리아 철학자, 무신론자.
10) 《자연계의 경이로운 신비에 관하여》, 대화편.

으로나 비열한 상태—그것에 따라서 인상까지 그렇게 되는—를 의심하지 않고, 더군다나 분노도 느끼지 않고 바라볼 수 있게 된다. 즉 우리는 우리가 처한 입장을 늘 염두에 두게 되며, 따라서 누구를 보더라도 먼저 그 사람은 자신의 죄의 결과로서만 존재하고 있고 그 사람의 생애는 그 탄생 때 지고 온 빚의 변상이었다는 식으로 보게 되는 것이다. 바로 이것이 그리스도교에서 인간의 죄성이라고 부르는 것의 본질을 이룬다. 따라서 또한 그것이 이 세계에서 우리가 우리의 동류로서 만나는 존재자의 바탕인 것이다. 또 이런 사정도 있다. 사람들은 이 세계의 근본적 성질의 결과 대개의 경우 많든 적든 고뇌와 불만의 상태 속에서 자신을 발견하고 있는데, 이런 상태는 그들을 동정적이고 애정 많은 사람으로 만들기에 알맞은 것이라고는 말할 수 없다. 마지막으로 그들의 지성이란 거의 예외 없이 자신의 의지에 대한 봉사에 가까스로 적합한 정도의 것이다. 그래서 우리는 이제껏 말한 것에 따라서, 이 세상 안에서의 사교생활에 대한 우리의 요구를 가감하지 않으면 안 된다. 이러한 관점을 지켜나가고 있는 사람이라면 사교에 대한 충동을 일종의 나쁜 성향이라고 부르기도 할 것이다.

인생을 견뎌가려 하는 자에게, 해악과 인간을 태연히 견뎌가려 하는 자에게 다음과 같은 불교의 훈계보다 더 유익한 것은 또 없을 것이다. "이것은 삼사라(Samsara) 윤회이다. 즉 이것은 색욕과 탐욕의 세계이며, 생로병사의 세계이다. 바꿔 말하면 이것은 본디 있어서는 안 되는 세계인 것이다. 그러나 이 세계에 있는 것은 윤회하는 종족이다. 그렇다면 너희는 그곳으로부터 좋은 어떤 것을 기대할 수 있으리라." 나는 모든 사람이 이 말을 하루에 네 번씩 그 의미를 곱씹으면서 반복하도록 권하고 싶다.

정말이지 세계는, 따라서 인간은 본디 있어서는 안 되었던 어떤 것이라는 확신은 서로에 대한 관용의 마음으로 우리를 채워 주기에 충분하다. 그러한 속성 아래 있는 존재자로부터 우리가 과연 무엇을 기대할 수 있겠는가? 그렇다, 이러한 관점에서 보면 인간 서로간의 호칭도 무슈(Monsieur)라든가 써(sir)가 아니라 "고뇌의 벗이여"라고 하는 편이 정말 적절하지 않나 하는 생각도 들 것이다. 이 말이 아무리 기묘하게 들릴지라도 이 말이야말로 사태에 즉응하는 것이며,

타인의 위에 가장 알맞은 빛을 던져주고 있고, 또 무엇보다도 중요한 것, 즉 관용·인내·동정·이웃애를 상기시켜 준다. 이것들은 누구나가 필요로 하는 것이며, 따라서 누구나가 이것들에 대한 의무를 지고 있는 것이다.

이 세계의 사물의 특질, 특히 인간 세계의 특질은 앞에서 때때로 언급했듯이 불완전성이라는 데에 있다기보다는 오히려 왜곡성이라는 데에 있다. 윤리적으로나 지적으로나 육체적으로나 모든 영역에서 그렇다.

많은 죄악에 대해서 이따금 "뭐니 뭐니 해도 이것은 인간의 본성이니까"라는 변명을 듣곤 했지만, 이런 변명은 결코 충분하다고 할 수 없다. 그에 대해서 우리는 오히려 이렇게 대답해야 할 것이다. "그것이 악이라는 바로 그 이유에서 그것은 인간의 본성이고, 그것이 인간의 본성이라는 바로 그 이유에서 그것은 악이다." 이를 바르게 이해하기 위해서 우리는 원죄의 교리의 의미를 인식하고 있지 않으면 안 된다.

개개의 인간을 평가할 때 우리는 늘 다음과 같은 관점을 지켜나가야 한다. 그 사람의 바탕을 이루는 것은 본디 결코 있어서는 안 되었던 어떤 것이고, 어떤 죄 있는 것, 전도된 것, 즉 원죄 아래 이해되었던 것, 그 때문에 그가 죽음의 손에 맡겨지게 된 그것이라는 것. 이렇게 근본적인 악의 성질은 누구나가 다른 사람의 시선을 받는 것을 싫어한다는 사실 속에도 그야말로 특징적으로 드러나 있다. 그런 존재자로부터 우리는 과연 무엇을 기대할 수 있을까? 그러므로 우리가 만일 이런 관점에서 출발한다면, 개개 인간을 평가할 때의 우리의 태도도 좀 더 신중해질 것이다. 그리고 만일 그의 안에 숨어 있는 악마가 언젠가 눈떠서 얼굴을 내밀게 되더라도 우리는 그리 놀라지도 않을 것이고, 또 그럼에도 지성의 결과나 그 밖에 어떤 이유로 선이 그의 안에서 발견되기라도 하면 그것을 이제까지보다 한층 높이 평가할 수 있게 될 것이다. 그리고 또 우리는 그의 처지를 잘 헤아려 주지 않으면 안 된다. 즉 인생은 본질적으로 곤궁의 상태 또는 종종 비참의 상태이며, 사람마다 자신의 생존을 위해 악전고투하지 않으면 안 되기 때문에 그렇게 늘 좋은 표정만 하고 있을 수는 없다는 것을 염두에 두지 않으면 안 된다. 그러나 만일 그 반대로 모든 낙천적인 종교나 철학이 상정하려 하듯이 인간은 신의 작품, 아니 그 화신이기조차 하다면, 그리고 일반적으로 인간이라는 것은 그것이 실제 그렇듯이 어떤 의미에서도 그런 존재이고 또 그런 존재여야 한다고 한다면, 개개 인간과의 첫 대면, 깊어가는 관계, 지속되는 교제로써 우리에게 주어지는 인상은 현재 그러한 것과는 얼마나 다른 것이지 않으면 안 될 것인가![11]

"용서한다는 말은 모든 사람에게 해당하는 것이다"(셰익스피어 《심벨린》 5막 5장). 인간의 어떠한 어리석음, 결점, 죄악에 대해서도 우리는 배려해야 한다. 지금 우리가 눈앞에서 보는 것은 사실 우리 자신의 어리석음, 결점, 죄악이지 않은가? 본디 그것들은 우리 자신도 귀속되어 있는 인류의 결점이므로, 그 인류의 모든 결점은 우리의 몸에도 있는 것이다. 그러므로 우리가 바로 지금 그에 대하여 분개를 느끼고 있는 그 결점도 실은 우리가 갖고 있는 것이고, 단지 그것이 바로 지금 우리에게는 나타나지 않는다는 그 이유만으로 다른 사람에게 분개하고 있는 데 지나지 않는다. 즉 그러한 결점은 지금은 겉으로 드러나 있지 않고 저 밑바닥에 숨어 있지만, 조금이라도 기회가 있으면 바로 지금 우리가 그것을 타인에게서 보고 있는 식으로 떠올라 모습을 드러내는 것이다. 물론 어떤 사람에게서는 특히 이 결점이, 또 다른 사람에게서는 다른 결점이 유난히 도드라지는 일은 있을 수 있다. 또는 모든 악한 성질의 총량이 어떤 사람에게서는 다른 사람의 경우보다 훨씬 많다는 것도 부정할 수 없다. 왜냐하면 개성의 차이는 헤아릴 수 없을 만큼 크기 때문이다.

---

11) 개개 인간을 평가할 때의 올바른 척도는 다음과 같다. 본디 그라는 인간은 결코 존재해서는 안 되었던 존재자이고, 그는 온갖 고난과 그리고 마지막으로는 죽음에 의해서 자신의 현존재를 속죄하고 있다는 것. 이런 존재자로부터 대체 우리는 무엇을 기대할 수 있겠는가? 본디 우리 모두는 사형을 선고받은 죄인이 아닌가? 우리는 우리의 탄생의 속죄를 첫째로는 살아 감으로써, 둘째로는 죽음으로써 하고 있는 것이다. 원죄도 이것을 우화적으로 표현하고 있다.

독서

말과 단어에 대하여

동물의 목소리는 의지의 흥분과 활동을 표현하는 데 쓸모가 있을 뿐이지만, 인간의 목소리는 인식을 표현하는 데도 쓸모가 있다. 몇몇 새의 지저귐만은 별개지만, 동물의 울부짖음이 늘 우리에게 불쾌한 인상을 주는 것은 이와 관련이 있다.

인간의 언어가 생겨났을 때, 감탄사가 가장 먼저였다는 것은 틀림없이 확실하다. 이것은 개념을 나타내는 것이 아니라, 동물의 목소리처럼, 여러 감정—즉 의지의 온갖 움직임—을 표현하는 것이다. 이윽고 감탄사에도 다양한 종류가 생겨서 그 차이에 따라 명사·동사·인칭대명사 등으로 옮겨갔던 것이다.

인간의 언어는 가장 오래가는 소재이다. 시인이 그 순간의 감흥을 적절한 말로 구상화하면, 그것은 말 속에서 수천 년 동안이나 살아가면서 감수성 풍부한 모든 독자의 마음속에서 새로이 움직인다.

잘 알려져 있다시피 언어는, 특히 문법 면에서는 오래된 것일수록 완전하고, —고도의 산스크리트어에서부터, 재질이 서로 다른 천쪼가리를 누덕누덕 기워만든 사상의 옷이라 할 수 있는 영어 같은 허술한 언어에 이르기까지, 단계적으로 점점 형편없는 것이 되어 간다. 우리의 낙관론자는 찌푸린 얼굴에 미소를 지으며 "인류는 끊임없이 좀더 좋은 것을 향해서 진보한다" 부르짖으면서, 다리가 둘 달린 종족의 참담한 역사를 그런 식으로 전환시키려고 생각하지만, 인류의 언어의 정도가 갈수록 이렇게 추락해 가는 것은 그들 낙관론자들이 좋아하는 이론에 대한 쉽지 않은 반증일 뿐만 아니라, 하나의 풀기 어려운 문제이기도 하다. 자연의 태내로부터 어찌됐든 태어난 최초의 인류가 유치하고 완전한 무지의 상태에 있었고, 따라서 막돼먹고 거칠었다고 생각하지 않을 수 없는이상, 도대체 이런 종족이 어떻게 해서 그렇게 고도로 기교적인 말의 건축, 복잡하고도 다양한 문법상의 형식을 고안해낼 수 있었겠는가? 어휘상으로는 차츰 한데 모이면서 불어난 것이라고 생각하더라도 어려운 문제이다. 한편 우리는 어느 나라의 자손이든지 부모의 말을 물려받는 것만으로도 단지 천천히 작은 변경을 꾀할 뿐이라는 것을 보고 있는 것이다. 그런데 이렇게 세대를 거듭해 가는 사이에 언어가 문법적으로 완전해져 가기는커녕 앞서 이야기했듯이 그 정반대인 것은 경험이 가르쳐주는 대로이다. 즉 언어란 것은 점점 간단해지고, 악화되어 간다.

여러 관점이 있지만, 언어의 생명은 식물의 생명과 비슷하다고 가정해야 할 것인가? 식물은 단순한 배아종에서 발생한 그리 눈에 띄지 않는 어린싹이 점점 자라 절정에 달했다가 거기에서 내리막길이 되면서 나이를 먹는데, 언어의 경우, 우리가 알고 있는 것은 이 내리막길뿐으로, 그 이전의 성장에 대해서는 알지 못한다고 생각해야 할까? 이것은 단지 비유적인, 게다가 매우 자의적인 가설이다—비유이긴 하나 설명은 되지 못한다! 설명할 수 있는 가정 가운데에서 가장 그럴싸해 보이는 것은 인간이 언어를 본능적으로 고안해 냈다는 설이다. 즉 인간에게는 본디 하나의 본능이 있었고, 이 본능에 따라서 이성을 사용하는 데 꼭 필요한 도구이자 기구인 언어를 반성과 자각적인 의도 없이 고안해 냈지만, 언어가 일단 존재하고 본능도 사용하지 않게 되자 이 본능은 세대를 거듭해 가는 사이에 점차 잃어버리게 되었다는 설이다. 예를 들어서 꿀벌이나 말벌이나 비버의 집, 참으로 다종다양하고 목적에 알맞은 모양을 한 새둥지 따위처럼 모두 단지 본능에서 만들어진 것이 저마다 고유한 완전성을 갖추고 있고, 그 목적이 요구하는 바를 정확하게 충족시키고, 또 그 기능을 하고 있다는 것으로부터 우리는 거기에 숨어 있는 깊은 지혜에 놀라는 동시에, —최초의 근원적인 언어도 사정은 마찬가지여서, 모든 본능의 작용에서 보이는 저 고도의 완전성을 갖추고 있는 것이다. 이 완전성의 자취를 따라가 그것을 성찰과 또렷한 자각의 빛으로 가져오는 것이 이윽고 몇천 년 뒤에 등장하는 문법의 일이다.

수나 국어를 학습하는 것은 간접적인 교양수단일 뿐만 아니라, 하나의 직접적인, 깊이 파고들어 가는 정신의 교양수단이다. 그래서 카를 5세도 "국어를 많이 알면 알수록, 그만큼 더 인간이 될 수 있다"고 말했던 것이다. 이는 다음에서 말하는 이유에 근거한다.

어떤 국어가 갖고 있는 모든 단어에 대하여 반드시 다른 국어에 엄밀하게 같은 가치를 가진 단어가 있는 것은 아니다. 즉 갑의 국어의 단어가 나타내는 개념이 을의 국어에서 쓰이는 단어의 개념과 정확하게 모두 똑같지는 않은 것이다. 물론 대부분은 비슷하고, 때로는 놀랄 만큼 정확하게 일치하는 경우도 없지는 않다. 이를테면 그리스어의 σύλληψις(파악·수태)와 라틴어의 conceptio, 독일어의 Schneider(재봉사)와 프랑스어의 tailleur의 경우이다. 그러나 대부분은 비슷한 유사개념에 머물며, 어떠한 수정이나 변화에 의해서 다른 개념이 되는 경우가 이따금 보인다. 내가 의미하는 바를 명료하게 이해하기 위해서는 먼저 다음과 같은 예가 도움이 될 것이다.

그리스어의 ἀπαίδευτος(교양 없는), 라틴어의 rudis(무식한), 독일어의 roh(미개한).

그리스어의 ὁρμή(돌격), 라틴어의 impetus(쇄도), 독일어의 Andrang(대혼란).

그리스어의 μηχανή(도구), 독일어의 Mittel(수단), 영어의 medium(매개).

이탈리아어의 seccatore(성가신 사람), 독일어의 Ouälgeist(골칫덩이), 프랑스어의 importun(끈질긴 사람).

프랑스어의 ingénieux(솜씨 좋은), 독일어의 sinnreich(센스 있는), 영어의 clever(눈치 빠른).

독일어의 Geist(정신), 프랑스어의 esprit(소질), 영어의 wit(재치).

독일어의 witzig(익살스러운), 라틴어의 facetus(재치 있는), 프랑스어의 plaisant(유쾌한).

프랑스어의 malice(심술궂음), 독일어의 Bosheit(악의), 영어의 wickedness(사악함).

이 표에는 그 밖에도 더 많고 더 적절한 예를 더할 수 있을 것이다.

어떤 개념을 나타내는 단어가 대부분의 국어, 아니 다른 모든 국어에서 발견되는데 어떤 국어에는 없는 경우가 때때로 있다. 그중 가장 부끄러운 예는 프랑스어에는 독일어의 stehen에 해당하는 "서 있다"라는 동사가 없다는 것이다. 또 몇몇 개념에는 어떤 국어에서만 그것을 나타내는 단어가 있고, 다른 국어는 그것을 바꿔 쓰는 경우도 있다. 라틴어의 affectus(기분), 프랑스어의 naïf(소박한), 영어의 comfortable(기분 좋은), disappointment(실망), gentleman(신사) 말고도 많다. 또 외국어를 사용해서 어떤 개념을 나타내면, 우리 국어에는 없는 어떤 뉘앙스, 우리가 생각하는 개념과 정확히 일치하는 뉘앙스를 나타내는 경우도 이따금 있다. 그러면 자신의 사상을 정확하게 표현하고자 하는 사람은 누구든 좀스러운 국어정화론자의 잔소리 따위에 눈치보지 않고 그 외국어를 쓰게 될 것이다. 어떤 국어에서 다른 국어에 있는 개념과 똑같은 의미를 특정 단어로 나타내지 못할 경우, 사전은 서로 비슷한 몇 개의 표현으로 이것을 재현해 준다. 이를테면 라틴어의 honestum(기품 있는)을 독일어로 번역할 경우에는 wohlanständig(예절 바른), ehrenwert(명예로운), ehrenvoll(영예로운), ansehnlich(신망 있는), tugendhaft(유덕한)과 같은 낱말을 쓰게 되고, 그리스어의 σωφρων(사려 있는)과 같은 단어도 비슷한 방법으로 번역하게 될 것이다.[1] 모든 번역에 어쩔 수 없이 있기 마련인 결함도 여기에서 비롯한다. 개성 있고 함축적이고 의미심장한 문장은 어떤 하나라도 원문과 정확하고 완벽하게 똑같은 효과를 발휘하도록 다른 국어로 옮기는 것은 거의 절대로 불가능하다. 시는 번역할 수 있는 것이 아니며, 시의 형태로 재구성할 뿐이다. 이것은 틀림없이 말도 안 되는 일이다. 단순한 산문이라도, 아무리 잘된 번역이라도, 그 원전과 비교하면 고작해야 어떤 악보를 다른 멜로디로 옮긴 경우와 같다. 음악전문가라면 조옮김이 어떤 것인지 모두 알고 있다. 따라서 모든 번역은 죽은 것이며, 그 문체는 억지스럽고 어색하고 부자연스러워지거나, 또는 원전을 떠나 거기에서 대충 만족하거나이다. 즉 틀렸다는 것이다. 번역물 도서관은 복제품만 가득한 화랑과 비슷하다. 고대 작가들의 번역에 이르러서는, 진짜 커피에 대한 치커리 커피 같은 단순한 대용품이다.

따라서 어떤 국어를 배울 때 가장 어려운 점은 그 국어에는 있지만 자신의 국어에는 그것에 정확히 대응하는 단어가 없는 경우, 게다가 흔한 일로서 그

---

1) 그리스어의 σωφροσυνη(사려분별)에 정확히 들어맞는 단어는 그 외 다른 국어에도 없다.

말이 나타내는 개념도 하나하나 알지 않으면 안 된다는 점에 있다. 따라서 어떤 외국어를 배울 때는 자신의 마음속에서 완전히 새로운 개념의 영역을 수없이 설정해야 하며, 이제까지 없었던 곳에 새로운 개념의 분야가 생기는 것이다. 즉 단어만 배우는 게 아니라 여러 개념을 얻게 된다. 이는 특히 고전어를 배우는 경우에 그렇다. 고대인의 표현방식은 근대어가 서로 다른 것 이상으로 우리의 표현방식과 무척 다르기 때문이다. 이는 자신의 문장을 라틴어로 번역할 때, 원문과는 전혀 다른 표현을 하지 않으면 안 되게 되는 것에서도 볼 수 있다. 그뿐만 아니라 대부분의 경우, 라틴어로 표현하려다 보면, 그 사상을 최후의 성분으로 분해했다가 재구성하는 식으로 일단 완전히 녹였다가 재주조할 필요가 생긴다. 우리가 고전어를 배워서 크게 공부가 되는 것은 바로 이 점에 있다. 이는 문장 전체에 대해서도 말할 수 있는데, 지금부터 배우려는 국어의 단어를 하나하나 자신의 국어의 단어로 번역해 놓고 본디 단어와 일치하지도 않는 개념으로 생각하려 해서는 안 되고, 먼저 이제부터 배우려는 국어의 단어 하나하나가 나타내는 개념을 모두 올바로 이해한 다음에 그 개념으로 직접 생각하게 되어서야 비로소 그 새롭게 배운 말의 정신을 이해했다고 할 수 있으며, 그 말을 하는 국민을 먼저 알아야만 크게 한 발짝 다가간 셈이 된다. 그 나라의 말과 그 국민의 정신의 관계는 문체와 개인의 정신의 관계와 다르지 않기 때문이다.[2] 그러나 어떤 국어를 완전히 이해했다고 할 수 있는 것은 단지 책을 몇 권 번역하는 정도로는 안 되고, 자기 자신을 그 나라의 말로 옮길 수 있는 능력이 있다는 것, 즉 자신의 개성을 잃지 않고 직접 그 나라의 말로 자신의 생각을 전달할 수 있고 그것을 외국 사람들도 자기 나라 사람들과 완전히 똑같이 이해하면서 읽을 수 있게 되어야만 비로소 그렇게 말할 수 있는 것이다.

능력 없는 사람은 한 개의 외국어라도 정말로 체득하려면 쉽지 않을 것이다. 물론 단어는 외우겠지만, 언제나 그것을 자신의 모국어에 있는 대강 비슷한 단어의 의미로 쓰고 있을 뿐이며, 모국어 표현에 고유한 의미를 여전히 간직하고 있는 것이다. 즉 그들은 중요한 그 외국어의 정신을 체득하지 못하는 것이다. 이렇게 되는 근본 원인은 그들의 사색 그 자체가 독립해 있지 못하고 대부분은

---

2) 몇몇 나라의 근대어를 진실로 알고 있고 그것을 술술 읽을 수 있는 일은, 그렇지 않은 경우에는 어떤 사람이라도 피할 수 없는 국민적 편협을 벗어나는 하나의 수단이다.

모국어에서 빌려온 것이고, 그 낡은 관용구나 표현이 그들 자신의 사상을 대신하고 있는 데에 있다. 그들은 자기 나라의 말로 글을 쓸 때도 언제나 닳고 닳은 관용구(영어에서 말하는 hackney'd phrases(상투구), 프랑스어의 phrases banales(진부한 문구))밖에 쓰지 않는다. 더구나 그것들을 늘어놓는 방식은 참으로 형편없어서, 그들은 그 의미를 하나도 이해하고 있지 못하다는 것, 그들의 사색 전체가 그 말의 범위를 벗어나지 못한다는 것, 앵무새의 수다의 범주를 벗어나지 못한다는 것이 훤히 보이는 것이다. 그와는 정반대의 근거에서 어떤 사람이 쓰는 표현이 모두 개성적으로 정확히 들어맞고 독창적일 때, 그것은 뛰어난 정신이 틀림없다는 표시인 것이다.

위와 같은 모든 점으로부터 여러 가지가 명확해진다. 즉 모든 외국어를 학습할 때는, 새로운 문자가 의미를 띠기 시작하듯이 새로운 개념이 만들어진다는 것, 지금까지는 한 개의 단어밖에 없어서 뭉뚱그려 매우 포괄적인, 즉 어렴풋한 개념이던 것이 세분화되기 시작한다는 것, 외국어 특유의 형상적 표현 또는 은유로써 개념이 제시되기 때문에 이제까지 몰랐던 다양한 관계가 발견된다는 것, 따라서 여러 사물의 한없이 복잡한 뉘앙스·유사성·다양성·상관성이 새로 배운 언어를 매개로 해서 자각되기 시작한다는 것, 즉 온갖 사물에 대해서 훨씬 여러 관점의 견해가 얻어진다는 것 등이다. 그리하여 말이 다르면 사고방식도 달라지고, 저마다의 국어를 배우면 자신의 사색도 새로운 수정과 색깔을 얻게 되며, 따라서 수많은 국어에 능통하다는 것은 간접적으로 이런저런 이익이 많을 뿐만 아니라 정신의 직접적인 교양수단도 되는 것이다. 다국어주의는 개념에 다양한 뉘앙스를 가져다줌으로써 우리의 견해를 수정하거나 완전하게 만들어주는 동시에, 많은 말을 외움으로써 개념이 말에 얽매이지 않게 되고, 사색의 민활함을 늘려주기 때문이다. 고전어는 근대어와는 비교도 되지 않을 만큼 이런 역할을 다해 준다. 그것은 고전어가 우리의 말과 매우 다르기 때문인데, 따라서 단지 단어와 단어를 재배치하여 재현시키는 손쉬운 방식은 허락하지 않고, 우리의 사상 전체를 녹여 다른 형태로 다시 만들지 않으면 안 되기 때문이다(이것이 고전어 학습이 중요한 수많은 이유 가운데 하나이다). 바꿔 말하면(과학적 비유를 들자면), 근대어 사이의 통역의 경우는 고작해야 번역하고자 하는 문장을 그것에 가까운 성분으로 분해했다가 재구성하는 정도밖에 요구하지 않지만, 라틴어로 옮기는 경우는 가장 거리가 먼 궁극의 성분(순수한 사상내용)으로 분해한 다음에 전혀 다른 형식으로 재생하는 작업이 요구되는 것이다. 그래서 이를테면 원문에서는 명사인 것도 라틴문에서는 동사로 표현하거나 그 반대의 방식을 취하는 등의 조치가 필요한 것이다. 고전어를 근대어로 옮길 때도 같은 절차가 취해진다. 이것만 봐도 그런 번역을 사용해서 고전작가와 가까워지더라도 진짜와 얼마나 멀리 떨어져 있는 것인가는 예측된다.

어학공부에 따른 이러한 이점을 그리스인들은 갖고 있지 않았다. 덕분에 시간은 크게 절약했지만, 그들은 그 시간을 그다지 경제적으로 쓰지도 않았다. 노예가 아닌 자유로운 사람들이 날마다 시장을 어슬렁댔던 것이 그 증거이다. 그것은 이탈리아의 거지들을 비롯해 이탈리아인들이 광장에서 지내던 모습을 떠올리게 한다.

마지막으로, 앞서 이야기한 것으로부터 쉽게 알 수 있는 것은 문법의 완전성 면에서 우리의 말을 훨씬 능가하는 고전어를 사용해서 고대인들의 문체를 모방해 보는 것이 자신의 사상을 모국어로 유려하고 완전하게 표현하는 밑준비로서 가장 좋은 수단이라는 것이다. 이는 위대한 문필가가 되기 위해서는 꼭 필요하다, —그것은 마치 그 길에 막 들어선 조각가나 화가가 자신의 작품을 제작하기 전에 고대의 작품을 본떠 연습하는 것이 필요한 것과 같다. 라틴문을 씀으로써만 우리는 표현법을 하나의 예술품으로 다루는 법을 배운다. 표현법의 소재는 말이다. 그러므로 말은 고도의 주도면밀함과 신중함으로 다뤄야 한다. 그리하여 이제 말과 그 배열과 문법적 형태와 같은 것이 갖는 의의와 가치를 한층 더 예의 주시하게 된다. 우리는 이러한 것의 무게를 정확하게 재는 법을 배우고, 가치로 가득한 사상을 간직하고, 이를 표현하는 데 도움이 되는 귀중한 소재인 말을 다루는 법을 배우는 것이다. 또 자신이 글을 쓸 때 사용하는 말을 존경하는 법을 배우므로, 이것을 재구성해 보겠다는 건방진 태도는 버리게 된다. 이런 예비문을 통과하지 않으면 글쓰기는 자칫 헛된 이야기로 추락하고 마는 것이다.

라틴어를 모르는 사람은 안개 낀 날에 아름다운 경치를 바라보는 사람과 닮았다. 그 시야는 몹시 좁아 또렷이 보이는 것은 코앞에 있는 것뿐이고, 두세 발짝 앞은 뿌옇고 흐려서 종잡을 수가 없다. 그러나 라틴어를 할 줄 아는 사람의 시야는 멀리까지 닿아서, 근대의 수세기를 넘어 중세, 고대에 미친다. 그리스어, 그뿐만 아니라 산스크리트어까지 할 줄 안다면 시야가 훨씬 더 넓어지리란 것은 말할 것도 없다. 라틴어를 모르는 사람은 예컨대 그 사람이 발전기의 대가이고 화로 속의 형석(螢石)과도 같은 재능을 갖고 있다 하더라도 한낱 대중이다.

고귀한 게르만인들이여, 그대들의 저술가는 라틴어도 알지 못하니, 이윽고 그대들은 수다스러운 이발소의 도제를 상대하는 것과 다를 바가 없어질 것이다. 그들은 이미 프랑스식의 경쾌한 표현으로 으스대고 있다. 그대들이 그런 속되고 고약한 것으로 기우는 이상, 앞으로도 속악을 보게 될 뿐이다. 그리스의 작가, 그뿐만 아니라 (입에 담기도 무섭다!) 라틴어 작가의 작품에 독일어로 주를 단 판본이 최근 뻔뻔하게 햇빛을 보고 있는데, 이것은 엄연한 태만의 간판, 무지의 온상이다! 이 얼마나 파렴치한가! 중간중간 자꾸만 모국어를 말한다면 학생들이 무슨 수로 라틴어를 공부할 수 있겠는가? 그렇기 때문에 "학교에서는 라틴어로만 말하라"는 것은 예로부터 있어 온 좋은 규칙이었다. 선생들은 라틴어를 술술 쓰지 못하고 학생들은 술술 읽지 못한다는 것, "그것이 또한 우스운 점이다."[3] 마음대로 해라. 결국에는 태만과 그 딸인 무지가 그 속에 감춰져 있을 뿐, 무슨 뾰족한 수가 있는 것도 아니다. 그러나 창피한 일이다! 한쪽은 전혀 공부하지 않았고, 다른 한쪽은 공부할 마음이 없다고 한다. 궐련을 피거나 맥주를 기울이는 것이 오늘날 박식을 내쫓아 버린 것이다. 다 큰 어린아이를 위한 그림책이 예술지를 대신해 버렸듯이.

프랑스인들은, 아카데미도 포함해서, 그리스어에 모독적인 태도를 취하고 있다. 즉 그리스어를 채용해 놓고 그것을 기형으로 만들고 있는 것이다. ai라는 복모음이 그리스어와 똑같이 발음되는 것은 프랑스어뿐인데, 그들은 ai를 비롯한 그리스어에서 온 단어를 이를테면 Etiologie(병원학), Esthétique[4](미학) 등으로 쓰고, bradype(나무늘보속), Oedipe(오이디푸스), Andromaque[5](안드로마케)라고 쓴다. 즉 그들의 그리스어 철자는 프랑스 농부의 아들이 우연히 이런 그리스어 단어

---

3) 셰익스피어 《윈저의 즐거운 아낙네들》 제2막 제1장.
4) etiologie의 어원은 그리스어 αἴτιος(원인), esthétique는 αἴσθησις(감각).
5) bradype의 어원은 βραδύς(게으른), Oedipe는 Οἰδίπους이고, Andromaque는 Ἀνδρομάχη.

를 누가 말하는 것을 주워듣고 적은 것과 같은 식이다. 이런 것은 만일 프랑스 학자들이 자신들을 그깟 그리스어쯤은 알고 있다는 식으로 보이고 싶다면, 얌전히 그만두는 편이 좋을 것이다. 프랑스어(매우 불쾌한 방식으로 이탈리아어를 해체해 버려서 길고 역겨운 어미와 콧소리를 갖게 된 말)는 그 자체로만 보면 그야말로 어려운 특수용어에 지나지 않는다. 그런데 이런 말 때문에 고귀한 그리스어가 뻔뻔하게 훼손되는 것을 보는 것은 마치 커다란 서인도산 거미가 아름다운 벌새를 잡아먹거나 두꺼비가 나비를 잡아먹는 것을 보는 것과 같은 광경이다. 프랑스의 아카데미 회원들은 언제든 서로에게 mon illustre confrère(나의 고귀한 동료)라는 존칭을 쓰는데, 이 존칭은 특히 멀리서 들으면 참으로 당당한 효과를 올리지만, 그럼에도 내가 고귀한 동료 여러분에게 바라고 싶은 것은 이 문제를 한 번 곰곰이 생각해 주었으면 하는 것이다. 즉 그리스어는 그냥 그대로 놔두고 여러분 자신의 특수용어를 쓰든가, 아니면 그리스어를 쓰겠다면 쓰되 훼손하지 말든가, 둘 중 하나를 해 주었으면 하는 것이다. 특히 이런 식으로 그리스어를 왜곡해 버리면, 본래의 그리스어를 짐작해서 수수께끼 같은 표현의 참뜻을 해석하기가 매우 어려워지기 때문이다. 그리스어와 라틴어를 서로 연결하는 매우 야만스러운 방식이 프랑스 학자들 사이에서 행해지고 있는데, 이것도 그중 하나이다. 예컨대 pomologie[6](과수재배학)와 같은 합성어이다. 나의 고귀한 동료들이여, 이건 이발소의 도제 같은 냄새가 난다. 나에게는 이런 것을 비난할 권리가 완전히 있다. 학자공화국에서는 정치적 국경이 자연의 지리학만큼 복잡하지 않고, 언어의 경계는 무학자에게밖에 존재하지 않는 것이긴 하지만, 이런 "매듭을 지어 분규시키는" 짓은 학자공화국에서도 너그럽게 봐줘서는 안 되기 때문이다.

개념의 수가 늘어날수록 같은 보조로 국어의 어휘가 늘어나는 것은 마땅하고, 필연이기까지 하다. 그러나 전자(ersteres)가 없는데 후자(letzteres)만 일어난다는 것은 정신의 빈곤을 보여 주는 하나의 상징에 지나지 않는다. 즉 정신이 가난한 주제에 뭔가를 시장으로 가져가고 싶어 하고, 새로운 사상도 없으면서 새

---

6) 라틴어 pōmum(과수)와 그리스어 λογος(도리)의 합성어.

로운 말을 쓰는 격이다. 이런 종류의 말의 늘어남이 현재 매우 활발해서 시대의 징후가 되고 있다. 그러나 오래된 개념에 새로운 말을 쓰는 것은 오래된 옷을 새로운 염료로 염색하는 것과 같다.

어차피 실례가 나온 김에 짚고 넘어가겠는데, '전자'와 '후자'는 위의 예처럼 어느 쪽도 모두 몇 개의 단어를 대신할 경우에만 써야 하고, 오직 하나의 단어인 경우에는 쓰면 안 된다. 그런 경우는 그 한 단어를 반복하는 편이 낫다. 프랑스인들은 이 반복을 피하려고 전전긍긍하지만, 그리스인들은 전혀 신경 쓰지 않았다. 독일인들은 이 '전자', '후자'에 집착하기 때문에 이따금 우리는 뭐가 앞에 있고 뭐가 뒤에 있는지 전혀 알 수 없게 된다.

우리 유럽인들은 중국인의 표상문자를 업신여긴다. 그러나 모든 문자의 임무는 상대 이성(異性)에게 눈에 보이는 시각적 기호로써 개념, 즉 의미를 떠올리게 하는 것이다. 따지고 보면, 먼저 눈에 대하여 귀로 들어야 할 청각 기호를 제시해 결국 이것을 개념 자체의 짐꾼으로 삼는 것은 분명 엄청난 우회 방식이다. 그리하여 우리의 표음문자는 기호의 기호에 지나지 않게 된 것이다. 따라서 알파벳에 따른 청각 기호가 시각 기호보다 어떤 장점이 있는지가 문제가 된다. 알파벳문자는 눈으로부터 이성으로 곧바로 통하는 단적인 길을 가지 않고, 청각 기호를 매개로 해야만 상대 정신에게 시각 기호를 말하게 하는 지독한 우회로를 가는 것을 우리에게 가능케 해 주지만, 명백히 중국인의 방식이 더 간단하다. 즉 시각 기호를 직접 단적으로 개념의 짐꾼으로 삼고 단순한 발음기호로는 만들지 않는 것이 중국인의 방식이기 때문이다. 특히 귀가 단조로운 데 비해서 눈은 더 다양하고 섬세하고 수많은 수정과 변화를 받아들일 수가 있고 다양한 인상을 동시에 받아들일 수가 있지만, 귀는 오로지 시간 속에서 차례차례 일어나는 것을 들을 뿐, 동시에 병렬적으로 들을 능력은 없으니 더욱 그렇다.

여기서 문제로 다루는 것의 근거는 아마 다음과 같은 것이다. (1) 우리는 타고나기를 청각 기호에 먼저 손을 내민다. 그것도 처음에는 우리의 감동을 나타내기 위해서이지만, 이윽고 사상도 표현하려고 하게 된다. 즉 가장 먼저 우리가 도달하는 것은 귀를 위한 언어이고, 눈을 위한 언어를 만들어내는 것은 그다음에 생각할 일이 된다. 그러나 귀로 듣기 위한 언어와는 전혀 다른 종류의 눈으로 보기 위한 새로운 언어를 발명하거나 그때그때 배우기보다는, 지금 필요해진 눈을 위한 언어를 전에 있었던 귀를 위한 언어로 바꾸는 편이 훨씬 쉽다. 특히 수많은 단어를 알파벳 같은 매우 소수의 음성으로 환원할 수 있고, 이 음성에 의해서 쉽게 표현 가능하다는 것이 금세 발견되었기 때문에 더욱 그렇다. (2) 눈은 과연 귀에 비해서 복잡다양한 변화를 파악할 수는 있지만, 그런 변화를 만들어낸다고 하면, 귀의 경우는 어떻게든 되겠지만, 눈에 대해서는 도구를 쓰지 않고는 아마도 불가능하다. 게다가 청각 기호는 혀를 유창하게 놀림으로써 빨리 말할 수도 있지만, 시각 기호는 그렇게 신속하게 끄집어내는 것도, 교대시키는 것도 절대로 불가능하다. 이는 농아들의 수화가 완전하지 않다는 점에서도 볼 수 있다. 이런 사정이야말로 본디 청각이 언어의 본질적 감관이 되는 까닭이고, 또 그로써 이성[7]의 본질적 감관이 되기도 하는 이유이다. 이런 근거에서 언어의 문제에서는 예외적으로 단적인 길이 반드시 가장 좋은 길이라고는 할 수 없지만, 이런 근거들은 따지고 보면 외면적·우연적인 것이지, 언어의 임무 그 자체의 본질에서 유래하는 것은 아니다. 따라서 문제를 추상적으로, 순이성적·선험적으로 고찰한다면 중국인의 방식이 참으로 올바른 방식이라는 데는 변함이 없을 것이다. 따라서 다른 길도 갈 수 있다는 경험적 사정을 간과했다는 점에서 중국인의 고루함을 비난할 수 있을 뿐이다. 아무튼 경험적으로는 중국인의 문자가 뛰어나게 커다란 장점을 갖고 있음은 명백해진다. 그렇지만 우리 유럽인들은 자신의 생각을 설명하기 위해서 딱히 중국어에 정통할 필요가 없고, 누구든 자기 나라의 말로 그들의 마음을 읽을 수가 있다. 그것은 유럽식의 수 기호가 일반적으로 수의 개념을 나타낼 수 있는 것이 중국의 표의문자가 모든 개념을 표시할 수 있는 것과 마찬가지로, 대수의 기호가 추상적인 양의 개념까지 표시할 수 있는 것과 다르지 않다. 다섯 차례나 중국에 건너간 적이 있는 영국의 홍차 상인이 나에게 확신한 바에 따르면, 인도양 연안 각지에서 공통언어를 갖고 있지 않은 여러 민족의 상인들 사이에서는 중국어가 의사소

---

7) 《여록과 보유》 제1권에서 저자도 지적하고 있다시피, Vernunft(이성)는 vernehmen(듣다)이라는 단어에서 왔다. 이는 프랑스에서도 마찬가지여서, entendement(이성, 양식)은 entendre(들리다)의 명사형이다.

통의 공동수단이라고 한다. 이 영국인은 더 나아가, 중국어가 이 특성 때문에 미래에는 전 세계에 퍼질 것이라는 확고한 의견을 갖고 있었다. 이와 완전히 일치하는 보고를 존 프랜시스 데이비스[8]는 그의 저서 《중국인》(런던, 1836년) 제15장에서 이야기하고 있다.

이상동사[9]는 로마인들의 말인 라틴어 속에서 유일하게 모순적인 점, 아니 더 나아가 무의미한 점을 보여준다. 그리스어의 중동태[10]도 이보다 나을 것이 없다.

라틴어에서 feri(되다, 발생하다)가 facere(만들다)의 수동형을 나타내는 것은 하나의 특수한 오류다. 이것은 어학을 공부하는 사람의 머리에 의미의 혼동을 일으키고, 존재하는 모든 것, 적어도 생성된 모든 것이 만들어진 것이라는 치명적인 오류를 심어 놓는다. 그러나 그리스어나 독일어에서는 '되다'라는 동사, 즉 γιγνεσθαι와 werden은 직접적으로는 '만들다'라는 동사, 즉 ποιεῖν와 machen의 수동형이 되지 않는다. 그리스어에서라면 "모든 발생한 것은 반드시 만들어진 것은 아니다." οὐκ ἐστι πᾶν γενόμενον ποιούμενον라고 쓰는데, 이것은 그대로 독일어로 nicht jedes Gewordene ist ein Gemachtes처럼 번역되지만, 라틴어로 축어역할 수는 없다.

자음은 단어의 골격이고, 모음은 살이다. (개채의 경우) 골격은 바뀌지 않지만 살집은 색이든 상태든 양이든 크게 변하는 것과 마찬가지이다. 그래서 여러 단어는 수백 년이나 흐르는 동안에, 또는 갑의 국어에서 을의 국어로 옮겨갈 때, 전체적으로 자음은 매우 잘 보존되지만 모음은 곧잘 바뀌는 것이다. 따라서 어원학에서는 모음보다 자음에 훨씬 더 주의해야 한다.

superstitio(미신)이라는 단어에 관해서는 그 모든 어원이 마르티누스 델리오의 《마술연구》 제1권 제1장과 베크샤이더의 《신학교리입문》 서론 제1장 제5절 d항에 수집되어 있다. 그러나 나는 이 낱말의 기원은 그저 단순히 망령신앙을 나타낼 뿐이라고 추측한다. 즉 "죽은 사람들의 영이 따라다닌다는 것, 즉 사

---

8) 19세기 영국의 외교관, 2대 홍콩총독.
9) 형태는 수동이면서 능동의 의미를 갖는 동사.
10) 능동과 수동의 중간 기능을 갖는 범주.

자들은 아직 살아 있고 superstites 존재하고 있는 것이다"라고 일컬어지기 때문이다.

나는 딱히 별난 주장을 할 생각은 없지만, μορψα와 forma(모두 '형태')는 자음이 바뀌었을 뿐인 같은 단어로, 마치 '신장(콩팥)'을 나타내는 라틴어 renes와 독일어의 Nieren, '말'을 뜻하는 영어 horse와 독일어 Roß가 같은 뿌리인 것과 같다고 말하고 싶다. 또 그리스어와 독일어의 유사점 가운데 가장 두드러진 것 하나는 양쪽 모두 형용사의 최상급이 ~st(~ιστος)로 만들어진다는 것으로, 라틴어에는 이런 것이 없다. −arm('가난한'이라는 독일어)의 어원이 이미 알려져 있는지 아닌지 나는 의심스럽다. 이 단어는 그리스어의 έρήμωσις(황폐한), 라틴어의 ĕrémus(고독), 이탈리아어의 érmo(빈곤한)에서 왔다. '가난한'이라는 것은 '무일물', 즉 '황량한', '공허한'이라는 의미가 되기 때문이다. (예수 시라흐 12 : 4에는 "가난하게 만들다"라는 의미로 εpημωσουσι라고 쓰이고 있다.) —반면 Untertan('신하'라는 독일어)이 《맥베스》에도 자주 등장하는 오래된 영어 thane(호족)에서 왔다는 것은 아마 이미 알려져 있으리라 생각한다. 독일어 Luft(공기)는 영어의 lofty(하늘을 찌를 듯이 높은)나 the loft(다락방)로서 남아 있는 앵글로색슨계의 단어에서 왔다. 지금도 in der Luft(공중에)라고 하면 '높은', '위에'라는 뜻이지만, Luft라는 단어로 처음에는 단지 '위에 있는 것', '대기'를 나타냈을 뿐이다. 마찬가지로 앵글로색슨계의 단어 first(제1인자)가 영어에서는 그 일반적인 의미가 보전되어 있지만, 독일어에서는 단지 Fürst(원수(元首))라는 단어로 남아 있을 뿐이다.

또한 나는 Aberglauben(미신)이라든가 Aberwitz(광우(狂愚))라는 독일어는 Ueberglauben이나 Ueberwitz라는 단어에서 유래한다고 본다. 즉 ('외투'를 의미하는 Oberrock이 Uberrock에서, '우세'를 뜻하는 Oberhand가 Ueberhand에서 왔듯이) 이들 단어는 Obergluben과 Oberwitz였던 것이 o가 a로 바뀌면서 Aberglauben과 Aberwitz가 된 것이다. 이런 변화는, 반대의 경우지만, Argwahn이 Argwohn(의심, 추측)이 된 것에서도 볼 수 있다. 마찬가지로 Hahnrei(간통한 여자의 남편)라는 독일어는 '거세된 닭' Hahn에서 온 게 아니라, 영어에 o hone-a-rie!라는 조롱의 말로 남아 있는 Hohnrei가 변화한 것이라고 생각한다. 이 조롱의 말은 토머스 모어의 편저 《바이런 경의 편지와 일기》(런던, 1830년) 제1권에 나온다. 일반적으로 영어는 저장실과 같아서, 독일어의 오래된 형태나 요즘도 쓰이고 있는 단어의 본디 의미가 보존되어 있는 것을 찾아볼 수 있다. 이를테면 위에서 든 Fürst 의 본디 의미, 즉 라틴어의 princeps(군주)에 해당하는 the first '제1인자'라는 본 뜻을 찾아볼 수 있는 것이다. 《독일신학》의 원전 신판에서도 나는 영어만 알고 있는데도 이해할 수 있었던 말이 많았다.—독일어의 Epheu(담쟁이덩굴)가 그리 스어의 Evoe[11]에서 왔다는 것은 그다지 새로운 생각도 아닐 것이다—

독일어로 es kostet mir(그것은 나에게 비용이나 노력을 쓰게 한다)라고 말하는 것 은 좋지만, es kostet mich라고 하는 것은 장엄하고 거드름 피우고 연공(年功)으 로 신임받은 잘못된 표현 말고는 아무것도 아니다. kosten이라는 단어는 이탈리 아어의 costare(가치가 있는)와 마찬가지로 라틴어의 constare(~할 만하다)에서 왔 다. 따라서 es kostet mich라는 표현을 라틴어로 고치면 mihi constat가 아니라 me constat가 되어 버린다. Dieser Löwe kostet mich(이 사자는 나에게는 소중한 존재다) 라는 표현은 동물원 주인의 대사가 아니라, 사자에게 잡아먹힌 사람만이 할 수 있는 말이다.[12]

라틴어의 coluber(뱀)과 독일어의 Kolibri(벌새)라는 단어가 비슷한 것은 완전 한 우연임이 틀림없다. 그러나 벌새는 본디 아메리카 대륙에서만 살았으므로, 이 단어의 기원은 인류선사에서 찾아야 하지 않을까? 벌새가 뱀의 먹이가 되 는 일이 흔하듯이, 이 두 동물은 매우 다른 정도가 아니라 정반대이긴 하지만, 거기에서 일종의 혼동을 상정할 수 있을지도 모른다. 마치 스페인어에서 aceite 가 '식초'가 아니라 '기름'의 의미가 된 것과 같은 혼동. 게다가 처음부터 아 메리카에 있었던 명칭과 고대 유럽에서 보이는 명칭이 놀랄 만큼 일치하는 예 가 발견된다. 이를테면 플라톤의 Atlantis와 지금도 멕시코의 도시명인 Mazatlan 이나 Tomatlan에 흔적을 남기고 있는 멕시코의 오래된 명칭 Aztlan이 부합되 기도 하고, 페루에 있는 고산 이름인 Sorata와 아페니노산맥에 있는 산의 이름 Soraktes(이탈리아어로는 Sorate)가 일치하는 것과 같다.

현대의 게르마니스트들은 《독일 계간잡지》 1855년 10월/12월호의 한 논문에 따

---

11) 바쿠스 축제의 환호성.
12) kosten에는 '시식하다'라는 다른 의미가 있어서 이 문장은 "이 사자가 나를 시식하다"라는 뜻 이 되기 때문이다.

르면) 독일어(diuske)를 다음과 같은 가지로 나누고 있다. (1) 고트어, (2) 북유럽어, 즉 아이슬란드어. 스웨덴어와 덴마크어는 이 가지에서 갈라진 것, (3) 저지 독일어. 평지 독일어와 네덜란드어가 이 가지에서 갈라진다, (4) 프리스어, (5) 앵글로색슨어, (6) 고지 독일어, 이것은 7세기 초에 등장했다고 하며, 고(대)고(지) 독일어, 중(세)고(지) 독일어, 신 고 독일어로 분류된다. 위와 같은 모든 체계에는 어떤 신선미도 없고, 이미 바흐터에 의해서 역시 고트어계를 부인하면서 그의 저서 《게르만어 계열증》(1727년)에서 제창되어 있다(레싱 《제가문집》 제2권). 그러나 나는 이 체계에는 진리보다는 애국심이 더 많이 있다고 생각하며, 성실하고 식견이 풍부한 라스크[13]의 체계를 신봉한다. 산스크리트어에서 나온 고트어가 세 개의 방언으로 갈라져 스웨덴어, 덴마크어, 독일어가 된 것이다. 고대 게르만인들의 언어에 대해서 우리에게는 아무것도 알려져 있지 않지만, 내가 감히 추측하는 바로는, 그 언어는 고트어와는 다른, 즉 우리 독일인의 말과는 전혀 다른 언어였을 것이다. 우리는 적어도 언어로 따지면 고트인인 셈이다. 인도–게르만어라는 표현만큼 우리를 화나게 하는 말은 없다,—왜냐하면 존귀한 베다의 말을 곰 가죽 위에서 자던 게르만인의 알아듣지 못할 말과 동등시하고 있기 때문이다. 웃기고 있다![14]—왜냐하면 니벨룽겐 전설 외 온갖 게르만 신화, 정확하게는 고트인의 신화는 우리 곰 가죽 위에서 자는 독일인에게서보다도 훨씬 완성된 형태와 순수한 모습으로 아이슬란드나 스칸디나비아에서 발견되어 오지 않았는가? 그리고 또 무엇보다도 북유럽의 고대 유물, 고분의 발굴물, 루네 문자 등이, 독일의 그것과 견주었을 때, 스칸디나비아에서 모든 종류에 걸쳐서 고도의 발달을 이루었었던 것을 증명하고 있지 않은가?

프랑스어에서는 영어의 경우처럼 독일어 단어를 찾아볼 수 없다는 것이 눈에 띈다. 이는 프랑스어가 5세기에 서고트족, 부르군트족, 프랑크족에게 점령당해서 프랑크의 왕들이 이 지역을 지배했기 때문이다.

독일어의 niedlich(다정하다)는 '부럽다'라는 의미의 고대 독일어 neidlich에서 왔다.—독일어의 Teller는 라틴어의 patella에서(모두 '피'라는 뜻).—프랑스어의 viande는 이탈리아어의 vivanda에서(모두 '음식'이라는 뜻).—이탈리아어의

---

13) 19세기 덴마크의 언어학자.
14) 원문은 라틴어 속담 Ut nos poma natamus! "우리들 사과는 헤엄치고 있다!"

spada(검), 프랑스어의 espada(투우사) 및 épée(검)은 그리스어의 σπαθη(검)에서. 이 뜻의 사용법은 이를테면 테오프라스토스의 《성격론》 제24장 〈겁에 관하여〉에서 볼 수 있다.━독일어의 Affe(원숭이)는 라틴어의 Afer(아프리카의)에서 온 것으로, 이는 로마인이 독일로 수입한 최초의 원숭이가 이 단어로 독일인들에게 사용되었기 때문이다.━독일어의 Kram(잡화점)은 그리스어의 κραμα, κεραννυμ(뒤섞다)에서.━독일어의 taumeln(비틀거리다)는 라틴어의 temulentus(만취하다)에서.━라틴어의 vulpes(여우)와 독일어의 Wolf(늑대)는 아마도 핏줄이 가까운 단어로, 개의 두 종류를 혼동했기 때문일 것이다.━wälsch(외국풍의)라는 단어는 gälisch(gaelic), 즉 keltisch의 다른 발음일 가능성이 크다. 그리고 고대 독일인들에게는 게르만어가 아닌 말, 아니 그렇다기보다는 고트어가 아닌 말의 의미였다. 그래서 요즘도 이 단어는 특히 이탈리아어, 즉 로맨스계의 말을 의미하는 것이다.━독일어의 Brot(빵)는 그리스어의 βρωμα(음식)에서 왔다. 라틴어의 volo와 그리스어의 βουλομαι(모두 '원하다'라는 뜻) 또는 βουλω는 뿌리가 같은 단어다.━독일어의 heute와 이탈리아어의 oggi는 모두 라틴어의 hodie(의미는 모두 '오늘')에서 왔지만, 서로 조금도 비슷하지 않다.━독일어의 중성명사 Gift(독)는 영어의 gift(선물)와 같은 말이다. 즉 이 단어는 geben(주다)에서 왔으며, 투약된 것을 뜻한다. 그래서 현재도 vergiften(독살하다) 대신 vergeben(실수로 잘못 주어 독살하다)이라고도 쓰이는 것이다.━이탈리아어의 parlare(이야기하다)는 아마 전달자라는 뜻의 라틴어 perlátor(나르는 사람)에서 왔다. 그래서 영어로 parley(담판)라고 하는 것이다.━영어의 dye(염색하다)가 그리스어의 δευω(적시다), δευειν와 관련이 있고, 마찬가지로 tree(나무)가 δρυ(재목)와 연결되는 것은 명백하다.━인도의 최고신 비슈누의 독수리의 이름 Garhuda에서 독일어 Geier(대머리독수리)는 왔다.━산스크리트어의 mala(악마)에서 독일어의 Maul(동물의 주둥이)이 되었다.━독일어의 Katze(고양이)는 라틴어의 catus(수고양이)가 응축된 것이다.━독일어의 Schande(치욕)는 라틴어의 scandalum(망신감)에서 왔는데, 이 라틴어는 어쩌면 산스크리트어의 Tschandala(천민)와 관련이 있을지도 모른다.━독일어의 Ferkel(새끼돼지)은 라틴어의 ferculum(쟁반)에서. 통구이를 해서 식탁에 내놓기 때문이다.━독일어 plärren(신음하다, 아우성치다)은 프랑스어 pleurer(울다)와 라틴어 plorare(울부짖다)에서.━독일어 Füllen 및 그 다른 형태 Fohlen(망아지)은 라틴어

pullus(동물의 새끼)에서. 영어의 poison과 스페인어 ponzoña는 라틴어의 potio에서 (모두 '독약'이라는 뜻).―영어의 baby는 이탈리아어의 bambino(갓난아기)이다. 고대 영어의 시어 brand는 이탈리아어의 brando이다(모두 '검'). 영어 knife와 프랑스어 canif는 같은 말이다(모두 '작은 칼').―켈트어에서 온 것일까?―독일어 Ziffer와 이탈리아어 cifra와 프랑스어 chiffre와 영어 cipher(모두 '암호'라는 뜻)는 '신비'를 의미하는 Cyfrinach라는 웨일스어, 즉 켈트어에서 왔으리라 짐작된다(피크테 저 《음유시인의 신비》).―이탈리아어 tuffare(라틴어의 mergere에 해당하는 단어)와 독일어 taufen은 같은 말이다(의미는 모두 '물에 담그다').―독일어 Ambrosia(신들의 음식)는 Amriti(인도 신화에 나오는 불로불사의 음식)와 관련이 있는 듯하다. Asen(북유럽 신화에 나오는 최고신 오딘의 일족)은 어쩌면 그리스어의 αἶσα(숙명)와 관련이 있을지도 모른다.―λαβρεύομαι(지껄이다)는 의미와 어형으로 볼 때 독일어 labbern과 같다. ἀλλεις(모두를 총괄하여)는 독일어의 alle다.―프랑스어 sève는 독일어의 Saft이다('액즙'이라는 뜻).―남독일의 Geiß(Geiz)의 철자를 거꾸로 하면 북독일의 Zieg(모두 '산양')가 되는 것은 무엇보다도 신기하다.―영어의 bower(정원의 정자)는 우리 독일인이 Vogelbauer(새장)라고 쓸 경우의 Bauer('작은 방'이라는 뜻)이다.―

산스크리트어를 할 줄 아는 언어학자라면 어원을 찾아내는 방식이 나와 전혀 다르리라는 것은 나도 알지만, 그래도 이 분야의 나의 즐거움으로부터 소소한 열매들을 주울 수 있는 여지쯤은 남아 있으리라고 나는 짐짓 희망을 걸고 있는 것이다.

독서와 책에 대하여

무지는 사교계의 부유함을 접하게 되었을 때 비로소 인간을 강등시킨다. 가난한 사람은 그의 가난과 궁핍에 길들여진다. 그의 성과들은 지식이 대신하고 그들은 성과를 내겠다는 생각에만 몰두한다. 이와 달리 무지한 부자들은 오로지 자신의 욕망에 따라서만 살아가므로, 이들은 날마다 만날 수 있는 짐승과 비교되기도 한다. 또한 부자들은 그들에게 가장 큰 가치를 부여하는 것을 위해 부와 여가를 이용하지 않았다는 비난을 받는다.

독서란 다른 사람이 우리를 위해 대신 생각하는 것이다. 다시 말해, 우리는 다른 사람의 정신적 과정을 반복하는 것에 지나지 않는다. 그것은 마치 학생이 글쓰기를 배울 때 선생이 연필로 써 놓은 흐름을 펜으로 따라 쓰는 것과 같다. 따라서 책을 읽으면 우리는 생각하는 일이 줄어든다. 우리가 혼자만의 생각을 하다가 책을 읽으면 마음이 한결 가벼워지는 것은 바로 그 때문이다. 그러나 우리의 머리는 책을 읽는 동안에는 오로지 다른 사람의 생각이 즐기는 놀이터일 뿐이다. 그런데 이런 생각이 사라지면 무엇이 남을까? 그 때문에 많은 분량을 거의 하루 종일 읽지만, 그 사이에 이따금 생각 없이 시간을 보내며 휴식을 취하는 사람은 혼자만의 생각을 할 능력을 차츰 잃어버린다. 그것은 마치 늘 말을 타고 다니는 사람이 얼마 뒤에는 걷는 법을 잊어버리게 되는 것과 마찬가지이다. 그런데 이러한 현상은 매우 많은 학자들에게 일어나고 있다. 그들은 어리석게도 책을 읽는다. 여가 때마다 다시 이어지는 독서는 손작업을 위주로 하는 생활보다 정신을 더 마비시키기 때문이다. 즉 사람이 손으로 작업할 때는 자신의 생각에만 몰두할 수 있다. 그러나 용수철이 낯선 물체로부터 끊임없이 압력을 받으면 마침내 탄력을 잃듯이, 독서로 다른 사람의 생각을 끊임없이 강요당하면 정신도 탄력성을 잃게 된다. 음식을 너무 많이 섭취하면 위가 못 쓰게 되고 그 때문에 몸 전체가 건강을 잃어버리듯이, 정신도 영양을 지나치게 섭취하면 너무 배불러 숨이 막혀 버린다. 책을 많이 읽을수록 그 읽은 흔적이 정신에 그만큼 적게 남는다. 다시 말해, 정신은 글씨를 지우지 않고 겹쳐서 써놓은 흑판처럼 되고 말기 때문에 생각을 되새기지 못한다. 음식을 먹는 것만이 아니라 소화를 해야 곧바로 우리 몸에 양분이 되듯이, 책도 골똘히 생각하며 읽어야만 자기 것으로 된다. 그러나 끊임없이 읽기만 하고 나중에 그것을 생각하지 않으면 읽은 것은 뿌리를 내리지 못하고 대부분 잊히는 것이다. 일반적으로 정신의 양식도 육체의 양식과 마찬가지로 섭취한 양의 50분의 1쯤만 동화되고, 그 나머지는 증발이나 호흡, 또는 그 밖의 일로 없어진다.

이러한 모든 사실에 더하여 종이 위에 적힌 생각은 모래 속에 남은 보행자의 흔적과 다름없다. 다시 말해 그 사람이 택한 길은 알 수 있지만, 그가 길을 걸으며 무엇을 보았는지 알기 위해서는 자기 자신의 눈을 필요로 한다.

저술가에게는 설득력, 풍부한 상상력, 이런저런 비유 능력, 비교의 재능, 표현의 대담성이나 날카로움, 간략함이나 우아함, 표현의 가벼움, 그리고 기지, 대조, 간결한 표현과 소박함 등의 성향이 있다. 그런데 이런 재능을 지닌 저술가의 책을 읽는다고 해서 우리가 그와 똑같이 되는 것은 아니다. 그러나 이미 이러한 성향을 지니고 있는 경우에는 독서로써 그와 같은 특성을 불러일으키고, 그것은 우리에게 의식을 선사해 무언가 할 수 있도록 한다. 또한 그런 특성을 사용해 보려는 용기로 힘을 얻은 다음, 실제 사례로 그 사용 효과를 판단해서 그것의 올바른 사용법을 익힐 수 있다. 이렇게 하면 틀림없이 우리는 이런 성향을 실제로 지닐 수 있다. 글 쓰는 법을 책을 읽으며 배우려면 오로지 이런 방법 밖에 없다. 다시 말해 독서는 우리에게 자신이 지니고 있는 타고난 기량을 사용하는 법을 가르쳐 주는데, 그것은 틀림없이 그런 기량이 있어야 한다는 전제를 필요로 한다. 이런 재능이 없으면 우리는 독서를 통해 오로지 차갑고 쓸모없는 습관만 배워 한낱 모방자가 될 뿐이다.

건강을 담당하는 경찰은 눈에 대한 관심을 활자의 크기에 대해 최소한의 한도를 정해서 그것보다 더 작은 활자는 만들지 못하도록 감시해야 한다(1818년 내가 베네치아에 머물렀을 때는 베네치아 특유의 쇠사슬이 제작되던 시절이었다. 가는 쇠사슬을 만드는 사람은 서른 살이 되면 아마도 시력을 잃어버릴 것이라고 어떤 금 대장장이가 내게 말했다).

지구의 지층이 과거 시기의 생물체들을 나란히 보존하고 있듯이 도서관의 서가에도 과거의 오류와 진술들을 차례대로 보존하고 있다. 이런 글도 지나간 시기의 생물체와 마찬가지로 그 시대에는 매우 생동감 넘치고 떠들썩했지만, 이제는 굳어서 화석처럼 변해 그곳에서 문헌을 연구하는 고생물학자만 살펴볼 뿐이다.

(헤로도토스에 따르면) 페르시아의 대왕 크세르크세스는 헤아릴 수 없이 많은 자신의 대군을 바라보며, 100년 뒤에는 이들 모두가 사라지리라고 생각하고 흐느꼈다고 한다. 두꺼운 도서 목록 가운데 10년이 지나면 읽힐 책이 단 한 권도 없을 것이라고 생각하면 누군들 울고 싶지 않겠는가.

문학의 세계도 삶과 그리 다르지 않다. 어디로 눈을 향하더라도 곧 폭도들을 만날 수 있다. 이들은 어디서든 지역마다 존재하며 여름철 파리떼처럼 온갖 것을 가득 채우고 더럽힌다. 그 때문에 헤아릴 수 없이 많은 나쁜 책들, 점점 늘어나는 문학의 잡초는 밀의 양분을 빼앗아 죽이고 만다. 다시 말해 이러한 나쁜 책들은 그저 돈이나 지위를 얻으려는 의도에서 쓰인 것으로, 훌륭하고 좋은 책을 읽는 데 쓰여야 할 독자의 시간과 돈, 주의력을 모두 빼앗아 간다. 나쁜 책은 아무런 도움이 되지 않을 뿐만 아니라 확실히 해롭다. 우리의 동시대 문학 가운데 10분의 9는 독자의 주머니에서 은화를 빼내려는 목적밖에 없다. 이런 목적을 위해 저자와 출판인, 비평가는 서로 공모한다.

교활하고 고약한 짓이긴 하지만 현대의 문필가, 글쟁이, 많은 작품을 쓰는 작가들이 시대의 좋은 성향과 참된 교양이 아니라 고상한 세계를 고삐로 끌어내 아주 재빨리 자신들의 글을 읽도록 길들이는 데 성공한 것은 괄목할만한 일이라고 할 수 있다. 다시 말해 그들은 사교 모임에서 대화 소재로 삼기 위해 서로 같은 책, 즉 최신 저작을 읽지 않을 수 없는 것이다. 이러한 목적으로 예전의 스핀들러, 불버, 오이겐주에 등, 유명했던 작가들이 쓴 수준 낮은 소설이나 이와 비슷한 작품들이 있다. 그러나 그 무엇이 이런 통속 소설을 읽는 독자들의 운명만큼 비참할 수 있겠는가! 이런 독자들은 단순히 돈 때문에 글을 쓰고 한 무리로 존재하는 매우 평범한 작가들의 최근 작품을 읽는 것을 의무로 여겼다. 그와는 반대로 동서양과 시대에 걸쳐 드물게 뛰어난 작가가 쓴 작품은 그 이름만 알 뿐이다! 특히 미학적 감각이 있는 독자에게 참된 예술 작품을 읽어서 자신의 교양을 높이도록 해야 할 시간을 빼앗아 평범한 작가들의 졸작을 읽는 데 시간을 헛되이 쓰도록 교활하게 생각해 낸 수단이 바로 통속적인 일간 신문들이다.

사람들은 모든 시대에 최고의 작품보다 늘 최근 작품만 읽기 때문에 저술가는 이미 퍼져가는 좁은 이념의 범위에 갇혀 있고, 시대는 고유의 진창에 점점 깊이 진흙투성이가 되어 묻혀버린다.

그 때문에 우리의 강연 관점에서 보면 읽지 않는 기술은 매우 중요하다. 그 기술이란 늘 더 많은 독자의 관심을 끄는 작품을 위와 같은 이유에서 읽지 않는 것에 있다. 예컨대 곧바로 독서계에 혼란을 일으키는, 한 해에 몇 판을 찍고 그로써 끝나는 정치나 문학 팸플릿, 소설, 시 등은 사보지 말아야 한다. 모든 시대의 큰 독자층인 바보들을 위해 쓰기보다는 오히려 얼마 안 되더라도 일정 시간을 독서에 할애하도록, 모든 시대와 민족의 위대하고 뛰어난 정신의 소유자로서, 그 자체로 명성이 자자한 작가가 쓴 작품만 읽도록 하라. 이런 작품만이 진정으로 우리를 형성하고 가르친다.

저급한 것은 되도록 많이 읽게 되지만, 좋은 책은 자주 읽지 못한다. 저급한 책은 지성에 대한 독약이라서 정신을 손상시킨다. 좋은 책을 읽기 위해 나쁜 책을 읽지 않는 것이 하나의 조건이다. 삶은 짧고 시간과 힘은 한정되어 있기 때문이다.

태곳적의 이런저런 위대한 정신에 대해 쓴 책이 나오면 독자는 그 책을 읽지만 그 작가가 직접 쓴 책은 읽지 않는다. 독자는 오로지 새로 나온 인쇄물에만 관심이 있을 뿐이다. 같은 무리끼리는 서로 어울린다는 말이 있듯이, 오늘날 어리석은 자의 피상적이고 무미건조한 잡담이 위대한 정신을 품은 생각보다 독자에게 더 비슷하게 느껴지고 편하기 때문이다. 그러나 나는 이미 젊은 시절 슐레겔의 멋진 경구를 접하게 하고, 그때부터 그것을 나의 이상향으로 만든 운명에 감사한다.

열심히 참된 고전을 읽어라!
새로 나온 작품은 그다지 중요하지 않으니.

―《고대 연구》

오, 어떤 평범한 인간이 어쩌면 다른 사람과 그리도 닮았단 말인가! 그들은 어떻게 모두가 하나의 격식에서 만들어진단 말인가! 누구나 같은 기회에 서로 다른 생각도 없이 같은 생각만 떠오른단 말인가! 더욱이 이러한 생각들은 저속한 개인적 목적들을 지니고 있다. 그런데 어리석은 독자들은 새로 나온 책이라면서 그런 쓸데없는 잡담을 읽고, 위대한 정신을 지닌 사람이 쓴 책은 책꽂이에 꽂아둔다.

모든 시대와 나라에서 나온 온갖 종류의 가장 고귀하고 드문 정신을 읽지 않고 지나치는 독자의 어리석음과 불합리함은 정말로 상상할 수 없을 정도이다. 일반 독자는 오늘 인쇄되어 나오는 평범한, 해마다 파리떼처럼 수없이 탄생하는 서적을 읽으려고 한다. 오히려 이런 작품은 몇 해만 지나고 나면 과거 시대와 망상에 대해 비웃을 만한 단순한 소재이므로, 이미 출간된 날부터 버리고 무시하는 게 좋을 것이다.

어느 시대에나 몹시 낯설게 나란히 진행되는 두 가지 형태의 문학이 있다. 하나는 참된 문학이고, 다른 하나는 겉보기에만 그럴싸한 문학이다. 참된 문학은 지속적인 문학으로 살아난다. 학문이나 시문학을 위해 살아가는 사람들로부터 쓰인 참된 문학은 진지하고 조용하지만 그 진행은 매우 느리다. 그래서 이런 작품은 유럽에서 한 세기 동안 거의 읽히지 않지만 그래도 영원하다. 학문이나 시문학으로 살아가는 사람들에 의해 쓰인 저작물은 관련자들이 큰 소동과 법석을 떠는 가운데 빠른 속도로 내달린다. 그리고 작품은 해마다 수천 권씩 시장에 쏟아져 나온다. 그러나 몇 년 뒤에 사람들은 그 작품들이 모두 어디로 갔고, 그렇게 일찍부터 야단법석이던 그 명성은 어찌 되었는지 물을 것이다. 그 때문에 이런 문학은 한때에 그치는 문학이라고, 참된 문학은 영원한 문학이라고 부를 수 있다.

만일 책을 읽는 시간도 함께 살 수 있다면 책을 사는 것은 좋은 일일 수도 있다. 그러나 사람들은 대부분 책의 구입과 그 내용을 파악하는 것을 잘못 알고 있다.

어떤 사람이 자기가 지금까지 읽은 것을 모두 기억하기를 요구하는 것은 이제까지 먹은 것을 아직도 배 속에 지니고 있기를 요구하는 것과 같다. 그는 먹은 것으로 육체가 살고, 읽은 것으로 정신이 살아서 지금의 그가 되었다. 하지만 육체가 자신과 동질적인 것을 동화되게 하듯이 저마다 자신을 즐겁게 해 주는 것, 다시 말해 자신의 사고 체계나 목적에 맞는 것은 잊지 않을 것이다. 물론 누구에게나 목적은 있지만, 사고 체계에 비슷한 것을 소유한 사람은 매우 적다. 따라서 그들은 전혀 객관적인 흥미를 느끼지 않는다. 이런 점 때문에 책을 읽어도 그들에게는 아무것도 남지 않는다. 다시 말해 그들은 독서로부터 아무것도 간직하지 않는다.

"반복은 연구의 어머니다." 중요한 책은 무엇이든 두 번씩 읽는 게 좋다. 그래야 사실을 상관성 안에서 더 잘 알게 되고, 끝을 알고 있어야 비로소 처음 부분을 제대로 이해할 수 있기 때문이다. 또한 두 번째 읽을 때 각각의 대목도 처음과 다른 분위기와 기분으로 인상을 다르게 받는다. 그것은 사물을 다른 관점으로 보는 것과 같다.

작품이란 어떤 정신의 핵심이다. 그 때문에 작품은 아무리 위대하다고 해도 인간관계보다 비교할 수 없이 풍부한 내용을 담고 있고, 그 인간관계를 본질 속에서 대신할 것이다. 따라서 작품은 정신을 훨씬 넘어서고 그 뒷전에 둔다. 심지어 보통 사람이 쓴 저서도 교훈적이고 읽을 가치가 있으며 재미있을 수 있다. 그 저서는 그의 정신적 핵심이며, 그의 모든 생각과 연구의 결과이자 성과이기 때문이다. 이와 달리 그의 인간관계는 우리에게 충분치 않다. 따라서 우리가 그 사람들의 인간관계에는 어떤 넉넉함도 발견할 수 없을지라도 그들의 저서는 읽을 수 있다. 그 때문에 정신적 교양이 높아지면 더는 사람들에게서가 아니라 거의 책에서만 즐거움을 발견할 것이다.

그렇지만 정신을 위해 옛 고전을 읽는 것보다 더 나은 청량제는 없다. 단지 반시간이라도 고전을 손에 잡으면 곧 생기가 넘치고 정화되고 고상해지며, 힘이 솟아나는 기분을 느낄 수 있다. 마치 원기가 회복되는 것과 같다. 이것은 고전어와 그것의 완전함 때문일까? 몇천 년이 지나도 작품이 보전되고 약화되지 않는 정신의 위대함 때문일까? 이 두 가지가 모두 해당될지도 모른다. 그러나 나는 언젠가 이 고전어 학습을 그만두어야 하는 것을 안다(야만족들은 벌써 나타났고, 반달족은 사라지지 않을 것이다). 그렇게 되면 예전에 없었던 야만적이고 천박하며 품위 없는 작품으로 이루어진 새로운 문학이 다시 나올 것이다. 특히 고전어의 완벽성을 일부 지니고 있는 독일어가, 오늘날에는 '당대'의 품위 없는 작가 때문에 체계적으로 심하게 훼손되고 망쳐지고 점차 찌들고 못쓰게 되어 초라한 욕설로 바뀌기 때문이다.

정치의 역사와 문학·예술의 역사가 있다. 정치의 역사는 의지의 역사이며, 문학과 예술의 역사는 지성의 역사이다. 정치의 역사는 늘 불안과 합쳐져 놀라움을 일으킨다. 다시 말해 정치사는 말할 수 없는 불안과 곤궁, 사기, 대중 속에 끔찍한 살인으로 이루어져 있다. 이와는 반대로 문예사는 잘못된 길을 진술하는 경우조차 고독한 지성처럼 즐겁고 명랑하다. 문예사의 주요 분야는 철학의 역사이다. 사실 철학사는 다른 역사에까지 전달되어 그곳에서도 근본적으로 의견을 이끌어가는 기본 저음이다. 철학사는 세계를 지배하는 것이다. 이렇게 철학은 잘 이해하면 가장 강력한 실리적 권력으로 작용하며 그 영향은 확실하게 드러난다.

세계사에서는 소재가 늘 흘러들어 오는, 무슨 일이 선행하는 반세기 동안에는 언제나 이목을 끈다. 반대로 문학사에서는 같은 시간에 아무 일도 일어나지 않아, 그 시간이 계산되지 않을 때도 이따금 있다. 문학사는 미숙한 시도와 관계가 없기 때문이다. 그러므로 50년 전이나 지금이나 한결같다.

이런 점을 해명하기 위해 인류에게서 나타난 인식의 발전을 행성의 궤도의 형상 아래 생각해 보자. 인류는 대부분 눈부신 진보를 한 뒤에는 프톨레마이오스의 주전원(중심이 이심원의 원주를 따라 회전하는 작은 원) 미로를 나타낸다.

인류는 이 주전원의 어느 쪽을 달려도 결국 본디 출발점으로 되돌아온다. 그렇지만 인류를 행성의 궤도 뒤에서 앞으로 나아가게 하는 위대한 인물은 매번 주전원에 참여하지 않는다. 이런 점에서 후세에 명성을 떨치는 많은 사람들은 동시대인의 갈채를 받지 못하고, 반대로 동시대의 명성이 후세에는 무시되는 현상이 어떻게 일어나는지 설명된다. 예컨대 그와 같은 주전원은 마지막으로 헤겔의 희화화로 완성한 피히테와 셸링의 철학이다. 이러한 주전원은 결론적으로 칸트에 의해 그때까지 이어진 원주에서 벗어났다. 나는 나중에 칸트로 말미암아 끊긴 지점을 다시 받아들여 원주를 계속 이어갔다. 그런데 그사이 앞에서 말한 철학자들과 그 밖의 몇 명이 주전원을 달려, 그것이 이제 막 완성된 상태에 있다. 그들과 함께 달리던 독자는 주전원이 시작된 바로 그 위치에 다시 되돌아온 것을 깨닫게 될 것이다.

학문, 문학, 예술의 시대정신이 거의 30년마다 파산을 하는 것도 위의 과정과 관계가 있다. 다시 말해 그 기간에 매번 오류가 늘어나 그 불합리의 무게 때문에 무너지고 마는 것이다. 이와 동시에 이러한 오류에 대한 반대가 커져서 상황이 돌변한다. 때로는 이런 과오 때문에 반대 방향에서 오류가 일어나기도 한다. 이러한 주기적인 회귀 과정을 보여 주는 것은 문학사의 올바른 실용적 소재가 될 수도 있다. 그러나 문학사는 이것을 그다지 중요하게 생각하지 않는다. 게다가 그러한 주기가 비교적 짧기 때문에, 시대가 멀어질수록 그런 소재를 찾기가 쉽지 않을 때도 자주 있다. 그래서 자신이 살고 있는 시대에 그런 사건을 가장 편하게 관찰할 수 있다.

이에 대한 실례를 실제 학문에서 얻으려고 한다면 베르너의 수성론(水成論)에 근거한 지질학을 들 수 있을 것이다. 하지만 나는 이미 앞에서 인용한, 우리에게 가장 가깝게 있는 예시에 머물겠다. 독일 철학에서 칸트의 전성시대 다음은 칸트와 아무런 관련이 없다. 철학자는 설득하는 대신 경외의 마음이 생기게 하려고 애썼다. 그는 정확한 표현 대신에 이해하기 어려운 화려한 표현을 썼다. 심지어 진리를 좇는 대신 술책을 썼다. 그래서 철학이 발전하지 못했다. 결국 이 모든 학파와 방법론은 실패하고 말았다. 왜냐하면 헤겔과 그의 친구들은 한편으로 무의미한 글을 써대고, 다른 한편으로는 비양심적으로 선전했기 때문이다. 온갖 터무니없는 일을 눈에 띄게 의도적으로 저지르는 가운데 뻔뻔함의 도가 지나쳐서 끝내 누가 보든 완전히 거짓이라는 사실이 밝혀졌다. 몇 가지 일이 들통 나자 국가의 신뢰를 잃고 사람들의 입방아에 오르내리기 시작했다. 역사상 존재했던 모든 철학 가운데 가장 비참한 피히테와 셸링적인 전제는 그 일로 말미암아 파멸에 이르렀다. 그리하여 칸트 이후의 19세기 전반에 독일 철학은 완전한 무능함을 하루아침에 세상에 드러냈음에도, 독일인은 외국에 자신의 철학적 재능을 뽐내고 있다. 특히 어떤 영국 작가가 악의적인 반어를 담아 독일인을 사상가의 민족이라고 일컫은 뒤로 이런 일이 더욱 두드러졌다.

앞에서 말한 주전원이라는 일반적 도식에 대한 사례를 예술사에서 찾고자 하면, 지난 세기 프랑스의 평생 교육에서 꽃핀 베르니니의 조각가 학파를 살펴보면 된다. 이 학파는 고대의 미 대신에 엄청난 자연을, 고대의 단순함과 우아함 대신에 프랑스풍의 미뉴에트풍을 표현했고, 빙켈만의 훈계에 따라 고대 예술로 돌아가라는 운동이 성공하자 마침내 몰락하고 말았다. 또한 회화에서는 19세기 초반에 그 사례를 찾아볼 수 있는데, 이 시기의 화가들은 예술이란 중세적 신앙심을 표현하는 단순한 수단이자 도구에 지나지 않는다고 보고 종교적인 제재를 그들의 유일한 주제로 택했다. 그러나 오늘날에 와서 그러한 주제를 다루는 화가들의 진지한 신앙심은 떠났다. 그럼에도 그들은 앞에서 말한 착각에 사로잡혀 프란체스코 프란치아, 피에트로 페루지노, 데 피에솔레 안젤리코 등을 모범으로 삼고, 이들 뒤에 출현한 본디 위대한 대가들보다 더 훌륭하게 평가했다. 이러한 과실과 관련해 시문학에서도 때를 같이하여 괴테는 '사제의 놀이'라는 우화를 썼다. 그런 뒤 이 학파도 망상에 기초하고 있음이 드러나 해체됐고, 뒤이어 자연으로 돌아가라는 운동이 일어났다. 때로는 공동체에 빠져 헤맸는데, 그 운동은 각종 풍속화와 일상적 장면에 잘 나타나 있다.

문학사란 앞에서 묘사한 인류 발전의 과정에 맞게 대부분 실패작들의 장식장에 들어 있는 목록이다. 이것들을 가장 오랫동안 보관하도록 정신적 역할을 하는 것은 돼지가죽이다. 이와 달리 몇몇 잘된 작품들은 그곳에서 찾을 필요가 없다. 다시 말해 그것은 살아 있는 것이다. 우리는 마치 불사신처럼 영원히 신선한 젊음 속에서 나타나는 그런 작품들을 세계 곳곳에서 만날 수 있다. 그것들만이 내가 앞 절에서 표현한 참된 문학이다. 우리는 문학사를 어린 시절부터의 안내서가 아닌 모든 교양인의 입으로부터 들어서 알고 있다. 오늘날에는 문학사를 읽으려는 편집망상증이 넘쳐나고 있다. 실은 무언가를 알지 못하면서도 모든 문제에 대해 말할 수 있기 위해서이다. 나는 이런 망상증의 치료제로 리히텐베르크의 저작(《잡록》 제2권 302쪽, 구판)에서 읽을 만한 구절을 독자에게 추천하고 싶다.

그런데 나의 소망은 누군가가 언제든 비극의 문학사를 쓰는 것이다. 그 내용은 위대한 작가나 예술가를 매우 자랑스럽게 여기는 여러 나라의 국민들이 그 무렵에는 이들을 어떻게 대하였는가 하는 점이다. 다시 말해 모든 시대와 모든 나라의 좋은 것과 참된 것이, 그 시대에 널리 퍼진 부조리와 열악함에 맞서 참아냈던 끝없는 싸움을 우리 눈앞에 보여달라는 것이다. 인류에게 참된 빛을 던져 준 사람과 각종 예술 분야의 위대한 거장이 겪었을 순교의 고난을 묘사해야 한다. 그들 가운데 몇몇을 제외한 대부분이 세상의 인정과 관심, 또 제자도 없이 가난과 비참함 속에서 고통스럽게 살아간 반면, 자신의 전문 분야에 가치 없는 자들이 오히려 명성과 명예와 부를 얻었다. 그렇지만 인류의 위대한 교육자들은 비록 힘들게 살았다 해도 일에 대한 사랑이 그들을 지탱해서, 마침내 힘겨운 싸움이 끝나면 불멸의 월계관이 그에게 손짓하고 마지막 순간에 다음과 같은 노랫소리도 울렸으면 한다.

무거운 갑옷은 날개옷으로 바뀌고,
고통은 짧고, 기쁨은 영원하노라.

—실러, 《오를레앙의 처녀》 제5막 14장

비유, 파라벨, 우화

여러 비유에 쓰이는 오목 거울은, 사물의 모습을 왜곡하거나 실제보다 더 아름답게 만들어 밖으로 비추고, 또한 빛과 열을 통해 놀랄 만한 효과를 거두는데, 이렇게 자신의 힘을 한곳에 모으는 점에서 천재에 비유할 수 있다. 그러나 우아하고 박식한 사람은 볼록 거울에 비교된다. 볼록 거울은 표면에서 모든 대상을 마치 태양의 축소된 상으로 보이게 하며, 그런 대상을 모든 방향으로 누구나 볼 수 있게 한다. 이와 달리 오목 거울은 한 방향에서만 작용해 관찰자의 특정한 위치를 요구한다.

두 번째로, 모든 순수한 예술 작품은 오목 거울에 비유할 수 있는데, 그 작품이 본디 전달하려는 의도는 자기 자신이 스스로 알아차릴 수 있는 선험적 내용이 아니라 자신의 바깥에 있는 것으로, 손으로 잡을 수 있기보다는 오히려 환상에 의해 추구되는 붙잡기 어려운 사물의 정신이다.

마지막으로 희망이 없는데도 계속 상대를 사랑하는 사람의 우울한 아름다움을 오목 거울에 풍자적으로 비유할 수 있는데, 오목 거울은 이 아름다움처럼 빛나고, 점화되며, 소모되면서도 스스로 냉정한 자세를 유지한다.

스위스는 천재와 닮았다. 아름답고 숭고하다. 그러나 열매를 얻기에는 그다지 알맞지 않다. 이와 달리 폼메른과 홀스타인 지방의 습지는 기름지고 자양분이 있지만, 고루한 사람처럼 속되면서 단조롭다.

나는 곡식이 영글어 가는 들판, 누군가가 밟아서 움푹 팬 곳에 아무 생각 없이 서 있었다. 그곳에서 나는 같은 크기로 무수히 곧게 뻗은, 이삭이 잔뜩 달려 늘어진 줄기들 사이에서 파랑, 빨강, 보랏빛 온갖 꽃들을 보았다. 꽃들은 자연스러움 속에 잎새들과 함께 매우 아름다워 보였다. 그러나 내게 그 꽃들은 쓸모없고 열매 맺지 못한 한낱 잡초에 지나지 않는다고 생각되었다. 사람들이 잡초를 제거할 수 없어 그냥 참고 그곳에 있을 뿐이다. 그렇더라도 이 순간에 아름다움과 매력을 선사하는 것은 오로지 그 꽃들뿐이다. 그러므로 저마다의 관점에서 꽃들의 역할은 진지하고 이로우며 결실을 낳는 시민적 삶 속에서의 시문학과 아름다운 예술의 역할과 같다. 그 때문에 꽃은 시문학과 예술의 상징으로 볼 수 있다.

지상에는 참으로 훌륭하고 아름다운 경치들이 있다. 그러나 부속물과 함께 곳곳이 형편없이 꾸며졌다. 따라서 인간의 시선은 이 부속물에 머물러선 안 된다.

건축학적인 무늬 장식, 기념 건축물, 오벨리스크, 장식 분수 그리고 초라한 도로로 포장된 도시는 독일에서 흔히 볼 수 있는데, 이는 금과 보석으로 꾸몄지만 더럽고 허름한 옷을 입은 여성과 비교된다. 너희들의 도시를 이탈리아 도시처럼 장식하려거든 먼저 도로부터 이탈리아처럼 포장하라! 그리고 조각상을 집 높이의 받침대 위에 놓지 말고 이탈리아인들처럼 하라!

인간은 파리를 뻔뻔함과 어리석은 철면피의 상징으로 삼을 만하다. 왜냐하면 다른 동물들은 인간을 무엇보다도 기피하며, 멀리에서부터 두려워해서 달아나는데 파리는 인간의 코 위에 앉기 때문이다.

유럽에 온 두 중국인이 처음으로 극장에 갔다. 한 사람은 기계 장치의 작동 원리를 파악하는 데 몰두했다. 그리고 마침내 성공했다. 또 다른 사람은 언어를 잘 알지 못함에도 작품의 의미를 해석하려고 노력했다. 전자는 천문학자에 비교할 수 있고, 후자는 철학자에 견줄 수 있다.

나는 공기 압축 기구가 있는 수은 욕조 옆에 서 있다. 그리고 쇠숟가락으로 몇몇 방울들을 떠서 높이 던졌다가 다시 그것을 받았다. 만약 이를 실패했다면 수은 방울은 욕조에 다시 떨어졌을 것이다. 단지 순간적으로 수은 방울 형태가 바뀐 것 말고는 아무것도 사라진 게 없었다. 따라서 성공하든지 실패하든지 내게는 그다지 상관이 없었다. 이와 같이 '창조된 자연'이나 사물의 내적 본질은 개체의 삶과 죽음에 관계된다.

인간에게 실천 없이 오직 이론으로만 존재하는 지혜는, 색과 향기로 다른 사람들을 유쾌하게 하지만 열매 없이 떨어지는 장미와 같다. 가시 없는 장미는 없다. 그러나 많은 가시나무들은 장미 없이 존재한다.

개는 의심할 여지없이 충성의 상징이다. 식물 가운데에서는 전나무가 충성스럽다. 왜냐하면 전나무만이 우리와 함께 좋을 때처럼, 그렇지 않은 때에도 참고 견디기 때문이다. 그리고 전나무는 하늘이 우리에게 다시 웃어 줄 때에야 비로소 돌아오는 다른 모든 나무들, 꽃과 풀, 곤충, 그리고 새처럼 태양의 총애가 사라졌을 때에도 우리 곁을 떠나지 않는다.

꽃이 활짝 핀 사과나무 뒤에 곧은 전나무의 뾰족하고 어두운 끝부분이 우뚝 솟아 있었다. 전나무에게 사과나무가 말했다. "나를 완전히 감추는 아름답게 피어오르는 수천 송이의 꽃을 봐라. 네가 여기에 특별하게 보일 수 있는 것이 무엇이지? 단지 검푸른 바늘이구나." "비록 그 말이 사실이긴 하지만," 하고 전나무가 대답했다. "겨울이 오면 너는 낙엽이 진 채 서 있지. 하지만 나는 오늘의 나처럼 변함없이 존재하게 될 거야."

나는 언젠가 참나무 아래에서 식물을 채집하면서, 다른 풀들 사이에서 같은 크기의 어떤 검은색 식물을 발견했다. 오그라든 잎새와 곧고 팽팽한 줄기를 가진 식물이었다. 내가 그 식물을 건드리자 그 식물은 단호한 소리로 말했다. "나를 내버려 둬! 나는 네 표본을 위한, 다른 일년생 식물과 같은 잡초가 아니야. 내 생명은 몇백 년이나 지속된단 말이야. 나는 그저 작은 참나무야." 이처럼 그 나무의 영향력은 수백 년이나 되어 아이이자 청년, 때로는 성인으로 서 있다. 그러나 겉보기는 다른 여느 식물들처럼 하찮은 모습의 생명체로 서 있다. 그러나 시간이 지나면, 전문가가 오도록 하라! 그 나무는 다른 식물과 달리 결코 죽지 않는다!

나는 어떤 들꽃을 발견하고 그 아름다움과 부분마다 볼 수 있는 완벽함에 놀라워하며 소리쳤다. "꽃 속의 이 모든 꽃이, 이와 똑같은 수천의 꽃들이 아무런 주목도 받지 못하고, 때로는 어떤 눈에도 띄지 않은 채 화려하게 피었다가 시들어 버리겠지." 그러자 꽃이 말했다. "어리석은 자여! 내가 누군가에게 보여지기 위해 핀다고 생각하니? 나는 나를 위해서이지, 남을 위해 피는 것이 아니야. 내 마음에 들기 때문에 피는 거란다. 내가 피어 존재하기 때문에 내 기쁨과 흥미도 존재하는 거야."

지구 표면이 아직 같은 형태의 평평한 화강암으로 이루어졌고, 생명체가 생겨날 상황이 아니었던 시절의 어느 날 아침, 태양이 떠올랐다. 신의 여종인 이리스가 유노의 부탁을 받고 날아와 태양에게 성급한 목소리로 외쳤다. "떠오르는 수고를 하는 이유가 무엇이냐? 어떤 눈도 너를 알아볼 수 없고, 어떤 멤논의 조각상도 울리지 않는구나." 이에 태양은 이렇게 말했다. "나는 태양이다. 태양이기 때문에 떠오른다. 누구든 나를 볼 수 있는 자는 나를 바라보아라."

아름답고 푸르고 꽃이 활짝 핀 오아시스가 주위를 둘러보았는데, 주위에 사막 말고는 아무것도 보이지 않았다. 오아시스는 헛되이 자기 자신과 같은 오아시스가 보이는지 찾아보았다. 그리고 그는 크게 탄식하며 말했다. "나는 불행하고 고독한 오아시스로구나! 나는 혼자 있어야만 해! 어느 곳에도 나와 같은 오아시스는 없어. 어디에도 나를 바라볼 눈이 없고, 나의 초원, 샘물과 야자수 그리고 숲에 대한 기쁨도 전혀 없구나! 슬픈 모래와 바위, 생명력 없는 저 사막 말고는 나를 에워싼 것이 전혀 없구나. 이러한 고독 속에 나의 장점과 아름다움 그리고 풍요로움이 무슨 소용이 있단 말인가!"

이때 늙은 잿빛의 어머니, 사막이 말했다. "얘야, 만일 내가 슬프고 메마른 사막이 아니라 꽃이 피며 푸르고 생명력이 있다면, 너는 멀리서 온 나그네가 칭찬하며 화제에 올리는 오아시스, 은혜로운 장소가 될 수 없을 것이다. 너는 나의 작은 일부로서 사라지고, 보이지 않을 것이다. 따라서 너의 영광과 영예의 조건이 무엇인지 인내심 가운데 견디어야 한단다.

기구를 타고 하늘로 올라가는 사람은 자신이 올라가는 것이 아니라, 대지가 점점 아래로 내려가는 것처럼 보인다. 이 현상은 무엇인가? 이 말에 찬성하는 사람만이 이것을 이해할 수 있는 신비이다.

한 사람의 위대함을 평가할 때 정신적인 위대함은 물리적인 위대함에 반대되는 법칙이다. 물리적인 것은 멀리 있을수록 작아지지만, 정신적인 위대함은 멀수록 더욱 커진다.

푸른 자두나무 위에 사뿐히 내려앉은 이슬처럼 자연은 모든 사물 위에 아름다움이라는 겉치레를 선사했다. 그리고 화가와 시인은 우리에게 편안한 즐거움을 위한 겉치레를 가져다주는 것을 없애기 위해 열심히 노력했다. 우리는 이미 현실 생활로 들어가기 전에 겉치레를 탐욕스럽게 즐긴다. 그러나 우리가 나중에 현실 생활로 들어가면, 이제 자연이 양성한 아름다운 겉치레의 사물을 면밀히 관찰하는 것은 마땅하다. 왜냐하면 예술가가 겉치레를 완전히 탕진하고, 우리는 그것을 미리 즐겼기 때문이다. 그에 따라 우리에게 이제 대부분 불친절하고 무미건조한 사물이 드러나고, 때로는 그것이 우리에게 혐오감을 느끼게 하기도 한다. 따라서 우리가 직접 발견하기 위해 겉치레를 그대로 두는 것이 더 나을지도 모른다. 비록 우리는 그것을 매우 큰 통에 두둑하게 하여 한번에 전체 그림이나 시의 형태 속에 즐기지는 못할 것이다. 그러나 모든 사물을 명랑하고 즐거운 마음으로 바라보게 될 것이다. 오직 미학적 즐거움과 삶의 매력을 아름다운 예술을 통해 미리 즐기지 않은 자연인으로서 사물을 볼 뿐이다.

주위에 지어진 집들로 가려져 있어 어느 곳에서도 완전한 모습을 볼 수 없는 마인츠 대성당은 세상의 모든 위대함과 아름다움의 표상으로 생각된다. 모든 아름다운 것들은 단지 자기 자신을 위해서 존재하지만, 기대고 의지하기 위해 곳곳에서 모여든 욕구로 말미암아 잘못 사용된다. 그리하여 마침내 감춰지고 부패한다. 물론 그런 사실은 곤궁과 욕망으로 가득한 이 세계에서 전혀 낯설지 않은 과정이다. 곳곳에서 모든 것은 그런 곤궁과 욕망에 몰두해야 한다. 그리고 모든 것을 자신의 도구로 삼으려고 약탈한다. 곤궁과 욕망이 잠시 자취를 감췄을 때 만들어지는 것, 다시 말해 아름다움과 그 자신을 위해 추구되는 진리조차 예외가 아니다.

우리는 그 규모가 크든 작든, 부유하든 부족하든, 인간 지식과 인류를 고상하게 하는 지적 노력의 획득과 진흥을 위해 세워진 공공시설들을 바라볼 때, 위와 같은 사실이 입증되고 확인되는 것을 알 수 있다. 곳곳에서 거친 동물적 욕망이 슬며시 다가오는 데에는 오랜 시간이 걸리지 않는다. 드러난 모습 아래 수익을 더욱 차지하기 위한 목적을 돕기 위해서이다. 이러한 현상은 모든 분야에서 흔히 볼 수 있는 기만의 기원이다. 형태는 모두 다를지라도 그 본질은 문제 그 자체는 돌보지 않고, 단지 겉모습만 따르며 자기 자신의 개인적이고 이기적이며 물질적 목적을 위한다.

한 어머니가 아이들의 교육과 발전을 위해 이솝 우화를 읽어 주었다. 그러나 아이들은 곧바로 어머니가 읽던 책을 빼앗아 왔고, 가장 나이 많은 아이가 조숙하게 말했다. "이건 우리를 위한 책이 아니에요. 이 책은 너무나 유치하고 바보 같아요! 여우, 늑대, 까마귀가 말을 하다니, 우리는 더 이상 그런 것에 속지 않아요. 이런 유치한 이야기에서 우린 이미 벗어났다구요!" 누가 이 앞날이 밝은 소년에게서 미래의 빛나는 합리주의자의 모습을 알아채지 못하는가?

어느 추운 겨울날, 고슴도치들은 체온으로 몸을 보호하기 위해 아주 가까이 밀착시켰다. 그러나 그들은 곧 상대의 따가운 가시를 느껴 다시 떨어졌다. 이윽고 다시 따뜻하게 하고 싶은 욕구가 그들을 모이게 했을 때, 고통은 반복되었다. 그들은 서로에게 머물 수 있는 가장 좋은 적당한 거리를 찾을 때까지, 이 두 고통 사이를 오갔다.

인간 내면의 공허함과 단조로움으로 말미암은 사교에 대한 욕구는 사람들을 서로 가까이 다가가게 한다. 그러나 그들의 수많은 혐오스러운 성향과 견디기 어려운 잘못들은 다시금 서로를 밀쳐내게 한다. 마침내 그들이 찾아낸, 하나가 될 수 있는 적당한 거리는 바로 정중함과 예의다. 그러므로 이 거리를 지키

지 않는 사람에게 영국인들은 "당신의 거리를 유지하라(Keep your distance)!"라고
말한다. 그러므로 서로의 열기에 대한 욕망은 불완전하게 채워지지만, 가시에
찔리는 고통은 느끼지 않아도 된다.

　그러나 마음속에 따뜻함을 많이 지닌 사람은 오히려 어떤 고통도 주고받지
않으려고 사회로부터 멀리 떨어져 있기를 좋아한다.

문예에 대하여

모든 욕망은 필요와 부족함과 가난과 고생에서 비롯된다. 그래서 우리가 욕망을 채우면 가라앉힐 수 있다. 그런데 우리에게는 한 가지 욕망이 채워지고 난 뒤에도 충족을 느끼지 못하는 욕망이 또 얼마나 많은가! 게다가 욕망은 오래 지속되고 욕구는 끝없이 늘어나며 향락을 누리는 기간은 짧고 그 양은 적다. 그리고 욕망을 충족시켜 쾌락을 얻는다 해도 그 쾌락은 외형적 환상에 지나지 않으며, 다음에 제2의 쾌락이 대신 나타나면 욕망은 사라져 형태를 찾아볼 수 없고 쾌락은 환상에 지나지 않는다.

그러므로 이 세상에는 의지를 진정시켜 잠재우거나 끊임없이 붙잡아둘 힘은 아무 데도 없다. 우리가 운명으로부터 받을 수 있는 가장 큰 선물도 거지의 발 아래 던져준 동전과 마찬가지로 다만 오늘의 목숨에 풀칠을 하여 괴로운 삶을 내일까지 연장하는 데 지나지 않는다.

이처럼 욕망의 지배와 의지의 주권 아래 놓여 있는 한, 그리고 우리에게 떼지어 달려드는 소망과 우리에게 덮쳐오는 공포에 사로잡혀 있는 한, 우리는 안식이나 행복을 손에 넣을 수 없다. 우리가 기대나 두려움에서 무엇을 열심히 좇거나 기대하려고 하는 것은 근본적으로 생각하면 똑같다. 즉 의지의 욕구에서 비롯되는 걱정은 소망과 두려움의 여러 형태로 나타나며, 언제나 우리의 존재를 괴롭히고 어지럽히지 않고는 못 배긴다. 그래서 인간은 의지의 노예가 되어 언제나 익시온의 불수레에 매어 있으며, 다나이데스(다나오스의 딸들)의 밑빠진 독에 물을 넣고 탄탈로스처럼 끊임없이 갈등에 시달린다.[1]

그런데 우리는 자신의 내면적인 조화의 불가사의한 혜택으로 잠시나마 끊임없는 욕구의 소용돌이에서 벗어나, 우리 정신을 의지의 압박에서 구출해 주

---

1) 그리스 신화에 나오는 이야기.

의력을 의지의 대상에서 떠나게 할 수 있다. 그래서 욕구의 색채를 잃어버리고 사물을 탐욕의 대상이 아니라 몰아적(沒我的)인 관조의 대상으로 삼아, 자기의 이해관계에서 떠나 바라볼 수 있다. 이때 우리는 욕망으로 말미암아 그 대상을 추구할지라도 언제나 요동치는 마음으로부터 자연스럽게 안정되어 만족스러운 평화를 얻는다.

에피쿠로스[2]가 찬양한 가장 큰 선, 즉 여러 신의 최고 행복도 고통을 넘어선 이런 상태를 가리키는 것이다. 우리는 그동안 의지의 무거운 압력에서 벗어나, 의욕이라는 강제적인 부역을 면하고 안식을 즐길 수 있으며, 익시온의 불수레는 회전을 멈추게 된다. 이때 저물어가는 태양을 궁전 들창가에서 바라보거나 감옥의 철창에서 바라보거나 느낌은 마찬가지이다. 마음의 조화를 이루고 순수한 사상이 의지를 뛰어넘는 것은 어느 곳에서나 가능하다.

이를 실제로 입증하는 것은 네덜란드 화가들로, 그들은 지엽적인 사소한 사물도 객관적으로 바라볼 수 있다. 그들의 정신이 정의(情意)를 떠나 안식을 누릴 수 있다는 증거로, 그처럼 불후의 대작을 남긴 것을 들 수 있다. 그들의 그림을 바라보는 사람은 반드시 깊은 감명을 받으며, 작가의 고요하고 평화로운 심경과 보잘것없는 사물을 눈여겨보고 그만큼 섬세한 필치로 묘사하기까지의 그윽한 심경을 떠올리게 된다. 자신을 돌이켜보고 평온한 마음으로 돌아간 화가와, 언제나 불안과 욕망 때문에 마음이 흐려지고 혼란을 일으키는 자신을 견주어 보면, 내가 여기서 말한 주장은 더욱 뚜렷해진다.

인간과 인생의 모든 면을 초탈한 눈으로 보고 그것을 펜이나 화필로 그려놓으면, 그것만으로도 흥미와 매력으로 가득 차 고상하고 심오하게 보인다. 그런데 인간으로는 언제까지나 이런 순수한 감흥 속에만 머물러 있을 수 없다. "악마라면 가능할 것이다"라는 말은 여기에도 해당된다. 괴테도 이런 뜻에서 다음과 같이 노래했다.

어지러운 인생도

---

2) Epikouros(BC 341~270). 고대 그리스 철학자. 그의 실천철학은 올바른 인식에서 정신의 쾌락을 말한 쾌락주의.

그림에서는 아름다워 보이노니…….

나는 젊을 때 내 행위를 마치 남의 일처럼 하나하나 적어두려고 한 적이 있는데, 이것은 아마 자기 행위를 상세히 감상하며 즐기려는 마음에서 그랬던 것 같다.

사물은 대부분 우리의 이해관계를 떠날수록 아름답다. 그러나 인생은 결코 아름다운 게 아니다. 아름다운 것은 시의 거울에 비쳐 반사된 인생의 그림일 뿐이며, 이 그림이 유난히 아름답게 보이는 것은 살아간다는 게 무엇인지 우리가 아직 미처 모르는 청년 시절의 일이다.

날아든 영감을 붙잡아 시의 형태로 다듬어놓은 게 서정시이다. 참된 서정시인이 마치 거울처럼 작품을 통해 보여주는 것은 인간의 완성된 모습과 깊은 내면세계이며, 과거와 현재와 미래의 세대에 속한 무수한 인간들이 수없이 되풀이하고 또 되풀이할 비슷한 환경에서 경험하는 느낌은 한 편의 참된 시 속에 생생하고 성실하게 그려진다.

시인은 세계적이고 보편적인 인간으로, 인간 마음속에 꿈틀거리는 것과 인간의 천성이 여러 환경 속에서 경험하는 것이 인간이라는 덧없는 생물에게 몰려 움트는 시의 소재가 되므로 그 범위는 자연 전체에 미치게 된다.

그러므로 시인은 신비주의자처럼 거룩하고 깨끗한 대환희를 노래 부를 수 있고, 안겔루스 질레지우스[3]나 아나크레온[4]이 될 수 있고, 자기의 천분과 정감에 따라 희극이나 비극을 쓸 수 있으며, 고매한 마음씨나 비속한 심정을 묘사할 수도 있다.

시인은 인간의 거울이다. 그는 인간이 느낄 수 있는 것을 밝은 이미지로 묘사하게 된다. 그러므로 누구나 그에게 좀 더 고상하다든가, 초탈하다든가, 또는 도덕적으로 올바르다거나 신앙을 가지라거나, 그 밖에 이래라 저래라 해서 안 된다고 명령조의 주문을 할 수 없다.

훌륭한 시가 모두 인간성의 몸서리치는 면이나 말할 수 없이 큰 고의(故意), 우환, 악의 승리, 우발적 사건의 지배, 정당하고 순결한 자의 파멸에 관해 묘사

---

3) 1624~1677. 독일 종교시인.
4) 그리스 서정시인.

하고 있는 것은 두드러지게 주목해야 할 사실이다. 이것은 세계의 기능과 존재의 실상이 무엇인지 뚜렷이 말해 준다.

비극의 작품내용은 어떠한가? 거기에는 고귀한 인물이 오래고 힘겨운 투쟁과 수난 끝에 오늘에 이르기까지 애써 추구해 온 목적을 단념하거나 일부러 세상의 모든 즐거움을 단념하는 장면이 그려진다. 《칼데론》 속의 왕자, 《파우스트》의 그레트헨이 그랬다. 《햄릿》에서 햄릿의 친구인 호레이쇼는 죽어가는 햄릿의 뒤를 따르려 했으나, 그의 마지막을 후세에 전함으로써 그 이름이 더럽혀지지 않도록 고뇌로 가득한 이 세상에 잠시 머물러 있겠다고 결심한다. 《오를레앙의 처녀》 무셀, 《메시나의 신부》의 주인공[5]도 같은 종류의 비극적인 인물들로, 그들은 모두 고뇌에 정화되어 그 속에 깃든 '살려는 의지'가 멸망하기를 기다렸다가 마침내 죽어간다. 비극의 참된 의미는 주인공에게 나타나는 죄가 그만의 것으로 그치지 않고 유전되는 죄, 즉 존재 자체의 죄라는 견해 속에 나타나 있다.

비극의 성격과 목적은 우리를 체념하게 만들어 살려는 의지를 포기하게 하는 데 있지만, 희극은 우리에게 삶을 요구하게 하려고 한다. 희극도 물론 인생의 시적인 묘사와 마찬가지로 삶의 고뇌와 그 어둡고 처참한 모습도 보여주지만, 그것은 어디까지나 일시적인 해악일 뿐이고 마지막 환희에 융합되기 마련이며 희망과 성취와 승리의 교향악으로서 해소되게 마련이다.

세상에 아무리 불쾌한 일이 많더라도 언제나 재미있고 유쾌한 일들도 있어 웃음꽃을 피울 장면이 있음을 분명히 그려 보여, 독자나 관객들의 처지에서 즐거움을 북돋아주려고 한다. 요컨대 희극은 결과적으로 인생이란 대체로 살기 좋은 곳이며, 때로 매우 재미있고 우스운 것임을 보여준다. 그런데 그 즐거운 마지막에 이르러서는 도중에 미리 빠져나와 나중을 보지 말아야 한다. 반대로 거의 모든 비극은 결말에 가서 별일 없이 원만하게 끝나게 된다.

서사시나 희곡을 쓰는 시인은 자기가 운명이며 따라서 운명과 마찬가지로

---

5) 모두 실러 극의 여주인공.

에누리가 없어야 한다는 것을 잊어서는 안 된다. 그는 또한 인간의 거울이므로 시나 희곡, 소설에 사악한 자나 때로는 이상한 성격 소유자, 즉 바보나 못난이, 정신박약자를 등장시키고, 한편으로는 이지적이고 신중한 인간, 때로는 선량하고 성실한 자를 등장시키며, 특별한 경우에는 고귀하고 관대한 인물도 등장시켜야 할 것이다. 호메로스의 시에는 선량하고 정직한 인물을 많이 볼 수 있지만 참으로 고귀하고 너그러운 사람은 전혀 없다. 그리고 셰익스피어의 희곡에는 이런 인물이 하나둘 등장하지만, 그들의 고귀함은 초인적이라고 할 수 없다. 코델리아와 코라이어라는 두 사람이 이에 해당될 뿐, 그 밖에는 거의 찾아볼 수 없으나 다른 부류의 인물들은 많다. 레싱의 《민나 폰 바른헬름》에는 등장인물마다 매우 정직하고 너그러운 성격의 소유자로 묘사되어 있으며, 괴테의 모든 주인공을 한데 묶어도 포자 후작 같은 너그러운 성격을 찾아보기 힘들다.

어떤 사람의 행동이든 그 자체가 특별한 의미를 지니며, 하나하나의 행동을 통해 관념이 여러모로 나타난다. 인생의 모든 현상 가운데 그림 소재가 되지 않는 것이 있다. 네덜란드파의 신묘한 그림에 대해 다만 그 뛰어난 기교만을 찬양하고, 그림이 주로 가까운 일상생활의 정경을 묘사했으며 인생의 중대한 문제를 다루지 않았다 해서 기교밖에 볼 게 없다고 가벼이 여기는 사람들도 있으나, 이런 감상법은 잘못된 것이다. 그들은 어떤 행위의 내면 의미와 외면 의미가 서로 상관되어 있지 않으며, 때로는 둘 사이에 많은 차이가 있음을 잊고 있다. 행위의 외적 중대성은 현실에 미치는 영향과 그 결과에 따라 측정되는데, 그 내적 중요성은 인간성의 깊은 골짜기에 빛을 던지며, 인간생활의 특수한 면을 발굴해 인간의 본성에 대한 깊은 진리를 깨닫게 하는 데에 있다.

그러므로 예술에서는 행위의 내면 의미가 중요하고, 역사에서는 외면 의미가 중요하다. 이 둘은 서로 분리되어 있기도 결합되어 있기도 하지만, 사실은 독립된 것이다.

역사상 으뜸될 만한 행위도 그 자체만 보면 평범하고 무의미하게 생각되는 경우가 있으며, 반대로 하찮은 일상생활도 인간 내부에 충분한 빛을 던져준다면 참된 가치를 지니게 된다.

인간 행위는 대부분 그 목적과 결과가 어찌되든 본질적으로 같다. 몇몇 장관들이 지도 위에 머리를 맞대고 그 영토나 주민들에 대해서 논쟁하는 것과, 한 서민이 선술집에서 화투나 골패의 승부를 가지고 언쟁하는 것은 본질상 같은 행위이며, 마치 장기를 둘 때 금으로 된 포(包)를 쓰나 나무로 된 차(車)를 쓰나 마찬가지인 것과 같다.

음악은 결코 외부의 현상을 표현하는 게 아니다. 현상의 내면적인 본질, 즉 현상의 본체, 다시 말해 의지 자체를 표현한다. 따라서 특수하고 일정한 어떤 기쁨이나 괴로움, 두려움, 불안, 쾌락, 안식 등을 표현하는 게 아니라 오직 기쁨 자체, 슬픔과 고뇌와 두려움, 쾌락, 안식 자체를 표현하는 것이 음악이다. 다시 말해 음악은 모든 동기나 상태를 떠나 이 기쁨이나 괴로움의 추상적, 일반적인 본질만을 표현한다. 우리는 이렇게 표현된 추상적인 결정체 때문에 그것을 이해할 수 있다.

선율의 창조는 인간의 의지와 정감의 비밀스러운 정원을 찾아내는 일이며, 이것은 천재의 일이다. 천재의 활동은 다른 방면보다 음악 분야에 가장 뚜렷이 나타나고, 지적인 면을 떠나 자유롭게 작용한다. 참된 영감이란 이 정신작용을 말하며 관념, 즉 사물에 관한 추상적 또는 구체적인 지식은 다른 예술의 경우에도 그렇지만 음악에서도 창작에 결코 도움이 되지 못한다.

작곡가는 세계의 내면적인 본성을 표현하며 자기의 이성으로는 알 수 없는 언어로 깊은 지혜를 드러낸다. 그것은 마치 몽유병자가 의식을 되찾았을 때에는 전혀 알지 못하던 일에 대해 곧잘 또렷한 대답을 하는 것과 비슷하다.

음악은 말로 표현할 수 없는 하나의 내면적인 비밀을 전달하고, 우리에게 친근하면서도 좀처럼 가까이할 수 없는 한때의 낙원을 보내며, 그 선율은 우리가 알고는 있지만 명확하게 설명할 수 없는 것이다. 이것은 음악이 우리 가슴속에서 움직이고 있는 의지의 몸부림을 표현할 뿐, 우리의 안팎에 있는 온갖 사정이나 처지에 대해서는 아무 말도 하지 않고, 표현할 때 고뇌의 그림자도 비추지 않기 때문이다.

우리 마음속에는 두 가지 근본적인 것이 있다. 한쪽에는 기쁨과 즐거움, 다른 쪽에는 괴로움과 두려움이 있다. 여기에 따라 음악에도 2도 음정과 6도 음정이라는 두 개의 일반적인 악보가 있으며, 모든 악곡에는 그 둘 가운데 거의 하나가 부여되어 있다.

이 6도 음정에 표현된 음(音)은 고통을 표현하기 위한 것으로 그 비통한 소리는 부딪치거나 잘리거나 할 때의 육체 감각하고도 다르며, 다만 관습으로서가 아니라 누구나 그 소리를 비통하게 듣는 것은 분명 하나의 불가사의하고도 놀라운 일이라고 하겠다. 이것을 보더라도 음악이 얼마나 인간과 사물의 내면에 깊이 파고드는지 알 수 있다. 참혹한 자연환경 속에서 살아가는 북극 지방의 사람들, 그중에서도 특히 러시아 사람들은 교회의 찬송가에 주로 단조를 쓰고 있다. 이 음조의 빠른 박자는 프랑스 음악의 특징이며, 발에 맞지 않은 구두를 신고 춤추는 기분을 준다.

박자가 대단히 빠른 무용음악의 짤막하고 명쾌한 악상은 쉽사리 느낄 수 있는 일반적인 기쁨만 표현한 것처럼 들리지만, 이와 달리 웅장한 악상의 굵직한 음량과 긴 곡절을 가진 장중하며 빠른 박자는 나중에야 다다를 수 있는 머나먼 목적으로 가는 위대한 노력을 표현하고 있다. 그리고 아다지오는 비열한 기쁨을 멸시하고 고귀한 노력을 하는 자의 고뇌를 나타낸다.

그러나 우리가 가장 경탄해 마지않는 것은 단조와 장조의 효과이다. 반음만의 변화, 장조의 삼단음 대신 단조의 삼단음을 연주하면 곧바로 비통하고 불안한 기분을 일으키고, 거기에 장조가 나타나면 다시 본디의 고요한 기분으로 돌아가게 되는 것은 놀라운 일이다. 그리고 단조의 느린 곡조는 심한 고통으로 가슴을 쥐어뜯는 듯한 슬픔을 나타내며, 또 단조의 무용 음악은 천박하고 배격해야 할 평범한 행복 안에 있는 어떤 매혹을 나타내어 엄청난 노력과 산고로써 얻을 수 있는 비속한 목적을 추구하는 듯이 느껴진다.

베토벤의 교향곡은 겉으로는 혼란을 일으키지만 그 밑바탕은 놀랄 만한 균형을 이루고 있다. 아름다운 조화로 마무리되는 치열한 싸움, 조화롭지 못한 사물이 나타났다 사라지는 무수한 형체와 헤아릴 수 없는 불쾌한 소음을 통하여 끊임없이 공간을 가로지르는 이 세계의 본성을 완전하고도 충실하게 표현한다. 또한 이 교향곡에는 인간의 열정과 격정, 기쁨과 슬픔, 사랑과 미움, 불안과 소망을 풍부한 느낌을 섞어 추상적인 방법으로, 그 하나하나의 흑백을 가리지 않고 표현했다. 그것은 물질 없는 형체, 영혼만이 가득한 하늘나라와 같은 느낌이다.

나는 오랫동안 음악의 본질을 깊이 생각해 보았는데, 모든 즐거움 가운데에서 가장 미묘한 음악을 즐길 것을 권하고 싶다. 음악은 세계의 참된 본성을 아무런 매개물 없이 진지하게 드러내 보여주므로 우리에게 이처럼 진지하게 곧바로 작용하는 것도 없다.

웅장하고 화려한 하모니는 정신의 목욕이라고 할 수 있다. 정신은 이렇듯 모든 때를 씻어버리고 사악하고 비열한 것들을 모조리 제거하게 된다. 이런 하모니는 인간을 한결 높은 데로 끌어올리고 고귀한 사상과 하나로 만들므로, 우리는 거기서 자기의 참된 가치와 의의, 자기가 가질 수 있는 모든 가치와 의의를 뚜렷이 느끼게 된다.

나는 음악을 들으면 언제나 인간의 생애와 나 자신의 생애는 어떤 영원의 꿈이고, 선악과 그 밖의 여러 가지 꿈이며, 개인의 죽음은 이 꿈에서 깨어나는 것이라 생각된다.

문예 흥미에 대하여

시, 특히 서사시나 희곡에는 아름다움 이외의 특질, 곧 '흥미'라는 것이 있다. 예술작품이 아름다운 건 그것이 인간의 이데아(Idea)를 뚜렷이 재현해 우리에게 이데아가 무엇인지 알게 하는 데 가치가 있다. 작품은 이 목적을 이루기 위한 수단이며, 뚜렷한 개성을 지닌 인물을 등장시켜 이런저런 사건을 전개함으로써 이들 등장인물이 저마다 성격상으로 독특한 기질을 드러내 그 내면 세계를 파헤쳐 보일 수 있는 특수한 관점이며 처지를 조성하게 된다. 인간의 여러 가지 이데아는 이런 묘사로써 그 전체 내용을 분명히 알 수 있다.

아름다움은 대체로 인식할 수 있는 이데아의 고유한 특질로, 그 안에 이데아가 인식되는 한 무엇이든 훌륭하다. 아름답다는 것은 이데아가 뚜렷이 드러나 있다는 표시이기 때문이다. 그리고 아름다움은 언제나 인식에 속하여 인식에만 호소하고 의지에는 호소하지 않는다. 그리고 미(美)의 이해는 의지에 앞서야 한다.

한편 우리는 희곡이나 소설이 묘사된 사건이나 행위를 통해 공감을 불러일으키고 자신이 그 사건 당사자의 한 사람으로 느껴질 때, 이 소설이나 희곡을 재미있다고 한다. 이 경우 거기 그려진 인물의 운명이 자신의 운명과 똑같이 느껴지기 때문에 우리는 긴장된 마음으로 사건을 기다려 정신없이 그 진행과정을 눈여겨보고, 위급한 경우라도 닥치면 가슴을 두근거린다.

그래서 최고조에 이르면 가슴을 죄다가 주인공이 갑자기 구출되기라도 하면 다시금 가슴 두근거리기 시작해 끝까지 읽기 전에는 손에서 책을 놓기 어렵다. 주인공의 비운에 동정하며 마치 자기가 당하는 것처럼 밤새워 읽는다. 사실 이런 작품에서는 위안이나 즐거움이 아니라 현실의 삶이 가끔 우리에게 겪게 하는 고통, 적어도 악몽에 사로잡혔을 때와 같은 고통을 느끼게 된다.

이런 고통에서 벗어나려면, 소설이나 희곡을 읽을 때 언제나 싸늘한 현실의 땅바닥에 눈을 돌려 작품을 통해 심한 괴로움을 받아 마음이 짓눌리는 듯싶을 때마다 바로 현실 속에 뛰어들어 작품의 환상을 몰아내는 수밖에 없다. 그렇게 하지 않으면 그 책을 다 읽을 때까지 초조해하고 괴로워해야 한다. 악몽 속의 기이한 괴물에 대한 두려움이 잠을 깨자마자 사라져버리는 경우처럼.

이 같은 시적인 묘사에 따라 움직이는 것은 분명 우리의 개체적인 의지이며, 결코 순수한 종족의 의지는 아니다. 따라서 흥미 있다는 말은 우리의 개체적인 의지에 공감을 강요해 흥미를 일으키게 하는 것을 뜻한다. 아름다움이 흥미와 뚜렷이 구분되는 것은 이 점이며, 미는 인식, 특히 가장 순수한 인식에 속해 있지만 흥미는 의지에 작용한다. 따라서 미는 이데아를 터득하는 데서 비롯되며 이 터득은 '근거의 원리'를 떠나서도 가능하지만, 반대로 흥미는 언제나 사건의 진행과 갈등에서 비롯되며 온갖 형태의 '근거의 원리'를 통해 가능하게 된다.

이 둘의 근본 차이는 분명하다. 모든 예술, 따라서 희곡이나 소설의 참된 목적이 아름다움에 있다는 것도 상세히 설명했으니, 이번에는 다음과 같은 의문점을 살펴보기로 하자. 즉 흥미는 문예의 두 번째 목적이 될 수 있느냐, 아니면 미를 표현하기 위한 수단에 지나지 않느냐. 또는 아름다움의 속성으로서 공존해 미가 있는 곳에는 자연히 나타나게 되느냐, 또는 흥미는 그리 많지 않아도 아름다움이라는 중요한 목적과 합치될 수 있느냐, 아니면 미의 장애물이 되느냐를.

흥미는 희곡이나 소설 같은 작품에서만 느끼게 되며, 조형미술이나 음악이나 건축 등에는 드러나지 않는다. 이런 종류의 예술은 흥미와 관계없으며, 단지 특수한 감상자가 개인적 흥미를 느끼는 경우가 있을 뿐이다. 예를 들면 어떤 상상화가 자기의 연인이나 원수의 얼굴을 닮았다든지, 어떤 건물이 자기 집이거나 자기가 갇혀 있는 감옥이든가, 또는 어떤 음악이 신혼 무용곡이라든가, 아니면 자기가 싸움터에서 쳐들어가는 행진곡이라든가 할 경우이다. 이런 종류의 흥미는 예술의 본질이나 목적과는 관계가 없다. 아니, 예술의 본질에서 떠나 있다는 점에서 장애가 된다. 이것은 예술적인 흥미에 대하여 정도의 차이는 있으나 한결같이 적용된다.

이 흥미는 아름다운 표현에 대해 우리가 공감하는 것이 사실처럼 느껴지는 데서 비롯되며, 표현이 한때나마 독자를 매혹시키는 것을 전제로 하고, 예술적인 매혹은 진실을 통해서만 작용한다. 즉 예술이 존귀한 까닭은 진실을 나타내기 때문이다. 묘사는 자연과 마찬가지로 진실해야 한다. 또 본질적인 특성을 강조하고, 묘사된 자기표현을 요약해 우연히 가지게 된 중요하지 않은 것들을 제외함으로써 순수한 관점에서 이데아를 뚜렷이 나타낸다. 이렇게 그려진 이데아를 진실로서, 자연 이상의 것으로 만들어야 한다. 이 경우에 진실이 사람을 매혹하므로 흥미는 진실을 통해 아름다움과 공존할 수 있다.

진실 자체는 시와 현실 사이에 뚜렷한 구분을 해서 흥미를 줄어들게 하지만, 현실도 얼마쯤 이상적이 될 수 있으므로 이러한 구분은 매혹을 없앨 수 없다. 조형미술은 그 수법상 얼마쯤 매혹을 없앨 여지가 있다. 조각은 형체와 빛깔만 보여주고 시야나 운동을 보여주지 않으며, 그림은 어느 지점에서 본 일정한 넓이만 표현해 그 주위에 싸늘한 현실이 이어진다.

그러므로 이 경우에 느끼는 매혹이나 실물을 대했을 때와 같은 공감과 흥미가 더해지지 않기 때문에, 의지는 침묵하고 표현된 미술만이 순수한 관조의 대상이 된다. 여기서 특히 주의해야 할 것은 열등한 조형미술은 이 한계를 벗어나 현실적인 매혹과 흥미를 느끼게 되어 순수한 예술적인 효과가 사라지고, 아름다움을 나타내기 위한 하나의 방편, 즉 이데아의 인식을 전달하는 작용을 하지 못한다.

예를 들면 석고상 같은 것으로, 이것은 미술의 범주에서 제외되어야 한다. 정교하게 만들어진 작품은 사람을 완전히 매혹하는 힘을 발휘하므로 우리는 이 작품을 볼 때 실제의 인간을 대하듯이 느끼며, 실제의 인간은 본디 의지의 대상, 즉 흥미로운 존재므로 이런 초상은 바로 우리의 의지에 작용하여 순수한 의식을 방해하며, 우리는 실제로 인간 앞에 있을 때처럼 경계심과 불안감을 갖고 그 앞에 나서게 된다. 그리고 우리의 의지는 활동을 개시해 그것을 사랑할까, 미워할까, 또는 피할까, 대항할까 하는 태도를 취하려고 한다. 그러나 이 초상은 생명이 없으므로 결국 시체와 같은 불쾌한 인상을 주어 재미라는 목적은 이루었지만 예술로서의 가치는 잃게 된다.

이것을 보더라도 흥미 있다고 해서 모두 미술작품이 될 수 없음을 알 수 있다. 이것은 다음과 같은 사실에서도 확인할 수 있다. 즉 시에서도 흥미로울 수 있는 것은 희극과 설화 같은 종류뿐이며, 만일 흥미가 예술의 목적으로서 아름다움 자체와 대등하다면, 서정시는 사건으로 말미암은 흥미가 없으므로 희곡이나 소설보다 훨씬 아래에 속하겠지만 실제로는 그렇지 않다.

그럼, 두 번째 의문점을 생각해 보기로 하자. 만일 흥미가 미를 나타내기 위한 수단이라면 흥미 있는 시는 또한 아름다워야 할 텐데, 사실은 그렇지 못하다. 어떤 소설이나 희곡이 재미있다는 점에서는 우리의 마음을 끌지만, 거기에는 예술로서의 미가 빠져 있으므로 읽고 나면 시간을 헛되이 썼다는 사실이 부끄럽게 생각되는 경우가 많다. 이런 작품 가운데는 희곡이 많으며, 그 가운데 인간의 본성과 삶의 참된 모습에 관한 순수한 표현이 없고, 성격 묘사는 거짓이거나 잘못되어 인간의 천성에 어긋난 이상한 인물을 등장시키고 있다. 그러나 사건의 진행과 갈등이 복잡하게 뒤엉켜 주인공의 처지가 우리 마음을 끌므로 갈등이 해소되고 주인공이 안전지대로 들어가기까지 호기심이 가라앉지 않는다. 그리고 막과 막 사이의 이동이 기술적으로 꾸며져 다음 장면에 호기심을 갖게 되며, 결과를 예측할 수 없어 기대와 놀랍고 신기한 마음 사이에서 자못 초조해지며, 이런 재미에 어떤 이는 시간 가는 줄 모른다. 코체부[1]의 각본에는 이런 것이 많다.

대부분의 사람들은 순수한 인식이 아닌 심심풀이를 바라므로 이런 작품이 그들 비위에 맞다. 아름다움은 인식에 속하므로 그 감수성은 지적 능력처럼 개인차가 심하다. 작품으로 그려진 세계의 내면적 진실, 즉 인간의 본성에 알맞느냐는 점에 대해서는 이들이 알 바 아니며, 오직 표면적인 흥미만으로 족하기 때문에 인간의 진실을 드러내 보여 줘도 반응이 없다.

그러나 다음과 같은 점은 유의해야 한다. 흥미 본위의 묘사는 반복해 읽을수록 효과를 잃어 다음 장면에 대해 그리 기대를 갖지 않게 되며, 여러 번 되풀이해서 읽으면 독자나 관객들은 희곡 전체를 무미건조하고 보잘것없는 것으로 여기게 된다. 그러나 아름다움에 가치를 둔 작품은 거듭 읽을수록 독자의 이해를 도와 더욱 많은 예술적 효과를 거두게 된다.

---

1) Kotzebue, August von(1761~1819). 독일 극작가. 작품이 모두 통속적이었음.

앞에서 말한 대로 대중적인 희곡의 부류에 속하는 게 통속소설이다. 이탈리아의 베네치아나 나폴리 거리에는 모자를 벗어놓고 지나가는 사람을 모아 재미있는 이야기로 흥미를 돋운 다음, 최고조에 이르러 듣는 사람들이 열중하면 다음 이야기를 계속하기 전에 먼저 주머니를 터는 일이 있다. 독일에는 이런 부류에 속하는 값싼 천재가 그렇게까지 직접적인 방법은 쓰지 않지만 출판사나 라이프치히 시장이나 대본점(貸本店)에 한몫 끼어 있으며, 이들의 차림새는 이탈리아 친구들처럼 남루하지는 않으나 그들의 상상은 소설이며 야담, 낭만적인 긴 장편 사화(史話) 등의 초라한 표지 속에 실려 있다.

대중들은 이 책을 사다가 잠옷 바람으로 난롯가에 앉아 편하게 읽으며 즐기려 한다. 이런 싸구려 저작들 대부분이 전혀 미적인 가치가 없는 것은 잘 알려진 사실이지만, 흥미라는 특징이 있는 것은 부인할 수 없다. 그렇지 않다면 무엇 때문에 많은 사람들이 그런 책들을 읽으려고 하겠는가. 그러니 흥미가 필연적으로 아름다움을 낳지 못한다는 것은 분명한 일이다. 그렇다고 해서 미가 저절로 흥미를 자아내느냐 하면 그렇지도 않다.

작품에서 등장인물의 뚜렷한 성격 묘사로 인생의 깊은 내면세계가 제시되고, 그것이 비범한 행위와 고뇌를 거쳐 표면화되어 세계와 인간의 본성이 분명히 드러나면 예술적인 아름다움을 지니게 된다. 그 밖에 사건의 갈등을 일으키거나 복잡하게 구성하거나 갑자기 극적으로 해결지어 독자의 흥미를 끌려고 할 필요는 없다.

셰익스피어의 불후의 명작을 보아도, 거기에 흥미는 매우 적고 사건들이 줄기차게 진행되지 않는다. 《햄릿》은 중간에서 침체되고, 《베니스의 상인》은 이야기가 궤도에서 벗어나며, 《헨리 4세》에서는 흥미 있는 대목이 직선적으로 이어지나 장면과 장면 사이가 잘 연결되지 않는다. 그래서 셰익스피어의 희곡은 많은 사람들에게 아주 큰 인기를 일으키지 못한다.

아리스토텔레스가 극의 요건 가운데에서 특히 주장한 행동의 통일은, 흥미에 관련된 것이지 아름다움에 관련된 게 아니다. 일반적으로 이 요건은 근거의 원리에 준해 생각해낸 것으로, 이데아와 미는 근거리의 원리 지배에서 벗어난 인식에서만 있을 수 있다. 그런 점으로 보더라도 흥미와 아름다움의 구별은 분명하며, 흥미는 근거리 원리에 따르는 관찰에 예속되고 미는 언제나 이 원리에서 벗어나 있다. 아리스토텔레스의 통일설에 가장 맹렬히 반대한 작품으로는 만초니[2]가 쓴 비극을 추천하고 싶다.

내가 지금 셰익스피어에 대하여 한 말은 괴테의 희곡에 대해서도 그대로 적용할 수 있다. 그의 《에그몬트》도 줄거리에서 갈등이라고는 전혀 찾아볼 수 없다. 그러므로 대다수 관객들의 비위에는 맞지 않을 것이며 《타소(Torquato Tasso)》와 《이피게니》에서는 더욱 그러하다.

그리스의 비극시인들도 흥미로 독자들을 끌려고 하지 않았다는 것은 그들이 걸작의 소재로 세상 사람들에게 거의 이미 알려진 사건, 또는 전에 극으로 공연된 적 있는 사건을 선택한 것을 보더라도 잘 알 수 있다. 그들은 미를 즐기는 데 예상치 않은 사건으로 관객들의 흥미를 끌거나 전대미문의 사건으로 흥미를 느끼게 하는 조미료 같은 것을 필요로 하지 않았다.

또 옛날의 걸작들을 보아도 흥미롭게 된 것은 매우 드물다. 호메로스는 세계와 인간의 전체성을 묘사하지만, 사건에 갈등을 일으켜 우리의 흥미를 북돋거나 뜻밖의 미궁으로 끌어들여 우리를 놀라게 하지 않고, 이야기의 줄거리는 지지부진해지기 일쑤며, 장면마다 침착하게 차례로 순서를 따라 빈틈없이 묘사하려고 했을 뿐 결코 흥미 본위로 쓰지 않았다. 그러므로 호메로스를 읽으면 격정적인 공감을 일으키는 게 아니라 순수한 인식의 관점에 서게 되며, 우리의 의지가 부추김받지 않고 조용히 가라앉아 긴장을 느끼지 않으므로 언제나 천천히 읽어 내려갈 수 있다.

이런 경향은 단테의 경우 더욱 뚜렷이 나타난다. 그는 서사시가 아닌 서술시를 썼다. 또한 네 편의 뛰어난 소설 《돈키호테》《트리스트럼 샌디》《신엘로이즈》그리고 괴테의 《빌헬름 마이스터의 수업시대》를 보아도 독자들의 흥미를 끄는 것을 주요 목적으로 삼지 않는다. 특히 《트리스트럼 샌디》의 주인공은 이야기의 마지막에 가서야 겨우 8살 된 어린아이로 되어 있다.

그렇다고 걸작은 으레 흥미 없다고 단정할 수는 없다. 실러의 작품들은 매우 재미있으며 많은 애독자들을 갖고 있다. 소포클레스[3]의 《오이디푸스왕》과 산

---

2) Manzoni, Alessandro(1785~1873). 이탈리아 작가. 진리 탐구와 도덕적인 것을 예술의 주요 목표로 삼음. 대표작은 《약혼자》.
3) Sophocles(BC 496?~406). 고대 그리스 비극작가.

문적 걸작인 아리오스토[4]의 《광란의 오를란도》도 이에 속하며, 고도의 흥미와 아름다움이 더불어 존재하는 예로 월터 스콧의 명작 《나의 영주 이야기》 2편을 들 수 있다. 스콧의 이 작품은 참으로 재미있으며, 읽은 사람은 이제까지 내가 흥미의 효과에 대해 한 말을 잘 이해할 수 있을 것이다. 이 작품은 그처럼 재미있고, 또 전편이 매우 아름다우며 놀랄 만큼 진실하게 인생의 다채로운 모습을 보여준다. 또 등장인물들의 상반되는 여러 가지 성격이 정확하고도 충실하게 그려진다.

그러므로 흥미가 아름다움과 공존할 수 있다는 것도 사실이다. 이것으로 제3의 의문은 풀린 셈이다. 그러나 미를 뚜렷이 나타내기 위해서는 그저 어느 정도의 흥미가 더해지면 충분할 뿐 예술의 목표로 삼을 것은 미(美)이지 결코 흥미일 수 없다. 본디 미는 두 가지 점에서 흥미와 대립된다. 첫째로, 미는 이데아의 인식에 의존하며, 이 인식은 그 대상에서 조기의 원리에 의해 나타나는 형상을 없애버리지만, 반대로 흥미는 주로 사건(현상) 속에 깃들어 있으며, 사건의 갈등은 조기의 원리에 따라 일어난다. 둘째로, 흥미는 우리의 의지로써 이루어지지만, 미는 언제나 의지를 떠나 순수한 인식으로부터 비롯된다.

그러나 희곡이나 소설은 얼마쯤 흥미가 더해질 필요가 있다. 그것은 한편으로는 흥미가 사건 자체로부터 자연히 생기게 마련이며, 또 한편으로는 독자가 흥미라는 눈에 보이지 않는 실에 이끌려야 할 필요가 있기 때문이다. 그렇지 않을 때에는 공감 없이 인식능력만으로 장면에서 장면, 정경에서 정경으로 옮아가는 가운데 싫증나 지쳐버린다.

사건의 줄거리가 있는 이상 독자는 공감을 느끼는 게 마땅하며, 이 공감은 주의력을 집중시키는 길잡이가 되어 독자의 마음을 이끌며 작가가 그린 모든 장면을 샅샅이 구경시켜준다.

한 가지 조심해야 할 것은 흥미는 이런 역할을 담당할 수 있을 정도면 충분하다는 것이다. 흥미는 작가가 우리에게 이데아를 인식시키려고 묘사한 정경을 연결해 주는 역할, 다시 말해 실로 온갖 구슬을 꿰어 염주라는 전체의 형태를 이루면 그만이다.

---

4) Ariosto, Lodovoc(1474~1533). 문예 부흥기를 대표하는 이탈리아 시인.

그러므로 흥미가 정도를 넘으면 아름다움이 침해된다. 흥미가 지나친 공감을 일으켜 작가가 하나하나의 장면에 필요 이상으로 세밀한 묘사를 하거나 등장인물에 대한 감회를 길게 늘어놓으면, 민망한 마음에서 사건을 빨리 전개시켜 주었으면 하고 작가에게 채찍질이라도 하고 싶어질 정도이다.

서사시나 희곡에서 미와 흥미가 함께 있으면, 흥미는 시계를 움직이게 하는 태엽과 같다고 하겠다. 태엽을 조절하지 않으면 시계는 곧 멈춰버린다. 한편 아름다움은 사건의 경과를 떠나 내용에 대한 상세한 묘사나 관념과 친숙하게 하는 역할을 하므로 태엽의 동체(胴體)에 견줄 수 있다. 흥미는 시의 육체이고, 미는 시의 혼이다. 서사시와 희곡에서는 사건이나 행위에서 스스로 일어나는 흥미를 물질이라고 보고, 아름다움을 형상이라고 볼 수 있다. 그러므로 미가 존재하기 위해서는 흥미가 필요하다.

저술에 대하여

세상에는 두 종류의 저술가가 있는데, 바로 일 자체 때문에 쓰는 사람과 쓰기 위해서 쓰는 사람이다. 일 자체 때문에 쓰는 사람은 어떤 생각을 하거나 경험으로서 그것을 전달할 가치가 있다고 한다. 쓰기 위해서 쓰는 사람은 돈 때문에 글을 쓴다. 그들은 글을 쓰기 위해서 생각한다. 즉 그들은 될 수 있는 한 길게 생각하고, 반쯤 진실하고 그릇된, 부자연스럽고 불확실한 생각을 펼치는 것을 알 수 있다. 또한 주로 그들은 자신들의 특색이 아닌 것처럼 보이기 위해 불명료함을 사랑한다. 그 때문에 그들의 글쓰기에는 단호함과 명확성이 부족하다. 따라서 우리는 그들이 원고지를 채우기 위해 글을 쓴다는 것을 단번에 눈치챈다. 가장 뛰어난 저술가들의 경우에서, 예컨대 부분적으로는 레싱의 《연극론》과 장 파울의 몇몇 소설에서도 이따금 그런 현상을 볼 수 있다. 그런 모습이 보이면 곧바로 책을 손에서 내려놓아야 한다. 우리의 시간은 소중하기 때문이다. 사실 저자가 원고지를 채우기 위해서 글을 쓰는 것조차 독자를 속이는 셈이다. 다른 사람에게 전달할 내용이 있어서 글을 쓴다는 것은 핑계에 지나지 않는다. 원고료와 복제 금지가 문학을 뿌리부터 망쳐 버렸다.

오직 일 그 자체 때문에 글을 쓰는 사람이 가치 있는 글을 쓴다. 문학의 모든 영역에 걸쳐 단 몇 권의 훌륭한 책만 있어도 그 이익은 헤아릴 수 없을 정도이다. 그러나 글을 써서 원고료가 들어오는 경우에는 결코 그렇게 될 수 없다. 마치 돈에 어떤 악이 붙어 있거나 한 것처럼 저술가가 소득을 얻기 위해 글을 쓰면 곧 타락하고 말 것이기 때문이다. 위대한 인물의 가장 뛰어난 작품은 모두 아직 돈을 받지 않거나 아주 적은 원고료를 받고 글을 써야 할 때 나왔다. 그러므로 이 경우에 "명예와 돈은 같은 자루에 들어가지 못한다"라는 스페인 격언은 옳은 말이다. 국내외 나라에서 문학이 현재 매우 침체된 상태에 있는 근본 원인은 글을 써서 돈을 벌려는 데에 있다. 돈이 필요한 사람은 누구나 책상에 앉아 글을 쓴다. 그리고 대중은 어리석게 그 책을 산다. 이런 현상의 또다른 결과로 언어가 파괴된다.

수준 낮은 수많은 저술가들은 신간 책 말고는 읽으려 하지 않는 대중의 어리석음 덕분에 살아간다. 즉 그들은 저널리스트다. 그들을 일컫는 적절한 명칭은 바로 '날품팔이'이다.

또한 세상에는 세 종류의 저자가 있다. 첫 번째, 생각하지 않고 글을 쓴다. 그들은 기억과 추억을 바탕으로 하거나, 남의 책을 직접 인용해서 글을 쓰기도 한다. 이런 사람들이 가장 많다. 두 번째, 글을 쓰면서 생각하는 사람들이다. 그들은 쓰기 위해서 사고한다. 그들 또한 많다. 세 번째, 생각하고 나서 집필에 들어가는 사람들이다. 그들은 생각했기 때문에 글을 쓸 뿐이다. 그런 사람은 드물다.

글을 쓸 때까지 생각을 미루는 두 번째 종류의 저술가는 운을 하늘에 맡기고 떠나는 사냥꾼에 비유할 수 있다. 그런 사람이 많은 수확을 하고 집에 돌아오기란 매우 어려울 것이다. 그러나 보기 드문 세 번째 저술가의 글쓰기는 몰이사냥과 견줄 수 있다. 이런 사냥에서는 짐승이 이미 잡혀 우리 안에 들어가 있다. 그 뒤 그러한 우리와 똑같이 울타리가 쳐져 있어 결코 사냥꾼으로부터 벗어날 수 없는 다른 곳으로 옮겨진다. 사냥꾼은 이제 목표를 갖고 쏘기(서술)만 하면 된다. 이렇게 사냥해야 무언가 이익을 가져오는 것이다.

그러나 미리 생각하고 매우 진지하게 글을 쓰는 몇몇 저술가 가운데에서도 사물 자체에 대해 생각하는 사람은 매우 적다. 나머지 사람들은 오로지 책, 또는 다른 사람이 이미 말한 것에 대해서만 생각할 뿐이다. 다시 말해 그들이 생각하기 위해서는 낯선, 주어진 생각으로부터 보다 상세하고 강한 조언이 필요하다. 이렇게 낯선 것이 그들에게 친밀한 주제가 되는 것이다. 그러나 그들은 언제나 같은 영향을 받고 있어 독창적인 것은 결코 얻지 못한다. 이와 달리 극소수의 사람은 사물들 자체를 통해 생각하도록 자극받는다. 그 때문에 그들은 직접 사물들을 생각한다. 이런 사람들 사이에서만 영원한 생명과 불후의 명성을 지닌 저술가를 발견할 수 있다. 물론 수준이 높은 전문 분야의 저술가를 말하는 것이지, 그저 브랜디 증류법을 다루는 저술가를 말하는 것이 아니다.

글을 쓰는 소재를 자신의 머릿속에서 몸소 취하는 자의 글만이 오로지 읽을 만한 가치가 있다. 그런데 출판인, 집필자, 평범한 역사가 등은 여러 책에서 소재를 다양하게 취한다. 즉 소재에 대해 머릿속에서 통행세를 내거나 검열을 받지도 않고 여러 책에서 집필자의 손으로 옮겨 간다. 게다가 검토하지 않는 것은 말할 나위도 없다(그가 자신이 소유한 책에 쓰여 있는 것을 모두 안다면 대중은 얼마나 가르침을 받았겠는가!). 따라서 그들의 말은 때로 불분명해서 그들이 무슨 생각을 하는지 알아내느라 헛되이 골머리를 앓게 된다. 그러나 사실 그들은 아무것도 생각하지 않는다. 그들이 베껴 쓴 내용이 책으로 만들어지는 경우도 매우 흔하다. 그러므로 이런 저술은 여러 번 모형을 뜬 석고상과 같다. 이런 식으로 끊임없이 모형을 뜨면 마침내는 안티누스의 얼굴 윤곽은 알아볼 수 없을 정도가 된다. 따라서 우리는 편집자가 만들어 내는 책은 되도록 적게 읽는 것이 좋다. 그런 책을 전혀 읽지 않기란 쉽지 않다. 그런데 수백 년이 흐르면서 좁은 공간에 쌓인 지식도 심지어 편집에 속한다.

마지막에 한 말이 언제나 옳은 말이고, 나중에 쓴 글은 모두 이전에 쓴 것을 좀더 고친 글이며, 모든 변화가 발전된 것이라 믿는 것은 큰 잘못이다. 사고하는 두뇌의 소유자, 올바른 판단을 하는 사람들, 진지하게 사안을 대하는 사람들은 모두 예외에 지나지 않는다. 일반적으로 세상 곳곳에 버러지 같은 인간들이 널리고 널렸다. 이런 사람은 앞서 말한 사람들이 충분히 생각해서 한 말을 언제나 자기 식으로 개선하겠다면서 늘 열심히 노력하다 오히려 더욱 망쳐놓고 만다. 그 때문에 어떤 문제에 대해 지식을 넓히려는 사람은 학문이란 언제나 발전한다고 전제하거나, 이 책을 쓸 때 옛날의 책들을 이용했으리라는 전제로 그 문제에 대한 가장 새로운 책만 움켜잡지 않도록 경계해야 한다. 그들은 아마 그렇게 했을지도 모른다. 그러나 어떻게? 집필자가 옛날의 책들을 뿌리부터 이해하지 못하는 경우가 자주 있다. 그래서 그 책들에 수록되어 있는 표현된 말을 고치려다가 오히려 더 좋지 않게 망쳐 버리기도 한다. 그들 고유의 생생한 기본지식으로 글을 썼기 때문이다. 이따금씩 그는 그들이 출판한 최상의 것, 사실에 가장 잘 어울리는 설명, 그들의 가장 이치에 맞는 지적을 빠뜨리기도 한다. 그것들의 가치를 모르고 함축성을 느끼지 못하기 때문이다. 그들에게는 단지 단순하고 평범하다.

때로는 옛날의 훌륭한 책이, 돈 때문에 더 형편없는 최근의 책으로 다시 쓰여 동료들의 찬사를 받으며 독보적으로 등장한 다른 책에 의해 제외되기도 했다. 학문에서는 누구나 자신을 가치 있게 만들기 위해 새로운 것을 거래하려고 한다. 어떻게 보면 이러한 새로움의 의의는 그가 지금까지 유효했던 옳은 것을 번복하고 자신의 망상을 대신하려는 데에 있다. 그런 방법이 가끔 성공하기도 하지만 결국에는 옛날의 옳은 것으로 되돌아간다. 그런 최근의 책들에서는 저자 말고는 세상의 그 무엇도 진지하게 여기지 않는다. 그것은 이 인물을 유명하게 만들려는 의도이다. 그리고 그런 일이 역설을 통해 재빨리 일어나고야 만다. 그들 두뇌의 공허함이 그들에게 부정의 길을 강요하는 것이다. 다시 말해 오래전부터 인정되던 진리가 거부된다. 예컨대 생명력, 교감신경계, 생물의 자연 발생, 그리고 열정의 영향을 지력의 영향에서 분리하는 비샤의 이론도 부인되는 것이다. 그리하여 터무니없이 과도한 원자론 등으로 되돌아가기 때문에 학문의 진행이 때로는 역행하기도 한다. 저자의 글을 정리해 검토하기도 하는 번역자도 여기에 속한다. 나는 그런 작업을 뻔뻔하다고 생각한다. 그대 자신이 직접 번역할 가치가 있을만한 책을 써라. 그리고 다른 사람이 쓴 작품은 본디 그대로 놓아두어라. 그러므로 우리는 될 수 있는 한 본디의 창작자, 창시자, 창안자의 작품, 또는 전문 분야에서 잘 알려진 전문가의 작품을 읽어야 하며, 차라리 그 내용 면에서 중고 서적을 읽는 편이 훨씬 낫다. 물론 "이미 존재하는 것에 덧붙이기는 쉬운 일"이므로 잘 세워진 기초에 좀 더 새로운 것을 덧붙여 자신을 알릴 수는 있을 것이다. 그러므로 어디서나 대부분 그렇듯이, 여기서도 "좋은 것은 짧은 순간 동안만 새롭기 때문에, 새로운 것이 좋은 것이 되는 경우는 거의 드물다"는 규칙이 적용된다.

문서에 표제, 즉 책에서는 제목이라고 부르는 것은 내용을 흥미롭게 드러내는 독자들에게만 인도하는 것이 우선적이다. 따라서 제목은 지시적이어야 하며, 본질적으로 짧기 때문에 간결하고, 과묵하고, 함축성 있고, 가능하면 내용의 결합문자이어야 한다. 다시 말해서 장황하고, 의미 없고, 곁눈질을 통해, 이중적이거나 잘못되고, 나쁜 길로 이끄는 제목은 좋지 않다. 이러한 제목들은 그들의 책에 잘못 표제를 단 문서의 운명을 결정한다. 그러나 가장 나쁜 행동은 제목을 훔치는 것이다. 즉 이미 다른 책이 그 제목을 이용했다. 말하자면 그

제목들은 무엇보다 표절이고, 그다음으로는 독창성이 없다는 것이 설득력 있는 증거가 된다. 즉 자신의 책에 새로운 제목을 충분히 고안해 내지 못하는 사람은, 새로운 내용을 제시하는 능력도 부족하다. 예를 들어 내가 〈본성 안의 의지에 대하여〉를 쓰고 난 뒤에 〈본성 안의 정신에 대하여〉를 다시 오랫동안 저술한다면 모방된, 즉 반은 훔친 제목들이 관련되는 것이다.

저자 가운데 진실성이 얼마나 결여되어 있는지는, 그들이 낯선 문서들에서 가져온 인용 글들을 비양심적으로 위조한 것에서 볼 수 있다. 내가 쓴 책 가운데에서 제시된 문장들도 아무렇지 않게 위조되어 인용된 것을 발견할 수 있다. 단지 나의 언명된 지지자들만이 여기에서 예외일 뿐이다. 때때로 소홀함으로 인해 위조가 일어나는데, 그들의 일상적이고 낡아빠진 표현들과 어법들은 이미 필적에 놓여 습관적으로 거침없이 쓰였다. 이것들은 내가 개선하고자 하는, 단지 나쁜 뜻에서 이따금 일어나는 건방짐으로부터의 비열한 불쾌함이며 화폐 위조에 견줄 만한, 창시자로부터 사람의 진실한 성격을 영원히 빼앗아 가는 장난 같은 행위이다.

쇼펜하우어의 생애

철학에의 꿈

사업가의 아들

아르투어 쇼펜하우어는 1788년 2월 22일 독일의 단치히[1]에서 태어났다. 미국에서 헌법이 처음 시행된 해이고, 프랑스에서 혁명이 일어나기 1년 전이었으며 한국에서는 천주교가 들어와 서학 반포가 시작된 즈음이었다.

아버지 하인리히 플로리스는 은행사업에도 관계하는 부유한 사업가였다. 어머니 요한나 헨리에테는 단치히의 명문 트로지너 집안의 딸이었다. 뒤에 그녀는 바이마르에서 문학활동에 전념해 여러 작품을 남겼다. 그때는 유명한 여류작가로 괴테와도 교류를 가졌지만, 지금은 아들을 통해 알려지는 존재가 되었다.

쇼펜하우어가 다섯 살 때, 자유도시 단치히는 프로이센의 지배를 받게 되다. 자유를 사랑했던 아버지는 상당한 재산이 몰수당하는 것을 감수하고 가족을 데리고 또 다른 자유도시 함부르크로 이사했다. 그 집에는 프랑스어로 쓰인 '자유 없는 곳에 행복도 없다'는 글이 걸려 있었다. 이리하여 쇼펜하우어는 소년 시절 10여 년을 상업도시 함부르크에서 보내게 된다.

아버지는 처음부터 아들을 자신과 같은 상인으로 키우고 싶어했다. 아르투어라는 이름도, 상인이 되어 여러 나라를 돌아다니게 될 때 두루 쓸 수 있도록 붙여준 것이다. 독일어 '아르투어'는 프랑스어로는 '아르튀르', 영어로는 '아서', 이탈리아어로는 '아르투로'로 읽을 수 있는 이름이었다.

상인이 되려면 세상을 알고 알맞은 예의범절을 익혀야 한다고 생각한 아버지는 쇼펜하우어에게 그즈음 널리 쓰이던 프랑스어를 배우게 했다. 프랑스어를 익히려면 그 나라에서 생활하는 게 가장 좋은 방법이라고 생각해 르아브르에

---

[1] 지금의 폴란드 그단스크.

사는 친구에게 아들을 맡겼던 것이다.

세계여행의 유혹

쇼펜하우어는 3년 동안 르아브르에 머물며 공부했다. 열한 살 쇼펜하우어는 마침내 혼자 함부르크로 돌아왔다. 프랑스인처럼 유창하게 프랑스어를 구사하는 쇼펜하우어를 보고 아버지는 매우 기뻐했다. 그러나 아들이 모국어인 독일어를 거의 잊어버린 것을 알고 새로운 고민에 빠지게 되었다. 쇼펜하우어는 그 뒤 3년 동안 함부르크의 철학박사 룽게에게 상인과 교양인으로서 필요한 모든 교육을 철저하게 개인지도 받았다.

그즈음 소년 쇼펜하우어의 마음속에는 평생 학자로 살고 싶다는 희망이 싹트기 시작했다. 하지만 아버지는 아들이 상인의 길을 걷는 게 가장 좋다고 확신하고 있었다. 그래서 아들의 희망에 귀 기울이지 않았다. 학자는 결코 안정적인 생활을 할 수 없다고 생각했다. 그의 머릿속에 학자와 가난은 떼려야 뗄 수 없는 관계라는 고정관념이 들어 있었던 것이다.

아버지는 아들의 마음이 곧 바뀔 것으로 은근히 기대하고 있었다. 그러나 쇼펜하우어의 결의가 뜻밖에 확고하자, 아버지도 결단을 내릴 수밖에 없었다. 그래서 아들에게 선택하도록 일렀다.

"아르투어! 나는 네 어머니와 함께 유럽을 여행할 생각이다. 이번에는 전보다 긴 여행이 될 것 같구나. 너도 함께 가겠니? 원한다면 이 굉장한 여행에 너를 데려갈 수도 있단다. 그렇지만 그 전에 미리 약속해 주렴. 여행에서 돌아온 뒤에는 상인이 되겠다고. 그러나 네가 학자가 될 꿈을 결코 포기할 수 없다면, 여기 함부르크에 남아 라틴어를 배우도록 해라. 어느 쪽을 선택하든 네 자유다."

아버지는 여행을 핑계로 아들의 마음을 시험했다. 아직 호기심이 왕성한 열다섯 살 소년에게 세계여행이란 거부하기 힘든 유혹이었다. 아르투어는 아버지가 바라는 대로 상인이 되겠다고 약속했다.

유럽을 돌아보다

1803년 여름, 쇼펜하우어 가족은 2년 동안의 유럽 여행길에 올랐다. 먼저 네덜란드로 간 다음 영국으로 건너갔다. 영국에서 아르투어는 런던 외곽 윔블던의 랭커스터 수도사 기숙사에 맡겨졌다. 아버지와 어머니 곁을 떠나 영어를 배우기 위해서였다. 그해 가을 그들은 영어에 숙달된 아들을 보고 만족했다. 그들은 다시 네덜란드로 건너갔고, 여행에 나선 뒤 첫겨울을 나기 위해 벨기에를 거쳐 파리로 갔다.

1804년, 여행이 2년째로 접어들었다. 그들은 오를레앙과 보르도에 머문 뒤 남프랑스의 몽펠리에, 님, 마르세유, 툴롱 등을 여행했다.

소년 아르투어가 여행 도중

쇼펜하우어(1788~1860)

쓴 일기에는 뒷날 자신의 이름과도 연관이 깊은 염세주의 분위기가 풍기고 있었다. 소년 아르투어는 풍경과 사람들, 예술작품, 그리고 모든 사회문제에 대해 거의 제삼자적 시각에서 보고하는 태도로 기록했다.

나중에 그는 다음과 같이 그 시절을 추억하고 있다.

나는 정규교육을 전혀 받지 않았다. 하지만 그 열여섯 살 때의 여행길에서, 젊은 시절 생로병사의 고통을 목격한 석가모니처럼 삶의 번뇌에 사로잡히게 되었다.

그는 살아 있는 인간이 결코 벗어날 수 없는 인간의 굴레를 보았으며, 그 속에서 인간은 고통과 괴로움을 겪을 수밖에 없다고 생각했다.

쇼펜하우어 가족은 리옹 생활을 마지막으로 프랑스에서 스위스로 넘어가 구석구석 둘러본 다음 오스트리아의 빈에 머물렀다. 여행이 끝나자 그들은 마침내 그리운 고향 단치히로 돌아왔다.

철학에의 꿈 547

1804년 8월 25일 아르투어는 성마리아 대성당에서 그리스도교 성인식인 견신례(堅信禮)를 받았다. 그들은 단치히에서 잠시 지내다 12월에 함부르크로 출발했다. 그리하여 여행을 시작한 지 거의 2년이 지난 1805년 설날, 무사히 함부르크 집으로 돌아왔다. 이 여행은 어린 쇼펜하우어의 인격 형성에 커다란 영향을 미쳤다.

데카르트가 《방법서설(方法序說)》에서 청년 시절 '세상이라는 거대한 책'을 따라 여행 다녔다고 말한 것처럼, 쇼펜하우어의 아버지도 '내 아들에게 세상이라는 책을 읽게 해주어야겠다'고 생각한 듯하다. 이제 여행이 끝났다. 이러한 여행은, 쇼펜하우어가 스승으로 존경한 칸트가 그의 팔십 평생 고향 쾨니히스베르크[2]를 한 발자국도 떠나지 않은 것과 상당히 대조적이라 할 수 있다.

여느 소년이었더라면 대학에 진학하기 위해 라틴어와 그리스어 등을 배웠을 2년 동안 그는 여행을 했다. 그 생각을 하면 쇼펜하우어는 얼마쯤 초조해졌다. 그렇지만 책상 위에 앉아 공부만 하기보다 사물을 자신의 눈으로 직접 확인하고 올바른 지식을 얻을 수 있었던 쪽이 훨씬 즐거웠던 것도 사실이다. 그는 그 일에 대해 다음과 같이 이야기했다.

정규교육과는 다른 방식의 길을 걸어온 덕분에 나는 어릴 때부터 단순히 사물의 이름을 외는 것에 만족하지 않게 되었다. 사물을 관찰하고 탐구하고 내 눈으로 직접 확인한 다음에야 인식하고 이해하게 되었다. 의미도 모르면서 무턱대고 단어만 암기하는 것보다 그게 훨씬 중요하다고 생각하게 되었다. 그래서 나는 단어를 아는 게 그 사물 자체를 아는 것이라는 착각을 피할 수 있었다.

아버지의 죽음

여행의 피로가 아직 남아 있던 1805년 1월에 쇼펜하우어는 아버지와 한 약속대로 '예니슈 상점'에서 실무를 익히게 되었다. 그러나 그곳 일에 좀처럼 익숙해지지 못했다.

---

2) 지금의 칼리닌그라드.

그해 4월 아버지가 불의의 사고로 갑자기 세상을 떠났다.[3]

애정이 풍부하고 선량했던 아버지의 죽음은 어린 쇼펜하우어에게 큰 충격을 주었다. 아버지는 엄격하고 성격이 급했지만 진실하고 품행이 올바른 사람으로 정의감이 강했고 다른 사람에 대한 신의가 두터웠다. 또 실무에 상당한 식견을 갖추고 있었다. 그는 이러한 아버지를 늘 자랑스러워했다.

쇼펜하우어의 어머니 요한나

아버지의 갑작스러운 죽음은 그가 여행 중에 했던 생각들을 강하게 되살아나게 만들었다. 그의 마음을 흔들어 놓았던 삶의 번뇌가 아버지를 여읜 슬픈 사건 때문에 다시 고개를 들기 시작한 것이다. 그렇잖아도 어두운 그의 성격은 더욱 암울해졌고, 심각한 우울증에 빠지기 직전에 이르렀다. 상인이라는 직업이 몹시 불만스러웠지만, 그는 아버지의 희망을 거스르는 게 양심에 걸려 마지못해 상점에 나갔다. 이제 와서 학문의 길을 걷거나, 고전어를 다시 배우기에는 너무 늦었다고도 생각했다. 결국 그는 상점 수습생으로 상인의 길을 갈 수밖에 없었다.

이렇듯 내면에 불만이 가득 차 있으면서도 그는 늘 책을 품에 지니고 가게사람들 몰래 읽으면서 하루하루를 보냈다. 이 시절에 그는 머리뼈 연구에 흥미가 생겨 그 분야 권위자였던 가르 박사의 강연을 들으러 다니기도 했다.

1806년 쇼펜하우어가 열여덟 살이 되었을 때, 어머니는 그의 여동생 아델레(그때 아홉 살)를 데리고 바이마르로 이사했다. 그는 혼자 함부르크에 남겨졌다. 어머니 요한나는 아버지보다 스무 살이나 어렸다. 결혼했을 때는 남편 곁에서

---

3) 여기서 말하는 '불의의 사고'는 '자살'을 에둘러 나타낸 말이다.

유복한 생활에 젖어 살았지만, 차츰 평범한 남편과의 생활에 싫증을 내게 되었다. 남편이 죽었을 때 삼십 대의 한창나이였던 그녀는 모든 일을 심각하게 생각하지 않고 때에 따라 즉흥적으로 행동했다. 쇼펜하우어에게도 스스럼없이 싫은 소리를 늘어놓을 정도였다.

어머니와 아들 사이의 불화는 이 무렵에는 아직 겉으로 드러나지 않았다. 하지만 아들이 어머니의 생활방식에 비판적이었던 것은 확실했다. 어머니가 바이마르를 선택한 이유는 평범한 남편과 사는 동안 행복을 누리지 못했으므로 남편이 죽은 지금 자유의 두 날개를 활짝 펴고 마음껏 연애를 즐겨보고 싶었기 때문이었다. 그즈음 바이마르는 그런 생활을 하기에 아주 좋은 환경이었다. 아버지를 존경하고 애착을 가졌던 아르투어에게, 그 시절 어머니의 행동은 마치 햄릿이 그 어머니의 재혼에 대해 느꼈던 것과 같은 감정을 품게 했다.

예나 전쟁

그즈음 나폴레옹과 그에게 맞서는 군대와의 전쟁이 사방에서 일어나고 있었다. 그 결과 유럽의 모든 지역이 황폐해졌다. 1806년 10월 프로이센군은 예나에서 패배했다. 이것이 '예나 전쟁'이다. 그 무렵 예나대학 강사로 있던 헤겔은 전쟁 전야에 나폴레옹의 행진을 보면서 그의 대표적 저서 《정신현상학(精神現象學)》을 탈고했다고 한다.

젊은 쇼펜하우어는 예나 전쟁 뒤의 인상을 적어 보내온 어머니의 편지에 답장을 했다. 자신들이 살고 있는 시대에 대해 깊이 생각하며 마음 깊은 곳에서 흘러나오는 슬픔으로 쓴 글이었다.

어머니가 써보내신 전쟁의 참상들은 제 눈으로 직접 보지 않으면 도저히 믿기 어려울 정도입니다. 하지만 시간이 흐르면 그 일도 모두 잊히겠지요. 지나가 버린 고통을 잊는 것은 인간의 특성이니까요. 티크는 그런 인간의 특성을 훌륭하게 표현했습니다. '우리는 살아가며 비탄에 잠겨 신에게 묻는다. 과거에 우리보다 더 불행했던 사람이 있을까? 아니, 그럴 리 없다. 우리보다 더 불행한 존재란 있을 수 없다. 그러나 이렇게 말하는 우리 뒤에서는 벌써 미래가 지나가 버린 고통을 비웃고 있다'고 말입니다.

쇼펜하우어의 기억에 남아 있는 이 구절은 루트비히 티크가 예술가 친구를 위해 발행한 《예술과 창조적 구상》에 실려 있다. 하지만 이 인용 구절을 쓴 사람은 바켄로더이며 《음악의 경이》라는 글 속에 들어 있다. 쇼펜하우어도 장 파울이나 그 밖의 독자와 마찬가지로 이 책을 편집한 티크가 저자인 줄 착각하고 있었던 것 같다. 지나간 절망을 이내 잊어버리는 일상의 변화, 이 일상성의 무서움을 쇼펜하우

어머니 요한나와 여동생 아델레(1806)

어는 철저히 깨닫고 있었다. 일상성은 모든 정신적 고양을 납작하게 짓눌러 버리는 것이다.

이러한 일상의 억압에 대항하는 것이 예술이다. 그는 바켄로더와 마찬가지로 예술이 인간을 위로하고 진정시켜 주는 기능을 한다고 직감했다. 그중에서도 음악이야말로 일상성과 정반대되며, 음악 속에는 '영원의 직접적인 울림'이 있다는 영감을 얻은 듯하다. 이 근본적인 체험은 그가 나중에 《음악의 형이상학》을 쓰는 계기가 되었다. 일상성과 예술의 관계는 경험적 의식과 선험적 의식과의 관계이다. 그것은 유한과 무한의 대립, 또는 현실 모습과 이상적 상태와의 대립이라고 해도 좋을 것이다.

호화로운 사교모임

어머니와 아들이 주고받은 편지에는 이런 문학적·철학적인 문제가 담겨 있는 일이 많았다. 쇼펜하우어와 마찬가지로 어머니도 문학적 재능이 있었던 것

이다. 어머니는 바이마르로 간 뒤 타고난 재주를 발휘해 관직을 얻어 궁정을 드나들게 되었고, 그 지방에서 확실하게 자리를 잡았다. 그리고 사교계에서도 대활약을 하게 되었다.

그녀가 주최한 사교모임은 순식간에 유명해져 괴테, 빌란트, 프리드리히 마이어, 칼 루트비히까지 얼굴을 내밀었다. 특히 괴테는 요한나 쇼펜하우어를 높이 평가했으며 호의를 보였다. 왜냐하면 요한나는 그즈음 상류사회에서 출신 문제로 냉대받던 괴테의 젊은 아내 크리스티아네를 진심으로 환영해 주었기 때문이었다. 사람들은 괴테가 그녀와 정식으로 결혼했다 하더라도 크리스티아네 불피우스를 계속 초대하지 말자고 암묵적으로 합의하고 있었다. "괴테와 결혼했다면 그녀를 우리 사교모임에 초대해도 이상할 것 없지요"라는 게 요한나 부인의 명쾌한 의견이었다.

그녀 주위에 모여든 남성들 가운데 그녀의 마음을 빼앗은 사람은 그즈음 으뜸가는 예술전문가로 통하던 페르노프였다. 어머니 요한나는 고민하는 모습이 담긴 아들의 편지를 그에게 보여주며 쇼펜하우어의 장래에 대해 상담했다. 페르노프는 쇼펜하우어의 편지에서 진심을 깨닫고 지금부터 학문을 시작해도 늦지 않다고 격려해 주었다. 그는 쇼펜하우어에게 이제까지 허비했다고 생각하는 세월이 결코 되돌릴 수 없는 시간은 아니라고 말했다. 그리고 자신을 포함하여 훨씬 많은 나이에 연구를 시작한 유명한 학자들을 예로 들었다. 그리고 다른 것은 모두 제쳐두고 먼저 고전어를 공부하라고 충고해 주었다. 쇼펜하우어는 그때의 감격을 뒤에 다음과 같이 추억했다.

이 편지를 읽었을 때 나는 눈물을 흘리며 울음을 터뜨렸다. 이때만은 우유부단한 나조차도 그 자리에서 당장 해보자고 결심했다.

함부르크에서 고타로

쇼펜하우어는 상점을 그만두고 상업도시 함부르크를 떠나기로 결심했다. 돌아보면 함부르크는 지난 10여 년 동안 외면적·내면적으로 그를 성장시켜준 도시였다.

함부르크에서 보낸 시절은 쇼펜하우어의 일생을 결정짓게 한 염세주의적

1850년 무렵 고타 중심가

체험이 반복된 시기였으며, 한편으로는 상점수습생으로 일하면서 실용적 지식을 얻은 시기이기도 했다. 이러한 경험들은 그에게 현실을 중시하는 정신을 심어주었으며, 인간이며 세상에 대한 구체적 지식이 그의 철학에 스며들게 만들었다.

1807년 5월, 쇼펜하우어는 고타로 갔다. 페르노프의 충고대로 김나지움에 입학해 공부할 작정이었다. 고타는 옛 동독 지역인 튀링겐주에 있는 소도시로, 지금은 마르크스의 《고타 강령 비판》으로 이름이 알려져 있다. 김나지움 입학 허가를 받았을 무렵 쇼펜하우어는 이미 열아홉 살이었다. 그 나이에 고전어를 공부한다는 것은 매우 어려운 일이었다. 대개 열한 살 때부터 배우기 때문이었다. 그 무렵에는 고전어 습득이 대학 입학을 위한 필수조건이었다.

다행히 쇼펜하우어는 유명한 언어학자이며 교장인 데링그에게 날마다 두 시간씩 라틴어를 배울 수 있었다. 그 밖의 과목들은 상급반에서 배우도록 허락받았으며, 시작(詩作)과 작문도 게을리하지 않았다. 이 시절의 편지에는 괴테의 《빌헬름 마이스터의 편력시대》와 《헤르만과 도로테아》, 장 파울, 티크(사실은 바켄로더였지만), 《햄릿》 등의 작품과 작가들 이름이 눈에 띈다. 그의 라틴어는 '굉장히 급속한 발전'을 보였지만, 어떤 교수와 말썽이 생겨 결국 6개월 뒤 이곳을 떠나 바이마르로 가게 되었다.

어머니와의 불화

어머니는 쇼펜하우어가 바이마르로 오는 것을 반기지 않았다. 아들과 함께 살면 지금의 즐겁고 만족스러운 생활을 망치게 되지 않을까 염려한 것이다. 그녀의 편지를 보면 이런 두 사람의 갈등을 잘 알 수 있다.

네 간섭이 너무 심해서 참을 수 없단다. 너와 함께 살면 나는 아마도 정말 힘들어질 것 같아. 너의 그 집요한 성격은 모든 것을 깊이 파고들어 꼬치꼬치 알려 할 테고, 결국 독선적인 열정으로 발전하게 될 것이다. 그리하여 너를 제외한 모든 사람의 잘잘못을 들춰 비판하거나 지배하려고 할 게 틀림없어. 너는 주위 사람들을 화나게 하고 말 거야.

또 다른 편지에서는 더욱 구체적으로 쇼펜하우어의 우울한 얼굴이며 음울한 성격에 대해 말하고 있다.

너에게 늘 말했지. 우리 둘이 함께 사는 건 매우 힘든 일이라고. 너를 곁에 두고 볼수록 이러한 내 생각은 점점 더 강해져만 간단다. 네가 언제까지나 지금 같은 모습이라면, 나는 너와 함께 사는 것을 신중히 생각해보고 싶구나. 물론 너에게도 좋은 점이 있다는 건 알아. 내가 너를 싫어하는 이유가 너의 성격 때문만은 아니라는 것도. 너의 내성적인 성격이야 어쩔 수 없는 일이지만, 어떤 견해를 표현하거나 함부로 판단내리는 버릇이 싫단다. 한마디로 말해 외부세계에 대해 나와 너는 생각이 너무 달라. 네가 나를 찾아올 때마다 우리는 늘 아무것도 아닌 일로 심한 말다툼을 벌였지. 사실 네가 돌아가면 그때마다 내가 얼마나 가슴을 쓸어내리는지 너는 모를 게다. 왜인 줄 아니? 아무도 해결할 수 없는 문제에 대한 너의 비탄, 무뚝뚝한 얼굴, 마치 신탁(神託)이라도 내리듯 엄숙하게 반론할 여지를 주지 않는 너의 그 기묘한 말씨와 판단력, 그 모든 너의 행동들이 내 마음을 늘 무겁게 하기 때

바이마르 궁전 1840년 무렵

문이야. 얘야, 앞으로 너는 지금 네가 살고 있는 곳에서 지내며, 손님으로서만 내 집에서 지내기로 하자꾸나. 내 집에서 사교모임이 있는 날에는 와서 저녁을 먹고 가도 좋지만, 화를 돋우는 불유쾌한 논쟁이나 네가 말하는 그 기분 나쁜 세계와 인간의 불행에 대해 비탄하는 짓은 제발 그만둬 주렴. 그렇지 않으면 나는 정말이지 언제나 악몽에 쫓겨 제대로 잠을 이룰 수 없게 될 거야⋯⋯.

이 편지들을 보면 아들과 어머니 모두 개성이 매우 강해서 쉽게 굽히지 않고 무슨 일에든 철저히 자기주장을 했음을 알 수 있다. 쇼펜하우어는 어머니의 개성이며 생활에 자신을 맞춰 갈 생각이 없는 것 같고, 어머니 요한나도 아들에 대한 모정이 그리 없었던 듯하다.

쇼펜하우어는 여성을 신랄하게 비판하는 책을 내서 '여성의 적'으로도 유명했는데, 그 원인은 어머니와의 불화에 있었다고 한다. 과연 그런 면도 없지 않지만, 모든 걸 어머니 탓으로 돌리는 것은 공정하지 못했다. 크노는 이 점에 대해 제대로 지적하고 있다.

괴테며 빌란트와도 친분 있던 여성, 페르노프로 하여금 자신과 비슷한 기질을 가진 여자라고 느끼게 한 여성, 훌륭한 남자들에게 둘러싸여 찬미받던 여성 요한나 쇼펜하우어. 그런 그녀가 김나지움에 다니는 아들이 제멋대로 하고 싶은 말을 내뱉거나 비난하도록 내버려 둔다는 것은 불가능한 일이다.

편지에서 요한나는 아들이 이 세상의 고통에 대해 말하고 비탄하는 이유를 그의 무뚝뚝함 때문이라고 했다. 하지만 이것은 너무 단순한 생각이 아니었을까? 우리는 여기서 이미 삶에 대해 깊이 생각하는 그 철학의 싹을 발견할 수 있기 때문이다.

바이마르에서

결국 쇼펜하우어는 바이마르로 와서 자신이 입학한 김나지움의 교수이자 언어학자인 파소우 집에 머물게 되었다. 그는 나중에 브로츠와프대학 교수가 되는데, 고등학교 교육이 부족한 쇼펜하우어에게 라틴어와 그리스어를 개인 지도해 주었다.

쇼펜하우어는 날마다 밤늦게까지 독학으로 광범위한 고전문학을 공부하고, 이미 기초를 마친 수학이며 역사도 열심히 파고들었다. 때때로 그는 어머니의 사교모임에 얼굴을 내밀었다. 낭만주의 극작가 베르너는 그에게 관심을 가져주어 쇼펜하우어의 인생에 좋은 추억으로 남았다. 베르너의 《영감(靈感)의 힘》은 루트비히 티크의 작품과 더불어 쇼펜하우어가 높이 평가한 작품 가운데 하나이다. 쇼펜하우어는 베르너를 만나기 전에 이미 《영감의 힘》을 읽고 그에게 깊이 빠져 있었으므로 그를 만나자 뛸 듯이 기뻐했다. 쇼펜하우어는 그와의 추억을 이렇게 적었다.

베르너는 나에게 친절히 대해 주었고 우리는 자주 대화를 나눴다. 아주 진지하게 철학적으로……

그러나 이 시기에 그가 가장 친근하게 느낀 사람은 다름 아닌 페르노프였다. 늘그막의 추억에서 쇼펜하우어는 페르노프를 진심으로 그리워했으며, 괴

괴팅겐대학교(1747) 쇼펜하우어는 의학도로 입학했으나 한 학기 뒤 철학으로 전공을 바꾼다.

테만큼이나 소중하게 기억에 아로새기고 있었다. 괴테와의 관계는 나중에 이루어졌지만, 쇼펜하우어의 생애에서 가장 뜻깊은 만남이었다. 하지만 페르노프와의 우정은 그리 오래가지 못했다. 1808년 12월 3일 페르노프가 불치병으로 세상을 떠난 것이다.

바이마르에 머물던 시절 쇼펜하우어는 몇 가지 철학적 단편들을 잠언 형식으로 남겼다. 인식론이라든가 자연철학적 요소는 아직 보이지 않지만, 그의 윤리학이며 미학의 바탕을 이루는 부분이 엿보이는 글이었다.

만일 우리의 인생에서 종교와 예술과 순수한 사랑이 있는 짧은 한순간을 빼버린다면, 이 세상에는 통속적 가르침 말고 대체 무엇이 남을까?

이 문장을 읽으면 종교와 예술과 순수한 사랑이야말로 인생의 중심이라고 말하는 젊은 시절 쇼펜하우어의 모습이 눈에 보이는 듯하다.

같은 해 그는 우연히 에르푸르트 마을에서 나폴레옹을 보게 된다. 그즈음 독일은 나폴레옹에게 점령되어 있었다. 피히테의 애국적 강연집 《독일 국민에게 고함》이 나온 것도 바로 이때였다. 피히테는 나폴레옹 점령 이래 나라 안에 만연한 외국 숭배와 도덕의 퇴폐를 비판하고, 순수한 도덕을 배우도록 설득하면서 새로운 국민교육의 필요성을 역설하고 있었다. 강연은 모든 계층에 큰 반향을 불러일으켰으며, 연방국가 연합체인 독일에서 처음으로 공동체 의식을 눈뜨게 했다고 대서특필되었다. 피히테는 새로 설립된 베를린대학교 초대 총장이 되었고, 쇼펜하우어는 나중에 이 피히테의 강의를 듣게 된다.

유산상속, 그리고 괴팅겐대학교 입학

1809년 쇼펜하우어가 성인[4]이 되었으므로 어머니는 남편의 재산 가운데 이미 써버린 부분을 제외한 3분의 1을 나눠 주었다. 그 밖에 쇼펜하우어 집안이 소유하고 있던 단치히 외곽지역의 논밭 관리권도 넘겨주어, 해마다 정기적인 수입이 그의 손에 들어오게 되었다. 그는 상속받은 유산 대부분을 국채로 바꾸고, 남은 것은 상회에 투자했다. 이리하여 쇼펜하우어는 평생 생활하고도 남을 충분한 액수의 돈을 갖게 되었다. 그는 아버지가 물려준 재산 덕분에 오랜 세월 동안 돈벌이와는 관련없는 학문 연구며 매우 난해한 탐구와 명상에 몰두할 수 있었으며, 어떤 걱정이나 방해 없이 연구하고 숙고한 것들을 집필할 수 있었다. 그러므로 쇼펜하우어는 평생 아버지에 대한 존경과 감사의 마음을 결코 잊지 못했다.

쇼펜하우어는 바이마르의 김나지움에서 공부를 계속하여 대학입학 자격을 인정받았다. 그는 10월 9일 괴팅겐대학에 입학 절차를 밟았다. 그는 의학도로 입학했지만 언어학·화학·물리학·식물학·민족학·철학·역사학 강의에도 얼굴을 내밀었다.

1810년 쇼펜하우어는 한 학기 동안 의학을 공부하다가 철학으로 바꾸었다. 그를 철학으로 이끌어 준 G.E. 슐체가 어떤 의미에서는 '쇼펜하우어 철학'에 결정적 영향을 준 사람이라고 할 수 있다. 슐체는 쇼펜하우어에게 "처음에는 플라톤과 칸트에 대해 공부해라. 그리고 이 두 철학자를 극복하기 전까지는 아리스토텔레스나 스피노자 같은 다른 철학자는 쳐다보지도 말라"고 충고해

---

4) 그즈음 독일은 스물한 살, 지금은 열여덟 살.

주었다. 쇼펜하우어는 이 현명한 충고를 따랐다. 플라톤은 그를 이데아론과 만나게 해주었고, 칸트는 그에게 현상과 물자체의 구별에 대해 가르쳐 주었다.

이때 어머니 요한나는《칼루트비히 페르노프의 생애》를 출판했다.

빌란트와의 대화

1811년 쇼펜하우어는 봄방학을 이용해 바이마르로 가서 그즈음 문학계의 대가 빌란트와 만났다. 빌란트는 레

빌란트(1733~1813) 독일의 시인

싱이나 클롭슈토크와 어깨를 견줄 만한 독일 근대문학의 선구자 가운데 한 사람으로 교양소설《아가톤 이야기》의 저자이다. 이 소설에 감명받은 바이마르의 아말리에 공작부인이 1772년 빌란트를 궁정고문관으로 초청했고, 그는 그때부터 이 지방에서 황태자들의 교육을 맡았다. 이때 빌란트의 나이 일흔여덟 살이었고 쇼펜하우어는 스물세 살이었다. 두 사람이 나눈 대화는 매우 유명한데, 젊은 쇼펜하우어가 자기 인생을 걸 철학적 명제를 선택하는 모습이 지금도 생생하게 전해진다.

어머니 요한나는 빌란트에게 아들이 철학을 포기하고 다른 길을 걷도록 설득해 달라고 부탁했다. 그래서 빌란트는 쇼펜하우어를 불러 이야기를 나누었다.

"철학만 공부하는 것은 좀 고려해 보게나. 철학이란 현실과 거리가 먼 학문이니까."

그러자 쇼펜하우어는 단호히 대답했다.

"인생이란 어렵고 힘든 문제지 즐거운 게 아닙니다. 저는 죽을 때까지 인

생에 대해 깊이 생각하면서 살기로 결심했습니다."

이어지는 대화 속에서 빌란트는 점점 인자한 아버지처럼 진심으로 대했다.

"과연 자네가 올바른 선택을 한 것 같군. 이제야 자네라는 사람을 알 것 같아. 앞으로도 계속 철학에 정진해 주게."

그리고 그는 마지막으로 말했다.

"이제 괴팅겐으로 돌아가고, 그런 다음 베를린에서 2년 동안 더 공부하겠지. 아마 그렇게 하는 게 좋을 거야. 그리고 2년 뒤 자네가 다시 이곳을 찾을 때쯤이면 나는 이미 이 세상에 없을지도 몰라."

"어째서 앞으로 2년을 살 수 없다고 말씀하십니까? 이토록 건강해 보이시는데요."

"자네 말이 맞을지도 모르지. 늙으면 몸은 오그라들고 메말라 주름투성이가 돼. 그래도 또 어떻게 2년, 3년 살아가지. 대부분의 노인들이 다 그렇다네."

빌란트는 실제로 그 뒤 2년을 더 살았다.

그 일이 있은 지 얼마 뒤 그는 궁정에서 열리는 연회에서 쇼펜하우어 어머니를 만났다.

"쇼펜하우어 부인, 최근에 굉장히 흥미로운 인물을 알게 되었습니다."

"어떤 분인가요?"

"부인의 아드님입니다. 그 젊은이와의 만남은 정말 뜻밖의 선물이었습니다. 아드님은 분명 큰 인물이 될 것입니다."

그때 괴테도 자리에 함께 있었는데, 그 대화를 듣고 그는 아무 말 없이 조금 얼굴을 찌푸렸을 뿐이었다. 괴테도 젊은 쇼펜하우어를 그의 어머니 집에서 몇 번 본 적 있지만, 이렇다 할 칭찬을 해줄 만한 청년은 아니라고 생각하고 있었기 때문이다. 괴테가 쇼펜하우어를 유심히 보게 된 것은, 쇼펜하우어가 첫 저서 《충족이유율의 네 겹의 뿌리에 대하여》를 출간하고 난 다음이었다.

베를린대학

가을에 쇼펜하우어는 괴팅겐에서 베를린으로 옮겨가, 그즈음 훔볼트의 이념을 바탕으로 갓 설립된 베를린대학에서 학업을 이어나갔다. 독일의 대학은 오늘날까지도 학업 도중에 다른 대학으로 옮길 수 있는 자유를 인정하고 있다.

베를린대학교 철학에 매진하기 위해 피히테, 슐라이어마허가 교수로 있는 베를린대학교로 옮겼다.

베를린대학에서 쇼펜하우어는 피히테와 슐라이어마허의 강의와 그 밖에 조류학·양서류생물학·어류학·동물학·지리학·천문학·생리학·시학 강의를 듣는 등 모든 학문에 두루 관심을 보였다. 쇼펜하우어의 대표작 《의지와 표상으로서의 세계》에는 생물학에 대한 흥미 깊은 예증이 많이 나오는데, 그것은 이 시절에 공부한 성과가 자연스럽게 글로 옮겨진 것이라고 할 수 있다.

철학에 더욱 힘을 기울이기 위해 피히테와 슐라이어마허 두 철학자가 있는 베를린대학을 선택했음에도 쇼펜하우어는 그들의 강의에 만족하지 못했다. 쇼펜하우어는 슐라이어마허의 '그리스도교 시대 철학사'라는 강의를 들었지만, 피히테의 강의는 무엇을 들었는지 확실하지 않다. 그러나 그 강의가 '지식학'에 대한 것임은 쉽게 짐작할 수 있다. 쇼펜하우어의 일기에는 피히테에 대해 아주 조금 언급하고 있을 뿐이다.

나는 피히테의 철학 강의를 열심히 들었다. 그러면 철학에 대한 나의 판단이 지금보다 더 명확해질 거라고 생각했다. 피히테가 언젠가 수강생들을 위해 연 토론회에 참석해 오랜 시간 그와 논쟁한 적이 있다. 함께 그 자리에 있던 사람들은 지금까지도 그때를 잊지 못할 것이다.

쇼펜하우어는 '털이 북실북실한 붉은 얼굴에 날카로운 눈매를 한 작은 남자' 피히테에게 그리 호감을 갖지 못한 것 같다. 그것은 지식에 대한 두 사람의 태도를 더 차이나게 한 원인이 되었다. 쇼펜하우어는 아주 하찮은 것이라도 정확하지 않으면 만족하지 않는 성격이었지만, 피히테는 그의 철학체계와는 다른 대범한 성격이었다. 강의 도중에 언제나 "왜냐하면 그것은 이러이러하기 때문입니다"라고 하는 것이 피히테의 입버릇이었다.

베를린대학에서 쇼펜하우어는 두 철학교수보다 고전어학자 프리드리히 아우구스트 볼프에 매료되었다. 그의 강의라면 그리스 고대사부터 그리스 문학사, 로마 시학, 그리스 로마의 작가 및 작품강독에 이르기까지 빼놓지 않고 들었다. 볼프를 통해 알게 된 아리스토파네스의 《구름》과 호라티우스의 《풍자시》는 그의 마음을 깊이 사로잡았다. 더구나 볼프와 쇼펜하우어는 슐라이어마허를 비판하는 데도 일치했다.

학문의 완성

집안사정과 학위 취득

베를린에서 박사학위를 받으려 했던 쇼펜하우어는 격렬해지는 전쟁의 불안 때문에 꿈을 접어야 했다. 나폴레옹의 군대가 러시아에서 돌아와 베를린을 감시하고 있었으므로 민첩한 사람들은 벌써 시내를 빠져나가고 있었다.

1813년 봄, 쇼펜하우어도 베를린을 떠났다. 드레스덴을 지나 바이마르로 간 그는 어머니 집으로 들어갔다. 그러나 쇼펜하우어는 불쾌한 집안사정 때문에 자신이 묵을 다른 집을 찾아야만 했다. 결국 루돌슈타트에 자리잡았다.

그를 분노하게 한 집안사정은, 어머니가 열네 살 어린 남자친구와 함께 살고 있었던 것이다. 그 남자친구는 바이마르의 비서과장이며 작가인 프리드리히 폰 겔슈텐베르크로, 뮐러로 알려져 있다. 아들로서는, 어머니가 자신과 그리 나이 차이가 없는 젊은 남자와 함께 살고 있는 사실을 받아들이기 어려웠을 것이다. 더욱이 열여섯 살 된 여동생 아델레도 함께 살고 있었다. 쇼펜하우어는 아버지와 함께한 아름다운 추억이 깨어지고 더럽혀졌다고 느꼈다.

바이마르를 떠나 자리잡은 루돌슈타트는 전쟁 분위기를 전혀 느낄 수 없는 한적한 시골 마을이었다. 바이마르에서도 가깝고 사색하기에 꼭 알맞은 곳이었다.

이해에 나폴레옹으로부터 유럽을 해방시키기 위한 '해방전쟁'이 일어났다. 그러나 쇼펜하우어는 피히테의 '해방전쟁에 참가하라'는 구호에 전혀 관심이 없었다. 그는 다음과 같이 생각한 것이다.

나는 본능적으로 군사적인 것에 치가 떨린다. 사방이 첩첩 산으로 둘러싸인 계곡에 살면서 병사 한 명 보지 않고, 총성도 듣지 않고 전쟁을 보낼 수 있어 정말 행복했다.

루돌슈타트에서 쇼펜하우어는 〈충족이유율의 네 겹의 뿌리에 대하여〉라는 논문을 완성했다. 이 논문은 베를린에 있을 때부터 쓰기 시작한 것이었다. 그는 이것을 예나대학에 제출해 심사받았다. 그리고 10월 18일 그동안 염원해 왔던 철학박사 학위를 취득했다.

괴테와의 만남

이 논문에는 쇼펜하우어 인식론의 기초가 들어 있다. 괴테는 이것을 읽고 지난날 빌란트가 그랬던 것처럼 쇼펜하우어의 비범한 재능을 꿰뚫어 보았다. 그는 쇼펜하우어가 바이마르로 다시 돌아오기를 기다려 자기 밑에서 '색채론'을 연구할 것을 권했다. 그리고 이 연구에 필요한 모든 장비를 빌려주겠다 약속하고, 며칠 뒤 색채 현상을 재현하기 위해 필요한 기계며 기구를 쇼펜하우어에게 주었다. 그는 또 복잡한 실험을 직접 해보여 주었다.

이때 두 사람은 급속히 가까워졌다. 괴테는 자주 쇼펜하우어를 집으로 초대해 몇 시간 동안 대화를 나누었다. 단순히 색채론뿐만 아니라 모든 철학적 문제들이 화제에 올랐다. 그 시절 괴테는 이렇게 말했다고 한다.

"다른 사람과는 대화를 나누지만, 그와는 철학을 한다."

괴테가 이 시기에 쇼펜하우어에 대한 말을 남기게 되는 일화가 있다. 어느 연회에서 사람들로부터 떨어져 창가에 꼼짝도 하지 않고 서 있는 무뚝뚝한 쇼펜하우어를 보고 젊은 숙녀들이 웃으며 수군거리고 있었다. 그때 괴테는 충고했다고 한다.

"저기 있는 남자를 가만히 내버려 두시오. 저 사람은 우리 모두의 머리 위를 훨씬 뛰어넘는 경지까지 올라갈 사람이니까."

쇼펜하우어 또한 괴테와의 만남을 '내 생애에서 가장 기쁘고 행복한 사건' 가운데 하나로 꼽았다.

"금세기 최고의 영예를 받고 있는 독일의 긍지이며, 모든 시대의 사람들 입에 오르내리게 될 대문호 괴테가 나의 우정 어린 친구가 되어준 겁니다."

감격에 찬 그의 마음이 고스란히 전해 오는 것 같다. 괴테는 쇼펜하우어의 무명시절부터 그의 천재성을 인정해 주었고, 쇼펜하우어는 괴테가 죽을 때까지 변치 않는 존경심을 보였다.

괴테가 칸트에 대해 언젠가 한 말은 쇼펜하우어의 가슴에 깊이 새겨지게 되었다. 괴테는 말했다.

"칸트의 한 구절을 읽으면 마치 밝은 방 안에 들어온 느낌이 든다."

괴테와의 만남 말고도 쇼펜하우어에게는 사상 형성에 중요한 영향을 받게 된 또 다른 사건이 있었다. 그것은 헤르더의 동생이며 동양학자 프리드리히 마이어가 그에게 인도 고전, 곧 인도철학을 소개해 준 일이다.

괴테(1828)　괴테와의 만남을 '내 생애에서 가장 기쁘고 행복한 사건'으로 꼽았다.

고대 인도철학은 19세기에 들어와 프랑스 사람 앙크틸 뒤페롱의 라틴어 번역으로 마침내 유럽 독자들에게도 문이 활짝 열리게 되었다. 뒤페롱은 산스크리트어를 몰랐으므로 페르시아판 《우파니샤드》를 라틴어로 다시 옮겼다(우프네카트). 쇼펜하우어는 그것을 읽고 거기에 스며 있는 철학적 논리의 중요함을 깨닫게 되었다. 모든 물질의 근본적인 동일성, 무가치성, 근원에서 발생한 현상계의 비참함에 대한 가르침, 또 명상으로 처음 해탈의 평화를 얻을 수 있다고 말하는 인도의 가르침을 쇼펜하우어는 아무 저항 없이 그대로 받아들였다.

어머니와의 결별, 그리고 괴테의 글

어머니와는 여전히 사이가 좋지 못했다. 쇼펜하우어가 책으로 발간한 박사학위 논문 《충족이유율의 네 겹의 뿌리에 대하여》를 건네주었을 무렵 그 적대감이 극으로 치솟았다. 어머니는 그 책을 보고 놀렸다.

"약사들을 위한 책인가 보구나?"[1]

쇼펜하우어는 버럭 화내며 외쳤다.

"어머니가 쓰신 책이 이 세상에서 완전히 사라져 버려도 제 책은 오래도록 읽힐 것입니다."

그러자 그녀도 질세라 응수했다.

"그럴 테지, 네 책은 서점에 초판 그대로 안 팔리고 쌓여 있을 테니까."

그 순간 두 사람 사이에 전에 없던 긴장감이 흐르기 시작했다. 괴테도 빌란트와 마찬가지로 요한나에게 말한 적이 있었다.

"부인의 아드님은 장래에 반드시 유명한 인물이 될 것입니다."

요한나는 같은 집안에서 천재가 두 명 나왔다는 이야기를 한 번도 들어본 적이 없다는 사실을 떠올리고 있었다.

어머니와 아들의 관계는 결정적인 파국을 맞았다.

"어머니 이름은 후세에 제 이름을 통해 알려지게 될 것입니다."

쇼펜하우어는 어머니에게 이 말을 남기고 바이마르를 떠나 드레스덴으로 가 버렸다. 1814년 5월의 일이었다. 요한나는 그 뒤 24년을 더 살았지만, 이것이 두 사람이 서로 얼굴을 맞대고 이야기한 마지막이었다.

괴테는 쇼펜하우어가 바이마르를 떠날 때 다음과 같은 글을 써주었다.

> 만일 네가 자신의 가치에 기쁨을 느끼고 싶다면
> 이 세계에 가치 있는 것을 주어라.
> 우리가 나눈 수많은 대화의 결실이며
> 추억들을 위하여.

바이마르에서 1814년 5월 8일 괴테

그 뒤 쇼펜하우어의 철학체계를 살펴볼 때, 이 이별의 글은 참으로 암시적인 말이었다고 할 수 있다. 그가 인도철학에 눈뜨기 시작하면서 세상에 가치를 두는 생각을 버린 것이 이 바이마르 시대였기 때문이다. 말하자면 그는 이 시기

---

1) 독일어 Wurzel은 약초류 등의 뿌리, 뿌리 채소류의 뜻이며 '밑바탕, 근원'을 뜻하는 단어이다. 아직 화학약품이 존재하지 않던 시절 약방에서는 오로지 약초류만 사용했다.

에 고대 인도의 성전 《베다》를 읽고 염세주의적 인생관을 확대시켜 나갔던 것이다.

새로운 색채론

이즈음 드레스덴은 마침내 전란이 가라앉고 평온을 되찾았다. 연합군이 프랑스에 주둔하고, 나폴레옹은 퇴위했다. 부르봉 왕조가 부활하여 루이 18세가 왕이 되었다.

드레스덴에 머물던 쇼펜하우어는 《의지와 표상으로서의 세계》의 주춧돌이 될 연구를 거듭하고 있었다. 드레스덴에서 그를 가장 기쁘게 한 것은 문화 시설의 혜택이었다. 도서관을 비롯해 유명한 화랑, 그리스 로마의 고대 조각 전시장 등이 도시 곳곳에 즐비했다. 쇼펜하우어는 그곳을 방문하고 과학적 연구를 위한 장비들이 갖춰진 연구시설들을 이용하기도 했다.

그러는 틈틈이 괴테와 함께 색채론 연구도 계속했다. 또 유화를 그리는 프리드리히 지그문트와 색채론을 인연으로 친분을 맺기도 했다. 현존하는 쇼펜하우어의 유일한 유화 초상화는 그가 그려준 것이다.

1815년 그는 자기만의 독창적인 색채론을 창안해 냈다. 그것은 괴테와 마찬가지로 뉴턴의 색채론과 대립되는 것이었다. 하지만 그의 색채론으로 깊이 들어가면 스승 괴테의 학설과 매우 달라진다. 뉴턴은 태양에서 나오는 광선은 모두 일곱 가지 빛깔의 빛으로 이루어져 있다고 주장했다. 그러므로 모든 색채는 태양 광선의 일부라고 말했다. 이와 반대로 괴테는 색채는 빛과 어둠이 함께 작용해 만들어지는 것이라고 했다. 그는 자신이 행한 여러 가지 실험을 바탕으로 주장했다.

인간은 한편으로는 빛(밝음)을, 다른 한편으로는 어둠을 감지한다. 이 둘 사이에는 흐릿한 밝기로 빛나는 지대가 있다. 그러므로 색채란 빛과 어둠이 대립하는 이 지대에 인간이 중간 매개로 끼어들면서 드러나는 것이다.

괴테는 사물의 본성을 꿰뚫어 보는 정확하고 객관적인 통찰력을 지녔지만, 뉴턴은 단순한 수학자일 뿐이다. 뉴턴은 언제나 측정하고 계산하는 데 정신을 빼앗겨 표면적으로 인식한 현상을 누덕누덕 기워 색채론의 기초를 만들었다. 인정할 수 없는 사람은 인정하지 않아도 좋다. 하지만 이것은 진실이다.

쇼펜하우어는 처음에 괴테의 색채론을 옹호하지만, 곧 더 나아가 괴테를 뛰어넘는 '시각에 의한 색채 발생 이론'을 강조했다.

만일 우리(라고 해도 극소수이지만)가 괴테의 색채현상에 대한 서술을 통해 뉴턴의 잘못된 설을 완전히 논박할 수 있더라도, 진정한 승리는 새로운 이론으로 그의 이론을 대체할 수 있을 때 비로소 가능해진다. 나의 견해가 바로 그 새로운 이론이 될 것이다.

그는 생리적인 색채현상을 출발점으로 삼고 기존에 문제 대상에서 늘 제외되었던 색채의 본질과 색채감각과의 연관성을 탐색하는 과정에서 이 새로운 이론을 발견했다고 쓰고 있다.

이 이론에서는 흰색이 어떻게 발생되는가를 주요 문제로 삼고 있다. 쇼펜하우어는 일단 흰색의 감각을 거론하며 흰색에 얽힌 감정을 검토한 결과, 인간 망막의 움직임 속에서 흰색을 발견해 낼 수 있었다. 색의 발생을 조사하기 위해 빛을 분석한 뉴턴은 이러한 생리학적 감각을 관찰 범위 밖으로 밀어냈다. 그러므로 눈동자의 움직임이 색을 발생시킨다는 것을 발견하지 못했다. 요컨대 쇼펜하우어의 색채론은 물리적·과학적이지 않고 순수하게 생리학적이었다. 쇼펜하우어는 이것으로 일단 색채론 연구에 한 획을 긋게 되었다고 생각하고 있었다.

'제자가 비록 스승과 다른 길을 걷더라도'

이 무렵 나폴레옹이 엘바섬에서 돌아왔지만, 워털루 전투에서 영국의 웰링턴 장군에게 패해 결국 백일천하로 끝나고 말았다. 나폴레옹은 다시 자리에서 물러나 이번에는 세인트 헬레나섬으로 유배되었다. 오랜 기간에 걸쳐 이루어진 빈 회의는 영국·러시아·프랑스·오스트리아·프로이센 5개국 균등정책의 막을 내리고 왕후들의 '신성동맹'이 결성되었다.

쇼펜하우어는 드레스덴에 온 뒤로, 마치 어머니 배 속의 태아처럼 자기 머릿속에 하나의 철학이 자라고 있음을 느꼈다. 그것은 윤리학과 형이상학이 하나로 일치해야 한다는 예감이었다. 모든 것이 하나의 근원으로부터 시작된다는 직관이 그의 머릿속에서 자라기 시작한 것이다.

1816년 그 전해에 완성한 논문《시각과 색채에 대하여》가 출판되었다. 그리고 5월 4일 이 책을 괴테에게 보냈다. 이에 대해 괴테는 6월 16일 편지에서 책을 받았다는 말만 전하고 직접적 논평은 하지 않았다. 그러나 7월 19일 그

뉴턴(1642~1727)
쇼펜하우어는 괴테와 함께 색채론을 연구했지만, 결국에는 뉴턴의 색채론을 강조하게 된다.

의 베를린 친구 슐츠에게 보낸 편지에서 쇼펜하우어의 책에 대해 간접적으로 언급하고 있다.

쇼펜하우어 박사는 대단한 두뇌의 소유자입니다. 그가 지난날 여기에 머물 때 나는 그에게 나의 색채론을 이해할 수 있는 기회를 주었습니다. 그런데 당신도 이미 알고 있듯, 이 젊은 인물은 내 이론에서 출발했으면서도 아무래도 내 이론의 반대자가 된 듯합니다.

괴테는 이때의 심경을 짧은 시 형태로 남겨두었다.

한동안 더 스승의 짐을 지는 것도 좋겠지,

제자가 비록 스승과 다른 길을 걷더라도.

쇼펜하우어는 괴테의 칭찬을 은근히 기대하고 있었기 때문에 이 일로 크게 실망했다. 그렇지만 괴테를 원망하기는커녕 여전히 깊은 감사와 존경심을 지니고 있었다. 만일 스승이 괴테가 아닌 다른 사람이었다면 그의 태도도 매우 달랐을 것이다.

자신의 이론이 언젠가 인정받을 날이 올 거라고 믿은 쇼펜하우어의 희망은 보기 좋게 빗나가, 오늘날까지 그의 색채론은 빛을 발하지 못하고 있다. 괴테의 색채론 역시 마찬가지이다. 오늘날 학교 교과서에 실린 것은 뉴턴의 색채론뿐이다. 그러나 색이 감각에서 발생한다는 쇼펜하우어의 색채론은 물리학분야에서만 포괄되지 못할 뿐, 색채의 또 다른 한 면을 지적했다. 이런 점에서 쇼펜하우어가 색채심리학의 선구적 역할을 했다는 점은 높이 살 만하다.

대표작 《의지와 표상으로서의 세계》 간행

쇼펜하우어가 1814년부터 5년 동안 틈틈이 써내려간 철학체계가 1818년 완성되었다. 그것은 '나의 모든 철학은 한마디로 말해, 세계는 의지의 자기인식이다'였다. 쇼펜하우어는 하루빨리 그 논문을 출판하고 싶어 라히프치히에 있는 브로크하우스 출판사로 편지를 보냈다. 그 편지는 강한 자신감에 차 있었다.

나의 이 저서는 하나의 새로운 철학체계입니다. 말 그대로 새로운 것이지요. 기존에 존재하는 옛날 철학을 재탕해 새롭게 서술한 게 아니라, 지금까지 어떤 사람도 생각해 내지 못한 고도로 응집된 사고로 쌓아올린 책입니다.

이때 쇼펜하우어의 나이는 서른 살이었다. 브로크하우스는 그의 열의에 이끌려 출판하기로 결정했다.

그즈음 칼스바트에 체류하던 괴테에게 보낸 편지에 그는 이렇게 쓰고 있다.

여기 드레스덴에서 4년 넘게 걸린 작업이 드디어 완성되었습니다. 《의지와 표상으로서의 세계》라는 표제를 붙였습니다. 이 책은 단순히 제가 이 지방에서 한 작업의 성과물이 아닌 제 생애의 성과물입니다.

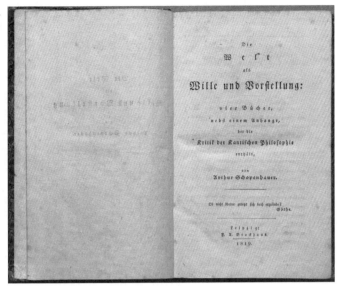

《의지와 표상으로 서의 세계》(1819) 초판본 속표지

괴테는 다음과 같은 답장을 보냈다.

오랜만에 자네 편지를 받아보고 매우 기뻤네. 기운차게 자신의 길을 걸어 가고 있는 자네를 위해 마음으로부터 축복을 빌고 있네. 나는 자네 책을 관심있게 읽어볼 것이네. ……이탈리아 여행이 부디 행복하기를 빌어 마지않네. 즐거움과 더불어 많은 것을 배우게 될 것일세. 동봉한 소개장이 자네에게 도움되리라 믿으며, 아무쪼록 선량한 이탈리아 사람들에게 안부를 전해 주게.

칼스바트에서 1818년 8월 9일 괴테

괴테는 시인 바이런에게 보내는 소개장을 편지에 함께 넣었다. 바이런은 1816년 이래 베네치아에 살고 있었다. 이 염세적 시인은 우연히도 쇼펜하우어와 같은 해에 태어났으며, 그의 어머니와 사이가 좋지 않은 불행한 과거를 갖고 있었다.

쇼펜하우어가 이탈리아 여행길에 오른 것은 출판사에 모든 원고를 넘겨 준 9월이었다. 빈을 거쳐 베네치아로 가서 그곳에서 11월 중순까지 머물렀다. 그렇지만 괴테가 써준 소개장을 사용하지는 않았던 것 같다.

> 오빠는 베네치아에서 바이런을 방문하지 않았다고 하므로, 너무 애석해
> 정말이지 아무 할 말이 없습니다.
>
> 1819년 3월 여동생 아델레의 편지에서

그는 나머지 11월을 피렌체에서 보내고 다시 볼로냐를 지나 로마로 갔다. 12월 12일, 브로크하우스사는 《의지와 표상으로서의 세계》 시험 출판본을 로마로 부쳤고, 이어 1819년이라는 발행년도가 찍힌 초판본을 보냈다. 그러나 이 《의지와 표상으로서의 세계》 제1판은 발행 뒤 1년 반 동안 겨우 100권 정도밖에 팔리지 않았다. 만약 브로크하우스라는 출판인이 없었다면 이 책은 햇빛도 보지 못했을 것이다. 사실 그는 쇼펜하우어의 초고를 처음 보고 팔리지 않을 거라 예감하고 있었다. 그럼에도 그는 출판하기로 결심했다. 그리고 지금도 그가 설립한 브로크하우스사에서는 여전히 이 책이 출판되고 있다.

이 저서가 지닌 사상사적 의의를 확신하고 있던 쇼펜하우어는 이 사실에 크게 낙심했다. 동시에 이 책을 몰라보고 무시하는 태도를 취하는 동시대 철학자들에 대한 적대감이 점점 커져갔다.

괴테의 평가

쇼펜하우어는 여동생의 편지로 괴테가 이 책을 읽었다는 사실을 알았다. 그러나 그것도 사람들의 비판을 뒤엎기에는 터무니없이 부족했다. 이탈리아에서 받은 아델레의 편지에는 이렇게 쓰여 있었다.

> 그리고 오빠가 쓴 책에 대해 이야기했어요. 괴테 씨는 그 책을 기쁘게 받았고 분량이 많은 책을 읽기 쉽도록 두 부분으로 나눠 중요한 부분부터 순식간에 읽으셨답니다. 그분은 자신이 생각하고 있는 것을 오빠가 알 수 있도록 페이지를 적어놓으셨어요. 그리고 자신의 의견을 좀 더 자세히 오빠에게 직접 써보내기 위해 신중하게 생각하고 계시답니다. 하지만 그 전에 일단 이 사실을 오빠에게 알려주라고 당부하셨어요. 그리고 얼마 뒤 오틸리에(괴테

의 며느리)가 와서 말하기를, 시 아버님이 그 책에 푹 빠져 열심히 읽고 계신다고 했어요. 그렇듯 맹렬히 읽으시는 모습을 본 적이 없을 정도로 말예요. 그리고 그분은 오틸리에에게 지금부터 1년 동안 재미있게 지낼 수 있을 거라고 말씀하셨대요. 이 책을 처음부터 끝까지 읽고 나면 아마 1년이 훌쩍 지나가 있을 거라고요. 그리고 그분은 오빠가 자신에 대한 존경심을 아직 잊지 않고 있다는 사실에 굉장히 감격하고 계신다고도 들었어요. 이 책에서 특히 마음에 드신 건 문체와 표현의 명쾌함이래요.

출판업자 F.A. 브로크하우스(1772~1823)
《의지와 표상으로서의 세계》를 기꺼이 출판해 주었다.

그리고 또 하나는 전체 내용을 아주 훌륭한 방법으로 구분짓고 있다는 것이었어요. 하지만 오빠 책의 형식이 세련되지 못해 읽는 데 애먹으셨다고 해요. 그리고 책이 두 부분으로 구성된 것은 그분이 예상하신 대로여서 매우 자랑스러워하시는 것 같았지요. 다시 한번 오빠와 단둘이 만나 이야기를 나누고 싶어하세요. 그러면 그분이 더 만족한 부분에 대해 들을 수 있을 거예요. 괴테 씨가 이토록 진지하게 읽고 있는 책의 저자는 바로 오빠예요. 오빠, 정말 기쁜 일이지요?

이 편지를 받은 쇼펜하우어는 괴테에게서 직접적인 칭찬과 전폭적인 지지를 받으리라 기대했지만, 그것은 부질없는 기대로 끝났다. 세계관이 완전히 다른 두 사람이었으니 그리 놀랄 일도 아니다. 하지만 아델레의 편지에도 쓰여 있듯, 괴테가 쇼펜하우어의 문장에 주목한 것은 사실이었다. 쇼펜하우어는 독일 문학사상 명문장가의 한 사람으로 지금도 학교 작문시간에 본보기로 사용되고 있다.

연애와 도산 극복

1819년 4월, 쇼펜하우어는 다시 베네치아로 돌아와 어느 부유하고 지위 높은 집안 처녀와 사귀게 되었다. 사실 쇼펜하우어는 지난날 대학입학 준비를 위해 바이마르에 머물던 시절 카롤리네 야게만이라는 열 살 연상의 여성과 사랑에 빠져 결혼까지 생각하고 있었지만, 그녀가 이미 결혼한 상태였기 때문에 결국 포기했었다. 그때 서른한 살의 젊은 나이였던 그는 열정에 사로잡혀 사랑의 불꽃을 향해 돌진해 갔다.

하지만 이번에는 나름대로 이성적으로 교제하게 되었다. 쇼펜하우어는 이번에도 베네치아에 살고 있던 바이런을 찾아가지 않았다. 그는 뒷날 이때의 정황을 친구에게 써보냈다.

나는 괴테가 바이런 경 앞으로 써준 소개장을 가지고 있었다네. 베네치아에 석 달 가까이 머물렀고, 언제나 괴테가 준 편지를 들고 그를 찾아가야겠다 생각하고 있었지. 그렇지만 어느 날 그것을 단념해 버리고 말았네. 내가 연인과 함께 거리를 산책하고 있을 때였어. 연인이 갑자기 흥분한 목소리로 "어머, 저길 좀 봐요. 저분이 바로 영국 시인이에요" 외치는 거야. 바이런은 말에 올라탄 채 한달음에 우리 곁을 스쳐 지나가 버렸어. 나의 연인은 그날 온종일 그의 인상에서 헤어나오지 못하더군. 그래서 나는 괴테의 편지를 사용하지 않기로 결심한 걸세. 그녀의 마음이 그에게로 기울까봐 두려웠던 거야. 그래서 나는 그와 알게 되는 기회를 결국 놓치고 말았지. 그 일이 지금까지 나에게는 후회로 남아 있다네.

쇼펜하우어의 학문과 인품 사이의 모순은 사람들에게 잘 알려져 있다. 학문에 있어서는 마치 성자처럼 보였지만, 여성에 대해서는 결코 무심한 사람이라고 할 수 없었다. 이 연애사건이 그것을 증명해 주고 있다.

쇼펜하우어는 그해 6월 베네치아를 떠나 밀라노로 갔다. 그런데 그곳에서 단치히에 있는 무어 상사가 도산했다는 연락을 받게 되었다. 쇼펜하우어는 아버지의 유산을 예금 형식으로 그 상사에 투자하고 있었다. 그는 일정을 바꾸어 급히 독일로 돌아갈 채비를 했다. 독일로 돌아가는 길에 그는 여동생에게 능숙하게 이런저런 지시를 내리는 동시에 상사에 적절한 조치를 적어보내는 등 사업적 재능을 발휘했다. 그 결과 그는 자신의 재산을 지키는 데 성공했다. 쇼펜하우어는 다른 철학자들과 달리 현실적으로 재산을 키우는 재능도 뛰어났다.

8월에 쇼펜하우어는 1년 동안의 이탈리아 여행을 마치고 다시 조국 독일 땅을 밟았

어머니와 달리 조용히 오빠를 후원해 주었던 여동생 아델레(1841)

다. 그는 바이마르로 발길을 돌려 괴테를 방문했다. 괴테는 이때의 일에 대하여 이렇게 전하고 있다.

쇼펜하우어 박사는 대부분의 경우 사람들에게 진가를 인정받지 못했다. 속을 헤아리기 힘든 인물이며 젊은 동시에 훌륭한 업적을 성취한 인물이었다. 그의 방문은 나에게 커다란 자극이었다. 우리는 서로 가르치고 가르침을 받았다.

헤겔과의 대립

쇼펜하우어는 드레스덴으로 돌아와 대학에서 교수직을 얻기 위해 준비하기 시작했다. 다른 사람을 가르쳐 보고 싶다는 생각과 타격받지는 않았지만 지난번 투자한 상사의 도산으로 장래에 대한 불안을 느꼈기 때문이었다. 그는 여러

헤겔(1770~1831) 베를린대학교에서 시험강의를 실시한 날 쇼펜하우어에게 깊은 상처를 준 헤겔과의 사이는 평생 대립관계로 지속되었다.

모로 따져본 끝에 베를린 대학에 강사 자리를 얻기로 마음먹었다. 그리고 12월 31일, 라틴어로 작성한 교수직 신청서와 이력서를 베를린대학 철학과에 보냈다.

다음 해인 1820년 1월에 신청서에 대한 답신이 왔고, 쇼펜하우어는 3월 23일에 채용 여부가 결정되는 시험강의를 하게 되었다. 그날 베를린대학 대강당에는 그 유명한 헤겔을 비롯한 철학 관계자들이 모두 참석했다. 강의는 '다른 종류의 네 근원에 대하여'라는 주제로 진행되었다. 강의가 끝나자 헤겔은 '말이 길 위에서 드러눕는다면 그 이유는 무엇인가?'라는 당혹스러운 질문을 했다. 그러나 쇼펜하우어는 그를 위해 그 자리에 참석한 옛 스승 리히텐슈타인 교수의 도움으로 무사히 위기를 벗어날 수 있었다.

이날 일은 미래의 쇼펜하우어와 헤겔 사이를 예측할 수 있는 상징적 사건이었다. 특히 논쟁의 대상과 그 해석에서의 차이, 나이 차이, 명성의 차이 등 모든게 너무도 대조적이었다. 그날은 바로 헤겔과 쇼펜하우어의 전쟁이 선포된 날이었던 것이다. 그때 헤겔은 쉰 살, 쇼펜하우어는 서른두 살이었다. 좀 더 구체적인 적대감을 가진 전쟁은 쇼펜하우어 쪽에서 시작했으나 헤겔은 그를 본체만체했다. 그러나 두 사람의 철학만 놓고 본다면 그 충돌은 19세기 전체의 충돌이요, 오늘날까지 계속 이어지고 있다고 할 수 있다. 두 사람의 충돌은 개념에서 발생하는 사고와 직관적 인식에 따르는 사고 사이의 대립이 원인이었다.

정신철학과 의지, 또는 삶의 철학 사이의 대립이라고 할 수도 있다. 이 부분은 쇼펜하우어 철학의 현대적 의의를 말해 주는 가장 중요한 부분이다.

베를린대학은 설립된 지 10년밖에 안 되었지만, 학생 수가 1000명을 넘었다. 그 가운데 쇼펜하우어의 강의를 신청한 학생은 겨우 8명이었다. 이와 반대로 헤겔의 강의는 언제나 초만원을 이루었다. 쇼펜하우어의 첫 강의는 결국 그의 마지막 강의가 되었다. 겨울학기에 '철학기초 다지기—모든 인식에 대한 이론'이라는 제목으로 강의할 예정이었으나 실제로 강의를 열지 못했다. 그는 앞으로 베를린에 살지 않는 해를 제외하고는 1831년까지 10년 동안 계속 헤겔과 같은 시간대에 강의를 열겠다고 말했다. 그러나 그것은 강의편람 속의 계획이었을 뿐 실제로는 문 닫은 가게나 다름없었다.

자신의 학문체계에 강한 자신감을 갖고 유명해지리라는 꿈을 지녔던 쇼펜하우어에게 그 일은 지울 수 없는 상처가 되었다. 그 결과 대학강단 위의 철학 및 철학자들, 그중에서도 특히 헤겔에 대한 증오심이 점점 커져갔다. 헤겔은 베를린에서 궁정대신들의 마음을 사로잡았고 그 덕분에 그의 철학이 마치 프로이센 당국의 공인 철학같이 받아들여져 시대의 압도적 세력이 되어갔다. 하지만 쇼펜하우어에게는 단지 분노를 일으키는 불씨일 뿐이었다. 이러한 증오심은 분명 질투심 때문이기도 했지만, 쇼펜하우어는 국가적 철학자로서의 헤겔의 위치가 결국 어용학자와 비슷하다는 느낌을 받고 있었다. 모든 권력 아래 놓이게 되는 것을 싫어했던 그의 야당적 사고방식은 결코 그것을 받아들일 수 없었다.

마르케 사건과 '귀여운 여왕님'

베를린 시절은 쇼펜하우어의 생애에서 정신적으로 가장 동요가 심하고 성과도 가장 적은 시기였다. 그러나 동시에 여러 재미있는 일화가 많이 남겨진 시기이기도 하다. 마르케 사건도 이때 벌어진 일이었다.

쇼펜하우어가 살던 집 옆에는 카롤리네 루이제 마르케라는 재봉사가 살고 있었다. 이 여자는 굉장한 수다쟁이였다. 어느 날 밤 그녀는 그의 집 앞에서 다른 두 여자와 목소리를 높여 기나긴 이야기의 매듭을 풀어놓기 시작했다. 처음에는 시끄러운 그녀들을 조용히 타일렀으나 듣지 않자 쇼펜하우어도 마침내 분노가 폭발하여 그녀를 쫓아 버리려고 했다. 하지만 마르케라는 여자도 만만치 않게 저항하다가 그만 바닥에 나동그라지고 말았다. 거짓말인지 정말인지 그녀는 큰 부상을 입었다며 호소하고 다녔다. 이야기는 점점 악화되어 그녀는 결국 소송을 걸어왔다. 그리고 끈질긴 재판 끝에 쇼펜하우어가 결국 지고 말았다. 그 때문에 그는 소송비용의 6분의 5를 지불했을 뿐만 아니라 치료비 전액 및 그녀가 살아 있는 동안 해마다 상당액의 위로금과 연금을 지급하라는 판결을 받게 되었다.

그 여자가 바느질에서 손 떼고 평생 놀고먹을 모습을 생각하면 쇼펜하우어는 피가 끓어오르는 것을 참을 길이 없었다. 그로부터 20년 뒤 그 여자는 세상을 떠났다. 그 사망증명서 공백에 쇼펜하우어는 라틴어로 '오비트 아누스, 아비트 오누스'라고 적었다. 직역하면 '노인 죽어 책임 해소'라는 뜻이 되지만 노인이라는 뜻의 아누스의 악센트를 앞에 두고 발음하면 항문이라는 의미가 된다. 쇼펜하우어의 오랜 울분이 이 비통한 구절 하나에 스며들었음을 눈치챌 수 있다. 마치 '그 노인네 죽어버려 이제야 안심'이라고 말하는 듯하다.

쇼펜하우어가 다시 베를린대학 교단에 올랐을 때, 그는 베를린 오페라의 메돈이라는 가수와 사랑에 빠졌다. 메돈은 그녀의 애칭이고 본명은 카롤리네 리히터였다.

카롤리네 메돈과의 관계는 오래 이어졌다. 벌레를 씹은 듯한 근엄한 만년의 쇼펜하우어 얼굴로는 상상도 되지 않지만, 메돈의 추억 속 쇼펜하우어는 그녀를 '귀여운 여왕님'이라고 부르며 사랑해 주었다고 한다. 그렇지만 그녀는 자신이 사귀는 이 남자가 훗날 대철학자가 될 줄은 전혀 상상하지 못했으며, 그저 조금 색다르다고만 생각하고 있었을 뿐이었다.

두 사람의 관계는 나중에 쇼펜하우어가 베를린을 떠나게 되면서 끝났다. 그로부터 26년 뒤 어느 날 그녀는 신문에서 쇼펜하우어의 일흔 살 생일을 전하는 기사를 보았다. 오랜 불행의 나날들을 거쳐온 쇼펜하우어의 철학이 이때 드디어 사람들의 주목을 받게 되었다. 그의 집에는 각지에서 사람들이 보내온 생일축하 편지가 줄지어 도착했다. 카롤리네 메돈도 큰마음을 먹고 지난날 함께 보냈던 그리운 시절에 대해 편지를 썼다. 유명한 철학자의 마음에도 그녀의 인상이 강하게 남아 있었는지, 그는 유언장에 재산의 일부를 연금 형태로 그녀에게 남겨주겠다고 적어 그녀의 호의에 보답했다. 메돈은 쇼펜하우어가 먼저 죽은 뒤로부터 그녀가 죽는 1882년까지 21년 동안 그가 준 혜택 속에 살았다.

이탈리아 여행과 병

쇼펜하우어는 베를린대학 교수로 있었던 10년 동안 몇 번 외국여행을 다녀왔다. 베를린 거리도 주민들도 그의 마음에 그리들지 않았던 것이다. 1822년 봄, 두 번째로 이탈리아 여행을 떠났다. 마르케 사건 때문에 마음이 상하기도 했지만, 자신의 철학 강의가 실패로 돌아가 울적한 기분을 바꾸기 위해 간 것이었다.

베를린을 뒤로하고 스위스를 거쳐 밀라노, 베네치아를 지나 피렌체에 도착한 쇼펜하우어는 그곳

메돈 쇼펜하우어가 베를린에서 사귀었던 오페라 가수. 그는 그녀가 평생 동안 쓸 수 있도록 유산의 일부를 남기는 애정을 나타냈다.

에서 겨울을 보냈다. 이탈리아는 쇼펜하우어의 성격과 잘 맞았다. 빛과 색채, 사람과 사람 사이의 정, '모든 것이 있어야 할 모습 그대로 이탈리아에 존재하고 있다'고 그는 경탄했다. 괴테와 뒷날의 바그너도 독일인으로서 이탈리아를 여행했다는 공통점이 있다. 아마도 이탈리아에서는 모든 게 자연 그 자체라는 인식 때문일 것이다. 두 번째 이탈리아 여행이 쇼펜하우어의 사색에 어떤 영향을 주었는지 친구 오잔에게 보낸 편지를 통해 알 수 있다.

보고 경험하는 건 읽고 배우는 것만큼 중요한 일이라네. 상류층 사람들의 생활을 가까이에서 보면 그들이 매우 괴롭게 사는 걸 알 수 있네. 바로 권태 때문이지. 인간의 모든 저항에도 권태가 그들을 얼마나 괴롭히는지 나는 잘 알고 있다네. 피렌체의 미술품들을 시간을 들여 꼼꼼히 연구해 보았네. 이

탈리아 사람들은 나에게 많은 자료를 제공해 주었어.

경험과 인간에 대한 지식 확장이 그가 이탈리아 여행에서 얻은 수확이었다. 그는 보고 경험하는 일에 싫증을 느끼는 일이 없었다. 그의 생애가 그것을 말해 주고 있다. 그는 보고 경험한 모든 것을 정리하여《의지와 표상으로서의 세계》를 수정·퇴고·보충하기 위한 소재로 사용했다.

그는 1823년 5월 병든 몸을 이끌고 독일로 돌아왔다. 여러 가지 병에 잇따라 걸리는 바람에 쇼펜하우어는 거의 1년 동안 뮌헨에 머물렀다. 이때가 그의 생애에서 가장 음울한 시기로 기록되고 있다. 오른쪽 귀의 청력을 거의 잃은 데다 이탈리아 여행이 즐거웠던 만큼 더 우울해지고 말았다. 이 우울증은 현대의 우울증과는 조금 다른 것이었다.

바이에른의 고지대 기후가 그의 피부에 맞지 않았으므로 신병 치료를 위해 그는 결국 뮌헨을 떠나 바트가슈타인에 있는 온천으로 갔다. 1824년 5월 끝무렵이었다.

그곳에서도 잃어버린 청력은 회복되지 않았지만, 건강을 되찾은 쇼펜하우어는 그해 9월 다시 드레스덴으로 가서 8개월을 지냈다. 그러나 그를 알고 있던 사람들은 그의 변화에 깜짝 놀랐다. 쇼펜하우어 자신도 이렇게 적고 있다.

그때부터 나는 점점 고독을 응시하는 눈을 갖게 되었고, 비사교적이 되어 갔다. 나는 이 짧은 여생을 완전히 나 자신을 위해 바치기로 했다. 그리고 두 다리로 멀쩡히 걷는다는 사실만으로 나와 대등하다고 여기는 인간들과 되도록 사귀지 않기로 결심했다.

겨울에는 흄이 쓴《종교의 자연사(史)》와 브루노의 작품을 번역할 계획이었지만, 도와줄 출판사를 찾지 못해 현실로 옮기지는 못했다. 그동안 사람들 사이에서《의지와 표상으로서의 세계》에 대한 부정적인 서평들이 나왔다. 그러나 마침내 작가 장 파울이 '몇해 전 출판되었으나 그 가치에 걸맞은 빛을 받지 못한 책'이라고 〈서적 안내〉에 호의적으로 소개해 주었다.

▲칸트
쇼펜하우어의 철학은 칸트 철학에서 출발
했다.

▶쇼펜하우어와 칸트
올라프 굴브란손의 작품

실의와 좌절 속에서

쇼펜하우어는 3년쯤 뒤인 1825년 5월 베를린으로 돌아왔다. 그리고 그곳에서 6년을 머물렀다. 그가 다시 베를린으로 돌아온 주된 이유는 앞서 이야기한 마르케 사건의 심리가 아직 해결되지 않았기 때문이었다. 또 장 파울의 칭찬에도 불구하고 저서에 대한 반응이 좀처럼 없어 그는 초조해지기 시작했다.

이 실의와 좌절의 나날 속에서 그는 에스파냐어 공부에 열중하며 스페인의 도덕철학자 발타사르 그라시안의 《신탁》에스파냐어 원전을 독일어로 직접 옮겼다. 이 작업을 통하여 쇼펜하우어는 이미 익힌 그리스어, 라틴어, 프랑스어, 영어, 이탈리아어 말고도 에스파냐어에도 익숙해지게 되었다.

쇼펜하우어는 그라시안 번역 외에 자신의 색채론을 라틴어로 옮긴 《생리학적 색채론》도 완성했다. 이것은 운 좋게 《안과학적(眼科學的) 저작 소전집》 제3권에 채택되어 출판되었다. 라틴어 출판은 외국 독자를 모으기 위해 사용되던 방법으로 19세기까지 이루어졌다. 중세 이후 유럽에서 학술용어는 라틴어로 쓰는 전통이 있었지만, 18세기 계몽주의 시대에 들어서면서 각 나라에서 자국어를 사용하게 되었다. 철학에서는 칸트 바로 전까지 라틴어를 사용했으며, 라이프니치의 동생 크리스티안 볼프가 독일어로 된 철학용어를 내놓은 일은 매우 유명한 일화이다.

당연한 일이지만, 그즈음은 현대에 비해 훨씬 교통이 불편했다. 그럼에도 18세기 첫무렵 유럽 각 나라의 대학 사이에는 자유롭고 활발한 교류가 있었다. 독일의 하이델베르크대학 교수가 영국의 케임브리지대학으로 가거나 프랑스의 파리대학에서 강의하고, 이탈리아의 볼로냐대학으로 가는 식이었다. 대학의 모든 강의가 유럽 공통어인 라틴어로 이루어졌기 때문에 가능한 일이었다.

그 뒤 두 번째 베를린 시절에 쇼펜하우어는 칸트의 주요 저서를 영어로 옮길 계획을 세웠으나 실현되지는 못했다. 그는 영국처럼 최고로 지적인 나라에 칸트의 더할 나위 없이 높은 사색이 퍼지는 것은 유럽의 정신문화가 무한한 축복을 받는 일이라고 생각했다. 거기에는 칸트 학자로서 쇼펜하우어의 자신감과 의욕이 드러나 있다.

칸트 번역은 그의 철학을 완전히 자신 안에서 소화하고 그의 모든 사상을 온몸의 피 속에 섞어넣은 사람이나 할 수 있는 일이다. 바꿔 말하면 칸트 연구로 머리털이 하얗게 센 사람, 곧 나 같은 사람만이 감당해 낼 수 있는 일이다. 그 일을 하기 위한 조건에 꼭 맞는 사람은 운 좋게도 바로 나라고 생각한다. 왜냐하면 칸트의 철학과 영어에 대한 지식이 이렇듯 한 사람 안에 모두 들어 있는 경우는 앞으로 1세기 동안 없을 것이기 때문이다.

그는 이렇게 자부하고 있었다. 그러나 그는 오랜 세월 동안 이 의욕을 실행에 옮길 수 없었다. 영국에서 이러한 그의 뜻을 이해하는 출판인이며 투자자가 아직 나타나지 않았기 때문이다.

베를린 탈출

쇼펜하우어는 불만투성이인 베를린을 어떻게 벗어날 수 있을까 고민하기 시작했다. 그는 베를린이 아닌 다른 지역에서 활약하게 될 것을 기대하고 있었지만 이렇다 할 좋은 생각이 떠오르지 않았다. 그러던 차에 1831년 미처 예상하지 못한 사건이 일어나 베를린을 탈출할 수 있었다. 베를린 온 지역에 콜레라가 유행한 것이다. 그는 이제 베를린이 도덕적으로뿐만 아니라 물질적으로도 오염되기 시작했다고 생각했다. 모든 일에 신경질적일 정도로 꼼꼼한 쇼펜하우어조차 두 차례나 도둑을 맞아 상당한 피해를 본 뼈아픈 경험이 있었기 때문이었다.

그는 이번 기회야말로 이 '저주받은 도시'에 이별을 고할 시기라고 생각했다. 콜레라에 대한 공포, 자신도 콜레라로 죽을지 모른다는 두려움이 쇼펜하우어에게 베를린을 떠날 핑계를 준 것이다. 실제로 쇼펜하우어가 베를린을 떠난 얼마 뒤 그의 경쟁상대였던 헤겔은 콜레라로 허무하게 이 세상을 떠났다.

쇼펜하우어가 베를린 대신 프랑크푸르트를 선택한 이유는 지금도 정확히 알려진 것이 없다. 아마도 존경하는 괴테가 태어난 곳이었고 기후가 좋다는 말도 들었기 때문이리라. 아무튼 프랑크푸르트는 베를린에서 아주 멀리 떨어져 콜레라 걱정은 할 필요가 없었다. 쇼펜하우어는 잠시 살아본 다음 정말로 마음에 들면 정착하기로 했다. 그렇지만 이곳에서도 기분이 나아지지 않고 건강이 다시 악화되어 열 달 동안의 생활을 접고 다시 남쪽 만하임으로 옮겨갔다. 그리하여 1832년 7월부터 이듬해 6월까지 꼭 1년 동안 이곳에서 살았다.

결실의 날들

프랑크푸르트 정착과 가족의 편지

그는 남은 인생을 보낼 곳을 확실히 정해야겠다고 생각했다. 그래서 만하임과 프랑크푸르트의 장단점을 철저하게 수학적으로 비교분석했다. 물가며 식생활 환경, 기후, 문화시설, 도덕은 잘 지켜지고 있는지 등 세세한 부분까지 꼼꼼히 관찰한 다음 기록으로 남겼다. 결국 프랑크푸르트가 선택되었다.

프랑크푸르트를 정착지로 결정한 쇼펜하우어는 1860년 숨지기 전까지 30여 년 동안 그곳에 머물렀다. 72년 생애를 통틀어 이곳에서 가장 오래 살았다. 프랑크푸르트를 좋아한 이유 가운데 하나는 영국인이 많이 살고 있다는 점이었다. 칸트처럼 독일 지식인들 가운데에는 영국을 사랑하는 사람이 많았다.

쇼펜하우어는 쇠네아우스지히트[1] 거리 16번지에 주거를 정하고, 이른바 '이방인'으로서 꼭 필요한 경우 말고는 집 밖에 나가지 않기로 결심하고 은자 같은 생활에 들어갔다. 그의 말에 따르면 프랑크푸르트는 물가가 싸고 기후도 좋아서 이곳에 살고 있는 사람들만 없다면 '쾌적한 장소'였다. 그는 자신만의 고독한 세계 속에 틀어박혀 자기에게 가장 알맞은 생활방식을 지키며 살아갔다. 그는 이 생활에 대해 다음과 같이 적고 있다.

'프랑크푸르트 시민에게 프랑크푸르트는 세계 그 자체이다. ……좁고 융통성 없으며, 안에서 보면 보잘것없고 우물 안 개구리 같은 아브데라인(人)들의 나라[2]와도 같다. 나는 그들과 가까워지고 싶지 않다. 나는 세계를 버린 사람으로 살아가고 싶다. 그리고 나의 학문을 위해서만 살아갈 작정이다.'

쇼펜하우어가 자신이 죽을 때까지 머물 곳을 찾는 도중 다시 가족과 연락이

---

1) 아름다운 풍경이라는 뜻.
2) 아브데라는 고대 그리스 도시로 시민들이 어리석다고 알려져 있다.

쇼펜하우어의 집, 프랑크푸르트 쇼펜하우어는 만년을 보낼 정착지로 이곳을 선택했다.

닿았다. 처음에는 여동생과, 그리고 다음에는 어머니와 편지를 주고받았다. 두 사람 모두 바이마르를 떠나 본에서 살고 있었다. 여동생 아델레는 밝고 활발한 성격은 아니지만 오빠처럼 유아독존적인 면은 없었다.

나는 마지못해 하루하루 살아가고 있어요. 나이를 먹는 일이며 내 운명 앞에 놓여 있을 것 같은 인생의 고독이 두렵습니다. 결혼은 하고 싶지 않아요. 나에게 맞는 사람을 발견할 수 없을 것 같아서예요. 실은 한 사람이 있지만 그는 이미 결혼한 몸이랍니다. 나는 이 쓸쓸함을 견뎌낼 만한 힘이 충분히 있어요. 하지만 콜레라가 고통 없이 나를 모든 속박들로부터 해방시켜준다면 눈물을 흘리며 감사할 거예요. 나는 오빠가 왜 그렇듯 콜레라를 두려워하고 있는지 모르겠어요. 오빠 자신도 인생이 불행하다는 걸 알고 있고, 뭔가의 힘으로 인생과 결별하고 싶어하잖아요.

이것은 쇼펜하우어가 콜레라를 염려하는 내용의 편지를 써보낸 데 대한 여동생의 답장이었다. 여동생 편지에 따르면 그즈음 어머니는 자신의 작품들을 전집으로 간행하기 위해 바쁜 나날을 보내고 있었다. 그 무렵 어머니가 보낸 편지에는 이렇게 쓰여 있었다.

네가 보낸 편지를 보고 내 마음은 이루 말할 수 없이 어두워졌다. 왜 그런지는 너도 잘 알겠지? 지금 너의 건강상태며 사람들과의 교제를 꺼리는 생활들, 음울한 기분에 대해 네가 쓴 말들…… 하느님, 부디 우리 아들을 굽어 살피소서. 어둠에 싸인 아들의 마음에 빛과 용기와 믿음을 내려주소서.

이 편지에는 비록 사이는 나쁘지만 아들을 생각하는 어머니의 마음이 깊이 스며 있다.

도시의 명물 산책

쇼펜하우어는 학문 연구에 몰두하는 한편 삶의 동기와 의지의 부정 사이에서 혼란을 겪고 있었다. 고독의 그림자가 차츰 깊어지는 단조로운 일상생활 속에서도 그의 복잡한 성격은 변함이 없었다. 동네 사람들은 그가 유명한 요한나 쇼펜하우어의 아들인 것을 알게 되었다. 그는 젊은 시절부터 늘 입어온 유행이 지난 소매 긴 외투를 입고 다녔다. 이러한 그의 모습과 그의 애완견 푸들은 도시의 명물이 되었다. 쇼펜하우어는 늘 그 같은 차림으로 애완견을 데리고 산책하곤 했다. 칸트의 산책이 너무도 정확하여 쾨니히스베르크 시민들 사이에 유명해진 것처럼, 쇼펜하우어는 개와 함께 산책하는 모습이 마치 주인과 충복처럼 보여 유명해졌다. 그는 큰 목소리로 혼잣말을 하면서 걸었기 때문에 길을 지나던 이들은 가끔 의아한 얼굴로 뒤돌아보곤 했다.

그는 몇 번의 소풍과 코블렌츠에 4일 동안 다녀온 한 번의 여행 말고는 죽을 때까지 프랑크푸르트에 머물렀다.

이러한 은거생활을 시작할 때 그는 사십 대 중년의 한창나이였다. 재능이 넘치고 활력에 차 있었으며, 그와 대립하던 이들이며 시대의 모든 악에 맞서 격렬한 증오심으로 몸을 불사를 패기가 아직 남아 있던 나이였다. 그런데도 그는

애견 푸들과 함께 산책하는 쇼펜하우어

은거생활에 들어가 같은 시대 사람들을 스쳐지나가 버린 것이다. 이러한 행동은 그의 사상을 해석하는 중요한 열쇠가 된다.

창조 시대, 정비 시대

쇼펜하우어는 같은 시대 사람들에게 호소하기를 그만두고 미래의 사람들에게 초점을 맞춘 것일까. 1833년 가을 그는 《의지와 표상으로서의 세계》 증보판을 내기 위해 그 책에 실을 머리글과 초안 작성에 여념이 없었다. 그의 저서가 사람들의 냉대를 받은 다음 그는 이렇게 쓰고 있다.

'그나마 다행인 것은 출판업자가 그 책 대부분을 처분해 준 일이다. 그 덕분에 내가 살아 있는 동안 2판이 세상에 나오게 되었고, 내 손으로 직접 편집할 수도 있었다. 또 무시당한 덕분에 오히려 남의 방해를 받지 않고 생활하게 되었다. 조용한 생활 속에서 나는 더 깊은 사고를 하고 여러 가지를 발견할 수 있게 되었다. 그리하여 이 2판의 내용을 풍성하게 만들어 낼 수 있게 된 것이다.'

하지만 그는 1834년 첫무렵 이 계획을 바꾸어 《의지와 표상으로서의 세계》 제2판 출판 대신 《부록과 추가 *Parerga und Paralipomena*》라는 표제를 단 대표작 《의지와 표상으로서의 세계》 추가본 한 권을 출판하기로 했다. 그는 그 책을 위한 '머리글'과 아버지에게 바치는 감사의 초고를 썼다. 이 《부록과 추가》라는 표제는 그 뒤에 그가 쓴 모든 저서의 성격 또는 형식에 대하여 아주 적절하게 표현해 주고 있다. 이미 출판된 그의 대표작에 부록을 덧붙이거나 빠진 부분을 보충하는 일이 그즈음 작업의 중심이 되었다. 그의 집필 활동은 새로 추가되는 관찰, 그리고 이어지는 관찰, 거기에 더 깊어진 관찰을 통합시키는 방향으로 진행되었다.

직관으로 학문체계를 확립한 시기, 나아가 그것들을 정비하는 시기를 쇼펜하우어는 뚜렷이 구분했다. 앞의 시기는 유년 시절과 청년 시절, 그리고 단기간의 내적 준비기간까지 포함한 30년 동안이었다. 그리고 두 번째 시기는 젊은 시절에 준비해 놓은 저서를 보충하고 확장시켜 확인하는 작업을 하는 후반 40년이었다. 이것은 쇼펜하우어가 서른 살에 저서를 완성시킨 것과도 들어맞는다. 늘그막에 이르러 그는 사람들에게 최초의 40년(30년이 아니라)은 '창조 시대', 후반 30년은 '정비 시대'였다고 말했다. 우리가 알고 있는 쇼펜하우어의 세계관은 그의 젊은 시절 세계관인 것이다.

쇼펜하우어는 지난번 《의지와 표상으로서의 세계》 출판에 대해 괴테에게 다음과 같은 편지를 보냈다.

저는 앞으로 이보다 더 훌륭한 책, 이보다 더 내용이 풍부한 책을 쓸 수 없을 것입니다. 인간은 서른 살, 아니면 겨우 서른다섯 살까지 세계로부터 받은 인상에 의해 그 사람이 생각해 낼 수 있는 모든 사상을 탄생시킵니다. 그리고 그 뒤에는 다만 그 사상들을 발전시켜 나가는 데 지나지 않는다는 엘베시우스의 의견에 저는 적극 동의합니다.

이 편지를 썼을 때 쇼펜하우어는 서른 살이었다.

《자연에 있어서의 의지에 대하여》 출판

1835년 5월, 그는 다시 한번 브로크하우스 출판사에 《의지와 표상으로서의 세계》의 판매 상황을 물었다. 그 답장은 다음과 같았다.

안타까운 일이지만 몇해 동안 귀하의 책에 대한 구매 요청이 단 한 건도 없었습니다. 지금 50부를 제외하고 모두 폐기처분되었습니다. 이 점 양해 바라며……

이러한 답장을 받은 그는 결국 단행본으로 낼 생각이었던 《부록과 추가》의 발행을 포기했다. 그러나 어디까지나 일시적인 포기였을 뿐 결코 좌절하지 않았다. 그의 이 강한 의지는 전혀 염세주의적이지 않다. 남은 책이 모두 폐기처분되었다는 소식을 들으면 아무리 의지가 강한 저자라도 의기소침해져 더 이상 독자들을 이해시키려는 의욕을 잃기 마련일 텐데 말이다.

이 상황에서 그는 기획했던 책의 일부를 축소하여 《자연에 있어서의 의지에 대하여》라는 표제를 붙이고 글을 고치기 시작했다. 이 논문은 1836년부터 17년 동안의 '성난 침묵' 뒤 프랑크푸르트에 있는 지그문트 슈멜바 서점에서 출판되었다. 그는 《자연에 있어서의 의지에 대하여》 속에서 자신의 철학은 모든 경험적 과학으로 확인된 것이라고 주장했다.

이 책은 그가 말하는 경험적 과학에 따라 생리학과 병리학, 비교해부학, 식물생리학, 물리천문학, 언어학, 동물 자기(磁氣)와 마술, 중국학, 마지막으로 윤리학과의 관계 순서로 구성되었다. 특히 이 가운데 식물생리학과 물리천문학은 가장 명쾌한 서술을 통해 자신의 철학적 기본 견해를 마음껏 표현할 수 있었다고 뒷날 자주 말하곤 했다.

쇼펜하우어는 그즈음의 경험적 과학 가운데에서도 특히 프랑스 과학자들의 감각론에 자극받아 프랭이 쓴 《대뇌와 소뇌에 대한 연구보고서》며 카바니스의 《인간의 육체와 도덕에 대한 보고》 등을 섭렵하고 있었다. 그러나 쇼펜하우어는 특히 비샤의 《삶과 죽음에 대한 생리학적 연구》라는 저술에 가장 깊은 감명을 받은 듯하다. 그는 '비샤와 나는 사막 한가운데에서 서로 포옹했다'라고 쓰고 있다.

이 연구 성과물들을 읽은 다음 쇼펜하우어는 《자연에 있어서의 의지에 대하여》에서 번득이는 통찰력으로 모든 자연현상을 통해 표출되는 의지, 즉 의지의 객체화 과정을 묘사하고 있다. 그는 서론에서 '나의 형이상학은 물리적인 모든 과학[3]과 공통 접점이 있는 유일한 형이상학'이라 적고, '그러므로 나의 체계는 종래의 모든 체계처럼 현실이나 경험보다 훨씬 위에 있는 게 아니라 물리적인 모든 과학이 학습자들을 수용할 수 있는 기반, 말하자면 현실성이라는 대지로 까지 내려온 것'이라고 말했다.

두 사람의 광부론

칸트는 이미 '자연작용 가운데 가장 근원적인 원천은 반드시 형이상학의 소재가 된다'[4]고 통찰했다. 쇼펜하우어도 이에 동의했다. 동시에 그는 자기 학설이 자연과학이 증명해 낸 현실과도 일치한다는 사실을 바탕으로 다음과 같이 말했다.

물리학, 즉 일반적인 자연과학은 모든 분야에서 저마다 연구를 거듭하는 동안 최종적으로는 결코 해명이 불가능한 한 지점에 이르게 될 것이다. 바로 이 지점이 형이상학 영역이다. 자연과학은 이 영역이 결코 넘을 수 없는 자신의 한계점임을 인정하고, 그곳에서 연구를 멈출 것이다. 그리고 형이상학에게 모든 것을 넘겨주게 될 것이다.

그리고 그는 두 광부를 예로 들어 물리학자와 형이상학자의 관계를 설명했다. 이러한 점은 다른 철학자들에게서는 결코 찾아볼 수 없는 그만의 특징이라고 할 수 있다. 쇼펜하우어 자신이 '철학의 평이화'라고 부르는 부분의 비유를 인용해 보자.

'두 광부가 저마다 서로 다른 지점에서 굴을 파들어가기 시작한다. 땅속 깊은 곳에서 서로 만나기 위해 저마다의 길을 파는 것이다. 그들은 땅 밑 어둠 속에서 오로지 컴퍼스와 수평기만 이용해 작업해 나간다. 그러다가 서로의 망치

---

3) 형이상학의 과학.
4) 《살아 있는 힘의 참된 측정에 대한 고찰》 51절.

소리를 들으면 오랫동안 초조하게 기다리던 마음속에 기쁨이 솟구치게 되는 것이다. 이 이야기 속의 광부들처럼 자연과학과 형이상학을 탐구하는 연구자들은, 오랫동안 멀리 떨어져 있던 자연과학과 형이상학 연구자들이 마침내 접점에 이르게 되고 결국 두 가지 학문이 융화되기 시작하는 결합지점을 발견할 수 있다는 사실을 인식하게 된다.'

쇼펜하우어는 근대적인 자연과학의 출현으로 그 결합지점이 그의 형이상학적 철학에 가까이 접근해 왔다고 생각했다. 그는 또 이 책에서 칸트의 비판정신을 무시한 채 형이상학의 학설을 만들어 낸 헤겔과 그 학파를 '철학을 팔아넘긴' 파렴치한 교수들이라고 맹렬히 공격했다.

'언어학'과 '중국학'

《자연에 있어서의 의지에 대하여》는 무기적 자연에서 시작하여 식물계·동물계·인간계 순서로 실증작업을 진행해 나아가고 있다. 네 가지 주요한 자연현상 속에 자주 나오는 '형이상학적 본질'은 바로 '의지'임을 확인할 수 있다. 그런데 이 책의 8개 장(章) 가운데에는 '언어학'과 '중국학'처럼 《자연에 있어서의 의지에 대하여》와 특별한 관계가 없는 듯한 주제들이 들어 있다. 정말 관계없는 것일까? 쇼펜하우어는 '언어학'이라는 장에서 심지어는 무생물의 활동까지도 '욕구'라는 말로 표현되는 수많은 실례를 들고 있다.

영어의 경우를 들어보자.

영어에서 '의지'라는 뜻을 지닌 동사 'will'은 모든 동사의 미래형을 만들어 주는 조동사이기도 하다. 이는 곧 모든 동작의 근원에는 욕망이 가로놓여 있다는 증거이다. 그런데 영어에서는 인식능력이 없는 무생물에도 인간의 모든 욕망이며 노력을 표현하는 'want'를 사용하고 있다. 그 예로 다음과 같은 문장을 들어보자. 'The water wants to get out(물이 넘치려 하고 있다).'

쇼펜하우어는 꽤 많은 나라의 언어에 능통하므로 이 문장은 꽤 설득력이 있다. 그가 중국어까지 예로 든 데에는 놀라울 따름이다. 그는 '언어학'에서 불·물·강·나무 같은 자연의 일부 속에도 근본적 원동력인 의지가 존재한다고 지적했다. 이리하여 그는 자기 학설의 정당성을 증명하고 있다.

 '중국학' 장에서는 주로 그가 주장하는 의지의 형이상학에 영향을 미친 중국의 종교에 대해 논하고 있다. 그는 먼저 중국의 3대 종교인 노자의 도교, 공자의 유교, 그리고 인도의 불교를 거론한다. 그것들은 평화롭게 공존하여 서로 영향을 주고받으며 하나의 조화를 이루고 있다. 유럽 사람의 사고방식으로는 종교 개념이 유신론이라는 개념과 거의 일치하거나 적어도 밀접한 관계가 있어 중국이나 아시아를 볼 때도 유신론이라는 잣대에서 벗어나지 못하는 경우가 많다. 그러나 쇼펜하우어는 중국의 세 종교는 결코 일신교나 다신교가 아니라고 확실히 밝히고 있다. 특히 불교 교리는 유럽 그리스도교의 일신론과 상반되는 주장을 한 쇼펜하우어의 관점과 매우 비슷한 것이었다.

 중국의 사상은 이 세상을 최고의 경지로 보는 유신론적 낙천주의와 대조적이다. 중국은 불교의 영향을 받아 '존재 자체는 하나의 해악이며, 세계는 고뇌의 무대'라고 여기고 있다. 그는 불교에 대한 상세한 지식을 원하는 독자들을 위해 그즈음 유럽의 언어로 번역된 동양철학과 불교 관련 문헌 26권을 간단한 해설을 붙여 열거해 놓았다.

 그러나 이 장에서 쇼펜하우어가 가장 역점을 둔 부분은 남송 출신인 주자의 철학이었다. 쇼펜하우어는 주자를 다음과 같이 소개한다.

> 우리 달력으로 따지면 그는 12세기에 살았던 사람이며, 모든 중국 학자들 가운데 가장 유명한 사람이다. 그는 선구자들의 모든 지혜를 집대성하고 체계화했다.

 그리고 자신의 학설 속에서 '하늘의 정신은 인류의 의지에서 나온다'라는 주자의 말 한 구절을 인용하고 있다. 쇼펜하우어는 이 구절을, 의지가 인간을 포함해 모든 자연 전체 속에서 나오는 것이라는 자신의 철학적 정당성을 증명하는 근거로 삼고 있었다.

괴테 기념비와 칸트 전집

 1835년은 쇼펜하우어가 괴테 및 칸트와 인연이 있었던 해였다. 괴테가 태어난 프랑크푸르트에서는 5년 전 세상을 떠난 그를 위해 기념비 건립 계획을 세웠다. 그러자 쇼펜하우어는 프랑크푸르트시 당국에 '괴테 기념비에 대한 의견서'를 제출했다. 그는 정신적 영웅인 괴테의 조각상을 흉상으로 만들어야 한다고 주장했다. 전쟁에서 몸을 아끼지 않고 싸운 개선 영웅들을 위한 조각상이 전신상이라면, 괴테는 '인류에게 머리로 공헌한' 사람이므로 흉상을 만들어야 한다는 주장이었다. 그리고 그 밑에 이름은 새기지 말고 '독일 사람들의 자랑스러운 시인에게'라고만 써야 한다고 주장했다. 하지만 그의 의견은 받아들여지지 않았다. 이윽고 완성된 괴테의 전신상 기념비

프랑크푸르트의 괴테 기념상

는 너무도 볼품없었다. 미술사학자 프란츠는 뒷날 이 기념비에 대해 '국가적 불행'이라는 혹평을 덧붙였다.

괴테의 경우와 달리 칸트에 대한 쇼펜하우어의 의견은 적극 수렴되었다. 이해 쾨니히스베르크대학의 로젠크란츠와 슈베르트 교수가 새롭게 칸트 전집 편집작업을 시작했다. 쇼펜하우어는 로젠크란츠 교수에게 《순수이성비판》 원고는 칸트가 나중에 수정한 제2판(1787)보다 제1판(1781) 원고를 싣는 게 좋을 거라고 제안했다. 쇼펜하우어의 분석에 따르면 제1판이야말로 정통 칸트 철학이며, 여기서 확실히 주장되고 있는 '외계의 대상은 표상에 지나지 않는다'는 관념

론적 관점이 제2판에서는 흐지부지되었다는 것이다. 따라서 제2판은 전체적으로 모순을 내포하고 있으며 '불구가 되어 추락했다'는 것이다.

로젠크란츠는 쇼펜하우어의 주장을 받아들여 《순수이성비판》 제1판 원고를 실어 출판했다. 쇼펜하우어는 매우 흡족해했지만, 오늘날 특별한 경우 말고는 대부분 제2판이 칸트의 진짜 작품으로 인정되고 있다.

쇼펜하우어의 칸트 철학 비판은 《의지와 표상으로서의 세계》 초판 발행 뒤 출판되었다. 1844년에 나온 첫 번째 책을 바로잡고 새로 작성한 원고를 더하기도 했다. 하지만 아직 이 시기에는 그 정도까지 일이 진척된 것은 아니었다. 이 출판에 앞서 〈인간 의지의 자유에 대하여〉와 〈도덕의 기초에 대하여〉라는 두 편의 논문이 간행되었다.

현상 논문

1837년 4월 쇼펜하우어는 〈하레 문학신문〉에서 노르웨이 왕립과학원이 '인간 의지의 자유는 자기의식을 통해 증명될 수 있는가'라는 주제의 현상 논문을 모집한다는 기사를 보고 응모하기로 결심했다. 이리하여 탄생된 것이 〈인간 의지의 자유에 대하여〉라는 논문이었다.

그리고 다음 해 5월 〈하레 문학신문〉에서 이번에는 덴마크 왕립과학원이 '도덕의 원천 또는 기초'를 묻는 현상 공모를 모집했다. 이에 응모하기 위해 쓴 논문이 〈도덕의 기초에 대하여〉였다. 이 두 편의 논문은 한 권의 책으로 묶여 1841년 《윤리학의 두 가지 근본 문제》라는 제목으로 간행되었다.

그사이 1838년에 어머니 요한나가 일흔두 살의 나이로 세상을 떠났다. 어머니는 아들에게 상속하지 않겠다고 세 번이나 되풀이 말했다고 한다. 이 두 사람의 불화는 끝내 풀리지 않은 모양이었다.

《윤리학의 두 가지 근본 문제》는 이미 《자연에 있어서의 의지에 대하여》의 마지막 장인 '윤리학과의 관련'에서 시작된 주제인 '윤리학'을 현상 논문 응모 형식에 맞게 자세히 정리한 것으로, 그의 윤리학 체계를 논한 글이다. 노르웨이 왕립과학원에 응모한 〈인간 의지의 자유에 대하여〉는 당당히 당선되었다. 하지만 덴마크 왕립과학원에 보낸 〈도덕의 기초에 대하여〉는 그가 유일한 응모자였음에도 '근대의 탁월한 철학자들(피히테, 헤겔 등)'을 헐뜯었다는 이유로 낙선의 불운을 맛보았다. 이것은 덴마크 왕립과학원의 분명한 실수였다. 왜냐하면 이 논문에는 쇼펜하우어만의 독창적인 '동정=동고(同苦)의 윤리학'이 인간애를 핵심으로 전개되고 있으며, 논지 또한 명쾌했기 때문이다. 또한 출제자 측이 말한 '질문의 의도를 벗어났다'라는 말 한마디로 간단히 무시당하기에는 너무나 중요한 사상이 들어 있는 논문이었다.

쇼펜하우어는 낙선시킨 이유를 밝힌 이 '천박한 판정문'을 《윤리학의 두 가지 근본 문제》 머리글에

간다라 불상 쇼펜하우어는 동양철학, 특히 인도 불교에 대해 깊은 관심을 가졌다.

실어 주최 측의 무례한 처사에 대해 철저한 반론을 펼쳤다. 그리고 그는 〈도덕의 기초에 대하여〉 표제 바로 밑에 그답게 '낙선 논문'이라고 명기해 두었다. 그는 이 비아냥거림 한마디를 씀으로써 당선의 기쁨에 비교될 정도의 자긍심을 느꼈을 것이다.

한편 그는 트론헤임에 있는 노르웨이 왕립과학원으로부터 금메달과 과학원 회원이 될 수 있는 명예를 수여받았다. 이것은 오랜 세월 이른바 '강단철학'의 묵살을 견뎌온 쇼펜하우어에게 처음으로 주어진 공식적인 상이었다.

인간의 의지가 자유인가, 아니면 필연성에 지배되는가 하는 '자유의지'의 존재 가능성에 대한 질문은 고대 그리스 때부터 있었다. 특히 이것은 중세 및 근세철학의 주요 문제 가운데 하나로 탐구되어 왔다.

쇼펜하우어는 이미 《의지와 표상으로서의 세계》에서도 시간·공간·인과성을

초월한 '물자체(物自體)'로서의 의지는 그것 자체에서는 자유라고 논했다. 그러나 이 의지를 표현하는 존재인 인간은 한순간도 자유로웠던 적이 없었으며, 필연적으로 모든 행위에 종속된다. 다시 말해 물자체로서의 의지는 자유지만, 현상으로서의 의지는 자유가 아니라는 것이 쇼펜하우어의 사상인 셈이다. 이 인간존재의 '자유'와 '필연성'에 대한 모순은 어떤 형식으로든 해결되어야만 했다. 〈인간 의지의 자유에 대하여〉는 쇼펜하우어가 20년에 걸쳐 사색해 온 이 과제에 대해 정면으로 체계를 세운 논문이었다.

〈도덕적 기초에 대하여〉는 한마디로 말하면, 서로 다른 개체들에 따라 규정된 다양한 동기들이 하나로 통합된 다음 그 위에 도덕이 성립된다는 내용이다. 즉 쇼펜하우어의 윤리학은 칸트와 같은 '당위의 윤리학'이 아니라 '존재의 논리학'이다.

그렇다면 다양한 동기란 어떤 것들인가. 첫째로는 '이기적인 동기'이다. 이것은 도덕적으로 가치가 없다. 쇼펜하우어는 이기적인 동기에서 벗어나 타인의 쾌락이나 행복을 바라는 동기만이 도덕적으로 가치를 가진 행위라고 주장한다. 그는 이러한 행위가 경험적인 사실이며 실제로 존재한다는 것을 인식하고 이것을 '동정=동고'라는 현상 위에 쌓아 그의 철학 기반을 세웠다. 왜냐하면 동정(동고)이야말로 자기와 타자(他者)를 구별하지 않는 것에서 발생하는 행위이기 때문이다. 그러므로 타자의 행복을 침해하지 않는 공정함과 타자의 행복을 증대시키는 인간애가 윤리의 근본 현상으로 중요성을 갖게 되는 것이다. 그는 물자체의 세계에 놓인 모든 존재는 본질적으로 같다는 자기 형이상학에 관련시켜 도덕의 기초를 만드는 시도를 한 것이다. 다시 말해 자기와 타자를 차별하지 않는 동정(동고)이야말로 '모든 존재의 본질은 동일하다'라는 인식과 일치하며, 모순되는 부분 없이 도덕적으로도 최고의 경지라고 생각했다.

쇼펜하우어의 사도들

1840년대에 들어 베를린의 민간학자 율리우스 프라우엔슈타트가 쇼펜하우어를 찾아왔다. 그가 바로 뒷날 쇼펜하우어의 '사도들'이라고 불릴 제자들 가운데 첫 번째 사람이었다. 그는 쇼펜하우어가 죽은 뒤 그의 첫 번째 전집 6권을 편집했다.

이 시기부터 쇼펜하우어 주위에 모이기 시작한 사람들은 대부분 민간 철학 애호가들로, 특히 법률관계자들이 많았다. 사물을 있는 그대로 객관적으로 관찰하는 법률가의 사고방식이 쇼펜하우어의 현실적 감각과 서로 맞은 것일까? 그중에서도 마그데부르크의 법률고문관이었던 프리드리히 도루그트는 작게는 팸플릿에서 크게는 논문과 저서에 이르기까지 모든 수단을 통해 쇼펜하우어의 철학을 세상에 널리 알리려 노력했다.

이들은 《관념론의 잘못된 근거》에서 쇼펜하우어를 '문화정신사에서 가장 높은 자리에 우뚝 선 체계를 가진 진정한 사상가'로 극찬하고 '세계사가 후회의 눈물을 떨구며 다시 한번 그의 이름을 새길 날이 올 것'이라고 했다. 그는 또 쇼펜하우어를 옹호한 《쇼펜하우어의 참모습》과 쇼펜하우어의 철학체계를 쉽게 풀이한 《통일로서의 세계》, 그리고 쇼펜하우어에게 '철학교수 세계의 카스퍼 하우저'[5]라는 별명을 붙여준 책 《변증법과 동일체계의 근본적 비판》 등을 남겼다.

이 두 사람 외에 쇼펜하우어의 초기 학도로 판사 요하네스 베카와 사법관 아담 도스가 있다. 쇼펜하우어의 말에 따르면 베카는 '누구보다도 나의 철학을 잘 이해하고 있지만 안타깝게도 그것을 글로 옮기지 않았다'고 한다. 쇼펜하우어는 이 점을 매우 아쉬워했다. 어떤 일에 가장 정통한 사람이 그것을 저작으로 남기지 않는 것은 동서고금을 불문하고 흔히 있는 일이다. 또 한 제자 도스는 그때 스무 살의 젊은 나이였지만 쇼펜하우어의 기대를 받았다. 도스는 사람들에게 '쇼펜하우어를 읽어라' 권하며 돌아다녀 '사도요한'이라고 불렸다. 이러한 소수 숭배자들을 중심으로 쇼펜하우어의 사상을 이해하는 사람들이 해마다 꾸준히 늘어났다.

---

5) 전설 속 고아의 이름으로 아웃사이더의 대명사.

저무는 빛 속으로

대표작과 그 부록

1844년 브로크하우스 출판사와의 오랜 교섭 끝에 마침내 《의지와 표상으로서의 세계》 신개정판과 그 부록이라 할 수 있는 제2권이 인세를 받지 않는 조건으로 동시에 출판되었다. 이때 쇼펜하우어는 쉰 살이었다. 그는 이 책을 이제 오직 하나 남은 혈육인 여동생에게 보냈다. 그리고 곧바로 수필 형식의 《부록과 추가》 집필에 들어갔다.

날개 돋친 듯 팔리리라는 쇼펜하우어의 기대와 달리 이번에도 판매는 저조했다. 출판부수는 1권 500부, 2권 750부였으므로 제3판이 나온 1858년까지 15년 동안 1년에 평균 40~50권쯤 팔린 셈이었다. 그러나 쇼펜하우어는 이에 굽히지 않고 1847년에 《충족이유율의 네 겹의 뿌리에 대하여》의 증보 2판을 프랑크푸르트에 있는 헤르만 서점에서 출판했다.

1849년 본에 살던 아델레가 세상을 떠났다. 그녀는 52년의 일생을 독신으로 지냈다. 어머니와 달리 조용히 오빠를 후원해 주던 여동생이었으므로 쇼펜하우어의 비통함은 이루 말할 수 없었다.

1850년 그는 '6년 동안 날마다 꼬박꼬박 써온' 크고 작은 다양한 수필과 단편들을 집대성한 《부록과 추가》 집필을 끝냈다. 맨 먼저 프랑크푸르트의 헤르만 서점에 출판을 의뢰했지만 거절당했다. 그리고 브로크하우스사에서도, 괴팅겐 디트리히 서점에서도 마찬가지였다. 마침내 제자 프라우엔슈타트의 도움으로 베를린의 A.W. 하인 서점이 출판을 맡아주게 되었다. 드디어 1851년에 쇼펜하우어의 마지막 저작 《부록과 추가》가 세상에 나왔다. 그는 이 작품을 '막낸자식'이라고 부르며 '이 녀석이 세상에 나옴으로써 지상에서의 내 사명을 다했다'고 적었다. 햄릿이 운명에 대해 말했듯 쇼펜하우어도 '남은 건 침묵뿐'인 경지에 이른 것이다.

그런데 이 책은 어디까지나 대표작 《의지와 표상으로서의 세계》의 부록일 뿐이었다. 하지만 정말 역설적이게도 그의 출판물 가운데 처음으로 베스트셀러가 되는 세속적 성공을 거두었다. 이 성공으로 쇼펜하우어의 이름은 독일 곳곳으로 퍼져나갔다. 처음에는 일반시민들 사이에 먼저 반향이 일었으며, 대학 강단철학자들에게까지는 알려지지 않았다. 그러나 베를린의 신문편집자 E.O. 린트나의 공감을 얻으면서 그의 사상은 한층 널리 퍼져나가게 되었다. 린트나의 칭찬에 이어, 함부르크의 〈계절〉이라는 잡지가 처음으로 《부록과 추가》에 대한 비평문을 실었다.

1852년에는 그리스의 〈웨스트민스터 리뷰〉 4월호에 존 옥센포드가 쓴 〈독일 철학의 우상파괴〉라는 제목의 논문이 발표되었다. 이것은 철저히 쇼펜하우어에 대한 논문으로, 외국인이 처음으로 쓴 쇼펜하우어 소개기사였다. 이 논문은 린트나 부인이 독일어로 옮겨 베를린의 〈포스신문〉에 〈외국에서의 독일철학〉이라는 제목으로 발표되었다. 그리 팔리지 않을 거라는 출판사의 예상을 비웃듯 이 작품은 오래오래 사랑받는 책이 되어 오늘날까지도 쇼펜하우어의 작품 가운데 가장 널리 많이 읽히고 있다. 《인생철학》은 바로 이 《부록과 철학》을 우리말로 옮긴 것으로, 인생과 관련되는 여러 유익한 글들을 추려서 실었다.

가장 좋은 입문서 《인생철학》

이 책은 '사랑에 대하여' '삶의 허무에 대하여' '자살에 대하여' '여성에 대하여' '종교에 대하여' 등 여러 가지 다양한 주제들을 다루고 있다. 이런 소제목들만 봐도 알 수 있듯 다양한 현실 문제와 자연과 인생 전반에 걸쳐 쇼펜하우어의 날카로운 견해를 밝히고 있는 '철학소론집'이다. 그래서 흔히 여러 나라에서 쇼펜하우어의 철학이야기, 인생론, 또는 행복론 등의 제목으로 출판되고 있다.

《인생철학》에서 가장 분량을 차지하면서 내용도 충실하게 따른 저본은 《삶의 예지》이다. 이 책은 오늘날 독일의 레크람 문고에서 단행본으로 출판되어 수많은 독자들에게 읽히고 있다. 그 6장에 '넓은 의미에서 인간의 일생은, 처음 40년 동안은 인생의 본문을 쓰는 시기이고, 그다음 30년은 이 본문에 대한 주석을 달아가는 시기이다. 이 주석은 인생이 갖는 진정한 의미와 맥락을 알려주는 동시에 인생이 내포하고 있는 교훈이며 미묘한 차이들을 확실하게 이해시켜 준다'는 구절이 있다. 이것은 인생에 대한 하나의 비유이지만, 이 책에 대한 쇼펜하우어 자신의 견해를 밝힌 구절이라고도 할 수 있다.

《인생철학》이라는 제목이 뜻하듯 이 논문은 그의 대표작 《의지와 표상으로서의 세계》의 주석에 속한다. 그러나 쇼펜하우어의 철학을 좀 더 알기 쉽게 이해할 수 있게 해준다는 의미에서 이 책은 가장 훌륭한 입문서이기도 하다. 근본을 이루는 사상은 삼십 대까지 만들어 낼 수 있다는 것이 쇼펜하우어의 지론이었다. 그러므로 젊은 사람들은 직관으로 사물의 핵심을 파악할 수 있다고 말했다. 순수한 눈으로 세상의 모든 것을 관찰할 수 있는 게 젊은 시절의 특성이다. 이 특성을 살려 '본질적인 것'에 대해 사고하지 않는 사람은 젊음이라고 불릴 가치가 없는 게 아닐까. 쇼펜하우어는 특히 젊은 독자를 염두에 두고 집필한 것 같다.

앞에서 말했듯이 그의 대표 저서는 서른 살에 완성된 것으로, 그의 철학체계의 뿌리도 이때 확립되었다. 그래서 그는 자신의 저서에 들어 있는 사상에 대해 변경할 필요가 없다는 견해를 지켜나갔다. 이 저서에 들어 있는 사상은 그의 철학의 뼈대이고 기둥이며, 그 뒤의 저작물들은 모두 이의 보완작이며 확장판이다. 그러나 주요 저서의 의지의 형이상학에서 논하고 있는 의지 부정에 대한 철학은 그대로 현실적인 일상생활에 적용시키기 위해 조금이지만 수정이 필요하기도 했다.

따라서 《의지와 표상으로서의 세계》 이후에 쇼펜하우어는 삶을 긍정하는 것을 전제로 하는 관점을 취했다. 서문에서 그는 '나는 생활의 지혜라는 개념을 그것이 갖고 있는 그대로의 내재적 의미로 해석한다. 즉 인생을 되도록 쾌적하고 행복하게 보내기 위한 기술이라는 의미로 해석한다. 이러한 방법을 행복론이라고 이름 붙여도 좋을 것이다. 그러한 관점에서 보면 생활의 지혜란 행복한 생활을 위한 지침이라고 할 수 있다'고 했다.

이러한 지침을 주기 위해 쇼펜하우어는 일단 '고도의 형이상학적─윤리학적 관점을 떠나 보통의 경험적인 관점에 머무르며, 그 관점을 취함으로써 따라오게 되는 실수 또한 인정'해야 했다. 그러나 그렇다고 해서 자신의 철학적 견해를 바꾼 것은 아니었다. 다만 현실사회의 모습을 보다 확실히 글로 옮기기 위해 마치 자신의 철학적 견해를 무시하는 듯한 태도를 취한 것이다. 결과적으로 그는 염세적인 자기 철학의 기본 견해를 보강할 수 있는 새로운 논증 재료를 얻게 되었다.

쇼펜하우어는 일상생활의 다양한 사건들을 있는 그대로 받아들이는 동시에 저마다 다른 개인들 사이에 있는 가능성을 찾아내려 했다. 쇼펜하우어는 운명의 장난으로부터 자신을 지키거나 사악한 상황으로부터 빠져나오려면 어떻게 해야 되는가, 또 고뇌에 가득 찬 존재는 어떻게 고통을 견딜 수 있나, 인간이 추구하는 행복은 과연 어디에 있을까, 참된 행복이란 무엇인가 등에 대해 생각하기 시작했다. 이런 면에서 이 책은 진정한 삶이 다다라야 할 목표에 대한 길잡이 역할을 해주고 있다. 그는 먼저 만물의 허무함, 이 세상의 꽃이라 불리는 모든 것의 공허함을 확신한다. 그리고 여유롭게 웃으며 이 세상의 거짓들을 내려다볼 수 있는 마음의 안정에 이르는 방법을 가르쳐 주고 있다.

고뇌와 허무로 가득한 세상에서 무엇에도 얽매이지 않는 안정적인 마음을 얻기 위해서는, 무엇보다 고독을 견디고 나아가 고독을 사랑하는 정신적 경지를 체득해야만 한다. 바로 여기에서 뒷날 키르케고르, 니체, 토마스 만이 공통적으로 주장하는 '고독한 초인'이라는 사상의 싹이 움트고 있었다. 쇼펜하우어는 이 책에서 집요할 정도로 고독에 대해 계속 강조하고 있다.

이 책은 이런 쇼펜하우어의 철학적 생각의 결과물을 '인생', '지성', '고독', '독서' 4장으로 크게 나누어 자유롭고도 깊이 있게 살펴보고 있다.

쇼펜하우어와 발타사르 그라시안

쇼펜하우어는 스페인 철학자 그라시안의 《세상을 보는 지혜》를 '늘 곁에 두어야 하는 책이며 인생의 훌륭한 친구'라고 절찬했다. 그리고 '한 번 읽은 것만으로는 부족하다. 곰곰이 생각하며 차분히 되풀이해서 읽어야 한다'고 말한다. 이 작품은 쇼펜하우어가 그라시안의 글을 골라 엮어 독일어판으로 펴내기도 했다.

발타사르 그라시안(Balthasar Gracian, 1601~1658)은 스페인을 대표하는 철학자이자 작가로 니체와 쇼펜하우어에 의해 '유럽 최고 지혜의 대가'라는 칭송을 받았다. 시간과 역사를 넘어서서 인간의 내면에 대한 절제된 언어와 통찰력 있

Balthazar Gracian's

Hand=Orakel und Kunst
der

Weltklugheit

Aus dessen Werken gezogen
von
Don Vincencio Juan de Lastanofa

und

aus dem spanischen Original
treu und sorgfältig übersetzt
von

Arthur Schopenhauer.
(Nachgelassenes Manuscript.)

《세상을 보는 지혜》 속표지 스페인 철학자 그라시안의 글을 골라 엮어 독일어판으로 펴냈다.

는 표현으로 뛰어난 평가를 받았다. 그라시안은 1601년 스페인 아라곤 지방 칼라타유드 한 마을에서 태어났다. 그의 아버지는 하층 귀족 가문 출신 의사였다고 전해진다. 그 말고 유년기에 대한 기록은 찾아보기 힘들다. 그의 다른 형제들이 뒷날 신부가 되었고 그라시안 자신도 신부가 되었다는 사실에서, 그가 매우 종교적인 분위기 아래에서 성장했으리라 여겨진다. 그라시안은 18세 되던 해인 1619년 예수회 교단에서 사제 수업을 받기 시작했으며, 1623년부터는 사라고사대학에서 신학을 공부했다. 1627년 사제 서품을 받은 그는 칼라타유드에 돌아와 학교에서 인문학과 문법을 가르치기 시작했다. 연구자들에 따르면 이 시기의 교육 경험이 뒷날 그가 수사학에 대한 저서를 내는 출발점이 되었던 것으로 보인다.

1637년에 출판된 첫 저서 《영웅론》은 '범속한 대중의 범주를 뛰어넘는 영웅들을 특징짓는 행동 양식들은 무엇인가'에 대한 그라시안의 성찰을 담고 있다. 《영웅론》은 이보다 조금 앞서 이탈리아에서 출판된 마키아벨리의 《군주론》이나 카스틸리오네의 《궁정론》의 영향을 받았다고 생각되지만, 이 두 저서들과 차별되는 그라시안 고유의 시각이 곳곳에서 발견된다. 그라시안이 발표한 저서들은, 문학 이론서와 종교 교리 저작 말고는 첫 작품에 나타난 내용과 일맥상통하는 흐름을 보인다. 1640년에 출간된 《정치가》는 통치자가 지녀야 할 덕목과 행동 규범을, 1646년에 출간된 《사려 깊은 자》는 사회적 성공을 원하는 자가 갖추어야 할 인간적인 덕성들을 제시하고 있으며, 1647년 저서 《사려와 지

혜의 책》은 아포리즘 형식으로
된 일반적인 삶의 지혜를, 그리고
1651년부터 1657년에 3부로 나뉘
어 출간된 《비판자》는 세상을 바
라보는 저자의 시각과 삶의 형태
들에 대한 총체적 관찰을 보여
주고 있다.

그라시안이 바라보는 세상의
모습은 부정적이어서, 이 세계는
위선과 기만으로 가득 찬 곳이다.
마땅히 성공해야 할 사람은 실패
하고 이길 자격이 없는 자가 승리
하며, 진실을 말하는 자는 주위
사람들에게 외면당하고 아첨으
로 상대를 기분 좋게 하는 이들
일수록 높은 자리에 올라간다. 이
런 세상에서 성공하기 위해, 혹은

니체(1844~1900)
쇼펜하우어의 의지철학을 계승했다. 키르케고르와 함
께 실존주의 선구자로 불린다.

단순히 살아남기 위해, 그라시안이 독자에게 전하는 주된 충고 가운데 하나는
신중하라는 것이다. 즉 세상의 모순에 섣불리 자신을 던져 맞서지 말고, 타인의
생각을 귀담아 듣되 자신의 생각은 함부로 말하지 말라는 것이 그의 전형적인
권고다. 이처럼 세상에 부정적인 평가를 내린 그라시안의 세계관이 그가 속한
교단의 종교적 세계관과 충돌했음은 두말할 나위가 없다.

인간은 완벽하게 태어나지 않았다. 자신을 최고로 만들기 위해서는 인격이나
일의 능력을 날마다 갈고닦아야 한다. 인간의 완성도는 사고의 명석함, 판단의
성숙도, 굳은 의지, 고상한 취미라고 그라시안이 주장했다. 이 책은 곧 원서인
스페인어에서 유럽 주요 8개 나라말로 번역되어 영어번역은 몇 차례나 출판되
었다. 그리고 400년 지난 오늘날 온 세계에서 번역하여 헤아릴 수 없을 만큼 많
은 사람이 읽었다.

니체는 그라시안의 저서에 대해서 '유럽은 일찍이, 이만큼 정묘하게 복잡한

인생의 도덕률을 살린 일은 없었다' 말했고, 쇼펜하우어 또한 '그의 저작은 모든 사람들에게 힘을 주는 내용을 담고 있다. 특히 일류가 되려는 사람들을 위한 훌륭한 인생의 안내서가 될 것이다. 무엇보다 앞으로 사회에 나오는 일류를 목표로 삼은 젊은이들에게 많은 도움이 될 것이다. 보통 사람들이라면 긴 인생 경험을 거쳐 겨우 얻게 되는 교훈을, 그라시안은 훨씬 더 앞서 가르쳐 준다'고 했다. 이 밖에, 문학자 볼테르나 라로슈푸코 등을 시작으로, 동서고금, 많은 학자들 사상가들에게 큰 영향을 주었다.

19세기 중반의 정세

처음에 쇼펜하우어를 사모하여 모여든 사람들은 앞서도 말했듯 대부분 법률가였다. 하지만 1854년에 접어들면서 예술가들 사이에서도 쇼펜하우어에 대해 부쩍 관심을 갖는 사람들이 늘기 시작했다. 맨 처음 쇼펜하우어에게 직접 접촉해 온 사람은 뒷날 '가극의 왕'이라고 불리게 된 음악가 리하르트 바그너였다.

또 뒷날 쇼펜하우어의 유언집행인이 된 프랑크푸르트의 변호사 빌헬름 그비너가 지금까지의 표면적 관계에서 한 걸음 나아간 친밀한 교제를 제의해 왔다. 이 사람의 맹목적이지 않은 성의 있는 행동과 자신의 생각을 뚜렷이 말하는 태도는 쇼펜하우어의 신뢰를 서서히 얻어갔다. 실제로 쇼펜하우어가 생애 끝무렵에 가장 믿으며 대화할 수 있었던 유일한 상대는 바로 그비너였다. 그비너는 또한 쇼펜하우어가 유언장을 작성할 때 참고인으로 함께 있었으며, 그가 죽고 나서 처음으로 그의 전기를 쓰기도 했다.

1854년에는 또 쇼펜하우어가 늘 눈엣가시처럼 여긴 적대자들 가운데 마지막 생존자이며 가장 하찮게 평가했던 셸링이 세상을 떠났다.

유럽 나라들은 시민혁명과 산업혁명을 거치며 19세기 중엽에 이르러 근대 국가로서의 주춧돌을 쌓아갔다. 하지만 산업근대화에 따르는 다양한 모순들이 잇따라 드러나기 시작했다.

쇼펜하우어의 생활 주변에는 아직 자본주의의 모순이 그리 눈에 띄지 않았다. 그러나 1848년에 이미 마르크스와 엥겔스가 《공산당선언》을 세상에 내놓아 자본가들의 간담을 서늘하게 했다.

월든 호수 미국 매사추세츠 콩코드. 《월든》의 저자 소로는 쇼펜하우어보다 실천적인 인물이었지만 근대문명에 대한 두 사람의 비판정신은 비슷했다.

이즈음 미국에서는 노예제 폐지 움직임이 곳곳에서 일기 시작했다. 동부 지방에서는 산업근대화에 따라 거대 자본이 흘러들어 오고 대다수 농부들이 노동자층으로 흡수되었다.

미국 시인 헨리 D. 소로는 이러한 물질주의적 근대화에 반기를 들었다. 그는 인간이 어느 정도까지 정신적으로 자유롭게 속박 없는 생활을 할 수 있는지 실험하기 위해 매사추세츠주의 월든 호숫가에 작은 집을 짓고 자급자족 생활을 시작했다. 그는 이때의 체험을 《월든》이라는 책으로 출판했다.

소로는 쇼펜하우어보다 실천적인 인물이었지만, 근대문명에 대한 두 사람의 비판정신은 매우 흡사했다. 소로의 친구 에머슨이 인도의 우파니샤드 사상에 흠뻑 빠져 있던 것을 보면 소로 역시 이 책을 읽었을 것이다. 쇼펜하우어가 우파니샤드 철학에 열중하게 되어 자신의 철학적 근본으로 삼았음을 떠올려 보면, 소로와 쇼펜하우어의 공통점이 결코 우연은 아니었다.

쇼펜하우어와 바그너

쇼펜하우어가 바그너의 이름을 처음 알게 된 것은 1854년이다. 바그너는 자신의 악극시 《니벨룽겐의 반지》에 '존경과 감사의 마음을 담아'라는 자필헌사를 써보냈다.

쇼펜하우어는 이에 대해 특별한 답장은 보내지 않았다. 하지만 나중에 그의 유품에서 발견된 이 대본 속에는 잘못 쓰인 단어를 지적하고 때로 꽤 혹독한 비평이 적혀 있었다고 한다. 평생 모차르트와 로시니를 열렬히 신봉했던 쇼펜하우어는 그들과 다른 바그너의 음악세계에 대해 그리 관심이 없었던 것 같다. 아니, 그보다 호감이 생기지 않았다고 하는 편이 더 정확할 것이다. 쇼펜하우어가 바그너에 대해 '이 사람은 시인이며 음악가는 아니다'라고 평한 것만 보아도 알 수 있다.

쇼펜하우어는 바그너와 함께 그의 작품 《방황하는 네덜란드 사람》을 관람한 뒤 '바그너는 음악이 뭔지 모르는 사람'이라 말했다고 한다. 두 사람의 관계는 이렇듯 쇼펜하우어가 바그너를 피함으로써 일방통행으로 끝났다. 하지만 쇼펜하우어에 대한 바그너의 열정적인 존경심은 죽을 때까지 변함이 없었다. 그의 무관심조차 바그너를 감격시킬 정도였다.

바그너는 역설적으로 표현했다.

"내가 쇼펜하우어에게 얼마나 큰 영향을 받았는지 그가 전혀 모르고 있다니 얼마나 근사합니까!"

그러나 바그너와 쇼펜하우어는 정신적으로 매우 비슷한 인물이었다. 만일 쇼펜하우어가 바그너를 받아들였다면 아마 최고의 제자가 되지 않았을까? 그 예로 《니벨룽겐의 반지》는 자주 '쇼펜하우어 모방작'이라며 그즈음 지식인들에게 비판받곤 했다. 이 일은 두 사람의 사상이 얼마나 닮았는지를 보여주는 아주 좋은 예이다.

하지만 이 작품은 바그너가 쇼펜하우어의 철학을 알기 전에 이미 완성한 것이었다. 바그너가 쇼펜하우어 철학을 탐독하고 나서 쓴 첫 작품은 《트리스탄과 이졸데》였다. 쇼펜하우어의 '음악 형이상학'을 바그너만큼 깊이 이해하고 작품에 녹여 넣은 사람도 없다.

바그너의 자서전 《나의 생애》를 보면, 그가 쇼펜하우어를 알게 된 것은 마흔한 살 때인 1854년 9월이었다. 그 때 그는 스위스의 취리히에 머물며 4부작으로 된 악극《니벨룽겐의 반지》를 집필하고 있었다. 그가 제1부 '라인의 황금' 악보를 완성하고 제2부 '발퀴레' 초안 작곡에 매달려 있을 때, 시인 게오르크 헤르베크가《의지와 표상으로서의 세계》를 들고 그를 찾아왔다. 그는 출판된 지 30년이 넘어 다시 재발간된 재미있는 경위까지 말하며 바그너에게 추천했다. 바그너는 그것을 한 번 읽고 난 뒤 깊은 감명을 받아 그 연구에 몰두하게 되었다. 그는 다음 해 여름까지 이 두꺼운 책을 무려 네 번이나 읽었다고 한다.

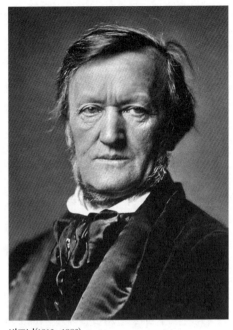

바그너(1813~1883)
작곡가 바그너는 쇼펜하우어를 끝까지 존경하였으며, 그의 후기 작품들은 쇼펜하우어의 의지 부정의 철학으로부터 결정적인 영향을 받았다.

의지를 부정하는 쇼펜하우어의 철학 속에는 음악가의 심금을 울리는 무언가가 있었다. 바그너는 셸링을 읽었을 때는 다 사라지지 않았던 응어리가 그제야 완전히 녹아 사라지는 기분이었다. 의지의 완전한 소멸, 더 이상 방황하지 않는 완벽한 체념만이 세계를 파악할 수 있는 유일한 방법이라는 쇼펜하우어의 사상은 바그너가 예전부터 막연히 생각해 오던 것과 일치했다.

《니벨룽겐의 반지》에 나오는 보탄[1]의 체념이며 신들 세계의 몰락이라는 주제는 앞서도 말했듯 쇼펜하우어의 사상을 알기 전에 구상된 것이었다. 이것은 바그너 역시 '의지를 부정하는 사상'과 비슷한 생각을 갖고 있었음을 보여준다. 여기서 좀 더 거슬러 올라가《방황하는 네덜란드 사람》이나《로엔그린》의 주제 또한 '삶을 부정함으로써 주어지는 구원'이라고 해석할 수 있지 않을까?

---

1) 고대 독일 신화의 최고신.

그러므로 바그너는 쇼펜하우어의 학설을 읽었을 때, 이미 자신이 문학적으로 구상 중이던 이 친숙한 주제가 쇼펜하우어의 철학과 닮았으므로 쉽게 이해할 수 있었을 것이다. 바그너는 '이리하여 나는 나의 보탄을 처음으로 이해하게 되었으며 깊은 감동을 받았다. 그리고 쇼펜하우어에 한층 깊이 파고들게 되었다'고 했다.

바그너의 다음 작품들은 쇼펜하우어의 '의지 부정 철학'으로부터 결정적인 영향을 받게 되었다. 그 자신이 품고 있던 '체념'의 인생관에 쇼펜하우어의 논리적인 힘을 얻게 된 바그너는 《트리스탄과 이졸데》《니벨룽겐의 반지》《파르지팔》 3부작을 명확한 형식을 가진 악극으로 만드는 데 성공했다.

태어날 때부터 '야심가' '강렬한 의지의 소유자' '행동가' 등으로 불려온 바그너는 불혹의 나이에 이르러 체념사상을 강하게 품고 있었다. 이것은 유부녀 마틸데 베젠동크와의 연애 때문이기도 했다. 그는 그녀와 사랑에 빠졌지만 동시에 그 마음을 단념해야만 한다는 것을 통감하고 있었다. 또 이상주의적 경향이 강한 그의 작품이 사람들에게 이해받지 못한 사실도 그를 체념하게 한 원인 가운데 하나였다. 그때 《의지와 표상으로서의 세계》가 눈앞에 나타난 것이다. 그가 지닌 강렬한 의지가 오히려 그를 '의지 부정의 철학'에 깊이 공감하게 한 것은 아니었을까.

음악은 최고의 예술

쇼펜하우어의 전기를 보면 그는 날마다 식사를 마치고 플루트를 불었다고 한다. 플루트를 부는 쇼펜하우어의 모습은 좀처럼 상상하기 어려울지도 모르겠다. 니체도 이 염세주의자 쇼펜하우어와 플루트의 만남에 관심을 갖고 그의 저서 《선악의 피안》에서 언급했다.

쇼펜하우어가 음악에 조예가 깊었다는 사실은 그가 젊은 시절부터 악보를 술술 읽었다거나 모차르트 음악 연구에 몰두한 일을 봐도 잘 알 수 있다. 그 때문에 그가 대표작 안에서 '음악의 형이상학'이라는 형식으로 자신의 음악철학을 논하고 있는 것도 전혀 이상하지 않다. 그는 음악을 세계 의지, 그 자체의 표현으로 높이 평가했다. 바그너는 베토벤 기념논문인 《베토벤》에서 '쇼펜하우어는 음악이 조형예술이며 문학과 전혀 다른 성질을 지녔다고 주장하고 있다. 그리고 처음으로 철학적인 명쾌함으로 다른 모든 예술들 사이에서 음악이 차지하는 위치를 확인하고 이렇게 기술했다'고 적었다.

음악의 특수성은 음악이 지닌 추상성에 있다. 여기서 추상성이란 일반성, 보편성을 말한다. ……음악은 어디에서나 이해받을 수 있는 참으로 일반적인 언어이다. 그 때문에 음악은 모든 나라와 모든 시대를 통해 끊임없이 화제가 되어왔고, 풍부하고 깊은 의미를 전해 주는 선율은 지구 어디든지 가닿을 수 있다. 선율은 두뇌에는 아무 말도 건네지 않지만, 마음에는 많은 것들을 전해 준다.

곧 음악이란 어떤 개념적인 매개체 없이 듣는 사람에게 직접 전달되는 예술이라는 것이다.

이와 반대로 문학의 유일한 소재는 구체적인 개념이며, 이 개념들에 따라 어떤 관념이 전달된다. 따라서 '개'와 '도그(Dog)'는 실제로 다른 것이라고 할 수 있다. 언어가 존재하는 수만큼 개념의 수도 존재하므로, 예를 들어 영어를 모르는 사람은 미국 문학을 이해할 수 없다. 번역이라는 편법이 있기는 하지만 그것은 어디까지나 간접적인 수단이다. 번역을 통해 의미는 대부분 통할지 몰라도 원작의 인상은 떨어진다. 번역가에 대한 쇼펜하우어의 경구 '너, 무례한 번역가여, 번역해 마땅한 가치 있는 책이라면 네가 직접 써서, 남의 원작일랑 망치지 마라!'에는 이런 생각이 밑바탕에 깔려 있다.

그러나 음악에는 번역이 필요없다. 러시아어를 몰라도 러시아 민요에 가슴이 찡해질 수 있다. 그림의 경우는 어떤가? 그림 역시 구체적이며 개별적인 사물들의 형상만을 묘사하고 있을 뿐 본질적인 것을 표현하지 않는다. 오직 음악만이 직접 의지를 표현한다. 플라톤식으로 말하면, 다른 모든 예술은 그저 '그림자'에 대해 이야기하고 있는 데 비해 음악은 '본질'에 대해 말한다. 그러므로 음악은 그 자체로 '이데아'이다. 이것이 그의 '음악 형이상학'의 근본 사상이라고 할 수 있다. 다음과 같은 그의 짧막한 음악 비평 한마디는 정말 재미있는 비유가 아닐 수 없다.

단조 알레그로는 구두가 살에 스쳐 아픈데도 춤을 추는 것과 같다.

쇼펜하우어와 키르케고르

1855년, 그때까지 편지를 주고받던 로베르트 호렌슈타인이라는 사람이 쇼펜하우어를 방문했다. 그는 '리하르트 바그너의 제자인 젊은 작곡가'였다. 이 사람은 뒤에 《쇼펜하우어에 대한 추억》이라는 책을 남겼다. 그는 이 책에서 스승 바그너가 쇼펜하우어에게 얼마나 빠져 있었는지 생생히 그렸다. 그는 '스승이 쇼펜하우어에 대해 말할 때와 같은 열광으로 다른 예술가며 그 예술의 권위자들을 칭찬하는 것을 한 번도 들어본 적이 없다'고 했다.

또 후세에 실존주의 철학의 시조로 평가받는 덴마크 사상가 키르케고르가 세상을 떠났다. 쇼펜하우어의 '고뇌'와 키르케고르의 '절망'은 공통적인 특징을 갖고 있다. 이 두 철학자의 관계는 어떠했을까? 최근의 한 연구에 따르면 키르케고르는 1853년, 즉 자신이 죽기 2년 전에 처음으로 쇼펜하우어의 책을 읽었다고 한다.

쇼펜하우어와의 만남은, 키르케고르의 생애 마지막 시기에 일어난 가장 적절한 사건이었다. 왜냐하면 쇼펜하우어의 의지적 세계관이 키르케고르의 근대과학 및 근대철학 비평에 새로운 기초를 세우는 데 도움을 주었을 것이기 때문이다. 1854년 교회와의 투쟁을 시작하기 전까지 약 1년에 걸친 그의 일기 속에 쇼펜하우어의 사상에 대한 감동과 공감을 보이는 다양한 글들이 여기저기 눈에 띈다. 또 그가 투쟁 중에 계속 간행한 소책자 《순간》에, 쇼펜하우어의 이름이 직접적으로 언급되지는 않았지만 그의 영향을 받은 흔적이 뚜렷이 드러나 있다. 비록 짧은 기간이었으나, 쇼펜하우어는 키르케고르의 마음을 송두리째 사로잡아 버린 것 같다.

근대에 들어와 유럽의 정신은 이성의 지배를 받게 되었다. 이성을 바탕으로 하여 스스로를 전능하다고 생각한 근대과학의 망상과 낙천주의가 판친 세계에서, 이성만으로는 해명이 불가능한 세계와 인간의 진실을 규명하려 한 것이 두 사람의 공통점이었다. 진실을 추구한 결과 생겨난 게 바로 '고뇌'이며 '절망'이었다. 두 사람 모두 이성을 통해 세계와 인간을 보는 데 반대했다. 그들은 의지를 통해 세계와 인간을 연관지었으며, 무리하게 여겨질 만큼 적극적으로 의지를 주장했다. 이렇듯 두 사람은 근대문명을 비판한 선구자들이었다.

'나는 목표에 이르렀다'

1856년 라이프치히대학 철학과에서 '쇼펜하우어 철학의 논술과 비평'이라는 주제를 가진 논문을 현상 공모했다.

1857년에는 쇼펜하우어 철학이 대학 강의로 처음 채택되었다. 본대학의 크노트 교수가 '쇼펜하우어학파의 철학에 대해'라는 제목으로 강의하고, 브레슬라우대학의 자연과학자 켈바 강사는 '쇼펜하우어학파의 철학 및 자연과학과의 관련성에 대해'라는 강의를 맡았다.

키르케고르(1813~1855)
쇼펜하우어의 '고뇌'와 키르케고르의 '절망'은 공통적인 특징을 가지고 있다.

외국에서는 영국의 뒤를 이어 프랑스에서 쇼펜하우어의 작품 몇 권이 번역되었다. 이탈리아에서는 《쇼펜하우어와 레오파르디》라는 비교론이 출판되기도 했다. 이때부터 《부록과 추가》도 꾸준히 판매되었으며, 독일 곳곳에서 찾아온 사람들의 발길이 끊이지 않게 되었다. 극작가 프리드리히 헤벨도 이 무렵 방문한 사람들 가운데 하나였다. 이름 모를 사람들이 칭찬과 경의의 편지를 보내오기도 했다. 이러한 반응은 1858년 쇼펜하우어의 일흔 번째 생일에는 절정에 이르렀다.

2월 22일에 그의 생일 축하연이 벌어졌다. 그때 브란덴부르크의 큰 농장지주이며 작가 폰타네의 친구였던 빈케는 쇼펜하우어에게 은으로 만든 잔을 선물로 주었다. 거기에는 '진리만이 온갖 고통 속에서도 살아남는다. 진리는 영원히 불멸하는 다이아몬드이다'라는 문장이 새겨져 있었다. 쇼펜하우어는 자신의 과거를 뒤돌아보며 그 글에 감격했다고 한다. 그의 유화 초상화도 완성되었다. 그러나 그는 '베를린 왕립과학원' 회원 권유에는 딱 잘라 거절했다. 이제 와서 새삼스럽지 않느냐는 반감이 앞섰던 것이다.

또 브로크하우스사에서 저서의 2판이 매진되었으므로 3판을 간행하고 싶다는 의뢰를 해왔다. 가을이 되자 쇼펜하우어는 이 3판 출판에 앞서 필요한 작업에 매달렸다. 그리하여 3판은 다음 해인 1858년 그가 살아 있는 동안 인쇄되었다. 동시에 1권, 2권도 함께 발행되었다. 3판의 서문에는 그의 삶의 신조였던 페트라르카의 다음과 같은 말이 라틴어 원문으로 들어 있다.

하루 종일 달려 해질녘 목적지에 닿는다면 그것으로 충분하지 않은가.

오랜 세월 강단철학자들의 묵살과 만성적인 판매부진을 견뎌온 그의 머리 위에 드디어 석양이 비쳐오기 시작한 것이다. 쇼펜하우어는 그 석양이야말로 그의 명성을 비추는 서광임을 깨달은 것 같다. 그는 페트라르카의 말 바로 아래에 이렇게 썼다.

왜냐하면 나도 이제 목적지에 이르렀고, 삶의 마지막 단계에서 나는 나 자신이 해온 작업이 빛을 발하는 것을 내 눈으로 직접 볼 수 있었으며, 만족을 느꼈기 때문이다. 바라는 게 있다면, 이 빛이 영원하기를.

이즈음 그는 아직 건강에 대해 걱정하지 않았으며 '충분한 수면과 튼튼한 위장이 나를 오래 살게 해줄 것'이라고 말했다. 그리고 자신의 건강을 자랑삼아, 사람들에게 어떻게 하면 건강하게 오래 살 수 있는지 설교를 늘어놓기도 했다.

그는 1860년 마지막 이사를 했다. 집주인과의 사소한 말다툼 때문에 그는 16년 동안 살아온 쇠네아우스지히트 거리 16번지 아파트에서 바로 옆집 1층으로 옮겼다. 그즈음 그는 대리석으로 만들 흉상의 모델이 되어달라는, 신인 조각가 엘리자베트 네이의 부탁을 받아들였다. '상당히 잘 만들어진' 이 흉상은 베를린에서 새로운 주조법에 의해 복제되었다. 흉상 진품은 미국 텍사스주 오스틴시의 네이미술관에 진열되어 있다.

톨스토이의 존경

1860년 미국에서는 에이브러햄 링컨이 대통령으로 당선되고, 유럽에서는 이탈리아 통일을 둘러싸고 프랑스와 오스트리아가 계속 싸우고 있었다.

쇼펜하우어는 그비너로부터 정치와 문학의 최신 정보를 듣는 일을 즐거움으로 삼고 있었다. 특히 그는 이탈리아가 통일될 거라는 희망적인 예견을 남겼다고 한다.

그리고 '지난 몇백 년 동안 교양 있는 유럽인들

네이가 제작한 쇼펜하우어의 흉상(1859)

은 저도 모르는 사이에 이탈리아의 다종다양한 성격·정신·관습들에 관심을 가져왔다. ……그러나 통일이 성취된 새벽녘에는 그 옛날 개성 풍부한 이탈리아 대신 개성을 말살당하여 평균화된 근대적인 이탈리아만 있을 게 틀림없다'고 덧붙였다. 통일은 그가 죽은 다음 해에 이루어졌으며, 이 예측은 보기 좋게 적중했다.

쇼펜하우어는 스승처럼 존경해 온 칸트 못지않은 영국 애호가로 유명하다. 실제로 그는 프랑크푸르트에서 살게 된 뒤로 저녁식사는 반드시 영국인들이 모이는 '영국관'에서 먹었다고 한다. 그는 영국에 대해 이탈리아와는 또 다른 깊은 애정을 품고 있었다.

러시아에서는 농노해방 움직임이 활발히 일어나고 있었다. 대문호 톨스토이도 이 역사의 흐름 속에서 장원관리와 문학활동에 전념했다. 소문에 따르면 이즈음 그는 쇼펜하우어의 철학과 만나게 되었다고 한다. 쇼펜하우어를 러시아어로 번역한 A. 페트 센신이 쓴 《추억의 기록》을 보면, 톨스토이가 친구 페트 센

신에게 보낸 편지가 나온다.

쇼펜하우어의 위대함, 그리고 내가 지금까지 한 번도 느껴보지 못한 수많은 정신적 향락들이 나를 완전히 사로잡아 버렸네. 이런 나의 생각이 언젠가 바뀔 날이 올지도 모르지만, 지금 나는 쇼펜하우어가 인간들 가운데 가장 천재적인 인물이라고 생각하네. 쇼펜하우어를 읽으면서 나는 그의 이름이 왜 세상에 알려지지 않았는지 이해할 수가 없어. 그 이유는 아마도 사람들이 흔히 말하듯 세상에는 바보들만 존재하기 때문일 거야.

지나치게 여겨질 정도의 쇼펜하우어 존경인지 모르지만, 실제로 그의 서재에는 쇼펜하우어의 초상화만 유일하게 걸려 있었다고 한다.

늘그막의 고독과 온화한 인상

1860년 4월, 쇼펜하우어는 오틸리에 괴테로부터 제3판 출판에 대한 축하편지를 받았다. 여동생의 친구였던 오틸리에는 쇼펜하우어가 젊은 날의 꿈을 이룬 것을 진심으로 축복해 주었다. 그 꿈이란 '19세기의 진정한 철학자'가 되는 것이었다. 젊은 날의 쇼펜하우어를 아는 사람은 이제 오틸리에밖에 남아 있지 않은 셈이었다. 그는 그때의 심경을 편지에 밝히고 있다.

아, 오틸리에! 우리도 나이를 먹어가는군요. 특히 당신보다 열 몇 살 더 많은 나는 이제 어디를 가나 더 이상 아는 사람이 없습니다. 우리는 점점 추억 속에서 살아가게 되어버렸어요. 당신은 나의 젊은 시절을 알고 있는 몇 사람 가운데 하나이며, 언제나 나를 따뜻하게 바라봐 주었지요. 당신은 나의 현재가 젊은 날에 추구하던 내 꿈의 결과라고 증명해 주었습니다.

이 고백에는 그토록 바라던 명성에 둘러싸인 생활 속에서도 친한 사람에게만 토로할 수 있는 늘그막의 고독이 짙게 배어 있다.

같은 해 여름《윤리학》제2판 출판 준비에 들어갔다. 이것은 쇼펜하우어의 마지막 작업이 되고 말았다. 인쇄가 완성되었을 때 그는 이미 이 세상 사람이 아니었다.

같은 해 8월 찾아온 호흡곤란과 가슴 뛰는 현상이 그 시초였다. 9월 9일에 그는 노인성 폐렴에 걸렸다. 하지만 일주일 뒤에는 병상에서 일어나 방문객과 만날 만큼 회복되었다. 9월 18일 저녁, 유언집행인으로 지목된 그비너가 찾아왔다. 세상 돌아가는 단순한 이야기를 나누었을 뿐이지만, 쇼펜하우어 특유의 격렬한 어조 속에 이별의 울림이 느껴졌다고 한다. 이것이 결국 두 사람이 나눈 마지막 대화가 되었다. 그비너의 《쇼펜하우어 전기》에서 그 부분을 발췌해 본다.

톨스토이(1828~1910)
대문호이며 개혁가였던 톨스토이는 쇼펜하우어를 위대한 인물로 평하고 존경했다.

이야기를 나누는 동안 주위가 어두워졌다. 가정부가 촛대 위의 초에 불을 붙였다. 그는 덮개 있는 램프 불빛을 싫어했기 때문이다. 덕분에 나는 그의 맑고 총명한 시선을 볼 수 있어서 기뻤다. 그 눈빛에는 병색이라든가 노인다운 분위기는 전혀 느껴지지 않았다. 만약 지금 죽어버리면 너무 마음 아플 거라고 그가 말했다. 아직 《부록과 추가》에 덧붙일 중요한 부분이 남아 있던 것이다. 그는 노령에서 가장 위험한 시기는 칠십 대 첫무렵이라고 생각하며 이때만 무사히 넘기면 다음 10년은 훨씬 수월하게 살 수 있을 거라고 했다. 예전에 그는 적들과 싸우기 위해 오래 살아야 한다고 믿었다. 그러나 지금은 사방에서 쏟아지는 부드러운 칭찬 속에 살아간다고 했다. 그는 전문가가 아닌 일반 독자들이 자신의 저작을 열광적으로 환영하는 데 큰 의의가 있다는 것을 알고 있었다. 그래서 그는 여느 사람들이 이 작품을 이해할 수 있도록 그들 스스로 평등과 기회를 발견하게 되기를 바랐다. 하지만 그가 무엇보다 가장 기뻐한 것은 그의 무종교적인 학설이 종교처럼 받아들여져, 잃어버린 신앙을 다시 일으키면서 내면적 평안과 만족의 원천이 되었던 일이다. 그가 이러한 회상에 빠져 있는 동안 나는 그에게서 이제껏 한 번도 본 적 없는 온화한 인상을 받았다. 나는 가고 싶지 않았지만 그의 몸이 걱정되어 자리에서 일어났다. 이것이 그와 나눈 마지막 만남이며 마지막 악수가 되리라고는 미처 생각하지 못했다. 헤어질 때 그는 마지막으로, 절대 무의 경지에 오를 수 있다면 그보다 더 행복할 일이 없겠지만, 안타까운 죽음이 그 길을 가로막고 있다고 했다.

쇼펜하우어의 마지막

1860년 9월 21일 금요일 아침, 쇼펜하우어는 기분 좋게 식탁에 앉았다. 가정부가 창문을 열어놓고 밖으로 나갔다. 그리고 잠시 뒤 주치의 잘로몬 슈티베르가 왕진 왔을 때 쇼펜하우어는 소파 구석에 엎드려 숨져 있었다. 폐렴이 원인이었다. 슈티베르는 죽은 그의 얼굴이 평안했으며, 고통의 흔적은 전혀 보이지 않았다고 말했다. 그때 나이 일흔둘. 쇼펜하우어는 세상을 떠났다.

죽음을 맞이한 방 한구석의 대리석 탁자 위에는 금박을 입힌 불상, 책상 위에는 칸트의 흉상이 있었다. 그가 죽은 소파 위 벽에는 유화로 그려진 괴테의 초상화가 걸려 있었다. 그리고 사방의 벽에 칸트, 셰익스피어, 데카르트, 클라우디우스의 초상화와 그의 젊은 시절 초상화가 걸려 있었다. 소파 옆으로는 골동품 같은 둥근 원탁이 있고, 그 아래 검은 곰 가죽 위에는 그가 키우던 개가 잠들어 있었다. 쇼펜하우어는 그의 유일한 반려자였던 개에게 '아트만'[2]이라는 이름을 지어주고 매우 귀여워했었다.

머리에 월계수관을 씌운 유해는 그의 뜻에 따라 시체실에 5일 동안 안치되었다. 그가 확실히 죽은 것을 확인한 그 5일이 지나자 9월 26일 장엄한 분위기 속에 매장되었다. 그비너를 비롯한 수많은 제자들과 몇몇 숭배자들이 이 장례식에 참석했다. 이 가운데에는 아주 먼 곳에서 온 사람들도 있었다. 그 수는 적지만 다양한 사람들이 그의 장례식에 참여했다. 그비너가 이 사람들 앞에서 진

---

2) 브라만교에서 세계정신에 통하는 자아를 의미.

심 어린 조문을 읽어 나갔다.

쇼펜하우어 생전의 희망대로 묘비는 검고 평평한 화강암으로 만들어졌고, 그 위에 '이름 말고는 날짜도 연호도 아무것도 적지 마라'는 그의 지시에 따라 아주 간결하게 '아르투어 쇼펜하우어'라고만 새겼다. 묘지는 어떻게 하겠느냐는 그비너의 질문에 쇼펜하우어는 웃으며 대답했었다.

"어디라도 괜찮네. 내가 어디에 있든 사람들이 나를 찾아낼 테니까."

그비너와 그의 친구들은 프랑크푸르트 시립묘지를 선택했다. 안타깝게도 그가 살던 집이며 기념비 등은 두 번에 걸친 세계대전 때 파괴되어 지금 흔적도 없지만, 이 무덤만은 150여 년이 지난 오늘날까지 그대로 보존되어 있다. 평평한 비석은 다른 평범한 묘비처럼 지면에 박혀 있다. 그리고 그 주위에 높이 80센티미터 정도의 울타리가 둘러싸여 있다. 그러므로 시립묘지 안 오솔길 사이를 이리저리 걸으면서 살펴봐도 좀처럼 찾기 어려울 것이다.

쇼펜하우어의 유언

쇼펜하우어는 평생 독신으로 살아 자식이 없었으므로 그가 쇼펜하우어라는 성을 가진 마지막 사람이 되었다.

그의 유언에 의하면 상속인은 특정한 개인이 아닌 베를린에 있는 재단법인이었다. 그는 베를린대학 재직 시절 사랑에 빠졌던 오페라 가수 메돈과 그의 제자들, 그리고 가정부에게 물려준 재산을 제외하고는 '1848년부터 1849년까지의 폭동 및 반역운동 때 독일의 법질서를 유지하고 재건하기 위해 싸우다 부상 입은 프로이센 병사들과 전사자들 유족을 위해' 그의 전 재산을 기부했다. 그의 기부금으로 도움받은 사람은 상당수에 이른다. 그러나 상당액의 기부금이었음에도 한 사람 한 사람에게 돌아간 액수는 아주 적었다. 이 일은 실질적 도움을 준다는 의미보다 차라리 상징적 행위라고 이해해야 할 것이다. 다시 말해 그는 괴테와 마찬가지로 법질서를 파괴하는 모든 행위에 본능적 혐오감을 갖고 있었으며, 그 때문에 법을 유지하기 위해 목숨을 기꺼이 내놓은 병사들의 행동을 칭찬해 주고 싶었으리라.

1848년의 이 소동은 뒷날 '2월 혁명' '3월 혁명' 등으로 불리는 것이다. 그 혁명의 목표가 민중의 이상으로 세운 정치체계를 추구했음을 고려해 본다면 쇼펜하우어가 말한 것처럼 간단히 평가할 수만은 없는 성질의 사건이었다. 이 점에서 그는 특히 좌익사상가들의 반발을 사서 공격 대상이 되었다. 그들은 쇼펜하우어를 정신적 귀족이라고 비판했다. 특히 루카치는 '그의 활동은 사회적 기반을 완전히 무시하고 자기 안으로만 향한 것이다. 그는 자신의 개인적 특성을 절대적 가치로 세우려는 퇴폐적 부르주아 근성을 가진 사람'이라며 공격했다.

쇼펜하우어는 분명 정치적으로 평생 보수적인 태도를 고집했다. 그러나 병사들에게 재산을 기부한다고 유언장에 쓸 결심을 한 것은 단순히 보수적이었기 때문이 아니었다. 오히려 국가로 말미암아 부상당하고, 혁명을 진압하기 위해 죽어간 사람들에 대해 충분히 보상하지 않은 국가와 위정자들의 냉담한 태도에 대한 분노의 표출이었을 것이다. 그는 유언장 첫머리에 '불행한 사람에게 동정을'이라는 의미의 라틴어를 적어놓았다. 그가 죽기 직전 인간애 정신을 다시 한번 표현한 거라고 해석해야 할 것이다.

그는 오랜 세월 그를 위해 일해 준 가정부 마르가레타 슈네프에게 종신연금과 가구와 은제기구 등 물건들을 남겨주었다. 또 유언집행인 그비너는 쇼펜하우어의 모든 장서를 물려받았다. 다른 제자들과 친구들에게는 저마다 유품인 금시계며 금테 안경이며 은판사진 등을 남겨주었다. 그 유품들은 지금 대부분 프랑크푸르트시의 '쇼펜하우어 기념실'에 진열되어 이 위대한 철학자를 추억하게 한다.

이제 이 책을 읽는 이들은 쇼펜하우어의 생애에서 사상까지 그의 세계를 차근차근 이해할 수 있을 것이다. 쇼펜하우어는 진정한 의미에서의 염세주의자는 아니었다. 그는 지성보다 앞서는 인간존재의 제1요소는 '의지'라고 보았기 때문이다. 정신과 이성이 아니라 직관력·창조력·비합리적인 것에 주목했던 이 철학자는 프로이트와 니체, 바그너, 비트겐슈타인, 토마스 만, 토머스 하디, 프루스트 등에게 큰 영향을 미치고 있다.

쇼펜하우어 연보

1788년　　2월 22일, 아르투어 쇼펜하우어(Arthur Schopenhauer)는 단치히의 하
　　　　　일리게가이스트가세 114번지에서 태어났음. 아버지는 부유한 상인
　　　　　으로 하인리히 플로리스(Heinrich Floris), 어머니는 요한나 헨리에테
　　　　　(Johanna Henriette)임. 1785년 부모의 결혼 당시 아버지는 38세 어머
　　　　　니는 19세로 엄청난 나이 차이가 났음. 본디 쇼펜하우어 집안은 네
　　　　　덜란드 사람이었으나 아르투어의 증조부 때에 단치히로 이사했다
　　　　　고 전함. 아버지 하인리히는 상술이 뛰어난 고집스런 성격이었으나
　　　　　문학에 상당한 지식을 가져 특히 볼테르 작품을 즐겨 읽었음. 또
　　　　　정치적으로는 자유민권적 공화제도를 좋아하여 자유를 사랑했고,
　　　　　독립을 존중했음. 이러한 그는 영국의 정치와 가족제도에 큰 호감
　　　　　을 가지게 되어 가구류까지도 영국식 제품을 애용했는데, 이를 아
　　　　　르투어가 영국에 호감을 가지게 된 원인이라고 보는 사람도 있음.
　　　　　어머니 요한나 역시 문학에 깊은 관심과 자질이 있어서 몇몇 소설
　　　　　과 여행기를 냈으며, 여류작가라고 알려졌을 정도로 상당한 교양
　　　　　을 가졌음.

1793년(5세)　자유도시 단치히가 프로이센에 합병됨. 이는 자유와 독립을 이상
　　　　　으로 삼던 하인리히에게 매우 심한 실망을 안겨주어 그는 가족을
　　　　　이끌고 또 다른 자유도시인 함부르크로 이사했음.

1797년(9세)　하인리히는 아들의 교육문제와 자신의 사업 후계자로서의 자질을
　　　　　발견하고자 아르투어를 파리로 데리고 가서, 르아브르에 사는 친구
　　　　　에게 아들을 맡겼음. 아르투어는 이때부터 3년간 그 집에서 교육을
　　　　　받았는데 그에게는 성장해서도 잊을 수 없을 정도로 유쾌한 시절
　　　　　이었다고 함.

1799년(11세)　함부르크로 돌아온 아르투어는 다시 3년간 모국어인 독일어 및 상인과 교양인으로서 필요한 교육을 받았음. 이 3년 동안에 그의 집에는 어머니와 교제하던 저명한 문인들이 많이 드나들었는데, 그들의 영향으로 상업을 혐오하고 학예를 동경하기 시작했음. 그러나 아버지 하인리히는 이러한 아들의 성향을 마땅찮게 생각하여 두 가지 묘안을 제시했음. 즉 고등학교에 입학하든가 부모를 따라 여행을 떠나든가를 선택해야 했는데 아르투어는 후자를 택하여 하인리히의 묘안은 적중한 셈이었음.

1803년(15세)　부모를 따라 여행길에 올랐음. 네덜란드, 영국, 이탈리아, 오스트리아, 스위스 등을 2년간 여행하면서도 부모는 아들의 교육을 조금도 잊지 않고 아버지는 어학 학습을, 어머니는 일기 쓰기를 지시했음. 특히 영국에서 런던 부근 기숙학교에서 학습하면서 익힌 영어실력은 뒷날 칸트 작품을 영역하겠다는 생각을 품게 했을 정도로 훌륭했음. 그러나 영국 교직자들의 이중적인 생활을 알게 되어 그 뒤에는 기회가 있을 때마다 신랄한 비평을 가했음.

1805년(17세)　4월 어느 날, 아버지 하인리히가 시체로 발견되었음. 1806년 어머니 요한나는 유산을 정리하여 문인들이 운집한 바이마르로 이사했으나, 아르투어만은 함부르크에 남아 아버지 유업을 계승했음. 그러나 사업에 전념하지 못하고 바이마르로 떠났음.

1807년(19세)　7월, 고타(Gotha)로 가서 김나지움에 입학, 라틴어와 독일어를 철저히 배웠음. 12월, 시를 지어 어떤 교수를 비웃은 것이 문제가 되어 반년만에 바이마르로 돌아와야 했음. 하지만 사색적인 그는 화려한 생활을 좋아하는 어머니와 뜻이 맞지 않아 집을 나와 자신을 지도해 준 언어학자의 집에 머물게 됨. 특히 이 무렵 어머니의 행동에 대해 회의를 품게 되었는데, 어머니와 불화했던 원인은 그의 《부인론》에 나타나 있다고 함.

1809년(21세)　어머니로부터 아버지 유산의 3분의 1(1년 이자가 약 50파운드)을 받아 괴팅겐대학에서 의학에 적을 두고 자연과학, 해부학, 광물학, 수학, 역사 등을 수강했으며, 때로는 음악까지도 배웠음. 1810년 제

3학기(1학기는 반년)에는 칸트파 학자로서 슐체(G.E. Schulze)의 심리학과 형이상학을 수강했는데, 이때 슐체는 그에게 철학을 연구하도록, 특히 칸트와 플라톤을 연구하도록 권고했음.

1811년(23세) 그해 봄, 바이마르로 갔을 때 78세의 빌란트와 만났음. 이 노시인은 요한나의 부탁을 받고 아르투어에게 철학연구를 그만두도록 충고하려 했으나 오히려 탄복하여 '위대한 인물'이 되리라는 예언을 요한나에게 했다고 함. 그해 가을, 베를린대학으로 적을 옮겨 고전어학자 볼프의 그리스문학 강의에는 적극적이었으나, 슐라이어마허의 '그리스도교 시대 철학사', 피히테의 '지식학' 강의는 그에게 크게 도움이 되지는 않았음.

1813년(25세) 이 무렵 그의 철학적 체계는 원숙한 바탕을 이루어 베를린대학에서 박사학위를 얻으려 했으나, 마침 나폴레옹의 침략으로 그는 드레스덴을 거쳐 바이마르로 돌아왔음. 그러나 어머니와 다시 충돌하여 그는 루돌슈타트로 가서 첫 논문 〈충족이유율의 네 겹의 뿌리에 대하여 Über die vierfache Wurzel des Satzes vom zureichenden Grunde〉를 썼으며 예나대학에 제출하여 그해 10월에 박사학위를 받았음. 11월에 바이마르로 돌아가서 이때부터 괴테와 매우 깊은 친교를 맺고 그의 영향을 크게 받아 "믿을 수 없을 정도의 이익을 얻었다"고 스스로 말했음. 또 그는 동양학자인 프리드리히 마이어와 교제하여 인도철학에 눈을 뜨게 됨.

1814년(26세) 바이마르를 떠나 드레스덴으로 갔음. 이후로 어머니와 만나지 않음. 그리고 《시각과 색채에 대하여 Über das Sehn und die Farben》를 집필하기 시작, 1816년 출판했음.

1817년(29세) 베를린 시대에 이미 계획한 그 자신의 철학체계라고 볼 수 있는 《의지와 표상으로서의 세계 Die Welt als Wille und Vorstellung》(전4권)를 집필하기 시작했음. 일체의 현상을 의지의 객관화라고 보는 세계관과, 삶의 고뇌의 원인은 아무리 만족시키려 해도 만족할 줄 모르는 인간의 욕심으로 말미암아 생기므로 이런 욕심을 없애야 한다는 주장, 그리고 염세관과 해탈론이 이 책의 근본 사상이 되어 있음. 이 책은 1818년 3월에 완성하여 12월에 간행했으나 책 표지에는 1819년으로 인쇄되었음. 1819년 3월에 여동생에게서 받은 편지에 의하면 괴테도 쇼펜하우어의 이 책을 읽고 무척 기뻐했다고 함.

1819년(31세) 로마, 베네치아, 피렌체 등 이탈리아를 돌며 고대 문물 연구와 미술품 감정에 몰두했으나, 7월 대학에서 근무하고자 마음먹고 하이델베르크에 머물며 교섭 결과 1820년 3월 베를린대학에서 허락되었음. 그러나 헤겔과 같은 시간에 강의하게 되어 청강생이 거의 없었으며, 결국 실패한 것으로 보임.

1821년(33세) 쇼펜하우어가 베를린에서 하숙하고 있을 때의 일임. 하숙집으로 돌아와 보니 문 앞에서 부인네들 셋이 잡담으로 떠들썩했는데, 이러한 것을 몹시 싫어하는 성미여서 주인에게 이들을 제지해 달라고 했음. 두 여인은 물러갔지만 캐롤라인 마르케라는 여인만은 남아서 계속 떠들어 그녀를 마당으로 끌어냈음. 이 싸움이 계기가 되어 소송사건이 벌어졌고, 결국 그는 1824년부터 그녀에게 해마다 60탈레르씩 주어야 했으며, 소송비용 300탈레르까지 부담해야 했음.

1825년(37세) 5월, 베를린으로 와서 다시 베를린대학에서 강좌를 열었으나 이번에도 헤겔과 시간이 겹쳐 실패로 돌아갔음. 쇼펜하우어가 헤겔을 공격한 논문(《독서와 서적 관상론》 등)이 많은데, 그러한 직접적인 원인이 이 강의 경쟁에서 패배한 것에 있지 않느냐고 보는 사람도 있음. 이때부터 1931년까지 계속 베를린에 살았음.

1833년(45세) 프랑크푸르트로 와서 정착하고 다시는 베를린에 발을 들여놓지 않았음. 그리고 이곳에서 《자연에 있어서의 의지에 대하여 Über den Willen in der Natur》를 쓰기 시작해 1835년에 간행했음.

1837년(49세) 노르웨이 왕립과학원 현상 논문공모에 〈인간 의지의 자유에 대하여 Über die Freiheit des Willens〉를 집필 응모해 당선, 과학원 회원이 되었음. 이듬해 그는 덴마크 왕립과학원의 현상공모에 〈도덕의 기초에 대하여 Über die Grundlage der Moral〉를 집필, 응모했으나 예상을 뒤엎고 떨어졌는데, 그 이유는 이해가 부족하며 위대한 철학자(피히테와 헤겔을 두고 한 말)를 대하는 방법이 무례하다는 것이었음. 이 비판은 그를 경악케 하여 그는 이상의 두 논문을 모아 《윤리학의 두 가지 근본 문제 Die beiden Grundproblem der Ethik》라는 제목으로 1841년 출판했는데, 여기에 굳이 '덴마크 왕립과학원 낙선논문'이란 말을 덧붙였음. 사실 쇼펜하우어는 죽을 때까지 덴마크 왕립과학원을 서운하게 생각했음.

1847년(59세) 《충족이유율의 네 겹의 뿌리에 대하여》에 많은 손질을 가하여 개정증보 제2판으로 출판했고, 1851년에는 《부록과 추가 Parerga und Paralipomena》를 출판했음. 그러나 이 출판은 무보수를 조건으로 했기 때문에 쇼펜하우어는 실제로 10권의 책을 증여받았을 뿐임. 이후 그에겐 새로운 저술이 없음.

1854년(66세) 《자연에 있어서의 의지에 대하여》 2판을 냈는데 여기에는 고쳐 쓴 것도 있지만, 철학교수들을 신랄하게 비판한 내용이 덧붙여졌음. 《시각과 색채에 대하여》 3판을 냈음.

1859년(71세) 대표작 《의지와 표상으로서의 세계》 3판을 냈고, 1860년에는 《윤리학의 두 가지 근본 문제》 2판을 냈음. 프랑크푸르트에서 처음에는 여류작가 요한나 쇼펜하우어의 아들로서 알려졌으나, 대표작의 2판이 나온 뒤로는 약간의 제자가 모여들어 이들을 좌우에 거느리고 조용한 만년을 보냈음.

1860년(72세) 8월, 식사를 끝낸 뒤 산책을 하다 갑자기 가슴이 울렁거리며 호흡이 곤란한 증세를 느낌. 주치의는 그의 습관인 냉수욕을 금했으나 그는 의사의 말을 듣지 않고 계속했음. 9월 9일 노인성 폐렴에 걸림. 9월 18일에는 변호사 그비너에게 이탈리아 여행을 하고 싶고 저술에 고쳐 쓸 게 있다면서 지금 죽기는 싫다는 말을 남겼음. 9월 21일에 폐렴으로 세상을 떠남.

권기철

1941년 경북 안동 출생. 중앙대학교 철학과·동대학원 졸업. 독일 Marburg/L. 대학 수학. 독일 Wuerzburg 대학 철학박사. 중앙대학교 철학과 교수. 서울대학교, 이화여자대학교, 건국대학교 대학원 출강. 한국철학회 상임이사. 지은책 《철학개론(공저)》《현대철학의 이해(공저)》 옮긴책 《키르케고르》《쇼펜하우어》 등과 그 외 주요논문 여러 편이 있다.

Arthur Schopenhauer
PARERGA UND PARALIPOMENA
쇼펜하우어 인생철학
아르투어 쇼펜하우어/권기철 옮김
1판 1쇄 발행/1978. 8. 10
2판 1쇄 발행/2005. 1. 15
3판 1쇄 발행/2007. 9. 1
4판 1쇄 발행/2020. 10. 1
4판 3쇄 발행/2023. 12. 1
발행인 고윤주
발행처 동서문화사
창업 1956. 12. 12. 등록 16-3799
서울 중구 마른내로 144(쌍림동)
☎ 546-0331~2 Fax. 545-0331
www.dongsuhbook.com
잘못된 책은 구입하신 곳에서 바꾸어드립니다.
＊
이 책의 출판권은 동서문화사가 소유합니다.
의장권 제호권 편집권은 저작권법에 의해 보호를 받는 출판물이므로
무단전재와 무단복제를 금합니다.
사업자등록번호 211-87-75330
ISBN 978-89-497-1785-2 04080
ISBN 978-89-497-0382-4 (세트)